성장주의 헤어살롱

인본주의 미용의 미래와 본질경영

성장주의 헤어살롱
인본주의 미용의 미래와 본질경영

초판 발행일	2025년 6월 15일
초판 2쇄 발행일	2025년 7월 04일
지은이	카이정
펴낸이	조준철
기획	백지윤
디자인·편집	박채원
펴낸곳	도서출판 빅애플
주소	경기도 수원시 팔달구 인계로 124번길 27-10 엘리시아 IT타워 1304호
전화	02-544-2010
홈페이지	www.BigA.co.kr
출판등록	제 2018-000095호

ISBN 979-11-6400-046-3

* 본 책은 저작권법에 따라 무단 전재 및 배포할 수 없으며
  책 내용의 전부 또는 일부를 이용할 시 저자와 도서출판 빅애플에
  서면 동의를 받아야 합니다.
* 책값은 뒤표지에 있습니다.

성장주의 헤어살롱

인본주의 미용의
미래와 본질경영

도서출판 빅애플

CONTENTS

| Intro | 프롤로그: 사람, 사랑, 그리고 동행에서 시작되는 진짜 성장 이야기 |

- 모든 본질은 사람에게서 시작된다 ································ 15
- 변화하는 고객과 디자이너의 관계 ······························· 19
- 카이정헤어의 3000% 성장 비결,
  그리고 우리가 발견한 '인간 성장' ······························· 24
- 새로운 미용 시대를 여는 질문 ··································· 28
- 헤어살롱의 미래: '장사'를 넘어 '본질경영'으로 ············· 32
- 4차 산업혁명과 MZ세대, 그리고 초격차의 시대 ············ 36

Part 01 인본주의 미용: 사람과 사랑에서 시작되는 변화

1장. 헤어비즈니스, 본질을 묻다
- 미용의 근본은 "아름답고 행복하고 싶다" ················· 43
- 기술 중심 시대의 한계와 인간 중심 시대의 시작 ············ 46
- "동행자"가 되는 디자이너와 고객 ······················· 50
- 자아실현 욕구와 미용: 고객에게 '나'를 찾아주는 일 ········· 53
- "돈"보다 "인간성장"이 우선인 이유 ······················ 57
- 경험 디자인의 목표와 고객 경험의 목표 ·················· 61
- 공간 디자인의 목표와 고객 만족의 기준 ·················· 66

2장. 사람이 곧 브랜드다
- 브랜드를 키우는 것은 "사람의 매력" ····················· 70
- 디자이너의 인품, 인성, 그리고 기복 없는 친절 ············· 74
- "매력적인 사람"이 갖추어야 할 다섯 가지 ················· 78
- 마케팅보다 강력한 고객의 '입소문' ······················ 82
- 시대가 원하는 디자이너: 공정 × 정의 × 애정 ·············· 86

3장. 사랑과 존중으로 성장하는 살롱 문화
- 고통으로 이겨내는 성장 vs 사랑으로 이뤄내는 성장 ········· 88
- 세대 갈등을 극복하는 "동행자" 철학 ····················· 91
- 함께 가야 멀리 간다: 본질적인 동료애 구축하기 ············ 94
- 크루에서 디자이너, 디자이너에서 팀장, 팀장에서 오너까지 ····· 98
- 배움-나눔-교육의 선순환 구조 ························· 100

4장. "인본주의 미용"이 만들어낼 미래
- 과거 10년, 그리고 앞으로의 10년 ······················ 103
- 고객의 욕구 변화: "가성비"에서 "가심비"로 ··············· 105
- "니즈"가 아닌 "마음"을 움직여라 ······················· 108
- MZ세대, 그들은 왜 인간적인 관계와 진정성을 중시할까 ······ 111
- 사람에서 시작되는 공정하고 정의로운 비즈니스 ············ 114

Part 02. 본질경영: 매출이 아니라 '성장'을 이끄는 경영 철학

5장. 미용 비즈니스의 "큰 그림" 그리기

- 2020년 이후 대한민국 미용업 현황 · 119
- 비전을 그리는 법: "우리에게 고객이란 누구인가?" · · · · · · · · · · · · 123
- 10배 성장 로드맵: 구체적 목표와 여정 · 128
- 디자이너 × 크루 × 오너가 공유해야 할 핵심 가치 · · · · · · · · · · · · · 133
- "초격차" 전략 vs "느린 성장"의 조화 · 138
- 본질경영을 위해, 경영자가 먼저 바뀌어야 한다 · · · · · · · · · · · · · · · 142

6장. 사람 중심의 생산성: "동행자"와 함께 일하기

- "기술 판매"가 아니라 "디자인과 만족"을 판매 · · · · · · · · · · · · · · · · 146
- 공정 × 정의 × 투명성: MZ세대가 원하는 일터 · · · · · · · · · · · · · · · · 150
- 1인 경영법: 디자이너 한 사람 한 사람이 기업 대표 · · · · · · · · · · · · 154
- 자기 주도적 성장: 모두가 '오너'가 되는 문화 · · · · · · · · · · · · · · · · · 158
- 성과 중심, 그러나 돈만이 아닌 "사람의 성취" 인정하기 · · · · · · · · 163

7장. 경영자의 필수 질문: "우리 살롱은 어디로 가고 있나?"

- 상권 탓을 넘어: "문제는 상권이 아니라 태도다" · · · · · · · · · · · · · · 167
- 내부 지표(포스, 리뷰, 재방문율) 분석하기 · · · · · · · · · · · · · · · · · · · 171
- 데이터 경영: 감이 아닌 근거로 살롱을 개선 · · · · · · · · · · · · · · · · · 178
- 위기는 선택이 아니라 성장으로 극복한다 · · · · · · · · · · · · · · · · · · · 181
- 성장을 방해하는 "할인 경쟁" 함정 깨뜨리기 · · · · · · · · · · · · · · · · · 184

8장. 브랜딩과 마케팅의 본질

- 양극화 시대, "브랜딩"은 왜 초격차를 만드는가 · · · · · · · · · · · · · · · 187
- 마케팅은 SNS가 전부가 아니다: 오프라인 × 지역 × 리뷰 × 신뢰 · 191
- 고객이 "팬덤"이 되게 하는 본질적 방법 · 195
- 시그니처 메뉴로 객단가 기준 바꾸기 · 200
- "할인"이 아닌 "가치"로 성장하는 프로모션 · · · · · · · · · · · · · · · · · · 204

Part 03. 현장 실무: 사람 × 기술 × 서비스로 만드는 초격차 전략

9장. A→B 단순소비에서 벗어나, 신선함과 차이를 만들라

- 상담-시술-마무리, 3단계에서 '개인화'의 차별화 ············· 211
- 가성비와 가심비가 공존하는 디자인 메뉴 구성 ············· 216
- 스파 × 케어 × 테라피 등 "촉감 경험"으로 고객을 사로잡기 ····· 221
- 고객 후기와 리뷰: 단순 홍보가 아닌 '소통' 창구 ············· 225
- "다음 번에도 나에게 올 이유"를 만들어주는 팔로업 ············ 229

10장. 고객 관리와 재방문 시스템

- "한 번의 방문"이 아닌 "장기적 만족" ························ 233
- 재방문을 끌어내는 구체적 질문과 제안법 ················· 236
- CRM과 예약 시스템 100% 활용하기 ························ 240
- CRM을 통한 고객 분석으로
  매출·객단가·고객 수 실제 적용하기 ······················· 245
- 고객 반응을 수치화·시각화해 브랜딩에 활용하기 ············· 252

11장. 디자이너 성장 시스템

- "사람은 사랑으로 성장한다" - 현장 교육의 본질 ············· 257
- 기술 교육 + 마인드 교육 병행으로 실무 능력 향상 ············ 260
- 초급 × 중급 × 고급별 스킬 체계: 빠른 속도 vs 높은 퀄리티 ····· 266
- 결과만큼 중요한 과정: 피드백 미팅의 원칙 ·················· 269
- 통찰력을 얻기 위한 세 가지: 배우기, 경험하기, 가르치기 ······· 274

12장. 살롱 내부 프로세스와 매뉴얼

- 오픈-마감, 샴푸-스파, 커트-컬러 등 전 과정 세분화 ············ 278
- 동료 간 커뮤니케이션: 매장 내 '소리'와 분위기 관리 ··········· 282
- 컴플레인 대응 3단계: 경위서 → 보상 제안 → 재발 방지 ········ 286
- 인기 메뉴 vs 계절 특화 메뉴, 어떻게 운용할까 ················ 290
- 간단명꾸(간단 × 단순 × 명확 × 꾸준)로 효율성을 올린다 ········ 294

Part 04 미래 미용의 길: "동행자"로 함께 완성하는 본질경영

13장. 오래된 살롱을 혁신하는 법
- 나부터 바뀌자: 경영자 의식 전환 · 301
- 마케팅 × 세일즈 이전에 "그룹(직원·동료)의 성장"이 먼저 · · · · · · · 305
- 기본기 점검: 태도 × 청결 × 트렌드 민감성 · · · · · · · · · · · · · · · · · · · 309
- 객단가 × 고객수 균형 재설정 · 313
- "공정하고 정의롭게" 새로 도약하기 · 318

14장. 새롭게 시작하는 살롱이 주의할 점
- 브랜딩 설계: "존재 이유"를 명확히 밝혀라 · · · · · · · · · · · · · · · · · · · 323
- 가격 설정, 장기적으로 득과 실을 고려해야,
  가격 설정에 후회가 없다 · 328
- 오픈빨 세우는 이벤트 전략: 기간, 할인율, 목적 · · · · · · · · · · · · · · · 333
- 고객수를 먼저 쌓고, 이후 매출을 높여라 · 338
- 홍보 × 마케팅 단계별 운영: "무료 → 소액 → 집중 투자" · · · · · · · 341

15장. 지속 가능한 성장과 체질 개선
- 해마다 가격 인상 vs 품질 업그레이드의 병행 · · · · · · · · · · · · · · · · 344
- 오래된 메뉴 vs 리뉴얼 메뉴: 유지 × 삭제 × 추가 기준 · · · · · · · · · 349
- 유입 키워드를 잡으면 경쟁 우위가 보인다 · · · · · · · · · · · · · · · · · · · 353
- 컴플레인, 어떻게 대응하느냐가 살롱 미래를 결정한다 · · · · · · · · · 357
- "숫자"가 아닌 "사람"을 쌓아가는 체질 개선 · · · · · · · · · · · · · · · · · · 363

Part 05 카이정 강사의 경영철학: 사람, 사랑, 그리고 비즈니스의 확장

16장. 본질경영 마케팅 전략: 눈에 보이지 않는 가치를 전달하는 법
- 4P에서 7P까지: "서비스 마케팅"으로 확장하기 ················ 369
- 본질경영이 만들어내는 브랜드 차별화: '진정성'이 핵심 ········ 374
- 가치 제안(Value Proposition)과 마케팅 메시지의 연계 ·········· 377
- 팬덤을 만드는 커뮤니티 경영: 사람과 사랑이 만든 '자발적 홍보' 380

17장. 데이터 기반 살롱 경영: 매출이 아닌 '사람의 인사이트'
- 디지털 시대의 고객 데이터: 세그먼트별 니즈 파악하기 ········ 384
- 빅데이터 × CRM × 마이닝: 미용살롱에 적합한 활용 방법 ······ 388
- "눈에 보이지 않는 것"을 수치로 전환하는 고객 경험 지표 ······ 391
- 마케팅 퍼널(Funnel)에서 고객 여정(Customer Journey)까지 ······ 396
- 매출 확대가 아닌 "고객 성장" 관점으로 데이터 해석하기 ······· 401

18장. 숫자로 경영하는 살롱: 유효고객·방문주기·객단가 분석의 모든 것
- 헤어살롱 비즈니스가 데이터 경영을 해야되는 이유 ··········· 407
- 감(感)에서 검증(檢證)으로: 미용 비즈니스의 체계적 접근 ········ 410
- 캘린더 분석과 근무시간 설정 ································ 416
- 분기 목표설정과 데이터 경영 ································ 419
- 유효고객(Active Customer) 지표: "누구를" 분석해야 하나 ········ 422
- 방문주기(Visit Cycle)와 객단가(ARPU) 연동 ···················· 427
- 객수(客數)와 신규 vs 재방문: '전체시장'과 '내부시장'의 균형 ···· 433
- 회귀분석(Regression Analysis)과 공분산(Covariance) 활용 ········ 437
  - "실무 사례": 살롱 A의 성장 로드맵
  - 종합 시뮬레이션: "숫자"를 통한 시나리오 플래닝
  - 숫자 기반 경영 전략: 프로세스화와 조직 문화
  - 실무 적용 시 주의사항
- 사람 × 숫자 × 가치가 만나는 '미래 미용경영' ················ 456

Outro 에필로그: 카이정헤어의 이야기, 그리고 다음 10년을 향해

- 끊임없는 변화와 혁신, 그러나 변하지 않는 "본질" · · · · · · · · · · · · · · · 463
- 디자이너와 고객이 함께 자라나는 진정한 '동행' · · · · · · · · · · · · · · · 465
- 사람을 향한 존중과 사랑, 그리고 애정이 가져다준 기적 · · · · · · · · · · · 468
- "사람 중심 미용" 세상을 어떻게 바꾸는가 · 471
- 궁극의 본질경영: "사람은 사랑으로 성장한다" · · · · · · · · · · · · · · · · 474

- 용어정리 · 477

KAI JUNG

KAI JUNG

프롤로그

사람, 사랑, 그리고 동행에서
시작되는 진짜 성장 이야기

모든 본질은 사람에게서 시작된다

 세상의 모든 현상과 경험은 인류라는 존재에서 비롯된다. 우리가 매일 접하는 제품, 경험하는 서비스, 머무는 공간, 그리고 형성되는 인간관계는 모두 사람의 필요와 욕구, 감정과 사고의 산물이다. 이처럼 모든 본질이 사람에서 출발한다는 사실은 기업 경영과 조직 운영에도 동일하게 적용된다. 아무리 첨단 기술과 정교한 시스템이 도입되더라도, 그 모든 것은 결국 사람과의 관계 속에서 의미를 찾으며, 고객, 직원, 그리고 사회 전체와의 신뢰와 소통을 통해 진정한 가치를 발휘한다. 기업이 지속 가능한 성장을 이루기 위해서는 단순한 매출이나 이익 같은 단기적 성과에 집중하기보다, 사람에 대한 깊은 이해와 존중을 바탕으로 한 경영 철학을 실천해야 한다.

고객과 브랜드의 관계: 단순한 소비를 넘어

 현대 사회에서 고객은 단순한 소비자가 아니라, 브랜드와 함께 성장하는 동행자로 인식된다. 소비자는 제품이나 서비스를 선택할 때 기능적 요구를 충족하는 것을 넘어, 정서적 만족과 심리적 안정감을 추구한다. 예를 들어, 어떤 소비자는 단순히 가격이 저렴하다는 이유만으로 제품을 구매하지 않고, 자신의 라이프스타일과 가치관에 부합하는 브랜드를 선택한다. 이러한 과정에서 고객과 브랜드 간의 신뢰 관계가 형성되며, 이는 브랜드 충성도를 높이고, 브랜드의 입장에서는 장기적인 성공을 위한 핵심 요소로 작용한다. 고객이 브랜드를 접하는 모든 순간에서 "내가 소중하게 여겨지고 있다"는 느낌을 받을 때, 단순한 거래를 넘어 정서적 유대와 신뢰를 형성하는 과정이 시작되며, 시간이 지남에 따라 더욱 깊어지고 견고해지는 것이다.

직원 중심의 경영: 조직의 혁신과 발전

 기업 내부에서도 사람 중심의 경영 철학은 조직의 성장과 혁신에 결정적인 영향을 미친다. 직원은 단순한 생산 수단이 아니라 기업의 가장 중요한 자산이며, 각자의 독창성과 잠재력이 모여 조직의 경쟁력을 결정짓는다. 직원들이 자신의 역량을 마음껏 발휘할 수 있도록 지원하는 환경이 조성될 때, 창의성과 도전 정신이 자연스럽게 기업의 혁신과 발전으로 이어진다. 특히, 실패를 두려워하지 않고 새로운 시도를 할 수 있는 심리적 안전지대가 마련되면, 구성원들은 전문성과 창의력을 최대한 발휘할 수 있으며, 이는 조직 전체의 성장 동력으로 작용한다. 또한, 모든 구성원이 서로의 차이를 인정하고 존중하는 분위기를 조성함으로써, 기업은 변화하는 시장 환경에 유연하게 대응할 수 있다.

리더십과 사람 중심 경영

사람 중심 경영에서 리더십은 빼놓을 수 없는 요소다. 진정한 리더는 구성원의 잠재력을 발견하고, 그들이 최선을 다해 성장할 수 있도록 격려하는 역할을 해야 한다. 리더가 직원들과 소통할 때 단순히 명령을 내리는 것이 아니라, 그들의 의견을 경청하고 공감하며 함께 문제를 해결하려는 노력이 병행될 때, 직원들은 자신이 존중받고 있다는 느낌을 받고 자발적으로 업무에 몰입하게 된다. 이러한 신뢰와 공감의 문화는 조직 내에서 자연스러운 협력과 창의성을 촉진하며, 결국 기업이 장기적인 목표를 달성하는 데 중요한 밑거름이 된다. 리더가 보여주는 인간 중심의 태도는 구성원들에게도 긍정적인 영향을 미쳐, 모두가 자신의 역할에서 주인의식을 갖고 일하게 하는 원동력이 된다.

기술 발전과 사람 중심 경영

현대 사회는 정보 기술과 데이터 분석이 급속도로 발전하는 시대이지만, 이러한 기술적 진보의 궁극적인 목적은 결국 사람을 위한 것이다. 인공지능, 빅데이터, 자동화 시스템 등이 업무 효율성과 편리성을 높여주지만, 그 본질은 고객과 직원의 경험을 향상시키는 데 있다. 예를 들어, 인공지능을 활용한 고객 서비스 시스템은 단순한 문의 대응을 넘어, 고객의 과거 구매 이력과 선호도를 분석하여 개인 맞춤형 솔루션을 제공할 수 있다. 이러한 기술은 고객에게 맞춤형 경험을 제공하여 브랜드 신뢰도를 높이고, 고객 충성도를 극대화하는 데 기여한다. 또한, 자동화 시스템을 통해 반복적인 업무를 줄이고, 직원들이 창의적이고 전략적인 업무에 집중할 수 있도록 지원함으로써 조직의 생산성과 혁신 역량을 강화할 수 있다.

지속 가능한 성장과 신뢰 경영

기업이 사람을 중심에 둔 경영 철학을 채택할 때, 단기적인 이익 극대화에 머무르지 않고 장기적이고 지속 가능한 성장을 도모할 수 있다. 단기적인 성과에만 집중할 경우, 고객과 직원의 신뢰를 잃을 위험이 있으며, 결국 시장에서의 입지도 약화될 수 있다. 반면, 사람과의 깊은 신뢰와 소통을 바탕으로 한 경영은 변화하는 외부 환경에 유연하게 대응할 수 있는 능력을 키워주며, 지속 가능한 발전의 토대를 마련한다. 기업이 고객, 직원, 그리고 사회 전체와 함께 성장하려는 노력을 지속한다면, 그 결과는 단순한 경제적 이익을 넘어 사회적 가치와 공동체의 발전으로 이어진다.

포용성과 다양성: 조직의 경쟁력 강화

사람 중심 경영의 또 다른 핵심 요소는 지속적인 학습과 성장에 대한 투자이다. 오늘날 시장과 기술은 끊임없이 변화하고 있으며, 기업과 조직은 새로운 지식과 기술을 빠르게 습득하고 이를 실제 업무에 효과적으로 적용할 필요가 있다. 이를 위해 많은 기업들은 체계적인 교육 프로그램과 멘토링 시스템을 도입하여 직원들이 자신의 전문성을 지속적으로 개발할 수 있도록 지원하고 있다. 또한, 조직 내에서 다양성과 포용성이 보장될 때, 서로 다른 배경과 경험을 가진 구성원들이 협력하여 창의적인 아이디어를 도출할 수 있으며, 이는 조직의 혁신으로 이어진다. 모든 구성원이 자신의 개성과 역량을 발휘할 수 있는 포용적인 문화는 조직의 경쟁력을 강화하는 핵심 요소가 된다.

사람 중심 경영: 지속 가능한 성장의 기반

기업 경영에서 사람을 중심에 두는 철학은 단순한 이론이 아니라 실천으로 이어져야 한다. 경영진과 리더들은 말뿐만 아니라 행동으로 모범을 보이며, 구성원들이 자신의 목소리를 자유롭게 낼 수 있도록 격려해야 한다. 조직 내 다양한 의견과 문제를 신속하게 파악하고 해결할 수 있는 체계적인 지원과 피드백 시스템을 마련하는 것이 중요하다. 이러한 노력이 쌓이면 구성원들은 자신이 조직에서 소중한 존재임을 확신하게 되고, 이는 기업의 지속 가능한 성장으로 이어진다.

결국, 모든 본질은 사람에게서 시작된다. 사람은 창조의 주체이자 변화와 혁신의 원동력이다. 고객이 브랜드를 통해 자신을 발견하고, 직원이 조직 안에서 자신의 가치를 실현하며, 리더가 구성원의 성장을 돕는 과정을 통해, 기업은 단순한 경제적 성공을 넘어 사회적 가치와 공동체의 발전에 기여할 수 있다. 변화하는 시대 속에서 지속 가능한 성장을 이루기 위해서는, 사람 중심의 경영 철학을 바탕으로 신뢰와 협력을 지속하는 것이 필수적이다. 이러한 원칙을 실천하는 기업만이 장기적인 성공과 번영을 이룰 수 있을 것이다.

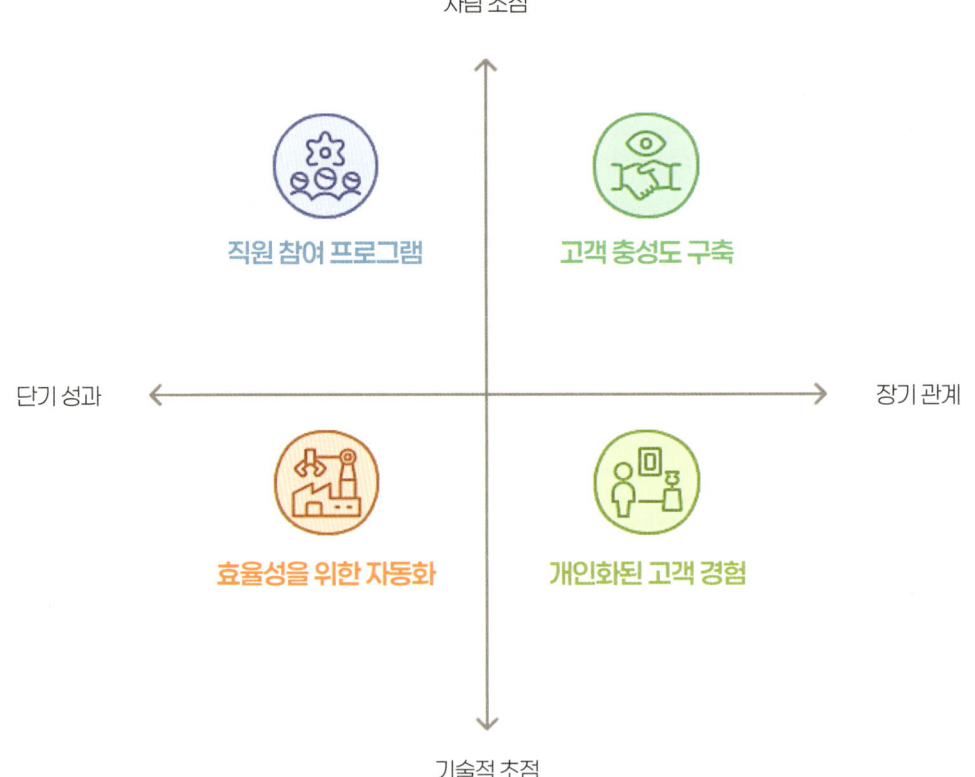

사람 중심의 경영에서의 균형

> **Point!** 모든 본질은 사람에게서 시작된다

* 모든 현상과 경험은 인류라는 존재로부터 비롯된다.
* 기업 경영과 조직 운영에서도 사람 중심의 접근이 필수적이다.
* 고객은 단순한 소비 대상이 아니라 브랜드와 함께 성장하는 동행자로 인식된다.
* 직원은 기업의 중요한 자산이며, 자신의 능력을 발휘할 수 있는 환경이 필요하다.
* 리더십은 구성원들의 가능성을 발견하고 성장시키는 역할을 한다.
* 기술과 데이터는 고객과 직원의 경험을 개선하기 위한 수단일 뿐이다.
* 사회적 책임과 지역사회와의 상생이 중요하다.
* 조직 내 다양성과 포용성이 혁신과 창의성을 촉진한다.
* 사람 중심 경영은 단기적인 이익이 아닌 장기적인 지속 가능성을 추구한다.

변화하는 고객과 디자이너의 관계

살롱 비즈니스는 지난 수십 년간 눈부신 발전과 함께 큰 변화를 겪어왔다. 과거에는 뛰어난 커트 기술, 정교한 펌, 최신 염색 기법과 같은 미용 기술 그 자체가 성공의 척도로 여겨졌다. 당시 살롱에서 고객 만족을 결정짓는 유일한 요소는 디자이너의 기술력이었으며, 고객과 디자이너의 관계 또한 단순한 서비스 제공과 소비의 관계에 머물렀다. 고객은 정해진 시간 동안 시술을 받고 결과에 따라 비용을 지불하는 구조였고, 디자이너는 오직 기술적 완성도를 높이는 데 집중하는 문화가 지배적이었다. 고객들은 최신 트렌드를 반영한 스타일을 기대했고, 디자이너는 이를 실현하는 역할에 충실했다.

단순한 시술을 넘어 특별한 경험을 원하는 고객

그러나, 사회적 가치관의 변화와 함께 미용 업계도 새로운 패러다임으로 전환되고 있다. 오늘날의 고객들은 단순히 '예쁘고 멋진 머리'를 넘어, 살롱에서 경험하는 시간이 더욱 특별한 경험이 되기를 바란다. 이제 고객에게 중요한 것은 시술 결과뿐만 아니라, 그 과정에서 느낄 수 있는 따뜻한 관심, 진심 어린 대화, 세심한 배려이다. 고객들은 단순한 소비자가 아니라 한 명의 인격체로 존중받기를 원하며, 디자이너와의 소통 속에서 정서적 위안과 휴식을 찾고자 한다. 이러한 변화는 단순한 트렌드가 아니라, 현대 사회가 요구하는 심리적, 정서적 필요가 반영된 결과이다.

고객과 디자이너의 관계 변화

이제 미용 업계에서 고객과 디자이너의 관계는 새로운 방향으로 정립되고 있다. 과거에는 디자이너의 기술력이 고객 만족의 전부였지만, 지금은 상담 단계에서부터 고객의 라이프스타일, 취향, 심리적 상태까지 세심하게 파악하는 과정이 필수적이다. 디자이너는 고객이 원하는 스타일뿐 아니라, 그들의 감정과 내면을 이해하고 맞춤형 제안을 해야 한다. 고객과의 첫 만남에서부터 시술 후 사후 관리까지 모든 과정이 고객과의 진정한 소통의 기회로 전환되고 있으며, 이를 통해 디자이너는 기술자에 머무르지 않고, 고객의 감정을 이해하는 '심리적 동행자'로 성장하고 있다.

살롱 문화의 변화: 경쟁에서 협력으로

살롱 내부의 분위기 또한 이러한 변화를 반영하고 있다. 과거에는 신입 디자이너들이 선배 디자이너를 모방하며 경쟁하는 문화가 주를 이루었지만, 현대의 살롱에서는 팀워크와 상호 존중이 더욱 중요한 가치로 자리 잡고 있다. 동료 간 자유로운 소통과 아이디어 공유, 고객 한 사람 한 사람에 대한 진정성 있는 배려가 살롱 전체의 분위기를 결정짓는다. 경쟁보다는 협력과 성장에 초점을 맞춘 환경 속에서 고객에게 제공되는 서비스의 질 또한 향상되었다. 고객들은 살롱에 들어서는 순간 단순히 기술적인 시술을 받는 것이 아니라, 팀 전체가 만들어내는 따뜻한 분위기와 공동체 의식을 경험하게 된다.

SNS와 온라인 후기의 영향력

또한, SNS와 온라인 후기의 영향력은 미용 서비스의 패러다임을 크게 변화시키고 있다. 과거에는 입소문이나 오프라인 광고가 살롱의 명성을 좌우했다면, 이제는 고객들이 직접 자신의 경험을 공유하고, 디자이너의 철학과 인간적인 매력을 확인할 수 있는 시대가 되었다. 고객들은 단순한 결과물 사진 몇 장이 아니라, 디자이너가 고객과 어떻게 소통하고, 얼마나 배려하는지를 더욱 중요하게 평가한다. 이러한 변화는 고객과 디자이너의 관계를 한층 더 깊이 있는 것으로 만들며, 고객들이 디자이너를 선택하는 기준 또한 기술력뿐만 아니라 인간적인 소통과 정서적 교감을 중심으로 변화하고 있다.

미용 서비스의 본질 변화

이제 미용 서비스의 본질은 단순한 외적 변화에 머물지 않는다. 고객들은 살롱에서 보내는 시간이 일상의 스트레스에서 벗어나 위로와 치유를 얻는 순간이 되기를 기대한다. 디자이너는 이에 부응하기 위해 기술력뿐만 아니라 감정 노동과 공감 능력 또한 발휘해야 한다. 상담 과정에서 고객의 이야기를 듣고, 그들의 고민과 기대를 진심으로 이해하려는 노력은 고객에게 '나를 소중히 여기는' 경험을 선사한다. 고객이 단순한 소비자가 아니라 존중받는 존재로 느껴질 때, 살롱은 단순한 미용 공간이 아니라 삶 속 작은 위로와 행복을 제공하는 공간으로 거듭날 수 있다.

감정을 이해하는 디자이너의 역할

이러한 변화 속에서 디자이너는 단순한 기술자가 아닌, 고객의 감정을 이해하고 반영하는 조력자로 자리 잡고 있다. 기술력만으로 경쟁하는 시대는 지났으며, 고객의 미묘한 감정 변화와 개별적 요구를 세심하게 살피는 능력이 필수 역량으로 부각되고 있다. 고객과의 신뢰는 단순한 외적 변화를 넘어, 지속적인 관계 형성을 가능하게 하며, 이 과정에서 고객은 자신이 살롱을 단순한 미용 공간이 아니라, 일상의 작은 위로와 행복을 찾을 수 있는 곳으로 인식하게 된다.

기술과 인간적 소통의 조화

미용 산업의 미래는 첨단 기술과 인간적 소통이 조화를 이루는 방향으로 발전할 것이다. 인공지능과 빅데이터가 고객의 스타일과 선호도를 분석하는 데 도움을 줄 수는 있지만, 고객이 진정으로 원하는 것은 데이터 이상의 따뜻한 관심과 배려이다. 디지털 도구가 제공하는 정보는 유용하지만, 고객과 직접 대면하여 그들의 이야기를 듣고, 감정을 공유하는 과정은 여전히 인간적인 경험이자 대체될 수 없는 가치로 남을 것이다. 따라서 미래의 미용 업계에서는 기술과 인간적 소통이 상호 보완적으로 발전하며, 이를 통해 고객과 디자이너 간의 진정한 관계 형성이 핵심 경쟁력이 될 것이다.

고객과 디자이너의 관계 변화

변화된 고객과 디자이너의 관계는 미용 업계 종사자들에게도 새로운 동기와 보람을 제공하고 있다. 디자이너들은 자신이 단순한 시술자가 아니라, 고객의 삶에 긍정적인 영향을 미치는 존재임을 깨닫고 자부심을 느낀다. 감정 노동이 따르지만, 고객과의 진심 어린 소통을 통해 얻는 보람은 크다. 고객이 살롱에서 느끼는 감동은 단순한 미용 시술의 성공을 넘어, 인생의 작은 기쁨과 위안으로 남는다. 이러한 경험은 고객과 디자이너 모두에게 성장의 기회를 제공하며, 결과적으로 미용 업계 전체의 긍정적인 발전을 이끌어 간다.

살롱 비즈니스의 미래

　살롱 비즈니스의 미래는 기술적 혁신과 인간적 소통이 조화를 이루며 더욱 풍부한 가치를 창출할 것이다. 고객과 디자이너가 서로를 이해하고 진정으로 소통할 때, 미용 서비스는 단순한 외적 변화를 넘어 고객의 내면에 행복과 위안을 전하는 공간으로 자리매김할 것이다. 변화된 관계 속에서 고객은 자신이 소중한 존재임을 깨닫고, 디자이너는 자신의 역할에 대한 자부심을 느끼며 더욱 열정적으로 업무에 임하게 된다. 결국, 고객과 디자이너 간의 신뢰와 공감이야말로 미용 업계의 지속 가능한 발전과 새로운 문화 창출의 핵심 원동력이 될 것이다.

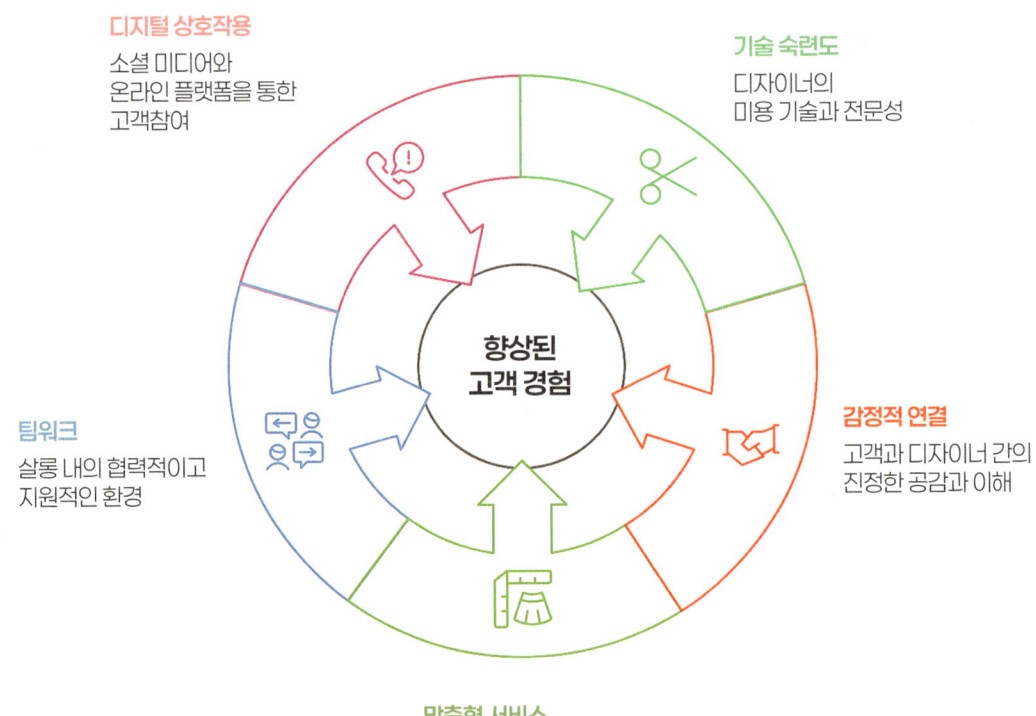

Point! 변화하는 고객과 디자이너의 관계

1. 과거의 살롱 문화
  * 디자이너의 기술력이 고객 만족을 결정하는 유일한 요소였음.
  * 고객과 디자이너의 관계는 단순한 서비스 제공과 소비의 관계로 한정됨.

2. 변화하는 고객의 기대
  * 고객은 단순히 '예쁘고 멋진 머리'가 아닌 정서적 위안과 휴식을 원함.
  * 시술 과정에서의 관심, 진심 어린 대화, 세심한 배려가 중요해짐.

3. 새로운 고객-디자이너 관계
  * 고객의 라이프스타일, 취향, 심리적 상태까지 파악하는 것이 필수.
  * 디자이너는 단순한 기술자가 아니라 '마음의 동행자'로 변화.

4. 살롱 내부의 변화
  * 경쟁 중심에서 협력과 상호 존중이 중요한 가치로 자리 잡음.
  * 팀 전체의 에너지가 고객 서비스의 질을 결정하는 요소가 됨.

5. SNS와 온라인 후기의 영향
  * 디자이너의 기술력뿐만 아니라 인간적인 매력과 철학이 중요해짐.
  * 고객은 기술력뿐만 아니라 정서적 연결을 기준으로 디자이너를 선택.

6. 미용 서비스의 본질 변화
  * 고객은 살롱을 단순한 시술 공간이 아닌 '위로와 치유'의 공간으로 인식.
  * 디자이너는 고객의 이야기를 듣고 공감하며 심리적 만족까지 고려해야 함.

7. 기술과 인간적 소통의 조화
  * AI와 빅데이터가 트렌드를 분석하지만, 따뜻한 관심과 배려는 기술로 대체 불가능.
  * 디지털 도구와 인간적 소통이 함께 발전해야 미용 서비스의 가치가 높아짐.

8. 미용 업계의 지속 가능성
  * 고객과 디자이너의 관계가 단순한 서비스 거래를 넘어 상호 성장의 기회로 작용.
  * 신뢰와 공감을 바탕으로 한 관계 형성이 미용 업계의 핵심 경쟁력이 됨.

03

카이정헤어의 3000% 성장 비결, 그리고 우리가 발견한 '인간 성장'

카이정헤어가 3000%라는 경이로운 성장률을 기록할 수 있었던 이유는 단순한 마케팅 기법이나 세일즈 전략이 아니었다. 그 본질적인 원동력은 '인본주의 성장'이라는 깊이 있는 철학에 기반을 두고 있다. 카이정헤어는 단순한 살롱이 아니라, 고객 한 사람 한 사람의 삶과 감정을 함께 고민하고 내면의 성장을 돕는 기업 문화를 조성해 왔다. 코로나19로 인해 소비 심리가 위축되고 시장의 불확실성이 커진 상황에서도, 카이정헤어는 과감하게 브랜드를 론칭하고 폭발적인 성장을 이루었다. 이는 '사람'을 중심에 두고, 진정성 있는 관계를 형성하며, 모두가 함께 성장할 수 있도록 하는 경영 철학 덕분이었다.

위기 속에서 찾은 해답: '사람을 성장시키는 것'

코로나19라는 전례 없는 위기 속에서 많은 기업들이 단기적인 매출 상승과 비용 절감을 통해 생존을 모색할 때, 카이정헤어는 근본적인 질문에 집중했다. "우리는 왜 이 일을 하는가? 성장의 원동력은 무엇인가?" 이에 대한 답은 단순하면서도 깊이 있었다. 위기 속에서도 변치 않는 진리는 '사람을 성장시키는 것'이었다. 즉, 인간 성장을 통해 관계를 더욱 깊고 의미 있게 만드는 것이었다. 여기서 말하는 '사람'은 고객뿐만 아니라 살롱에서 함께 일하는 디자이너와 크루, 그리고 미래의 미용인을 포함한 포괄적인 개념이었다. 이러한 관점은 카이정헤어가 시장의 난관을 극복하고 3000%라는 경이로운 성장을 이룰 수 있었던 근본적인 이유였다.

고객 경험의 재정의: 단순한 서비스가 아닌 '치유의 공간'

카이정헤어는 고객이 단순히 머리를 자르고 스타일링을 받는 곳이 아니라, 자신을 재발견하고 자존감을 회복하며 내면의 치유까지 경험할 수 있는 특별한 공간이 되기를 원했다. 미용 서비스가 외형적인 변화를 넘어서, 고객의 마음에 긍정적인 영향을 미칠 수 있도록 하기 위해 디자이너들은 고객의 눈빛, 말투, 미묘한 감정 변화를 세심하게 관찰하며 진심 어린 대화를 이어갔다. 고객들은 카이정헤어에서 단순한 소비자가 아니라, 자신의 이야기를 경청받고 존중받는 특별한 존재임을 느꼈다. 이러한 인간적인 교감이 형성되면서 고객과의 관계는 단발적인 만남을 넘어 장기적인 신뢰로 발전했고, 이는 브랜드 충성도와 입소문으로 이어져 지속 가능한 성장의 토대를 마련했다.

디자이너의 성장: '1인 기업'으로의 도약

또한, 카이정헤어는 내부 구성원, 특히 디자이너 개개인이 '1인 기업'으로 성장할 수 있도록 지원했다. 단순히 미용 기술을 연마하는 것을 넘어, 각 디자이너가 자신의 인간적 매력과 개성을 발휘할 수 있도록 체계적인 교육과 동기 부여 프로그램을 운영했다. 어떤 디자이너는 차분한 상담을 통해 고객에게 위로와 안정을 주었고, 또 다른 디자이너는 밝고 활기찬 에너지로 새로운 변화를 만들었다. 이처럼 디자이너 개개인의 독창성과 전문성이 살롱의 가장 큰 자산이 되면서, 고객들은 단순한 서비스 이용자가 아닌 동행자로서 존중받는 경험을 할 수 있었다.

진정한 소통과 신뢰 구축: 지속 가능한 브랜드 팬덤

카이정헤어는 단기적인 매출 증가나 이벤트 중심의 마케팅이 아닌, 고객과 디자이너 간의 진정한 소통과 신뢰 구축을 통해 장기적인 브랜드 팬덤을 형성하는 데 주력했다. 고객이 살롱에 들어서는 순간부터 세심한 상담과 정성 어린 서비스가 이어졌고, 이는 고객들에게 살롱을 단순한 미용 서비스 제공처가 아니라 자신을 이해하고 지지해 주는 동행자로 인식하게 했다. 이러한 경험은 고객의 개인적인 성장에도 기여하며, 결과적으로 카이정헤어에 대한 신뢰와 충성도를 더욱 공고히 했다.

미용업계를 넘어선 새로운 패러다임

카이정헤어의 성장 비결은 단순히 내부 경영의 성공 사례로만 머물지 않는다. 이들의 경영 철학은 미용업계를 넘어 다양한 산업에 새로운 패러다임을 제시하며, 앞으로의 기업 운영 방식에 중요한 영향을 미칠 것으로 보인다. 기술이 빠르게 발전하는 현대 사회에서 단순한 기술 경쟁만으로는 차별화를 이루기 어렵다. 오히려 고객과의 진실된 소통과 인간적인 관계 형성, 그리고 개인의 성장에 초점을 맞춘 접근 방식이야말로 지속 가능한 경쟁력이 될 것이다.

위기 속에서 더욱 빛난 '인간 중심' 경영

또한, 카이정헤어의 사례는 기업이 사회적 위기 속에서도 어떤 방향으로 나아가야 하는지에 대한 중요한 시사점을 제공한다. 코로나19라는 거대한 도전 속에서 많은 기업이 단기적인 이익과 비용 절감에 집중하는 동안, 카이정헤어는 오히려 '인간 중심'의 가치를 더욱 강조했다. 고객과의 진정한 소통, 내부 구성원 간의 신뢰와 배려가 얼마나 중요한지를 증명해 보였으며, 이러한 철학은 단기적인 트렌드를 넘어 장기적인 신뢰와 성장을 구축하는 데 결정적인 역할을 했다.

'사람이 곧 브랜드'라는 메시지

카이정헤어의 3000% 성장 비결은 단순한 기술 혁신이나 마케팅 전략에서 비롯된 것이 아니다. 그것은 사람과 사람 사이의 깊은 인간적 교감, 그리고 서로의 성장을 함께 도모하는 인본주의 경영 철학에서 비롯되었다. 고객 한 사람 한 사람의 이야기에 귀 기울이고, 그들의 감정을 세심하게 이해하며 진정성 있게 소통하는 태도는 단순한 서비스를 넘어선 가치를 창출했다. 고객과 디자이너, 그리고 모든 구성원 간에 형성된 이러한 유대감은 일시적인 성공이 아닌, 장기적인 브랜드 신뢰와 지속 가능한 성장의 기반이 되었다.

지속 가능한 성장의 비결

기술이 발전하고 시장이 급변하는 시대에서도, 단순한 기계적인 서비스나 제품만으로는 고객의 마음을 사로잡을 수 없다. 오히려 지속적인 관계 형성과 세심한 배려, 그리고 진정성 있는 소통이야말로 차별화된 경쟁력이 된다. 카이정헤어는 이러한 시대적 요구를 충족시키며, 고객과 디자이너가 함께 성장하는 미용업계의 새로운 패러다임을 제시했다.

결국, 카이정헤어의 3000% 성장은 단순한 숫자가 아닌, 위기 속에서도 변하지 않는 '인간 성장'의 가치를 실현한 결과다. 이는 고객과 디자이너, 그리고 모든 구성원이 서로의 이야기를 나누고 함께 성장할 수 있었던 깊은 소통의 결실이다. 앞으로도 카이정헤어의 이러한 철학은 미용업계를 넘어 다양한 산업에 긍정적인 영향을 미치며, 지속 가능한 발전을 위한 모델로 자리 잡을 것이다.

> **Point!** 카이정헤어 3000% 성장의 핵심 비결

1. '인본주의 성장' 철학
   * 단순한 살롱이 아닌, 고객의 인생과 감정을 함께 고민하는 기업 문화 형성
   * 단기적인 매출 상승이 아닌, 사람을 중심에 둔 경영 철학

2. 위기 속에서도 인간 중심 가치 실천
   * 코로나19 상황에서도 근본적인 질문("왜 이 일을 하는가?")에 집중
   * 고객뿐만 아니라 디자이너, 크루, 미래 미용인까지 포함한 '사람 중심' 접근

3. 미용 서비스 이상의 가치 제공
   * 고객이 자신을 재발견하고 자존감을 회복하는 공간 제공
   * 디자이너가 고객의 감정 변화를 세심하게 관찰하고 진정성 있는 소통

4. 디자이너 개개인의 '1인 기업' 성장 지원
   * 기술뿐만 아니라 인간적 매력과 개성을 발휘하도록 교육 및 동기 부여
   * 디자이너의 개성을 브랜드 자산으로 활용하여 고객과 신뢰 관계 형성

5. 장기적인 브랜드 팬덤 구축
   * 단기 이벤트 중심의 마케팅이 아닌, 고객과의 진정한 소통과 신뢰 구축
   * 고객이 살롱을 단순한 서비스 제공처가 아니라 동행자로 인식

6. 내부 조직 문화의 차별점
   * 직원 간의 신뢰와 협력을 바탕으로 한 공동체 의식 강화
   * 경쟁이 아닌 상호 존중과 협력을 통해 서비스 질 향상

7. 미용업계의 새로운 패러다임 제시
   * 단순한 기술 경쟁이 아닌, 인간적인 교감과 성장 중심의 경영 철학
   * 사람과의 진정성 있는 관계 형성이 장기적인 성공의 핵심

8. 위기 속에서 더욱 빛난 '인간 성장' 철학
   * 코로나19 같은 사회적 위기에서도 고객과 직원 간 신뢰를 기반으로 성장
   * 단순한 매출 상승이 아니라, 고객과 디자이너 모두의 성장과 자아 실현 지원

9. 사람 중심 경영이 가져온 지속 가능한 성장
   * 고객과 디자이너 간의 깊은 유대감이 브랜드 신뢰와 충성도로 이어짐
   * 인간적인 교감을 통한 지속 가능한 발전 모델 확립

새로운 미용 시대를 여는 질문

우리는 왜 미용을 하는가? 이 단순해 보이는 질문은 단순한 헤어스타일링을 넘어 더 깊은 의미를 담고 있다. 과거 미용이 단순히 머리를 다듬고 가꾸는 기술적 행위에 머물렀다면, 이제 미용은 고객의 내면적 만족과 자존감 회복, 그리고 인간적 교감의 재발견을 포함하는 개념으로 확장되고 있다. 오늘날 미용은 단순한 업종을 넘어, 사람의 삶을 바꾸는 철학이 된다.

미용이 주는 내면적 변화

미용은 단순히 외모를 정리하는 기술이 아니다. 예를 들어, 취업 면접을 앞둔 고객이 살롱을 찾는 이유는 단순히 단정한 이미지를 연출하기 위해서만이 아니다. 미용을 통해 그는 자신감을 얻고, 자신의 정체성을 확인하고, 새로운 출발의 용기를 얻는다. 또 다른 고객은 오랜만에 새로운 스타일에 도전하며 잊고 있던 활력을 되찾고, 그 변화를 통해 자신만의 이야기를 만들어간다. 이처럼 미용은 외적인 변화를 넘어 내면의 성장과 감정적 치유를 돕는 중요한 역할을 한다.

미용을 향한 인간 본연의 열망

사람들이 미용을 통해 아름다움을 추구하는 이유는 단순한 경쟁심이나 외부의 기준 때문이 아니다. 인간 본연의 욕구, 즉 내면에 숨겨진 아름다움과 가능성을 표현하고자 하는 열망이 미용을 향한 진정한 동력이 된다. "내 안의 아름다움을 끌어내고 싶다"는 열망은 사회적 관계 속에서 더욱 뚜렷해지며, 이를 실현할 수 있는 무대가 바로 살롱이다. 따라서 미용은 단순한 기술이 아니라, 미용사가 고객의 마음을 읽고 그들의 이야기를 경청하며, 각자의 고유한 아름다움을 표현할 수 있도록 돕는 동행자의 역할을 수행하는 과정이다.

기술을 넘어선 맞춤형 미용

과거에는 커트 기술, 펌 기술, 염색 기법 등이 고객 만족의 핵심 요소로 여겨졌다면, 오늘날 고객들은 그 이상을 기대한다. 그들은 자신의 라이프스타일과 개성을 반영하는 맞춤형 접근을 원하며, 살롱을 단순한 서비스 제공처가 아닌 삶의 한 부분으로 받아들인다. 이에 따라 미용사는 단순한 시술자가 아니라, 고객의 내면을 이해하고 그들의 감정과 이야기에 귀 기울이는 조력자로서 역할을 수행하게 된다. 기술과 감성이 결합된 이 새로운 미용 방식은 고객에게 외적인 변화뿐만 아니라 정서적 만족과 삶의 긍정적인 전환을 동시에 제공한다.

미용이 가져오는 긍정적 변화

　미용을 통한 변화는 작을 수 있지만, 그 영향력은 결코 작지 않다. 새로운 헤어스타일을 통해 "나도 이렇게 예쁠 수 있구나"라는 자신감을 얻는 고객, 과감한 변화를 선택하며 삶의 전환점을 맞이하는 고객, 혹은 오랜 시간 쌓인 부정적인 감정을 털어내고 다시 희망을 찾는 고객 모두가 미용을 통해 스스로의 가치를 재발견하고 삶의 질을 높인다. 이러한 변화의 순간마다 미용사는 단순한 기술 제공자를 넘어 고객의 인생 여정에 함께하는 동행자로 자리 잡으며, 자신의 역할이 얼마나 소중한지를 몸소 체감하게 된다.

살롱, 단순한 시술 공간을 넘어

　살롱의 공간 또한 단순한 시술 장소에서 벗어나, 인간적인 소통과 치유의 장으로 변화하고 있다. 이제 살롱은 고객이 일상의 무게를 내려놓고, 자신의 이야기를 편안하게 나눌 수 있는 쉼터가 된다. 고객과 미용사가 나누는 대화는 단순한 정보 교환을 넘어 깊은 이해와 신뢰를 형성하며, 이는 고객 충성도로 이어진다. 미용사는 고객의 작은 변화 하나하나에 집중하며, 그들이 겪는 삶의 전환점을 함께 만들어가는 파트너가 된다. 이러한 과정에서 쌓인 진정한 소통과 공감은 살롱을 단순한 미용 서비스 제공처가 아닌, 사람들의 삶에 긍정적인 영향을 미치는 중요한 사회적 공간으로 탈바꿈시킨다.

현대 미용의 방향성과 역할

　현대 미용은 더 이상 외형적인 아름다움만을 추구하지 않는다. 오늘날 미용은 고객의 내면을 돌보고, 그들의 자존감을 회복시키며, 삶의 여러 순간마다 긍정적인 변화를 만들어내는 종합적인 활동으로 발전하고 있다. 미용사는 단순한 기술자가 아니라, 고객의 개성과 라이프스타일, 내면의 욕구를 깊이 이해하고 이에 맞는 스타일을 제안하는 전문가여야 한다. 이러한 접근 방식은 고객에게 단순한 외모 변화 이상의 감동을 제공하며, 미용을 통해 고객은 자신만의 특별한 이야기를 만들어갈 수 있다.

미용의 본질과 미래

　결국, "우리는 왜 미용을 하는가?"라는 질문에 대한 답은 명확하다. 미용은 단순히 머리를 다듬는 기술이 아니라, 사람들의 삶에 긍정적이고 의미 있는 변화를 가져오는 본질적인 활동이다. 미용사는 기술을 넘어 고객의 내면을 살피고, 그들의 감정과 꿈을 이해하며, 이를 바탕으로 진정한 아름다움을 실현하는 예술가이자 동행자로 자리 잡는다. 이러한 미용의 본질을 깊이 깨달은 디자이너는 고객과의 신뢰

인간 중심의 미용 철학

와 유대를 쌓아가며, 미용을 단순한 직업 이상의 가치 있는 업(業)으로 승화시킨다.

새로운 시대의 미용은 앞으로도 사람들과 함께 성장하며, 변화하는 사회 속에서 그 의미와 역할을 계속 확장해 나갈 것이다. 기술적 요소만으로 설명할 수 없는 인간 중심의 미용 철학은, 오늘날 우리에게 진정한 아름다움이란 내면의 건강과 마음의 치유에서 비롯된다는 사실을 일깨워 준다. 살롱의 문을 여는 순간부터, 고객은 단순한 외모 변화 이상의 경험―자신을 재발견하고, 내면의 아름다움을 표현하며, 삶의 한 페이지를 새롭게 장식하는 여정―을 시작하게 된다.

이처럼 미용은 단순히 외형을 가꾸는 것을 넘어, 사람과 사람 사이의 깊은 소통과 정서적 연결, 그리고 내면의 성장을 위한 중요한 매개체로 기능한다. 앞으로도 미용사는 고객 한 사람 한 사람의 이야기에 귀 기울이며, 그들의 고유한 아름다움을 발견하고 드러낼 수 있도록 돕는 역할을 충실히 수행할 것이다. 그렇게 될 때, 미용은 단순한 기술을 넘어 인간의 삶을 더욱 풍요롭고 의미 있게 만드는 소중한 예술로 자리매김할 것이다.

> **Point!** 새로운 미용 시대를 여는 질문

1. **미용의 의미 변화**
   * 미용은 단순한 외적 변화를 넘어 삶의 질을 향상하고 스스로를 새롭게 발견하도록 돕는 과정이다.

2. **미용이 주는 내면적 변화**
   * 미용은 외모 정리를 넘어 자신감을 얻고, 정체성을 재확인하며, 새로운 시작을 위한 용기를 제공한다.

3. **미용을 향한 인간 본연의 열망**
   * 미용을 통해 내면의 아름다움과 가능성을 표현하고자 하는 열망이 존재한다.

4. **기술을 넘어선 맞춤형 미용**
   * 고객은 단순한 기술이 아닌 라이프스타일과 개성을 반영한 맞춤형 서비스를 원하며, 미용사는 조력자로서 역할을 수행해야 한다.

5. **미용이 가져오는 긍정적 변화**
   * 작은 변화가 큰 자신감과 삶의 전환을 가져올 수 있으며, 미용사는 고객의 인생 여정에 동행자로 자리 잡는다.

6. **살롱, 단순한 시술 공간을 넘어**
   * 살롱은 고객이 편안하게 이야기를 나누고 신뢰를 형성하는 공간이 되며, 소통과 공감이 중요한 요소가 된다.

7. **현대 미용의 방향성과 역할**
   * 현대 미용은 외적 아름다움을 넘어서 고객의 내면을 돌보고 자존감을 회복시키는 종합적인 활동으로 발전하고 있다.

8. **미용의 본질과 미래**
   * 미용은 단순한 기술이 아니라, 사람들의 삶에 긍정적인 변화를 가져오는 활동이며, 미용사는 예술가이자 동행자로서 역할을 한다.

9. **인간 중심의 미용 철학**
   * 기술적 요소를 넘어 내면의 건강과 마음의 치유가 중요한 미용 철학이 자리 잡고 있으며, 미용사는 고객의 고유한 아름다움을 발견하고 돕는 역할을 수행해야 한다.

05 헤어살롱의 미래: '장사'를 넘어 '본질경영'으로

과거 헤어살롱은 단순한 '장사'의 영역에 머물렀다. 고객 수가 많아지면 매출이 오르고, 매출이 오르면 성공이라는 단순한 공식이 자리 잡고 있었다. 이 시기에는 비용 절감과 기술적 숙련도를 통해 경쟁력을 확보하는 것이 일반적이었다. 그러나 오늘날의 미용 시장은 이러한 숫자 경쟁을 넘어서, 새로운 패러다임으로 전환되고 있다. 고객들은 이제 단순한 미용 서비스를 넘어, 자신을 이해하고 공감해주는 맞춤형 경험을 원하고 있다. 이에 따라 미용업계는 본질경영을 통해 고객과 디자이너 모두가 만족할 수 있는 변화를 모색해야 한다.

변화하는 고객의 기대

현대 소비자들은 단순히 가격 경쟁력이나 빠른 시술 속도를 중요하게 여기지 않는다. 대신, 자신을 존중받고, 정서적으로 공감받을 수 있는 경험을 원한다. 단순한 '가성비'에서 벗어나, '가심비'를 중시하는 트렌드가 미용업계에도 영향을 미치고 있다. 즉, 살롱은 단순히 머리를 손질하는 공간에서 벗어나, 고객의 삶의 질을 높이고 내면적 변화를 촉진하는 장소로 거듭나야 한다. 고객들은 이제 단순한 서비스 제공자가 아니라, 자신과 함께 고민하고 성장할 수 있는 동행자를 원하며, 이러한 변화는 살롱 운영 방식의 근본적인 재고를 요구하고 있다.

본질경영이란 무엇인가?

본질경영은 '왜 미용을 하는가', '왜 고객을 맞이하는가'라는 근본적인 질문에서 출발한다. 단순한 매출 증대나 단기적인 판촉 전략이 아니라, 살롱의 존재 이유와 핵심 가치를 재정립하는 것이다. 오늘날의 고객들은 기술력만으로 만족하지 않는다. 이미 대부분의 살롱이 일정 수준 이상의 커트, 펌, 염색 기술을 보유하고 있기 때문이다. 고객이 진정으로 감동하고 다시 방문하는 이유는 바로 인간적인 접촉과 신뢰, 그리고 진정성 있는 소통에 있다.

디자이너의 성장과 본질경영

헤어살롱의 성공을 결정짓는 중요한 요소 중 하나는 바로 디자이너의 성장이다. 과거에는 경영자가 살롱의 모든 결정을 주도했지만, 이제는 디자이너들이 고객과 가장 가까운 접점에서 그 역할을 수행하며 살롱의 문화를 형성하는 주체가 되고 있다. 고객은 단순한 시술을 넘어, 자신의 이야기를 들어주고 공감해주는 디자이너를 찾는다. 디자이너가 자신의 정체성과 철학을 확립하고, 고객과 진솔하게 소통할 때, 고객은 단순한 소비자를 넘어 살롱의 팬이 된다. 이러한 팬들은 자연스럽게 입소문을 통해 새로운 고객을 유치하는 긍정적인 선순환 구조를 만들어낸다.

디자이너의 성장은 단순한 기술 훈련을 넘어선다. 고객의 감정을 이해하고 공감하는 능력은 오랜 경험과 꾸준한 자기 계발을 통해 형성되며, 이는 본질경영의 철학 아래에서 더욱 강화될 수 있다. 살롱이 단순한 미용 서비스를 제공하는 공간이 아니라, 고객과 디자이너가 함께 성장하는 공간으로 자리 잡을 때, 비로소 지속 가능한 성장이 가능해진다.

조직 문화와 본질경영

살롱 내부의 조직 문화 역시 본질경영의 핵심 요소 중 하나이다. 디자이너들이 서로를 존중하고 함께 성장할 수 있는 환경이 조성될 때, 이는 자연스럽게 고객이 체감하는 서비스의 질로 이어진다. 내부 구성원이 함께 배우고 발전하는 분위기를 조성하면, 고객 역시 이러한 긍정적인 에너지를 경험하게 된다. 살롱이 성공하기 위해서는 구성원 모두가 하나의 비전 아래에서 협력하며 성장할 수 있는 공동체적 문화를 구축해야 한다.

MZ세대와 미용 산업의 변화

MZ세대의 등장은 미용 산업에 또 다른 변화를 가져왔다. 이들은 기존의 기술력이나 가격 경쟁에 만족하지 않으며, 자신만의 개성과 라이프스타일을 반영한 맞춤형 서비스를 원한다. 디자이너가 고객의 요구를 세심하게 파악하고, 개개인의 감정과 취향을 반영한 스타일을 제안할 때, MZ세대 고객은 높은 충성도를 보인다. 동시에, MZ세대 미용인들은 SNS와 디지털 플랫폼을 활용하여 자신만의 철학과 브랜드를 적극적으로 표현하고 있으며, 이는 살롱의 이미지와 문화 형성에 중요한 영향을 미치고 있다.

디지털 시대의 도래와 함께, 소비자들은 다양한 정보와 선택지를 접할 수 있게 되었다. 이제 고객은 단순히 가격 비교를 넘어, 실제 서비스 경험과 감동, 그리고 디자이너와의 관계를 중시한다. 단순한 이벤트나 판촉 전략으로는 고객의 충성도를 유지하기 어려운 시대가 된 것이다.

본질경영의 실천과 지속 가능성

본질경영은 단순한 경영진의 슬로건이나 일회성 캠페인이 아니다. 이는 고객을 대하는 태도, 디자이너의 내면적 성장, 그리고 살롱 내부의 협력과 소통 문화 전반에 걸쳐 스며들어야 하는 경영 철학이다. 살롱이 '왜 이 일을 하는가'에 대한 명확한 철학과 비전을 가지고 있다면, 이는 디자이너들에게 자부심을 부여하고, 고객에게도 신뢰와 감동으로 전달될 것이다. 이러한 진정성은 고객의 장기적인 충성도로 이어지며, 결국 살롱의 지속 가능한 성장을 이끄는 원동력이 된다.

결론: 헤어살롱의 미래는 본질경영에 달려 있다

오늘날 헤어살롱은 단순히 머리를 자르는 공간을 넘어, 고객의 자존감과 정체성을 회복시키고 삶의 변화를 함께 만들어가는 '동행자'로 자리 잡아야 한다. 이를 위해서는 기존의 '장사' 중심적 사고에서 벗어나, 본질경영이라는 근본적인 철학을 바탕으로 새로운 전략을 세워야 한다. 고객 한 사람 한 사람의 이야기에 귀 기울이며, 그들의 감정을 세심하게 살펴 진정성 있는 서비스를 제공할 때, 살롱은 단순한 소비 공간이 아니라, 고객의 삶에 긍정적인 영향을 미치는 특별한 장소로 거듭날 수 있다.

앞으로의 미용 산업은 기술적 우수성과 가격 경쟁력에 머무르지 않고, 고객과 디자이너 모두가 만족할 수 있는 문화를 창출하는 방향으로 나아가야 한다. 고객의 변화하는 기대와 시대적 흐름을 감안할 때, 단순한 '장사'가 아닌 '본질경영'을 실천하는 살롱만이 미래 시장에서 살아남을 수 있을 것이다. 이는 살롱이 단순한 서비스 제공 공간을 넘어, 고객과 디자이너 모두에게 감동과 신뢰를 선사하는 '삶을 변화시키는 공간'으로 자리 잡는 길이기도 하다.

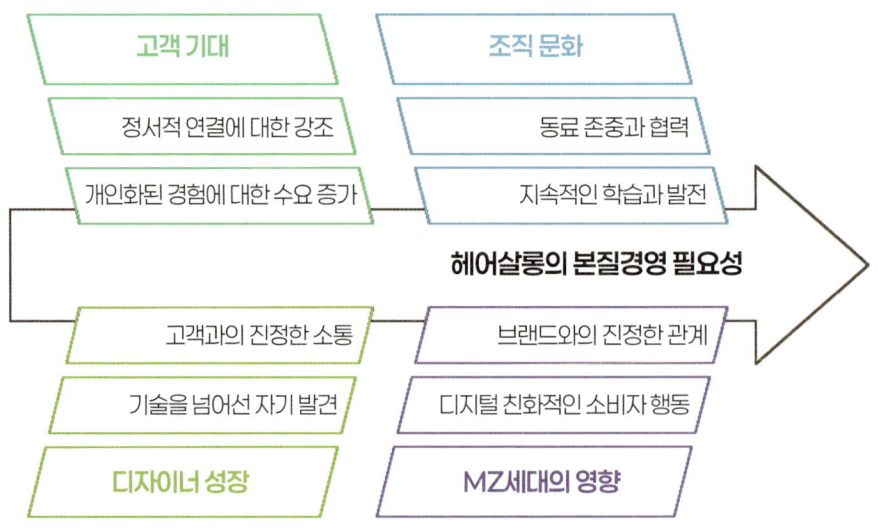

Point! 헤어살롱의 미래: '본질경영'이 필요한 이유

1. **단순한 장사에서 벗어나야 함**
   * 과거의 살롱은 매출 중심의 장사 개념이었지만, 오늘날 고객들은 단순한 시술이 아닌 감성과 공감을 원한다.

2. **고객의 기대 변화**
   * 가격 경쟁보다는 '가심비'(감성+가치)를 중요시하며, 자신을 존중받는 경험을 원한다.

3. **본질경영의 핵심**
   * 기술력만으로는 성공할 수 없으며, 신뢰와 진정성 있는 소통이 필수적이다.

4. **디자이너의 역할 변화**
   * 고객과 공감하고 소통하는 디자이너가 되어야 하며, 이를 통해 자연스럽게 충성도 높은 고객층이 형성된다.

5. **살롱 내부 문화의 중요성**
   * 직원 간의 협력과 성장 환경이 서비스의 질을 결정하며, 고객 만족으로 이어진다.

6. **MZ세대와 디지털 변화**
   * 개인화된 서비스와 SNS 브랜딩이 중요하며, 살롱도 디지털 트렌드에 적응해야 한다.

7. **지속 가능한 성공 전략**
   * 단기적인 판촉이 아닌, 철학과 비전이 있는 경영을 통해 고객과 디자이너가 함께 성장하는 살롱이 되어야 한다.

4차 산업혁명과 MZ세대, 그리고 초격차의 시대

4차 산업혁명의 영향은 더 이상 먼 미래의 이야기가 아니다. 인공지능, 로봇, 자동화, 초연결 네트워크 등 첨단 기술이 생산과 유통을 넘어 소비자의 일상까지 디지털화하면서 산업 전반에 큰 변화를 가져왔다. 과거 미용 업계에서는 "머리 자르는 일과 4차 산업혁명이 무슨 관련이 있는가?"라는 회의적인 시각이 지배적이었지만, 이제 이러한 경계는 점차 허물어지고 있다. 헤어살롱의 모든 과정이 기술과 인간의 소통이 결합된 형태로 재정의되면서, 미용업계에도 혁신의 기회가 열리고 있다.

디지털 시대의 미용업: 변화하는 소비 패턴

과거에는 기술력과 숙련도가 살롱의 성공을 결정짓는 핵심 요소였다. 뛰어난 기술을 보유한 디자이너가 입소문을 통해 고객을 모으는 방식이 일반적이었다. 그러나 이제 고객들은 온라인 검색과 SNS를 통해 스타일과 후기를 비교하고, 자신과 맞는 살롱과 디자이너를 선택한다. 단순히 서비스의 질만을 평가하던 시대를 넘어, 디자이너 개인의 브랜딩과 살롱의 온·오프라인 전략이 필수적인 요소가 되었다.

MZ세대(1980년대~2000년대 초반 출생자)는 디지털 네이티브로서, 살롱 선택 기준 역시 기존과 다르다. 이들은 인스타그램, 블로그, 유튜브 등의 플랫폼을 활용해 스타일 포트폴리오와 실제 고객 후기를 꼼꼼히 확인한 후, 가치관을 공유할 수 있는 디자이너를 찾는다. 단순한 할인 행사나 이벤트, 형식적인 친절 서비스는 더 이상 MZ세대의 마음을 사로잡지 못한다. 이들은 개성과 라이프스타일을 존중받으며, 디자이너와 진정성 있는 소통을 통해 신뢰를 형성하는 '경험'을 중시한다.

초격차를 실현하는 미용업의 경쟁력

미용업계가 당면한 가장 큰 도전은 바로 '초격차'를 이루는 것이다. 초격차란 경쟁자들과의 차이를 극대화해 독보적인 시장 지위를 확보하는 전략을 의미한다. 과거에는 우수한 커트 기술이나 디자인 처리 능력이 초격차의 핵심 요소였지만, 오늘날 그러한 기술은 누구나 빠르게 습득할 수 있는 시대가 되었다.

결국 고객의 마음을 움직이는 것은 '인간성'이다. 디지털 기술을 활용하더라도, 고객의 감정과 이야기에 공감하고 진정성 있는 소통을 할 줄 아는 디자이너만이 기술을 '살아있는 경험'으로 변환할 수 있다.

인공지능(AI)과 빅데이터 기술은 고객의 모발 상태, 얼굴형, 선호 스타일을 분석하고 시술 전 시뮬레이션을 제공하는 등 살롱 운영의 효율성과 신뢰도를 높이는 데 기여하고 있다. 그러나 고객이 최종적으로 스타일을 선택하는 순간, 가장 중요한 요소는 기술이 아니라 "이 스타일이 나에게 정말 어울릴까?"라는 인간적인 고민이며, 이에 대한 디자이너의 따뜻한 조언이 결정적 역할을 한다. 즉, 아무리 정교한 시뮬레이션이 존재하더라도, 고객의 감성과 욕구에 공감하는 디자이너의 존재 없이는 만족스러운 경험이 완성될 수 없다.

MZ세대가 원하는 살롱: 기술을 넘어 감성을 연결하는 공간

MZ세대는 단순한 서비스 이상의 가치를 추구한다. 이들은 디지털 기기를 통해 쉽게 정보를 얻고 선택의 폭이 넓어진 만큼, 자신을 이해하고 공감해 줄 수 있는 살롱을 찾는다. 따라서 개별 디자이너의 기술력만 강조하는 것보다, 살롱 전체가 팀워크를 이루어 고객에게 일관된 브랜드 가치와 메시지를 전달하는 것이 중요하다.

즉, 디자이너 개인의 브랜딩과 함께, 살롱의 통합된 브랜드 철학, 구성원 간의 상호 존중과 협력 문화가 초격차를 실현하는 핵심 요소가 된다.

초격차를 위한 변화 전략: 사람 중심의 경영

디지털 시대에 미용업계의 오너와 디자이너들은 단순한 기술 도입과 이벤트 기획을 넘어, '사람'에 대한 깊은 이해와 소통을 최우선으로 고려해야 한다. 복잡한 기술적 변화 속에서도 중요한 것은 고객과의 정서적 연결고리를 형성하는 것이다. 기술은 단순한 도구일 뿐, 그것을 활용하여 고객과 어떤 경험을 공유하고 감성적 유대감을 형성하느냐가 성공을 좌우한다.

4차 산업혁명은 결국 우리에게 "다시 사람 중심으로 돌아가라"는 메시지를 던진다. 첨단 기술이 제공하는 효율성과 정보의 홍수 속에서도, 고객들은 여전히 자신의 개성과 감성을 존중받길 원한다. 살롱이 단순한 시술 공간이 아니라 고객과 디자이너, 그리고 구성원 모두가 함께 성장하는 '동행자'로 자리 잡을 때, 비로소 초격차를 실현할 수 있다.

결론: 디지털과 인간미의 조화

디지털 전환 시대에서 살롱 운영은 단순한 기술 도입 이상의 의미를 갖는다. 기술과 인간미, 그리고 조직 문화가 조화를 이룰 때, MZ세대가 기대하는 '진정성 있는 경험'을 제공할 수 있다.

예를 들어, 온라인 예약 시스템과 디지털 리뷰 플랫폼은 고객의 선택을 돕는 중요한 요소지만, 그 뒤에서 고객 개개인에 대한 깊은 관심과 세심한 서비스가 동반되어야만 그 효과가 극대화된다.

살롱의 경쟁력은 단순한 할인 행사나 일회성 이벤트로 만들어지는 것이 아니다. 진정한 초격차는 기술이 복제할 수 없는 '사람의 온기'와 디자이너의 독창적인 감성, 그리고 고객의 삶에 실질적인 변화를 가져오는 경험에서 비롯된다.

따라서 미용업계의 오너와 경영진은 디지털 전환과 MZ세대의 특성을 이해하는 동시에, 살롱이 지향하는 가치와 문화를 명확히 설정해야 한다. 내부 구성원들이 한마음 한뜻으로 고객에게 진심을 다하는 문화를 조성한다면, 시장이 아무리 급변하더라도 살롱은 독보적인 경쟁력을 유지할 수 있다.

결국, 4차 산업혁명과 MZ세대, 그리고 초격차라는 세 가지 흐름은 미용업계의 판도를 완전히 바꾸고 있다. 누구나 기술을 습득할 수 있지만, 고객의 감성과 라이프스타일을 깊이 이해하고 내면의 변화를 이끌어내는 힘은 쉽게 복제할 수 없는 초격차의 원천이다.

이러한 시대적 변화 속에서 미용업계는 단순한 상품 판매를 넘어, 고객과 함께 성장하는 '경험 경제'를 실현해야 한다. 고객 한 사람 한 사람의 이야기에 귀 기울이고, 그들의 개성과 감성을 존중하며, 디자이너와 살롱 전체가 하나의 팀으로서 진정한 가치를 실현할 때, 살롱은 단순한 서비스 제공처가 아닌 고객의 삶을 변화시키는 '혁신의 공간'으로 자리매김할 것이다.

미용 산업 혁신의 요소

통합된 팀 문화
협력적인 팀워크는 향상된 고객경험을 보장한다.

첨단 기술
인공지능과 자동화 같은 기술이 미용 서비스를 변화시키고 있다.

미용 산업 혁신

개인화된 경험
고객은 맞춤형 서비스와 진정한 상호작용을 원한다.

디지털 네이티브 고객
MZ세대는 디지털 플랫폼에서 정보를 찾고 경험을 공유한다.

Point! 헤어살롱의 미래: '본질경영'이 필요한 이유

1. 4차 산업혁명과 미용업의 변화
- 인공지능, 자동화, 초연결 네트워크 등의 기술이 미용업계에도 영향을 미치며, 디지털과 인간의 소통이 융합되는 시대가 열리고 있다.
- 고객들은 온라인 검색과 SNS를 통해 살롱을 선택하며, 단순한 기술력보다 브랜드 가치와 경험을 중시한다.

2. MZ세대의 소비 특성
- MZ세대는 '디지털 네이티브'로서 인스타그램, 블로그, 유튜브 등을 통해 디자이너의 스타일과 철학을 살펴본다.
- 단순한 할인이나 친절 서비스보다 개성과 라이프스타일을 존중받는 '경험'을 중요하게 여긴다.

3. 초격차 전략의 필요성
- 과거에는 기술력이 경쟁력이었지만, 이제는 누구나 기술을 쉽게 습득할 수 있어 차별화 요소가 부족하다.
- 고객의 마음을 움직이는 요소는 '진심 어린 상담과 공감'이며, 이를 통해 살롱만의 독보적인 경쟁력을 확보해야 한다.

4. 디지털 기술과 인간미의 조화
- AI와 빅데이터를 활용한 스타일 분석, 시뮬레이션 등의 기술이 고객 편의를 높이지만, 결국 최종 선택은 디자이너와의 신뢰가 결정한다.
- 살롱 전체가 하나의 브랜드 철학을 공유하고, 팀워크와 고객 경험을 강화해야 한다.

5. 살롱이 나아가야 할 방향
- 단순한 마케팅 이벤트나 기술 도입이 아니라, '사람 중심의 경영'이 중요하다.
- 고객과 디자이너가 함께 성장하는 '경험 경제'를 실현하여, 살롱을 고객의 삶에 긍정적인 변화를 주는 공간으로 만들어야 한다.

결론적으로, 4차 산업혁명과 MZ세대의 변화 속에서 진정한 초격차를 이루려면, 기술을 활용하되 그 중심에는 '사람과 공감'이 있어야 한다.

KAI JUNG

Part. 1

| 인본주의 미용:
사람과 사랑에서 시작되는 변화

1장. 헤어비즈니스, 본질을 묻다

1. 미용의 근본은 "아름답고 행복하고 싶다"

　헤어 비즈니스의 본질을 탐구하는 것은 단순히 머리를 자르고 스타일을 완성하는 기술적 측면을 넘어, 인간 본연의 욕구와 감정을 깊이 들여다보는 일이다. 미용의 근본적인 가치는 '아름답고 행복하고 싶다'는 우리 모두의 내면 깊은 열망에서 출발한다. 사람은 누구나 외적인 아름다움뿐만 아니라 내면의 만족과 행복을 갈망하며, 이는 헤어살롱을 찾는 고객들의 심리에서도 분명하게 드러난다. 그들은 단순한 외모 개선을 넘어, 자존감을 회복하고 새로운 활력을 얻으며, 스스로를 재발견하는 과정을 경험하고자 한다.

　헤어살롱은 단순한 미용 서비스를 제공하는 공간을 넘어, 고객이 자신의 모습을 거울을 통해 마주하며 '나'라는 존재를 재확인하는 특별한 장소로 재정의되고 있다. 살롱 의자에 앉는 순간, 고객은 단순히 머리 모양을 바꾸는 것이 아니라, 자신이 어떤 모습으로 변화하고 싶은지를 고민한다. 아름다운 헤어스타일은 단순한 외형의 변화가 아니라, "나는 가치 있고 멋진 사람이다"라는 긍정적인 확신을 심어주는 강력한 힘이 있다. 이처럼 미용은 고객이 스스로를 사랑하고, 새로운 자신을 발견하는 데 중요한 역할을 한다.

고객과의 공감이 핵심이다

　미용업의 진정한 사명은 기술적 완성도를 뛰어넘어, 고객 한 사람 한 사람의 이야기를 경청하고 그들이 가진 감정과 열망을 진심으로 공감하는 데 있다. 과거에는 "머리만 잘 자르면 된다"는 논리로 고객을 모았지만, 현대의 고객들은 자신을 존중하고 이해해 줄 디자이너를 찾는다. 기술력은 미용인의 필수 역량이지만, 그 기술이 전달되는 방식—즉, 따뜻한 미소, 세심한 배려, 고객의 이야기를 경청하는 태도야말로 미용의 본질을 실현하는 열쇠이다.

　'인본주의 미용'은 이러한 관점에서 출발한다. 미용은 단순한 외형의 변화가 아니라, 고객이 내면에 숨겨진 아름다움과 가능성을 발견하고 성장하도록 돕는 과정이다. 고객이 살롱을 찾는 이유는 최신 트렌드의 헤어스타일을 얻기 위해서가 아니라, 그 과정을 통해 스스로를 돌보고 사랑받고 있다는 느낌을 받기 위해서다. 디자이너가 진심 어린 상담을 통해 고객의 이야기에 귀 기울이고, 그들의 개성과 생활 패턴을 반영한 스타일을 제안할 때, 고객은 단순한 외적 변화뿐만 아니라 내면에서부터 자신감과 위안을 얻는다.

미용이 사람을 변화시키는 힘

　미용의 힘은 단순한 기술적 숙련이나 최신 장비의 도입만으로 완성되지 않는다. 물론 기술력은 중요하지만, 그 기술이 고객의 삶에 어떻게 녹아들어 그들이 스스로를 소중하게 여기고 자신을 재발견하도록 돕는지가 더 본질적인 요소이다. 살롱에서의 한 번의 시술은 단순한 미용 서비스가 아니라, 고객의 삶 속에서 작은 전환점이 될 수 있다. 스트레스와 피로가 쌓인 일상 속에서 디자이너의 따뜻한 말과 섬세한 배려는, 지친 고객에게 다시 자신을 사랑할 힘을 선물한다.

이러한 인본주의적 접근은 고객에게 감동을 주는 것을 넘어, 살롱 내부의 문화와 조직 구성원들 간에도 긍정적인 변화를 이끌어낸다. 디자이너와 직원들이 서로를 경쟁자가 아닌 동료로 인식하며 함께 성장하고 발전을 응원하는 분위기를 조성할 때, 이러한 긍정적인 에너지는 고객에게도 자연스럽게 전달된다. 모두가 한마음으로 고객 한 사람 한 사람에게 진심을 다할 때, 그 살롱은 단순한 미용 공간을 넘어 고객의 삶에 긍정적인 변화를 선사하는 '힐링의 장'이 될 수 있다.

지속 가능한 성공을 위한 미용 철학

물론 현실적인 경영 환경에서 매출과 기술력 또한 중요한 요소이다. 하지만 매출 목표에만 집착하는 살롱은 본질을 잃기 쉽다. 고객과의 진정성 있는 소통과 인간적인 배려를 중심으로 운영될 때, 자연스럽게 충성 고객층이 형성되고, 그 결과 매출도 지속적인 성장을 이루게 된다. 고객은 단순한 가격 경쟁이나 일회성 이벤트보다, 자신을 진심으로 이해하고 존중해 주는 살롱을 선택하며, 이러한 경험을 주변과 공유하게 된다.

살롱 비즈니스에서 미용의 근본을 다시 묻는다는 것은, 기술이나 장사의 논리를 넘어 '사람을 아름답고 행복하게 만드는 일'이라는 본질을 잊지 않는다는 다짐이다. 이는 미용인이 스스로 "나는 누구이며, 왜 이 일을 하는가?"라는 질문을 끊임없이 던지고, 그 답을 고객에게 전달하는 노력으로 이어진다. 고객은 살롱에서 머리 한 올 한 올이 정성스레 다듬어질 때, 그 순간마다 그들은 자신이 존중받고, 사랑받고 있다는 메시지를 받는다.

미용의 본질은 '진정한 연결'에 있다

미용의 본질은 기술적 완성도를 넘어, 사람과 사람 사이의 진심 어린 연결고리에 있다. '아름답고 행복해지고 싶다'는 인간의 근원적인 욕구를 깊이 이해하고, 이를 실현할 수 있도록 돕는 것이 살롱 비즈니스의 진정한 가치이다. 인본주의 미용이 실현된 살롱은 단순한 외적인 변화에 그치지 않고, 고객과 디자이너 모두가 서로의 존재 가치를 확인하고 함께 성장할 수 있는 공간이 된다. 이러한 환경이 조성될 때, 미용은 단순한 업종이 아니라, 사람들의 삶을 변화시키고 더 나은 내일을 꿈꾸게 하는 귀중한 직업이자 철학이 될 것이다.

미용의 인본주의 계층

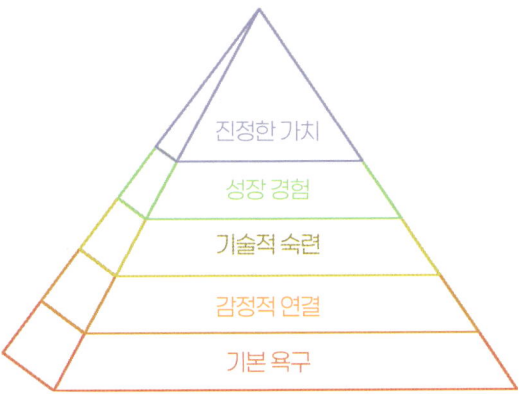

- 진정한 가치
- 성장 경험
- 기술적 숙련
- 감정적 연결
- 기본 욕구

Point! 미용의 근본은 "아름답고 행복하고 싶다"

1. 미용의 본질
* 미용은 단순한 기술이 아니라, '아름답고 행복하고 싶다'는 인간의 근본적인 욕구에서 출발한다.
* 헤어살롱은 외모를 가꾸는 공간을 넘어, 고객이 자존감을 회복하고 스스로를 재발견하는 장소가 되어야 한다.

2. 고객과의 공감이 핵심
* 고객들은 단순한 스타일 변화가 아닌, 자신을 존중하고 이해해 줄 디자이너를 찾는다.
* 미용은 최신 트렌드 적용이 아니라, 고객의 개성과 감정을 반영한 스타일 제안과 공감이 중요하다.

3. 미용이 사람을 변화시키는 힘
* 기술보다 중요한 것은 고객의 내면을 변화시키는 힘이며, 디자이너의 관심과 배려가 고객의 자존감을 높인다.
* 살롱 내부의 긍정적인 조직 문화는 고객에게도 전달되어, '힐링의 장'이 될 수 있다.

4. 지속 가능한 성공을 위한 미용 철학
* 단기적인 매출보다 고객과의 진정성 있는 소통이 장기적인 성장의 핵심이다.
* 고객은 단순한 가격 경쟁보다, 자신을 존중해 주는 살롱을 찾고 경험을 공유한다.

5. 미용의 본질은 '진정한 연결'
* 미용은 사람과 사람 사이의 따뜻한 연결고리를 만드는 일이다.
* 고객과 디자이너가 함께 성장하는 공간이 될 때, 미용은 단순한 업종을 넘어 삶을 변화시키는 예술이자 철학이 된다.

2 기술 중심 시대의 한계와 인간 중심 시대의 시작

현대 미용업계는 오랫동안 "얼마나 빠르고 정확하게 시술하는가"와 "최신 기술을 얼마나 잘 활용하는가"에 초점을 맞추며 발전해 왔다. 과거 고객들은 디자이너의 기술력을 기준으로 살롱을 선택했고, 살롱 역시 최신 펌, 커트, 염색 기법을 앞세워 경쟁력을 확보해왔다. 그러나 기술의 상향 평준화와 빠른 변화 속도 속에서, 단순히 기술력만으로 독보적인 우위를 점하기는 점점 더 어려워지고 있다. 이는 기술의 가치가 낮아졌다는 의미가 아니라, 기술 중심의 경쟁 속에서 미용업이 본래 추구해야 할 "사람을 위한 본질"이 점차 희미해졌음을 시사한다.

미용의 본질적인 목적은 단순히 외적인 변화를 만드는 데 그치지 않는다. 고객이 살롱을 찾는 이유는 단순히 머리를 손질하기 위해서가 아니라, 자신을 재발견하고 내면의 고민을 나누며 정서적 위로와 안정을 찾기 위해서다. 최신 기술과 빠른 시술이 주는 편리함과 효율성은 분명 매력적이지만, 이 과정에서 고객과의 정서적 공감과 인간적인 연결이 부족할 경우, 소외감을 초래할 수도 있다. 결국 "나를 아름답게 해주는 곳"이라는 살롱의 본질은 외적인 변화뿐만 아니라, 고객이 마음의 안정과 배려를 경험할 수 있는 공간을 제공하는 데 있다.

기술 중심에서 인간 중심으로의 전환

코로나19 팬데믹은 우리 사회가 기술적 편리만으로 해결할 수 없는 다양한 문제에 직면하게 만들었다. 비대면 서비스와 자동화 기술이 확산되었지만, 동시에 인간적인 교감과 정서적 지지의 필요성이 더욱 강조되었다. 미용업계 또한 이러한 변화를 외면할 수 없으며, 살롱은 단순히 머리를 다듬는 공간이 아니라 고객에게 마음의 위안과 소통의 기회를 제공하는 '힐링의 장'으로 거듭나야 한다.

이를 위해 살롱은 무엇보다도 고객과의 진정성 있는 관계 형성을 우선해야 한다. 단순히 예약된 고객을 신속히 처리하는 것이 아니라, 고객 한 명 한 명의 상황과 스타일 선택의 배경을 깊이 이해하려는 노력이 필요하다. 디자이너들은 충분한 상담 시간을 확보하고, 고객의 이야기에 귀 기울이며 그들의 진정한 니즈를 파악해야 한다. 고객이 자신의 이야기를 진심으로 들어주고 공감해주는 디자이너를 만났을 때, 단순한 시술을 넘어 특별한 가치를 경험하게 된다. 이러한 경험은 고객이 "내가 존중받고 있다"는 감정을 느끼게 하며, 이는 자연스럽게 재방문과 입소문으로 이어져 살롱의 장기적인 성공을 결정짓는다.

내부 조직 문화와 인간 중심의 경영

살롱이 인간 중심의 가치를 실현하려면 내부 조직 문화 역시 이에 맞춰 변화해야 한다. 살롱의 오너와 매니저, 그리고 직원들은 단순한 상하 관계가 아닌 '동행자'로서 서로를 존중하고 협력하는 분위기를 조성해야 한다. 이러한 따뜻한 내부 문화는 자연스럽게 고객 서비스에도 긍정적인 영향을 미친다.

수직적인 위계질서나 일방적인 명령 체계를 벗어나, 서로의 의견을 경청하고 함께 고민하며 성장하는 조직 문화는 디자이너들이 심리적 안정감을 가지고 창의적인 서비스를 제공할 수 있는 환경을 만든다. 직원들이 자신의 역할을 의미 있는 일로 인식할 때, 그 긍정적인 에너지는 고객에게까지 전달되어 살롱 전체의 경쟁력을 높이는 원동력이 된다.

인간적인 역량을 강화하는 디자이너 교육

디자이너 교육 역시 기술 습득에만 치중할 것이 아니라, 고객과의 소통 능력, 공감 능력, 협업 능력 등 인간적인 역량을 강화하는 방향으로 나아가야 한다. 최신 미용 기술은 다양한 교육 프로그램과 온라인 강좌를 통해 쉽게 공유되며, 이미 상향 평준화된 상태다. 그러나 고객은 "이 디자이너는 나를 진심으로 이해하려 한다"는 느낌을 받을 때 가장 높은 충성도를 보이며, 재방문 가능성도 커진다. 즉, 기술력이 뛰어나더라도 고객과의 정서적 교감을 형성하지 못하면 살롱은 단순한 시술 공간에 머무를 수밖에 없다.

살롱 운영 방식의 변화

살롱 운영 방식에도 변화를 줘야 한다. 공간의 구성, 조명, 음악, 향기 등 감각적인 요소를 활용해 고객이 편안함을 느낄 수 있도록 환경을 조성하는 노력은 고객에게 "이곳은 나를 배려하는 공간"이라는 인식을 심어준다. 고객이 머무르는 동안 자연스럽게 디자이너와 소통하고, 이 과정에서 진정한 인간적 교감이 이루어진다면, 살롱은 단순한 미용 서비스 제공처를 넘어 문화와 커뮤니케이션의 장으로 발전할 수 있다.

지속 가능한 성장의 핵심: 인간 중심 미용

기술 중심 시대에서 인간 중심 시대로의 전환은 선택이 아닌 필수적인 변화다. 기술은 여전히 미용업의 기본적인 도구이자 필수 요소이지만, 그것만으로는 고객의 다양한 욕구와 감정을 온전히 충족시키기 어렵다. 이제 고객은 단순히 "빠르고 정확한 시술"을 받는 것 이상으로, 디자이너와의 진솔한 대화와 정서적 지지를 통해 자신을 돌보고, 위로받으며, 재충전할 수 있는 경험을 원한다.

살롱이 고객과 진정성 있는 관계를 형성하고, 내부적으로도 따뜻한 협력과 존중의 문화를 구축할 때, 그곳은 단순한 미용 공간을 넘어 고객이 마음의 안정을 찾고, 스스로를 더욱 사랑할 수 있는 특별한 공간이 될 것이다.

결국, 미용업계는 기술 중심의 경쟁을 넘어 사람 중심의 철학을 실천함으로써 고객에게 단순한 외적 변화 이상의 감동과 만족을 제공할 수 있다. 진정한 경쟁력은 이제 최신 기술이나 빠른 시술 속도가 아니라, 고객과의 인간적인 연결과 진심 어린 소통에서 비롯된다. 사람과 사랑이 있는 미용이야말로 앞으로 지속 가능한 성장을 이루는 유일한 길임을 잊지 말아야 한다.

Point! 기술 중심 시대의 한계와 인간 중심 시대의 시작

1. **기술 중심 시대의 한계**
   * 미용업계는 빠르고 정확한 시술과 최신 기술을 강조하며 발전해 왔으나, 기술의 상향 평준화로 경쟁력이 희미해지고 있음.
   * 미용의 본질은 단순한 외적 변화가 아니라, 고객이 정서적 위로와 안정을 찾는 경험을 제공하는 데 있음.

2. **인간 중심으로의 전환 필요성**
   * 코로나19 이후 비대면 서비스가 확산되었지만, 정서적 교감과 소통의 중요성이 더욱 커짐.
   * 살롱은 단순한 시술 공간이 아닌 '힐링의 장'으로 재정의되어야 함.

3. **고객과의 진정성 있는 관계 형성**
   * 고객의 스타일 선택 배경을 이해하고 충분한 상담을 통해 소통해야 함.
   * 디자이너의 공감과 존중이 고객 충성도와 재방문율을 높이는 핵심 요소임.

4. **조직 문화의 변화**
   * 내부적으로 상하관계 중심이 아닌, 서로 존중하고 협력하는 분위기 조성이 필요.
   * 따뜻한 조직 문화가 고객 서비스의 질을 향상시키는 데 기여함.

5. **디자이너 교육 방향의 변화**
   * 기술 습득뿐만 아니라 소통 능력, 공감 능력, 협업 능력을 강화하는 교육이 필요함.
   * 고객이 디자이너에게 진정한 이해를 느낄 때 살롱의 경쟁력이 강화됨.

6. **살롱 운영 방식 개선**
   * 조명, 음악, 향기 등 공간적 요소를 활용하여 고객이 편안함을 느낄 수 있는 환경을 조성해야 함.
   * 고객과의 자연스러운 소통을 유도하여 인간적인 교감을 극대화해야 함.

7. **지속 가능한 성장의 핵심**
   * 기술은 필수적이지만, 고객의 감정과 욕구를 충족시키는 것이 더 중요함.
   * 고객과 진정성 있는 관계를 형성하는 것이 장기적인 경쟁력의 원천임.
   * 사람과 사랑을 중심으로 한 미용업이야말로 지속 가능한 성장을 이루는 핵심 요소임.

3. "동행자"가 되는 디자이너와 고객

기술을 넘어, 사람을 품다: 인간 중심 미용

 기술이 빠르게 상향 평준화되고, 변화 속도 또한 빨라진 지금—단순한 기술력만으로 독보적인 차별화를 이루기는 점점 더 어려워지고 있다. 이는 기술의 가치가 낮아졌다는 의미가 아니라, 기술 중심의 경쟁 속에서 미용이 지녀야 할 본질, 즉 '사람을 위한 일'이라는 근본적 가치가 흐려졌음을 시사한다. 물론, 최신 기술과 빠른 시술은 고객에게 편리함과 효율성을 제공한다. 그러나 고객이 살롱을 찾는 이유는 단순한 머리 손질을 넘어서, 자신을 재발견하고, 내면의 고민을 나누며, 정서적 위로와 안정을 찾고자 하는 '경험'의 기대가 크다.

 변화는 미용 기술과 마케팅의 수준을 빠르게 끌어올렸지만, 동시에 고객에게는 하나의 질문을 남겼다. "나에게 진짜 만족이란 무엇일까?" 트렌디한 디자인과 세련된 기술에 만족하며 살롱을 찾았던 고객들. 하지만 어느 순간, 디자이너의 태도와 미용인으로서의 마인드에 실망하게 되면서 깨닫는다. 기술적 만족만으로는 충분하지 않다는 것. 결국 고객이 진짜로 원하는 것은 "기술력"과 함께, 직업에 대한 진정성 있는 태도, 그리고 사람을 대하는 따뜻한 가치관을 가진 디자이너이다.

 고객은 이렇게 말합니다. "멋을 만드는 기술도 좋지만, 내 마음을 존중해주는 사람이 더 필요하다." 기술 중심의 미용과 인간 중심의 미용이 함께할 때, 비로소 고객은 외면과 내면 모두에서 본질적인 만족을 경험하게 된다.

기술 중심에서 인간 중심으로의 전환

 기술 중심의 살롱 성장은 빠르게 미용업계를 성장시켰고, 고객에게도 가치 있는 스타일을 제공할 수 있었다. 하지만 그 결과는 언제나 만족으로 이어지지 않았다. 기술은 발전했지만, 인간적인 교감과 경험의 만족이 결여된 고객 경험은 점점 외면받기 시작했고, 이는 살롱 생태계 전반에 빠른 변화를 일으켰다. 고객은 더 이상 단순히 머리를 다듬는 공간을 원하지 않았다. 그들은 자신의 이야기를 들어주고, 진심으로 이해해주는 '사람 중심의 살롱'을 원했다. 그래서 살롱이 성장하기 위해서는 무엇보다 고객과의 진정성 있는 관계 형성이 우선되어야 했다. 예약을 소화하는 속도보다 중요한 것은, 고객 한 명 한 명의 가치관과 라이프스타일을 이해하려는 태도였다. 이러한 자세를 갖춘 디자이너만이 고객의 신뢰를 얻고, 재방문과 입소문이라는 성과로 이어지게 되었다.

 이런 변화는 미용인들에게 중요한 자각을 안겨주었다. 기술 연마만으로는 더 이상 경쟁력이 되지 않음을 느끼게 되었고, 많은 디자이너들이 인문학, 인간관계론, 고객 경험(CS)을 공부하기 시작했다. 이제는 단순히 시술만이 아니라, 고객의 감정과 경험을 디자인하고 관리하는 능력이 새로운 경쟁력이 된 것이다. 결국, 현대의 살롱은 말한다. "기술력은 기본이고, 사람을 중심에 두는 문화가 진짜 실력이다." 고객 만족을 넘어서, 고객의 마음까지 케어할 수 있을 때 살롱은 진정한 성장을 이룰 수 있다.

내부 조직 문화와 인간 중심의 경영

인간 중심 경영은 단순히 '사람을 소중히 여긴다'는 말에 그치지 않는다. 그 철학이 실질적으로 작동하려면, 조직 내부의 문화와 구조부터 사람의 성장과 몰입을 중심으로 설계되어야 한다. 살롱의 구성원들은 단순한 직무 수행자가 아니라, 미용의 미래를 함께 만들어가는 성장의 동행자다. 우리는 이들이 위에서 시키는 대로만 움직이는 존재가 아닌, 스스로 방향을 탐색하고 결정을 내릴 수 있는 주체적인 디자이너가 되기를 바란다. 이를 위해 필요한 것은 '통제'가 아니라, 자율과 책임의 균형이 맞춰진 환경이다. 실수를 두려워하지 않고 시도할 수 있는 문화, 성과가 아니더라도 성장을 인정받는 구조, 정답을 강요받기보다 질문을 통해 스스로 해답을 찾아가는 시스템. 이러한 환경이 갖춰졌을 때, 조직은 구성원을 '관리'하는 곳이 아니라 함께 배우고 성장하는 동행자로 성장할 수 있다.

리더의 역할도 달라져야 한다. 통제하는 관리자보다는 성장을 이끄는 리더가 되어야 하며, 업무를 분배하는 자가 아니라 사람의 가능성을 설계하는 코치가 되어야 한다. 그 누구도 완벽한 사람은 없지만, 불완전한 사람을 믿고 기다릴 수 있는 조직이야말로 인간 중심 경영이 살아 숨 쉬는 곳이다. 이런 문화 안에서 디자이너는 '일'을 넘어서 삶의 일부로서의 직업을 경험하게 된다. 고객을 응대하는 하루하루가 단순한 반복이 아니라, 자신이 의미 있는 일을 하고 있다는 자각으로 이어진다. 그때부터 일은 지시받는 과제가 아니라 내가 선택한 사명의 일환이 되고, 그 긍정적인 에너지는 동료에게, 고객에게, 그리고 결국 브랜드 전체로 퍼져나간다.

사람 중심의 경영은 결국 사람을 위한 경영이 아니라, 사람에 의한 경영이다. 조직이 사람을 키우는 만큼, 사람도 조직을 키운다. 그래서 우리는 언제나 사람에게 먼저 묻는다. "지금, 당신은 잘 자라고 있습니까?"

지속 가능한 성장의 핵심: 인간 중심 미용

기술 중심 시대에서 인간 중심 시대로의 전환은 선택이 아닌 필수적인 변화다. 기술은 여전히 미용업의 기본적인 도구이자 필수 요소이지만, 그것만으로는 고객의 다양한 욕구와 감정을 온전히 충족시키기 어렵다. 이제 고객은 단순히 "빠르고 정확한 시술"을 받는 것 이상으로, 디자이너와의 진솔한 대화와 정서적 지지를 통해 자신을 돌보고, 위로받으며, 재충전할 수 있는 경험을 원한다.

살롱이 고객과 진정성 있는 관계를 형성하고, 내부적으로도 따뜻한 협력과 존중의 문화를 구축할 때, 그곳은 단순한 미용 공간을 넘어 고객이 마음의 안정을 찾고, 스스로를 더욱 사랑할 수 있는 특별한 공간이 될 것이다.

결국, 미용업계는 기술 중심의 경쟁을 넘어 사람 중심의 철학을 실천함으로써 고객에게 단순한 외적 변화 이상의 감동과 만족을 제공할 수 있다. 진정한 경쟁력은 이제 최신 기술이나 빠른 시술 속도가 아니라, 고객과의 인간적인 연결과 진심 어린 소통에서 비롯된다. 사람과 사랑이 있는 미용이야말로 앞으로 지속 가능한 성장을 이루는 유일한 길임을 잊지 말아야 한다.

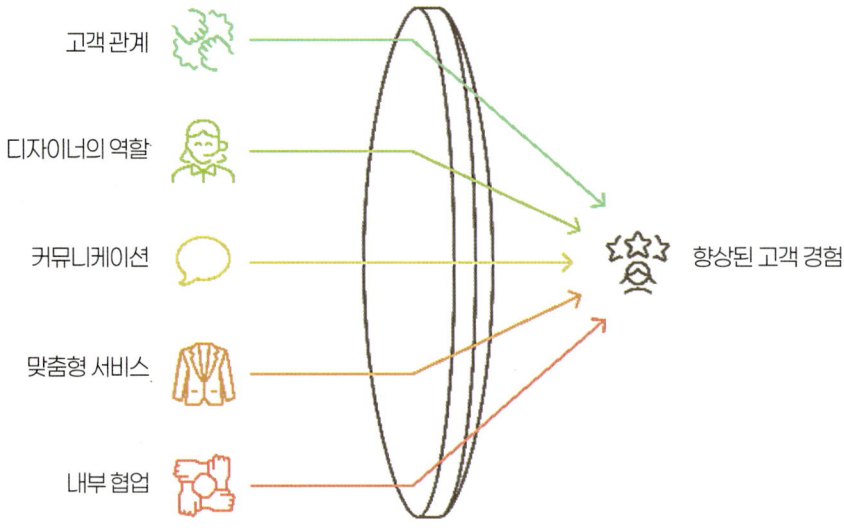

> **Point!** "동행자"가 되는 디자이너와 고객

* 기술 중심의 한계 : 기술의 상향 평준화로 경쟁력 확보가 어려워지고, 미용의 본질인 '사람을 위한 가치'가 희미해짐.
* 인간 중심으로 전환: 고객은 단순한 외적 변화가 아닌, 정서적 안정과 배려를 원하며, 살롱은 '힐링 공간'이 되어야 함.
* 살롱 운영의 변화: 디자이너는 단순한 기술자가 아니라 고객과의 '동행자'가 되어야 하며, 살롱 내부도 협력과 존중의 문화를 조성해야 함.
* 고객과의 관계 혁신: 고객과의 진정성 있는 소통이 충성도와 재방문율을 높이며, 맞춤형 서비스와 감성적 교류가 중요함.
* 미용업의 지속 가능 성장: 최신 기술보다 인간적인 연결과 신뢰가 핵심 경쟁력이며, 살롱은 감동과 만족을 제공하는 특별한 공간이 되어야 함.

4. 자아실현 욕구와 미용: 고객에게 '나'를 찾아주는 일

인간의 자아실현 욕구와 미용의 역할

인간은 단순한 생존을 넘어, 자신을 완성해 나가고자 하는 강한 욕구를 지니고 있다. 현대 사회에서 '나는 누구인가?'라는 질문에 대한 답을 찾아가는 과정이 곧 자아실현의 여정이다. 이러한 욕구는 다양한 삶의 영역에서 나타나지만, 특히 미용 분야에서는 단순한 외형 변화를 넘어 내면의 자신감을 회복하고, 새로운 자신을 발견하는 중요한 역할을 한다. 살롱은 단순히 스타일을 완성하는 공간이 아니라, 고객이 자신의 모습을 재정비하고 내면을 성장시킬 수 있는 치유와 변화의 장소가 되어야 한다.

살롱이 제공하는 경험: 단순한 변화 이상의 의미

많은 사람들이 살롱을 찾는 이유는 단순히 최신 트렌드를 따르기 위함이 아니다. 세심하게 다듬어진 머리카락 뒤에는 고객 스스로를 바라보는 시선과 자신의 정체성에 대한 깊은 고민이 담겨 있다. 예를 들어, 오랫동안 자신감 없이 살아온 고객이 살롱에서 과감한 스타일 변화를 경험한 후, 거울을 보며 "내가 이렇게 변할 수 있다니 믿을 수 없어요"라고 감탄하는 순간이 있다. 이는 단순한 외적인 변화가 아니라, 내면에 숨겨져 있던 자신감을 되찾는 전환점이 된다. 미용은 기술적 요소와 예술적 감각이 결합된 작업이지만, 그 핵심에는 '나'를 찾아가는 심리적 과정이 자리한다. 고객이 스타일을 통해 스스로를 재발견하고 자존감을 회복하는 것은 곧 자아실현 욕구의 충족이며, 이를 통해 한층 더 성장한 자신과 마주하게 된다.

살롱과 디자이너의 변화: 서비스 제공자를 넘어 삶의 동행자로

현대 미용업계에서는 자아실현의 가치가 더욱 중요해지면서, 살롱과 디자이너의 역할도 변화하고 있다. 과거에는 살롱이 단순히 서비스와 매출 중심의 공간으로 인식되었다면, 이제는 고객 한 사람 한 사람의 이야기를 공감하고, 그들의 내면적 욕구를 이해하며, 맞춤형 스타일링을 제공하는 것이 핵심 가치로 자리 잡고 있다. 디자이너는 더 이상 단순한 기술자가 아니라, 고객의 숨겨진 개성과 삶의 방향성을 발견하고 스타일을 통해 이를 표현하는 예술가이자 동행자가 되어야 한다. 고객이 "나는 누구이며, 어떤 모습으로 살아가고 싶은가?"라는 고민을 풀어나가는 과정에서 디자이너의 역할은 더욱 중요해진다.

스타일링이 주는 심리적 전환점

새로운 스타일은 고객에 인생에 큰 변화를 가져올 수도 있다. 고객은 스타일을 바꾸고 변화하고 싶다고 말하지만, 그 이면에는 새로운 출발에 대한 기대와 과거를 정리하고 앞으로 나아가려는 의지가 담겨 있을 수도 있다. 살롱에서 수많은 고객들은 스타일 변화를 통해 자신감을 얻고 의지를 다진다. 디자이너가 "스타일 변화를 통해 고객님께 어울리는 스타일을 만들어 드릴께요"라고 말하면 고객의 기대치는 높아지고 머무는 시간은 즐거워진다. 디자이너의 자신감 있고 긍정적인 태도와 마인드는 더이상 고객들에게는 부수적인 요소가 아니며 고객에게는 심리적 만족감을 주는 가장 중요한 요소이다. 때문에 고객에게 스타일 변화에 긍정적이고 자신감 있는 디자이너를 만나는 것은 심리적 변화에 전환점이 되고 이러한 경험을 통해 고객은 더 나은 스타일을 제안 받고 그들의 삶에서 자신감과 행복을 얻기를 바란다. 미용은 미적변화라는 단순함을 넘어 고객에게는 자아실현의 도구가 된다.

미용이 자아실현을 돕는 방식

자아실현을 돕는 미용의 핵심 요소는 최신 기술이나 유행하는 스타일이 아니다. 오히려, 디자이너가 고객과 진솔한 소통을 나누고, 고객 개개인의 이야기에 공감하는 과정이 더 중요하다. 살롱에서의 상담 시간은 고객이 자신의 삶을 돌아보고, 자신을 어떻게 표현할지 고민하는 소중한 기회이다. 디자이너는 이러한 대화를 통해 고객의 내면적 욕구와 불안을 이해하고, 이에 맞는 스타일을 제안함으로써 고객이 '진정한 나'를 찾을 수 있도록 돕는다. 그 결과, 고객은 단순히 외모만 변화하는 것이 아니라, 자신에 대한 인식과 삶의 태도까지 긍정적으로 전환되는 경험을 하게 된다.

살롱의 새로운 경쟁력: 자아실현을 돕는 공간

이러한 변화는 미용업계에도 새로운 도전과 기회를 제공한다. 전통적인 살롱 운영 방식이 기술 경쟁과 매출 증대에 초점을 맞췄다면, 현대의 살롱은 고객의 자아실현 욕구를 깊이 이해하고 이를 충족시키는 서비스 전략을 구축해야 한다. 고객이 단순한 '서비스 소비자'가 아니라, 자신의 내면을 표현하고 성장하는 주체로 인식될 때, 살롱은 더욱 차별화된 경쟁력을 갖출 수 있다. 이를 위해 고객 관리 시스템을 도입하고, 고객과의 지속적인 소통을 통해 맞춤형 서비스를 제공하는 것이 필수적이다. 예를 들어, 고객의 스타일 변화 과정과 피드백을 기록하고, 다음 방문 시 이를 반영한 스타일을 제안하는 방식은 고객이 자신을 이해받고 있다고 느끼게 하는 중요한 요소가 된다.

디자이너의 자아실현과 미용 문화의 변화

이러한 미용 문화는 디자이너 개인에게도 긍정적인 영향을 미친다. 고객이 스타일 변화를 통해 자신감을 되찾고, "디자이너님을 만나서 너무 행복해요!"라고 말할 때, 디자이너는 단순한 기술자가 아니라 사람의 삶에 긍정적인 변화를 주는 조력자로서의 자부심을 느낀다. 이는 디자이너가 지속적으로 자신의 역량을 발전시키고, 창의적인 스타일을 연구하는 원동력이 된다. 또한, 디자이너 스스로가 자아실현을 경험하고 이를 고객과 공유할 때, 살롱 전체의 분위기와 서비스 질이 더욱 향상되며, 선순환 구조가 형성된다. 결과적으로 살롱은 단순한 시술 공간을 넘어, 고객과 디자이너가 함께 성장하고 치유받는 공간으로 거듭나게 된다.

미용이 가져오는 사회적 변화

자아실현 욕구와 미용의 결합은 단순히 개인의 외형적 변화를 넘어서 삶의 질을 전반적으로 향상시키는 데 기여한다. 사람들은 외적인 아름다움뿐만 아니라 내면의 안정과 행복을 동시에 추구한다.

살롱에서의 한 번의 스타일링이 고객에게 자신을 다시 사랑하는 계기가 된다면, 이는 단순한 외모 개선을 넘어 삶에 긍정적인 변화를 불러일으킬 수 있다. 이러한 변화는 고객 한 명에게서 그치지 않고, 주변 사람들에게도 전파되어 사회 전반의 정서적 안정과 행복을 증진시키는 데 기여할 수 있다.

미용업계가 나아가야 할 방향

결국, 자아실현 욕구와 미용의 결합은 고객이 '나'를 찾는 기회를 제공하며, 이를 통해 자신감을 회복하고 새로운 삶의 방향을 모색할 수 있도록 돕는다. 미용은 단순한 외형적 변화를 위한 수단이 아니라, 내면의 성장과 치유, 그리고 자아실현을 지원하는 중요한 역할을 담당해야 한다. 디자이너가 고객의 숨겨진 매력을 발견하고, 고객이 원하는 삶의 방향을 실현할 수 있도록 돕는다면, 살롱은 고객에게 깊은 감동과 행복을 주는 특별한 공간이 될 것이다. 이러한 경험은 고객이 스스로를 재발견하고, 앞으로 나아갈 힘을 얻는 소중한 과정이 되며, 이는 미용업계 전체가 추구해야 할 본질적인 가치임을 우리는 명확히 인식해야 한다.

Point! 자아실현 욕구와 미용: 고객에게 '나'를 찾아주는 일

1. 미용과 자아실현의 관계
   * 미용은 단순한 외형 변화가 아니라, 내면의 자신감을 회복하고 스스로를 재발견하는 과정이다.
   * 살롱은 스타일을 완성하는 공간을 넘어 치유와 성장을 돕는 장소가 되어야 한다.

2. 살롱과 디자이너의 역할 변화
   * 디자이너는 단순한 기술자가 아닌, 고객의 개성과 삶의 방향성을 발견하고 표현하는 동행자가 되어야 한다.
   * 고객과의 맞춤형 상담과 공감을 통해, 단순한 스타일링이 아닌 삶의 변화를 이끌어야 한다.

3. 스타일링이 주는 심리적 전환점
   * 고객의 미용 경험은 단순한 외적 변화가 아니라, 새로운 시작과 자신감 회복의 계기가 될 수 있다.
   * "디자이너님을 만나서 행복해요!"라는 감정을 느끼게 만드는 것이 진정한 미용의 역할이다.

4. 살롱의 경쟁력 변화
   * 기존의 기술 경쟁을 넘어, 고객의 자아실현 욕구를 충족시키는 서비스 전략이 필요하다.
   * 고객 관리 시스템과 지속적인 소통을 통해 맞춤형 스타일링을 제공하는 것이 필수적이다.

5. 디자이너의 자아실현과 선순환 구조
   * 고객의 변화가 디자이너에게도 긍정적인 영향을 미치며, 창의성과 직업적 자부심을 고취한다.
   * 디자이너가 성장할수록 살롱의 분위기와 서비스 질이 향상되고, 고객 만족도가 높아지는 선순환 구조가 형성된다.

6. 미용의 사회적 영향
   * 자아실현을 돕는 미용은 개인의 삶을 넘어 사회 전반의 정서적 안정과 행복을 증진시킬 수 있다.
   * 한 사람의 변화는 주변 사람들에게도 긍정적인 영향을 미쳐, 더 나은 사회를 만드는 데 기여한다.

7. 미용업계가 나아가야 할 방향
   * 미용은 단순한 외형적 변화를 넘어 내면의 성장과 치유를 돕는 중요한 역할을 수행해야 한다.
   * 고객과 디자이너가 함께 성장하고 치유받는 공간으로서의 살롱이 미래의 방향성이 되어야 한다.

5 돈보다 인간성장이 우선인 이유

돈 중심 경영의 한계

현대 사회에서 기업과 조직의 생존을 위해 일정 수준의 수익 창출은 필수적이다. 그러나 돈이 모든 것을 결정하는 절대적 기준이 될 때, 조직은 단기적인 이익에만 집중하게 되며, 직원들은 단순한 생산 도구로 전락하고 고객은 소비 대상으로만 취급된다. 이러한 경영 방식은 조직의 지속 가능성을 저해할 뿐만 아니라, 신뢰와 협력, 창의성을 억누르며 장기적인 성공을 어렵게 만든다. 반면, 인간의 성장을 최우선 가치로 삼는 경영 방식은 직원들의 잠재력을 극대화하고, 고객과의 신뢰를 바탕으로 지속 가능한 성장을 이끌어낸다. 따라서 돈보다 인간성이 우선되어야 하는 이유는, 사람을 중심에 둔 경영이 조직의 장기적 성장과 구성원 모두의 행복, 그리고 사회 전반에 긍정적인 영향을 미치는 진정한 경쟁력이기 때문이다.

돈 중심 경영의 문제점

돈 중심의 경영은 단기적인 매출과 이익 극대화에 초점을 맞추게 된다. 많은 기업들이 분기별 실적이나 연간 수익률에 집착하면서, 직원들에게 과도한 업무 부담과 성과 압박을 가하는 경우가 빈번하다. 이러한 환경에서는 직원들이 창의적인 아이디어를 개발하기보다는 정해진 목표를 달성하는 데 집중하게 되며, 점차 자신이 조직 내에서 단순한 부품처럼 취급된다고 느끼게 된다. 이는 높은 이직률과 조직 사기 저하로 이어지며, 결국 장기적인 성장과 혁신을 저해하는 결과를 낳는다.

또한, 돈 중심의 경영은 고객과의 관계를 단순한 거래로 축소시킨다. 기업이 단기적인 매출 증대를 위해 고객을 단순한 수익원으로만 바라볼 경우, 고객의 진정한 욕구와 필요를 간과하게 된다. 이로 인해 고객은 브랜드에 대한 신뢰를 잃고, 단순히 가격이나 프로모션에 의존하는 소비자로 전락하게 된다. 그러나 고객이 브랜드와 지속적인 관계를 유지하는 이유는 기업이 고객의 이야기를 경청하고, 진정성 있는 서비스를 제공하며, 긍정적인 영향을 미쳤기 때문이라는 점을 간과해서는 안 된다.

조직 내부에서도 돈 중심의 문화는 신뢰와 협업을 약화시킨다. 직원들이 개인 성과에만 집중하고 내부 경쟁이 심화되면, 자연스럽게 협력보다는 갈등이 조성된다. 이러한 환경에서는 조직 구성원들이 서로를 도우며 성장하기보다는 자기 이익을 우선하게 되며, 창의성과 혁신이 억제된다. 결과적으로, 조직은 변화하는 시장 환경에 유연하게 대응할 수 있는 능력을 잃고, 장기적인 경쟁력을 약화시키게 된다.

인간 중심 경영의 가치

반면, 인간 중심 경영은 조직 구성원 개개인의 성장을 최우선 가치로 삼아 장기적인 발전과 지속 가능한 성공을 도모한다. 이는 단순히 업무 능력 향상을 넘어 개인의 자아실현과 창의적 잠재력을 발휘할 수 있는 환경을 조성하는 것이다. 직원들이 자신의 목표와 꿈을 실현할 수 있는 환경이 마련되면, 그들은 단순한 업무 수행자가 아닌 조직과 함께 성장하는 주체로서 자발적으로 몰입하게 된다.

예를 들어, 한 디자이너가 단순한 매출 증대보다는 고객과의 소통을 통해 고객의 진정한 요구를 파악하고, 이를 바탕으로 그들이 원하는 스타일을 제공할 때, 그 디자이너는 자신의 전문성을 더욱 발전시키며 창의적인 성취감을 경험할 수 있다. 이처럼 인간 중심의 경영은 직원들이 스스로 의미를 찾고, 새로운 아이디어를 제안하며, 장기적인 비전을 공유할 수 있도록 동기를 부여한다.

고객과의 관계 변화

돈보다 인간성을 우선하는 경영 방식에서는 고객과의 관계도 더욱 깊고 진정성 있는 방향으로 변화한다. 고객은 단순한 일회성 거래의 대상이 아니라, 브랜드와 지속적인 관계를 맺어가는 동행자로 인식된다. 오늘날 소비자들은 단순히 가격이나 편의성만을 고려하는 것이 아니라, 브랜드가 제공하는 가치와 감동을 경험하고 싶어 한다. 고객의 이야기를 경청하고, 그들의 필요를 반영한 맞춤형 서비스를 제공하는 것은 장기적으로 브랜드 충성도를 높이며, 기업의 시장 경쟁력을 강화하는 핵심 요소가 된다.

조직 문화와 혁신

인간 중심 경영을 실천하는 조직은 직원들의 지속적인 성장을 지원하는 체계적인 교육과 멘토링 시스템을 갖춘다. 이를 통해 직원들은 자신의 전문성을 향상시키고, 조직 내에서의 역할과 책임을 재정립할 수 있다. 이러한 교육 체계는 업무 기술을 익히는 것을 넘어, 직원들이 자신의 잠재력을 깨닫고 발전할 수 있도록 돕는 역할을 한다.

또한, 평가 시스템에서도 단기 성과보다는 성장 과정과 학습, 그리고 실패를 통해 얻은 경험을 중시함으로써 직원들이 도전을 두려워하지 않고 새로운 아이디어를 시도할 수 있는 문화를 조성한다. 리더는 단순한 관리자가 아닌 멘토이자 코치로서 직원들의 성장을 돕고 격려하며, 이를 통해 조직 전체의 협업과 창의성이 촉진된다. 결과적으로, 인간 중심의 조직 문화는 변화하는 시장 환경에서도 유연하게 대응할 수 있는 경쟁력을 갖추게 된다.

장기적인 성공을 위한 경영 철학

돈보다 인간 성장을 우선하는 경영 방식은 단기적인 이익을 넘어서 장기적인 수익과 조직의 지속 가능성을 높이는 결과를 가져온다. 높은 직원 만족도와 낮은 이탈률, 그리고 고객과의 깊은 신뢰는 결국 안정적인 매출 성장과 혁신적인 아이디어 창출로 이어진다. 기업이 단기적인 수익에만 집중할 경우 일시적인 성과는 얻을 수 있지만, 사람에 대한 투자와 배려 없이는 지속적인 발전이 어렵다.

더 나아가, 인간 중심의 경영은 사회 전반에도 긍정적인 영향을 미친다. 기업이 직원들의 성장을 최우선 가치로 삼아 지속적인 학습과 발전을 지원하면, 그 기업은 단순한 이익 창출을 넘어 사회적 책임을 다하는 조직으로 평가받는다. 이러한 기업 문화는 사회 구성원들에게도 긍정적인 메시지를 전달하며, 더 많은 사람들이 자신의 꿈과 목표를 향해 도전할 수 있도록 격려한다. 결국, 인간 중심의 사회가 더욱 건강하고 지속 가능한 발전을 이루게 된다.

결론적으로, 돈보다 인간성장이 우선인 이유는 명백하다. 돈을 추구하는 경영 방식은 단기적인 이익을 얻을 수 있을지언정, 장기적으로 조직 구성원의 소진, 고객과의 단절, 그리고 조직 문화의 붕괴를 초래하여 지속 가능한 발전을 방해한다. 반면, 인간성장을 중심으로 한 경영은 직원들이 자신의 잠재력을 실현하고, 고객과의 진정성 있는 관계를 구축하며, 이를 통해 조직 전체의 혁신과 창의성을 촉진한다. 이러한 경영 철학은 결국 높은 직원 만족도, 낮은 이탈률, 증가하는 고객 충성도, 그리고 장기적인 수익 극대화로 이어지며, 궁극적으로 기업이 시장에서 지속 가능한 성공을 거둘 수 있도록 한다. 사람을 키우고, 그들의 성장을 지원하는 것이야말로 진정한 경쟁력이며, 이것이야말로 우리가 미래를 위해 나아가야 할 방향임을 명심해야 할 것이다.

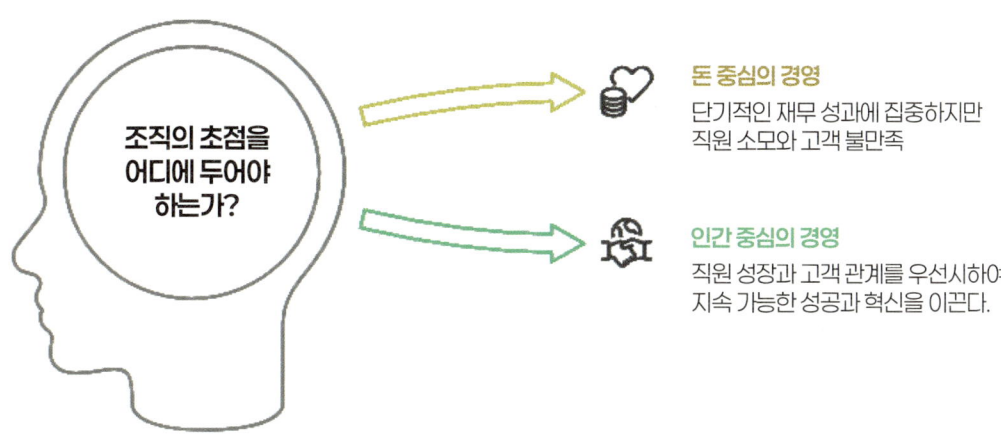

Point! 돈보다 인간성이 우선인 이유

1. **돈 중심 경영의 한계**
   * 돈이 유일한 척도가 되면 조직은 단기 이익에 집중하고 본질적인 가치를 놓치게 됨.
   * 직원들은 단순한 생산 도구, 고객은 소비 대상으로 전락하여 신뢰·협력·창의성이 저하됨.
   * 단기 성과에 집착하면 이직률 상승, 조직 사기 저하, 장기적인 혁신 저해로 이어짐.

2. **고객과의 관계 약화**
   * 돈 중심 경영은 고객을 단순한 수익원으로 보고, 그들의 욕구와 필요를 간과함.
   * 고객과의 신뢰 관계가 형성되지 않아 브랜드 충성도와 재구매율이 낮아짐.
   * 고객이 브랜드와 지속적인 관계를 맺는 이유는 공감과 가치 제공 때문임.

3. **조직 문화와 협업 약화**
   * 내부 경쟁과 성과 압박이 심화되면 직원 간 협업보다는 갈등이 조성됨.
   * 창의성과 혁신이 억제되고, 변화하는 시장 환경에 대한 적응력이 떨어짐.

4. **인간 중심 경영의 가치**
   * 직원들의 성장과 자아실현을 최우선으로 두면 장기적인 성공이 가능해짐.
   * 직원들이 자신의 목표를 실현할 수 있는 환경에서 조직과 함께 성장함.
   * 고객과의 깊이 있는 소통과 맞춤형 서비스 제공이 브랜드 충성도를 높임.

5. **장기적인 성공을 위한 변화**
   * 체계적인 교육과 멘토링을 통해 직원들의 지속적인 성장 지원.
   * 단기 성과보다 성장 과정과 도전을 중시하는 조직 문화 구축.
   * 상사가 관리자가 아닌 멘토 역할을 수행하여 조직 내 협업과 창의성 촉진.

6. **지속 가능한 경영 철학**
   * 인간 중심 경영을 도입한 기업은 창의성과 협업을 극대화하여 지속적인 성과를 창출함.
   * 직원 만족도 증가, 고객 신뢰 강화, 장기적인 매출 성장과 혁신을 유도함.
   * 사람을 중심에 두고 성장과 신뢰를 바탕으로 경영할 때 진정한 경쟁력을 갖출 수 있음.

7. **결론**
   * 돈 중심 경영은 단기적인 이익을 얻을 수 있지만, 장기적으로 지속 가능한 발전을 방해함.
   * 인간 중심 경영은 직원의 잠재력 실현과 고객과의 신뢰 구축을 통해 조직의 혁신과 창의성을 촉진함.
   * 사람을 키우고, 그들의 성장을 지원하는 것이 기업의 장기적인 성공을 결정짓는 핵심 요소임.

6 경험 디자인의 목표와 고객 경험의 목표

경험 디자인의 역할과 중요성

현대 사회에서 경험 디자인은 단순히 미적 요소나 기능적인 배치에 그치는 것이 아니라, 사용자의 감각과 정서를 자극하며 브랜드와의 깊은 관계를 형성하는 전략적 접근 방식이다. 이는 고객이 공간에 들어서는 순간부터 떠날 때까지의 모든 접점을 통해 일관된 감동적인 경험을 제공하는 것을 목표로 한다. 특히 헤어 살롱과 같이 고객이 자신의 외모와 내면의 변화를 동시에 체감하는 공간에서는 경험 디자인이 더욱 중요한 역할을 한다. 살롱을 찾는 고객들은 단순한 시술을 넘어 일상의 스트레스를 해소하고, 자신감을 회복하며, 때로는 새로운 변화를 통해 삶에 긍정적인 전환점을 맞이하고자 한다. 따라서 경험 디자인은 단순한 기술적 완성도를 넘어 감각적 자극과 정서적 연결을 통해 브랜드와의 지속적인 관계를 형성하고, 궁극적으로 고객의 기대를 뛰어넘는 경험을 제공해야 한다.

감각적 요소를 활용한 공간 디자인

고객이 살롱에 들어서면서 처음 마주하는 인테리어와 분위기는 매우 중요한 요소다. 따뜻한 색감, 부드러운 조명, 세심하게 선정된 음악과 향기는 고객의 오감을 자극하여 편안함과 안정감을 느끼게 한다. 이러한 감각적 요소들이 유기적으로 결합될 때, 살롱은 단순한 공간을 넘어 특별한 경험을 제공하는 장소가 된다. 고객은 이곳에서 자신이 단순한 소비자가 아니라 존중받고 있다는 느낌을 받으며, 이는 브랜드와의 감정적 유대를 형성하는 데 중요한 역할을 한다. 이러한 감정적 연결은 고객이 단발적인 방문을 넘어 브랜드의 지속적인 팬이 되도록 만든다.

디자인은 고객의 기대를 충족하는 데 그쳐서는 안 된다. 고객의 기대치를 뛰어넘고, 감각을 자극하며, 정서를 어루만지는 경험을 제공해야 한다. 고객이 살롱을 찾는 이유는 단순한 스타일링 때문만은 아니다. 그들은 자신의 개성과 정체성을 재발견하고, 더 나은 모습으로 긍정적인 변화를 경험하길 원한다. 따라서 디자이너는 단순히 유행하는 스타일을 제안하는 데 그치지 않고, 고객의 취향, 라이프스타일, 감정 상태까지 세심하게 파악해 맞춤형 스타일을 제안해야 한다.

하지만 진정한 고객 경험은 '시술'만으로 완성되지 않는다. 살롱의 공간은 단순한 서비스의 목적이 아니라, 고객의 감정과 감각을 디자인하는 플랫폼이 되어야 한다. 조명의 색감, 음악의 리듬, 향기의 농도, 가구의 배치, 대기 공간의 온도와 분위기—이 모든 요소들이 유기적으로 어우러질 때, 고객은 "나를 위한 공간에 왔다"는 감각적 안정과 정서적 만족을 느끼게 된다.

고객이 "여기서 특별하게 대우받고 있다"고 느낄 때, 그 경험은 단순한 만족을 넘어 브랜드에 대한 신뢰와 충성도로 이어진다. 그리고 이러한 감각의 총체적 경험은 자연스럽게 고객의 재방문, 리뷰, 추천이라는 실질적 성과로 연결된다. 결국 현대의 살롱은 공간을 단순히 '머리를 자르는 장소'가 아니라, 고객의 삶과 감정을 디자인하는 경험 공간으로 재정의해야 한다. 살롱의 분위기 하나하나가 고객의 기억에 남고, 그 기억이 브랜드의 스토리를 만든다.

기억에 남는 감각적 경험 창출

또한, 경험 디자인은 고객의 기억에 오래 남을 감각적 경험을 창출해야 한다. 고객이 경험하는 모든 순간은 시각, 청각, 촉각, 후각 등의 감각을 통해 기억되며, 이는 브랜드와의 정서적 연결을 형성하는 중요한 요소가 된다. 살롱의 인테리어는 편안함과 고급스러움을 동시에 전달할 수 있도록 구성되어야 하며, 세심하게 선택된 음악과 조명, 자연스러운 향기는 고객의 감성을 자극하여 살롱에서 보낸 시간을 특별하게 만든다. 고객이 단순히 시술 결과만 기억하는 것이 아니라, 살롱에서의 전반적인 경험을 긍정적으로 기억하도록 유도하는 것이 중요하다.

고객과의 신뢰를 구축하는 관계 형성

더불어, 경험 디자인은 고객과의 관계를 강화하는 강력한 도구다. 고객과의 관계는 단순한 거래가 아니라, 지속적인 신뢰와 감동을 축적해 나가는 과정이다. 살롱에서는 고객의 시술 이력을 체계적으로 관리하고, 고객의 선호도를 기반으로 맞춤형 서비스를 제공해야 한다. 예를 들어, 고객이 이전 방문에서 특정 스타일이나 케어 방식에 대해 긍정적인 반응을 보였다면, 이를 바탕으로 새로운 제안을 할 수 있다. 이러한 개인화된 접근 방식은 고객이 브랜드와 함께 성장하는 동행자로서의 경험을 하도록 하며, 브랜드 충성도를 높이는 데 중요한 역할을 한다.

디지털 기술과 경험 디자인의 융합

디지털 기술 또한 경험 디자인에서 중요한 역할을 한다. 고객은 온라인에서 미리 스타일을 시뮬레이션하고, 모바일 앱을 통해 예약하고, 맞춤형 스타일 추천을 받는 등 디지털 환경을 통해 브랜드를 접한다. 이러한 디지털 도구들은 고객의 기대감을 높이고, 방문 후에도 SNS를 통한 공유를 유도하여 자연스럽게 브랜드 홍보 효과를 극대화한다. 오프라인 경험과 디지털 기술이 결합될 때, 고객은 더욱 풍부하고 다층적인 경험을 하게 되며, 이는 브랜드에 대한 신뢰를 강화하는 요소가 된다.

브랜드 철학과 가치 반영

경험 디자인은 브랜드의 철학과 가치를 반영하는 중요한 수단이다. 예를 들어, 고객 중심과 경험중심을 강조하는 살롱은 고객들에게 긍정적인 인식과 가치를 얻게 되고 그로인해 브랜드의 핵심가치를 전달할 수 있다. 고객은 단순히 외형적인 서비스만이 아니라, 브랜드의 철학과 사회적 가치를 함께 경험할 때, 브랜드와 더욱 깊은 유대감을 형성하게 된다.

고객 경험의 목표: 신뢰와 감동을 통한 충성도 형성

궁극적으로 고객 경험의 목표는 브랜드와의 상호작용을 통해 깊은 신뢰와 충성도를 형성하는 것이다. 고객이 살롱을 방문하여 처음부터 끝까지 원활하고 맞춤화된 서비스를 경험할 때, 브랜드에 대한 만족도와 신뢰도가 높아진다. 고객의 개별적인 니즈를 반영한 세심한 접근은 고객이 단순한 소비자가 아니라 한 사람의 소중한 존재로 대우받고 있다는 확신을 주며, 이는 자연스럽게 재방문과 구전 효과로 이어진다.

감성적 유대감을 형성하는 전략

고객 경험은 단순한 시술의 만족을 넘어, 감성적 유대감을 형성하는 데 핵심적인 역할을 한다. 기능적인 서비스만으로는 더 이상 현대 고객의 복잡한 니즈를 충족시키기 어렵다. 고객은 이제 '기술'보다는 공감, 감동, 정서적 연결을 통해 브랜드와의 지속적인 관계를 원한다. 이를 위한 전략적 접근으로는 정기적인 고객 감사 이벤트와 살롱만의 시그니처 프로그램이 매우 효과적이다. 이러한 감성 기반의 전략은 고객이 살롱을 단순한 미용 공간이 아닌, 자신의 정체성과 감정을 돌보는 라이프 플랫폼으로 인식하게 만들며, 이는 곧 브랜드에 대한 정서적 충성도와 재방문율 증가, 자발적 홍보라는 성과로 연결된다. 결국 살롱이 지속적으로 성장하기 위해서는 고객과의 기술적 접점을 넘어, 정서적 연결을 설계하는 전략이 필요하다. 살롱 비지니스는 고객과의 감성과 관계를 경영하는 일이다.

경험 디자인과 고객 경험의 궁극적인 목표

결국, 경험 디자인과 고객 경험의 목표는 고객이 브랜드와의 상호작용에서 기대 이상의 감동과 만족을 느끼도록 만드는 데 있다. 이는 단순히 공간 구성이나 기능적 서비스 제공을 넘어, 고객의 감각과 정서를 자극하고, 그들의 삶 속에서 의미 있는 순간을 창출하는 데 중점을 둬야 한다. 고객이 살롱을 방문할 때마다 만족스러운 서비스를 받고 있다고 느끼도록 하며, 브랜드와 장기적인 관계를 형성하는 것이 경험 디자인의 궁극적인 목표다.

장기적인 브랜드 가치와 시장 경쟁력 강화

경험 디자인이 모든 고객 접점에서 일관되게 구현될 때, 고객은 자신이 단순한 소비자가 아니라 브랜드와 함께 성장하는 동행자임을 깨닫게 된다. 이는 브랜드에 대한 충성도와 감성적 유대를 더욱 강화하는 결과로 이어지며, 장기적인 브랜드 가치 상승과 시장 경쟁력 강화에 결정적인 역할을 한다. 이처럼 경험 디자인과 고객 경험은 단순한 서비스 제공을 넘어, 고객이 브랜드와의 모든 상호작용 속에서 감동과 만족, 그리고 진정한 신뢰를 쌓아가는 데 그 본질적인 의의가 있다. 고객이 살롱을 방문할 때마다 느끼는 모든 감각적, 정서적 경험이 하나의 스토리로 연결되어, 궁극적으로 고객의 기억 속에 오랫동안 남는 특별한 순간이 되도록 하는 것이 경험 디자인과 고객 경험의 목표이다.

경험 디자인과 고객 여정

고객 도착
고객은 살롱에 도착하여 경험을 시작합니다.

감각적 자극
감각적 요소가 고객의 감각을 사로 잡습니다.

개인화된 서비스
고객의 선호도에 맞춘 개인화된 서비스가 제공됩니다.

감정적 연결
고객은 브랜드와 감정적으로 연결됩니다.

디지털 상호작용
디지털 도구가 참여를 향상시킵니다.

브랜드 가치 반영
브랜드의 철학이 전달됩니다.

지속적인 관계
고객과 브랜드 간의 관계가 강화됩니다.

Point! 경험 디자인의 목표와 고객 경험의 목표

1. 경험 디자인의 역할과 중요성
- 경험 디자인은 단순한 미적 요소를 넘어 고객의 감각과 정서를 자극하고 브랜드와의 깊은 관계를 형성하는 전략적 접근 방식이다.
- 특히 헤어 살롱과 같은 공간에서는 고객이 외적 변화뿐만 아니라 내면적인 자신감과 긍정적인 변화를 경험할 수 있도록 해야 한다.

2. 감각적 요소를 활용한 공간 디자인
- 살롱의 색감, 조명, 음악, 향기 등 감각적 요소들은 고객의 오감을 자극해 편안함과 안정감을 제공해야 한다.
- 이를 통해 고객은 자신이 존중받고 있다고 느끼며, 브랜드와의 감정적 유대감을 형성하게 된다.

3. 기대 이상의 경험 제공
- 고객은 단순한 스타일링이 아니라 자신만의 개성과 정체성을 찾기 위해 살롱을 방문한다.
- 맞춤형 상담을 통해 고객 개개인의 취향과 감정을 고려한 스타일을 제안하는 것이 중요하다.

4. 기억에 남는 감각적 경험 창출
- 시각, 청각, 촉각, 후각 등의 감각적 요소를 활용해 고객의 기억에 오래 남을 경험을 제공해야 한다.
- 고객이 시술뿐만 아니라 살롱에서 보낸 전체적인 시간을 긍정적으로 기억하도록 유도해야 한다.

5. 고객과의 신뢰를 구축하는 관계 형성
* 고객의 시술 이력을 관리하고 맞춤형 서비스를 제공함으로써 지속적인 신뢰와 감동을 축적해야 한다.
* 고객이 단순한 소비자가 아니라 브랜드와 함께 성장하는 동행자로 느낄 수 있도록 해야 한다.

6. 디지털 기술과 경험 디자인의 융합
* 모바일 예약, 스타일 시뮬레이션, 맞춤형 스타일 추천 등을 통해 고객 경험을 향상시키고 브랜드 신뢰도를 강화한다.
* SNS 공유를 통해 자연스러운 홍보 효과를 유도하고, 디지털과 오프라인 경험을 연결하는 전략이 필요하다.

7. 브랜드 철학과 가치 반영
* 친환경 제품 사용, 지속 가능성 강조 등 브랜드 철학을 경험 디자인에 녹여 고객이 브랜드의 가치를 체험하도록 해야 한다.
* 고객은 브랜드의 철학과 사회적 가치에 공감할 때 더욱 깊은 유대감을 형성한다.

8. 고객 경험의 목표: 신뢰와 감동을 통한 충성도 형성
* 고객이 처음부터 끝까지 원활하고 맞춤화된 서비스를 경험할 때 브랜드에 대한 신뢰와 만족도가 높아진다.
* 고객이 단순한 소비자가 아니라 특별한 존재로 대우받고 있다는 느낌을 주는 것이 중요하다.

9. 감성적 유대감을 형성하는 전략
* 정기적인 감사 이벤트, 개인 맞춤형 케어 프로그램 등을 통해 고객과의 감성적 유대를 강화한다.
* 살롱을 단순한 미용 공간이 아니라 고객의 삶의 일부로 인식하도록 만드는 것이 목표다.

10. 경험 디자인과 고객 경험의 궁극적인 목표
* 고객이 브랜드와의 모든 상호작용에서 기대 이상의 감동과 만족을 느끼도록 해야 한다.
* 모든 고객 접점에서 일관된 경험을 제공하여 브랜드 충성도와 감성적 유대를 강화한다.

11. 장기적인 브랜드 가치와 시장 경쟁력 강화
* 경험 디자인이 효과적으로 구현될 때, 고객은 브랜드와 함께 성장하는 동행자임을 깨닫게 된다.
* 이는 브랜드 가치 상승과 장기적인 시장 경쟁력 강화로 이어진다.

경험 디자인과 고객 경험의 목표는 단순한 서비스 제공을 넘어, 고객이 감동과 만족, 그리고 신뢰를 쌓아가는 데 있다. 살롱 방문 과정에서 모든 감각적, 정서적 경험이 하나의 스토리로 연결되어 고객의 기억 속에 오랫동안 남는 특별한 순간이 되도록 하는 것이 중요하다.

7 공간 디자인의 목표와 고객 만족의 기준

공간 디자인의 역할과 중요성

공간 디자인은 단순히 세련된 인테리어를 구현하는 것을 넘어, 고객이 그 공간에서 경험하는 모든 순간을 통해 브랜드의 가치를 전달하고 감각적 만족과 심리적 안정을 제공하는 데 그 궁극적인 목적이 있다. 특히 헤어살롱과 같은 서비스 공간에서는 고객이 문을 여는 순간부터 마지막 인사를 나누는 순간까지 브랜드와의 모든 접점에서 특별한 경험을 누리도록 만드는 것이 중요하다. 이러한 공간 디자인은 고객이 브랜드를 체험하는 무대 역할을 하며, 그 안에서 이루어지는 모든 상호작용과 요소들이 고객 만족의 기준을 결정짓는다.

공간 디자인의 핵심 목표

공간 디자인의 목표는 여러 측면에서 고려될 수 있다. 우선, 단순한 미적 요소만을 강조하는 디자인은 시각적인 즐거움을 제공할 수 있지만, 실용성을 고려하지 않으면 고객에게 불편함이나 불안감을 줄 위험이 있다. 따라서 공간은 기능성과 동선 최적화를 통해 고객과 직원 모두가 불필요한 이동이나 혼란 없이 자연스럽게 서비스를 이용할 수 있도록 구성되어야 한다.

예를 들어, 헤어살롱의 경우 고객이 입장하자마자 카운터와 대기 공간을 직관적으로 인지할 수 있도록 배치하고, 스타일링 존과 샴푸 존 등 주요 서비스 구역을 효율적으로 배치해야 한다. 실제로 한 유명 헤어살롱은 내부 구조를 단순화하여 불필요한 이동 거리를 줄임으로써 디자이너의 피로도를 낮추고 고객이 보다 편안하게 서비스를 받을 수 있도록 개선한 바 있다. 이러한 기능적 배려는 고객 만족도를 높이는 동시에 서비스 제공의 효율성을 증대시키는 결과를 가져온다.

감각적 경험을 통한 고객 만족

또한, 공간 디자인은 고객의 감각을 자극하여 기억에 남는 경험을 제공해야 한다. 공간에서 느껴지는 분위기는 단순한 시각적 요소뿐만 아니라 촉각, 후각, 청각, 심지어 미각까지 다양한 감각적 요소들이 어우러질 때 완성된다.

예를 들어, 살롱 내부의 조명은 밝기와 색온도에 따라 전체적인 분위기를 조성하며, 따뜻한 색감의 조명은 고객에게 편안함을, 밝은 조명은 활기찬 느낌을 줄 수 있다. 색상 또한 브랜드 이미지를 형성하는 중요한 요소로, 자연스러운 톤을 활용하면 차분한 분위기를 연출할 수 있으며, 강렬한 색상을 포인트로 활용하면 트렌디하고 세련된 느낌을 강조할 수 있다.

향기도 고객의 기억에 오래 남는 강력한 감각적 요소이다. 살롱에서 라벤더나 시트러스 계열의 향을 활용하면 고객은 공간에서 머무르는 동안 심리적 안정감과 특별한 감정을 느낄 수 있다. 배경 음악 역시 중요한 요소로, 적절한 볼륨과 템포를 유지한 음악은 고객에게 편안한 휴식과 긍정적인 감정을 유도할 수 있다. 이러한 조명, 색상, 향기, 음악 등이 유기적으로 결합될 때 고객은 단순한 서비스 공간을 넘어 브랜드와 감성적으로 연결되는 특별한 경험을 하게 되며, 이는 브랜드 충성도의 증가로 이어진다.

브랜드 아이덴티티의 시각적 표현

공간 디자인은 브랜드의 철학과 아이덴티티를 시각적으로 전달하는 역할도 한다. 고객이 공간에 들어서는 순간, 단순히 멋진 인테리어 때문이 아니라 브랜드가 전달하고자 하는 가치와 철학을 직관적으로 느낄 수 있어야 한다.

이를 위해 가구, 소품, 벽면 디자인, 전반적인 공간 구성 등 모든 요소가 브랜드의 콘셉트와 일관되게 연출되어야 한다. 예를 들어, 고급스러움을 강조하는 브랜드라면 우드, 대리석, 메탈 등의 고급 소재를 활용하여 세련된 이미지를 표현할 수 있으며, 친환경적이고 내추럴한 이미지를 강조하는 브랜드라면 식물, 원목 가구, 자연광을 활용한 디자인을 통해 자연 친화적인 분위기를 조성할 수 있다. 브랜드 아이덴티티가 공간 디자인에 효과적으로 반영되면, 고객은 단순한 소비자가 아니라 브랜드 가치를 공유하는 동행자로 인식하게 되며, 이는 장기적인 고객 관계 형성과 신뢰 구축에 중요한 역할을 한다.

고객 만족의 기준

고객 만족의 기준은 공간 디자인의 성공 여부를 판단하는 중요한 척도이다. 고객이 공간에서 기대하는 경험은 단순한 미용 시술 이상의 것이며, 그 공간에서 제공하는 편리함, 감각적 즐거움, 브랜드와의 일관된 소통 등이 모두 복합적으로 작용하여 만족도를 결정한다.

우선, 공간이 직관적으로 구성되어 있어 고객이 서비스를 이용하는 동안 불편함을 느끼지 않는 것이 필수적이다. 복잡하고 혼란스러운 동선이나 비효율적인 서비스 절차는 고객의 전반적인 평가를 낮추는 요인이 된다. 따라서 고객이 공간에 들어서는 순간부터 체계적이고 효율적인 서비스 과정을 경험할 수 있도록 해야 한다.

또한, 감각적 요소들이 조화롭게 어우러져 고객이 머무르는 동안 쾌적하고 즐거운 경험을 할 수 있어야 한다. 예를 들어, 조명과 색감이 편안하게 조정되고, 은은한 향기가 공간에 퍼지며, 고객의 취향에 맞춘 배경 음악이 흐르는 환경은 심리적 안정과 만족감을 동시에 제공한다. 이러한 감각적 즐거움은 고객이 단순히 서비스를 소비하는 데 그치지 않고, 그 공간에서의 경험 자체를 기억하고 다시 찾게 만드는 핵심 요소가 된다.

공간 디자인의 궁극적인 목표

결국, 공간 디자인의 목표와 고객 만족의 기준은 단순히 아름다운 공간을 조성하는 것이 아니라, 고객이 그 공간에서 경험하는 모든 요소가 일관되고 체계적으로 통합되어 브랜드의 가치와 철학을 전달하며 감동을 선사하는 데 있다.

기능성과 동선 최적화, 감각적 경험의 조화, 브랜드 가치의 효과적인 표현이 어우러질 때, 그 공간은 고객에게 단순한 장소 이상의 의미를 제공한다. 이러한 공간은 고객의 기억 속에 오랫동안 남으며, 브랜드에 대한 신뢰와 충성도를 높이는 중요한 역할을 하게 되고, 궁극적으로 기업의 지속 가능한 성장과 시장 경쟁력 강화로 이어진다. 고객이 경험하는 편리함, 감각적 즐거움, 그리고 브랜드와의 깊은 유대감이 바로 오늘날 소비자가 만족한다고 평가하는 기준이며, 이는 공간 디자인이 추구해야 할 궁극적인 목표이자 성공의 척도라 할 수 있다.

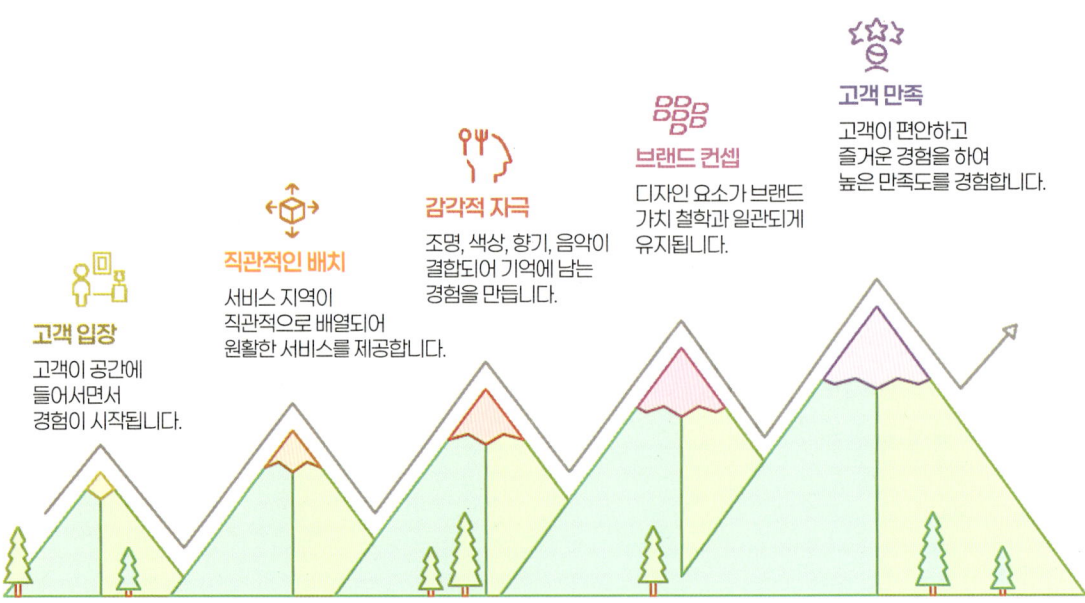

> **Point!** 공간 디자인의 목표와 고객 만족의 기준

1. 공간 디자인의 역할과 중요성
- 단순한 인테리어가 아닌 브랜드 가치를 전달하고 감각적 만족과 심리적 안정을 제공하는 것이 목표.
- 브랜드 체험의 공간 역할을 하며, 고객 경험의 모든 요소가 고객 만족을 결정짓는다.

2. 공간 디자인의 핵심 목표
- 기능성과 동선 최적화를 통해 고객과 직원 모두에게 편리한 환경을 조성.
- 불필요한 이동을 줄이고, 직관적인 공간 배치로 서비스 효율성을 높임.

3. 감각적 경험을 통한 고객 만족
- 공간의 분위기는 시각(조명, 색상), 후각(향기), 청각(배경 음악) 등 다양한 감각 요소가 조화될 때 완성.
- 적절한 조명과 색감, 향기, 음악을 활용해 브랜드와 감성적 연결을 형성하고, 브랜드 충성도를 높임.

4. 브랜드 아이덴티티의 시각적 표현
- 공간 디자인을 통해 브랜드 철학과 가치를 직관적으로 전달해야 함.
- 고급스러운 브랜드는 우드, 대리석 등 고급 소재 활용, 친환경 브랜드는 자연광과 식물을 활용.

5. 고객 만족의 기준
- 고객이 공간에서 기대하는 것은 단순한 서비스가 아닌, 편리함, 감각적 즐거움, 브랜드와의 일관된 소통.
- 효율적인 공간 구성과 감각적 요소의 조화로 고객 경험을 향상.

6. 공간 디자인의 궁극적인 목표
- 고객이 공간에서 경험하는 모든 요소가 조화롭게 통합되어 브랜드의 가치와 철학을 전달하는 것.
- 기억에 남는 공간 경험을 통해 고객 신뢰와 충성도를 높이고, 기업의 지속 가능한 성장과 경쟁력을 강화.

2장. 사람이 곧 브랜드다

1 브랜드를 키우는 것은 '사람의 매력'

사람이 곧 브랜드다

　살롱 브랜드라 하면 흔히 로고, 인테리어, 마케팅 전략을 연상하기 쉽다. 많은 사람들이 브랜드 구축을 시각적 요소나 광고 전략에 집중하는 과정으로 인식하지만, 카이정헤어의 현장 경험에 따르면 브랜드의 진정한 힘은 '사람의 매력'에서 비롯된다. 살롱의 성공은 화려한 인테리어나 세련된 광고보다도, 한 사람 한 사람이 발산하는 진정성 있고 인간적인 매력에 뿌리를 두고 있다. 고객은 단순히 시술을 받기 위해 살롱을 찾는 것이 아니라, 그곳에서 만나는 디자이너들의 따뜻한 태도와 진심 어린 배려, 그리고 자연스러운 대화 속에서 자신을 발견하고 위안을 얻는다. 결국, 브랜드의 본질은 외형적인 요소가 아니라 고객에게 전달되는 감동과 신뢰, 그리고 인간미에서 시작된다.

고객을 사로잡는 것은 '사람'이다

　헤어살롱은 매일 아침 문을 열고 저녁까지 수많은 고객을 맞이하는 살아있는 공간이다. 이곳에서 고객에게 가장 강렬한 인상을 남기는 것은 값비싼 가구나 최신 장비가 아니라, 고객과의 소통에서 드러나는 디자이너 한 명 한 명의 인간적인 매력이다. 고객이 살롱을 기억하고 다시 찾게 되는 이유는 좋은 인테리어나 살롱 이미지뿐만 아니라, 디자이너가 보여주는 따뜻한 미소, 친근한 말투, 그리고 세심한 배려에서 비롯된다. 아무리 인테리어나 광고가 화려해도 디자이너가 고객의 이야기에 귀 기울이지 않고 형식적인 응대로만 대응한다면, 고객은 그 공간에서 진정한 만족감을 느낄 수 없다. 오히려 고객은 자신이 단순한 매출 목표의 대상에 불과하다고 여기며, 진심이 부족한 브랜드에서 멀어지게 된다.

브랜드를 강화하는 '진정한 매력'

　브랜드의 진정한 매력은 단순한 외적 스타일링이 아니라, 고객과의 대화 속에서 자연스럽게 드러나는 진정성과 배려, 그리고 공감이다. 고객이 살롱을 방문했을 때, 단순히 스타일링을 받는 것이 아니라, 자신의 이야기를 털어놓고 디자이너로부터 따뜻한 조언과 격려를 받는 경험은 그 어떤 광고보다도 강력한 브랜드 효과를 만들어낸다. 디자이너가 고객의 말 한마디, 눈빛 하나하나에 진심을 담아 응대할 때, 고객은 자신이 존중받고 있다고 느끼며, 그 경험은 오랫동안 기억된다.

디지털 시대의 브랜드 전략

　현대의 고객들은 브랜드명이나 로고보다도 SNS와 온라인 채널을 통해 디자이너 개개인의 개성과 매력을 먼저 접한다. 디자이너가 자신의 작업 과정과 일상을 자연스럽게 공유하고, 고객과의 소통에서 진솔한 모습을 보일 때, 그 자체가 브랜드 아이덴티티로 자리 잡는다. 고객들은 단순히 '멋진 살롱'을 찾는 것이 아니라, 자신과 공감할 수 있는, 신뢰할 수 있는 디자이너가 있는 곳을 찾는다. 따라서 살롱 차원에서도 디자이너들에게 최고의 근무 환경과 교육, 그리고 자율성을 제공해야 한다. 각 디자이너가 개성을 자유롭게 발휘하면서도, 브랜드가 지향하는 공통의 철학과 가치를 자연스럽게 실현할 수 있는 환경을 조성해야 한다.

개성을 존중하는 브랜드 문화

브랜드 매뉴얼이나 규정에 지나치게 얽매여 모든 디자이너에게 똑같은 말투와 스타일을 강요한다면, 개개인의 독특한 매력은 사라지고 브랜드가 획일화되어 매력을 잃을 위험이 있다. 사람의 매력은 단순한 기준으로 평가할 수 없는 복합적이고 다면적인 요소이므로, 살롱 오너와 경영진은 디자이너 개개인의 장점과 특성을 존중하고 이를 살릴 수 있는 환경을 마련하는 것이 필수적이다. 서로 다른 개성이 모여 다양한 매력을 발산할 때, 고객은 자신과 가장 잘 맞는 스타일과 감성을 발견하게 되며, 이는 브랜드 충성도를 높이는 중요한 요인이 된다.

카이정헤어의 성공 전략

카이정헤어의 사례에서도 처음에는 매장 마케팅과 세일즈 전략에 집중했지만, 시간이 지나면서 브랜드의 성장 원동력이 디자이너 한 명 한 명의 인간적인 매력에서 비롯됨을 깨닫게 되었다. 디자이너를 단순한 기술 제공자로 보는 것이 아니라, 고객과의 깊은 소통을 통해 그들의 삶에 긍정적인 영향을 미치는 '인생 파트너'로 인식할 때, 살롱은 단순한 미용 공간을 넘어 고객과 디자이너가 함께 성장하는 플랫폼이 된다. 고객은 자신을 이해하고 공감해주는 디자이너와의 관계 속에서 진정한 만족감을 느끼며, 이는 자연스럽게 재방문과 구전 효과로 이어진다.

브랜드 성공의 핵심은 '사람'

브랜드를 키우는 것은 단순히 외부의 광고나 마케팅 예산에 의존하는 것이 아니라, 현장에서 일하는 사람들이 직접 브랜드의 얼굴이 되어 고객과의 신뢰를 쌓아가는 과정이다. 디자이너가 보여주는 작은 배려와 따뜻한 미소, 그리고 고객의 이야기에 귀 기울이는 태도는 수치로 측정할 수 없는 가치를 창출한다. 고객은 자신이 단순한 소비자가 아니라 브랜드와 함께 성장하는 동행자임을 자각하게 되며, 이는 브랜드 충성도로 이어진다.

사람 중심의 경영 철학

현대 미용업계는 로봇이나 기계가 대체할 수 없는 인간만의 섬세함과 감성에 의존하고 있다. 기술이 아무리 발전해도, 고객의 마음을 어루만지고 진심 어린 소통을 제공하는 것은 결국 사람의 힘에 달려 있다. 디자이너가 고객에게 자신의 개성과 매력을 진솔하게 전달할 때, 브랜드는 생명력을 가지며, 고객은 그 경험 속에서 자신만의 가치를 발견하게 된다. 고객은 단순히 멋진 스타일을 원하는 것이 아니라, 자신을 진정으로 이해하고 존중해 주는 사람과의 만남을 원한다. 따라서 살롱 경영의 핵심은 '사람의 매력'을 최대한 발휘할 수 있도록 디자이너들을 지원하고 격려하는 것이다.

지속 가능한 브랜드 성장

살롱 오너와 리더들은 단순한 경영 목표를 넘어, '인본주의 미용'이라는 철학을 실현해야 한다. 직원들의 자율성과 창의성을 존중하고, 고객과 자연스럽게 소통할 수 있도록 교육과 멘토링, 합리적인 보상 체계를 마련해야 한다. 디자이너가 자신의 개성을 발휘하면서 고객에게 진정성 있는 서비스를 제공할 때, 브랜드 가치는 자연스럽게 상승한다.

결국, 브랜드의 성공은 화려한 마케팅이 아니라 고객과의 진솔한 소통 속에서 만들어진다. 고객은 브랜드명을 보고 예약을 결정하기보다는, 디자이너가 보여주는 인간적인 매력과 개성을 보고 브랜드에 대한 호감을 느낀다. 현대의 경쟁이 치열한 미용 시장에서 브랜드의 진정한 성공은 '사람'에서 시작되며, 사람의 매력을 키우고 발휘하는 것이 가장 확실한 전략이다.

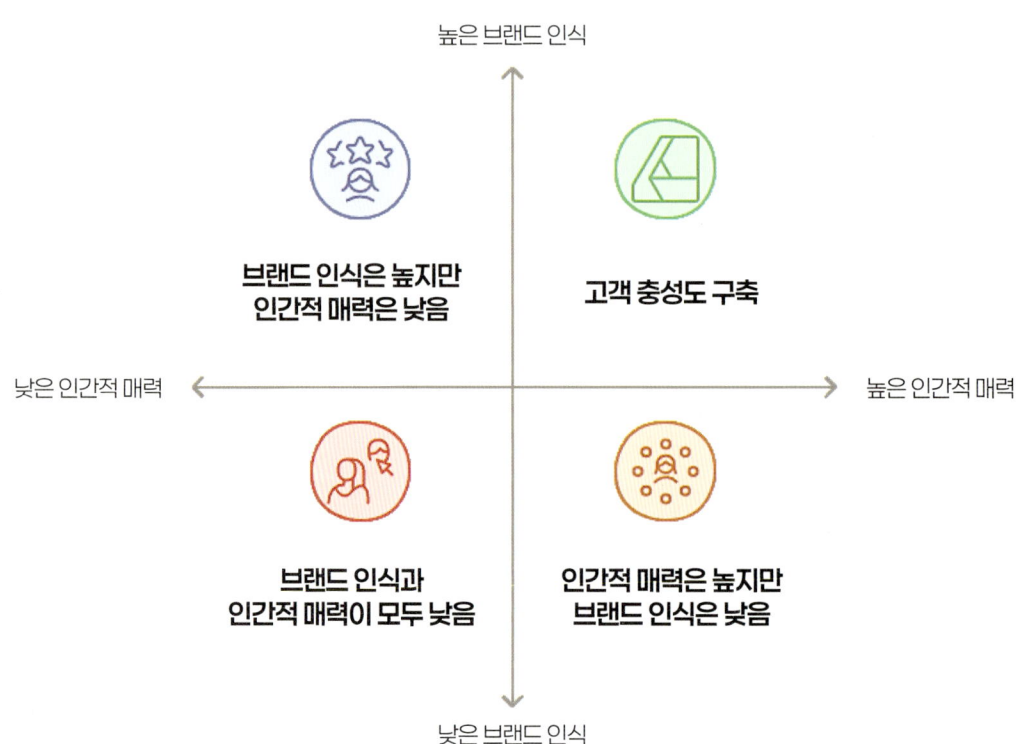

> **Point!** "브랜드를 키우는 것은 '사람의 매력'"

1. 사람이 곧 브랜드
   * 브랜드의 진정한 힘은 사람의 매력에서 비롯되며, 고객은 디자이너의 태도, 배려, 소통속에서 감동을 느낀다.

2. 고객을 사로잡는 것은 기술보다 '사람'
   * 고객이 살롱을 찾는 이유는 최신 스타일링 기술보다 디자이너의 따뜻한 미소, 말투, 세심한 배려 때문이다.

3. 디지털 시대의 브랜드 전략
   * 고객은 브랜드보다 SNS에서 디자이너 개개인의 개성과 매력을 먼저 접하며, 신뢰할 수 있는 디자이너를 찾는다.

4. 개성을 존중하는 브랜드 문화
   * 획일적인 스타일을 강요하기보다, 각 디자이너의 개성을 살려 브랜드 철학과 조화롭게 유지해야 한다.

5. 카이정헤어의 성공 전략
   * 마케팅보다 디자이너 개개인의 인간적 매력이 브랜드 성장의 핵심임을 깨닫고, 고객과의 소통을 강화했다.

6. 브랜드 성공의 핵심은 '사람'
   * 광고보다 디자이너들의 태도와 매력이 브랜드의 얼굴이 되며, 고객과의 신뢰 형성이 중요하다.

7. 사람 중심의 경영 철학
   * 고객과의 진정한 소통과 감동을 제공하는 것은 결국 사람의 힘이며, 디자이너의 개성을 발휘할 수 있도록 지원해야 한다.

8. 지속 가능한 브랜드 성장
   * 직원들의 자율성과 창의성을 존중하는 환경을 조성하면, 브랜드 가치는 자연스럽게 상승한다.

브랜드의 성공은 마케팅이 아닌, 사람의 매력과 진정성에서 시작되며, 개성과 인간미를 극대화하는 것이 가장 확실한 전략이다.

2. 디자이너의 인품, 인성, 그리고 기복 없는 친절

인품과 인성이 만드는 브랜드 가치

디자이너의 인품과 인성은 단순히 밝은 미소나 정중한 말투에서 비롯되지 않는다. 그것은 고객과의 소통 방식, 세심한 배려, 그리고 서비스 전반에 스며든 태도에서 드러난다. 고객은 짧은 상담 한 마디나 샴푸를 받는 순간에도 디자이너의 진정성을 느낄 수 있으며, 이 미묘한 차이가 고객이 다시 찾고 싶은 살롱을 결정하는 핵심 요소가 된다. 단순한 기술력만으로는 채울 수 없는 인간적인 온기와 배려가 고객의 마음속에 깊은 인상을 남기며, 이는 브랜드에 대한 신뢰와 충성도로 이어진다.

미용업은 '사람이 사람을 감동시키는' 공간

미용업은 단순한 기술 제공을 넘어, 고객이 감정적 위안과 새로운 자신감을 얻을 수 있는 공간이다. 따라서 디자이너의 섬세한 배려와 진심 어린 상담은 고객이 느끼는 감동과 만족도를 결정짓는 중요한 요소가 된다. 고객이 편안한 분위기 속에서 따뜻한 조언과 세심한 배려를 경험한다면 단순한 스타일링 이상의 만족감을 얻는다. 반대로 형식적인 응대만 경험한다면, 뛰어난 기술력조차도 고객의 재방문을 이끌어내지 못할 것이다.

디자이너가 가져야 할 '인간적 배려'

디자이너는 단순히 고객의 요청을 따라가는 것이 아니라, 고객의 감정과 필요를 세심하게 헤아리고 기분 좋은 경험을 선사해야 한다. 이를 위해 "나는 왜 이 일을 하는가?", "나는 어떤 디자이너가 되고 싶은가?"와 같은 근본적인 질문에 대한 명확한 답을 가지고 자기 성찰을 지속해야 한다. 좋은 조직 문화 속에서 성장한 디자이너의 인품과 인성은 고객을 대하는 태도에서 자연스럽게 드러나며, 이는 고객에게 존중받는 경험을 제공하는 바탕이 된다.

고객을 대하는 태도가 곧 브랜드의 얼굴

살롱의 현장에서는 예상치 못한 다양한 상황이 발생할 수 있다. 예약 시간을 어기거나, 스타일 변경을 요구하는 고객, 혹은 까다로운 요청을 하는 고객을 만날 때도 디자이너는 감정적으로 대응하기보다 고객의 입장을 이해하려는 태도를 가져야 한다. "이 고객이 이런 선택을 한 이유가 무엇일까?"라는 시각으로 접근하면, 보다 유연하고 배려 있는 응대가 가능해진다. "괜찮습니다. 고객님이 원하시는 방향에 맞춰 생각해 보겠습니다."라는 한 마디가 고객의 신뢰를 쌓는 결정적인 순간이 될 수 있다.

기복 없는 친절이 만드는 브랜드 신뢰

살롱은 다양한 고객과 직원들이 함께하는 공간이므로, 감정적인 충돌이나 스트레스가 발생할 가능성이 크다. 디자이너가 바쁘고 피곤한 순간에도 일관된 친절을 유지하는 것은 단순한 서비스 태도를 넘어, 브랜드 신뢰를 형성하는 중요한 요소가 된다. 기분이 좋을 때만 웃는 것이 아니라, 어떤 상황에서도 균형 잡힌 태도를 유지하는 연습과 자기 감정 조절이 필요하다. 순간적인 피로로 인해 대충 응대하는 태도는 고객에게 즉시 감지되며, 이는 재방문 의사에 부정적인 영향을 미칠 수 있다.

디자이너의 철학이 고객 경험을 결정한다

진정한 인품을 갖춘 디자이너는 스스로를 다스리고 하루하루 최선을 다하는 자세를 가진다. 단순히 생계를 위한 직업이 아니라, "나는 사람을 더 아름답게 만들고 싶다" "이 일을 통해 나도 성장하고 싶다"라는 철학을 가진 디자이너는 어떠한 어려움도 극복할 수 있다. 고객 한 사람 한 사람을 소중히 여기고 그들의 편안함을 고려하는 과정에서 디자이너의 인성과 인품은 더욱 깊어진다. 이는 살롱 전체의 분위기와 고객 만족도로 이어진다.

가식이 아닌 진정성 있는 친절

기복 없는 친절은 단순한 영업 미소가 아니라, 진정성을 담은 태도에서 나온다. 고객은 피상적인 태도를 쉽게 감지하며, 진심 어린 대화 속에서 신뢰를 쌓는다. 살롱이 단순한 미용 서비스 공간을 넘어, 고객이 편안함을 느끼는 안식처로 자리 잡으려면 디자이너들의 일관된 배려와 진정성 있는 소통이 필수적이다. 고객이 단순히 머리를 다듬기 위해 오는 것이 아니라, 기분 좋은 경험과 감동을 받기 위해 방문하는 곳이라면, 그 살롱은 자연스럽게 단골 고객을 확보하고 입소문을 타게 될 것이다.

고객이 기억하는 것은 '태도'이다

고객은 디자이너가 자신을 어떻게 대했는지를 오랫동안 기억한다. 피곤한 날에도 기복 없이 따뜻한 태도로 고객을 맞이하는 디자이너는 고객의 마음속에 긍정적인 인상을 남기며, 이는 장기적인 고객 관계로 이어진다. 이러한 태도는 단순한 서비스 전략이 아니라, 살롱의 지속적인 성장과 성공을 이끄는 핵심 요소가 된다.

기술보다 중요한 '사람다운 태도'

미용업에서 성공하기 위해서는 우선 '사람다운 태도'를 갖추는 것이 중요하다. 고객의 마음은 기술처럼 단기간에 배우거나 연습해서 익힐 수 있는 것이 아니다. 이는 끊임없는 자기 성찰과 경험, 그리고 성장의 과정을 통해 다듬어진다. 디자이너가 자신의 내면을 다스리고, 매 순간 최선을 다해 고객을 맞이할 때, 그 진심이 고객에게 전달된다. 이는 단순한 스타일링을 넘어, 인본주의 미용의 근본 가치이며, 살롱을 성공으로 이끄는 핵심 요인이 된다.

고객이 기억하는 브랜드는 '사람'이다

 디자이너의 인품과 인성, 그리고 기복 없는 친절은 단순한 서비스 매뉴얼이 아니다. 고객은 따뜻한 배려와 정성을 오래도록 기억하며, 그 경험은 자연스럽게 재방문과 입소문으로 이어진다. 결국, 미용 업계에서 성공하는 디자이너는 기술뿐만 아니라, 사람을 대하는 철학과 태도를 지닌 이들이며, 그들이 발산하는 인간적인 매력이 브랜드와 살롱의 미래를 밝히는 가장 큰 자산임을 우리는 잊어서는 안 된다.

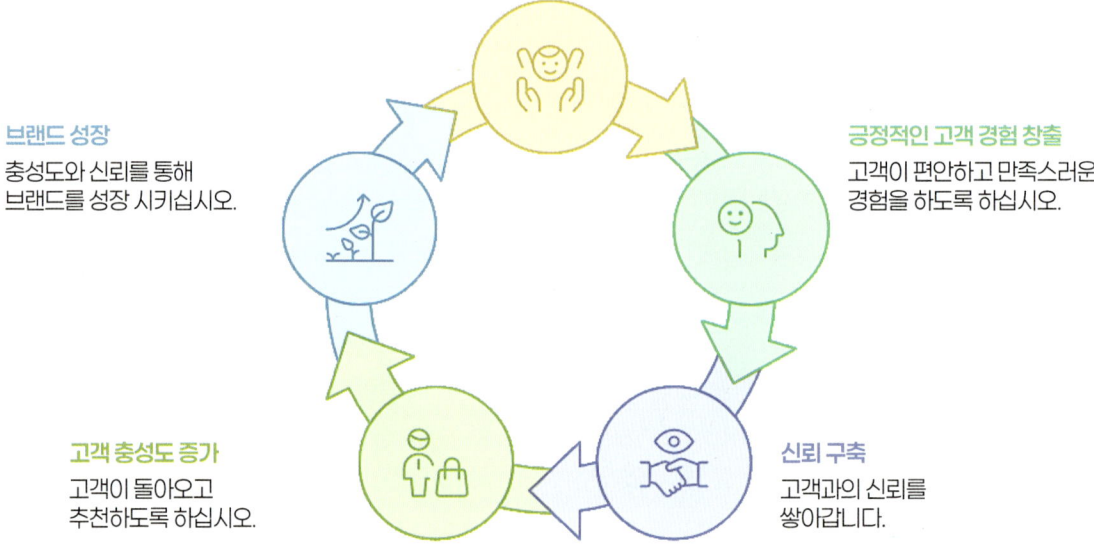

Point! **디자이너의 인품, 인성, 그리고 기복 없는 친절**

1. **디자이너의 인품과 인성이 브랜드 가치를 결정**
   * 고객과의 소통 방식, 세심한 배려, 태도에서 드러나며, 이는 브랜드 신뢰와 충성도로 이어짐.
   * 단순한 기술력보다 인간적인 온기와 배려가 중요.

2. **미용업은 '사람이 사람을 감동시키는' 공간**
   * 단순한 기술 제공이 아닌 감정적 위안과 자신감을 주는 역할.
   * 진정성 있는 상담과 배려가 고객 만족을 결정.

3. **디자이너의 '인간적 배려'가 중요**
   * 고객의 감정과 필요를 세심히 이해하는 것이 핵심.
   * 자기 성찰을 지속하며 좋은 조직 문화 속에서 성장해야 함.

4. **고객을 대하는 태도가 곧 브랜드의 얼굴**
   * 고객의 요청과 감정을 이해하는 유연하고 배려 있는 태도가 필요.
   * 감정적으로 대응하지 않고 신뢰를 쌓는 것이 중요.

5. **기복 없는 친절이 브랜드 신뢰를 만든다**
   * 피곤한 날에도 일관된 친절을 유지하는 것이 중요.
   * 감정 조절 능력이 브랜드의 지속적인 성장에 영향.

6. **디자이너의 철학이 고객 경험을 결정**
   * "나는 왜 이 일을 하는가?"에 대한 철학이 명확해야 함.
   * 고객을 소중히 여기는 태도가 살롱 분위기와 고객 만족도를 결정.

7. **가식이 아닌 진정성 있는 친절이 중요**
   * 고객은 피상적인 태도를 쉽게 감지하며, 진심 어린 소통에서 신뢰를 느낌.
   * 살롱이 단순한 미용 공간이 아니라 고객에게 감동을 주는 공간이 되어야 함.

8. **고객이 기억하는 것은 '태도'**
   * 고객은 디자이너의 태도를 오래 기억하며, 이는 장기적인 관계로 이어짐.
   * 태도는 단순한 전략이 아니라, 살롱의 지속적인 성공 요소.

9. **기술보다 중요한 '사람다운 태도'**
   * 기술보다 고객의 마음을 헤아리는 태도가 중요.
   * 자기 성찰과 경험을 통해 지속적으로 성장해야 함.

10. **고객이 기억하는 브랜드는 '사람'**
    * 디자이너의 인품과 기복 없는 친절이 브랜드의 가장 큰 자산.
    * 고객이 기억하는 따뜻한 배려와 정성이 재방문과 입소문으로 이어짐.

미용업에서 성공하기 위해서는 기술력뿐만 아니라, 고객을 대하는 철학과 태도가 중요하다.
디자이너의 인품과 인성이 브랜드의 가치를 결정하며, 고객이 기억하는 것은 결국 '사람'이다.

3 매력적인 사람이 갖추어야 할 다섯 가지

매력적인 사람은 단순히 외모나 말솜씨로 평가되지 않는다. 그들의 진정한 매력은 내면에서 우러나오는 가치와 태도, 그리고 주변에 전하는 긍정적인 에너지의 총합에서 비롯된다. 이러한 매력을 형성하는 데는 다섯 가지 핵심 요소가 있다.

첫째, 진정성은 매력의 기초이자 모든 인간관계의 출발점이다. 자신이 누구인지, 무엇을 원하는지에 대해 솔직하며, 감정을 숨기지 않고 자연스럽게 표현하는 태도는 신뢰를 형성한다. 겉치레 없이 있는 그대로의 모습을 보일 때 비로소 진실한 소통이 가능하다. 예를 들어, 디자이너가 고객에게 스타일을 제안할 때 단순히 유행을 따르거나 매출을 위한 말이 아니라, 진심 어린 믿음과 경험을 바탕으로 "이 스타일이 정말 잘 어울릴 것 같아요"라고 말한다면, 그 속에는 확신과 진정성이 담겨 있다. 이러한 태도는 고객이 디자이너를 신뢰하고 따르게 만드는 가장 강력한 요소이며, 단기간에 만들어지는 것이 아니라 지속적인 자기 성찰과 경험을 통해 점진적으로 쌓여간다.

둘째, 섬세한 공감 능력은 매력적인 사람이 갖추어야 할 또 다른 필수 덕목이다. 사람은 자신의 감정을 완전히 드러내지 않더라도 표정, 몸짓, 말투 등에서 내면의 상태를 표현한다. 매력적인 사람은 이러한 작은 신호를 놓치지 않고 상대방의 감정을 섬세하게 읽어내며, 적절한 반응을 보인다. 예를 들어, 한 디자이너가 고객의 미묘한 몸짓에서 피로감이나 고민을 감지하고 "오늘 많이 힘드셨죠? 혹시 원하시면 좀 더 부드러운 스타일로 변화를 주는 건 어떨까요?"라고 조심스럽게 제안한다면, 고객은 자신이 단순한 시술 대상이 아니라 존중받는 존재임을 느낀다. 이러한 공감 능력은 고객과의 유대감을 형성하는 데 결정적인 역할을 하며, 고객이 다시 찾고 싶은 살롱을 만드는 원동력이 된다.

셋째, 안정감 있는 자존감은 매력의 또 다른 핵심 요소다. 건강한 자존감을 가진 사람은 자신을 있는 그대로 받아들이며, 스스로에 대한 믿음과 자부심을 지닌다. 그러나 이는 타인을 존중하는 태도와 균형을 이룰 때 더욱 빛을 발한다. 미용업계에서 자존감이 높은 디자이너는 자신의 기술과 스타일을 과시하기보다는 고객의 의견에 귀 기울이며, 부족한 부분을 겸손하게 인정한다. 이는 고객에게 "이 디자이너는 자신을 믿으며 끊임없이 발전하는 사람"이라는 신뢰를 주고, 고객이 스타일 변화에 대한 불안감을 해소하는 데도 도움을 준다. 자존감이 안정된 디자이너는 실수를 하더라도 이를 성장의 기회로 삼으며, 이런 태도는 살롱 내에서도 긍정적인 에너지를 퍼뜨려 전체적인 분위기를 더욱 따뜻하고 조화롭게 만든다.

넷째, 끊임없는 자기 계발과 성장 의지는 매력적인 사람을 더욱 돋보이게 하는 중요한 요소다. 세상은 빠르게 변하며, 미용 트렌드 역시 끊임없이 변화하기 때문에 한순간의 유행에 안주하는 태도는 금세 뒤처지게 마련이다. 매력적인 사람은 새로운 기술과 트렌드뿐만 아니라, 문화와 예술에 대한 호기심을 지속적으로 유지하며 자기 계발에 대한 열정을 가진다. 이러한 노력은 단순히 개인의 기술 향상을 넘어서, 고객과의 상담이나 스타일링 과정에서 더욱 깊이 있는 대화를 가능하게 만든다. 고객은 "이 디자이너는 항상 발전하고 있다"는 인상을 받으며, 이를 통해 단순한 서비스 이상의 가치를 경험하게 된다. 이처럼 성장하는 태도는 고객의 신뢰를 얻는 중요한 요소이며, 디자이너의 개인 브랜드 가치를 극대화하는 역할을 한다.

다섯째, 상대를 돕고자 하는 선한 의도는 매력적인 사람이 지닌 가장 고귀한 특성 중 하나다. 진정한 매력은 자기중심적인 이익 추구가 아니라, 타인을 위해 무엇을 할 수 있을지 고민하는 데서 시작된다. 살롱에서 선한 의도를 가진 디자이너는 고객의 단기적인 만족만을 목표로 하지 않고, 장기적인 모발 건강과 스타일, 그리고 전반적인 웰빙까지 고려하여 최선의 솔루션을 제시한다. 예를 들어, 고객이 과도한 염색이나 시술로 인해 모발 손상을 걱정할 때, 선한 의도를 가진 디자이너는 "지금 바로 큰 변화를 주기보다는 먼저 모발 케어를 시작하는 것이 어떨까요?"라고 조언하며, 고객의 장기적인 건강을 우선시한다. 이러한 태도는 고객에게 단순한 서비스 제공자가 아닌, 신뢰할 수 있는 동행자로 다가가게 하며, 이는 살롱 전체에 대한 충성도로 이어진다.

이처럼 매력적인 사람이 갖추어야 할 다섯 가지 요소—진정성, 섬세한 공감 능력, 안정감 있는 자존감, 끊임없는 자기 계발과 성장 의지, 그리고 상대를 돕고자 하는 선한 의도—는 서로 긴밀하게 연결되어 있다. 각각이 독립적으로 작용하는 것이 아니라 상호 보완적으로 영향을 주고받는다. 진정성이 없다면 공감도 형식적으로 흐를 수 있으며, 자존감이 부족하면 성장 의지를 제대로 발휘하기 어렵다. 반대로 이 다섯 가지 요소가 균형을 이루면, 그 사람은 단순한 기술적 능력을 넘어 고객과 동료들에게 깊은 신뢰와 감동을 전하는 존재가 된다.

이러한 매력은 디자이너 개인의 브랜드 가치를 높이는 동시에, 고객과의 진정성 있는 소통을 통해 살롱 전체의 분위기를 변화시킨다. 결국, 매력적인 사람은 주변에 긍정적인 영향을 미치며, 그들의 존재 자체가 하나의 브랜드처럼 빛을 발한다. 이는 고객이 단순히 한 번 방문하고 끝나는 것이 아니라, 지속적으로 찾게 만드는 힘이 되며, 살롱의 장기적인 성공과 지속 가능한 발전의 기반이 된다.

> **Point!** 각 요소의 상세 내용 및 역할

1. 진정성 (Authenticity)
   * 핵심 개념: 자신의 내면과 감정을 숨김없이 표현하는 자세.
   * 실천 예시: 디자이너가 "이 스타일이 정말 잘 어울릴 것 같다"라고 말할 때, 단순히 유행이나 매출 목표가 아니라 진심 어린 믿음과 경험에서 우러나온 확신이 담김.
   * 영향: 고객은 꾸밈없이 있는 그대로의 모습을 보며 신뢰를 형성하게 되고, 진솔한 소통의 기반이 된다.

2. 섬세한 공감 능력 (Subtle Empathy)
   * 핵심 개념: 말이나 표정, 몸짓 등 미묘한 신호를 통해 상대방의 감정을 읽어내는 능력.
   * 실천 예시: 고객의 피로한 눈빛이나 몸짓에서 감정을 파악해 "오늘은 많이 힘드셨던 것 같아요"라고 배려 깊은 말을 건네는 행동.
   * 영향: 고객은 자신이 단순한 시술 대상이 아니라, 정서적으로 존중받고 있다고 느껴 깊은 유대감이 형성된다.

3. 안정감 있는 자존감 (Stable Self-esteem)
   * 핵심 개념: 자신의 강점과 약점을 솔직히 인정하고, 겸손하면서도 자신감을 유지하는 태도.
   * 실천 예시: 디자이너가 자신의 기술에 대해 자부심을 가지되, 부족한 부분은 겸허히 인정하고 개선하려 노력하는 모습.
   * 영향: 고객은 디자이너가 꾸준히 발전하며 신뢰할 수 있는 전문가임을 느끼며, 이는 장기적 관계 형성에 기여한다.

4. 끊임없는 자기 계발과 성장 의지 (Continuous Self-improvement and Growth)
   * 핵심 개념: 변화하는 트렌드에 뒤처지지 않기 위해 지속적으로 배우고 새로운 것을 시도하는 열정.
   * 실천 예시: 새로운 기술이나 트렌드, 다양한 문화와 예술에 대한 관심을 지속하며 자기 발전을 위해 노력하는 자세.
   * 영향: 고객은 디자이너가 항상 발전하는 모습을 보며, 그로 인해 제공되는 서비스가 지속적으로 향상된다고 인식하게 된다.

5. 상대를 돕고자 하는 선한 의도 (Benevolent Intent tHelp Others)
   * 핵심 개념: 이익 추구를 넘어서, 타인의 장기적인 행복과 건강을 진심으로 생각하는 마음.
   * 실천 예시: 고객의 모발 건강을 위해 무리한 시술을 권유하기보다, 모발 케어를 우선적으로 제안하는 등 고객의 장기적 이익을 우선시하는 조언.
   * 영향: 고객은 디자이너를 단순한 서비스 제공자가 아니라, 진심으로 자신의 변화를 도와주는 동행자로 인식하며 깊은 신뢰를 쌓는다.

> **Point!** **상호 연관성 및 통합 효과**
>
> 1. 서로 보완적 관계
>   * 진정성이 없다면 공감 능력도 형식적으로 느껴질 수 있고, 자존감이 낮으면 자기 계발에 소홀해지기 쉽다.
>   * 이 다섯 가지 요소가 균형을 이루면, 디자이너는 단순한 기술자가 아니라, 고객과 동료 모두에게 긍정적인 영향을 미치는 '브랜드'처럼 빛나는 존재가 된다.
>
> 2. 고객과의 관계 형성
>   * 고객은 이러한 요소들이 어우러진 디자이너에게 단순히 한 번 방문하는 소비자가 아니라, 지속적으로 신뢰하고 찾게 되는 동행자로서의 가치를 느낀다.

KAI JUNG

4. 마케팅보다 강력한 고객의 '입소문'

아무리 정교한 마케팅 전략과 화려한 광고 캠페인을 펼친다 해도, 살롱의 진정한 가치는 결국 고객이 직접 경험한 감동과 만족에서 비롯된다. 현대의 소비자들은 단순히 눈길을 끄는 광고나 할인 행사에 휘둘리지 않는다. 그들이 진정으로 믿고 선택하는 곳은 광고 문구나 이미지가 아니라, 실제로 체험한 서비스와 그 안에서 느낀 인간적인 배려, 그리고 자연스럽게 형성된 '입소문'이다. 입소문은 단순한 일회성 홍보가 아니라, 고객이 직접 느끼고 경험한 솔직한 이야기가 퍼져나가는 현상으로, 누구도 흉내 낼 수 없는 강력한 마케팅 도구이자 신뢰의 연결고리 역할을 한다.

살롱은 머리만 손질하는 공간이 아니다

살롱을 찾는 고객들은 단순히 헤어스타일을 바꾸려는 목적을 넘어서, 자신을 믿고 맡길 수 있는 공간, 즉 마음의 안식처를 찾고자 한다. 고객은 살롱에서 받는 서비스가 단순한 미용 시술이 아니라는 사실을 체감할 때, 진정한 만족을 느낀다. 예를 들어, 디자이너가 고객의 이야기에 정성을 담아 귀 기울이고, 그들의 감정과 필요를 이해하며 세심하게 대응할 때, 고객은 "여기서는 내가 진심으로 존중받고 있다"는 확신을 갖게 된다. 이러한 감각적이고 정서적인 경험은 단순한 이미지 광고나 슬로건으로는 전달할 수 없는 깊은 신뢰를 형성하며, 이는 고객이 자발적으로 입소문을 내게 만드는 가장 중요한 요소가 된다.

입소문은 시간이 지나며 더욱 강력해진다

고객이 매번 살롱을 방문할 때마다 진심 어린 서비스를 경험하면, 그 만족감은 자연스럽게 입소문으로 이어진다. 특히, 주변의 가족, 친구, 동료 등 신뢰할 수 있는 사람들의 추천은 광고보다 훨씬 강한 설득력을 지닌다. 직접 경험한 감동을 토대로 "이곳은 믿고 맡길 만한 곳이다"라는 확신을 나누는 순간, 그 신뢰는 또 다른 고객의 유입으로 이어지며, 이러한 긍정적인 순환 구조는 단기적인 마케팅 비용이나 프로모션보다 훨씬 지속적이고 강력한 효과를 낳는다.

입소문은 세부적인 경험까지 전달한다

고객이 전하는 입소문은 단순히 "괜찮다" 혹은 "나쁘지 않다" 같은 평면적인 평가에 그치지 않는다. 살롱의 분위기, 디자이너의 미소, 상담 중 보여준 세심한 배려, 시술 과정에서의 정성은 사소해 보이는 작은 요소들조차 결국 전체 경험이나 기억을 구성하는 중요한 부분이 되고 고객은 주변 사람들에게 공유한다. 사실, 고객은 스타일링의 결과물보다도 그 과정에서 느낀 감정을 더욱 중요하게 여기며, 이 감정이 입소문을 통해 전파될 때 그 효과는 기하급수적으로 커진다. 예를 들어, 한 고객이 "여기 가면 언제나 편안하고, 내가 소중하게 대우받는 느낌이 들어요"라고 말한다면, 이 한마디는 잠재적인 고객들에게 강력한 신뢰를 심어주고, 살롱의 브랜드 이미지를 더욱 견고하게 만든다.

위기 상황에서도 빛을 발하는 입소문

입소문은 단순한 마케팅 수단을 넘어, 살롱에 대한 '신뢰의 문화'를 형성하는 역할을 한다. 특히, 경제 불황이나 팬데믹과 같은 위기 상황에서는 광고의 효과가 일시적으로 감소하는 경우가 많지만, 고객의 입소문은 이러한 환경에서도 더욱 빛을 발한다. 어려운 시기에도 꾸준히 살롱을 찾아주는 단골 고객들의 긍정적인 후기는 새로운 고객들에게 "이곳은 변함없는 신뢰를 줄 수 있다"는 메시지를 전달하며, 살롱이 장기적으로 지속될 수 있는 강력한 버팀목이 된다.

광고보다 중요한 것은 고객의 경험

물론, 초기에는 광고나 SNS 마케팅을 통해 고객이 살롱을 인지하고 방문할 수 있도록 유도하는 과정이 필요하다. 그러나 마케팅은 고객이 첫발을 내딛게 하는 도구일 뿐이며, 고객이 다시 찾고 싶게 만드는 결정적인 요소는 현장에서 제공되는 진심 어린 서비스와 그로 인해 형성된 입소문이다. 광고와 이벤트가 일시적으로 관심을 끌 수는 있지만, 고객이 감동하고 만족하는 경험이 뒷받침되지 않는다면, 그 효과는 오래가지 못하고 결국 소비자의 기억 속에서 사라질 것이다.

입소문의 힘은 진정성에서 나온다

입소문의 강력함은 바로 이 점에 있다. 한 번의 광고보다 한 사람의 솔직한 체험담이 더 오래 기억되고, 깊은 공감을 불러일으킨다. 이는 마치 작은 불씨가 모여 거대한 불길이 되는 것처럼, 한 고객의 진심 어린 후기가 또 다른 고객의 발걸음을 이끌고, 그들이 다시 방문하며, 더 나아가 지인들에게도 경험을 공유하는 선순환을 만들어낸다. 이러한 입소문은 단순한 홍보를 넘어, 고객과 살롱 사이에 형성된 신뢰와 감동의 결과물이다.

살롱의 성장, 고객의 신뢰에 달려 있다

살롱 경영자와 디자이너들은 입소문의 가치를 깊이 인식하고, 고객 한 명 한 명에게 진심을 다하는 서비스를 제공해야 한다. 고객이 느끼는 만족과 감동, 그리고 그들이 전하는 따뜻한 이야기는 살롱의 성장을 결정짓는 가장 중요한 자산이다. 단기적인 매출 증가나 할인 행사에 의존하기보다는, 고객과의 장기적인 신뢰 관계를 구축하는 데 집중해야 한다. 고객이 "이곳은 언제나 기대를 저버리지 않는다", "이곳에서 받는 서비스는 단순한 서비스가 아니라, 나를 존중해 주는 경험이다"라는 확신을 갖게 된다면, 그 신뢰는 결국 장기적인 고객 충성도로 이어지고, 살롱의 지속적인 성공을 보장하게 된다.

고객의 입소문이 최고의 마케팅이다

결국, 마케팅이나 광고의 화려함보다 더 강력한 것은 사람과 사람 사이에서 자연스럽게 형성되는 '입소문'이다. 고객이 직접 만들어내는 긍정적인 경험과 그에 따른 진솔한 후기는, 외부에서 인위적으로 조작할 수 없는 순수한 힘을 지닌다. 한 사람 한 사람의 따뜻한 체험담이 모여, 살롱의 브랜드 가치와 신뢰를 더욱 단단하게 만들고, 결과적으로는 광고보다 훨씬 더 큰 효과와 지속 가능한 성장을 이끌어낸다.

이처럼 고객의 입소문은 단순한 마케팅 도구가 아니라, 고객이 체험한 진정성 있는 서비스와 그 안에서 느낀 감동이 만들어낸, 신뢰의 힘임을 잊지 말아야 한다.

> **Point!** 마케팅보다 강력한 고객의 '입소문'

1. 마케팅보다 강력한 고객의 '입소문'
- 살롱의 진정한 가치는 고객이 직접 경험한 감동과 만족에서 비롯되며, 광고보다 고객의 진솔한 후기가 더 큰 영향력을 가짐.
- 입소문은 자연스럽게 퍼지는 신뢰의 연결고리이자 강력한 마케팅 도구.

2. 살롱은 머리만 손질하는 공간이 아니다
- 고객은 단순히 헤어스타일을 바꾸는 것이 아니라, 자신을 믿고 맡길 수 있는 공간을 찾음.
- 디자이너의 세심한 배려와 정성이 고객의 만족과 신뢰를 형성하는 핵심 요소.

3. 입소문은 시간이 지나며 더욱 강력해진다
- 고객이 꾸준히 좋은 경험을 하면, 그 만족감이 자연스럽게 입소문으로 이어짐.
- 주변의 가족, 친구, 동료의 추천은 광고보다 더 큰 설득력을 가짐.

4. 입소문은 단순한 평가를 넘어 세부적인 경험까지 전달한다
- 살롱의 분위기, 디자이너의 태도, 세심한 배려 등 작은 요소들이 고객의 입소문을 통해 전파됨.
- 고객은 스타일링 결과뿐만 아니라, 과정에서 느낀 감정을 더욱 중요하게 여김.

5. 위기 상황에서도 빛을 발하는 입소문
- 경제 불황이나 팬데믹 같은 위기 상황에서도 입소문은 신뢰를 형성하며 지속적인 고객 유입을 유도.
- 살롱이 고객에게 변함없는 신뢰를 주는 공간이라는 인식을 심어줌.

6. 광고보다 중요한 것은 고객의 실제 경험
- 초기 마케팅이 고객 유입을 돕지만, 궁극적으로 고객을 다시 찾게 하는 것은 현장에서 제공되는 진심 어린 서비스.
- 광고와 프로모션이 일시적인 관심을 끌 수는 있어도, 감동이 없다면 지속적인 효과는 없음.

7. 입소문의 힘은 진정성에서 나온다
- 한 사람의 솔직한 체험담은 광고보다 오래 기억되며 강력한 신뢰를 형성함.
- 고객의 경험이 새로운 고객을 불러들이는 선순환을 만들어냄.

8. 살롱의 성장은 고객의 신뢰에 달려 있다
- 단기적인 매출보다 장기적인 고객 신뢰를 구축하는 것이 중요함.
- 고객이 "이곳은 언제나 만족스럽다"라는 확신을 가지면, 자연스럽게 단골 고객이 증가.

9. 고객의 입소문이 최고의 마케팅 도구
- 광고보다 고객이 직접 체험한 서비스가 더 큰 영향력을 발휘함.
- 신뢰와 감동이 쌓인 입소문은 지속 가능한 성장과 살롱의 성공을 이끄는 핵심 요소.

5 시대가 원하는 디자이너: 공정 × 정의 × 애정

현대 미용업계에서 경쟁력 있는 디자이너는 단순한 기술적 역량이나 외적인 요소를 넘어, 고객의 이야기를 경청하고 감정을 세심하게 이해하며 진정성 있는 서비스를 제공하는 사람이다. 고객이 반복 방문하고 주변에 추천하고 싶은 살롱을 만들기 위해서는 '공정', '정의', 그리고 '애정'이라는 세 가지 핵심 가치가 필수적이다.

공정성: 신뢰의 기반

공정성은 디자이너와 고객, 그리고 살롱 구성원 간의 신뢰를 구축하는 기본 원칙이다. 미용업은 시술 결과가 즉각적으로 평가되는 분야이기에, 고객은 가격 정책, 시술 과정의 투명성, 그리고 디자이너의 태도를 중요하게 여긴다. 특히 합리적 소비를 중시하는 MZ세대 고객들은 불필요한 강요나 비합리적인 추가 비용에 민감하게 반응한다. 따라서 매출을 위해 무리하게 고가의 시술을 권하거나 고객의 동의 없이 추가 비용을 부과하는 것은 브랜드 신뢰를 훼손하는 지름길이다.

반대로, 고객이 충분히 납득할 수 있도록 비용과 시술 절차를 투명하게 공개하고, 고객의 모발 상태를 면밀히 진단한 후 최적의 케어 방안을 제안하는 태도는 장기적인 신뢰와 고객 충성도를 형성한다. 즉, 고객의 모발 건강을 고려한 맞춤형 솔루션을 제공하는 공정한 접근이 디자이너의 진정한 경쟁력이 된다.

정의: 건강한 조직 문화

정의로운 디자이너는 개인의 기술적 발전을 넘어, 미용인으로서의 사회적 책임을 인식하고 건강한 조직 문화를 조성하는 역할을 수행한다. 살롱 오너와 리더는 공정한 노동 환경을 조성하고, 모든 직원에게 평등한 교육과 성장 기회를 제공해야 한다. 불합리한 급여 격차나 권위적인 조직 문화는 결국 고객에게까지 부정적인 영향을 미친다.

고객은 살롱의 분위기와 조직 문화를 직관적으로 감지하며, 정의로운 가치가 자리 잡은 곳에서 더욱 안정감과 신뢰를 느낀다. 따라서 건강한 조직 문화는 디자이너와 고객이 함께 성장하는 지속 가능한 환경을 조성하는 핵심 요소가 된다.

애정: 맞춤형 케어와 배려

애정은 단순한 친절을 넘어선다. 미용 서비스는 고객의 외면뿐만 아니라 자존감과 정서적 안정에도 영향을 미친다. 고객은 스타일링의 결과뿐만 아니라 시술 과정에서 경험하는 배려와 따뜻한 관심을 통해 자신이 존중받고 있음을 느낀다. 디자이너가 고객의 라이프스타일과 고민을 진심으로 이해하고 맞춤형 스타일을 제안할 때, 고객은 단순한 시술이 아닌 특별한 경험을 하게 된다.

애정 어린 관심과 배려는 조직 내부에도 긍정적인 영향을 미친다. 동료 간 협력과 존중의 문화가 자연스럽게 형성되며, 이는 고객에게도 전달되어 살롱을 단순한 시술 공간이 아닌 '함께 성장하는 공간'으로 변화시킨다.

공정, 정의, 애정의 연결고리

공정, 정의, 애정은 서로 독립적인 가치처럼 보이지만, 실상은 긴밀하게 연결되어 있다. 공정한 서비스가 없다면 고객과의 신뢰 형성이 어렵고, 정의로운 조직 문화가 없다면 내부의 갈등이 고객에게도 전달되어 브랜드 이미지에 부정적인 영향을 미친다. 또한, 애정 어린 배려가 부족하다면 고객은 단순한 기술적 서비스를 받는 것 이상을 기대하기 어렵다.

고객이 다시 찾고 싶은 공간으로 인식하기 위해서는, 디자이너가 고객과의 관계 속에서 진정한 존중과 배려를 실천해야 한다.

시대가 원하는 디자이너

오늘날 미용업계가 원하는 디자이너는 단순한 손기술을 뛰어넘어, 고객 한 사람 한 사람에게 공정하고 투명한 서비스를 제공하며, 정의로운 가치관을 실천하고, 진심 어린 애정을 담아 고객과 동료를 대하는 사람이다. 이러한 디자이너는 고객에게 단순한 시술 이상의 감동과 위안을 제공하며, 장기적인 충성 고객을 확보하는 기반을 마련한다.

기술이 아무리 발전하고 새로운 플랫폼이 등장하더라도, 결국 사람과 사람 사이의 신뢰가 가장 중요한 요소다. 공정과 정의, 애정을 실천하는 디자이너는 고객의 삶에 긍정적인 변화를 가져오며, 살롱 오너와 리더 역시 단순한 매출 경쟁이 아닌 디자이너의 성장을 지원하는 환경을 조성해야 한다.

이러한 기반이 마련될 때, 살롱은 고객과 디자이너가 함께 신뢰를 쌓고 지속 가능한 성장을 이루는 '함께하는 공간'이 될 것이다.

결국, 시대가 원하는 디자이너란 공정하고 투명한 서비스로 고객의 신뢰를 얻고, 정의로운 조직 문화를 실천하며, 애정 어린 마음으로 고객의 삶에 긍정적인 영향을 미치는 사람이다. 이런 디자이너가 만들어가는 살롱은 단순한 시술 공간이 아니라, 고객이 자신을 재발견하고 성장할 수 있는 인본주의 미용의 실현 공간이 된다. 기술 경쟁이 심화되는 시대일수록, 진정한 가치는 따뜻한 인간관계와 배려 속에서 더욱 빛을 발한다.

현대 디자이너의 성공 요소

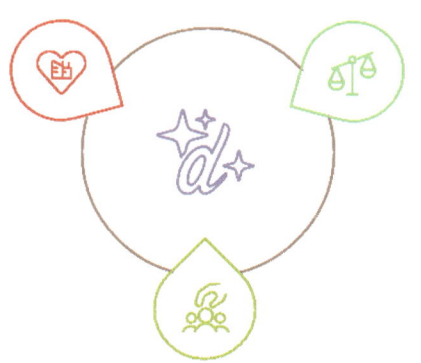

애정
고객의 자존감과 행복 향상

공정
디자이너와 고객 간의 신뢰 구축

정의
사회적 책임과 공정한 문화 촉진

3장. 사랑과 존중으로 성장하는 살롱 문화

1 고통으로 이겨내는 성장 vs 사랑으로 이뤄내는 성장

살롱의 성장은 단순하게 일어나지 않는다. 디자이너와 고객, 그리고 모든 구성원이 함께 만들어가는 문화와 정서적 연결이 살롱의 미래와 지속 가능한 성공을 결정짓는다. 전통적으로 미용업계에서는 "고통"과 "인내"를 성장의 필수 과정으로 여기며, 혹독한 훈련과 반복되는 실습을 통해 기술을 연마하고 자격을 증명해야 한다고 믿어왔다. 하지만 이러한 방식은 지나친 희생과 스트레스를 초래해 구성원들의 열정과 창의성을 약화시키고, 장기적으로는 번아웃과 높은 이탈률로 이어질 위험이 있다.

성장의 새로운 방향: 사랑과 존중의 문화

미용업계에서의 성장 방식은 반드시 고통을 전제로 해야 하는가? 현대의 성공적인 살롱은 사랑과 존중, 그리고 상호 배려를 바탕으로 한 환경 속에서 진정한 성장이 가능하다는 사실을 증명하고 있다. 사랑과 존중이 깃든 조직 문화는 디자이너들이 서로를 경쟁자가 아닌 동료이자 협력자로 인식하게 만들며, 이는 팀워크와 살롱의 분위기를 더욱 따뜻하게 하고 고객 경험에도 긍정적인 영향을 미친다.

살롱은 디자이너들이 많은 시간을 보내는 '일터'이자, 고객이 자신의 모습을 재발견하고 내면의 만족을 찾는 특별한 공간이다. 그러나 과거 미용업계에서는 어려움을 극복하는 과정이 성장의 필수 요소로 여겨지며, "고통을 견뎌야만 성장할 수 있다"는 메시지를 지속적으로 주입해왔다. 물론 반복된 연습과 도전이 실력을 향상시키는 것은 사실이지만, 무리한 자기 희생과 지속적인 스트레스가 누적될 경우 구성원들은 지쳐 나가떨어지고, 이는 살롱의 전체적인 분위기와 서비스 품질에도 부정적인 영향을 미친다. 번아웃 상태의 디자이너는 진심 어린 서비스를 제공하기 어렵고, 이는 자연스럽게 고객 만족도 하락으로 이어진다.

실수와 성장을 바라보는 새로운 시각

반면, 사랑과 존중을 기반으로 한 성장 방식은 이상적인 개념에 머무르지 않는다. 이는 실수를 성장을 위한 기회로 삼고, 이를 통해 디자이너 개개인이 발전할 수 있도록 돕는 실질적인 환경을 조성하는 것이다. 예를 들어, 인턴이 실수했을 때 전통적인 방식에서는 질책과 강한 압박이 먼저 따라올 수 있다. 그러나 사랑과 존중의 문화가 자리 잡은 살롱에서는 실수를 함께 복기하고, 원인을 분석하며, 인턴이 성장할 수 있도록 피드백과 지원을 제공한다. 이러한 환경에서는 디자이너들이 자신의 가치를 인정받고 있다는 안정감을 느끼며, 더 큰 동기부여를 받아 자연스럽게 실력을 향상시킬 수 있다.

고객 경험과 조직 문화의 상관관계

사랑과 존중의 문화는 고객 경험에도 직접적인 영향을 미친다. 고객은 단순히 머리 모양만을 평가하는 것이 아니라, 살롱에서의 전체적인 경험과 디자이너와의 소통을 통해 감동을 느낀다. 살롱 내부에서 디자이너들이 서로 배려하며 협력하는 모습을 보면, 고객은 그곳이 단순한 시술 공간이 아니라 인간미가 넘치는 곳이라는 점을 직감한다. 반대로, 지나친 경쟁과 압박이 조성된 환경에서 디자이너들이 기계적인 응대를 하거나 서로를 비난하는 분위기가 형성된다면, 고객은 불편함을 느끼고 그 공간을 피하게 될 것이다. 살롱의 지속 가능한 성공은 결국 고객과의 따뜻한 관계 속에서 비롯되며, 이러한 관계는 내부에서부터 시작된다.

창의성과 잠재력을 극대화하는 환경

사랑과 존중의 문화는 디자이너 개개인의 잠재력을 극대화하는 데에도 중요한 역할을 한다. 구성원들이 서로를 인정하고 격려하는 환경에서는 실패와 실수를 성장의 한 부분으로 받아들이며, 새로운 시도와 창의적인 아이디어가 자유롭게 제안될 수 있다. "함께 성장하자"는 공동의 목표가 명확해지면, 단순한 실수나 실패를 비난하기보다는 원인을 함께 분석하고 재발 방지 대책을 세우는 과정에서 조직 전체가 한층 더 성숙해진다. 이러한 환경에서는 디자이너들이 실패를 두려워하지 않고 지속적으로 혁신적인 스타일과 기술을 개발할 수 있는 동력을 얻게 되며, 이는 살롱의 경쟁력 강화로도 이어진다.

장기적인 성공을 위한 올바른 성장 방식

고통 중심의 성장 방식은 단기적인 성과를 가져올 수 있지만, 장기적으로는 구성원들의 정신적·육체적 소진을 초래하며 조직의 지속 가능성을 위협한다. 반면, 사랑과 존중을 기반으로 한 성장은 금전적 가치로 환산할 수 없을 만큼 강력한 힘을 발휘한다. 이는 단순한 기술 연마를 넘어, 디자이너와 고객, 그리고 살롱 구성원 모두가 서로를 진심으로 존중하고 함께 성장하는 건강한 생태계를 구축하는 데 기여한다. 고객은 디자이너와의 따뜻한 소통 속에서 자신이 존중받고 있다고 느끼며, 그 감동은 자연스럽게 입소문을 타고 살롱의 명성과 충성 고객층 형성에 결정적인 역할을 한다.

지속 가능한 성장과 행복을 위한 선택

살롱이 어떤 문화를 형성하느냐에 따라 단기적인 매출 상승을 넘어 장기적인 성장과 안정성을 확보할 수 있다. 기술과 실력은 지속적으로 발전할 수 있지만, 고객이 진정으로 살롱을 선택하고 다시 찾는 이유는 디자이너와 직원들이 만들어내는 진심 어린 배려, 그리고 서로를 격려하는 따뜻한 분위기 때문이다. 이는 단순한 미용 서비스를 넘어, 고객의 삶에 긍정적인 변화를 가져다주는 '인본주의 미용'의 진정한 가치라 할 수 있다.

우리가 지향해야 할 성장 방식

 오늘날 미용업계는 단순한 기술 경쟁을 넘어, 인간다운 환경에서 디자이너와 구성원이 서로를 존중하고 함께 성장할 때 더욱 강한 힘을 발휘한다는 사실을 증명하고 있다. 사랑과 존중으로 이루어낸 성장은 단순한 매출 상승을 넘어서, 조직 전체의 건강한 문화 형성과 고객에게 진정한 감동과 위로를 제공하는 기반이 된다. 미용 서비스가 단순한 외적인 변화가 아니라, 고객의 자존감을 높이고 마음의 안정을 제공하는 일이라는 점에서, 우리 모두는 서로를 격려하며 함께 나아가야 한다. 이러한 접근이야말로 '인본주의 미용'의 본질이며, 고객과 디자이너, 그리고 살롱 전체가 지속 가능한 성공과 행복을 이루는 가장 확실한 길임을 다시금 깨닫게 된다.

2. 세대 갈등을 해소하는 "동행자" 철학

현대 사회는 빠르게 변화하는 환경 속에서 기성세대와 MZ세대 간의 사고방식, 가치관, 그리고 커뮤니케이션 방식의 차이로 인해 조직 내 갈등이 빈번하게 발생하고 있다. 과거에는 선후배 간의 위계질서가 뚜렷하여 상사의 지시에 따르는 문화가 당연시되었으나, 오늘날의 젊은 세대는 스스로 납득하지 않으면 움직이지 않으며, 자신만의 가치를 명확히 표현하고 수평적인 소통을 선호하는 경향이 강하다. 이러한 변화는 기성세대에게 혼란을 초래할 수 있지만, 동시에 각 세대가 서로의 강점을 인정하고 협력할 수 있는 새로운 기회로 작용할 수도 있다. 이러한 상황에서 핵심이 되는 것이 바로 "동행자" 철학이다.

동행자 철학은 세대 간의 차이를 갈등으로 보지 않고, 각 세대가 가진 경험과 역량을 존중하며, 서로에게 배울 점을 찾아 함께 성장하는 공존의 방식을 의미한다. 이를 실현하기 위해서는 "우리는 왜 함께 일하는가?"라는 근본적인 질문을 던지는 것이 중요하다.

세대 간 차이를 이해하고 존중하기

미용업계를 예로 들어보자. 기성세대는 오랜 시간 동안 기술을 연마하며 '근성과 노력'을 강조했고, 책임감과 대인관계에서의 신뢰를 중시해왔다. 반면, 신세대는 디지털 환경에서 빠른 피드백과 창의적 아이디어를 중시하며, 개인의 행복과 자율성을 강조하는 경향이 있다. 이러한 차이를 억지로 없애려 하기보다는, 각 세대가 가진 강점을 인정하고 보완할 수 있는 방향으로 나아가는 것이 중요하다.

기성세대는 신세대의 자율성과 창의적 시도를 존중하고, 어려움에 봉착했을 때 든든한 멘토로서 경험을 나누며 지원해야 한다. 반면, 신세대는 선배들이 오랜 시간 쌓아온 노하우와 업계의 맥락을 배우려는 열린 자세를 가져야 하며, 스스로의 성장에 대한 책임감을 가져야 한다. 이러한 상호 존중과 공존의 태도는 기존의 상하관계나 권위적인 구조를 넘어 새로운 소통 방식을 요구한다.

공통의 목표를 향한 협력

단순히 "내가 지시하고, 너는 따른다"는 일방적인 명령이 아니라 "우리는 이 업에서 어떤 가치를 실현할 것인가?"라는 공통의 목표를 공유해야 한다. 이를 위해서는 경청과 열린 소통이 필수적이다. 예를 들어, 한 살롱의 오너가 자신의 오랜 경험과 노하우를 단순히 지시하는 방식이 아니라, "내 경험을 바탕으로 여러분이 앞으로 어떤 방향으로 발전할지 함께 고민해보자"라는 태도로 접근한다면, 신세대 디자이너들은 자신의 의견을 자유롭게 제시하며, 서로 배우고 성장하는 동행자로서의 역할을 인식할 수 있다.

투명한 대화와 신뢰 구축

세대 간 갈등은 대화 부족과 감정의 누적으로 인해 심화되는 경우가 많다. 동행자 철학을 바탕으로 한 조직에서는 불만이나 오해가 쌓이기 전에 솔직하고 투명한 대화가 이루어지며, 서로의 입장을 이해하고 조율하는 노력이 자연스럽게 발현된다. 서로 다른 방식과 기준을 가진 사람들이 함께 일하는 환경에서는 의견 충돌이 불가피하지만, 그럴 때마다 "우리는 왜 이곳에서 함께 일하는가?"라는 질문을 상기하고, 각자의 입장을 솔직하게 나누고 피드백을 주고받는 문화가 필요하다.

이러한 과정 속에서 신뢰와 존중이 쌓이며, 결국 모든 구성원이 한 팀으로서 협력하는 공동체적 의식을 형성하게 된다. 이는 조직의 유대감을 강화하고, 구성원들의 심리적 안정감을 높이는 데 기여한다.

조직의 시너지 창출

동행자 철학은 단순히 세대 간의 충돌을 완화하는 것을 넘어, 각 세대의 역량을 극대화하고 조직 전체의 시너지를 창출하는 데 핵심적인 역할을 한다. 기성세대의 풍부한 경험과 책임감, 신세대의 창의력과 빠른 실행력이 결합될 때 조직은 더욱 강한 경쟁력을 가지게 된다. 서로 다른 세대가 각자의 장점을 인식하고 이를 통해 공동의 목표를 향해 나아간다면, 세대 간의 차이는 갈등의 원인이 아니라 혁신의 원동력이 될 수 있다. 이를 위해서는 서로를 평가하거나 단순히 비교하는 것이 아니라, "우리는 왜 함께 이 길을 가는가?"라는 근본적인 가치를 공유해야 한다.

함께 성장하는 조직 문화

미용업계뿐만 아니라 다양한 산업에서도 동행자 철학을 적용한 사례가 점점 늘어나고 있다. 기성세대와 신세대가 서로의 업무 방식을 이해하고, 공동의 책임 의식을 공유하며 협력하는 조직에서는 갈등 대신 협력이 강화되고, 높은 조직 성과가 나타난다. 이러한 조직에서는 신세대가 기성세대의 경험과 지혜를 존중하며 배우려는 자세를 가지는 동시에, 기성세대 역시 신세대의 새로운 아이디어와 자율성을 인정하며 적극적으로 소통한다. 이 과정에서 솔직하고 투명한 커뮤니케이션이 이루어지며, 불필요한 감정적 충돌을 피하고 각자의 의견이 존중받는 문화가 조성된다.

함께 나아가는 길

동행자 철학이 조직에 자리 잡을 때, 구성원들은 단순한 업무 관계를 넘어 "함께 성장하는 동행자"라는 인식을 가지게 된다. 기성세대는 권위적인 리더가 아닌 멘토이자 동료로서 신세대와 협력하며, 신세대는 선배들의 경험을 배우고 자신의 역량을 발전시킬 기회를 얻는다. 서로의 강점을 인정하고 조화를 이루는 환경이 조성될 때, 조직 내 신뢰와 유대감이 깊어지고, 고객에게 전달되는 서비스의 질 역시 향상된다.

세대 갈등을 해소하는 동행자 철학은 서로에 대한 존중에서 시작된다. 기성세대는 신세대의 자율성과 창의성을 인정하고 새로운 시도를 격려해야 하며, 신세대 역시 선배들의 경험과 노하우가 결코 가벼이 여길 수 없는 소중한 자산임을 인식해야 한다. 이러한 상호 존중과 배움의 문화는 조직의 지속 가능한 성장과 혁신을 이끄는 핵심 요소가 된다.

결국, 동행자 철학은 단순한 세대 간 갈등을 완화하는 임시방편이 아니라, 조직 전체가 건강하고 지속적으로 성장하기 위한 근본적인 방법이다. 각 세대가 서로의 강점을 살리고 부족한 부분을 보완하며 "함께 가는 길"을 모색할 때, 조직은 단기적 성과를 넘어 장기적인 신뢰와 공동의 성장을 이루어 낼 수 있다. 기성세대와 신세대가 서로를 동행자로 인식하고 존중할 때, 조직은 단순한 업무 수행의 공간을 넘어 모든 구성원이 자부심을 느끼며 지속적으로 발전할 수 있는 진정한 공동체로 거듭날 것이다. 동행자 철학은 이러한 미래를 위한 길이며, 서로를 동행자로 여기고 존중하는 문화가 결국 갈등을 극복하고, 함께 나아갈 수 있는 가장 건강한 방법임을 우리 모두는 기억해야 한다.

3 함께 가야 멀리 간다: 본질적인 동료애 구축하기

조직의 성공과 지속 가능한 성장은 단순히 개개인의 뛰어난 역량에 의존하는 것이 아니다. 흔히 개인의 능력이 조직을 이끈다고 말하지만, 장기적으로 가장 큰 힘을 발휘하는 것은 서로를 신뢰하고 의지하며 함께 성장하는 동료애에서 비롯된다. 진정한 동료애란 단순한 친분이나 우정을 넘어, 서로의 성공을 자신의 성공처럼 여기는 공동체적 관계를 의미한다. 이러한 관계가 조직에 깊이 뿌리내릴 때, 구성원들은 각자의 역할에 최선을 다할 뿐만 아니라 동료들의 발전을 위해 협력하게 되며, 자연스럽게 업무 효율성과 시너지가 극대화된다. 특히 고객과 직접 맞닿는 서비스 업종에서는 내부의 신뢰와 협력이 곧 서비스 품질로 연결되며, 이는 브랜드 신뢰도와 고객 만족도에 결정적인 영향을 미친다.

경쟁 중심 vs 협력 중심 조직 문화

오늘날의 조직은 경쟁 중심의 문화와 협력 중심의 문화를 동시에 경험하고 있다. 전통적인 조직 문화에서는 개인의 성과를 극대화하기 위해 경쟁을 강조하는 경향이 강했지만, 이러한 환경은 장기적으로 구성원 간의 갈등과 분열을 초래할 위험이 있다. 반면, 협력을 기반으로 한 조직에서는 공동의 목표를 설정하고, 이를 달성하기 위해 서로의 강점을 활용하며 약점을 보완하는 분위기가 형성된다. 서로 돕고 함께 성장하는 문화는 조직이 어려운 시기에도 흔들림 없이 위기를 극복하는 기반이 되며, 단순한 매출 상승 이상의 장기적인 성공과 안정성을 보장한다.

위기 상황에서 빛을 발하는 동료애

동료애가 강한 조직에서는 위기 상황이 닥쳤을 때 구성원들이 서로에게 기대어 문제를 해결하는 모습을 쉽게 찾아볼 수 있다. 어려운 순간에도 혼자 모든 부담을 짊어지기보다 "우리 함께라면 이겨낼 수 있다"는 확신이 각 구성원에게 안정감과 동기를 부여한다. 이는 감정적인 유대를 넘어 실제 문제 해결 능력을 향상시키고, 조직 전체의 변화 적응력까지 높인다. 이러한 문화 속에서 직원들은 각자의 역할에 자부심을 느끼며, 내부 갈등을 예방하고 긍정적인 에너지를 창출한다.

리더십의 역할: 동료애를 강화하는 환경 조성

동료애를 구축하는 데 있어 가장 중요한 역할을 하는 것은 바로 리더십이다. 리더는 단순히 업무를 지시하는 존재가 아니라, 조직 구성원들이 서로 신뢰하고 협력할 수 있는 환경을 만들어야 한다. 이는 단순한 분위기 조성을 넘어, 정기적인 피드백 체계, 투명한 의사소통, 그리고 개인이 아닌 팀 전체의 성공을 강조하는 보상 체계를 도입하는 방식으로 실현될 수 있다.

리더가 스스로 동료애의 본보기가 되어 "내 경험과 노하우를 공유하며, 여러분이 성장할 수 있도록 돕겠다"는 진정성 있는 태도를 보일 때, 구성원들도 자연스럽게 서로를 존중하고 협력하는 문화를 형성하게 된다.

자유로운 의견 교환과 피드백 문화

 진정한 동료애는 강압적으로 형성될 수 있는 것이 아니다. 조직의 가치관과 문화가 자유로운 의견 교환과 피드백을 장려할 때 자연스럽게 자리 잡는다. 구성원들이 두려움 없이 생각을 표현하고, 서로의 의견을 존중하는 환경에서는 동료애가 깊어지고, 작은 성공이라도 함께 축하하며 서로의 발전을 응원하는 문화가 형성된다.

 이러한 내부 신뢰는 곧 고객 만족으로 이어진다. 고객이 방문했을 때 직원들이 서로 존중하고 협력하는 모습을 본다면, 조직에 대한 신뢰가 높아지며 브랜드에 대한 충성도가 강화된다. 반면, 내부 갈등과 불신이 만연한 조직에서는 부정적인 분위기가 고객에게도 그대로 전달되어 브랜드 이미지와 신뢰도에 부정적인 영향을 미칠 수 있다.

함께 가야 멀리 간다: 장기적 성공의 원칙

 "함께 가야 멀리 간다"는 말은 단순한 격언이 아니라, 조직이 지속 가능한 성장을 이루기 위한 필수 원칙이다. 조직 내 뛰어난 인재가 많아도, 협력하는 문화가 없으면 장기적인 성공을 이루기 어렵다. 동료애가 강한 조직에서는 구성원들이 서로를 믿고 의지하며, 각자의 한계를 극복하고 새로운 아이디어와 혁신을 창출할 수 있는 기반이 마련된다. 변화하는 환경에 유연하게 대응하면서도 내부적으로 강한 팀워크를 유지하는 것이야말로 장기적인 경쟁력을 보장하는 핵심 요소다.

신뢰와 존중의 작은 실천들

 동료애는 하루아침에 형성되지 않는다. 신뢰와 존중은 작은 실천들이 쌓이며 점진적으로 강화된다. 예를 들어, 동료의 작은 성취를 진심으로 축하하고, 어려운 순간에는 함께 해결책을 모색하며 도와주는 행동들이 반복될 때 강한 조직 문화가 만들어진다. 이렇게 형성된 동료애는 단순한 업무 협력을 넘어, 구성원들이 한 가족처럼 서로를 이해하고 지지하는 공동체적 분위기를 조성하며, 조직 전체를 더욱 단단하게 만든다.

내부 동료애가 고객 만족으로 연결되는 이유

 내부에서 형성된 동료애는 고객 경험에도 직접적인 영향을 미친다. 협력과 존중이 자리 잡은 조직에서는 직원들이 자연스럽게 긍정적인 에너지를 발산하며, 고객 역시 이러한 분위기를 통해 조직의 따뜻한 가치를 체감하게 된다. 이는 고객의 만족과 재방문율 상승으로 이어진다. 반면, 내부 불신과 갈등이 많은 조직에서는 부정적인 분위기가 고객에게도 전달되어 브랜드 이미지에 타격을 줄 수 있다.

함께 성장하는 조직이 지속 가능하다

 조직이 장기적으로 성장하려면 구성원들이 서로를 동료로서 인정하고, 함께 성장하며, 서로의 발전을 위해 진심으로 응원하는 문화가 자리 잡아야 한다. 동료애가 강한 조직에서는 어려운 시기에도 구성원들이 서로를 믿고 의지하며 문제를 해결할 수 있으며, 이는 조직이 외부 변화와 위기에도 흔들림 없이 대응할 수 있는 기반이 된다.

이처럼 진정한 동료애는 단순한 업무 효율성을 높이는 것이 아니라, 조직의 혁신과 창의성을 촉진하며, 변화에 유연하게 대응할 수 있는 핵심 경쟁력이 된다.

함께 성장하는 문화의 힘

동료애는 구성원들의 마음가짐과도 밀접하게 연결되어 있다. 서로에 대한 진심 어린 관심과 애정이 신뢰와 존중으로 이어지고, 이는 다시 협력과 성과 향상으로 연결된다. 서로의 성공을 자신의 성공으로 여기고, 어려운 순간에도 함께 해결책을 모색하는 태도는 조직 전체에 긍정적인 변화를 불러일으킨다.

결국, 조직이 지속 가능하고 건강하게 성장하려면 함께 가야 멀리 갈 수 있다는 원칙을 실천해야 한다. 진정한 동료애를 바탕으로 함께 성장하는 조직은 시간이 지나도 변치 않는 강한 힘을 유지할 수 있으며, 고객과도 신뢰와 따뜻한 관계를 형성하게 된다. 결국, 조직의 성공은 개개인의 역량이 아니라, 함께 나아가려는 문화 속에서 완성된다. 함께 성장하는 길이야말로 조직이 멀리, 그리고 오랫동안 나아갈 수 있는 가장 확실한 방법임을 우리는 다시 한번 되새겨야 할 것이다.

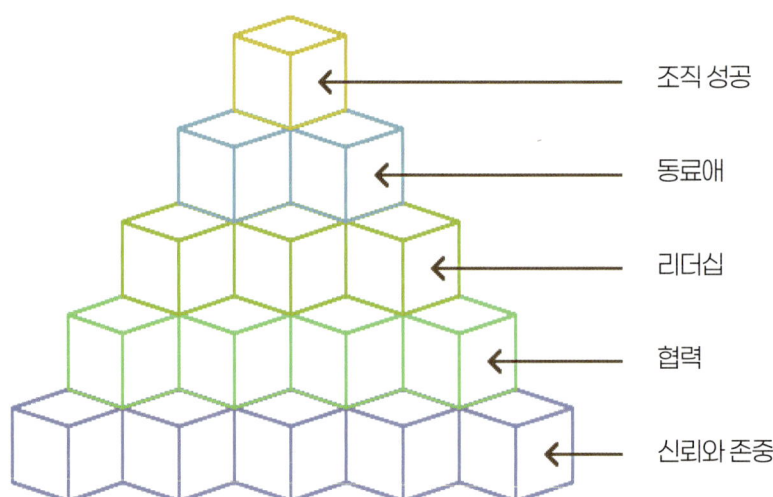

Point! 함께 가야 멀리 간다: 본질적인 동료애 구축하기

1. **동료애의 중요성**
   * 조직의 성공은 개개인의 능력이 아닌 서로를 신뢰하고 협력하는 동료애에서 비롯됨.
   * 내부 신뢰와 협력은 고객 서비스 품질에 직접적인 영향을 미치며, 브랜드 신뢰도와 고객 만족도를 높이는 요소가 됨.

2. **경쟁 중심 vs 협력 중심 조직 문화**
   * 경쟁 중심 문화는 장기적으로 갈등과 분열을 초래할 위험이 있음.
   * 협력 중심 문화에서는 공동의 목표를 설정하고 서로의 강점을 보완하며, 위기 극복과 지속 가능한 성장을 이루어냄.

3. **위기 상황에서 빛을 발하는 동료애**
   * 위기 시, "함께라면 이겨낼 수 있다"는 믿음이 안정감과 동기를 부여함.
   * 조직의 적응력을 높이고, 갈등을 예방하며 긍정적인 조직 문화를 형성함.

4. **리더십의 역할: 동료애를 강화하는 환경 조성**
   * 리더는 단순한 관리자 역할을 넘어, 신뢰와 협력을 촉진하는 환경을 조성해야 함.
   * 정기적인 피드백, 투명한 소통, 팀 중심의 보상 체계등을 도입하여 협력 문화를 구축해야 함.

5. **자유로운 의견 교환과 피드백 문화**
   * 두려움 없이 의견을 나누고 존중하는 분위기에서 동료애가 강화됨.
   * 내부 신뢰가 형성될 때, 고객도 자연스럽게 브랜드에 대한 신뢰를 갖게 됨.

6. **함께 가야 멀리 간다: 장기적 성공의 원칙**
   * 협력하는 조직이 장기적으로 성장하고 변화에 유연하게 대응할 수 있음.
   * 서로 돕고 성장하는 문화가 곧 조직의 경쟁력을 결정함.

7. **신뢰와 존중의 작은 실천들**
   * 작은 성취를 축하하고, 어려운 순간에 함께 해결책을 찾는 행동들이 동료애를 강화함.
   * 이러한 실천이 반복될 때, 강한 조직 문화가 형성됨.

8. **내부 동료애가 고객 만족으로 연결되는 이유**
   * 직원 간 협력과 존중이 고객 경험에도 반영됨.
   * 내부 갈등이 많을수록 브랜드 이미지와 고객 신뢰도가 하락할 가능성이 높음.

9. **함께 성장하는 조직이 지속 가능하다**
   * 서로를 동료로 인정하고, 함께 성장하며, 발전을 응원하는 문화가 장기적인 성공을 보장함.
   * 동료애가 강한 조직은 위기에도 흔들리지 않고 문제를 해결하는 능력을 갖춤.

10. **동료애가 조직의 혁신과 성장의 원동력**
    * 동료애는 단순한 협력 이상의 의미를 가지며, 조직의 경쟁력을 결정하는 핵심 요소임.
    * "함께 가야 멀리 간다"는 원칙이 실천될 때, 조직은 지속 가능한 성장을 이루고, 고객과의 신뢰도 강화됨.

크루에서 디자이너, 디자이너에서 팀장, 팀장에서 오너까지: 성장의 여정

미용업계에서 크루로 시작해 디자이너, 팀장, 그리고 오너로 성장하는 과정은 단순한 직책 변화가 아니라, 사람을 이해하고 함께 성장하는 깊은 여정이다. 각 단계에서 요구되는 역량은 다르지만, 공통적으로 중요한 요소는 고객과 동료를 대하는 태도, 신뢰와 존중의 문화, 그리고 지속적인 성장 의지다.

1. 크루: 기본기를 다지는 첫걸음

크루 시절은 단순한 어시스턴트 역할이 아니라, 미용의 기본을 익히며 고객과의 소통 방식을 배우는 중요한 시간이다. 고객 응대의 기본 예절부터 살롱 운영의 흐름, 기술 습득뿐만 아니라 사람을 대하는 태도와 마음가짐을 다지는 단계다. 이 시기의 경험은 디자이너로 성장했을 때 큰 자산이 된다. 고객의 표정, 말투, 감정을 읽는 능력은 훗날 스타일 제안과 상담 과정에서 자연스럽게 발휘되며, 이는 고객 신뢰를 구축하는 핵심 요소가 된다.

2. 디자이너: 기술을 넘어 고객과의 신뢰 형성

디자이너로 성장한 후에는 단순한 기술력만으로 고객의 신뢰를 얻을 수 없다. 고객의 스타일을 완성하는 것뿐만 아니라, 그들의 라이프스타일과 개성을 이해하고 이를 반영하는 조력자가 되어야 한다.

살롱 방문 순간부터 떠나는 순간까지 디자이너의 친절과 배려, 진심 어린 상담은 고객에게 '새로운 나'를 발견하는 특별한 경험을 선사한다. 이는 고객의 자존감을 높이고, 단순한 시술 이상의 가치를 전달하는 과정이다.

3. 팀장: 개인이 아닌 팀을 이끄는 리더십

팀장이 된다는 것은 더 이상 개인의 기술력만으로는 성공할 수 없는 단계다. 팀장에게 요구되는 핵심 역량은 팀원 간 협력과 동기 부여, 조직 운영 능력이다.

> 팀원들의 강점을 파악하여 시너지 효과를 창출하는 환경을 조성
> 적재적소에 인력을 배치하고 효율적인 살롱 운영 전략 수립
> 팀원들의 성장을 돕고 동기를 부여하는 멘토 역할 수행

"내가 얼마나 뛰어난가"보다 "우리 팀이 어떻게 함께 성장할 것인가"를 고민하는 태도가 팀장의 핵심 역량이다. 팀장 경험은 살롱 운영의 전반적인 시스템과 전략을 이해하는 전환점이 되며, 이는 오너로서의 성장에 필수적인 과정이다.

4. 오너: 경영자가 아닌 성장의 플랫폼을 만드는 리더

오너가 된다는 것은 단순한 사업 관리자가 아니라, 살롱의 철학과 문화를 결정하는 역할을 의미한다.

> 어떤 콘셉트의 살롱을 운영할 것인가?
> 어떤 고객층을 타깃으로 삼을 것인가?
> 디자이너와 팀원들이 어떻게 성장할 수 있도록 지원할 것인가?

오너는 단순한 매출 관리자가 아니라, 함께 성장하는 플랫폼을 만드는 사람이다. 공정한 시스템을 구축하고, 조직 구성원들에게 충분한 권한과 성장의 기회를 제공하는 것이 오너의 역할이다.

성장의 핵심: 사람을 대하는 태도

크루, 디자이너, 팀장, 오너로의 여정에서 가장 중요한 것은 '사람을 대하는 태도'다. 이 과정에서 동료와 고객을 존중하는 태도는 개인의 성장뿐만 아니라, 살롱의 지속 가능성과 성공을 결정한다. 기술 습득과 매출 증대만을 목표로 삼는 것이 아니라, 상대방을 이해하고 진심 어린 소통을 통해 신뢰를 쌓는 것이 핵심이다. 이를 통해 함께 성장하는 조직 문화가 형성되며, 지속적인 발전이 가능해진다.

기술을 넘어 사람을 향한 성장

미용업계에서 성장 과정은 단순한 직급 상승이 아니라, 사람을 이해하고 배려하는 과정이다.

크루시절의 세심한 관찰과 배움은 디자이너로서 고객과 신뢰를 쌓는 밑거름이 된다.
디자이너로서 고객의 기대를 뛰어넘는 경험을 제공하는 과정은 팀장으로 성장하는 토대가 된다.
팀장으로서 조직 운영과 사람 관리를 경험하며 얻은 통찰력은 오너로서 비전을 설정하는 중요한 자산이 된다.

기술적인 능력도 물론 중요하지만, 미용업계에서 가장 멀리, 가장 단단하게 나아가는 사람은 동료와 고객을 진심으로 이해하고, 그들의 성장과 발전을 돕는 사람이다.

결국, 미용업에서의 진정한 성공은 단순한 기술력이나 매출이 아니라, 서로를 신뢰하고 함께 성장하는 조직 문화를 만들어가는 것에 있다. 그런 문화 속에서 각 구성원이 자신의 역할에 최선을 다하고, 동료의 성공을 기뻐하며, 어려운 순간에도 함께 해결책을 찾을 때, 그 조직은 지속 가능한 성장과 혁신을 이루어낼 수 있다.

결론적으로, 크루에서 오너로 성장하는 과정은 단순한 역할의 변화가 아니라, 사람을 향한 진심과 함께 성장하는 태도를 배우는 과정이다. 진정한 성공은 기술, 리더십, 경영 전략을 넘어, 서로를 존중하고 배려하며 함께 성장하는 문화에서 탄생한다. 인본주의 미용 철학을 바탕으로 한 성장 과정만이 고객과 동료 모두에게 깊은 신뢰와 만족을 선사하는 길임을 우리는 명심해야 한다.

5 배움-나눔-교육의 선순환 구조

배움-나눔-교육의 선순환 구조는 단순한 지식 전달이 아니라, 경험과 감동을 공유하며 함께 성장하는 과정이다. 미용업계에서 오랜 시간 일하며 깨달은 중요한 진리는, 고객의 아름다움을 완성하는 핵심 요소가 단순한 기술이나 트렌드가 아니라 '사람에 대한 깊은 이해와 존중'에 있다는 점이다. 이러한 깨달음은 한 개인이 습득한 기술과 노하우가 조직 전체의 역량으로 확산되기 위해, 배움에서 시작해 나눔을 거쳐 교육으로 이어지는 선순환 구조가 반드시 필요하다는 확신으로 이어진다.

1. 배움: 단순한 기술 습득을 넘어선 성장

배움은 단순히 전문 기술을 익히는 것을 넘어, 자신의 부족한 부분을 인식하고 보완해 나가는 지속적인 자기성찰의 과정이다. 미용인은 고객의 다양한 요구와 변화하는 트렌드를 마주할 때, 단순한 기술 습득만으로는 한계에 부딪히게 된다. 진정한 배움은 경험을 통해 얻은 통찰과 깨달음을 자신의 것으로 만들고, 이를 바탕으로 더 깊이 있는 서비스를 제공할 수 있도록 돕는다.

예를 들어, 한 디자이너가 고객과 상담할 때 단순히 기술적 제안을 넘어 고객의 감정과 기대를 이해하려 노력하면, 새로운 시각과 아이디어를 얻고 한층 더 성장할 수 있는 힘을 기르게 된다. 이렇게 습득된 배움은 개인의 역량을 높이는 것뿐만 아니라, 동료들과 나누며 조직 전체의 성장으로 이어질 수 있는 기반이 된다.

2. 나눔: 배움을 가치로 전환하는 과정

배움을 나누는 것은 조직 성장의 중요한 다리 역할을 한다. 한 사람이 오랜 시간 쌓아온 경험과 노하우는 혼자만 간직하기에는 너무 귀중한 자산이며, 이를 동료들과 공유할 때 새로운 관점을 발견하고, 조직 전체의 역량을 높이는 계기가 된다.

나눔은 단순한 기술 전수가 아니라, 자신의 경험 속에서 얻은 깨달음을 공유하며 동료들의 성장에 기여하는 과정이다. 특히 실패와 성공의 경험을 솔직하게 공유하는 것은, 단순한 정보 전달 이상의 강력한 동기 부여가 될 수 있다. 조직 내에서 함께 고민을 나누고 해결 방안을 모색하는 과정에서, 자연스럽게 단결력과 협업 문화가 형성된다.

3. 교육: 조직의 역량을 체계적으로 확장하는 방법

교육은 배움과 나눔이 체계적으로 정리되어 후배들에게 전수되는 과정이다. 효과적인 교육은 단순한 이론 강의가 아니라, 현장의 생생한 경험과 실천적인 프로그램이 포함된 살아있는 학습 과정이어야 한다.

예를 들어, 정기적인 워크숍이나 스터디 모임을 통해 구성원들이 각자의 경험과 노하우를 공유하고, 이를 바탕으로 새로운 기술과 서비스 개선 방안을 도출할 수 있다. 이러한 교육 시스템은 개개인의 발전을 돕는 것은 물론, 살롱의 경쟁력을 극대화하는 역할을 한다.

교육이 효과적으로 이루어질 때, 세대 간의 격차를 좁히고, 조직 전체가 한 방향으로 성장할 수 있는 기반이 마련된다. 이는 단순한 기술 전수를 넘어, 살롱이 지속 가능한 성장과 혁신을 이루는 데 중요한 역할을 한다.

핵심은 '사람'이다

배움도, 나눔도, 교육도 결국 사람과 사람 사이의 진심 어린 교류에서 출발한다. 미용업계는 빠르게 변화하는 트렌드와 기술 발전에 발맞추어 끊임없이 적응해야 하지만, 이를 혼자서 이루기에는 현실적으로 한계가 있다. 하지만 한 사람이 터득한 소중한 경험과 지식이 조직 전체에 공유되고, 체계적인 교육을 통해 확산될 때 그 효과는 배가된다.

이러한 공유된 지혜와 경험은 살롱의 기술력과 서비스 마인드를 더욱 견고하게 만들고, 고객 만족도와 신뢰도를 극대화하는 데 기여한다. 이를 통해 살롱은 단순한 시술 공간을 넘어, 고객에게 진심 어린 서비스를 제공하는 신뢰의 플랫폼이 된다.

선순환 구조가 만드는 지속 가능한 성장

배움-나눔-교육의 선순환이 자리 잡은 살롱에서는 구성원들이 서로에게 영감을 주고받으며 지속적으로 발전한다. 개인은 자신의 한계를 극복하고 성장하며, 동료들의 성공을 자신의 성공처럼 기뻐하는 성숙한 태도를 배우게 된다.

이러한 조직 문화는 단기적인 성과만을 강조하는 경쟁 중심의 환경과는 다른, 장기적이고 혁신적인 성장을 이끌어내는 원동력이 된다. 배움과 나눔이 자연스럽게 순환할 때, 한 사람의 뛰어난 기술이나 아이디어가 살롱 전체의 경쟁력으로 연결되며, 이는 곧 고객에게 전달되는 서비스 품질의 향상으로 이어진다.

조직이 배움-나눔-교육을 실현하기 위한 노력

이 선순환 구조를 구축하기 위해서는 초기의 시간과 자원 투자가 필요하다. 오너와 리더들이 먼저 모범을 보이며, 구성원들이 배움, 나눔, 교육에 적극적으로 참여할 수 있는 환경을 만들어야 한다.

카이정헤어가 어려운 시기에도 3000%의 성장을 이룰 수 있었던 비결 역시, 이 선순환 구조가 조직 내부에 뿌리내렸기 때문이다. 구성원들이 각자의 경험을 솔직하게 나누고, 이를 바탕으로 서로를 격려하며 성장해 나가는 문화가 자리 잡았기 때문이다. 이는 단순한 기술 경쟁을 넘어, 미용업계가 추구해야 할 인본주의적 가치의 실현이다.

사람을 중심으로 한 지속 가능한 성장

배움-나눔-교육의 선순환 구조는 단순한 기술적 우위를 확보하는 것을 넘어, 사람을 성장시키고 서로를 존중하는 조직 문화를 형성하는 과정이다.

개인이 자신의 경험과 지식을 공유하고, 이를 체계적으로 교육 시스템에 녹여낼 때, 살롱은 고객에게 신뢰를 제공하는 지속 가능한 브랜드로 자리 잡을 수 있다. 빠르게 변화하는 시대 속에서도, 이러한 선순환 구조가 확립된 조직은 유연하게 적응하면서도 핵심 가치를 유지할 수 있다.

결국, 진정한 미용의 가치는 단순한 기술에 있는 것이 아니라, 그것을 구현하는 사람들의 마음가짐과 서로를 향한 배려, 그리고 함께 성장하는 문화 속에 있다. 이 선순환 구조가 지속될 때, 미용업계는 물론 다양한 산업에서도 단순한 기술 경쟁을 넘어, 사람 중심의 지속 가능한 성장을 이끌어낼 수 있을 것이다.

미용 산업의 선순환

- 배우다
- 나누다
- 교육하다

(선순환 구조)

4장. "인본주의 미용"이 만들어 낼 미래

1 과거 10년, 그리고 앞으로의 10년

지난 10년을 되돌아보면, 미용업계는 마케팅 기법, SNS 홍보, 최신 기술 트렌드 경쟁이 치열했던 시기였다. 하지만 그 이면에서 더 큰 변화가 있었다. 고객과 동료를 대하는 태도와 철학이 달라졌으며, 단순한 기술 경쟁을 넘어 '인본주의 미용'으로의 전환이 이루어졌다.

과거에는 뷰티 트렌드를 정확히 재현하는 것이 경쟁력이었지만, 이제는 "어떤 마음으로 고객을 대하는가", "동료와 함께 어떤 가치를 추구하며 성장하는가"가 더욱 중요한 요소가 되었다. 고객들은 단순한 시술이 아닌 '개인화된 경험'을 원하며, 디자이너는 기술뿐 아니라 소통과 공감, 그리고 고객의 내면까지 이해하는 역량이 필수인 시대가 되었다.

스마트폰과 온라인 플랫폼이 보편화되면서, 고객들은 단순히 '잘한다'는 평판만으로 만족하지 않게 되었다. 고객은 디자이너의 개성과 인성, 살롱의 분위기까지 고려하며 선택한다. 기술이 뛰어난 것만으로는 고객의 마음을 사로잡기 어려운 시대가 도래한 것이다. 특히 코로나19라는 전례 없는 위기가 찾아오면서, 미용업계는 고객과의 관계뿐만 아니라 동료 간의 유대감과 신뢰를 재확인하는 계기를 맞이했다. 위기 속에서도 서로를 지키려는 노력과 신뢰가 쌓이며, 고객들은 단순한 '고객'이 아니라 살롱과 디자이너의 '동행자'로서 응원하는 존재로 변화했다. 이러한 흐름은 앞으로 10년 동안 더욱 선명해질 것이다.

앞으로의 10년: 인본주의 미용이 답이다

다가올 10년은 진정한 차별화를 이루는 살롱만이 살아남는 시대가 될 것이다. 과거에는 돈과 마케팅이 매장의 성공을 좌우했지만, 이제는 고객이 진심 어린 케어를 원한다. 고객이 바라는 것은 단순한 시술이 아니라, "나를 편안하게 대해 주고, 내 고민에 귀 기울이며, 내가 더 행복하고 아름답게 살 수 있도록 돕는 진심 어린 서비스"이다. 따라서 인본주의 미용을 실천하는 살롱은 직원 개개인의 가치관, 역량, 서비스 정신을 최우선 과제로 삼고 있다. 예전에는 원장이 모든 것을 통제하거나 대규모 투자로 매장을 확장하는 방식이 주를 이루었다면, 이제는 구성원의 개성을 존중하면서도 '본질적 가치'를 공유하며 함께 성장하는 모델이 더욱 적합해졌다.

미래의 소비자들은 디자이너를 직접 선택하고, 단순한 거래가 아닌 '인연'으로 받아들이는 방식으로 변화하고 있다. 따라서 최종적으로 살아남는 곳은 돈이 아니라, 사랑과 존중으로 구성원들을 하나로 묶고, 고객에게 진정한 만족을 주는 살롱이 될 것이다. 빠르게 변하는 시대일수록, 뚜렷한 정체성을 가진 살롱만이 생존할 수 있다. 지난 10년 동안 뷰티 트렌드를 빠르게 따라가거나 SNS를 활용한 자극적인 비주얼 마케팅이 효과를 보았지만, 이제는 그 한계가 명확해졌다. 누구나 감각적인 콘텐츠를 올리는 시대가 되었기에, SNS 홍보만으로는 차별화를 이루기 어려운 상황이다.

따라서 앞으로의 10년은 "나는 왜 이 일을 하며, 왜 이 고객과 마주하는가"라는 철학적 물음이 필수적이다. 이 질문에 답할 수 있는 살롱만이 눈앞의 유행에 휩쓸리지 않고, 자신들만의 브랜딩과 문화를 견고하게 구축할 수 있다. 이제는 본질경영이 필요한 시대이며, 디자이너가 고객을 진심으로 생각하고, 동료를 존중하며, 업에 대한 사명감을 갖는다면, 마케팅과 시스템은 자연스럽게 따라올 것이다. 아무리 체계적인 운영 시스템이 있어도, 사람의 마음을 움직이는 힘은 결국 '사랑과 진정성'에서 비롯된다.

10년 후, 더욱 빛날 것은 '사람'이다

향후 10년 동안 미용업계가 어떻게 변모할지는 예측하기 어렵지만, "사람 냄새 나는 곳이 더욱 빛을 발할 것"이라는 사실은 분명하다. 미용업은 고객의 머리를 직접 만지고, 감정을 나누며 케어하는 업종이기에 기계나 로봇이 대체하기 어려운 분야다. 오히려 감정적 교류와 섬세한 감각을 요구하는 방향으로 발전할 것이며, '인간미를 갖춘 디자이너'가 더욱 귀중한 자산이 될 것이다.

과거 10년이 기술과 효율 중심의 경쟁이었다면, 앞으로의 10년은 "누가 더 진정으로 고객을 케어하고, 고객의 아름다움을 존중하는가"를 겨루는 시기가 될 것이다. 이것은 단순한 기술 경쟁이 아니라, 인본주의 경쟁이며, 그 핵심은 '사람이 만들어내는 성장'에 있다.

따라서 인본주의 미용을 실천하는 살롱은 고객을 단순한 소비자가 아닌 '동행자'로 여기고, 디자이너와 크루를 소중히 대하며, '사람이 곧 브랜드'라는 가치를 흔들림 없이 밀고 나가야 한다. 이러한 믿음과 실천이 있어야 끊임없이 변화하는 미용업계 속에서도 중심을 잃지 않고, 살롱의 문화를 지켜 나갈 수 있다.

결국, 지난 10년이 미용업계의 확장과 실험의 시기였다면, 앞으로의 10년은 진짜 가치 있는 것만이 살아남는 시대가 될 것이다. '사람을 우선'하고 '사람을 성장'시키는 살롱이 성공할 것이며, 그 성공은 단순한 매출이 아니라 '오래가는 신뢰'라는 결실로 돌아올 것이다. 10년 뒤 우리는 또 다른 변화를 맞이하겠지만, 변하지 않을 본질은 '사람'이다. 이 가치를 지키는 살롱만이 고객과 미용인 모두에게 오래도록 사랑받을 것이다. 인본주의 미용이 만들어 갈 미래는, 사람에 대한 진심 어린 사랑과 존중 속에서 찬란히 펼쳐질 것이다.

지난 10년	COVID-19의 영향	다가올 10년
기술적 능력에서 인간 중심의 돌봄으로의 전환	고객과 전문가 간의 관계 재평가	진정한 돌봄과 감정적 연결의 강조

2. 고객의 욕구 변화: "가성비"에서 "가심비"로

수십 년간 소비자들이 살롱을 선택하는 주요 기준은 '가성비'였다. 원하는 스타일을 합리적인 가격에 얻을 수 있는지가 가장 중요한 요소였으며, 가격 경쟁력을 앞세운 살롱들이 시장에서 두각을 나타냈다. 많은 살롱들이 할인 행사와 다양한 프로모션을 통해 고객을 유치했고, 미용인들 또한 가격을 낮추고 비용 절감에 집중하며 기능적 서비스를 확대하는 데 초점을 맞췄다. 그러나 시간이 지나면서 단순한 가격 경쟁만으로는 소비자의 마음을 사로잡기 어려워졌고, 이러한 전략이 한계를 드러내기 시작했다.

최근 몇 년간, 특히 전례 없는 상황을 겪으면서 소비자들의 살롱 선택 기준은 급격하게 변화했다. 단순한 비용 절감을 넘어, 살롱 방문을 통해 휴식과 치유, 심리적 만족을 추구하는 경향이 강해졌다. 사회적 거리두기와 외출 제한 속에서 소비자들은 자신을 진심으로 케어해 줄 수 있는 공간의 가치를 더욱 높이 평가하게 되었다. 이제 고객들은 "얼마나 저렴하게 시술을 받을 수 있는가"보다는 "그 공간에서 얼마나 편안하고 만족스러운 경험을 할 수 있는가"를 더욱 중요하게 여기게 되었다. 이러한 변화는 미용업계 전반에 영향을 미치며, 단순한 가격 경쟁력을 넘어 정서적 만족감, 즉 '가심비'를 제공하는 것이 새로운 경쟁력으로 자리 잡고 있다.

MZ세대 소비자의 변화된 가치관

특히 MZ세대 소비자들은 살롱 방문을 단순한 스타일 변화가 아닌 특별한 경험으로 인식한다. 이들은 SNS와 다양한 온라인 플랫폼을 통해 살롱의 리뷰, 사진, 동영상을 비교하며 신중하게 선택한다. 단순히 저렴한 가격이라는 이유만으로 살롱을 선택하던 과거의 소비 패턴은 더 이상 유효하지 않다. 대신, 고객들은 자신에게 어울리는 스타일과 분위기를 제공하며, 개인적인 이야기에 귀 기울이는 디자이너와 살롱을 선호한다.

예를 들어, 같은 펌 시술이라도 8만 원과 10만 원의 가격 차이가 단순히 비용적인 측면에서만 고려되었던 과거와 달리, 이제는 10만 원을 지불하더라도 디자이너의 세심한 케어와 맞춤형 상담 여부가 선택의 중요한 기준이 된다. 고객들은 살롱을 단순히 스타일을 바꾸는 곳이 아니라, 자신을 위한 힐링 공간이자 소중한 경험을 제공하는 장소로 인식한다.

가심비를 실현하기 위한 살롱의 전략

가심비 시대에서 성공하기 위해 살롱은 차별화된 전략을 마련해야 한다.

> **1. 맞춤형 상담과 세심한 배려**
> 고객들은 단순한 스타일 변화를 원하지 않는다. 그들의 라이프스타일과 감정 상태를 반영한 맞춤형 서비스가 필요하다. 시술을 받으려는 이유와 고객의 이야기에 귀 기울이는 과정에서 신뢰가 형성된다. 이러한 상담과 배려는 고객 만족도를 높이고, 재방문율과 충성도를 강화한다.

2. 힐링 공간으로서의 살롱 조성

살롱은 단순한 시술 공간이 아니라 고객이 편안하게 쉴 수 있는 힐링 공간이어야 한다.

인테리어, 조명, 음악, 향기, 음료 서비스 등 감각적 요소들이 조화롭게 어우러져야 한다.

차분한 분위기와 고객 맞춤형 향기를 통해 스트레스를 해소하고, 만족감을 극대화할 수 있다.

3. 일관된 서비스 품질과 친절한 분위기 유지

고객은 살롱 전체의 분위기와 디자이너들의 태도에 민감하게 반응한다.

모든 직원이 동일한 서비스 마인드를 가지고 일관된 서비스를 제공할 수 있도록 내부 교육과 관리 시스템을 강화해야 한다.

방문할 때마다 동일한 따뜻함과 배려를 경험해야 장기적인 신뢰와 충성도가 형성된다.

4. 고객 맞춤형 시술 후 케어 제공

시술 후에도 고객이 집에서 스타일을 유지할 수 있도록 사후 관리 팁과 제품 추천을 제공해야 한다.

정기적인 상담을 통해 고객과 지속적인 관계를 유지하며, 이는 재방문율과 입소문 효과를 극대화하는 요소가 된다.

인본주의 미용 철학과 가심비의 연결

가심비의 개념은 단순한 서비스 전략을 넘어 인본주의 미용 철학과 연결된다. 고객을 단순한 소비자가 아니라, 내면과 감정을 존중받는 존재로 인식하고 진정한 케어를 제공하는 것이 핵심이다. 고객이 디자이너를 단순한 기술자가 아닌, 자신의 스타일과 감정을 함께 디자인하는 파트너로 여길 때, 살롱은 단순한 시술 공간을 넘어 고객의 삶에 필수적인 존재로 자리 잡는다.

앞으로의 미용업계 전망

미용업계는 단순히 저렴한 가격이나 화려한 마케팅 전략만으로는 지속적인 성공을 거둘 수 없다. 향후 10년 동안 살롱 선택의 기준은 "얼마나 저렴하게 시술을 받을 수 있는가"에서 "내가 그곳에서 얼마나 따뜻하고 진심 어린 케어를 받느냐"로 변화할 것이다. 고객들은 살롱을 단순한 소비의 장소가 아니라, 자신을 위한 힐링과 감동의 공간으로 인식할 것이며, 이는 결국 장기적으로 사랑받고 신뢰받는 브랜드로 성장하는 데 결정적인 역할을 하게 된다.

디자이너와 살롱 경영진은 변화하는 고객의 욕구에 민감하게 반응해야 한다. 최신 기술력만을 강조하는 것이 아니라, 고객의 정서와 감성을 헤아리는 서비스가 제공되어야 한다. 고객이 살롱을 선택할 때 가장 중요하게 여기는 요소는 단순한 외형 변화가 아니라, 자신이 진심으로 존중받고 케어받는다는 확신이다. 고객과 디자이너, 그리고 살롱 전체가 동행자 관계를 형성하며 서로의 가치를 인정하고 존중하는 문화 속에서 진정한 가심비가 실현될 것이다.

결국, 가성비 시대의 소비 패턴은 가심비라는 새로운 가치 체계로 전환되고 있다. 고객들은 살롱에서 단순한 시술을 넘어, 감동과 힐링, 그리고 개인적인 만족을 경험하고자 한다. 따라서 살롱은 기술적 숙련도를 넘어 디자이너의 태도, 배려, 서비스 환경을 개선하는 데 집중해야 한다. 고객이 살롱에서 보내는 모든 경험이 통합된 만족으로 연결될 때, 그곳은 진정한 가심비를 실현하는 공간으로 자리 잡을 것이다.

향후 10년, 그리고 그 이후에도 변하지 않는 것은 "사람"이다. 고객이 살롱을 선택하는 기준은 단순한 가격이나 외형적 변화가 아니라, 그곳에서 얼마나 따뜻한 케어와 진정한 감동을 경험할 수 있는지에 달려 있다. 인본주의 미용 철학을 바탕으로, 고객과 디자이너 간의 깊은 신뢰와 동행자 관계를 형성하는 것이 미용업계의 지속 가능한 성공과 발전을 이끄는 가장 확실한 길이 될 것이다.

Point! 고객의 욕구 변화: "가성비"에서 "가심비"로

* 과거의 헤어살롱은 단순한 장사와 가격 경쟁에 치중했으나, 현대 소비자들은 단순한 외형 변화 이상의 정서적 만족과 인간적 소통을 원한다.

* 본질경영은 "왜 미용을 하는가"와 "왜 고객을 맞이하는가"에 대한 근본적 질문을 통해, 고객과 디자이너, 내부 조직 모두가 성장할 수 있는 문화를 구축하는 데 중점을 둔다.

* 디자이너는 기술뿐 아니라 감성, 공감, 진정성을 통해 고객의 내면까지 케어해야 하며, 이는 의 충성도와 입소문으로 이어져 장기적 성공의 기반이 된다.

* 결국, 미래 미용업계는 기술 혁신과 디지털 트렌드가 가속화되더라도, 고객의 선택 기준은 "사람"에 대한 깊은 신뢰와 정서적 만족에 달려 있으며, 본질경영을 실천하는 살롱만이 지속 가능한 성공을 이룰 수 있다.

3. 니즈가 아닌, 마음을 움직여라

미용업에 종사하는 이들이 반드시 깊이 고민해야 할 문제 중 하나는 고객의 표면적인 요구 사항, 즉 니즈에만 집중하는 방식을 넘어, 고객의 마음과 감정을 움직이는 방향으로 나아가야 한다는 점이다. 전통적으로 미용은 고객이 원하는 스타일을 기술적으로 구현하는 서비스로 여겨져 왔다. 고객이 긴 웨이브나 단발 커트를 요청하면, 이를 그대로 시술하는 것이 디자이너의 역할로 여겨졌던 것이다. 그러나 시간이 흐르면서 단순히 고객의 요청을 충족하는 것만으로는 진정한 만족을 제공하기 어렵다는 사실이 명확해졌다.

고객이 원하는 스타일은 단순한 외형적 변화일 수도 있지만, 그 이면에는 감정적인 욕구와 삶의 변화에 대한 바람이 깃들어 있다. 예를 들어, 한 고객이 단발 커트를 원한다고 했을 때, 단순히 손질이 쉽고 가벼운 스타일을 원한다는 이유도 있을 수 있지만, 실은 복잡한 마음을 정리하고 기분을 전환하고 싶은 내면의 소망이 담겨 있을지도 모른다. 디자이너가 이러한 감정을 이해하지 못한 채 단순히 스타일을 구현한다면, 고객은 단지 깔끔한 머리를 얻었을 뿐, 깊은 만족감을 느끼기는 어려울 것이다. 반면, 고객의 감정을 공감하고 이를 반영한 스타일링을 제안한다면, 고객은 단순한 외형 변화가 아닌 내면의 만족과 감동을 경험하게 된다.

고객의 감정을 이해하는 디자이너

과거에는 고객의 물리적인 요구 사항을 충족시키는 것이 디자이너의 역할이었다. 뛰어난 기술력만 있으면 충분하다고 여겨졌던 시절이 있었으나, 이제 고객들은 단순한 스타일 변화를 넘어, 자신의 감정을 이해해 주는 디자이너를 원한다. 살롱은 더 이상 단순한 스타일링 공간이 아니라, 고객이 자신의 고민을 나누고 내면의 변화를 추구하는 장소로 변화하고 있다. 디자이너가 고객의 이야기에 귀 기울이고, 그 속에 숨겨진 진정한 욕구를 파악해 스타일을 제안할 때, 고객은 외형적 변화뿐 아니라 내면의 치유와 만족을 경험하게 된다. 이러한 공감과 배려는 고객과 디자이너 사이에 깊은 신뢰와 유대감을 형성하며, 이는 본질적 가치 이상의 가치를 창출하는 요소로 작용한다.

최근 들어 살롱은 단순한 시술 공간이 아닌, 심리적 안식과 치유의 공간으로 기능하고 있다. 고객이 직장 문제나 일상의 스트레스를 이야기할 때, 디자이너가 형식적이고 기계적인 반응만을 보인다면 고객은 단순한 소비자로 전락한 기분이 들 수 있다. 반면, 디자이너가 진심으로 고객의 이야기를 듣고, 그들의 감정을 이해하며 스타일을 조율한다면, 고객은 살롱에서 단순한 시술 이상의 만족감을 얻게 된다. 이처럼 고객의 감정을 이해하고 공감하는 과정은 고객이 살롱을 단순한 소비 공간이 아니라, 자신을 재발견하고 위로받을 수 있는 장소로 인식하게 만든다.

고객의 마음을 움직이는 서비스

마음을 움직이는 디자이너가 되기 위해서는 고객의 요구 사항을 단순히 듣는 것이 아니라, "왜 이 스타일을 원할까?"라는 질문을 스스로에게 던지는 습관이 필요하다. 고객이 생머리에 컬러를 추가하고 싶다고 할 때, 단순히 그 요구를 충족하는 것에 그치지 않고, 그 배경에 있는 감정과 상황을 이해하려는 노력이 필요하다. 이러한 과정을 통해 디자이너는 고객이 단순한 외형적 변화를 넘어 내면의 감정까지 정리할 수 있도록 돕는 역할을 하게 된다. 즉, 단순한 기술적 서비스가 아닌, 고객의 감정을 이해하고 공감하는 태도가 고객의 마음을 움직이는 핵심 요소가 된다.

이러한 공감 능력을 키우기 위해 디자이너 스스로가 다양한 경험과 폭넓은 지식을 쌓아야 한다. 기술 연습만큼 중요한 것은 인간적인 매력과 공감 능력이다. 고객은 디자이너가 자신의 감정을 이해한다고 느낄 때 더 깊은 신뢰를 보내며, 오랜 단골 고객으로 남게 된다. 이는 디자이너가 단순한 기술자가 아니라, 고객의 삶에 진정한 변화를 이끄는 동행자로 기억되는 결과를 가져온다.

살롱 운영과 고객 경험의 변화

살롱의 운영 방식 역시 고객의 마음을 움직이는 데 큰 역할을 한다. 단순히 매출을 높이는 것이 아니라, 고객이 살롱에서 보내는 시간이 값진 경험으로 남을 수 있도록 하는 것이 중요하다. 살롱의 오너와 경영진이 디자이너들에게 단순한 매출 증가보다는 고객과의 진정한 관계 형성을 강조하고, 고객이 방문할 때마다 따뜻하고 배려 넘치는 서비스를 경험할 수 있도록 조직 문화를 조성해야 한다. 이러한 문화가 정착되면, 고객은 살롱을 단순한 스타일링 공간이 아니라, 자신이 존중받고 케어받는 공간으로 인식하게 되며, 이는 자연스럽게 재방문과 입소문으로 이어진다.

또한, 디자이너가 단순히 최신 트렌드나 신제품을 소개하는 것에 그치지 않고, 고객의 모발 상태와 고민을 세심하게 듣고 그에 맞는 조언을 제공할 때, 고객은 단순한 판매 멘트가 아닌 진정성 있는 상담으로 받아들인다. 이러한 디테일한 배려와 공감은 고객에게 강한 인상을 남기며, 살롱에 대한 깊은 신뢰를 형성하는 데 기여한다.

기술을 넘어 감성을 디자인하다

결국, 고객의 니즈를 넘어 그들의 마음을 움직이기 위해서는 단순한 기술적 서비스 이상의 노력이 필요하다. 디자이너는 고객의 삶과 감정을 이해하고, 그에 맞는 맞춤형 스타일을 제안함으로써 고객의 내면까지 변화시키는 역할을 해야 한다. 고객은 살롱을 찾을 때 단순한 외모 변화를 원하기보다는, 자신이 진심으로 케어받고 존중받는 경험을 통해 새로운 자신을 발견하고 싶어 한다. 이러한 마음의 변화를 이끌어내는 서비스는 단순한 할인이나 프로모션보다 훨씬 강력한 효과를 발휘하며, 고객과 디자이너 사이에 깊은 신뢰와 유대를 형성한다.

"니즈가 아닌 마음을 움직여라"는 단순한 구호가 아니라, 미용업계가 고객과의 관계에서 반드시 실현해야 할 핵심 가치다. 디자이너가 고객의 감정을 헤아리고, 그들의 이야기에 귀 기울이며, 심리적 위안을 제공할 때, 그 경험은 고객에게 잊을 수 없는 감동으로 남게 된다. 고객이 살롱에서 단순히 머리를 하는 것이 아니라, 자신의 고민을 나누고 위로받으며, 새로운 변화를 꿈꾸는 공간으로 느낄 수 있도록 하는 것이야말로 오늘날 미용업계가 나아가야 할 방향이다.

기술적 완성도를 넘어 감성을 디자인하는 디자이너만이 고객의 마음을 움직일 수 있으며, 이는 살롱의 지속 가능한 성장과 브랜드 신뢰도를 높이는 결정적인 요소가 될 것이다. 고객에게 가치 있는 경험을 제공하는 것이야말로 오늘날 미용업계가 추구해야 할 궁극적인 목표이며, 앞으로의 변화하는 시장 속에서 고객과 디자이너 모두가 함께 성장하고 발전할 수 있는 진정한 길임을 우리는 확신한다.

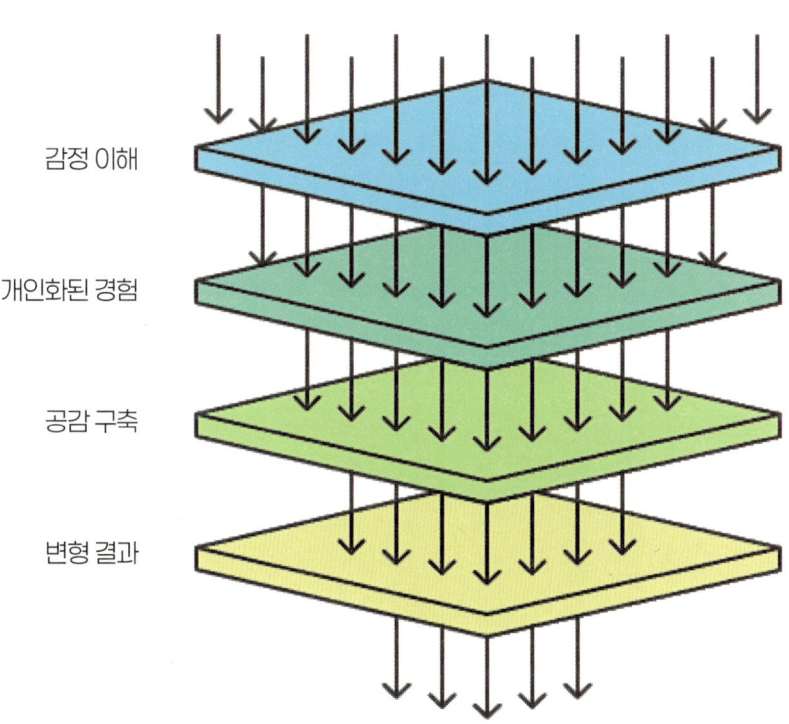

4 MZ세대, 그들은 왜 인간적인 관계와 진정성을 중시할까

오늘날 MZ세대가 지닌 소비와 관계 형성의 방식은 단순한 유행 이상의 의미를 지닌다. 이들은 태어날 때부터 디지털 환경에 익숙해져, 스마트폰과 SNS를 통해 끊임없이 자신을 표현하고 타인의 모습을 비교하며 살아온 세대이다. 하지만 그들이 끊임없이 온라인에서 완벽한 이미지와 수많은 '좋아요'에 노출되면서도 오히려 진정한 소통과 인간적인 연결에 대한 갈증을 느끼게 된다는 점은 매우 아이러니하다. MZ세대는 디지털 시대의 편리함과 정보의 홍수 속에서 빠르게 소비되는 이미지와 메시지에 지쳐가고 있으며, 그 결과로 오프라인에서 느낄 수 있는 따뜻한 인간미와 진솔한 감정 교류에 더욱 큰 가치를 부여하게 되었다.

소비 패턴의 변화: 가격에서 가치로

과거의 소비자들은 단순히 제품의 가격이나 기능, 또는 브랜드의 화려한 광고에 매력을 느끼는 경향이 강했다면, 이제 MZ세대는 자신이 속한 사회와 조직의 태도, 그리고 그들이 직접 경험하는 서비스의 질에 더욱 민감하게 반응한다. 이들은 브랜드를 선택할 때, 단순히 '가격이 저렴하다'는 이유나 '트렌드를 반영한 제품'에만 의존하지 않고, 해당 브랜드가 사회적 책임을 다하고 있는지, 직원과 고객을 대하는 태도가 얼마나 인간적이고 진실한지를 꼼꼼히 살핀다. 이러한 변화는 미용업계에서도 두드러지게 나타난다. 단순히 최신 기술과 트렌디한 스타일만을 자랑하는 디자이너보다, 고객의 감정을 섬세하게 읽어내고 따뜻하게 응대하는 디자이너가 더욱 큰 인기를 끄는 이유가 바로 여기에 있다.

디지털 시대의 피로와 인간적 연결에 대한 갈망

MZ세대는 끊임없이 자신을 꾸준히 노출해야 하는 디지털 환경 속에서 살아오면서, 내면의 불안과 외로움, 그리고 끊임없는 비교로 인한 자존감의 하락을 경험해왔다. 이러한 경험은 그들로 하여금 진정한 '인간적 매력'을 가진 사람에게서 위로와 신뢰를 찾게 만든다. SNS에서 화려한 필터와 편집으로 꾸며진 이미지들 사이에서, MZ세대는 때때로 현실의 따뜻한 감성과 솔직한 대화, 그리고 서로를 이해하려는 진심 어린 태도에 더욱 끌리게 된다. 그들은 완벽한 외모보다도 진실되고 인간적인 매력을 가진 이들의 이야기에 더 큰 감동을 받고, 그들과의 교감을 통해 자신의 삶에 긍정적인 영향을 받기를 원한다.

살롱, 단순한 스타일 변화를 넘어선 감성적 공간

살롱을 방문하는 고객들 역시 단순히 머리 모양만을 바꾸기 위해서가 아니라, 그 공간에서 진정한 휴식과 감정적 치유를 경험하기를 기대한다. 문을 열고 들어설 때 따뜻한 인사와 배려 깊은 미소, 그리고 고객의 이야기에 귀 기울여주는 디자이너의 태도는 본질적 가치 이상의 감동을 선사한다. 고객은 살롱에서 단순히 외형적인 변화를 넘어서, 자신이 존중받고 케어받는다는 느낌을 받기를 원하며, 이러한 경험은 단순한 소비를 넘어 삶의 일부분으로 자리 잡게 된다. 이 과정에서 MZ세대는 디자이너의 인간적인 매력, 즉 그들의 따뜻함과 공감 능력, 그리고 진정성 있는 소통 방식을 통해 브랜드와의 깊은 정서적 유대감을 형성하게 된다.

'가심비'의 시대: 감성적 만족이 곧 경쟁력

또한, MZ세대는 과거와는 다른 소비 패턴을 보인다. 그들은 제품이나 서비스의 물리적 가치를 넘어서, 그 경험 자체가 자신에게 주는 감정적 만족과 의미에 더 많은 관심을 갖는다. 예를 들어, 같은 펌 시술을 받더라도 저렴한 가격에 단순히 결과만을 제공하는 곳보다, 시술 전후의 세심한 케어와 고객의 개별적인 이야기에 귀 기울여주는 살롱에 더 큰 가치를 느낀다. 이처럼 단순히 '가성비'에 의존했던 소비 방식은 한계에 다다랐으며, 이제는 '가심비' 즉, 고객의 마음을 얼마나 따뜻하게 움직이고 만족감을 주는가가 중요한 기준이 되고 있다.

오프라인 경험의 가치: 디지털 시대의 대체 불가능한 요소

MZ세대는 자신들이 온라인에서 소비하는 이미지와 메시지에 쉽게 피로감을 느끼기 때문에, 오프라인에서의 진정한 인간적 교류와 따뜻한 만남에 더욱 큰 의미를 부여한다. 디지털 시대의 정보는 너무나 빠르게 가공되어 전달되지만, 그것만으로는 사람의 깊은 감정을 채울 수 없다. 사람과의 직접적인 만남, 얼굴을 마주하며 나누는 진솔한 대화, 그리고 서로의 이야기를 듣고 공감하는 경험은 아무리 최신 기술이 발전해도 대체할 수 없는 소중한 가치이다. 이로 인해 MZ세대는 살롱을 단순한 시술 공간이 아니라, 자신이 휴식과 치유를 경험할 수 있는 안식처로 인식하게 된다.

브랜드 충성도를 결정하는 요소: 진정성과 인간적 매력

결국, MZ세대가 인간적 매력을 더욱 원하게 된 배경에는, 디지털 시대의 과도한 정보 소비와 비교 문화, 그리고 그로 인한 정서적 공허함이 자리하고 있다. 이들은 SNS와 같은 디지털 플랫폼에서 끊임없이 타인과 자신을 비교하며 살면서, 진정한 자신감과 위로를 주는 존재가 점점 더 소중해졌음을 인식하게 된다. 따라서 미용업계에서 단순히 트렌드를 쫓거나 기술력만으로 승부를 보려고 하는 전략은 한계에 다다르게 되고, 대신 고객과의 진솔한 소통, 따뜻한 배려, 그리고 인간미 있는 접근 방식이 핵심 경쟁력으로 자리 잡게 되는 것이다.

MZ세대가 선택하는 브랜드의 핵심 경쟁력

결국, MZ세대가 인간적 매력을 더 원하게 된 이유는 현대 사회가 만들어낸 디지털 과부하와 그로 인한 정서적 갈증에서 찾을 수 있다. 그들은 끊임없이 변하는 트렌드 속에서 잠시 멈춰 서서 진정한 감정의 교류와 인간적인 만남을 기대하며, 살롱과 디자이너가 제공하는 위로와 신뢰를 무엇보다 소중하게 여긴다. 디지털 환경에서의 화려한 필터와 편집된 이미지가 주는 일시적인 감동과는 달리, 직접 만난 사람과의 진솔한 대화, 그리고 그 과정에서 느껴지는 따뜻한 배려와 공감은 오랫동안 마음속에 남는다.

따라서 미용업계에서 성공적인 서비스와 장기적인 고객 충성도를 얻으려면, 디자이너와 살롱이 단순히 기술과 가격 경쟁에만 집중하는 것을 넘어 고객 내면의 감정까지 헤아리고 진심 어린 소통을 실천해야 한다. 고객은 단순히 머리 스타일을 바꾸기 위해 살롱을 찾는 것이 아니라, 자신의 감정과 이야기를 공유하고 위로받으며, 자신이 존중받고 케어받는다는 경험을 원한다. 이러한 경험을 제공할 수 있는 곳이 바로 앞으로의 미용업계에서 가장 강력한 경쟁력이 될 것이다.

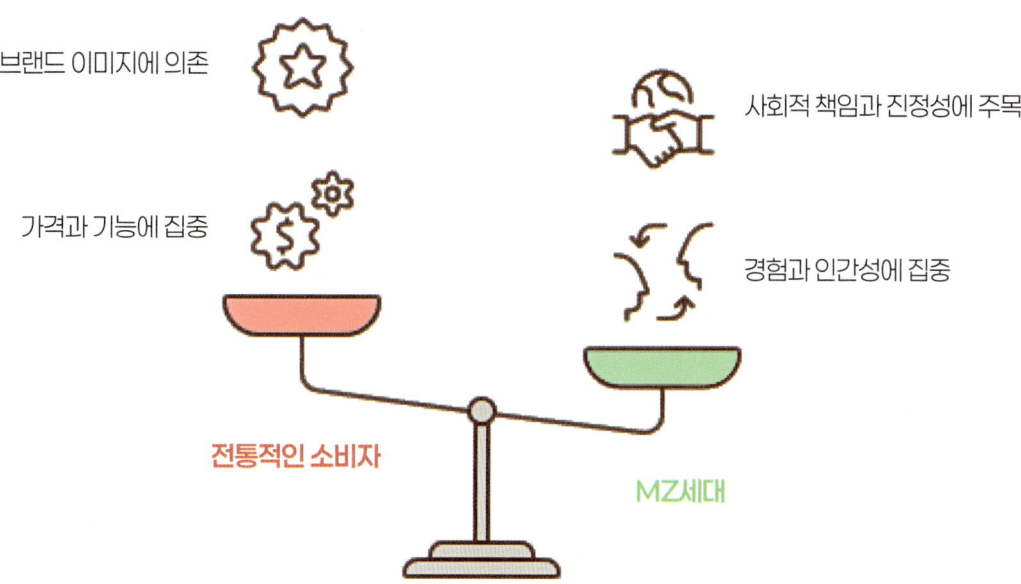

5 사람에서 시작되는 공정하고 정의로운 비즈니스

지난 수십 년간 미용업계는 눈에 보이는 기술적 발전과 화려한 마케팅 전략을 통해 소비자들의 관심을 받아왔지만, 이제 우리는 그 이면에 자리한 '사람'에 대한 깊은 이해와 감성적 소통이 얼마나 중요한지 깨닫고 있다. 과거에는 단순히 가격 경쟁력을 내세워 "얼마나 저렴하게 원하는 스타일을 완성할 수 있는가"에 초점을 맞추었으나, 오늘날 소비자들은 단순한 비용 절감 이상의 가치를 원한다. 그들이 진정으로 찾는 것은 단순한 시술 결과가 아니라, 살롱을 방문하는 순간부터 떠날 때까지 느낄 수 있는 따뜻한 배려와 감동, 즉 마음을 움직이는 경험이다.

팬데믹 이후 소비자의 기준 변화

특히 코로나 팬데믹이라는 전례 없는 위기를 겪으면서, 살롱과 같은 오프라인 서비스 공간에 대한 소비자들의 기준은 더욱 급격하게 변화하였다. 외출 제한과 사회적 거리두기가 강제된 시간 속에서, 사람들은 단순히 가격만을 따지는 것이 아니라, 자신을 편안하게 대해주고 내면의 고민을 진심으로 들어주는 공간에 더 큰 가치를 두게 되었다. 이러한 변화는 미용업계 전반뿐 아니라 전체 소비 시장에서도 두드러지게 나타났으며, 소비자들은 이제 살롱 방문을 단순한 외형적 변신이 아니라, 정신적 힐링과 감정적 위안을 얻을 수 있는 귀중한 경험으로 인식하게 되었다.

MZ세대와 변화하는 소비 패턴

디지털 시대에 태어난 MZ세대는 이러한 변화의 최전선에 있다. 이들은 스마트폰과 SNS를 통해 언제 어디서나 다양한 정보를 접하며, 자신의 소비 선택에 대해 매우 합리적인 판단을 내린다. 그러나 동시에, 끊임없이 가공된 이미지와 비교 문화에 노출되면서 진정한 소통과 인간적 연결의 부재를 절실히 느끼게 되었다. 화려한 광고나 세련된 인테리어가 주는 일시적인 관심에 그치지 않고, 오히려 고객은 진심 어린 대화와 따뜻한 배려 속에서 자신이 존중받고 있다는 확신을 얻고자 한다.

살롱 선택 기준: '가성비'에서 '가심비'로

살롱을 선택하는 기준 역시 단순히 '가성비'에서 '가심비'로 변화하고 있다. 과거에는 저렴한 가격에 높은 기능적 효율을 제공하는 것이 고객들의 주요 관심사였으나, 이제는 소비자들이 비용 이상의 감정적 만족을 얻을 수 있는지, 즉 그 비용을 지불함으로써 자신이 진정으로 소중하게 다루어지고 있다는 느낌을 받을 수 있는지에 대해 더 큰 비중을 둔다.

이러한 변화는 미용업계의 전통적 가치관에도 큰 도전을 주고 있다. 과거에는 뛰어난 기술력과 최신 트렌드의 재현만으로도 성공할 수 있었던 시대가 있었으나, 이제는 고객의 내면까지 헤아리고, 그들의 삶과 감정을 이해하는 태도가 디자이너의 진정한 경쟁력으로 부상하고 있다. 고객은 단순히 머리를 다듬는 기술 이상의 것을 원하며, 그들이 느끼는 감동과 위로, 그리고 자신의 이야기를 진심으로 들어주는 디자이너에게서 큰 신뢰를 보낸다.

미용업계의 새로운 경쟁 전략

미용업계에서는 이제 가격 경쟁만으로는 살아남기 어려운 시대가 도래했다. 저렴한 가격에만 의존하는 살롱은 언제든지 더 저렴한 경쟁자에게 고객을 빼앗길 위험에 노출되며, 단순히 기능적 서비스를 제공하는 것만으로는 소비자들의 마음을 사로잡을 수 없다. 대신, 고객이 살롱에서 보내는 모든 순간에 깊은 감정적 만족을 느낄 수 있도록 하는 '가심비' 전략이 핵심 경쟁력으로 자리 잡고 있다.

고객의 마음을 움직이는 디자이너의 역할

고객의 욕구가 변화하는 이 시대에 살롱과 디자이너들이 가져야 할 핵심 과제는 단순한 기술 경쟁을 넘어, 고객의 마음을 움직일 수 있는 진정성 있는 소통과 인간적인 케어를 제공하는 것이다. 이를 위해 디자이너들은 자신의 기술 연습뿐만 아니라, 폭넓은 경험과 교양을 쌓아 다양한 인간적 상황에 적절히 대응할 수 있는 능력을 기르는 것이 필수적이다. 또한, 살롱은 고객에게 단순한 가격 이상의 가치를 제공해야 하는 공간으로 탈바꿈해야 한다. 고객 맞춤형 시술 후 케어, 아늑한 인테리어와 감각적인 음악, 그리고 편안한 휴식 공간은 고객이 단순히 머리를 하는 곳이 아니라, 자신이 진심으로 케어받고 있다는 느낌을 받게 하는 중요한 요소이다.

인본주의 미용이 미래를 결정한다

결국, 오늘날 미용업계의 경쟁력은 기술적 완성도뿐만 아니라, 고객의 감정을 움직이는 인간적 접근 방식에 달려 있다. 과거의 가성비 중심 경쟁은 이제 한계에 봉착했고, 진정한 차별화는 고객에게 심리적 만족과 따뜻한 케어를 제공하는 데서 비롯된다.

이처럼 미용업계에서 앞으로 성공할 수 있는 살롱은, 기술과 트렌드를 넘어서 '인본주의 미용'을 실천하는 곳이다. 진정성 있는 소통과 따뜻한 배려, 그리고 고객과의 깊은 신뢰를 바탕으로 한 서비스가 바로 그 핵심 경쟁력이 되어 앞으로의 경쟁에서도 승리할 수 있을 것이다.

미용 산업의 고객 경험

KAI JUNG

Part. 2

본질경영: 매출이 아니라
'성장'을 이끄는 경영 철학

5장. 미용 비즈니스의 "큰 그림" 그리기

1 2020년 이후 대한민국 미용업 현황

대한민국 미용업계는 진입 장벽이 낮은 동시에 경쟁이 매우 치열한 특성을 지닌다. 미용사 자격증만 있으면 비교적 간단히 창업할 수 있어 신규 살롱이 많이 생기지만, 업계 내부를 살펴보면 정작 오랜 시간 자리를 지키는 곳은 많지 않다. 창업 첫해에 문을 닫는 매장이 40%, 혹은 지방 중소도시처럼 인구가 줄어드는 곳에선 50%에 이른다는 사례도 보고된다. 5년을 넘게 영업하는 살롱은 절반 이하라는 통계도 자주 거론된다. 이는 결국 미용업이 창업하기는 쉽지만, 단기간에 매출을 안정시키거나 경쟁 우위를 확보하기는 쉽지 않다는 사실을 보여준다. 임대료나 인건비, 재료비 같은 고정비가 지속적으로 나가는 상황에서 충분한 매출이 나지 않으면 몇 달 만에도 자금 압박으로 문을 닫게 된다.

장기 생존 전략과 브랜드 구축

그러나 5년, 10년 이상 오랜 기간 명맥을 이어가며 유명 프랜차이즈로 성장하거나, 고급 살롱으로 도약해 독자적인 브랜드 파워를 쌓은 곳도 분명 존재한다. 이러한 장기 생존 사례는 조직 운영에서 사람을 키우는 경영을 중시하고, 브랜딩과 재무 구조, 마케팅 전략을 균형 있게 갖추었을 때 가능해진다. 특히 디자이너와 스태프가 함께 성장한다는 비전을 공유하는 살롱은 팀워크가 좋아 재방문율이 높고, 인력 이탈률이 상대적으로 낮아 조직이 안정적으로 돌아간다. 그리고 이런 곳이 누적 경험과 노하우를 축적하면서 브랜드 신뢰도가 올라가, 경쟁이 치열한 시장에서도 버틸 힘을 얻게 된다.

창업 초기의 어려움과 마케팅 전략

일단 살롱 창업 후 1~2년이 가장 높은 폐업 구간이다. 초기 자본으로 매장 인테리어를 꾸미고 홍보를 진행하지만, 예상만큼 매출이 오르지 않으면 운영자금이 금세 바닥나기 쉽다. 이때 SNS·온라인 마케팅을 제대로 구사하지 못하거나, 고정비로 지출되는 임대료 부담이 큰 지역에 위치했다면 어려움이 가중된다. 초보 창업자들은 보통 기술적 역량에만 집중한 상태에서 경영·마케팅·재무 관리가 얼마나 중요한지 미처 알지 못해, 적절한 시점에 비용 구조를 조정하거나 새로운 고객을 유치할 유효한 전략을 마련하지 못하고 문을 닫는 사례가 잦다. 가령 오프라인 매장에 충분히 투자했지만 온라인 홍보 없이 단골 확보에 실패해, 지역 경쟁이 심한 상황에서 "예약 텅 빈 날"이 반복되다 보니 1년을 채 버티지 못하는 식이다.

3년 차 생존율과 경쟁 차별화 전략

3년 차 정도가 되면 어느 정도 고객 기반을 확보하고 살롱 운영 노하우가 쌓인 곳과, 그렇지 못해 도태되는 곳이 뚜렷하게 갈린다. 미용업 3년 차 누적 폐업률이 30~40%에 달한다는 통계가 있듯, 여기서 살아남으려면 매장 콘셉트를 명확히 하고, 팀원들의 역량을 높이며, 지속적으로 찾아올 충성 고객층을 만들어야 한다. 단순히 가격 할인만 반복한다면 마진이 줄어들 뿐 아니라 고객이 소비 가치를 높이 평가하지 않게 된다. 그래서 브랜딩과 고객 세분화가 필요해진다. 예를 들어 중년 여성 고객이 많은 상권이라면, 펌·염색과 두피 관리 프로그램을 패키지로 구성해 고객 충성도를 높이고, 젊은 직장인이 주 고객층인 상권이라면 컷과 빠른 스타일링이 강점이 될 수 있다. 특정 전문성(단발 전문, 곱슬 모발 클리닉, 바버샵 등)을 갖추는 것도 경쟁 속에서 두각을 나타내는 방법이다.

5년 이상 생존하는 살롱의 특징

5년 이상 살아남는 살롱은 대개 고객 충성도가 높고, 조직 내부 디자이너들이 오랫동안 근무해 운영이 안정적이다. 시니어 디자이너를 중심으로 새로운 서비스를 개발하거나 꾸준히 교육을 받은 살롱은 모발 관리 트렌드나 두피 케어, 이미지 컨설팅 측면에서 경쟁 우위를 확보해, 주변 살롱과 차별화하는 데 성공한다. 이런 곳들은 내부가 협력적이라 후배 디자이너 이탈률이 적고, 오랫동안 팀워크를 다져 고객에게 일관된 서비스를 제공할 수 있다. 고객 입장에서도 "내 모발 상태를 잘 아는 디자이너에게 지속적으로 관리받는다"는 만족감이 커지기 때문에 재방문이 잦아진다.

인력난과 조직문화 문제

폐업률이 높아지는 이유 중 하나는 인력난과 조직문화 문제다. 많은 살롱이 "도제식 교육"에 가까운 구조를 아직도 유지해 인턴이나 주니어 디자이너가 잡무를 전담하고, 정작 기술을 배울 시간과 기회가 제한되는 경우가 많다. 이렇다 보니 젊은 인재들이 1년에서 2년 안에 일찌감치 이 업계를 떠나거나, 더 체계적인 교육이 제공되는 프랜차이즈나 다른 유명 살롱으로 옮겨 간다. 경영자가 "사람을 키워야 한다"는 인식을 갖지 못하면 결국 핵심 인력을 잃게 되고, 매장 경쟁력도 약화된다. 반면 사람 중심 경영을 실천해 주기적 교육 프로그램을 마련하고, 인턴·주니어→시니어→파트너까지 명확한 성장 경로와 보상 체계를 제시하는 살롱은 팀 전체의 사기가 높아져 매출도 안정적으로 이어질 가능성이 크다.

미용업의 지속 가능한 성장 전략

결국 살롱 운영에서 창업과 폐업, 그리고 디자이너 개인의 진입과 성장, 이탈 현상은 긴밀히 얽혀 있다. 한쪽이 무너지면 다른 쪽도 타격을 받을 수밖에 없다. 미용업 자체가 기회가 많고 지속적으로 수요가 유지되는 시장이지만, 그만큼 준비 없이 뛰어들면 높은 폐업률 통계를 피하기 어려운 곳이기도 하다. 반면 사람 중심 경영을 실천하고, 고객 데이터 기반 마케팅, 협력적 조직문화, 재무 안정성, 장기 비전을 고루 갖춘 살롱은 어려움 속에서도 건실하게 자리 잡을 수 있다. 미용업 전반에서 인턴과 주니어 디자이너를 성장시키는 문화를 확산하고, 명확한 브랜딩과 고객 분류 전략을 통해 살롱마다 고유의 경쟁력을 구축할 때, 비로소 이 높은 창업률과 폐업률의 공존 현상이 조금씩 완화될 것으로 기대한다.

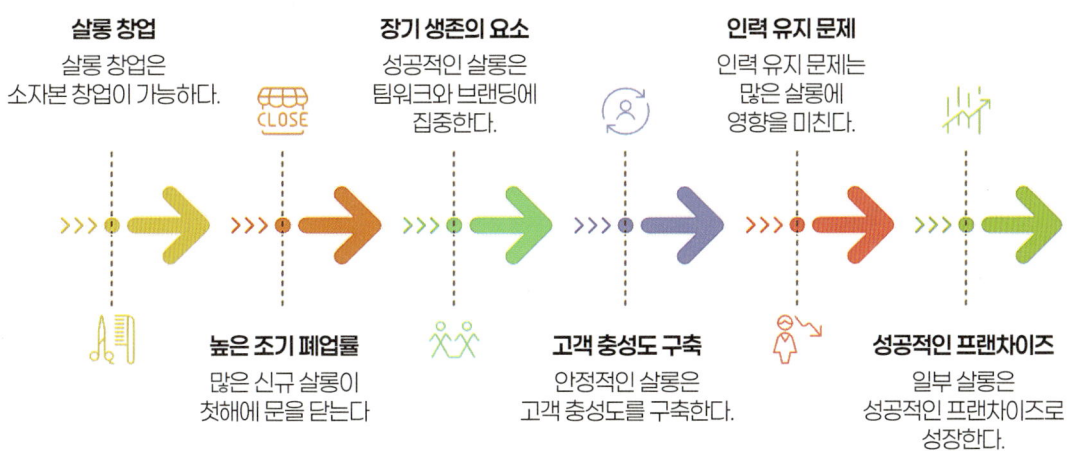

한국 미용 산업의 도전과 성공

살롱 창업
살롱 창업은 소자본 창업이 가능하다.

높은 조기 폐업률
많은 신규 살롱이 첫해에 문을 닫는다

장기 생존의 요소
성공적인 살롱은 팀워크와 브랜딩에 집중한다.

고객 충성도 구축
안정적인 살롱은 고객 충성도를 구축한다.

인력 유지 문제
인력 유지 문제는 많은 살롱에 영향을 미친다.

성공적인 프랜차이즈
일부 살롱은 성공적인 프랜차이즈로 성장한다.

> **Point!** **2020년 이후 대한민국 미용업 현황**

1. **미용업계의 특징과 창업 리스크**
   - 대한민국 미용업계는 진입 장벽이 낮지만 경쟁이 치열함.
   - 창업 첫해 폐업률이 40~50%에 달하며, 5년 이상 유지되는 살롱은 절반 이하.
   - 고정비 부담(임대료, 인건비, 재료비)으로 인해 단기간에 폐업하는 경우가 많음.

2. **장기 생존을 위한 필수 요소**
   - 브랜딩, 재무 구조, 마케팅 전략을 균형 있게 갖춘 살롱이 장기 생존.
   - 디자이너와 스태프의 성장을 지원하는 살롱은 재방문율이 높고 인력 이탈이 적음.
   - 브랜드 신뢰도를 구축하면 치열한 시장에서도 경쟁력을 확보 가능.

3. **창업 초기의 어려움과 마케팅 부족**
   - 1~2년 차 폐업률이 가장 높으며, 경영·마케팅·재무 관리 부족이 주요 원인.
   - SNS·온라인 마케팅을 활용하지 못하면 단골 확보에 실패하여 폐업 가능성 증가.

4. **3년 차 이후 생존 전략**
   - 고객 기반이 구축된 곳과 도태되는 곳이 확연히 갈림.
   - 단순 할인 경쟁보다 브랜딩과 고객 세분화가 중요.
   - 상권과 고객 특성에 맞춘 전문성을 갖춘 살롱이 경쟁력 있음.

5. **5년 이상 생존하는 살롱의 특징**
   - 고객 충성도가 높고, 내부 디자이너들의 장기 근무로 운영 안정성 확보.
   - 차별화된 서비스(모발 관리, 두피 케어, 이미지 컨설팅 등)를 제공.

6. **인력난과 조직문화 문제**
   - 도제식 교육이 많아 젊은 인재들이 업계를 떠나거나 유명 프랜차이즈로 이동.
   - 명확한 성장 경로와 보상 체계를 갖춘 살롱은 팀 사기가 높고 안정적 운영 가능.

7. **지속 가능한 미용업 성장 전략**
   - 사람 중심 경영, 고객 데이터 기반 마케팅, 협력적 조직문화, 재무 안정성, 장기 비전이 필수.
   - 미용업계에서 인턴과 주니어 디자이너 육성, 브랜딩 전략 확립이 창업·폐업률 문제 해결의 핵심.

2. 비전을 그리는 법: 우리에게 고객이란 누구인가?

비전을 그린다는 것은 단순히 "우리의 목표는 무엇인가?"라는 문장을 멋지게 정리하는 것에 그치지 않고, 우리가 진정으로 소중히 여기는 본질을 명확히 정의하며 그 가치를 살롱의 모든 구성원이 공감하고 실천하도록 만드는 일이다. 우리가 "우리에게 고객이란 누구인가?"라는 근본적인 질문을 깊이 들여다보면, 고객을 단순한 매출이나 거래 대상으로만 볼 수 없다는 사실을 깨닫게 된다. 고객 한 사람 한 사람이 바로 우리가 존재하는 이유이며, 이 일을 지속할 수 있도록 해 주는 가장 중요한 원동력이라는 점에서, 고객은 단순한 소비자를 넘어 함께 동행할 동행자로 인식되어야 한다.

미용 서비스의 본질: 우리에게 고객은 누구인가?

우리가 고객에게 전하고자 하는 진정한 가치는, 살롱을 방문한 뒤 "머리를 잘했다"라는 감탄 한마디로 끝나는 것이 아니라 디자이너와의 만남을 통해 자신을 더 사랑하게 되고, 일상에 새로운 활력을 얻으며, 긍정적인 변화를 체감하도록 돕는 데 있다. 고객은 시술을 받는 단순한 고객과 디자이너의 수동적 존재가 아니라, 디자이너와 함께 인생의 작은 전환점을 만들어 가는 동행자이길 바란다. 우리는 고객에게 헤어스타일이라는 외형적 변화를 넘어, 그 과정에서 고객이 내면의 자존감을 회복하고 성장할 수 있도록 설계된 경험을 제공해야 된다. 결국 우리에게 고객은, 단순히 서비스를 소비하는 고객이 아니라 삶의 변화를 함께 설계하는 동행자이며, 이러한 관계를 통해 살롱과 고객 모두가 지속 가능한 성장을 이룰 수 있다고 믿는 가치로 인식하고 성장해 나아가야 된다.

고객과의 관계: 단순한 소비자가 아닌 동행자로

고객이 없다면 아무리 뛰어난 미용 기술도 그 가치를 증명할 기회를 잃게 된다. 따라서 고객은 단순히 돈을 지불하는 소비자가 아니라, 우리의 철학과 기술을 함께 경험하며 가치를 공유하는 소중한 파트너임을 인식해야 한다. 이와 같이 고객과의 관계를 어떻게 맺을 것인지, 그들을 어떻게 대하고 함께 성장할 수 있을지를 깊이 고민하는 것이 바로 우리가 비전을 수립할 때 가장 먼저 고려해야 할 중요한 요소이다.

살롱 선택의 기준: 고객이 찾는 진정한 가치

한때 살롱의 성패는 고객 방문 수나 할인 이벤트, 프로모션 같은 단기적인 수치에 의해 좌우되곤 했지만, 이제는 고객이 "왜 굳이 이 살롱에 가야 하는가?"라는 근본적인 질문에 대한 답을 느끼지 못하면, 그들은 쉽게 더 싼 곳이나 가까운 다른 살롱, 또는 더 화려한 매장으로 이동할 수밖에 없다. 반대로 고객이 "이곳에 가면 내 외면뿐만 아니라 내면까지 충전된다"는 확신을 갖게 된다면, 그들은 가격이나 이벤트에 휘둘리지 않고 이곳을 자신만의 '인생 살롱'으로 자리매김하게 될 것이다.

비전을 세울 때 가장 중요한 것은 "오직 이곳에서만 느낄 수 있는 특별한 경험이 무엇인가"를 분명히 정의하고 그 가치를 일관되게 전달하는 것이다. 이러한 경험의 본질은 결국 사람에게서 비롯된다.

아무리 최신 설비와 고급 인테리어를 갖추더라도, 고객이 "이 디자이너가 좋아서" 다시 방문하게 되는 근본적인 이유는 디자이너와 크루들이 보여주는 따뜻한 마음, 진정성, 그리고 사람에 대한 깊은 이해와 애정에 있다. 따라서 우리가 꿈꾸는 미래의 살롱은 고객이 단순히 머리를 하러 오는 곳이 아니라, 자신의 외면은 물론 내면까지 풍요롭게 만들어 주는 공간이어야 한다. 고객이 "이곳에서 보낸 시간은 결코 낭비가 아니었다"라고 확신하게 되는 순간, 할인이나 판촉 이벤트 없이도 탄탄한 고객 관계가 형성되고, 그 결과로 고객 충성도가 높아진다.

비전의 구체화: 어떤 살롱을 만들 것인가?

우리가 비전을 구체화하기 위해서는 먼저 "어떤 살롱을 만들고 싶은가?"라는 근본적인 질문을 스스로에게 던져야 한다. 인기 살롱이 될 수도 있고, 특정 기술에 특화된 전문 샵을 지향할 수도 있으며, 또는 고객과의 깊은 유대감을 형성하는 따뜻한 공간을 목표로 할 수도 있다. 무엇을 선택하든 간에 "사람이 먼저"라는 원칙은 반드시 지켜져야 한다. 여기서 '사람'은 고객뿐만 아니라, 살롱에서 함께 일하는 모든 직원과 크루를 포함한다. 고객을 단순한 소비자로, 직원을 단순한 근로자로만 바라본다면 서로에게 가치를 더해 줄 수 없으며, 결국 조직 전체의 비전은 약해지기 마련이다. 따라서 모든 구성원이 "우리가 왜 고객을 대하고, 무엇을 지향하는가"에 대해 끊임없이 고민하고 서로 피드백하며, 지금 자신들이 하고 있는 행동이 비전에 부합하는지 지속적으로 점검하는 문화가 필요하다.

살롱을 운영하면서 마주하는 다양한 의사 결정—예를 들어, 직원 교육, 서비스 프로세스 설계, 가격 정책, 이벤트 기획 등—은 모두 우리가 설정한 비전을 실현하는 중요한 수단이 되어야 한다. 고객이 단순히 머리를 자르는 공간이 아니라, 자신의 삶에 가치를 더하는 공간을 찾는다는 사실을 항상 염두에 두어야 하며, 이러한 관점은 고객과의 깊은 연결과 신뢰를 구축하는 데 필수적이다. 고객은 살롱을 인생의 일부로 받아들이고, 그 시간이 자신의 삶을 더욱 풍요롭게 만들어 준다고 믿게 될 때, 자연스럽게 매출과 브랜드 평판은 따라오게 된다.

미용업계의 미래: 인본주의 미용 철학

미용업계에서 우리가 추구해야 할 비전은 단순히 기술적인 우수성을 넘어, 고객에게 감동과 위로를 전하는 인본주의 미용 철학에 기초해야 한다. 살롱의 오너와 리더, 그리고 디자이너 모두가 "사람을 우선"하고 "진심을 다하는" 태도를 유지할 때, 고객은 그들의 진정성을 느끼며 자연스럽게 그 공간을 선택하게 된다. 이러한 신뢰와 유대감은 단순한 할인 행사나 광고보다 훨씬 강력한 힘으로 작용하여 장기적인 성장과 성공의 기반을 마련해 준다.

앞으로의 미용업계는 단순한 기술 경쟁이나 가격 인하 전략만으로는 더 이상 승부를 볼 수 없는 시대에 접어들고 있다. 소비자들은 자신을 진심으로 대하는 브랜드와 디자이너에게 더 많은 애정과 충성을 보낼 것이며, 그 결과로 진정한 차별화와 지속 가능한 성공을 이루게 될 것이다. 지금으로부터 10년 뒤에도 변치 않을 본질은 결국 "사람"이며, 사람 냄새 나는, 진심이 담긴 서비스가 미래 미용업의 핵심 경쟁력이 될 것이다. 인본주의 미용을 실천하는 살롱만이 고객의 마음을 얻고, 그 깊은 신뢰와 애정을 바탕으로 앞으로의 경쟁에서도 확실히 승리할 수 있을 것이다.

비전이 살아 있는 살롱의 가치

비전을 그리는 과정은 단순히 기업의 목표를 나열하는 것 이상의 의미를 지닌다. 그것은 우리가 왜 이 일을 하고, 왜 고객과 마주해야 하는지에 대한 근본적인 물음을 스스로에게 던지는 일이며, 그 답을 바탕으로 살롱의 모든 구성원이 한 마음으로 나아가는 길을 모색하는 것이다. 고객 한 사람 한 사람이 우리의 존재 이유이며, 그들이 우리에게 주는 신뢰와 애정이 바로 우리가 앞으로 나아갈 동력이 된다. 비전이 살아 있는 살롱은 고객에게 신뢰를 주고, 직원에게 자부심을 심어주며, 모두가 함께 성장하는 문화를 만들어 낸다.

그러므로 우리가 그리는 미용 비즈니스의 "큰 그림"은 단순히 외형적인 성공이나 단기적인 이익이 아니라, 사람과 사람 사이의 깊은 신뢰, 따뜻한 소통, 그리고 진정성 있는 관계를 바탕으로 한 장기적이고 지속 가능한 성장이다. 지금까지의 10년은 미용업계가 기술과 효율 중심의 경쟁에서 벗어나, 고객과 디자이너 간의 깊은 관계를 형성하는 데 주력해 온 시기였다. 앞으로의 10년은 단순히 최신 트렌드를 쫓는 것이 아니라, "내가 왜 이 일을 하고, 왜 이 고객과 마주해야 하는가"라는 근본적 물음에 답하며, 사람과 사람 사이의 따뜻한 소통과 존중이 핵심이 되는 시대가 될 것이다. 오직 사람의 마음을 움직이는 힘, 즉 사랑과 진정성이 모여야만 살롱은 변함없이 고객의 신뢰를 얻고, 그 신뢰는 곧 장기적인 성장과 성공으로 이어질 것이다. 이러한 본질경영의 길을 걸어가는 살롱만이 앞으로도 변치 않는 경쟁력을 유지하며, 소비자에게 지속적으로 사랑받는 브랜드로 자리잡을 수 있을 것이라고 나는 확신한다.

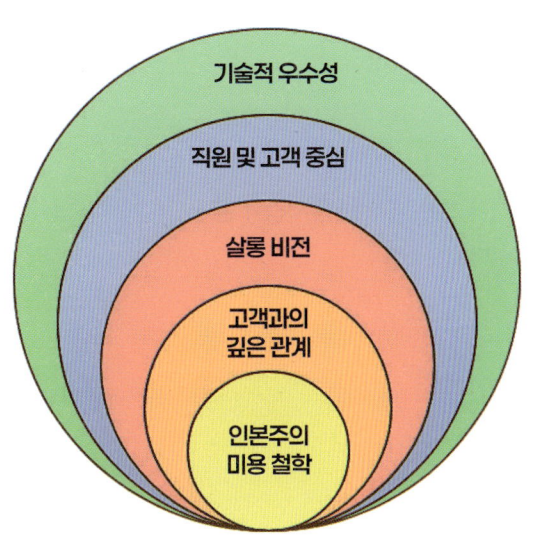

살롱 비전 및 고객 관계

Point! 미용 비즈니스의 "큰 그림" 그리기

1. 비전의 의미
- 비전은 단순한 목표 설정이 아니라, 살롱이 소중히 여기는 본질을 명확히 하고 모든 구성원이 공감하고 실천하도록 만드는 것이다.
- 고객은 단순한 매출 대상이 아니라, 함께 성장할 동행자로 인식해야 한다.

2. 미용 서비스의 본질
- 미용 서비스는 단순한 헤어 스타일링이 아니라, 고객이 자신을 더 사랑하고 긍정적인 변화를 경험할 수 있도록 돕는 과정이다.

3. 고객과의 관계
- 고객을 단순한 소비자가 아니라, 브랜드 철학과 가치를 공유하는 중요한 파트너로 대해야 한다.
- 고객과의 관계 형성이 비전 수립의 핵심 요소다.

4. 살롱 선택의 기준
- 고객은 단순히 가격이나 할인 이벤트를 보고 살롱을 선택하는 것이 아니라, "왜 이곳에 가야 하는가?"라는 질문에 대한 확신이 있어야 한다.
- 고객이 외면뿐만 아니라 내면까지 충전될 수 있는 곳이라 느낄 때, 충성도가 높아진다.

5. 차별화된 경험의 중요성
- 살롱의 차별화된 가치는 최신 설비나 인테리어가 아닌, 디자이너와 크루의 따뜻한 마음과 진정성에서 나온다.
- 고객이 "이곳에서 보낸 시간이 결코 낭비가 아니었다"라고 확신하는 순간, 지속적인 관계가 형성된다.

6. 비전의 구체화
- "어떤 살롱을 만들 것인가?"에 대한 명확한 방향성이 필요하다.
- 인기 살롱, 전문 기술 샵, 유대감을 형성하는 따뜻한 공간 등 다양한 목표 설정 가능.
- 고객뿐만 아니라 직원도 존중받는 환경이 되어야 한다.

7. 운영 전략과 비전 실현
- 직원 교육, 서비스 프로세스, 가격 정책 등 모든 의사 결정은 비전 실현의 수단이 되어야 한다.
- 고객과의 깊은 연결을 통해 신뢰를 구축하고, 살롱이 고객 삶의 일부가 될 수 있어야 한다.

8. 미용업계의 미래 방향성
- 단순한 기술 경쟁이 아니라, 고객에게 감동과 위로를 전하는 인본주의 미용 철학이 중요하다.
- 할인 행사보다 고객과의 신뢰와 유대감이 장기적인 성장과 성공을 가져온다.

9. 지속 가능한 성공을 위한 본질적 경쟁력
- 미래 미용업의 핵심 경쟁력은 "사람"이며, 진심이 담긴 서비스가 필수적이다.
- 인본주의 미용을 실천하는 살롱만이 고객의 신뢰를 얻고, 지속적으로 성장할 수 있다.

10. 비전이 살아 있는 살롱의 가치
- 비전 수립은 단순한 목표 나열이 아닌, "왜 이 일을 하고, 왜 고객과 마주해야 하는가?"에 대한 근본적인 고민을 기반으로 해야 한다.
- 고객의 신뢰와 애정이 살롱의 지속적인 성장 동력이 된다.
- 결국, 미용 비즈니스의 큰 그림은 단기적인 이익이 아닌, 신뢰·소통·진정성을 바탕으로 한 장기적이고 지속 가능한 성장이다.

3. 10배 성장 로드맵: 구체적 목표와 여정

10배 성장을 달성하려면 단순한 매출 상승이나 마케팅 이벤트가 아닌, 체계적 시스템과 사람 중심 문화가 함께 뒷받침되어야 한다. 각 단계에 필요한 전문적인 실행 가이드를 정리했다. 이 로드맵을 바탕으로 우리 살롱만의 성장 경로를 설계해보자.

1단계. 1인 경영자로서의 자각

- **조직 내 모든 구성원에게 '오너십(Ownership)' 부여**
  - 오너십 교육: 신입·인턴까지 포함해 "이 살롱은 내가 함께 만들어 가는 공간"이라는 의식을 심어주기 위해, 주기적인 'Ownership Workshop'을 진행한다. "내가 주도적으로 프로젝트를 기획하고 성과를 만들어 낸다"는 경험이 쌓이면, 구성원 개개인은 단순 직원이 아니라 공동 경영자처럼 행동하게 된다.

- **개인별 시그니처 프로모션 활성화**
  - 디자이너별 시그니처 스타일 혹은 관심 분야(예: 남성 헤어, 컬러 전문, 탈모 케어 등)를 정하고, 각자 목표 고객층에 특화된 프로모션을 기획하도록 권장한다. 이를 위해 매월 혹은 분기별로 "시그니처 프로모션 발표회"를 열어, 서로의 아이디어를 공유·피드백한다.

- **성과 측정과 피드백**
  - 1인 경영자적 사고는 측정 가능한 지표가 필수다. 예: "이번 달 내 신규 고객 유치 목표, 재방문율, 퍼스널 브랜딩 SNS 좋아요·댓글 수" 등. 해당 지표를 달성했을 때 어떤 보상이 주어지는지(인센티브, 워크숍 지원 등) 투명하게 공개한다.

2단계. 매장을 '자산화'하는 전략

- **데이터 수집 및 관리 시스템 고도화**
  - POS 시스템을 도입해 고객 방문 기록, 선호 시술, 사용 제품, 결제 금액 등을 분석 가능한 형태로 쌓는다.
  - 고객별 맞춤 CRM(Custmer Relatinship Management) 솔루션을 활용해, 시술 히스토리·상담 내용·특이사항 등을 DB화한다. 이를 통해 재방문 시 고객별 맞춤 제안이 가능해진다.

- **공유 매뉴얼·노하우 문서화**
  - 디자이너마다 다르게 쌓아 온 노하우를 문서·영상 등으로 표준화해 '살롱 운영 매뉴얼' 형태로 정리한다. (예: "펌 시술 시 모발 상태별 약제 배합 가이드", "시그니처 커트 테크닉 동영상 자료" 등.)
  - 이렇게 문서화·매뉴얼화된 자산은 신규 디자이너 교육 및 지점 확장 시 빠른 전수에 결정적 역할을 한다.

- 브랜드 아이덴티티(Identity) 자산화
  - 우리 살롱이 추구하는 핵심 가치(인본주의, 동행자, 사랑과 존중 등)를 시각·언어적으로 일관되게 표현하도록, 로고·톤앤매너·매장 인테리어·온라인 콘텐츠를 재정비한다.
  - 고객이 '여기는 딱 이 이미지를 떠올리게 만드는 곳'이라고 명확히 인지하도록 하는 것이 자산화의 핵심이다.

3단계. 팀 단위 목표 설정

- 팀별 KPI(Key Performance Indicator) 설계
  - 매출 외에도 재방문율, 신규 고객 유입 비율, 고객 1인당 객단가, SNS 바이럴 지표 등 다양한 KPI를 설정한다.
  - 팀장 혹은 파트리더가 정기적으로 KPI를 모니터링하고, 팀원과 함께 달성 현황을 리뷰한다.

- 역할 분담 및 콜라보 활성화
  - "A 디자이너가 펌 전문, B 디자이너가 컬러 전문, C 디자이너가 남성 헤어 전문" 등 팀원별 강점을 고려해 역할을 분담한다.
  - 한 명의 고객에게 다양한 시술이 필요한 경우, 여러 디자이너가 협업해 팀 매출과 상호 기술 공유를 동시에 높일 수 있는 구조를 만든다.

- 1주 1회 피드백 미팅
  - 모든 팀원이 모이는 짧은 미팅(15~30분)으로, "이번 주 고객 반응, 매출·재방문 등 KPI, 개선점"을 공유한다.
  - 미팅 후 TOD리스트를 작성해, 다음 주 미팅에서 점검한다. 이렇게 하면 팀 단위 목표를 지속적으로 개선·성장시킬 수 있다.

4단계. 투자 회수의 법칙 활용

- 교육·트레이닝 예산 배분
  - 연간 교육 예산을 미리 책정하여, 디자이너와 크루가 원하는 교육(내·외부 세미나, 해외 박람회 등)을 정기적으로 지원한다.
  - 참가 후에는 '교육 성과 발표회'를 열어, 다른 멤버들과 지식을 공유하도록 유도한다. 이는 투자의 가시적 회수를 가능하게 만드는 핵심 메커니즘이다.

- 성과 측정을 위한 '교육 전·후' 지표
  - 예) 교육 전 3개월과 교육 후 3개월 매출 변화, 고객 만족도(리뷰, 별점) 변화 등.
  - 이런 데이터를 통해 "교육 → 현장 적용 → 매출·만족도 상승"이라는 선순환 구조를 시각화한다.
  - 핵심 인재 육성 프로그램

- 잠재력 높은 디자이너나 크루를 선발해, 리더십·마케팅·서비스 교육을 집중 지원한다. 이를 통해 중장기적으로 팀장 혹은 지점장으로 성장시키는 것이 목표다.
- "인재가 성장하면 살롱 전체가 성장한다"는 인식을 전 직원과 공유한다.

5단계. 동행자 문화 정착

- 내부 커뮤니케이션 활성화
  - 사소한 현안부터 비전·가치 공유까지, 카카오톡 워크채널 또는 슬랙(Slack) 같은 협업 툴로 투명하게 소통한다.
  - "매주 1명씩 칭찬 릴레이하기" 같은 사소한 이벤트를 통해, 팀원들이 서로를 인정하고 응원하도록 한다.

- 실수와 실패를 학습 기회로 삼기
  - 구성원이 시술 사고나 고객 클레임을 겪었을 때, 혼내기보다는 원인 분석·재발 방지책을 함께 수립해 주는 식으로 접근한다.
  - 이러한 과정을 통해 구성원은 자신이 실수해도 살롱이 "성장 계기"로 삼아 준다는 안도감을 느낀다.

- 멘토-멘티 제도
  - 경력자와 신입(혹은 특정 분야 전문가와 배우려는 사람)이 멘토·멘티가 되어, 일정 기간 동안 기술·서비스 노하우를 전수받게 한다.
  - 이를 통해 후배는 빠르게 역량을 높이고, 선배는 가르치는 과정에서 자기 전문성을 더 정교하게 다듬는다.

6단계. 브랜딩 강화

- 브랜드 스토리텔링 확립
  - 살롱의 설립 계기, 핵심 가치(인본주의·사랑·동행), 조직 문화 등을 스토리로 정리해 SNS, 홈페이지, 카탈로그 등에 반영한다.
  - 고객이 "이 살롱은 어떤 철학으로 운영되는 곳"인지 쉽게 이해할 수 있어야 한다.

- SNS 운영 전략
  - 시술 전후 사진을 올리는 것은 기본. 여기에 '살롱 일상 스토리'나 '고객 후기 인터뷰', '디자이너의 TMI(일상·취미)' 등을 섞어 인간미를 보여준다.
  - 댓글·메시지에 친절·정확하게 대응해 팬덤을 형성한다.

- 오프라인 브랜딩
  - 인테리어, 디자이너 복장, 음악·조명 분위기가 브랜드 아이덴티티와 일치하도록 세심하게 설계한다.
  - 방문 고객에게 제공하는 음료, 잡지, 소품 등도 살롱 콘셉트와 맞춰 통일감을 준다.

7단계. 지속적 피드백과 리뉴얼

- **분기별 로드맵 점검 세션**
  - "분기별 로드맵 리뷰 회의"를 열어, 각 팀이 3개월간의 목표 달성도 및 문제점을 공유한다.
  - 목표 달성도가 높았다면 원인을 분석해 더욱 강화하고, 저조하다면 개선 액션을 구체적으로 도출한다.

- **현장 개선 아이디어 제안 제도**
  - 크루나 디자이너가 실무 과정에서 느낀 불편함, 고객 컴플레인 등의 개선 아이디어를 상시 제안할 수 있는 시스템을 운영한다(예: 건의함, 구글 폼 등).
  - 채택된 아이디어는 실제 매장 운영에 빠르게 반영하여 '우리가 서로 함께 만들고 있다'는 느낌을 심어 준다.

- **실적 리뉴얼과 보상**
  - 로드맵에 따라 새로운 시술 메뉴나 이벤트를 시도했다면, 그 결과(매출, 후기 등)를 한눈에 파악할 수 있는 대시보드를 구축한다.
  - 일정 수준 이상 성과가 나오면 팀 혹은 개인에게 보너스, 포상 휴가 등 즉각적인 보상을 제공한다.

8단계. 외부 자극의 적극 수용

- **이업종 벤치마킹**
  - 미용 업계 외에도, 호텔·레스토랑·카페 등 고객 서비스가 뛰어난 업종을 방문해 서비스 프로세스, 분위기 연출, 마케팅 기법 등을 연구한다.
  - 이를 토대로 "우리 살롱에 적용 가능한 요소가 무엇인지" 팀원들과 브레인스토밍해, 실험적으로 도입한다.

- **전문가 컨설팅·코칭**
  - 필요하다면 디지털 마케팅 전문가, 고객 서비스 전문 코치, 브랜딩 에이전시 등 외부 인력을 초청해 단기 프로젝트를 진행한다.
  - 구성원들이 프로젝트에 참여해 실무 역량을 직접 습득하고, 프로젝트 종료 후에도 내재화해 운영할 수 있도록 체계를 갖춘다.

- **글로벌 트렌드 파악**
  - 해외 뷰티 박람회, 트렌드 세미나 등에 참석해 세계적인 업계 흐름을 파악한다.
  - 해외 유명 살롱의 SNS, 유튜브 채널을 구독해 스타일·서비스·브랜딩 방법을 모니터링하고, 우리 살롱에 맞게 변용해 적용한다.

9단계. 리더십 계승 구조 마련

- **셀프 리더십 강화 프로그램**
  - 모든 구성원이 '나는 리더'라는 마인드를 키울 수 있도록, 토론형 교육과 실습 과제를 부여한다 (예: "나만의 세미나 기획하기", "한 달 동안 팀원 1명 멘토링" 등).
  - 이를 통해 개인의 문제 해결 능력과 책임감을 동시에 함양한다.

- **팀장·파트리더 양성 코스**
  - 경력 1년간 팀을 운영하면서 현장에서 리더십을 체득하게 한다.

- **수평적 조직을 지향하는 문화**
  - 팀장·오너만이 리더가 아니라, 후배나 어시스턴트도 자기 자리에서 창의적 제안을 할 수 있어야 한다. "밑에서 위로, 위에서 아래로" 쌍방향 피드백이 활발한 환경을 조성한다.

10단계. 확장 계획 수립

- **지점·아카데미·브랜드 등 확장 모델 설계**
  - 살롱의 주요 구성원들이 함께 워크숍을 열어, "2호점 오픈", "아카데미 설립", "온라인 컨설팅" 등 가능 시나리오별 장단점을 평가한다.
  - 가장 실현 가능하고 리스크가 낮은 방안부터 시뮬레이션해 착수한다면 실패 확률을 줄일 수 있다.

- **확장 시 '핵심 시스템' 복제**
  - "초기 지점 1곳에서 검증된 매뉴얼, CRM 데이터 관리, 교육 시스템 등"을 매뉴얼화해 다른 지점도 동일한 수준의 서비스를 제공하도록 한다.
  - 인테리어와 브랜딩 콘셉트 역시 어느 정도 통일해, 브랜드 일관성을 유지한다.

- **인재관리와 조직 운영 플랜**
  - 확장 이후, 각 지점마다 팀장·매니저가 동일한 인본주의 철학을 실천해야 한다.
  - 신규 지점이 오픈할 때마다 기존 멤버 중 베테랑 디자이너를 파견하거나, 아카데미 졸업생을 우선 채용하는 식으로 중심 잡힌 리더를 배치한다.

4. 디자이너 × 크루 × 오너가 공유해야 할 핵심 가치

디자이너, 크루, 오너가 함께 일하면서 지켜 나가야 할 가장 중요한 바탕은 "사람에 대한 믿음"과 "본질에 대한 집중"이다. 우리는 왜 이 업을 시작했고, 왜 계속하고 있는지에 대한 질문을 끊임없이 던질 필요가 있다. 미용의 근본은 사람의 아름다움과 행복을 함께 만들어 가는 데 있으며, 이를 망각하면 기술이 뛰어나도, 운영 시스템이 잘 짜여 있어도, 결국 사람을 잃게 된다. 고객에게 진정으로 사랑받으려면 단순히 능숙한 시술만으로는 부족하다. 크루가 아무리 성실하게 일해도 '시스템적 업무 처리' 수준에 그친다면 고객에게 진심이 전달되지 않는다. 오너가 숫자나 매출만 집착한다면, 구성원들은 언젠가 지쳐 떠나갈 수밖에 없다.

인간 중심 철학과 고객의 경험

인간 중심 철학은 이러한 상황에서 출발점이 된다. 디자이너가 기술 향상을 목표로 삼는 것은 당연하지만, 그 기술을 통해 '사람의 마음'을 어떻게 더 따뜻하게 보듬고, 어떻게 더 만족스럽게 만들지 고민하지 않으면 성장의 한계에 부딪힌다. 크루도 "내가 돕는 이 일이 고객의 체험을 어떻게 바꿀 수 있을까"를 고민해야 진정한 보람을 느낀다. 오너는 살롱 운영 전반을 인본주의적인 관점에서 설계해야 하며, 한 사람 한 사람이 존중받는 문화를 만듦으로써 팀 전체가 고객에게 집중할 수 있도록 이끌어야 한다.

사랑과 존중이 담긴 실천

그렇다고 해서 '사랑'과 '존중'이 그저 말로만 외치는 구호여서는 곤란하다. 시술 중 디자이너가 "괜찮으세요? 혹시 당기거나 아픈 곳은 없으신가요?"라고 묻는 작은 말투 하나가 고객에게 사랑을 전한다. 크루가 디자이너를 돕는 과정에서 단순 보조가 아닌 '파트너'라는 마음으로 세심한 부분까지 챙길 때, 서로 간의 존중이 실제 행동으로 나타난다. 오너가 새로운 규정이나 제도를 만들 때에도 사람들에게 일방적으로 지시하지 않고, "왜 이런 변화가 필요한지"를 먼저 설명해 주는 태도는 사랑과 존중을 기반으로 한 리더십이라고 할 수 있다. 살롱 안에서 이 같은 분위기가 자연스럽게 흘러갈 때, 고객도 그 따뜻함을 감지하고 편안하게 머무를 수 있다.

동행자 정신과 팀워크

혼자서만 빛나려 하기보다 모두가 함께 걸어가는 동행자 정신도 필수적이다. 특정 디자이너 혼자만 유명해져도, 크루가 그 디자이너를 뒷받침하기 어렵다면 살롱 전체의 시너지를 기대하기 어렵다. 팀이 하나의 목표를 향해 간다는 믿음이 있어야, 내가 조금 더 잘되는 것이 결국 팀 전체에도 이롭다는 사고방식으로 이어진다. 디자이너가 지식을 나누고, 크루가 협력하며, 오너가 이런 성장을 적극적으로 인정하고 보상하는 문화가 자리를 잡으면, 살롱 전체가 탄탄해진다. 이러한 동행자 정신이야말로 "나만 잘하면 된다"는 이기적 태도를 넘어서는 길이다.

성장 마인드셋과 지속적인 학습

멈추지 않고 배우려는 성장 마인드셋 또한 중요하다. 미용 트렌드는 빠르게 변하고, 고객의 기대치도 높아지고 있다. 디자이너가 특정 시술만 고집하거나, 크루가 정해진 업무만 반복하고, 오너가 예전 방식을 고수하기만 한다면 살롱은 쉽게 정체된다. 디자이너는 기술은 물론 고객 상담법, 서비스 표현력, 심지어는 심리학적 요소까지 두루 익혀야 한다. 크루는 서포트 업무에만 머물지 않고 매장 운영, 마케팅, 고객 관리 등 다양한 영역에 관심을 기울일 필요가 있다. 오너는 경영 전반에 대한 통찰뿐 아니라, 세무·노무 같은 실무 지식과 사람을 성장시키는 리더십도 갖춰야 한다. 모두가 각각의 자리에서 끊임없이 학습하고 서로 배움을 나누는 분위기가 조성되면, 살롱은 매일 조금씩 더 발전하는 '살아 있는 조직'이 될 수 있다.

공정성과 정의가 담긴 운영

여기에 더해 공정과 정의가 뒷받침되지 않으면, 아무리 사랑과 존중을 외쳐도 팀원 간 신뢰가 금방 깨진다. 열심히 일하는 디자이너가 제대로 된 평가를 받지 못하거나, 묵묵히 서포트해 온 크루가 공정한 대우에서 소외된다면, "우리는 서로 사랑하고 존중한다"는 말은 공허한 메아리가 되고 만다. 작은 실수를 단순 처벌로 끝내지 않고 재발 방지를 위한 배움의 기회로 활용하는 프로세스, 더 수고한 사람에게 당연히 칭찬이나 보상이 돌아가는 제도, 문제가 생겼을 때 분노보다 해결 방안에 집중하는 문화가 자리 잡으면, 사람들은 "이곳은 정말로 공정하구나"라고 믿게 된다. 이렇게 정착된 공정성과 정의는 살롱 운영의 든든한 기반이 된다.

본질경영과 고객 중심 사고

결국 우리는 장사를 하는 게 아니라, 사람의 인생에 기여하고 있다는 사실을 잊어서는 안 된다. 미용이란 고객의 머리 모양만 바꿔 주는 일이 아니라, 그들의 자존감과 삶의 만족도를 높이는 활동이다. 이 같은 본질경영의 관점에서는 매출이 아니라 '사람'이 의사결정의 최우선 기준이 된다. 고객도 "내가 원하는 삶의 이미지를 정말 이해해 주고, 그에 어울리는 스타일링을 제안해 주는지"를 본다. 내부적으로도 작은 결정 하나 내릴 때마다 "이 선택이 우리의 본질에 부합하는가?"를 자문하게 된다. 그런 과정을 통해 모든 구성원이 한 방향을 바라볼 수 있을 때, 살롱은 브랜드로서도 탄탄해지고 고객에게 지속적으로 신뢰를 줄 수 있다.

감정 관리와 긍정적인 태도

서비스 업종에서 긍정적인 태도와 감정 기복을 최소화하려는 노력은 필수다. 디자이너나 크루가 개인적으로 힘든 일이 있어도, 그 감정을 고객에게 지나치게 드러내면 고객이 오히려 불편함을 느낀다. 서로 격려하고 함께 극복하려는 팀 문화가 있으면, 어렵거나 지친 순간에도 차분하게 균형을 잡을 수 있다. 오너 역시 경영이 어려울 때 감정적으로 팀원들을 몰아붙이면 역효과만 난다. 되도록 현실을 투명하게 공유하고, 해결책을 함께 찾으면서 긍정적인 에너지를 잃지 않도록 조율하는 것이 리더가 해야 할 몫이다.

고객과 함께 성장하는 문화

이 모든 가치는 고객과 함께 호흡한다는 개념 안에서 실현된다. 고객은 단순히 돈을 내고 시술받는 존재가 아니라 "우리의 진정성과 기술을 체험하며 성장하는 파트너"라는 인식이 중요하다. 살롱 내부 문화만 잘 구축해 놓고, 막상 고객에게는 충분한 배려를 하지 않는다면 본질경영은 깨어지고 만다. 고객이 제기하는 불만이나 개선 요청, 혹은 새로운 트렌드에 대한 요구를 열린 마음으로 듣고, 필요하다면 전문적 조언을 제공해 조율해야 한다. 이런 과정에서 고객이 직원들을 칭찬하고 때로는 부족한 점을 지적해 주면, 내부 혁신으로 연결시켜야 한다. 결국 고객과의 '함께 성장'이 진정한 본질경영을 완성하는 핵심이다.

장기적 발전을 위한 재투자

장기적 발전을 위해서는 적절한 재투자가 필수다. 구성원을 교육하고, 조직 문화를 개선하고, 인테리어 환경을 업그레이드하는 데 쓰이는 자원은 단순 지출이 아니라 '사람을 위한 투자'라는 인식이 필요하다. 재정적으로 잠시 손해를 보더라도, 이 노력이 구성원의 만족도와 고객의 경험을 크게 높인다면, 결국 더 큰 이익으로 돌아온다. 다만 무작정 돈을 쓰는 것이 아니라, "우리 살롱의 정체성은 무엇이며, 지금 정말 필요한 투자 분야는 어디인가?"를 명확히 파악해야 한다. 그래야 구성원 모두가 그 가치를 공감하고, 결과적으로 시너지를 낼 수 있다.

꾸준한 실천이 만드는 강한 팀

무엇보다 중요한 것은 아무리 훌륭한 가치나 비전을 갖고 있어도, 꾸준히 실천하지 않으면 금세 사라진다는 사실이다. 매일매일 진정성을 담아 작은 것부터 하나씩 실천해 나갈 때, 살롱의 분위기와 브랜드 이미지는 점차 달라진다. 고객 대응이나 내부 소통, 재투자를 위한 의사결정, 구성원 개개인의 성장 모두가 일관된 마음가짐으로 이뤄질 때, 살롱은 어떠한 경쟁 상황에서도 흔들리지 않는 강한 팀이 된다. 처음에는 시행착오가 있더라도, "우리의 본질은 사람에 있다"는 확신 아래 함께 개선해 나가는 과정에서 모두가 성숙해진다.

결국 디자이너, 크루, 오너가 공유해야 할 핵심 가치는 인간 중심의 철학, 사랑과 존중의 태도, 함께 성장하는 동행자 정신, 멈추지 않는 학습 의지, 공정과 정의를 지향하는 운영, 사람을 우선시하는 본질경영, 긍정적 에너지와 성숙한 감정 관리, 고객과의 상호 협력, 필요한 곳에 기꺼이 재투자하는 용기, 그리고 이를 날마다 꾸준히 실천해 나가는 자세로 요약할 수 있다. 이 가치들을 일상에서 지켜 나갈 때, 살롱은 단순 생존을 넘어 압도적 성장과 고객의 사랑을 모두 얻을 수 있다. 그리고 구성원 개개인은 자기 일에 대한 자부심과 삶의 기쁨을 함께 누리게 된다. 이런 모습이야말로 새로운 미용 시대가 요구하는 '표준'이자, 모두가 지향해야 할 궁극적 방향이라고 믿는다.

살롱 운영의 핵심 가치 사이클

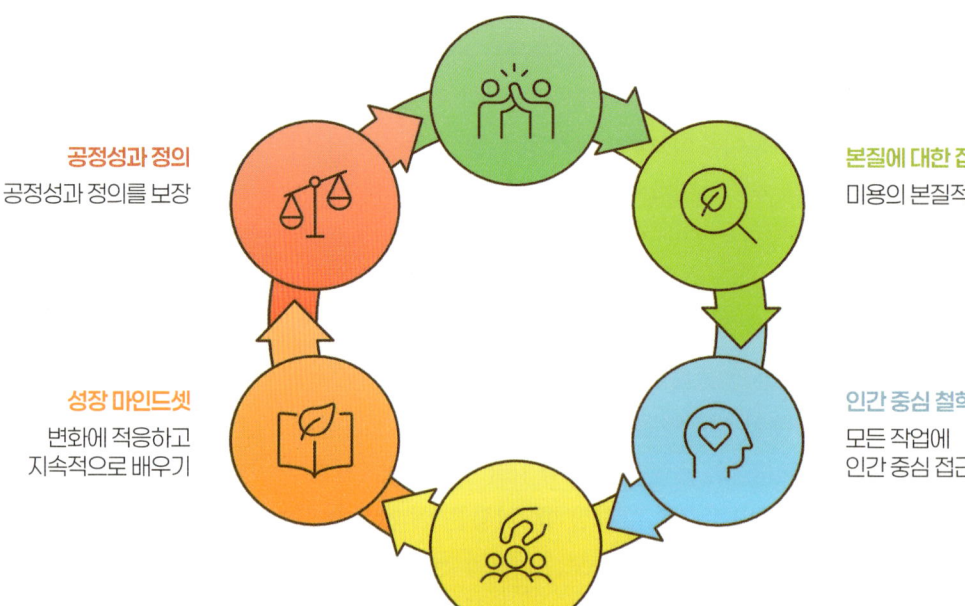

Point! 디자이너 × 크루 × 오너가 공유해야 할 핵심 가치

1. **사람에 대한 믿음과 본질에 대한 집중**
   * 미용의 근본은 사람의 아름다움과 행복을 함께 만들어 가는 것이다. 기술이 뛰어나도 본질을 잊으면 고객과 팀을 잃게 된다.

2. **인간 중심 철학과 고객 경험의 중요성**
   * 기술 향상뿐 아니라, 고객의 마음을 따뜻하게 보듬는 것이 중요하다. 크루와 오너도 고객 체험을 개선하는 역할을 해야 한다.

3. **사랑과 존중이 담긴 실천**
   * 작은 말투 하나, 크루와 디자이너 간의 협력, 오너의 공감 있는 리더십이 고객과 팀 전체의 분위기를 결정한다.

4. **동행자 정신과 팀워크**
   * 개인의 성공보다 팀 전체의 시너지를 만들어야 한다. 디자이너, 크루, 오너가 함께 성장하는 문화가 필요하다.

5. **멈추지 않는 성장 마인드셋**
   * 미용 트렌드는 계속 변화한다. 디자이너, 크루, 오너 모두 지속적인 학습과 성장이 필수다.

6. **공정성과 정의가 담긴 운영**
   * 열심히 일한 사람에게 정당한 평가와 보상이 주어져야 한다. 실수를 처벌하기보다 성장의 기회로 삼는 조직 문화가 중요하다.

7. **본질경영과 고객 중심 사고**
   * 미용은 단순한 시술이 아니라, 고객의 자존감과 삶의 만족도를 높이는 일이다. 사람 중심의 의사결정이 필요하다.

8. **감정 관리와 긍정적인 태도**
   * 서비스 업종에서는 감정 기복을 최소화하고, 팀원 간 격려와 협력을 통해 긍정적인 에너지를 유지해야 한다.

9. **고객과 함께 성장하는 문화**
   * 고객을 단순한 소비자가 아닌 파트너로 인식하고, 그들의 피드백과 요구를 열린 마음으로 수용하며 함께 발전해야 한다.

10. **장기적 발전을 위한 재투자**
    * 교육, 조직 문화 개선, 인테리어 환경 개선 등에 대한 투자는 단순한 비용이 아니라 '사람을 위한 투자'로 인식해야 한다.

11. **꾸준한 실천이 만드는 강한 팀**
    * 아무리 훌륭한 가치와 비전이 있어도 실천하지 않으면 의미가 없다. 작은 것부터 꾸준히 실천해 나가는 것이 중요하다.

5 초격차 전략 vs 느린 성장의 조화

현대 미용업계에서는 단기적인 매출 상승이나 일회성 이벤트에만 의존하는 것이 아니라, 체계적인 시스템과 사람 중심의 문화를 기반으로 경쟁 우위를 확보하는 전략이 필수적이다. 초격차 전략의 강점과 한계한편, 빠른 성장을 꿈꾸는 초격차 전략은 독창적인 기획력과 과감한 마케팅, 혁신적인 브랜딩을 통해 경쟁자를 단숨에 따돌리고 시장에서 두각을 나타내게 하는 강력한 무기이다. 이러한 전략을 통해 단기간에 브랜드 인지도를 극대화하고 고객층을 빠르게 확대할 수 있으며, 디자이너와 크루 모두에게 높은 동기를 부여해 짧은 시간 안에 눈에 띄는 성과를 창출할 수 있다. SNS와 다양한 디지털 플랫폼을 활용한 공격적인 캠페인은 실제 사례에서도 그 효과를 입증받아, 많은 살롱들이 이를 통해 매출 급증과 브랜드 각인을 경험하고 있다. 그러나 초격차 전략이 추구하는 빠른 성장의 이면에는 구성원들에게 극한의 퍼포먼스를 요구함으로써 감정적 소진과 조직 내부의 불균형을 초래할 위험이 존재한다. 지나치게 높은 목표와 단기적 성과에만 치중하다 보면 고객이 단순히 숫자에 불과한 존재로 전락할 뿐 아니라, 디자이너와 크루는 번아웃과 스트레스에 시달리게 되어 장기적인 지속 가능성을 위협할 수 있다.

느린 성장의 가치와 장점

반면, 느린 성장은 초격차 전략과 달리 단기간의 눈에 띄는 성과를 이루지는 못하지만, 기본에 충실하고 조직 내부의 내실을 다지는 데 큰 강점을 지닌다. 디자이너가 자신의 개성과 스타일을 천천히 찾아 성장해 나갈 때, 이는 시간이 흘러도 쉽게 무너지지 않는 견고한 자산이 된다. 크루 역시 오랜 기간 동안 경험을 쌓으며 점진적으로 역량을 키워 나가게 되면, 살롱 전체의 안정적인 운영에 기여하는 든든한 인적 자원이 될 수 있다. 또한, 조직 차원에서는 체계적인 시스템과 매뉴얼, 내부 교육 및 피드백을 통해 모든 구성원이 동일한 기준과 철학 아래에서 일할 수 있도록 한다면, 애정 어린 조직 문화가 자연스럽게 형성되어 고객과의 깊은 유대와 높은 재구매율, 충성 고객 확보로 이어진다. 이러한 느린 성장 기반은 다양한 위기 상황에도 흔들리지 않는 정신적 탄탄함과 안정성을 제공하여, 결국 장기적인 성공의 초석이 된다.

초격차 전략과 느린 성장의 조화

초격차 전략과 느린 성장은 서로 상반되는 접근 방식처럼 보일 수 있으나, 사실 이 둘은 서로 보완적인 관계에 있다. 단기적으로는 초격차 전략을 통해 빠른 성장을 이루어 브랜드 인지도를 높이고 고객층을 확보하되, 동시에 느린 성장 철학을 통해 조직 내부의 문화와 구성원들의 역량을 꾸준히 강화해야 한다. 이를 위해서는 우선 단기 목표와 장기 목표를 명확히 구분하여 설정하는 것이 중요하다. 예를 들어, 단기적인 캠페인이나 이벤트를 통해 매출과 고객 유입을 극대화하는 동시에, 내부 교육 프로그램과 지속적인 피드백 시스템을 마련해 디자이너와 크루가 안정적으로 성장할 수 있는 환경을 조성해야 한다. 이러한 균형 있는 접근은 초격차 전략의 화려한 성과와 느린 성장의 내실 있는 발전이 함께 어우러질 때, 살롱이 단기적 성공과 장기적 안정성을 동시에 확보할 수 있게 해준다.

사람 중심의 조직 문화 형성

무엇보다도 이 모든 전략의 근간은 '사람'에 대한 투자와 존중에서 출발한다. 초격차 전략을 추진하면서도 구성원들의 감정 소진이나 과도한 업무 부담이 발생하지 않도록 세심하게 관리하는 것이 필요하다. 단기적으로 성과를 내는 것이 긍정적인 면도 있지만, 그 후 직원 이탈이나 고객 만족도 하락으로 이어진다면 오히려 전체 조직의 위기를 초래할 수 있다. 느린 성장 철학은 이러한 문제를 예방하고, 구성원들이 자신들의 속도에 맞춰 안정적으로 발전해 나갈 수 있도록 돕는다. 따라서 초격차 전략과 느린 성장을 조화롭게 결합하기 위해서는 본질경영과 디테일 경영을 동시에 추구해야 하며, 모든 구성원의 성장 속도를 인정하고 각자에게 적합한 성장 기회를 제공하는 포용적인 조직 문화가 필수적이다.

리더십의 역할과 조직 관리

또한, 오너와 리더는 단기 성과와 장기 비전을 효과적으로 조율하며 팀을 이끌어야 한다. 초격차 전략이 효과적인 시기에는 팀원들이 높은 에너지로 몰입하도록 유도하고, 일정 목표 달성 후에는 충분한 휴식과 재충전의 기회를 마련해 조직 전체의 균형을 유지할 수 있도록 조정해야 한다. 팀 전체가 너무 안주하는 분위기라면, 새로운 이벤트나 프로젝트를 기획해 초격차 마인드를 다시 불러일으키는 것이 필요하다. 리더십의 유연성과 구성원 간의 상호 존중, 그리고 동료애를 바탕으로 한 협력은 살롱 전체의 성장과 안정성을 결정하는 핵심 요소이다.

미용 비즈니스의 미래 비전

결국, 초격차 전략과 느린 성장은 서로 대립하는 것이 아니라, 서로 보완하며 함께 작용할 때 단기적 성공과 장기적 내실을 동시에 확보할 수 있다. 빠른 성장을 통해 브랜드 인지도를 높이고 고객층을 확대하는 초격차 전략은, 느린 성장을 통한 조직 문화와 인적 자원의 내실 있는 발전과 균형을 이룰 때 더욱 빛을 발한다. 디자이너, 크루, 그리고 오너 모두가 사람 중심의 가치를 확고히 지키며 협력할 때, 살롱은 경쟁을 단순히 이기는 것을 넘어 독자적인 브랜드 가치를 창출하고 미래의 성장 동력을 마련할 수 있다.

우리 모두가 기억해야 할 것은, 고객과의 깊은 유대와 진정성 있는 관계가 결국 미용업계에서 경쟁 우위를 확보하는 가장 강력한 무기라는 사실이다. 기술적 성과나 단기적인 마케팅 전략은 시간이 지나면 쉽게 모방될 수 있지만, 사람의 마음을 움직이는 진정성과 공감 능력은 쉽게 따라올 수 없는 소중한 자산이다. 고객이 단순히 머리 모양의 변화에 그치지 않고, 살롱에서의 경험을 통해 내면의 위로와 행복을 찾게 될 때, 그 관계는 단순한 거래를 넘어 인생의 동행자로서의 가치를 지니게 된다. 그리고 그런 고객과 함께 성장하는 조직은 언제나 시장에서 독보적인 위치를 차지할 수 있을 것이다.

초격차 전략이 단기간에 폭발적인 성과를 창출하더라도, 그것이 결국 사람에 대한 투자와 조직 내부의 건강한 문화로 뒷받침되지 않는다면, 그 성과는 지속되기 어렵다. 반대로, 느린 성장을 통해 꾸준히 내실을 다지고 구성원들의 역량을 한 단계씩 끌어올리는 조직은 위기 상황에서도 흔들리지 않고 견고한 기반 위에 서 있을 수 있다. 두 가지 접근 방식을 조화롭게 결합하는 것은, 오늘날 변화무쌍한 미용업계에서 장기적인 성공과 안정성을 동시에 이루는 가장 현명한 전략이라고 할 수 있다.

따라서 살롱이 앞으로 나아가야 할 길은, 고객에게 단순히 기술적인 시술을 제공하는 것을 넘어서, 고객의 감정을 이해하고 따뜻한 배려를 실천하는 인본주의 미용을 중심에 두는 것이다. 고객이 우리 살롱에서 느끼는 감동과 위로, 그리고 진정한 만족감은 결국 디자이너와 크루가 보여 주는 인간적인 온기에서 비롯된다. 이러한 가치가 고객의 마음을 사로잡아 재방문과 충성도를 높이고, 장기적으로 살롱의 성장과 번영을 이끄는 원동력이 될 것이다.

결론적으로, 초격차 전략과 느린 성장은 서로 대립하는 개념이 아니라, 오히려 상호 보완적으로 작용하며 단기적 성과와 장기적 안정성을 동시에 실현할 수 있는 두 축이다. 빠른 성장을 통해 시장에서의 존재감을 각인시키고, 느린 성장을 통해 조직의 내실을 다지는 균형 잡힌 접근이야말로 미래 미용업계에서 지속 가능한 경쟁력을 확보하는 길이다. 디자이너와 크루, 그리고 오너 모두가 사람 중심의 가치를 실천하며 서로를 존중하고 배려하는 환경에서, 살롱은 단순한 시술 공간을 넘어 고객과 함께 성장하는 공동체로 발전할 것이다. 결국, 우리가 그리는 미용 비즈니스의 큰 그림은 고객과 직원 모두에게 진정한 만족과 행복을 선사하는 인본주의 미용의 철학을 바탕으로, 기술과 트렌드를 넘어 '사람'이라는 본질을 지키며 지속 가능한 성장을 이루는 것이다. 이러한 비전과 철학이 조직 전체에 깊이 스며들 때, 살롱은 단기적 성공에 그치지 않고, 오랜 시간 동안 사랑받고 신뢰받는 브랜드로 자리잡게 될 것이며, 그것이 바로 우리 모두가 함께 만들어 나가야 할 미래의 모습이다.

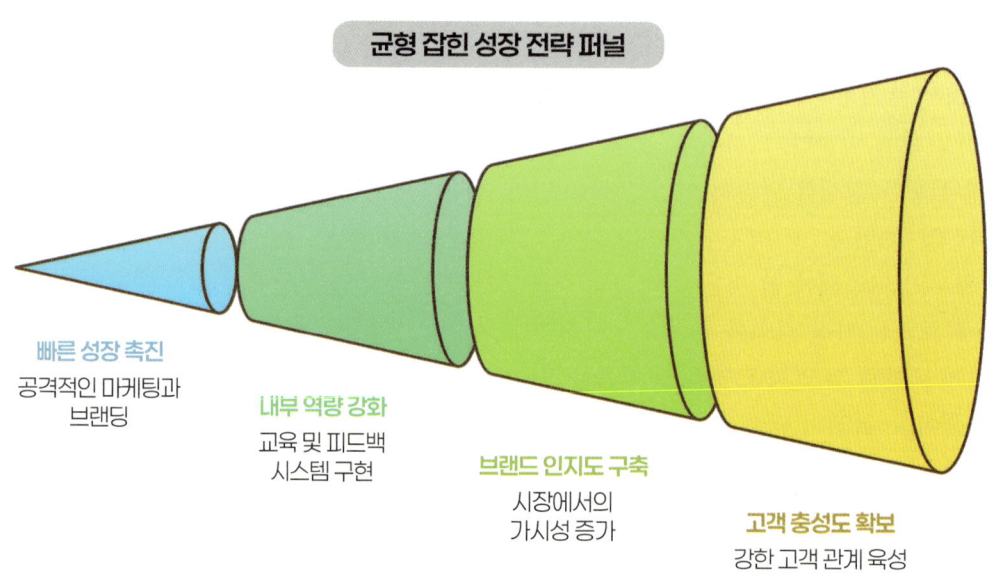

> **Point!** **초격차 전략 vs 느린 성장의 조화**

미용업계의 변화와 전략적 접근
* 단기 매출 상승이나 일회성 이벤트에 의존하지 않고, 체계적인 시스템과 사람 중심의 문화를 기반으로 경쟁 우위를 확보해야 함.

초격차 전략의 강점과 한계
* 빠른 성장과 브랜드 인지도 극대화를 목표로 하며, 공격적인 마케팅과 브랜딩이 핵심.
* 하지만 단기 성과 중심의 운영이 번아웃과 조직 내 불균형을 초래할 위험이 있음.

느린 성장의 가치와 장점
* 장기적으로 안정적인 조직 운영과 견고한 브랜드 자산을 형성하는 데 강점.
* 체계적인 교육과 피드백을 통해 인재 육성 및 고객과의 신뢰 형성이 가능.

초격차 전략과 느린 성장의 조화
* 단기적으로 빠른 성장을 이루면서도 장기적으로 조직의 내실을 다지는 균형 전략이 필요.
* 캠페인과 이벤트로 매출을 올리는 동시에, 지속적인 내부 성장 프로그램을 운영해야 함.

사람 중심의 조직 문화 형성
* 직원 번아웃과 감정 소진을 방지하는 조직 관리가 필수.
* 본질경영과 디테일 경영을 동시에 추구하여 구성원 개개인의 성장 속도를 인정하고 지원해야 함.

리더십의 역할과 조직 관리
* 단기 성과와 장기 비전을 조율하는 리더십이 중요.
* 목표 달성 후 충분한 휴식을 보장하고, 팀이 정체될 경우 새로운 프로젝트를 도입하는 유연성이 필요.

인본주의 미용과 지속 가능한 성장
* 고객과의 깊은 유대와 진정성 있는 관계가 경쟁력의 핵심.
* 기술적 성과보다 고객의 감동과 만족을 이끌어내는 것이 장기적인 성공을 보장.

미용 비즈니스의 미래 비전
* 초격차 전략과 느린 성장을 조화롭게 결합하는 것이 장기적인 성공과 안정성을 동시에 확보하는 길.
* 살롱이 단순한 시술 공간을 넘어 고객과 함께 성장하는 공동체로 발전해야 함.

6. 본질경영을 위해, 경영자가 먼저 바뀌어야 한다

본질경영이란 단순한 경영 전략이 아니라 "왜 이 일을 하고, 무엇을 위해 성장해야 하는가"라는 근본적인 질문에서 출발한다. 이 질문에 대한 답을 찾지 못하면 아무리 단기적인 매출 상승이나 비용 절감이 이루어지더라도, 그 성장은 결국 지속될 수 없다. 그리고 이 근본적인 변화의 시작점은 조직의 중심에 있는 경영자의 태도와 가치관에 있다. 오늘날 많은 헤어살롱과 기업들은 단기적인 이익을 위해 비용 절감과 매출 극대화에만 몰두하는 경우가 많았다. 그러나 그런 방식은 결국 구성원들이 소진되고, 고객의 신뢰마저 저하되는 결과를 낳으며, 지속 가능한 성장의 발목을 잡게 된다. 진정한 본질경영은 모든 비즈니스의 근간이 되는 '사람'에 집중해야 한다. 아무리 화려한 마케팅 전략이나 파격적인 프로모션을 실행한다고 해도, 고객을 응대하는 구성원과 그들을 이끄는 경영자의 마음가짐이 변하지 않는다면 성공은 오래 지속될 수 없다.

경영자의 태도가 조직의 문화를 결정한다

경영자가 "돈이 우선이다"라는 사고방식을 고수하면, 그 영향은 자연스레 디자이너와 크루에게도 전달되어 고객을 단순한 숫자나 매출 원으로 전락시킨다. 반대로 경영자가 사람을 바라보고 구성원의 성장을 적극 지원하며, 고객에게 진정한 가치를 제공하겠다는 철학을 몸소 실천할 때 살롱의 문화는 전혀 다른 방향으로 전환된다. 경영자의 변화는 먼저 내부 커뮤니케이션에서부터 시작된다. 구성원들이 단순한 업무 수행자가 아니라 고객에게 더 나은 경험을 제공하는 전문가로 인식할 수 있도록, 경영자는 자신의 말과 행동으로 그 가치를 보여줘야 한다. 팀원들이 매출 압박에 시달리며 고객을 단순한 숫자로만 바라보게 만드는 환경이 아니라, "어떻게 하면 고객이 이곳에서 특별한 경험을 하고 감동할 수 있을까"라는 고민이 공유되는 분위기를 만들어야 한다. 이는 단순히 매출 목표를 설정하는 데 그치지 않고, 우리가 이루고자 하는 비전과 그 과정을 통해 구성원들이 얻을 수 있는 의미를 지속적으로 전달하는 데 있다.

살롱 운영의 목적을 다시 정의해야 한다

본질경영을 실천하기 위해서는 살롱 운영의 목적을 다시 정의할 필요가 있다. 매출 증가 자체가 최종 목표가 아니라, 우리의 존재 이유가 무엇인지 명확히 인식해야 한다. 살롱은 단순히 고객에게 머리를 자르고 스타일을 만드는 공간이 아니라, 고객에게 심리적 안정과 진정한 만족을 제공하는 공간이어야 한다. 동시에 디자이너와 크루가 지속적으로 성장할 수 있는 터전으로 기능하며, 그들의 행복이 고객에게도 자연스럽게 전달되는 선순환 구조를 만들어야 한다. 경영자가 이러한 원칙을 굳건히 지킬 때, 살롱 내의 모든 의사 결정은 본질에 기반하게 되고, 결과적으로 장기적으로 신뢰받는 브랜드로 자리 잡을 수 있다.

구성원의 성장이 곧 살롱의 성장이다

　구성원의 성장은 본질경영의 중요한 축을 이루며, 경영자는 디자이너와 크루가 지속적으로 발전할 수 있도록 적극적인 투자를 아끼지 않아야 한다. 단순히 기술 교육을 제공하는 것에 그치지 않고, 인성, 심리, 고객 서비스, 리더십 등 다양한 영역에서 배움의 기회를 마련하는 것이 필수적이다. 단기적인 성과에 집착하기보다는 구성원들이 성장하는 과정을 통해 살롱 전체가 견고해질 수 있도록 지원해야 하며, 경영자가 교육과 배움에 아낌없이 투자할 때 팀원들 또한 자연스럽게 살롱의 비전과 가치를 공유하며 함께 성장할 수 있다.

고객을 바라보는 시각이 변해야 한다

　또한 고객을 바라보는 시각 역시 근본부터 바뀌어야 한다. 겉으로는 "고객 만족"을 강조하면서도 실제로는 할인 경쟁이나 매출 압박에 몰두하는 살롱은 결국 본질경영의 목표에 도달할 수 없다. 본질경영을 실천하는 살롱에서 고객은 단순한 소비자가 아니라, 우리의 철학과 비전을 공유하는 동행자로 인식된다. 고객과의 관계가 단순한 거래를 넘어 진정한 신뢰와 유대감을 형성할 때, 살롱은 장기적인 성장을 이룰 수 있으며, 경영자는 그러한 문화를 만들기 위해 고객을 단순한 매출원이 아니라, 살롱과 함께 성장하는 파트너로 바라보고 그들에게 진정한 가치를 제공해야 한다.

본질경영은 단기적인 성과보다 장기적인 신뢰를 구축하는 과정이다

　본질경영을 추구하는 과정에서는 단기적인 성과 저하가 불가피할 수도 있다. 할인과 이벤트를 통해 빠르게 매출을 올리는 방식이 아니라, 사람과 관계에 투자하는 과정은 시간이 필요하다. 그러나 장기적으로 볼 때 견고한 팀워크와 높은 고객 충성도를 갖춘 살롱은 어떤 환경 변화에도 흔들리지 않는 강한 조직으로 자리 잡는다. 이러한 경쟁력은 단순한 마케팅 전략이 아니라 "사람이 중심이 된다"는 본질적 가치에서 비롯되며, 이러한 문화를 만들게 되면 새로 합류하는 팀원들도 자연스럽게 그 정신을 배우게 되고, 고객 역시 "이곳은 진심으로 나의 아름다움과 행복을 고민해 준다"라는 신뢰를 갖게 된다.

경영자가 변화해야 본질경영이 가능하다

　결국 본질경영이 실현되려면 경영자가 먼저 변화해야 한다. 경영자는 매일 수치와 수익성을 꼼꼼히 확인해야 할 필요가 있지만, 그 중심에 '사람'이 없다면 본질경영은 결코 이루어질 수 없다. 반대로 인간적인 가치를 중심에 두고 성장을 고민하면 살롱은 돈보다 사람을 우선시하는 조직 문화로 발전할 수 있으며, 그렇게 만들어진 살롱은 단순한 가격 경쟁을 넘어서 충성 고객과 강력한 브랜드 아이덴티티, 그리고 구성원들이 보람을 느끼는 환경을 제공할 수 있다. 본질경영은 하루아침에 완성되는 것이 아니라, 경영자가 꾸준히 사람과 가치를 최우선에 두고 말뿐만 아니라 행동으로 그 뜻을 실천할 때 팀원들이 그 의미에 공감하고 함께 움직이게 된다. 숫자와 속도보다 중요한 것은 진정한 미용의 의미와 사람을 향한 따뜻한 마음이며, 이를 꾸준히 지켜나간다면 살롱은 흔들리지 않는 철학을 가진 강한 브랜드로 성장할 수 있다.

본질경영이야말로 지속 가능한 성공의 길이다

오늘날 본질경영이 어렵고 시간이 걸리는 길이라 하더라도, 그 길이야말로 가장 오래가고 멀리 나아갈 수 있는 진정한 성공의 길임을 잊어서는 안 된다. 경영자가 변화의 첫걸음을 내딛고, 사람을 위한 본질적인 가치를 최우선에 두는 문화를 형성할 때, 디자이너와 크루는 물론 고객들 역시 그 진심을 느끼게 되고, 그 결과로 살롱은 지속 가능한 성장과 함께 오랜 시간 동안 사랑받고 신뢰받는 브랜드로 자리매김할 것이다. 결국 우리가 본질경영을 통해 이루고자 하는 것은 단순한 숫자상의 성공이나 단기적인 매출 증가가 아니라, 고객과 직원 모두에게 진정한 만족과 행복을 선사하고, 서로가 함께 성장할 수 있는 따뜻한 공동체를 만드는 것이다. 이처럼 사람을 중심에 두고, 경영자가 먼저 본질을 깨닫고 그 가치를 몸소 실천하는 조직만이 앞으로 변화무쌍한 시장 속에서도 흔들리지 않고, 오랜 시간 동안 그 자리를 지켜나갈 수 있을 것이다.

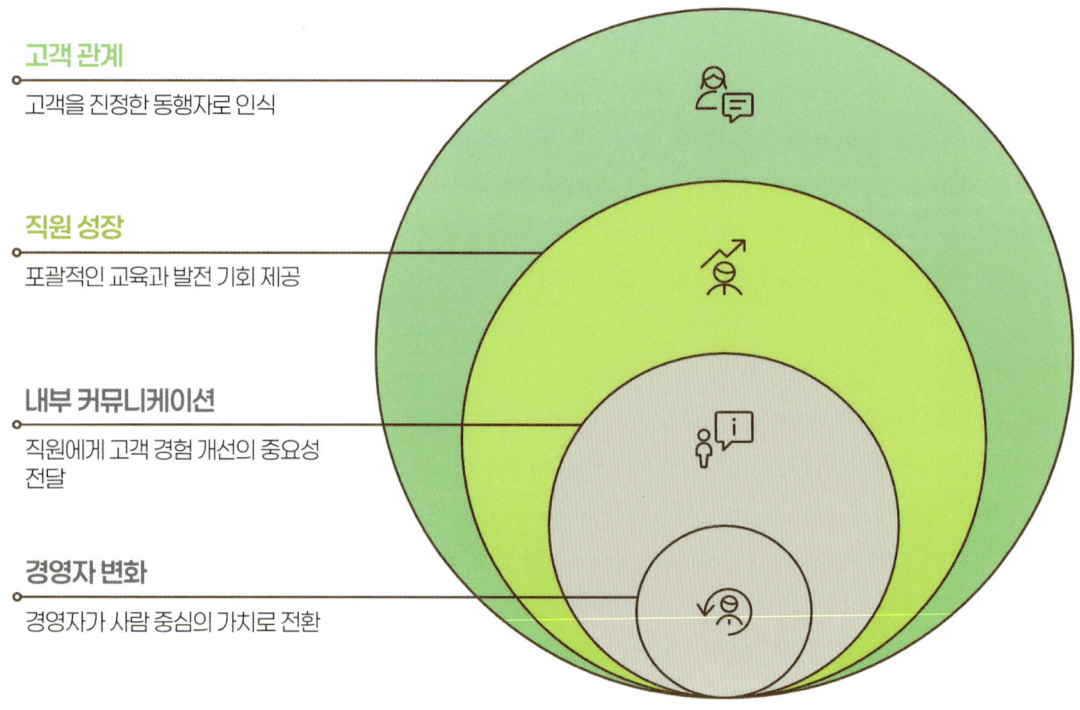

Point! 본질경영을 위해, 경영자가 먼저 바뀌어야 한다

본질경영이란?
- 경영의 핵심은 "왜 이 일을 하는가"에 대한 근본적인 질문에서 출발해야 하며, 단기적 이익이 아니라 지속 가능한 성장을 추구해야 한다.

경영자의 역할 변화
- 경영자가 사람 중심의 가치관을 실천해야 조직의 문화가 바뀐다. 구성원의 성장을 지원하고, 고객을 매출이 아닌 파트너로 인식해야 한다.

살롱 운영의 본질
- 살롱은 단순한 미용 공간이 아니라, 고객에게 만족과 심리적 안정을 제공하고, 구성원이 성장할 수 있는 터전이 되어야 한다.

장기적 신뢰 구축
- 단기적인 매출보다 충성 고객과 견고한 팀워크가 중요하며, 본질경영을 실천하면 어떤 환경 변화에도 흔들리지 않는 강한 조직이 된다.

지속 가능한 성공
- 경영자가 사람과 가치를 중심에 둘 때, 살롱은 장기적으로 사랑받고 신뢰받는 브랜드로 성장할 수 있다.

6장. 사람 중심의 생산성: "동행자"와 함께 일하기

1. "기술 판매"가 아니라 "디자인과 만족"을 판매

미용 산업에서 우리는 흔히 "헤어컷"이나 "펌", "염색"과 같은 기술적인 서비스를 판매한다고 생각하기 쉽다. 하지만 진정으로 고객이 원하는 것은 단순한 기술이 아니다. 고객은 "변화"를 원하고, 그 변화를 통해 만족을 느낀다. 우리는 결국 "기술"이 아니라 "디자인과 만족"을 판매하는 것이다. 이 차이를 인식하는 순간, 우리의 서비스 방식은 완전히 달라진다.

헤어 디자이너로서 가장 중요한 것은 단순한 기술이 아니라, 고객의 내면을 읽고 그것을 외적으로 표현하는 능력이다. 머리를 자르고 스타일을 바꾸는 것은 누구나 배울 수 있지만, 고객이 어떤 디자인을 원하는지, 어떤 스타일이 그 사람의 개성을 가장 잘 표현할 수 있는지를 이해하는 것은 경험과 감각이 필요한 부분이다. 결국, 고객은 "자신에게 맞는 디자인"을 원하며, 그것이 제공되었을 때 진정한 만족을 느낀다.

단순한 기술적 서비스로 접근하면, 가격 경쟁에서 벗어나기 어렵다. 그러나 "디자인과 만족"을 판매하는 접근 방식을 취하면, 가격이 아닌 가치로 승부할 수 있다. 고객은 단순히 저렴한 가격에 머리를 하는 것이 아니라, 자신의 정체성을 찾고 표현할 수 있는 기회를 얻고자 한다. 헤어살롱에서 제공하는 것은 단순한 헤어 스타일링이 아니라, "나를 더욱 돋보이게 하는 디자인"과 "그로 인해 얻어지는 만족감"이다.

디자인의 본질: 고객을 이해하는 것

디자인이란 단순히 미적인 요소를 의미하는 것이 아니다. 디자인은 고객의 라이프스타일, 성격, 가치관을 반영하는 총체적인 경험이다. 예를 들어, 바쁜 직장인은 손질이 쉬운 스타일을 원할 것이고, 예술적 감각이 강한 고객은 독창적인 개성을 표현할 수 있는 스타일을 원할 것이다. 이러한 고객의 특성과 니즈를 고려하지 않고 단순히 유행하는 스타일을 적용한다면, 그 고객은 만족하기 어려울 것이다.

헤어 디자이너는 단순한 기술자가 아니라, 고객의 라이프스타일을 읽고, 그에 맞는 스타일을 디자인하는 전문가다. 고객이 원하는 스타일을 말하지 못할 수도 있다. 하지만 디자이너가 세심한 상담을 통해 고객의 취향과 생활 패턴을 파악하고, 적절한 스타일을 제안하면 고객은 훨씬 더 만족할 수 있다. 여기서 중요한 것은 "고객을 이해하는 과정" 자체가 디자인의 핵심이라는 점이다.

헤어 디자인은 단순한 유행을 따라가는 것이 아니다. 고객 한 명 한 명이 가진 고유한 특성을 고려하고, 그들에게 맞는 디자인을 제공하는 것이 진정한 디자인이다. 유행을 반영하되, 고객이 자신의 개성을 더욱 잘 표현할 수 있도록 돕는 것이야말로 헤어 디자이너의 역할이다.

만족의 요소: 기술을 넘어선 경험

고객이 살롱을 방문할 때 기대하는 것은 단순히 머리를 자르는 것이 아니다. 고객의 만족은 상담 과정에서부터 시작된다. 헤어 디자인은 눈에 보이는 결과물이지만, 만족은 눈에 보이지 않는 서비스 전반에서 나온다. 상담할 때의 친절함, 고객의 이야기를 경청하는 태도, 스타일을 제안하는 방식, 시술 중의 편안함, 그리고 시술 후 관리법까지 모든 요소가 만족도를 결정짓는다.

단순히 결과물이 예쁜 것만으로는 고객이 다시 찾지 않는다. "기술"이 아니라 "경험"을 판다는 관점으로 접근해야 한다. 고객이 살롱을 찾는 이유는 단순히 머리를 하기 위해서가 아니다. 그들은 변화하고 싶고, 자신을 새롭게 표현하고 싶어 한다. 그리고 그 과정에서 좋은 경험을 하고 싶어 한다. 따라서 디자이너가 제공해야 하는 것은 단순한 기술이 아니라, "즐겁고 의미 있는 변화"다.

살롱에서 고객이 느끼는 감정이 중요하다. 고객이 시술을 받으면서 편안함과 만족감을 느끼고, 자신이 존중받는다고 생각하면 그들은 단골이 된다. 반대로, 아무리 뛰어난 기술을 갖추고 있어도 고객이 무시당하는 느낌을 받거나, 자신의 의견이 반영되지 않았다고 생각하면 다시 방문하지 않을 것이다. 결국, 만족을 좌우하는 것은 고객과의 소통과 배려다.

고객이 진정 원하는 것: 감각적 만족과 감성적 만족

고객이 원하는 만족은 크게 두 가지로 나눌 수 있다. 하나는 감각적인 만족이고, 다른 하나는 감성적인 만족이다.

■ 감각적 만족

- 헤어스타일이 잘 나왔는가?
- 컬러가 자연스러운가?
- 스타일이 어울리는가?
- 손질이 편리한가?

이런 요소들은 눈에 보이는 만족이다. 하지만 감각적인 만족만으로는 충분하지 않다. 고객이 오랫동안 단골로 남으려면 감성적인 만족도 충족해야 한다.

■ 감성적 만족

- 내가 원하는 스타일이 충분히 반영되었는가?
- 디자이너가 내 이야기를 경청해 주었는가?
- 시술 과정이 즐겁고 편안했는가?
- 이 살롱에서 다시 오고 싶은 경험을 했는가?

결국, 감성적인 만족이 충족될 때 고객은 진정한 만족을 느낀다. 단순히 예쁜 머리를 하는 것보다,

"나를 위한 디자인을 찾았다"는 감정을 느끼는 것이 중요하다. 고객이 스스로 "이 스타일은 나와 정말 잘 어울린다"라고 확신하는 순간, 우리는 진정한 만족을 제공한 것이다.

기술이 아닌 디자인을 판매할 때 생기는 변화

기술 중심의 서비스를 제공하는 살롱과, 디자인과 만족을 판매하는 살롱의 차이는 분명하다. 기술만 제공하면 가격 경쟁에서 자유로울 수 없지만, 디자인과 만족을 제공하면 가격이 아닌 가치로 차별화할 수 있다.

> 1. 고객과의 신뢰 형성고객이 "이곳은 나를 이해해주는 곳"이라는 느낌을 받으면 자연스럽게 단골이 된다. 단순한 기술자가 아니라, 나의 스타일을 함께 고민해주는 디자이너라는 인식을 심어주는 것이 중요하다.

> 2. 브랜드 가치 상승기술 중심의 살롱은 쉽게 대체될 수 있다. 그러나 디자인과 만족을 제공하는 살롱은 고객에게 특별한 의미를 가진다. 고객이 살롱을 찾는 이유가 단순한 시술이 아니라, 자신을 더욱 돋보이게 할 디자인과 경험을 얻기 위해서라면, 그 살롱은 브랜드 가치를 높일 수 있다.

> 3. 지속 가능한 성장을 이끌어낸다기술적인 경쟁은 계속해서 변한다. 하지만 디자인과 만족을 제공하는 살롱은 트렌드에 관계없이 지속적으로 성장할 수 있다. 고객이 찾는 것은 단순한 머리 손질이 아니라, "나를 더욱 멋지게 만들어줄 수 있는 곳"이기 때문이다.

디자인과 만족을 판매하는 디자이너가 되자

우리의 역할은 단순한 헤어 디자이너가 아니다. 고객의 가치를 창조하는 디자이너, 고객에게 만족을 제공하는 경험 설계자가 되어야 한다. 기술은 기본이고, 진짜 경쟁력은 고객을 이해하는 능력과 만족을 극대화하는 디자인 감각에 있다. 결국, 고객을 행복하게 만드는 것은 단순한 기술이 아니라, 그들이 원하는 변화를 읽어내고 그것을 현실로 만들어주는 능력이다.

Point! "기술 판매"가 아니라 "디자인과 만족"을 판매

우리는 기술이 아닌 "디자인과 만족"을 판매한다
* 고객은 단순한 시술이 아닌 자기만의 변화와 만족을 원한다.
* 헤어 디자이너는 단순 기술자가 아니라, 고객의 내면을 외적으로 표현하는 디자이너다.

디자인의 본질은 고객 이해에 있다
* 디자인은 단지 예쁜 스타일이 아닌, 고객의 라이프스타일, 성격, 가치관을 반영하는 것.
* 유행을 따르기보다 고객 개성에 맞는 스타일 제안이 중요하다.

진짜 만족은 기술을 넘는 '경험'에서 나온다
* 고객의 만족은 스타일뿐 아니라 상담, 공감, 편안함, 소통에서 비롯된다.
* "기술"이 아닌, 즐겁고 의미 있는 변화의 경험을 제공해야 한다.

고객이 원하는 것은 감각적 + 감성적 만족
* 감각적 만족: 예쁜 스타일, 자연스러운 컬러, 손질 편의성
* 감성적 만족: 나를 이해받았다는 느낌, 상담의 진정성, 다시 오고 싶은 경험

디자인 중심의 살롱이 만드는 변화
* 1. 고객과의 신뢰 형성- 함께 스타일을 고민하는 파트너로 인식
* 2. 브랜드 가치 상승- 단순한 시술 공간이 아닌 의미 있는 공간이 됨
* 3. 지속 가능한 성장- 트렌드에 휘둘리지 않고 꾸준한 고객 유지 가능

디자이너의 진정한 역할
* 기술은 기본, 고객을 이해하고 만족을 창조하는 감각과 통찰력이 경쟁력
* 고객을 행복하게 만드는 것은 그들이 원하는 변화를 읽고 현실화하는 능력

2 공정 × 정의 × 투명성: MZ세대가 원하는 일터

공정, 정의, 투명성이라는 세 가지 가치는 더 이상 단순히 도덕성이나 이미지를 위해 내세울 수 있는 선택적 요소가 아니다. 현대 사회에서 실제로 일하는 사람들이 "정말로" 원하는 핵심 조건이 되었다. 특히 'MZ세대'라 불리는 젊은 층의 경우, 예전 세대와 달리 자신이 몸담고 일하는 환경이 얼마나 정직하고 투명하며, 누구에게나 평등한 기회를 보장하는지 더욱 엄격하게 살핀다. 과거처럼 상급자가 일방적으로 지시하는 수직적이고 억압적인 분위기를 수용하기보다, 정의롭고 투명하게 운영되는 회사에 몸담고 싶어 한다.

MZ세대는 '정직하고 건강한 조직'을 원한다

예전에는 임금과 복지 같은 경제적 혜택이 회사 선택의 거의 전부를 차지했지만, 오늘날에는 직원들을 어떻게 대우하고, 구성원 간에 공평한 기회를 주며, 신뢰로 소통하는지를 좀 더 세심하게 본다. 이런 변화는 단지 청년층의 일시적 성향이 아닌, 시대 전체가 요구하는 '기본'이 되었다. 소비자 또한 기업이나 조직의 운영 방식, 구성원이 얼마나 행복한 환경에서 일하는지 관심을 두고, 노동 환경이나 조직 문화가 투명하고 건강하게 운영되는 곳을 신뢰하게 되었다. 그 결과, 공정·정의·투명성을 확보한 살롱의 직원들은 높은 자부심과 책임감을 갖고 일을 하게 된다.

살롱 성공의 기준이 바뀌고 있다

헤어살롱 역시 예외가 아니다. 예전에는 기술력과 매출, 혹은 오너나 특정 디자이너의 '스타성'이 살롱의 성공을 대표한다고 여겼다. 그러나 지금은 내부 문화를 어떻게 형성하고, 구성원 관계를 어떻게 유지하느냐가 성패를 가르게 된다. 내부 갈등으로 직원들이 즐겁게 일하지 못하거나 소모감만 커지면, 겉보기에는 화려한 살롱일지라도 일정 시점 이후 성장이 한계에 부딪힌다. 반면 상호 신뢰를 기반으로 한 문화 속에서 디자이너와 크루가 자유롭게 역량을 발휘하고, 실수마저 투명하게 소통하며 재발 방지책을 찾는 과정을 갖춘 곳은 점점 더 많은 관심과 지지를 얻고, 매출 역시 선순환 형태로 상승한다.

공정이란 무엇인가: 균형 잡힌 기회와 보상

공정이란 살롱 구성원 간에 이뤄지는 모든 배분과 대우가 불공평하지 않아야 한다는 뜻이다. 급여나 수익 분배는 물론, 기회나 역할 배분, 칭찬과 인정의 범위까지도 균형 잡혀야 한다. "누가 더 많이 벌어 오느냐"라는 잣대만으로 의사결정을 계속하면, 그렇지 못한 이들은 소외감을 느끼고 "나는 희생만 강요받는다"는 생각에 빠지기 쉽다. 누구도 "내가 정당한 보상을 받고 있다"는 확신이 없으면 오래 성실하게 일하기 어렵다. 따라서 업무 배분, 고객 배정, 교육 기회, 그리고 업무 성과 평가에서도 투명하고 합리적인 기준이 있음을 보여 주어야 한다. 이것은 조직 내 장기적 동기를 만들어 내는 핵심 요소다.

정의로운 조직: 문제를 함께 해결하는 태도

정의는 문제가 생겼을 때 특정 개인을 몰아붙이기보다, 일어난 원인을 객관적으로 파악하고 합리적 절차로 해결책을 찾아가는 태도를 말한다. 예를 들어, 어느 크루가 예약을 잘못 잡았다고 해서 그 사람만 질책하고 끝내는 게 아니라, "왜 그런 오류가 생겼는지, 시스템적으로 어떤 허점이 있었는지"를 함께 고민해 매뉴얼을 보완한다면, 그것이 정의에 부합하는 행동이다. 이렇게 공동으로 원인을 분석하고 방법을 개선해 나가는 문화 속에서는, 직원들이 "내가 실수해도 조직이 함께 도와주고 성장의 계기로 삼아 준다"는 믿음을 갖게 된다. 그 결과, 구성원들이 더욱 적극적으로 업무에 임하고, 새로운 시도나 혁신에도 자신감을 보이게 된다.

투명성의 힘: 모두가 참여하는 살롱 운영

투명성은 조직 내 모든 절차와 정보, 그리고 의사결정이 불투명한 권력관계나 이면에서 이뤄지는 것이 아니라, 공개적이고 개방적인 형태로 이루어지는 것이다. 커뮤니케이션 구조가 폐쇄적이거나 수직적이면, 직원들은 "왜 일정이 바뀌었지?" "누가, 무엇 때문에 목표를 바꿨지?" 등 의문을 갖게 되지만 답을 얻지 못해 소외감을 느끼며 무기력해진다. 반면 매출이나 목표 설정, 예산 운용 같은 정보를 투명하게 안내하고, 구성원들이 자유롭게 의견을 제시할 수 있다면, 모든 사람이 살롱 경영에 참여하는 파트너라는 의식을 얻게 된다. 특히 헤어살롱처럼 사람 중심으로 돌아가는 비즈니스에서는, 매출 구조나 재료비 절감의 중요성, 시술별 수익성과 리스크를 구성원 모두가 함께 이해해야 "왜 이렇게 일해야 하는지" 납득할 수 있다. 이렇게 투명성을 높이면 디자이너와 크루가 오너 입장에서 고민하게 되고, 책임감과 몰입도가 높아진다.

MZ세대는 왜 투명한 조직을 선호하는가

이러한 공정·정의·투명성을 추구하는 이유가 단지 젊은 세대의 '트렌드' 때문만은 아니다. 소위 MZ세대라고 불리는 젊은 층은, 본인들이 회사에서 어떻게 대우받고, 업무가 어떤 과정과 기준으로 배분되는지를 자세히 알고 싶어 한다. 만약 이에 대한 설명이 부족하고 납득 가능한 근거도 없다면, 쉽게 이직을 선택해 버리곤 한다. 반대로 조직이 투명한 소통으로 공정과 정의를 실천한다면, 이들은 그 어느 세대보다 책임감 있고 열정적으로 자신의 역량을 발휘한다. 헤어살롱 안에서 디자이너와 크루가 대등하고 개성 있는 전문가로 존중받으며, 상호 간 동료애와 협력이 활발한 모습은 고객들에게도 그대로 전달된다. 그리고 이는 살롱 평판과 매출 성장을 견인하는 동력이 된다.

공정·정의·투명성은 실질적인 경영 전략이다

결국 공정·정의·투명성은 단순한 도덕적 구호가 아니라, 지속 가능한 성장을 달성하기 위한 실질적인 경영 전략이라 할 수 있다. 이런 문화가 제대로 자리 잡은 곳에서는, 트렌드 변화가 빠른 미용 업계에서도 구성원의 이탈을 최소화하고, 혁신적인 아이디어나 실행력을 발휘할 수 있는 체계를 만들어 낸다. 구성원들 또한 적극적으로 전문성을 키워 나가며 고객 만족도를 높이게 되고, 그 결과 매출과 조직 안정성이 동시에 향상된다. 반대로, 이 세 가지 가치가 부족한 살롱은 아무리 마케팅과 외형이 좋아 보이더라도 내부에서 갈등과 불만이 쌓여 쉽게 흔들리고, 결국 성장 동력을 잃기 쉽다. 몇 주 만에 바뀌는 것은 어렵겠지만, 사소한 부분에서부터 원칙을 지키고 투명한 소통에 힘쓰다 보면, 구성원들이 "이곳은 믿을 수 있는 곳"이라는 신뢰를 점차 쌓게 된다. 그렇게 만들어진 신뢰는 생각보다 강력한 자산이 되어 더 많은 인재가 모이고, 오랫동안 안정적 기반을 다지는 살롱으로 발전한다.

공정·정의·투명성은 헤어살롱의 선택 사항이 아닌 필수이며, MZ세대뿐 아니라 다양한 세대가 원하는 일터를 만드는 중요한 축이다. 이 가치가 제대로 구현되는 곳이라면, 디자이너와 크루는 자신의 아이디어와 역량을 마음껏 펼치고, 실수가 생겨도 함께 해결하며 학습하는 문화가 정착된다. 고객에게는 그 에너지가 긍정적으로 전달되어 장기적인 팬층이 형성되고, 결국 이는 살롱 경쟁력을 한층 더 공고히 한다. 말뿐인 슬로건이 아니라 실제 생활 속의 원칙으로 살롱 전반에 녹여 낼 수 있어야 하며, 모든 경영 의사결정에 이 가치를 반영해야 한다. 사람이 중심이 되는 미용 비즈니스에서 구성원을 붙잡고 살롱을 오래 성공적으로 운영하고자 한다면, 공정·정의·투명성을 놓칠 수 없다. 이런 문화를 가진 살롱은 급변하는 시장에서도 흔들림 없이 성장하며, 디자이너·크루·오너 모두에게 "함께 일하기 좋은 곳"이라는 인식을 심어 준다. 그리고 그 인식이 결국 고객에게도 전달되어, 더 탄탄하고 신뢰 받는 브랜드로 거듭나게 된다.

성과 평가 체크리스트

성과 평가 시 다음 항목을 체크하여 공정하고 객관적인 평가가 이루어질 수 있도록 합니다.

항목	내용
☑ 목표 달성 여부	리뷰, 인스타그램, 블로그 목표 달성 수치
☑ 고객 만족도 및 피드백	자체 설문 만족도 조사를 통한 고객 만족도 조사
☑ 직무 태도와 협력적 태도	직원 평가를 통한 우수 사원 평가
☑ 자기 계발 및 성장 노력	분기별, 월별 교육 참여도와 자체 교육 평가
☑ 조직 기여도와 팀워크	매장 운영 관리 직급에 따른 기여도 평가

→ 이러한 체크리스트를 기반으로 정기적인 성과 평가를 통해 사람 중심의 생산성을 지속적으로 강화할 수 있습니다.

> **Point!** 공정 × 정의 × 투명성: MZ세대가 원하는 일터

MZ세대가 일터에서 가장 중시하는 가치: 공정, 정의, 투명성
- 더 이상 이미지나 슬로건이 아닌 일하는 사람들의 실제 요구조건
- 임금·복지보다 조직의 운영방식과 내부 문화를 더 중시
- 회사 선택 기준이 "얼마나 나를 정당하게 대우하는가"로 바뀌고 있음

살롱 성공의 새로운 기준은 내부문화
- 과거엔 기술력·스타 디자이너가 성공의 핵심
- 지금은 팀워크, 신뢰, 소통, 동료 간 존중이 지속 가능성 좌우
- 건강한 내부 문화가 매출 선순환 구조를 만든다

공정: 역할과 보상, 기회의 균형
- 수익·업무·교육 기회 등에서 불공정하면 갈등 유발
- 정당한 기준과 배분이 있어야 장기적 동기 유지 가능

정의: 실수를 함께 해결하는 문화
- 개인 질책보다 원인 분석과 시스템 개선에 집중
- 구성원이 심리적 안정감과 책임감을 가질 수 있도록 지원

투명성: 열린 정보와 소통 구조
- 일정·목표·매출 등 운영 정보는 공개적으로 공유
- 모두가 경영에 참여하는 파트너 의식 형성
- 디자이너와 크루가 오너 관점에서 고민하게 됨

공정·정의·투명성은 '선택' 아닌 '필수'
- 이 가치가 자리 잡힌 살롱은 이직률이 낮고 성장 가능성 높음
- 신뢰와 협력의 문화는 직원 만족 → 고객 만족 → 브랜드 신뢰로 연결
- 말뿐 아닌 실제 운영 원칙으로 녹여내야 지속 가능한 경영 가능

3. 1인 경영법: 디자이너 한 사람 한 사람이 기업 대표

살롱을 운영하는 과정에서 흔히 오너가 모든 것을 통제하고, 디자이너나 크루는 그 시스템에 맞춰 일해야 한다고 생각하곤 했다. 그러나 이제는 전통적인 구조에서 벗어나, 디자이너 한 사람 한 사람이 독립적인 경영체라는 마인드로 일하는 '1인 경영법' 개념이 더욱 중요해지고 있다. 이는 디자이너가 단순히 시술을 수행하는 기술자가 아니라, 하나의 브랜드이자 경영자로서 자신만의 비전과 전략, 고객층을 구축해 나가는 방식이다. 살롱은 투자자이자 파트너로서 디자이너의 성장을 돕는 조력자 역할을 하게 된다. 이는 MZ세대가 중시하는 자율성과 성장 욕구를 만족시키는 동시에, 살롱 전체의 시너지를 높이는 효과를 가져온다.

디자이너는 이제 단순 기술자가 아닌 브랜드 오너

디자이너가 기업 대표처럼 일한다는 것은 살롱 내부의 역할 구조가 기존과 달라진다는 뜻이다. 과거에는 오너가 모든 운영과 마케팅을 주도하며, 디자이너는 주어진 고객을 시술하는 역할에 머물렀다. 하지만 이제는 디자이너들이 자신만의 브랜딩과 마케팅을 펼치고, 자신의 강점을 바탕으로 시그니처 스타일을 구축하며, 고객 경험을 설계하는 것이 중요해졌다. 오너는 디자이너들이 독립적인 경영자로 성장하도록 지원하는 역할을 맡으며, 이 과정에서 살롱과 디자이너는 파트너십을 형성하게 된다.

개별 브랜딩과 고객층 구축이 핵심

살롱 내에서 디자이너들은 단순히 정해진 메뉴와 가격 체계를 따르는 것이 아니라, 자신이 특화하고 싶은 분야를 정하고 고객층을 구축하는 방식으로 운영해야 한다. 예를 들어, 레이어드펌이나 감각적인 염색에 강한 디자이너는 해당 분야를 전문적으로 발전시키고, 이를 기반으로 SNS 홍보나 고객 이벤트를 기획할 수 있다. 남성 스타일링이나 강렬한 숏컷에 특화된 디자이너라면, 관련된 프로모션을 직접 운영하며 본인의 브랜드를 만들어 나갈 수 있다. 살롱은 이러한 개별적 브랜딩을 지원하되, 최종 결정과 실행은 디자이너가 책임지는 방식으로 운영된다. 이렇게 하면 디자이너들은 단순히 살롱의 일부가 아니라, 개별적인 브랜드 오너로서 자율성과 창의성을 최대한 발휘할 수 있다.

공정한 지원과 투명한 기준이 제도화되어야

1인 경영법이 정착되려면 공정한 지원과 투명한 기준이 필수적이다. 예를 들어, 살롱 내에서 매출을 일정 수준 이상 달성하면 프로모션 운영 권한을 넓히거나, 고객 반응이 높은 시술을 수행하는 디자이너에게 추가적인 인센티브를 제공하는 식의 규칙이 미리 공지되어야 한다. 또한 신입 디자이너라도 좋은 아이디어가 있으면 적극적으로 실행할 기회를 부여하고, 성과가 나타나면 공정한 보상을 받을 수 있어야 한다. 오너는 디자이너들에게 경영적인 조언과 지원을 제공하면서도, 최종적인 의사결정은 디자이너들이 직접 내리도록 유도해야 한다.

자율성과 책임은 함께 간다

디자이너가 기업 대표처럼 일한다는 것은, 그만큼 책임감도 함께 부여된다는 의미다. 프로모션이나 마케팅을 기획했는데 고객 반응이 저조하거나 매출이 기대만큼 오르지 않았다면, 원인을 분석하고 개선책을 찾아야 하는 주체는 디자이너 자신이어야 한다. 단순히 오너나 살롱 시스템을 탓하기보다는, 본인이 세운 전략이 효과적이었는지 점검하고, 부족한 부분을 보완하며 성장하는 과정이 필요하다. 오너는 이러한 과정에서 디자이너에게 객관적인 피드백을 제공하고, 실패를 학습 기회로 활용하도록 돕는 역할을 해야 한다. 이를 통해 디자이너들은 살롱 안에서 자신의 브랜드를 구축하고 운영하는 경영자로서의 태도를 갖게 된다.

개별성과 협업의 균형이 중요하다

1인 경영법이 효과적으로 작동하기 위해서는 조직 내 협업과 소통이 필수적이다. 디자이너 개개인이 독립적으로 일하더라도, 살롱은 하나의 브랜드이자 팀으로 운영되므로, 구성원 간 협력과 공동 운영 원칙이 필요하다. 예를 들어, 고객 예약 시스템이 중복되지 않도록 철저히 관리하고, 재료비 및 매출 처리 방식이 투명하게 공유되어야 한다. 살롱은 디자이너들이 각자의 브랜드를 운영하면서도, 공동의 목표와 협업 문화를 유지할 수 있도록 가이드라인을 제시해야 한다.

성과 관리의 투명성과 공정성이 조직 문화를 만든다

1인 경영법은 성과 관리에서도 공정성과 투명성을 중요하게 여긴다. 살롱 내에서 급여, 인센티브, 고객 유치 성과 등이 명확한 기준에 따라 배분되지 않으면, 디자이너들은 자신이 공정한 대우를 받지 못한다고 느끼게 된다. 반대로 투명하고 합리적인 성과 평가가 이루어진다면, 성과가 좋은 디자이너는 정당한 보상을 받고, 아직 성장 중인 디자이너는 추가적인 교육과 지원을 받을 수 있는 환경이 조성된다. 이는 경쟁보다는 상호 협력의 문화를 형성하고, 살롱 전체의 생산성을 높이는 효과를 가져온다.

장기 근속과 개인 브랜딩을 동시에 잡는다

1인 경영법의 가장 큰 장점 중 하나는 구성원들의 장기 근속률을 높이는 데 있다. 전통적인 살롱 운영 방식에서는 특정 오너나 스타 디자이너에게 성과가 집중되고, 다른 직원들은 기회가 부족하다고 느껴 쉽게 이직을 선택하는 경우가 많았다. 하지만 1인 경영법이 정착된 살롱에서는 디자이너가 자신의 고객층을 구축하고, 살롱의 성장과 함께 개인적인 브랜드도 키울 수 있어, 오랫동안 머무를 이유가 생긴다. 특히 "내가 노력한 만큼 인정받고, 살롱이 나의 성장을 지지한다"는 확신이 있어야 구성원들이 지속적으로 동기부여를 받을 수 있다.

조직 비전과 개인 목표의 조율이 필요하다

1인 경영법을 도입할 때 유의할 점은 디자이너들이 개별적인 성장을 추구하는 과정에서 조직 내 협업과 조율이 필요하다는 점이다. 디자이너가 개별적으로 시술과 고객 관리를 진행하면서 살롱 전체의 마케팅이나 운영 전략과 조화를 이루지 못하면, 내부적인 불균형이 생길 수 있다. 이를 방지하기 위해 오너는 디자이너 개개인의 목표와 살롱의 비전을 연결하는 역할을 수행해야 하며, 협력과 조율을 위한 소통 구조를 마련해야 한다.

디자이너가 경영 마인드를 갖는 살롱이 지속 성장한다

결국, 1인 경영법을 실현하는 살롱은 단순한 운영 방식이 아니라, 디자이너 한 사람 한 사람이 경영자로서 책임감을 갖고 일하는 환경을 조성하는 것이다. 이는 MZ세대를 포함한 모든 디자이너들이 자신의 브랜드를 구축하고, 창작자로서 존중받으며 성장할 수 있는 기회를 제공한다. 또한 살롱이 단순한 시술 공간이 아니라, 디자이너와 고객이 함께 가치를 만들어 가는 공간으로 변화할 수 있도록 돕는다.

고객과 신뢰를 쌓고, 살롱은 브랜드가 된다

디자이너 개개인이 경영 마인드를 가지게 되면, 고객은 디자이너가 진정으로 열정을 갖고 일하고 있다는 인상을 받게 된다. 이는 단순한 서비스 제공을 넘어, 고객과 디자이너 사이의 신뢰를 구축하는 핵심 요소가 된다. 결국 1인 경영법을 통해 살롱은 더 많은 고객의 관심을 얻고, 디자이너들은 높은 동기부여와 책임감을 가지며 성장할 수 있다. 오너는 이 모든 과정을 지원하고 조율하는 역할을 맡으며, 투명성과 공정성을 바탕으로 운영할 때 살롱 전체가 협력적이고 창의적인 조직으로 발전할 수 있다. 이러한 변화는 살롱의 지속 가능성을 높이고, 구성원들이 보람을 느끼는 이상적인 일터를 만드는 기반이 된다.

구분	전통적 운영 방식	1인 경영법 방식	주요 효과 및 이점
역할 분담	오너가 모든 운영·마케팅 결정	디자이너가 독립적으로 자신의 브랜드와 고객층 구축	디자이너의 자율성 및 창의성 증대
책임과 권한	디자이너는 정해진 메뉴와 가격 체계에 따름	디자이너가 경영자로서 프로모션, 마케팅 직접 기획 및 실행	**책임감 강화**, 개인 브랜드 가치 상승
살롱의 역할	오너 중심의 통제 체계	오너는 지원자이자 파트너로서 공정·투명한 성과 관리 제공	팀 내 협업과 소통, 공정한 보상 체계 확립
성과 관리	제한된 평가 기준 (매출 중심)	투명하고 합리적인 성과 평가 및 인센티브 체계	구성원 동기 부여, 장기 근속 및 조직 안정성 강화
조직 문화	위계질서가 강하고 경쟁 위주의 구조	협력과 소통, 개별 디자이너의 성장과 발전을 지원하는 문화	긍정적 에너지 확산, 고객 신뢰 및 재방문율 향상

> **Point!** **1인 경영법: 디자이너 한 사람 한 사람이 기업 대표**

1인 경영법이란?
* 디자이너 한 사람 한 사람이 경영자처럼 일하는 방식
* 단순 기술자가 아닌 브랜드 오너로 성장
* 살롱은 투자자이자 파트너, 디자이너는 자율적 운영 주체

디자이너의 역할 변화
* 개인 브랜딩, 마케팅, 시그니처 스타일 구축
* 자신만의 고객층 설계 및 운영
* 오너는 서포터, 디자이너는 의사결정의 주체

성장을 위한 조건
* 공정한 보상 기준, 투명한 평가 체계
* 매출, 고객 반응 등에 따른 인센티브 명확화
* 실패도 학습 기회로 삼는 문화 조성 필요

협업과 조율의 중요성
* 디자이너는 독립적이지만 살롱은 하나의 팀
* 예약·재료비·매출 시스템의 투명한 공유필수
* 살롱 비전과 개인 목표의 연결이 핵심

기대 효과
* 장기 근속 유도: 디자이너가 오랫동안 머물 이유 제공
* 높은 동기부여와 책임감으로 업무 몰입도 상승
* 고객과의 신뢰 형성 → 살롱 브랜드 신뢰도 강화

핵심 메시지
* 1인 경영법은 살롱의 미래 전략디자이너의 성장을 도와야 살롱도 함께 성장할 수 있다

4. 자기 주도적 성장: 모두가 '오너'가 되는 문화

1인 경영법이 제대로 작동하려면, 살롱 차원에서 교육과 코칭 시스템이 필수적이다. 대부분의 디자이너들은 기술 역량과 고객 응대에는 자신이 있지만, 마케팅 지표나 데이터 분석, 경영 전략 같은 실무에는 익숙하지 않을 수 있다. 오너나 매니저는 이들에게 매출과 마진율을 어떻게 계산하고, 재료비를 어떻게 관리해야 하며, 프로모션 성과를 어떻게 수치화해 평가할지를 단계적으로 가르쳐야 한다.

디자이너를 고객 창출 인재로 키우는 실무 교육

경영 마인드와 실무를 접목한 교육을 통해 디자이너들은 단순한 기술자가 아니라 '고객 창출 전반'을 아우를 수 있는 인재로 성장하게 된다. 오너 입장에서는 초기에는 교육과 코칭에 더 많은 시간이 필요할 수 있지만, 장기적으로는 모든 디자이너가 '경영 감각'을 익히면 살롱 전체의 역량이 크게 향상된다. 디자이너들이 목표와 방향을 스스로 설정하고 움직이게 되면, 자연스럽게 높은 매출과 지속적인 성장을 이루게 된다.

오너와 디자이너는 '성장 동행자'

디자이너들이 자신만의 브랜드 가치를 만들고, 고객을 끌어들이는 과정은 단기간에 완성되지 않는다. 몇 달, 길게는 몇 년간 신뢰와 전문성을 쌓아야 하며, 이 과정에서 오너는 단순한 관리자 역할이 아니라 동행자로서 디자이너의 성장을 함께해야 한다. 디자이너가 성장할 때까지 함께 가는 오너의 태도가 중요하며, 디자이너도 살롱과 협력하며 자신의 브랜드를 구축하는 노력이 필요하다. 이런 상생 관계가 자리 잡으면, 서로에 대한 신뢰와 유대감이 깊어지고, 결과적으로 장기적인 성장과 안정적인 경영이 가능해진다.

함께 가야 멀리 간다: 상생의 1인 경영법

모든 디자이너가 동일한 방식으로 일하고, 똑같이 고객을 받는 시대는 끝났다. 이제는 각 디자이너가 서로에게 긍정적인 영향을 주고, 다양한 분야와 스타일로 고객 만족도를 극대화할 수 있는 환경이 중요해졌다. 1인 경영법은 이러한 환경을 조성하는 핵심 전략이며, 살롱이라는 울타리 안에서 디자이너가 기업 대표처럼 움직이면 그 에너지는 고객에게도 전달된다. 디자이너가 주인의식을 갖고 일하면, 고객의 피드백과 요구를 수동적으로 받아들이는 것이 아니라 능동적으로 해결하려 노력하게 된다. 이 과정에서 살롱은 더 많은 성장 기회를 얻게 된다.

1인 경영법의 핵심은 디자이너 개개인을 동등한 파트너로 존중하고, 각자의 전문성을 극대화하는 것이다. 이를 위해 살롱은 디자이너들에게 충분한 자율성을 부여하면서도, 공정·정의·투명성의 원칙을 유지해야 한다. 살롱 내에서 이러한 원칙이 지켜질 때, 디자이너들은 흔들림 없이 자신의 브랜드를 구축할 수 있으며, 살롱 역시 지속 가능하고 강력한 조직으로 발전할 수 있다.

자율성과 책임이 공존하는 자기 주도적 성장 문화

디자이너 개개인이 기업 대표처럼 일하게 되면, 고객은 디자이너가 진정성을 가지고 열정적으로 일한다는 인상을 받게 된다. 이는 살롱에 대한 신뢰를 더욱 공고히 하며, 고객과의 장기적인 관계 형성에도 긍정적인 영향을 미친다. 디자이너가 단순한 서비스 제공자가 아니라, 고객과 함께 가치를 만들어가는 동행자로 자리 잡게 되는 것이다.

자기 주도적 성장은 말 그대로, 개인이 주체가 되어 배우고 성장하며 자신의 커리어를 디자인하는 것이다. 과거에는 누군가의 지시에 따라 기술을 익히고 회사가 제공하는 매뉴얼을 따르는 것이 일반적이었지만, 이제는 디자이너 한 사람 한 사람이 오너가 되어야 한다는 문화가 더욱 주목받고 있다. 미용업계가 빠르게 변화하는 상황에서, 수동적인 학습과 실행만으로는 경쟁력을 유지하기 어렵다. 따라서 모든 디자이너가 자기 주도적으로 목표를 설정하고 성장 전략을 세울 필요가 있다.

오너는 통제자가 아닌 '의사결정권을 나누는 사람'

살롱과 오너는 이러한 문화를 정착시키기 위해 기존의 관념을 바꿔야 한다. 디자이너들은 자율성과 독립을 원하지만, 실제로는 상사의 지시에 의존하는 경우도 많다. 이런 의존적 태도를 바꾸려면, 디자이너들이 자신의 목표와 방향을 스스로 설정하고, 실행에 대한 책임을 질 수 있도록 해야 한다. 디자이너가 시간을 어떻게 분배할지, 어떤 시술에 집중할지, SNS 홍보 전략을 어떻게 운영할지를 스스로 결정하도록 유도해야 한다. 이렇게 할 때, 디자이너는 더 이상 단순한 직원이 아니라, 살롱 내에서 자신의 브랜드를 운영하는 경영자로 자리 잡게 된다.

이를 위해서는 오너나 매니저가 모든 권한을 쥐는 대신, 디자이너들에게 의사 결정권을 과감하게 부여해야 한다. 예를 들어, SNS 콘텐츠 기획과 프로모션 기획, 가격 책정 등을 디자이너가 주도적으로 결정하고 운영할 수 있도록 한다. 또한, 매출 성과나 고객 반응을 바탕으로 개선 방향을 분석하고 다음 단계를 기획하는 과정도 디자이너 스스로 하도록 유도해야 한다. 이러한 과정이 반복되면, 디자이너들은 자연스럽게 비즈니스 감각을 키우게 된다.

수치 기반 경영 이해로 비즈니스 감각을 키운다

자기 주도적 성장을 실현하려면, 살롱 차원에서 투명한 수치를 공개하는 것이 필수적이다. 매출, 고객수, 객단가, 재료값 등의 데이터를 투명하게 공개하고, 이를 바탕으로 디자이너들이 효과적인 경영 전략을 수립할 수 있도록 돕는다. 결국 수익 구조를 이해해야 프로모션이나 가격 책정에도 실질적인 아이디어를 낼 수 있기 때문이다. 이러한 시스템이 정착되면, 디자이너 개개인은 더욱 높은 책임감을 가지게 되고, 살롱 전체의 성장도 자연스럽게 이루어진다.

모든 구성원이 주인의식을 갖고 일하는 문화의 가치

자기 주도적 성장이 정착되면, 살롱은 수동적인 조직이 아니라 창의적이고 협력적인 공간으로 변화한다. 디자이너 개개인이 주체적으로 움직이면서, 고객 피드백과 트렌드를 공유하며 자신의 브랜드와 프로모션을 보완하게 된다. 이를 통해 살롱의 전체적인 수준이 자연스럽게 올라가고, 고객들에게도 더욱 다채롭고 전문적인 서비스를 제공할 수 있게 된다.

이러한 문화는 세대 간 갈등도 완화하는 효과를 가져온다. MZ세대는 자유와 자율을 중시하며, 기성세대는 경험과 노하우가 강점이다. 이 두 세대가 '자기 주도적 성장'이라는 공통된 틀 안에서 협력하면, 서로 배우고 가르치며 수평적인 관계를 형성할 수 있다. 위계적인 조직 문화에서 벗어나, 각자의 개성과 강점을 발휘하는 구조가 만들어질 때, 디자이너와 크루들은 보다 능동적으로 움직이고 더 큰 성취감을 느낀다.

창의성과 혁신이 자연스럽게 피어나는 조직

결론적으로, 자기 주도적 성장 문화를 가진 살롱에서는 디자이너들이 오너 마인드로 일하기 때문에, 창의성과 혁신이 자연스럽게 발현된다. 살롱은 단순히 장소와 시스템을 제공하는 것이 아니라, 디자이너들이 주도적으로 사업을 운영하고 실패를 통해 배우며 더 큰 성공을 이루도록 돕는 역할을 한다. 이러한 환경에서는 디자이너가 회사의 일부가 아니라, 또 다른 기업의 대표로 성장할 수 있는 기회를 제공받게 된다. 자기 주도적 성장과 1인 경영법이 정착된 살롱은, 미용업계의 미래를 선도하는 혁신적인 조직으로 자리 잡을 수 있을 것이다.

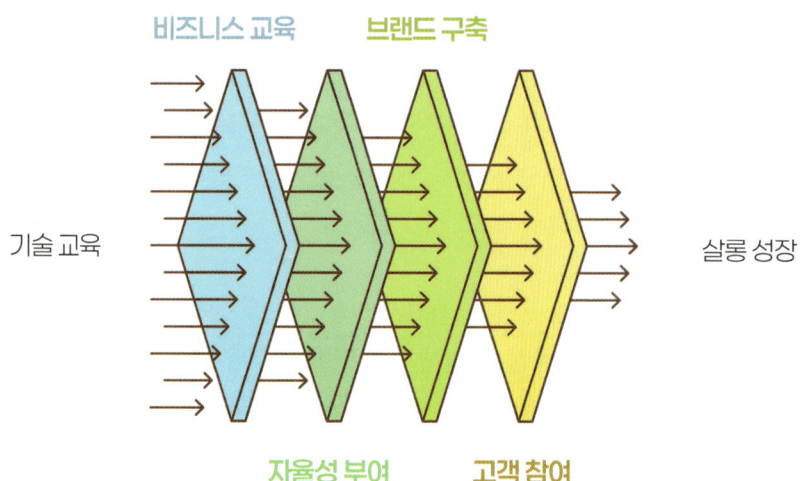

직원 교육 프로그램 상세화

살롱의 지속 가능한 성장은 결국 사람의 성장에서 시작된다. 직원이 성장할 때 살롱도 함께 성장할 수 있다. 따라서 직원 교육 프로그램은 철저하고 체계적으로 구성되어야 한다. 직원의 성장과 살롱의 발전을 동시에 이루기 위한 상세한 교육 프로그램을 제시한다.

직원 교육 프로그램 구성 단계

- 1. 기초 역량 교육
  - 서비스 매너와 기본 기술 숙지
  - 고객과의 원활한 소통 및 기본 상담 기법

- 2. 전문 기술 교육
  - 최신 트렌드 및 기술 습득을 위한 정기적 워크숍
  - 스타일링, 커트, 컬러 등 전문 시술 분야별 심화 교육

- 3. 리더십과 협업 능력 강화 교육
  - 리더십 개발을 위한 외부 강사 초빙 강의 및 워크숍
  - 팀워크와 상호 존중을 높이기 위한 협력 프로젝트 및 정기적인 팀 빌딩 활동

신규 직원과 경력 직원 맞춤형 교육

- 신규 직원 교육 프로그램
  - 서비스의 기본과 살롱 내 프로세스에 대한 체계적 오리엔테이션
  - 기본 시술 및 고객 상담법에 대한 집중 교육
  - 멘토와의 1:1 맞춤형 현장 실습

- 경력 직원 교육 프로그램:
  - 최신 트렌드 및 신기술에 대한 업그레이드 교육
  - 고객 관리 및 고급 상담 기법에 대한 심화 교육
  - 전문 분야별 특화 교육 및 리더십 역량 강화 프로그램

- 직원 교육 성과 측정 및 피드백
  - 정기적인 교육 성과 평가 및 개인별 피드백 제공
  - 직원의 교육 이수 현황과 성과를 정기적으로 점검하여 지속적인 성장을 유도

- 직원 교육 프로그램 운영 체크리스트
  - 신규 직원이 빠르게 현장에 적응할 수 있도록 충분한 교육 프로그램이 제공되고 있는가?
  - 경력 직원들의 전문성 향상과 최신 기술 습득을 위한 교육이 정기적으로 실시되고 있는가?
  - 직원들이 교육을 통해 얻은 성과와 개선점을 주기적으로 평가하고 피드백하고 있는가?
  - 교육 프로그램이 실제 업무 성과와 살롱 발전에 구체적으로 연결되고 있는가?

교육 프로그램이 구체적이고 체계적일수록 직원들은 성장의 즐거움을 경험하게 되고, 이는 결국 살롱의 경쟁력과 지속 가능한 성장으로 이어질 것이다.

Point! 자기 주도적 성장: 모두가 '오너'가 되는 문화

자기 주도적 성장, 왜 중요한가?
* 디자이너가 단순한 기술자가 아니라 브랜드 오너로 성장해야 하는 시대
* 살롱은 교육과 코칭을 통해 디자이너의 경영 역량을 지원해야 함
* 디자이너 스스로 목표 설정 → 실행 → 피드백 → 개선하는 루프가 필요

오너의 역할 변화
* 단순 관리자에서 성장 파트너로 전환
* 디자이너에게 자율성과 권한 부여, 오너는 피드백과 가이드 제공

실무 중심 교육의 중요성
* 매출, 마진율, 재료비 관리 등 경영 실무 교육 필수
* 수치 기반 의사결정 훈련을 통해 비즈니스 감각 향상

모두가 '오너'가 되는 문화
* 디자이너가 프로모션, SNS, 가격 책정까지 주도
* 주인의식이 고객에게도 전달 → 신뢰 강화, 장기 관계 형성

상생의 1인 경영법
* 각자의 개성과 강점을 살려 살롱 전체 수준 향상
* 살롱은 자율 + 공정 + 투명성기반의 협력 공간으로 운영
* 구성원 모두가 브랜드를 키우며 장기 근속과 조직 안정성확보

세대 간 협력 문화 조성
* MZ세대의 자율성과 기성세대의 경험이 수평적 구조 안에서 조화
* 서로 배우고 가르치는 협업 중심 조직 문화형성

결론
* 자기 주도적 성장과 1인 경영법은 살롱을 창의적이고 지속 가능한 조직으로 변화시킨다.
  디자이너 모두가 오너 마인드로 일할 때, 살롱은 미용업계의 미래를 선도하는 플랫폼이 된다.

5. 성과 중심, 그러나 돈만이 아닌 "사람의 성취" 인정하기

성과 중심 경영이 미용업계에서도 중요한 화두가 되고 있다. 많은 살롱이 매출과 고객 수치를 핵심 성과 지표로 삼으며, 이를 높이는 것을 중요한 목표로 설정한다. 하지만 여기서 한 가지 중요한 질문을 던져야 한다. 과연 성과라는 것이 매출만을 의미하는가, 아니면 디자이너와 크루가 이루어낸 성장과 변화도 성과로 봐야 하는가. 단순히 매출 증가만을 성과로 본다면, 디자이너 개개인의 성장과 자부심은 가려질 수밖에 없다.

매출만으로 평가하는 성과의 한계

미용업에서 성과를 매출과 객단가로만 평가하면 단기적으로는 효과적일 수 있으나, 장기적으로 지속 가능성을 위협할 가능성이 크다. 살롱이란 결국 사람의 가치를 창출하는 공간이다. 디자이너는 단순히 기술을 제공하는 것이 아니라, 고객의 아름다움과 행복을 설계하는 창작자이며, 고객과 감정을 교류하는 상담자이기도 하다. 이런 인간적인 가치가 성과 평가에서 제외된다면, 디자이너는 "나는 돈만 벌어주면 된다"는 생각을 갖게 되고, 고객은 "이곳은 단순히 매출을 올리는 데 집중하는 곳"이라는 인식을 하게 된다. 결국 돈만 중시하는 성과 중심은 디자이너와 고객 모두를 만족시키지 못하며, 장기적인 신뢰를 구축하기 어렵게 만든다.

성과란 '무엇을 얼마나 잘했는가'에 대한 평가

그렇다면 성과를 어떻게 바라봐야 할까. 성과란 우리가 무엇을 잘 해냈고, 어떠한 가치를 창출했는지를 평가하는 지표이므로 반드시 필요하다. 다만, 매출만이 아니라 '사람의 성취'도 함께 고려해야 한다. 사람의 성취란 단순히 많이 팔았느냐, 적게 팔았느냐가 아니라, 디자이너가 새로운 디자인을 연구하고, 고객 만족도를 높이며, 동료의 성장을 돕는 등의 요소를 포함한다. 이러한 요소들은 수치로 즉각 나타나지는 않지만, 장기적으로 살롱에 큰 영향을 미친다.

눈에 보이지 않는 성취도 '진짜 성과'

예를 들어, 기술적으로 뛰어나면서도 고객을 배려하는 디자이너가 있다고 하자. 매출만 놓고 보면 당장 엄청난 성과를 내지 못할 수도 있다. 그러나 그는 고객과 신뢰를 쌓고, 특별한 인상을 남기며, 고객이 재방문하도록 만든다. 또한 크루들과 협업하며 그들의 기술과 태도를 향상시킨다면, 살롱 전체의 성과도 점차 상승하게 된다. 이러한 방식으로 사람의 성취를 인정하는 성과 중심 경영은, 고객과 내부 구성원의 성장과 만족까지 고려하는 접근법이 된다.

사람 중심 성과가 주는 세 가지 긍정 효과

사람 중심 성과는 여러 가지 긍정적인 효과를 가져온다. 첫째, 디자이너가 스스로 보람을 느끼며 근무할 수 있다. 성과를 오로지 매출로만 평가하는 환경에서는, 매출이 낮은 디자이너가 자신의 가치를 증명하기 어려워지고 위축될 가능성이 크다. 하지만 '사람의 성취'를 인정하는 문화에서는 객단가가 낮더라도, 고객에게 감동을 주고 더 나은 스타일링을 제공한 것이 성과로 인정된다. 이는 디자이너의 자존감과 책임감을 높이며, 결국 더 좋은 결과로 이어진다.둘째, 고객들도 이러한 문화를 체감하게 된다. 진심으로 스타일링을 제공하는 디자이너에게 감동한 고객은 단순한 가격 비교가 아닌, 그 디자이너의 인간적인 매력과 신뢰를 보고 살롱을 선택하게 된다. 결국 고객 충성도가 높아지고, 추가 서비스를 이용할 때도 자연스럽게 같은 살롱을 찾게 된다.셋째, 살롱 내부의 조직 문화가 긍정적으로 변화한다. 성과 중심이라고 하면 흔히 경쟁을 떠올리지만, 여기서의 경쟁은 단순한 매출 순위 경쟁이 아니라 서로의 강점을 보고 배우며 성장하는 방향이어야 한다. 어떤 디자이너는 컬러링에 강하고, 어떤 디자이너는 커트에 강할 수 있다. 각각의 장점을 살려 협업하고 발전하는 구조를 만들면, 팀 전체가 성장하는 효과를 얻게 된다.

단기 수익 중심은 장기 성장을 막는다

물론 현실적으로 모든 살롱이 이러한 방식을 적용하기는 쉽지 않다. 빠른 성과를 위해 할인 행사나 단기적인 수익 창출에 의존하는 경우가 많다. 그러나 이러한 방식은 디자이너들이 장기적으로 성장할 기회를 빼앗으며, 결국 살롱의 지속 가능성을 약화시킨다. 오너가 성과를 평가할 때 단순한 매출보다는 디자이너가 고객과 어떤 관계를 형성하고, 어떤 방식으로 자신의 역량을 발전시키고 있는지를 함께 고려해야 한다.

성과 중심 경영의 본질은 '균형 있는 성장'

진정한 성과 중심 경영이란, 조직과 고객, 디자이너가 균형 있게 성장하는 것을 의미한다. 소심하고 상담에 서툴던 디자이너가 몇 개월간의 노력 끝에 고객 만족도를 크게 높이고, 재방문율을 증가시켰다면, 이는 엄연한 성과다. 매출이 아직은 크지 않더라도, 살롱은 이 디자이너의 긍정적인 변화를 인정하고, 장기적으로 브랜드 가치를 높이는 요소로 삼아야 한다.

돈보다 더 큰 동기: 인정과 공감

오너나 리더들은 단순한 금전적 보상뿐만 아니라, 심리적 인정과 격려도 함께 제공해야 한다. "너 정말 매출 많이 올렸네"보다는 "너 정말로 고객에게 감동을 준 것 같아"라는 피드백이 디자이너에게 더욱 큰 동기부여가 된다. 이러한 선순환 구조가 디자이너를 성장시키고, 살롱을 발전시키며, 브랜드 가치를 높이는 원동력이 된다.

진정한 성과 중심 문화가 필요한 이유

따라서 성과 중심이라는 개념이 단순히 매출과 수익만을 의미하지 않도록 살롱 내 문화를 정비해야 한다. 숫자로만 평가하면 경쟁이 과열될 수 있지만, 인간적인 성취를 고려하는 살롱은 디자이너 개개인의 개성과 잠재력을 키울 수 있는 환경을 제공한다. 디자이너들은 단순한 매출 수치를 넘어,

고객이 자신을 신뢰하기 시작했는지, 자신의 스타일링이 고객에게 어떤 변화를 주었는지를 평가하며 성장해야 한다. 이렇게 하면 디자이너들은 더욱 책임감을 가지고 연구하며, 자신의 개성을 살려 고객과 소통할 수 있다.

느리지만 진심 어린 성장에 투자하는 문화

이러한 문화 속에서는 디자이너가 느리게 성장하더라도 포기하지 않고 함께 길을 찾으려는 분위기가 조성된다. 단순한 숫자로 평가하는 대신, 디자이너가 가진 장점과 가능성을 보고 투자하고 지원하는 환경이 마련된다. 이는 디자이너의 충성도를 높이며, 고객에게도 더 깊이 있는 서비스를 제공할 수 있도록 만든다.

브랜드 살롱들이 선택한 '사람 중심 성과 시스템'

빠르게 성장하는 브랜드 살롱들은 이러한 흐름을 반영해 성과를 다양한 요소로 평가하는 방식을 도입하고 있다. 매출뿐만 아니라 고객 피드백, 리뷰, 팀 내 협력도 성과 평가 요소로 반영하며, 이를 바탕으로 다양한 보상과 인정 방식을 운영한다. 이를 통해 디자이너가 매출 이외에도 다양한 성취를 이루도록 돕고, 장기적으로 자신의 역량을 확장할 수 있도록 한다.

결국 성과 중심 경영은 반드시 필요하지만, 그 중심을 '돈'에만 두면 사람과 문화를 잃기 쉽다. 미용업은 사람을 다루는 업이며, 창의성과 감성이 중요한 요소다. 숫자로만 접근하면 장기적인 명성과 지속 가능성을 확보하기 어렵다. 돈은 중요하지만, 인간적인 성취를 함께 고려하는 살롱은 더 강한 충성도를 얻고, 브랜드 파워를 구축할 수 있다. 이것이 진정한 '사람이 만드는 성과'의 의미이며, 미래 지향적인 미용 비즈니스가 가져야 할 핵심 철학이다.

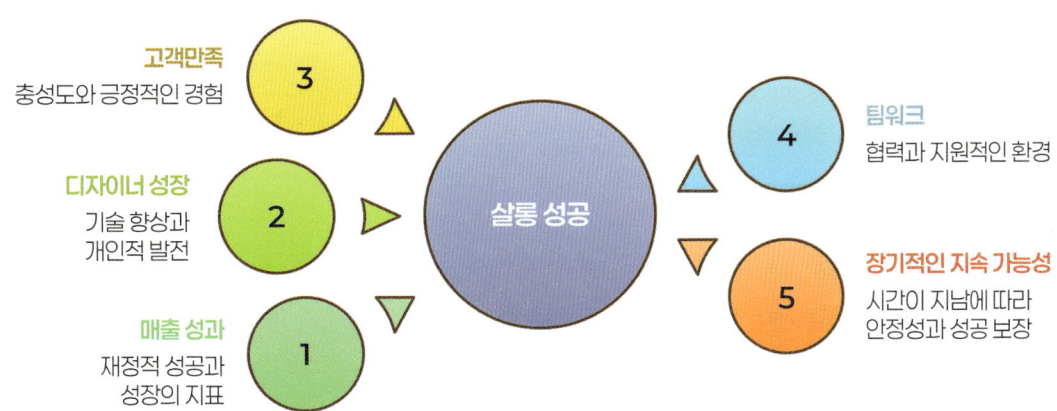

Point! 성과 중심, 그러나 돈만이 아닌 "사람의 성취" 인정하기

성과는 단순한 '매출'만이 아니다
- 미용업에서 성과 중심 경영이 중요하지만, 숫자 중심만으로는 한계가 있음
- 진정한 성과는 디자이너 개인의 성장, 고객 만족, 팀 기여도까지 포함해야 함

사람의 성취도 성과다
- 새로운 스타일 연구, 고객 만족도 향상, 동료 지원 등의 비가시적 성과도 중요
- 이런 요소는 장기적인 신뢰와 재방문율로 연결됨

사람 중심 성과의 세 가지 효과
- 1. 디자이너의 자존감과 책임감 향상
- 2. 고객 충성도 증가
- 3. 긍정적이고 협력적인 조직 문화 형성

성과 평가, 돈보다 더 중요한 것
- "매출 많이 올렸네"보다 "고객에게 감동을 줬네"가 더 강한 동기
- 심리적 인정과 인간적인 피드백이 직원 성장의 원동력

느리더라도 진심 어린 성장은 존중받아야
- 단기 수익보다 디자이너의 잠재력과 가능성에 투자
- 실수와 부족함을 포용하며 성장의 여정을 함께 해야 함

성과 평가 기준은 다양해야 한다
- 매출 외에도 고객 피드백, 리뷰, 팀워크, 서비스 개선 노력등 반영
- 장기적 성장을 위한 포괄적 평가 시스템 필요

사람 중심의 성과가 브랜드의 힘
- 돈 중심의 성과는 사람과 문화를 잃기 쉽다. '사람이 만드는 성과', 그것이 지속 가능한 브랜드를 만든다

7장. 경영자의 필수 질문: "우리 살롱은 어디로 가고 있나?"

1. 상권 탓을 넘어: "문제는 상권이 아니라 태도다"

상권이 좋지 않아서 매출이 오르지 않는다는 말은, 오래된 살롱들 사이에서 흔히 들리는 하소연이다. 하지만 미용업계에서 오랫동안 경험을 쌓고 수많은 디자이너와 경영자를 만나 본 결과, "상권 탓"은 결국 현재 상태에 대한 무력감을 덮으려는 자기합리화에 불과하다는 생각이 든다. 물론 유동 인구가 많고 교통이 편리하면 고객 유입이 좀 더 쉬운 것은 사실이다. 하지만 좋은 위치에 있다고 해서 모두가 성공하는 것은 아니며, 상대적으로 입지가 떨어진 곳이라고 해서 반드시 어려움을 겪는 것도 아니다.

입지보다 중요한 것은 운영자의 태도와 전략

실제로 건물 5층에 있어 길에서도 보이지 않는 살롱이 높은 매출을 내는가 하면, 역세권 대로변 1층에 위치하고도 고객이 없는 매장도 많다. 문제의 핵심은 물리적 입지가 아니라, 어떤 태도와 전략으로 살롱을 운영하느냐다. 요즘 고객들은 매장 위치만으로 살롱을 선택하지 않는다. 온라인 검색과 예약이 기본이 된 시대에서, "이 살롱이 나를 만족시켜 줄 수 있는가?", "내가 원하는 스타일을 제대로 구현할 역량과 매력이 있는가?"가 훨씬 중요한 요소가 된다.

따라서 상권을 탓하기 전에, 먼저 "우리 살롱이 고객과의 접점에서 제대로 하고 있는 것"이 무엇인지 돌아봐야 한다. 디자이너들이 일관된 방식으로 고객을 대하고 있는지, 같은 메뉴를 서로 다른 언어와 가격으로 제안해 혼선을 주고 있지는 않은지 점검해야 한다. 또한 경영자가 데이터를 기반으로 살롱을 관리하는지도 중요하다. 객단가, 방문 고객 수, 재방문율 등을 면밀히 분석해 특정 요일이나 시간대가 왜 비는지, 그 시간을 어떻게 활용할지 미리 기획하고 실행하는 태도가 없으면 결국 "상권 탓"에서 벗어나기 어렵다.

경영자의 태도가 살롱의 방향을 결정한다

경영자의 태도는 단순한 친절함을 의미하지 않는다. 경영자의 태도란, 살롱이 어디로 가야 하는지 목표를 분명하게 제시하고, 그 목표를 위해 구성원과 함께 고민하고 실천하는 태도를 말한다. 오너가 하루 종일 시술에만 집중하면서 디자이너들의 피드백이나 교육에 신경 쓰지 않는다면, 아무리 좋은 입지라도 장기적인 발전은 어려워진다. 살롱의 방향성이 명확하지 않으면, 좋은 입지가 주는 이점조차 금방 사라질 수밖에 없다.

예를 들어, 어떤 살롱은 주말에는 고객이 몰리지만 평일이 한산하다는 이유로 상권을 탓한다. 그러나 평일 고객을 유치하기 위한 아이디어나 전략 없이 단순히 기다리기만 한다면, 문제는 상권이 아니라 '태도의 부족'이다. 반면 한적한 곳에 위치했더라도 예약제에 집중하고 '프라이빗한 공간'을 강조해 차별화된 분위기를 조성한 살롱도 있다. 고객은 "찾아가긴 조금 번거롭지만, 그만큼 특별한 경험을 준다"는 이유로 먼 곳에서도 방문하게 된다. 결국 살롱의 성공 여부는 상권보다 "우리만의 강점과 매력을 어떻게 구축하고 홍보하느냐"에 달려 있다.

디자이너 브랜딩은 매출보다 강하다

디자이너 개개인의 성장과 브랜딩도 매우 중요하다. 상권을 탓하기 시작하면 디자이너들은 "고객이 없으니 연습해 봐야 소용없다"며 의욕을 잃게 된다. 그러나 경영자가 끊임없이 새로운 목표와 방향을 제시하고, "이 지역 고객들은 어떤 스타일을 선호할까?", "우리는 그 니즈를 어떻게 충족시킬 수 있을까?" 같은 질문을 던지며 실제 행동에 옮긴다면, 디자이너들도 자기만의 콘텐츠를 만들기 위해 노력하기 시작한다. 어떤 디자이너는 단발펌에 특화하고, 또 다른 디자이너는 무손상 염색을 연구하며, 이를 SNS에 꾸준히 업로드한다. 그러면 "5층에 있는 살롱이라 찾기 쉽진 않지만, 디자이너 아무개가 하는 무손상 염색이 퀄리티가 좋다더라" 같은 입소문이 퍼지면서 살롱이 점차 활성화된다.

상권 분석보다 중요한 것은 고객 이해

결론적으로, 상권은 더 이상 살롱의 성패를 결정하는 절대적인 요소가 아니다. 오히려 상권 분석을 통해 "이 지역에는 어떤 취향과 라이프스타일을 가진 사람들이 많을까? 그 니즈를 어떻게 공략할까?" 하고 전략적으로 접근해야 한다. 상권의 한계를 받아들이는 것이 아니라, 새로운 관점에서 더 넓은 고객층을 확보할 방법을 고민해야 한다.

살롱의 미래는 결국 경영자가 얼마나 미래 지향적인 비전을 설정하고, 디자이너들에게 그에 맞는 기획과 역할을 부여하느냐에 달려 있다. 많은 오너가 상권을 탓하며 마케팅 비용을 늘리지만, 그 투자가 실제로 매출 증가로 이어지는지 분석하지 않는 경우가 많다. 큰돈을 들여 광고하고 홍보해도, 살롱만의 차별화된 방향성과 태도가 없다면 고객은 한 번 방문한 후 다시 찾지 않는다. 반면, 온라인 마케팅을 소규모로 진행하더라도 디자이너의 강점을 부각하고 진정성 있는 브랜드 스토리를 전하며 꾸준히 소통하면, 멀리서도 일부러 찾아오는 단골 고객이 생긴다.

내부 데이터 관리가 고객 신뢰를 만든다

경영자가 매출 데이터와 재방문율, 디자이너별 성과를 분석하고 이를 직원들과 공유하며, 주기적으로 미팅을 통해 문제를 해결하려는 태도를 보이면, 직원들은 "이곳에서 함께 성장할 수 있겠다"는 확신을 갖게 된다. 이런 태도는 고객에게도 전달되어 "내가 가는 살롱은 체계적으로 운영되고 있구나"라는 신뢰를 형성한다. 상권이 불리하더라도, 이러한 긍정적인 구조가 자리 잡으면 한계를 극복할 힘이 생긴다.

결국 문제는 상권이 아니라 '태도'와 '방향'이다. 입지가 불리하다면 차별화된 경쟁 요소와 디자이너의 전문성을 강화해 고객 만족도를 높여야 하고, 입지가 좋아도 명확한 경영 전략이 없다면 고객은 금방 떠나버린다. 핵심은 변화에 어떻게 대응하고, 주도적으로 움직이느냐. 살롱의 방향성을 명확히 설정하고, 이를 인본주의적 관점에서 풀어갈 때, 상권에 관계없이 살롱의 미래는 더욱 밝아질 것이다.

성공은 환경이 아닌 실행 의지에서 시작된다

나는 이 믿음을 바탕으로, 상권보다 중요한 것은 '경영자와 디자이너의 태도, 그리고 실행 의지'임을 강조하고 싶다. 희소성과 경쟁력은 외부에서 찾아오는 것이 아니라, 지금 내가 얼마나 적극적으로 문제를 해결하고 미래를 설계하는지에 달려 있다. 상권을 탓하는 대신, 고객과 디자이너들의 목소리를 듣고 실천할 아이디어를 찾는 것이 훨씬 효과적인 방법이다. 경영자가 먼저 태도를 바꾸면 디자이너들도 변화하고, 그 결과 고객도 "이 살롱은 뭔가 다르다"는 긍정적인 인식을 갖게 된다.

브랜드를 키우는 건 결국 사람의 태도다

살롱이 어디에 있든, 경영자의 비전과 실행력이 분명하다면 상권의 한계를 뛰어넘을 수 있다. 결국 살롱의 성공을 결정하는 것은 외부 환경이 아니라, 내부에서 만들어 가는 방향성과 태도다. 인본주의적 경영, 서로에 대한 신뢰와 존중, 그리고 끊임없는 실행 의지가 모일 때, 살롱은 어떤 위치에서도 사랑받고 성장하는 브랜드가 될 수 있다.

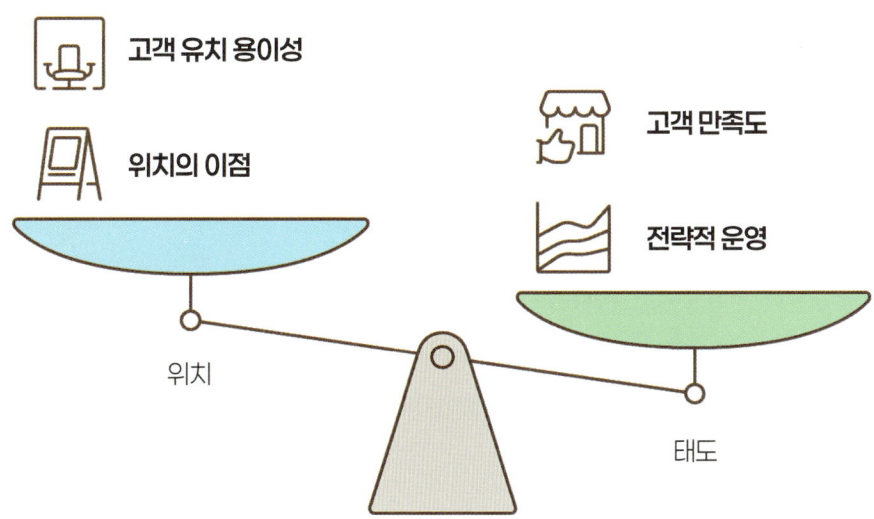

Point! 상권 탓을 넘어: "문제는 상권이 아니라 태도다"

핵심 메시지
- 살롱의 성공은 상권이 아니라 '경영자의 태도'와 '실행력'에 달려 있다. 입지가 좋지 않아도 성공하는 곳은 전략과 태도가 다르며, 반대로 좋은 상권에 있어도 제대로 운영되지 않으면 고객은 금방 이탈한다.

상권보다 중요한 요소들
- 고객은 위치보다 브랜드와 경험을 보고 선택한다.
- 경영자의 태도: 방향성 설정, 데이터 기반 운영, 직원과의 소통이 핵심
- 디자이너의 브랜딩: 콘텐츠 개발과 SNS 홍보가 입소문을 만든다
- 내부 관리: 고객 응대 일관성, 가격 및 메뉴 정리, 비는 시간 분석 등
- 실행 전략: 평일 고객 유치, 프라이빗 살롱 운영 등 차별화된 접근 필요

잘못된 태도 vs. 바람직한 태도
- ❌ "고객이 없어서 연습해도 소용없다"
  - ⭕ "이 지역 고객 니즈는 무엇이고, 어떤 콘텐츠로 대응할 것인가?"
- ❌ "상권이 나빠서 마케팅해도 효과 없다"
  - ⭕ "작은 마케팅이라도 브랜드 방향성과 맞게 꾸준히 소통한다"

성공하는 살롱의 공통점
- 디자이너들이 자기 콘텐츠를 개발하고 브랜딩함
- 경영자가 정기적으로 데이터를 분석하고, 직원들과 공유하며 문제를 해결하려는 태도를 가짐
- 고객은 이런 내부의 전문성과 진정성을 신뢰하게 되어 재방문율 상승

브랜드를 키우는 건 결국 사람의 태도
- "살롱의 미래는 상권이 아닌 태도와 방향성에 달려 있다."
  진짜 경쟁력은 입지가 아닌, 경영자의 인식 변화와 실행 의지, 그리고 디자이너와의 협력 속에서 나온다.

2. 내부 지표(포스, 리뷰, 재방문율) 분석하기

살롱 경영은 이제 단순한 감각이나 경험에만 의존하는 시대를 넘어섰다. 오늘날의 성공적인 살롱 운영은 객관적인 데이터를 기반으로 한 체계적인 분석과 전략 수립에 달려 있다. 내부 지표, 즉 POS 시스템을 통한 매출 및 고객 데이터, 고객 리뷰, 그리고 재방문율은 이러한 데이터 기반 경영의 핵심적인 요소이다. 이들 지표는 살롱의 운영 현황과 고객 행동을 구체적으로 파악할 수 있게 해 주며, 이를 통해 강점과 약점을 명확히 하고 향후 성장 전략을 수립하는 데 중요한 역할을 한다. 데이터는 곧 경영의 나침반과도 같아서, 이를 통해 어떤 방향으로 나아가야 할지, 또 어떤 부분을 개선해야 할지를 알 수 있다.

POS 데이터 분석: 숫자 너머의 인사이트

먼저 POS(Point of Sale) 데이터는 단순히 매출액을 기록하는 것을 넘어 고객이 언제, 어떤 서비스를 받았는지, 그리고 그 시술을 담당한 디자이너의 정보를 체계적으로 저장한다. 이러한 정보는 매출 패턴, 고객 방문 시간대, 인기 있는 시술 항목, 그리고 디자이너별 실적을 분석하는 데 필수적이다. 예를 들어, 특정 요일이나 시간대에 매출이 급증하는 현상이 발견된다면, 그 시간대를 활용한 프로모션이나 예약 제도를 도입하여 효율성을 극대화할 수 있다. 또한, 어떤 시술이 매출의 큰 부분을 차지하고 있는지를 파악하면, 그 시술에 대한 추가 교육이나 마케팅 전략을 세울 수 있으며, 반대로 매출이 저조한 서비스에 대해서는 원인을 분석하여 개선할 필요가 있다. 디자이너별 매출 분석 역시 중요하다. 각 디자이너가 담당한 고객 수, 재방문율, 객단가 등을 면밀히 분석하면, 누가 고객 만족도를 높이고 있는지, 어떤 디자이너의 노하우를 다른 구성원들과 공유해야 하는지를 알 수 있다. 이처럼 POS 데이터는 살롱의 운영 전반을 진단하는 데 있어 중요한 역할을 하며, 이를 기반으로 한 의사결정은 체계적이고 예측 가능한 경영 전략 수립에 큰 도움을 준다.

고객 리뷰 분석: 감성 데이터를 읽는 법

고객 리뷰는 숫자로 표현되는 매출 데이터와 달리, 고객의 감성과 경험을 직접적으로 반영하는 자료이다. 리뷰를 통해 고객들이 어떤 부분에 감동을 받았고, 어떤 부분에서 불편함을 겪었는지에 대한 생생한 피드백을 받을 수 있다. 예를 들어, "상담이 친절하고 세심하다", "시술 후 스타일이 기대 이상이다"라는 긍정적인 리뷰는 해당 디자이너의 강점을 부각시키며, 이러한 요소들을 전 직원이 공유하도록 유도할 수 있다. 반면에 "대기 시간이 너무 길다", "내 의견을 충분히 반영하지 않는다"는 부정적인 리뷰는 즉각적인 개선 조치가 필요함을 시사한다. 리뷰 분석은 단순히 평점의 평균을 계산하는 것이 아니라, 특정 키워드나 표현을 중심으로 고객들의 감정 상태를 세밀하게 파악하는 것이다. 이를 통해 고객 서비스의 질을 높이고, 고객 만족도를 향상시키며, 나아가 재방문율을 증대시키는 전략을 마련할 수 있다. 고객 리뷰는 결국 고객과의 신뢰 구축에 핵심적인 역할을 하며, 이 신뢰가 장기적인 고객 충성도로 이어지는 중요한 기반이 된다.

재방문율 분석: 충성 고객을 만드는 핵심 지표

재방문율은 살롱의 지속 가능성을 가늠하는 가장 중요한 지표 중 하나이다. 신규 고객의 유입도 중요하지만, 기존 고객이 다시 찾아오는 비율이 높을수록 살롱은 안정적인 성장을 이룰 수 있다. 재방문율을 분석하면 고객 만족도와 충성도를 직접적으로 파악할 수 있으며, 이를 통해 살롱 운영의 효과성을 객관적으로 측정할 수 있다. 만약 재방문율이 낮다면, 고객이 한 번 방문한 후 후속 관리가 부족하거나, 고객과의 관계가 단발성으로 끝나고 있다는 신호일 수 있다. 이 경우, 고객 맞춤형 메시지 발송이나 리마인드 예약 시스템을 도입하여 고객의 재방문을 유도하는 전략이 필요하다. 예를 들어, 시술 후 일정 기간이 지나면 "리터치가 필요한 시점"이라는 알림을 보내거나, 맞춤형 추천 메시지를 통해 고객에게 재방문의 가치를 인식시킬 수 있다. 이렇게 재방문율을 높이는 전략은 단기적인 매출 상승을 넘어, 고객과의 장기적인 관계를 구축하고 충성 고객층을 형성하는 데 결정적인 역할을 한다.

데이터 분석의 실전 적용: 시각 자료와 전략 수립

이처럼 내부 지표를 분석하는 과정은 단순히 데이터를 모으는 것에 그치지 않는다. 데이터를 통해 살롱의 운영 현황을 진단하고, 어떤 부분을 개선해야 하는지, 그리고 어떤 전략을 수립해야 하는지를 구체적으로 도출할 수 있다. 예를 들어, POS 데이터를 분석하여 특정 시간대나 서비스에서 매출이 떨어지는 원인을 파악하고, 고객 리뷰를 통해 고객이 실제로 어떤 경험을 했는지를 세밀하게 분석하며, 재방문율을 통해 고객 충성도를 측정하는 등의 방법은 모두 데이터 기반의 경영 전략을 수립하는 데 있어 필수적인 요소이다. 이러한 데이터 분석을 통해 살롱은 기존의 감각과 경험에만 의존하는 경영 방식을 넘어, 체계적이고 예측 가능한 경영 시스템을 구축할 수 있다.

데이터는 경영의 나침반이다

또한, 데이터는 경영의 나침반과 같다. 데이터 기반의 경영은 우선 객관적인 사실에 근거하여 의사결정을 내리게 하고, 이를 통해 감정이나 직관에만 의존하는 위험을 줄일 수 있다. 예를 들어, 매출, 고객 리뷰, 재방문율 등 각종 지표들을 정기적으로 모니터링하고 분석하면, 시장의 변화에 빠르게 대응할 수 있으며, 특정 시술이나 디자이너에 대한 강점과 약점을 명확히 파악할 수 있다. 이러한 분석 결과는 교육, 마케팅, 운영 전반의 개선에 반영되어 살롱의 경쟁력을 크게 높인다. 데이터가 제공하는 객관적인 인사이트는 살롱 운영의 투명성을 제고하고, 직원들과 경영자 간의 소통을 원활하게 하며, 고객에게도 신뢰를 주는 결과로 이어진다.

데이터로 미래를 예측하고 준비하라

데이터 분석의 또 다른 중요한 측면은 예측 가능성을 높이는 것이다. 과거의 데이터를 기반으로 미래의 트렌드를 예측할 수 있으며, 이를 토대로 적절한 대응 전략을 마련할 수 있다. 예를 들어, 특정 계절이나 프로모션 기간에 매출이 급증하는 패턴이 발견된다면, 그에 맞는 인력 배치나 재고 관리를 미리 준비할 수 있다. 또한 고객 리뷰와 재방문율 데이터를 종합하면, 고객이 어떤 시술이나 서비스를 선호하는지, 그리고 그들의 충성도를 높일 수 있는 구체적인 방법을 모색할 수 있다. 이렇게 예측 가능한 경영 시스템은 살롱이 변화하는 시장 환경에 유연하게 대응할 수 있도록 돕고, 장기적인 성장 전략을 수립하는 데 큰 역할을 한다.

데이터 기반 경영의 가치와 효과

결국, 내부 지표를 효과적으로 분석하는 것은 살롱 경영의 모든 의사결정에서 핵심적인 역할을 한다. 데이터는 단순한 숫자 이상의 의미를 지니며, 이를 통해 살롱의 강점과 약점을 명확하게 파악하고, 필요한 개선 조치를 신속하게 취할 수 있다. POS 시스템을 통해 매출과 고객의 행동 패턴을 분석하고, 고객 리뷰를 통해 감정 데이터를 수집하며, 재방문율을 통해 고객 충성도를 측정하는 과정은 모두 살롱의 지속 가능한 성장을 위한 중요한 밑거름이 된다. 데이터 중심의 경영은 감각과 경험에만 의존하는 한계를 극복하고, 체계적이고 예측 가능한 운영 시스템을 구축하는 데 결정적인 역할을 한다.

종합 결론: 데이터를 경영의 무기로 삼아라

이러한 데이터 분석을 통해 살롱은 매출 상승을 넘어 고객과의 신뢰 구축, 직원들의 동기 부여, 그리고 장기적인 조직 안정성을 확보할 수 있다. 고객에게 제공되는 서비스의 질이 높아지고, 디자이너와 크루의 역량이 체계적으로 강화되며, 경영 전반에 걸쳐 투명하고 객관적인 의사결정이 가능해진다. 이처럼 데이터는 경영자에게 단순한 숫자가 아니라, 미래를 설계하는 데 있어 없어서는 안 될 소중한 자원이며, 이를 제대로 활용하는 조직만이 변화하는 시장 환경 속에서도 지속 가능한 성장을 이룰 수 있다.

결론적으로, 내부 지표(포스, 리뷰, 재방문율)를 효과적으로 분석하고 이를 경영 전략에 반영하는 것은 단순한 매출 증대를 넘어 살롱의 지속 가능한 발전과 고객, 직원 모두의 만족을 이끌어내는 가장 강력한 무기이다. 데이터를 통해 얻은 객관적인 인사이트는 경영의 나침반 역할을 하여, 감각과 경험에 의존하는 경영에서 벗어나 체계적이고 예측 가능한 운영을 가능하게 한다. 이러한 데이터 기반 경영은 살롱의 강점을 극대화하고, 약점을 보완하며, 궁극적으로는 고객과 구성원 모두에게 진정한 가치를 제공하는 길임을 이해해야 한다.

다음은 살롱 경영에서 내부 지표(포스 데이터, 고객 리뷰, 재방문율)를 시각화한 표와 도표의 예시를 통해, 데이터를 어떻게 분석하고 활용할 수 있는지 자세히 설명한 내용이다. 이 자료들은 단순한 매출 숫자 이상의 의미를 담아, 고객 행동과 경험, 그리고 조직의 강점과 개선점을 파악하는 데 큰 도움이 된다.

[표 1] 요일별 매출 패턴 분석

요일	고객 방문 수	총 매출액 (원)	평균 객단가 (원)
월	50	3,000,000	60,000
화	60	3,600,000	60,000
수	55	3,300,000	60,000
목	65	3,900,000	60,000
금	80	4,800,000	60,000
토	100	6,000,000	60,000
일	90	5,400,000	60,000

이 표는 각 요일별로 고객 방문 수와 매출액, 평균 객단가를 보여준다. 주말(토, 일)에는 방문 수와 매출액이 상대적으로 높다는 것을 알 수 있는데, 이를 통해 주말에 집중된 고객 흐름을 보다 효율적으로 활용하기 위한 마케팅이나 예약 전략을 세울 수 있다. 예를 들어, 평일 낮 시간대에 예약 할인 프로모션을 진행하거나, 주말에는 프리미엄 서비스를 강화하는 등의 전략이 가능하다.

[도표 1] 요일별 매출 추이

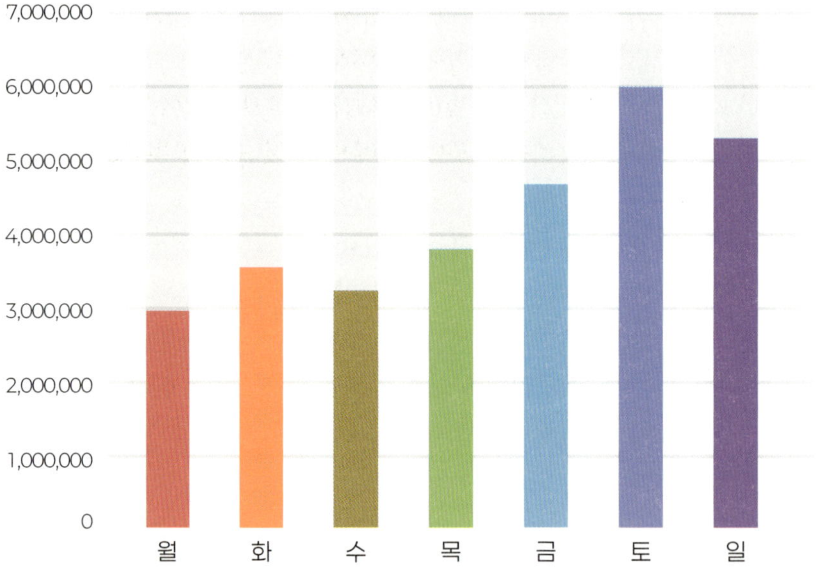

도표 1은 위의 표 데이터를 바탕으로 요일별 매출액의 추이를 막대그래프로 나타낸 것이다. X축에는 요일, Y축에는 매출액(원)을 표시하여, 주말에 매출이 급증하는 모습을 시각적으로 확인할 수 있다.

- **분석 포인트**
  - 평일 대비 주말 매출 증가는 고객들이 주말에 살롱 방문에 더 많은 가치를 두고 있음을 시사한다.
  - 이를 통해 주말 예약 시스템 개선, 프리미엄 서비스 도입 등의 전략을 고려할 수 있다.

[표 2] 서비스별 매출 비중

시술 종류	매출 비중 (%)	시술 건수
커트	40	300건
펌	30	225건
염색	20	150건
트리트먼트	10	75건

이 표는 각 시술 종류별 매출 비중과 건수를 보여준다.

- 분석 포인트
  - 커트 시술이 전체 매출의 40%를 차지하며 가장 큰 비중을 보이므로, 커트 기술과 관련된 고객 만족도를 높이는 전략이 중요하다.
  - 펌과 염색도 상당한 매출을 발생시키고 있으므로, 해당 시술에 대한 맞춤형 상담이나 추가 서비스 (예: 스타일링 팁 제공)를 강화할 필요가 있다.
  - 트리트먼트와 같은 부가 서비스는 매출 비중은 낮지만, 고객의 모발 건강과 만족도를 높이는 데 기여할 수 있다.

[표 3] 디자이너별 매출 및 재방문율 비교

디자이너 이름	월 매출액 (원)	재방문율 (%)	고객 만족도 (리뷰 평점)
김디자이너	5,000,000	70	4.8/5
이디자이너	4,500,000	65	4.7/5
박디자이너	3,800,000	60	4.5/5
최디자이너	6,200,000	75	4.9/5

이 표는 각 디자이너별 월 매출, 재방문율, 그리고 고객 리뷰 평점을 비교한 것이다.

- 분석 포인트
  - 최고 매출과 재방문율을 기록한 최디자이너의 사례를 분석하여, 그들의 상담 방법, 시술 기술, 고객 관리 전략 등을 전 직원과 공유할 수 있다.
  - 매출이나 재방문율이 낮은 디자이너에 대해서는 추가 교육이나 코칭을 통해 개선할 부분을 찾아내고, 고객과의 접점에서 부족한 점을 보완해야 한다.
  - 고객 리뷰 평점은 디자이너의 기술력 뿐만 아니라, 상담 태도와 고객 응대 방식 등 감성적 요소가 반영된 결과이므로, 이를 통해 고객 경험의 질을 종합적으로 평가할 수 있다.

[도표 2] 고객 리뷰 감성 분석

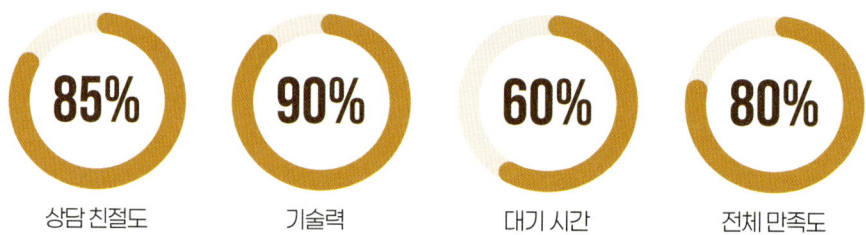

85%	90%	60%	80%
상담 친절도	기술력	대기 시간	전체 만족도

도표 2는 고객 리뷰 데이터를 바탕으로 긍정적 리뷰의 비율을 파이 차트 형태로 시각화한 것이다.

- **분석 포인트**
  - 고객들은 대부분 디자이너의 기술력과 상담에 높은 만족도를 보이고 있으나, 대기 시간에 대한 불만이 상대적으로 높음을 알 수 있다.
  - 부정적인 평가 항목은 즉각적인 개선 대상이 되어야 하며, 예를 들어 대기 시간 문제는 예약 시스템의 개선이나 고객 응대 프로세스 재설계를 통해 해결할 수 있다.
  - 긍정적 리뷰의 키워드를 추출하여, 전 직원이 동일한 수준의 고객 서비스를 제공할 수 있도록 매뉴얼이나 교육 프로그램에 반영하는 것이 좋다.

[표 3] 디자이너별 매출 및 재방문율 비교

항목	현재 재방문율 (%)	개선 포인트	전략 제안
전반적 재방문율	65	후속 관리 및 관계 유지 부족	맞춤형 메시지 발송, 리마인드 예약 시스템 도입
특정 서비스 (예: 펌)	60	시술 후 케어 부족	시술 후 케어 팁 제공, 상담 후 피드백 강화
디자이너별 재방문율	70 (최디자이너) ~ 60 (박디자이너)	디자이너별 고객 관리 차이	우수 디자이너 사례 공유, 추가 교육 및 코칭 지원

이 표는 재방문율에 대한 현재 수치를 바탕으로 개선이 필요한 부분과 구체적인 전략 제안을 정리한 것이다.

- **분석 포인트**
  - 전체 재방문율이 65%로 나타났다면, 이는 신규 고객 유입에 비해 기존 고객의 재방문이 다소 낮은 수준임을 의미한다.
  - 특정 서비스나 디자이너별로 재방문율에 차이가 있다면, 해당 부분에 대해 원인을 분석하고 맞춤형 개선 전략을 마련해야 한다.
  - 예를 들어, 시술 후 케어가 부족한 서비스에는 고객 맞춤형 알림 메시지나 예약 리마인드 시스템을 도입해 재방문을 유도할 수 있다.

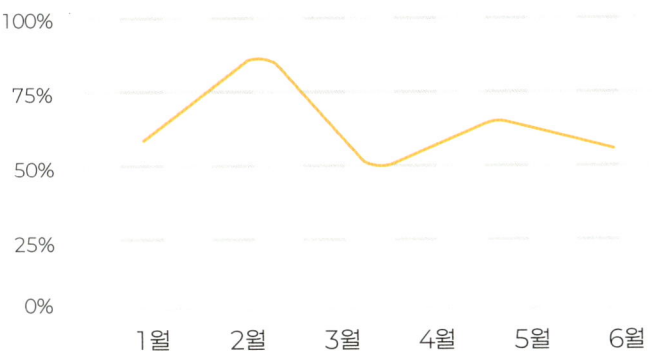

[도표 3] 재방문율 추이

도표 3은 지난 6개월 간의 재방문율 변화를 선 그래프로 나타낸 것이다.

- **설명**
  - X축에는 월별(예: 1월, 2월, …, 6월)을, Y축에는 재방문율(%)을 표시하여 재방문율의 상승 혹은 하락 추세를 시각화한다.
  - 특정 기간에 재방문율이 급락한 경우, 그 기간에 있었던 서비스나 이벤트, 외부 요인을 분석해 원인을 규명할 수 있다.
  - 재방문율이 점차 상승하는 추세라면, 고객 관리와 후속 서비스 전략이 효과적이었다는 증거로, 이러한 성공 사례를 다른 기간이나 서비스에 확대 적용할 수 있다.

> **Point!** **내부 지표(포스, 리뷰, 재방문율) 분석하기**
>
> 내부 지표를 효과적으로 분석하는 것은 단순한 매출 증대를 넘어서 살롱의 지속 가능한 성장, 고객 만족, 그리고 구성원 모두의 동기 부여에 결정적인 역할을 한다.
>
> * POS 데이터 분석을 통해 요일별, 서비스별, 디자이너별 매출 패턴과 고객 행동을 파악하고, 효율적인 운영 전략을 수립할 수 있다.
> * 고객 리뷰 분석은 감성 데이터를 제공하여 서비스 개선의 실질적인 방향을 제시하며, 고객의 만족과 불만 요소를 즉각 파악할 수 있도록 돕는다.
> * 재방문율 분석은 고객 충성도를 측정하는 핵심 지표로, 맞춤형 후속 관리와 예약 리마인드 시스템 등을 통해 고객과의 지속적인 관계를 구축하는 데 필수적이다.
>
> 이와 같이, 내부 지표를 표와 도표로 시각화하여 분석함으로써, 경영자는 객관적인 인사이트를 확보하고 체계적인 경영 전략을 세울 수 있다. 데이터는 경영의 나침반과 같아서, 감각과 경험에 의존하는 한계를 극복하고 예측 가능한 운영 시스템을 구축하는 데 큰 도움이 된다. 결국, 데이터 기반 경영을 통해 살롱은 고객과 구성원 모두에게 진정한 가치를 제공하며, 지속 가능한 성장을 이룰 수 있게 된다.

3. 데이터 경영: 감이 아닌 근거로 살롱을 개선

미용 산업에서 성공적인 경영을 위해 가장 중요한 요소는 무엇일까? 많은 사람들이 "기술력", "서비스", "브랜딩" 등을 꼽지만, 이를 제대로 활용하기 위해 가장 필수적인 요소는 바로 "데이터 기반 경영"이다.

살롱 운영자들이 흔히 저지르는 실수 중 하나는 감각과 경험만을 바탕으로 결정을 내리는 것이다. 물론 오랜 경험을 통해 얻은 직관은 중요하지만, 그것만으로는 지속 가능한 성장을 보장할 수 없다. 진정한 경쟁력을 갖추기 위해서는 명확한 데이터 분석을 통해 강점과 약점을 파악하고, 근거에 기반한 의사 결정을 내려야 한다.

데이터 경영은 단순한 숫자 놀이가 아니다. 이는 고객의 행동 패턴을 이해하고, 매출을 최적화하며, 디자이너의 역량을 극대화하는 강력한 도구다. 감에 의존하는 경영에서 벗어나 근거를 기반으로 살롱을 개선하는 방법을 살펴보자.

데이터 경영이 중요한 이유

살롱을 운영하다 보면 다음과 같은 질문들이 생긴다.

"어떤 시술이 가장 인기가 많을까?"
"고객들은 왜 한 번 방문하고 다시 오지 않을까?"
"디자이너별 매출 차이는 왜 생길까?"
"우리 매장의 객단가는 적정할까?"

이 질문들에 대한 답을 단순한 감각으로 판단하는 것은 위험하다. 같은 데이터를 보고도 사람이 다르게 해석할 수 있기 때문이다. 이를 방지하기 위해 객관적인 지표를 설정하고, 데이터 분석을 통해 살롱의 문제점을 개선해야 한다.

데이터 기반 경영의 핵심 목표는 다음과 같다.

- 1. 고객 만족도와 충성도를 높인다.
- 2. 효율적인 매출 증대를 이끈다.
- 3. 디자이너별 역량을 분석하고 성장 기회를 제공한다.
- 4. 살롱 운영의 최적화를 통해 비용을 절감한다.

POS 시스템을 활용한 데이터 분석

POS(Point of Sale) 시스템은 단순한 매출 기록을 넘어서 경영의 방향을 잡아주는 중요한 도구다. 이를 통해 살롱의 매출 흐름을 분석하고, 고객의 행동 패턴을 이해할 수 있다.

- 1) 매출 분석
  - 시간대별 매출: 특정 요일과 시간대에 매출이 집중되는 패턴을 분석해, 예약을 최적화하고 프로모션 전략을 수립할 수 있다.
  - 서비스별 매출 비중: 펌, 염색, 커트 등 각 시술이 전체 매출에서 차지하는 비중을 확인하여 인기 있는 서비스와 개선이 필요한 서비스를 파악한다.
  - 객단가 분석: 고객이 평균적으로 지출하는 금액을 확인하고, 추가 매출을 유도할 방법을 모색한다.
- 2) 고객 행동 분석
  - 재방문율 분석: 첫 방문 이후 다시 찾는 고객의 비율을 확인하여 충성도를 측정한다.
  - 신규 고객 vs. 기존 고객 비율: 신규 고객 유입이 줄어들고 있다면 마케팅 전략이 필요하다.
  - 고객별 구매 패턴 분석: 특정 고객이 어떤 주기로 방문하는지 분석하여, 맞춤형 프로모션을 제공할 수 있다.

고객 리뷰와 피드백을 활용한 서비스 개선

고객의 리뷰와 피드백은 가장 중요한 정성적(qualitative) 데이터다. 이는 숫자로 표현할 수 없는 고객의 감정을 담고 있으며, 이를 분석하면 서비스의 강점과 약점을 명확하게 파악할 수 있다.

- 1) 리뷰 분석의 중요성
  - 고객의 리뷰는 크게 두 가지로 나뉜다.
  - 긍정적인 리뷰: 고객이 만족한 이유를 파악하고 이를 더욱 강화하는 전략을 수립할 수 있다.
  - 부정적인 리뷰: 고객이 불만을 느낀 부분을 개선하는 기회가 된다.
- 2) 리뷰 패턴 분석
  - "상담이 너무 짧아요." → 상담 시간을 늘려야 할까? 아니면 상담 프로세스를 개선해야 할까?
  - "예약하고 갔는데도 대기 시간이 길었어요." → 예약 시스템을 개선할 필요가 있을까?
  - "디자이너가 내 스타일을 잘 이해해 줬어요." → 고객 맞춤형 서비스를 강화해야 할까?

이처럼 고객의 목소리를 분석하고 이를 반영하는 것이 곧 데이터 경영의 핵심이다.

재방문율과 충성 고객 데이터 분석

재방문율이 낮다면, 그 원인을 파악하고 해결하는 것이 중요하다.

- 1) 고객 유형별 분석
  - 한 번 방문 후 다시 오지 않는 고객: 가격이 부담스러웠을까? 아니면 서비스가 기대에 못 미쳤을까?

- 정기적으로 방문하는 충성 고객: 이들의 특성을 분석해 더 많은 단골을 만들 수 있는 전략을 세워야 한다.

• 2) 충성 고객 유지 전략
- 상권분석을 통한 수요 고객 타켓: 주거, 상업, 오피스 상권의 특성을 파악해 고객의 니즈를 충족
- 고객 맞춤형 메시지 발송: 생일, 기념일, 특정 방문 주기에 맞춰 연락
- 정기적인 피드백 요청: 고객의 의견을 적극적으로 수렴하여 개선

디자이너별 성과 데이터 분석

살롱 경영에서 가장 중요한 자산은 "사람"이다. 디자이너의 역량을 객관적으로 평가하고 성장 기회를 제공하는 것이 살롱의 장기적인 성공을 결정한다.

• 1) 디자이너별 매출 비교
- 매출이 높은 디자이너 vs. 낮은 디자이너: 차이가 발생하는 원인을 분석하고, 개선이 필요한 부분을 찾는다.
- 고객 유지율: 고객이 특정 디자이너를 선호하는 이유를 분석하여, 전체 직원에게 교육 자료로 활용할 수 있다.

• 2) 디자이너별 강점과 개선점 파악
- "A 디자이너는 스타일링 제안이 뛰어나다." → 신규 직원 교육에 활용 가능
- "B 디자이너는 고객과의 대화가 부족하다." → 상담 스킬 교육 필요

이처럼 디자이너 개개인의 데이터를 분석하고 이를 성장의 기회로 삼아야 한다.

데이터 기반 마케팅 전략 수립

데이터를 활용하면 보다 효과적인 마케팅 전략을 수립할 수 있다.

• SNS 광고 타겟 설정: 특정 연령대와 성별, 지역별 고객 데이터를 분석하여 맞춤형 광고 집행
• 추천 서비스 제공: 고객의 방문 기록을 기반으로 맞춤형 서비스 추천
• 리뷰를 활용한 신뢰 마케팅: 긍정적인 리뷰를 적극 활용하여 브랜드 신뢰도 상승

데이터 경영이 살롱의 미래를 결정한다

살롱 운영에서 감각과 경험만으로 의사결정을 내리는 것은 더 이상 효과적인 방법이 아니다. POS 데이터, 고객 리뷰, 재방문율, 디자이너 성과 등의 데이터를 종합적으로 분석하여 객관적인 경영 전략을 수립해야 한다. 데이터를 기반으로 경영하면, 단기적인 매출 증가를 넘어 장기적인 고객 신뢰와 지속 가능한 성장을 이룰 수 있다. 이제는 감이 아닌 근거로 경영해야 한다. 살롱의 미래는 데이터에 달려 있다.

4 위기는 선택이 아니라 성장으로 극복한다

위기가 찾아오면 우리는 흔히 "어떻게 피해야 할까"부터 고민한다. 상황이나 환경을 탓하며 우회할 방법을 찾거나, 누군가의 도움을 기대하는 경우도 많다. 그러나 이러한 접근은 문제를 일시적으로 회피할 뿐, 근본적인 해결책이 될 수 없다. 오랜 비즈니스 경험과 다양한 리더 및 구성원들과의 대화를 통해 확신하게 된 한 가지 사실이 있다. 위기는 피할 수 있는 선택이 아니라, 성장을 위한 필연적인 과정이라는 점이다.

위기가 닥치는 순간, 우리는 이미 이전과 전혀 다른 환경에 놓이게 된다. 그 환경에서 예전과 똑같이 행동하거나, 동일한 수준의 역량만을 유지한다면 위기를 극복하기 어려워진다. 새로운 환경이 요구하는 변화에 적응하고, 더욱 발전된 스킬과 태도를 갖추는 과정이 바로 '성장'이다. 많은 사람들은 성장하면 곧바로 성공이나 성취가 따라온다고 생각하지만, 성장에는 반드시 고통과 도전이 수반된다. 편안한 환경에서 도전 없이 지내는 사람은 현재 상태를 유지할 수는 있어도, 본질적으로 발전하지 않는다. 진정한 성장은 우리가 한계에 부딪히고 이를 극복하는 과정에서 이루어진다.

미용업계는 변화가 빠르고 경쟁이 치열한 산업 중 하나다. 예상치 못한 외부 충격이 언제든 발생할 수 있으며, 고객 트렌드는 수시로 변한다. 이런 상황에서 단순히 '버티기' 혹은 '임시방편적 대응'만으로는 생존할 수 없다. 반면, 위기의 근본 원인을 분석하고, 필요한 역량을 보완하며, 새로운 전략을 시도하는 과정은 살롱의 성장을 촉진하는 계기가 된다. 매장이 한산해진 시간을 활용해 디자이너 교육을 강화하고, CRM을 도입해 고객 데이터를 체계적으로 분석하며, 브랜드 스토리를 재정비해 홍보 전략을 조정하는 것은 당장 매출을 증가시키지 않을 수도 있다. 하지만 이러한 노력은 결국 경쟁력을 강화하는 밑거름이 된다.

카이정헤어 역시 창업 초기부터 빠르게 성장했지만, 여러 번의 위기를 맞았다. 특히 코로나19 시기는 살롱 운영에 있어 가장 큰 도전이었다. 사회적 거리두기와 외부 활동 제한으로 많은 살롱이 매출 하락을 겪었고, 우리도 큰 타격을 받았다. 흔히 선택할 수 있는 대응 방법은 두 가지였다. 첫째, 인원 감축과 영업 시간 단축을 통해 비용을 줄이는 것. 둘째, 할인 프로모션을 공격적으로 진행해 단기 매출을 확보하는 것. 그러나 우리는 다른 길을 선택했다. 위기를 기회로 삼아 "고객과 직원 모두에게 동행자가 된다"는 우리의 가치를 더욱 확고히 하는 방향으로 나아가기로 했다.

예를 들어, 어려운 상황에서도 디자이너 교육 프로그램을 더욱 강화했다. 외부 교육이 제한되자 내부 스터디 모임을 늘리고, 온라인 강의 콘텐츠를 적극 도입했다. 고객 관리도 더욱 세밀하게 진행해 고객 후기와 문의를 분석하고, 재방문 흐름을 개선하기 위한 매뉴얼을 구축했다. 언뜻 보면 위기 상황에서 이런 투자가 위험하게 보일 수도 있었다. 그러나 그 결과, 회복기에는 더욱 단단해진 고객 신뢰와 서비스 만족도를 얻을 수 있었다. "카이정헤어는 어떤 상황에서도 기본기를 놓치지 않는다"는 평가가 고객들 사이에서 퍼졌고, 이를 체감한 고객들이 지인들에게 적극 추천하면서 재방문율이 크게 증가했다. 결국, 위기를 성장의 기회로 삼은 이 전략이 살롱을 한 단계 더 발전시키는 계기가 되었다.

위기를 극복하는 가장 중요한 자세는 '안 되는 이유'를 찾고 좌절하기보다, '어떻게 해결할 수 있을까'를 고민하는 태도를 가지는 것이다. 매출이 부진할 때 많은 사람들이 상권이 나빠졌다고 불평하거나, 소비자 취향이 변했다고 이야기한다. 물론 외부 환경의 변화는 무시할 수 없는 요소다. 그러나 이에 머물러 있으면 살롱의 변화는 기대할 수 없다. "우리 디자이너들의 강점은 무엇인가?", "고객이 원하는 스타일과 서비스를 어떻게 반영할 것인가?" 같은 질문을 던지고, 이를 바탕으로 새로운 콘텐츠를 개발하거나 예약 시스템을 정비하는 등의 실행을 해야 한다. 이러한 시도가 축적되면 매장은 전보다 더욱 경쟁력 있는 공간으로 변모할 수 있다. 반면, 반짝 할인 행사나 선불권 판매 같은 임시방편적인 대책만으로 위기를 넘기려 하면, 장기적으로 브랜드 가치가 훼손될 위험이 크다.

위기를 외면하면 한순간의 안도감은 얻을 수 있을지 몰라도, 지속적인 성장 기회를 잃게 된다. 그리고 더 큰 위기가 찾아왔을 때는 대응할 여력이 남아 있지 않게 된다. 그래서 "위기가 곧 기회"라는 말은 단순한 구호가 아니다. 다만, 그 기회를 살리려면 불편한 과정을 견디고 실행해야 한다. 위기를 극복하는 과정에서 살롱 내부의 문제점이 드러날 수도 있고, 갈등이 발생할 수도 있으며, 조직 개편이 필요할 수도 있다. 하지만 이를 덮어두면 결국 같은 위기가 반복된다. 문제를 직면하고 해결하는 과정에서 살롱의 방향성이 더욱 분명해지고, 구성원들은 더욱 강한 결속력을 갖게 된다.

위기를 성장의 기회로 바꾸면, 그 결과는 '지속 가능성'이라는 형태로 나타난다. 단기적인 회피 전략은 일시적인 해결책이 될 수 있지만, 시장 변화와 소비 트렌드는 끊임없이 변한다. 위기 속에서 무엇을 배우고 어떤 역량을 키웠느냐에 따라, 다음 위기 상황에서 얼마나 빠르게 적응할 수 있는지가 결정된다. 이렇게 강한 내공을 쌓은 살롱은 외부 변수가 닥쳐도 쉽게 흔들리지 않는다. 오히려 "이럴 때야말로 또 한 번 성장할 기회다"라는 긍정적인 태도로 전환하는 힘이 생긴다. 개인 차원에서도 마찬가지다. 극심한 슬럼프를 극복하며 한 단계 성장한 디자이너와 크루는 이후 유사한 도전에 직면했을 때 더욱 침착하고 유연하게 문제를 해결할 수 있다.

결국, 위기가 닥쳤을 때 "어떻게 피할까?"가 아니라 "이 과정을 통해 무엇을 배우고 어디까지 성장할 것인가?"를 고민해야 한다. 위기는 기존 시스템의 문제점과 부족한 역량을 드러내는 거울과 같다. 그 순간에는 불편하고 당황스러울 수 있지만, 동시에 변화의 기회가 되기도 한다. 따라서 위기를 만났을 때야말로 "새로운 역량을 개발하고 조직을 재정비할 최적의 타이밍"으로 인식해야 한다. 여러 사람의 아이디어를 모으고, 문제를 해결할 실질적인 매뉴얼을 구축하다 보면, 위기를 통해 살롱이 한층 더 진화할 수 있다.

정리하자면, 위기는 선택지가 아니라 '성장의 문제'다. 도망칠 것인가, 도전할 것인가를 고민하기보다, "어떤 태도와 준비로 한 단계 더 도약할 것인가?"에 집중해야 한다. 물론 성장의 길에는 고통과 희생이 따르지만, 이 과정을 제대로 치러낸다면 우리는 이전보다 훨씬 더 강한 내공과 넓은 시야를 갖게 된다. 그리고 그 경험은 또 다른 위기가 닥쳤을 때 우리를 지켜 줄 든든한 자산이 된다. 위기는 장애물이 아니라, 새로운 가능성을 열어 주는 기회다. 이를 극복하는 과정에서 우리는 더 깊이 배우고, 더 강한 조직으로 거듭날 수 있다. 이런 태도가 곧 살롱 비즈니스의 지속 가능성을 결정짓는 핵심 요소라고 확신한다.

위기를 어떻게 극복할 것인가?

위기 회피
위기를 피하거나 단기적인 해결책에 의존하는 것은 일시적인 안도감을 제공하지만, 장기적인 성장과 브랜드 가치를 해칠 수 있다.

위기를 성장 기회로 삼기
도전 과제를 수용하고 새로운 전략을 채택하면 고객 신뢰와 서비스 품질을 향상시켜 지속 가능한 성장을 이끌어낸다.

5. 성장을 방해하는 "할인 경쟁" 함정 깨뜨리기

할인 경쟁은 살롱의 성장을 가로막는 가장 대표적인 함정 중 하나다. 고객이 줄어들면 불안감에 휩싸여, 일단 가격을 낮춰서라도 매출을 채우려는 유혹에 빠지기 쉽다. 처음에는 "단기간에 신규 고객을 유치하고, 공실 타임을 줄이면 매출이 오르지 않을까?"라는 기대감이 작용한다. 실제로 '할인'이라는 단어는 사람들의 시선을 사로잡는 힘이 있다. 평소에 관심 없던 브랜드라도 '○○% 할인'이라는 문구가 붙으면 호기심이 생기고 방문을 고려하게 된다. 하지만 바로 이 지점에서, 살롱이 본질을 잃고 위기에 빠질 위험이 시작된다.

살롱 경영의 핵심은, 고객에게 독자적인 가치를 제공하고, 디자이너의 역량과 진정성으로 장기적인 신뢰 관계를 구축하는 것이다. 그러나 할인 경쟁을 시작하면 이러한 본질적인 가치가 급격히 희석된다. 고객이 "할인을 받지 않으면 살롱을 찾을 이유가 없다"는 인식을 가지게 되면, 살롱의 서비스와 기술, 그리고 사람의 매력보다 "얼마를 깎아 주느냐"가 방문의 결정적 요인이 되어 버린다. 더 큰 문제는, 한 번 할인에 익숙해진 고객은 더 저렴한 가격을 제공하는 곳이 나타나면 손쉽게 이동한다는 점이다. 이렇게 되면 브랜드 이미지와 고객 충성도는 무너지고, 다시 할인을 하지 않으면 고객이 오지 않는 불안정한 매출 구조가 형성된다.

더 나아가, 할인 경쟁은 살롱 내부에도 부정적인 영향을 미친다. 디자이너들은 자신의 기술과 노하우, 고객을 위한 정성을 헐값에 판매한다는 느낌을 받으며, 장기적으로 일할 동기가 떨어진다. 수익성이 낮아지면 인력 교육이나 복지에 투자할 여력이 줄어들고, 이로 인해 디자이너들의 만족도와 전문성이 하락한다. 살롱 운영 차원에서는 "비용을 줄여야 한다"는 압박이 커지며, 재료나 서비스 품질이 점점 낮아지게 된다. 고객이 느끼는 가치가 함께 떨어지면서 다시 할인 폭을 키워야만 매장을 유지할 수 있는 악순환이 반복된다. 이렇게 되면 살롱은 본질경영과는 거리가 먼 가격 경쟁의 소용돌이에 빠진다.

그렇다면 우리는 어떻게 해야 이 함정을 깨뜨릴 수 있을까?

첫째, 살롱의 정체성과 가치를 재정립해야 한다. 흔히 "고객을 행복하게 하기 위해서"라는 말은 누구나 하지만, 이를 실제로 어떻게 구현할지는 다르다. 사람 중심 경영을 강조한다고 말하면서도, 정작 고객 응대나 디자이너 교육이 소홀하다면 그 살롱에는 진정성이 없다. 고객에게 전하고 싶은 메시지는 "우리는 할인이 없어도, 이 정도 퀄리티와 경험을 제공한다"는 확신이 되어야 한다. 고객이 정가를 지불할 만한 분명한 이유를 제공해야 하며, 이를 위해 상담의 질을 높이고, 서비스 과정에서 배려를 일관되게 유지해야 한다. 고객은 단순히 저렴한 곳을 찾는 것이 아니라, 가격을 지불한 만큼의 가치를 얻을 수 있는 곳을 선택한다.

둘째, 부득이하게 프로모션을 진행해야 하는 경우에도, 무분별한 할인 대신 전략적인 접근이 필요하다. 특정 시술이나 특정 기간, 혹은 일정 컨셉에 한정해 특별 혜택을 제공하는 방식이 효과적이다. 예를 들어, 오픈 초반 특정 시술(예: 단발펌, 헤드스파 등)만 한정적으로 할인해 살롱이 제공하는 서비스의 가치를 고객이 체험할 기회를 줄 수 있다. 중요한 것은 단순한 가격 할인에 그치는 것이 아니라, 살롱의 핵심 가치를 고객이 경험하도록 유도하는 것이다. 고객이 "이 할인은 살롱의 가치를 소개하기 위한 한시적 행사구나"라고 인식하면, 본래 가격에도 합당한 가치를 느끼게 된다.

셋째, 할인 없이도 고객이 오게 만들 수 있도록 운영 전략을 강화해야 한다. 고객이 살롱에서 경험하는 전반적인 서비스의 질을 높이면, 가격 경쟁 없이도 지속적인 방문을 유도할 수 있다. 이를 위해 상담 스킬 향상, 디자인 완성도 개선, 고객 맞춤형 스타일 제안 등 전반적인 서비스 품질을 높여야 한다. 편안하고 감각적인 공간 조성 역시 중요한 요소다. 살롱이 지향하는 정체성을 확립하고, 구성원들이 같은 방향을 바라보며 점진적으로 개선해 나가면, 고객의 만족도는 서서히 상승한다. 이렇게 '가치 중심'의 경험을 제공하면, 고객은 "여기는 할인이 없어도 선택할 이유가 충분하다"고 느끼게 된다.

넷째, 디자이너와 크루들의 자존감을 높이고, 전문성을 강화하는 방향으로 운영해야 한다. 할인 경쟁은 디자이너들에게 피로감을 주고, "내 기술과 노력이 단순히 가격 경쟁의 도구인가?"라는 회의감을 불러일으킨다. 따라서 경영자는 할인보다 디자이너들이 자신의 영역을 개척하고 성장할 수 있도록 교육과 브랜딩을 지원해야 한다. 특정 스타일링이나 펌·염색 기술에 특화된 디자이너를 적극 홍보하고, 이들이 개인 브랜딩을 할 수 있도록 도와야 한다. 고객이 "이 디자이너가 전하는 가치를 경험하고 싶다"는 생각을 하게 되면, 가격이 아닌 사람을 보고 살롱을 찾게 된다.

다섯째, 고객이 지불하는 금액에 대한 정당성을 분명히 해야 한다. 헤어 제품을 선정할 때도 품질 좋은 브랜드를 사용하고, 그 이유와 고객의 모발에 미치는 영향을 디자이너가 충분히 설명해야 한다. 고객이 "이 돈을 낼 가치가 있다"고 납득할 수 있도록 하는 것이 핵심이다. 살롱이 할인 경쟁 없이 성장하려면, '고객이 신뢰할 수 있는 디테일'을 곳곳에서 쌓아 두어야 한다. 고객이 시술 후 스타일링이 편리해지고, 모발 건강이 개선되며, 스스로 거울을 볼 때 만족감을 느끼는 경험을 하게 되면, 더 이상 가격을 깎아 달라는 요구는 사라진다.

결국, 할인 경쟁에서 벗어나려면 "우리 살롱이 어떤 가치를 제공하는가?"라는 질문을 지속적으로 던져야 한다. 경영자가 명확한 비전을 설정하고, 모든 구성원이 그 방향으로 나아갈 수 있도록 시스템을 구축해야 한다. 매출을 단기간에 올리는 것보다, 브랜드 철학을 지키며 지속 가능한 성장 모델을 만드는 것이 중요하다. 단기 매출만 보고 무리한 할인을 남발하면 장기적으로 더 큰 손실이 발생할 수 있다. 반면, 할인 없이도 고객이 신뢰하고 찾아오도록 기술과 서비스를 강화하면, 외부 환경 변화에도 흔들리지 않는 살롱을 만들 수 있다.

살롱이 할인 경쟁에서 자유로워지려면, 디자이너와 고객 사이의 신뢰가 가장 중요한 자산이 되어야 한다. 가격이 아닌 진정한 가치를 제공할 때, 고객은 가격보다 살롱의 브랜드와 경험을 우선하게 된다. 이렇게 형성된 브랜드 신뢰는 장기적으로 살롱의 안정적인 매출과 충성 고객층을 형성하는 원동력이 된다. 할인 경쟁을 벗어나 가치 중심 경영을 실현하는 것이야말로, 미용업계가 지속 가능하고 건강하게 성장하는 길이다.

Point! 성장을 방해하는 "할인 경쟁" 함정 깨뜨리기

변화의 배경
- 과거: 가격과 기술 경쟁, 할인 프로모션 위주
- 현재: 고객은 단순한 비용 절감이 아니라 정서적 만족(가심비)을 원함
- MZ세대: 디지털 정보 속에서 진정한 인간적 소통과 맞춤형 케어를 중시

본질경영의 핵심
- "왜 미용을 하는가?"에 대한 근본적 질문
- 디자이너의 내면 성장과 진정성 있는 소통
- 고객과의 깊은 신뢰, 동행자 관계 형성

살롱의 역할 전환
- 단순 시술 공간 → 고객의 삶에 긍정적 변화를 주는 '변화의 창'
- 브랜드 신뢰와 충성도를 높이는 핵심 요소

장기적인 성공 전략
- 기술적 우수성 외에도 인간적 접촉과 감성적 케어 강화
- 지속 가능한 조직 문화 구축 (협력, 소통, 상호 신뢰)
- 인본주의 미용 실천을 통한 브랜드 가치 상승

8장. 브랜딩과 마케팅의 본질

1. 양극화 시대, "브랜딩"은 왜 초격차를 만드는가

양극화가 심화되는 시대에 "왜 일부 살롱이나 디자이너는 극도로 성장하는 반면, 일부는 정체되거나 빠르게 쇠퇴할까?"라는 질문이 떠오른다. 그리고 우리는 이 질문을 통해 '초격차'라는 개념과 마주하게 된다. 시장은 점점 더 빠르게 변화하고, 소비자는 더욱 까다로운 안목을 갖게 되었다. 치열한 경쟁과 높아진 기준 속에서 누군가는 단박에 돋보이고, 누군가는 그대로 잊혀져 버린다. 이러한 변화 속에서 '브랜딩'이야말로 핵심 요소로 작용한다.

브랜딩의 본질은 '진정성'이다

브랜딩은 단순히 로고나 간판을 세련되게 꾸미는 작업이 아니다. "내가 왜 존재하고, 무엇을 위해 이 일을 하며, 고객에게 어떤 가치를 선사하는가"라는 근본적인 질문에 대한 답을 살롱과 디자이너의 모든 운영과 경험에 일관되게 녹여 내는 과정이자 철학이다. 따라서 브랜딩의 본질은 '진정성'이다. 고객이 살롱에서 실제로 체감하는 가치가 중요하며, 공간의 분위기, 제품 선택, 시술 과정, 상담 방식, 사후 관리까지 모든 요소가 한 방향을 향해야 한다.

정보의 투명화가 브랜딩의 중요성을 높이다

양극화 시대에서 브랜딩이 더욱 중요해진 이유는, 정보가 지나치게 투명하게 공개되는 환경 때문이다. 고객들은 SNS와 온라인 리뷰, 블로그 등을 통해 실제 시술 경험을 나누고, 이를 바탕으로 비교하며 판단한다. 겉으로는 멋진 사진과 화려한 홍보 문구를 내세워도, 실제 경험이 다르면 고객은 금세 실망하고, 그 실망은 빠르게 확산된다. 반면 진정한 브랜딩을 구축한 살롱은 입소문과 함께 강력한 팬덤을 형성하게 된다. 단순히 "여기 머리 잘해"가 아니라, "이곳은 특별한 감동과 배려가 있는 공간이다. 디자이너들도 자기만의 확고한 철학을 갖고 있고, 사람을 대하는 방식이 남다르다"라는 구체적인 이야기가 퍼진다. 이때 고객들은 단순한 호기심을 넘어서 "나도 저 문화를 경험하고 싶다"라는 강한 욕구를 느끼게 된다. 이것이 브랜딩이 만들어 내는 초격차의 원동력이다.

팬덤이 만들어 내는 강력한 커뮤니티

이 과정에서 형성된 '팬덤'은 단순한 고객층을 넘어 브랜드 가치를 적극 지지하고 자발적으로 홍보하며, 웬만한 변수에도 쉽게 흔들리지 않는 강력한 커뮤니티로 발전한다. 경쟁 업체가 더 저렴한 가격을 내세운다 해도, 팬덤을 형성한 고객들은 "가격이 아니라, 내가 이곳에서 누리는 경험이 훨씬 중요하다"고 판단한다. 브랜드에 대한 신뢰가 깊어질수록, 고객은 살롱과 디자이너의 성장을 함께 응원하며 장기적인 관계를 유지하게 된다. 이는 단순한 마케팅과 브랜딩의 차이를 보여 준다. 마케팅이 단기적인 고객 유입을 위한 기술적 접근이라면, 브랜딩은 장기적인 신뢰와 공감대를 형성하는 과정이다. 마케팅 기법은 누구나 쉽게 모방할 수 있지만, 브랜딩은 시간이 쌓인 역사와 경험이 바탕이 되므로 단기간에 따라잡을 수 없다.

브랜드의 중심은 '왜'라는 질문이다

브랜딩이 효과적으로 작용하려면 "우리는 왜 이 일을 하고, 무엇을 목표로 삼고 있는가"를 명확히 해야 한다. 가령 "인본주의 미용"을 지향한다면, 고객 상담에서부터 시술 과정까지 모든 과정이 '사람 중심'이어야 한다. 고객의 라이프스타일과 고민을 먼저 듣고, 그에 맞춰 맞춤형 제안을 제공하는 것이 자연스러워야 한다. 또한 고객이 시술 후 불편함을 느끼면 즉각적으로 피드백을 주고받을 수 있도록 '동행자'의 태도를 유지해야 한다. 이러한 과정이 반복되면 고객은 "이 살롱은 정말 사람이 우선이구나"라는 신뢰를 가지게 된다. 이러한 신뢰는 단순한 광고보다 훨씬 강력한 브랜드 파워로 작용한다.

기술력만으로는 더 이상 차별화되지 않는다

브랜딩이 더욱 중요해진 또 다른 이유는, 기술력만으로는 더 이상 차별화가 어렵기 때문이다. 과거에는 "머리를 잘한다"는 것만으로도 충분한 경쟁력이 되었지만, 이제는 한 지역 내에서도 수준 높은 기술력을 갖춘 디자이너가 많다. 그러다 보니 고객은 "어디를 가야 더 완벽한 스타일을 얻을 수 있을까?"를 넘어, "어떤 디자이너와 살롱이 나의 감성과 가치를 존중해 줄까?"를 기준으로 판단하게 된다. 가격과 기술력이 상향평준화될수록, 결국 '브랜드가 주는 의미'가 선택의 핵심이 된다.

SNS 시대, 브랜딩의 직관적 메시지가 필요하다

또한, SNS와 온라인 플랫폼을 통한 '상호 연결'이 활성화되면서, 브랜딩이 제대로 되어 있지 않다면 단순한 사진과 글만으로는 차별화가 어렵다. 고객들은 단순히 시술 결과를 넘어, 그 살롱과 디자이너가 어떤 철학을 가지고 일하는지를 알고 싶어 한다. 즉, 고객이 "이 살롱 혹은 이 디자이너는 어떤 문화를 지향하고, 왜 그 가치를 추구하는가"를 직관적으로 이해할 때, 비로소 브랜드에 대한 강한 신뢰가 형성된다. 이는 단순한 광고로는 절대 만들어 낼 수 없는 강력한 경쟁력이다.

소규모 살롱일수록 브랜딩이 더욱 효과적이다

브랜딩은 대형 브랜드뿐만 아니라, 소규모 헤어살롱에서도 중요한 요소다. 규모가 작은 살롱일수록 고객 한 명 한 명과 더 깊이 연결되고, 브랜드의 스토리를 개인적으로 전달하기가 쉬울 수도 있다. 명확한 가치관을 가진 살롱에서는 디자이너들이 "우리는 이런 철학을 실현하는 팀"이라는 공동체 의식을 가지게 된다. 그 결과, 할인 경쟁에 의존하지 않고, "이 고객에게 어떻게 하면 더 행복한 경험을 제공할 수 있을까?"라는 질문을 던지며 일하게 된다. 이러한 태도가 누적될수록 살롱은 브랜드로서 독보적인 지위를 얻게 된다.

브랜딩은 인내의 시간이다

　브랜딩은 단기간에 효과가 나타나지 않을 수도 있다. 공들여 구축해도 눈앞의 매출이 바로 증가하지 않을 수 있다. 하지만 이럴 때일수록 "우리가 왜 이런 브랜딩을 선택했는가?"라는 본질을 되새겨야 한다. 급히 매출을 올리는 방법은 많지만, 브랜드 철학이 흐려지면 장기적인 팬덤이 사라질 위험이 크다. 따라서 브랜딩을 지속할 수 있는 인내와 믿음이 필요하다. 시간이 흐르면, "할인 없이도, 과장 없이도" 살롱을 찾는 충성 고객이 자연스럽게 늘어나게 된다. 이것이야말로 초격차를 만들어 내는 진정한 성장 방식이다.

결론: 진짜는 살아남고, 가짜는 사라지는 시대

　결론적으로, 양극화 시대는 "진짜는 살아남고, 가짜는 빠르게 사라지는" 시대다. 정보는 빠르게 확산되고, 소비자의 눈은 점점 더 예리해진다. 형식적인 이벤트나 감성적인 마케팅 기법만으로는 더 이상 버티기 어렵다. 헤어살롱과 디자이너는 "나의 본질적인 가치는 무엇인가?", "그 가치를 어떻게 고객과 공유할 것인가?"를 고민하며, 운영과 시술 전반에 이를 반영해야 한다. 이것이 브랜딩의 출발점이며, 초격차를 만들어 내는 가장 확실한 전략이다. 장기적인 브랜드 구축이 당장의 매출보다 더 큰 가치를 만들어 내며, 브랜드가 확고해지면 고객들은 변하지 않는 신뢰로 응답할 것이다.

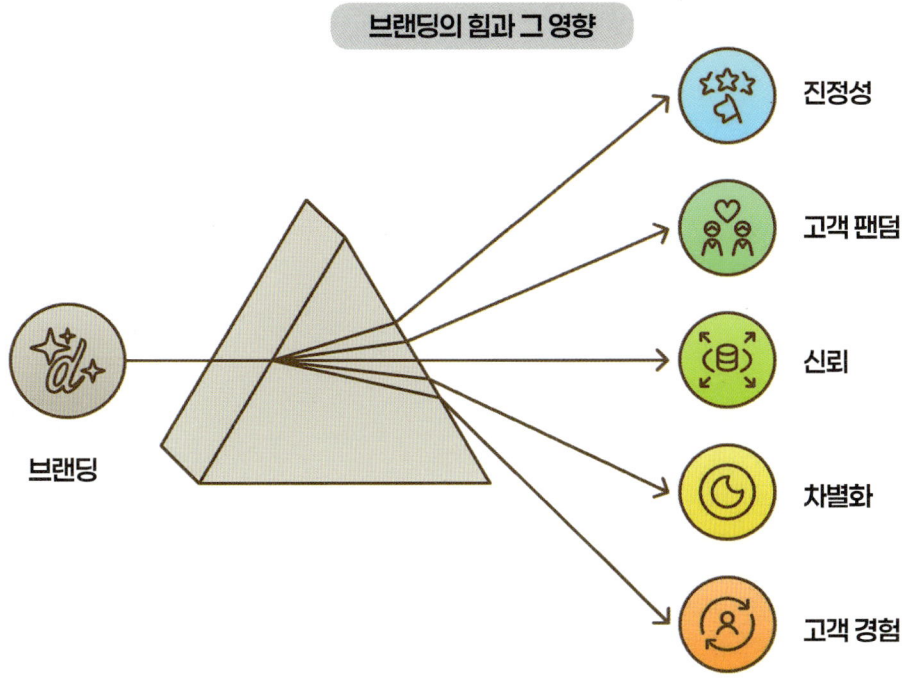

Point! 양극화 시대, "브랜딩"은 왜 초격차를 만드는가

1. 양극화 속에서의 초격차
- 시장은 빠르게 변화하고, 소비자는 더욱 예리해짐.
- 일부는 돋보이며 성장하고, 일부는 도태됨.
- 이 격차의 핵심 원인은 브랜딩에 있음.

2. 브랜딩의 본질은 '진정성'
- 단순히 예쁜 로고나 홍보가 아님.
- "우리는 왜 이 일을 하는가?", "고객에게 어떤 가치를 주는가?"에 대한 철학과 실천.
- 고객이 경험하는 모든 요소(공간, 서비스, 소통 등)가 일관되어야 함.

3. 브랜딩이 중요한 이유
- 정보의 투명성 증가: 고객은 SNS, 리뷰 등을 통해 실제 경험을 쉽게 공유하고 판단.
- 보여지는 것보다 느끼는 가치가 중요.
- 진정한 브랜딩은 팬덤을 만들고, 이는 강력한 커뮤니티로 확장됨.

4. 브랜딩 vs 마케팅
- 마케팅: 단기적 고객 유입 중심, 쉽게 모방 가능.
- 브랜딩: 장기적 신뢰와 관계 중심, 모방 불가.

5. 차별화의 새로운 기준
- 기술력만으로는 부족: 이제는 감성과 가치의 공유가 중요.
- 고객은 "잘하는 곳"보다 "내 가치를 이해하는 곳"을 찾음.

6. 소규모 살롱의 기회
- 오히려 작을수록 더 깊이 연결 가능.
- 팀 전체가 공유하는 철학이 곧 브랜드가 됨.
- 할인 경쟁 없이도 차별화된 경험 제공 가능.

7. 브랜딩은 인내의 싸움
- 당장의 매출보다 지속 가능성에 집중.
- 브랜드 철학이 흔들리면 팬덤도 사라짐.
- 충성 고객은 결국 "할인 없이도 찾아오는 고객"이 됨.

브랜딩은 철학이자 전략이다. 진정성 있는 브랜딩이야말로 초격차를 만들어 내는 가장 확실한 방법이다. 살롱과 디자이너는 "나의 본질은 무엇인가"를 고민하고, 그것을 고객 경험에 녹여낼 때 살아남고 성장할 수 있다.

2. 마케팅은 SNS가 전부가 아니다
: 오프라인 × 지역 × 리뷰 × 신뢰

마케팅이라고 하면 가장 먼저 인스타그램, 블로그, 유튜브 같은 SNS 채널부터 떠올리기 쉽다. 실제로 온라인에서 매력적인 사진과 영상을 접하면 고객들은 호기심을 갖고 더 자세히 알아보려 한다. 그러나 문제는 많은 디자이너와 경영자가 "이것이 곧 마케팅 전부"라고 착각하는 데 있다. 간혹 SNS 알고리즘 변화나 새로운 경쟁자의 등장으로 인해 온라인 유입이 급감하면, 살롱 경영이 갑자기 흔들리는 상황이 발생하기도 한다. 광고비를 투자했음에도 방문 전환율이 낮아 "왜 고객이 늘어나지 않지?"라고 고민하는 경우도 많다. 결국 SNS는 마케팅의 중요한 도구이지만, 전부가 될 수 없다. 우리는 오프라인의 작은 노력, 지역 커뮤니티와의 협업, 그리고 살아 있는 리뷰와 신뢰가 얼마나 중요한지를 다시금 짚어 볼 필요가 있다.

오프라인 마케팅이 중요한 이유

오프라인 마케팅이 중요한 이유는 무엇일까? 살롱은 물리적 공간을 기반으로 운영되며, 반드시 그 공간을 중심으로 생활하는 특정 고객층이 존재한다. 예를 들어, 직장인이 많은 도심 한가운데 위치한 살롱이라면 퇴근 후 쉽게 방문할 수 있도록 동선을 고려해야 하고, 주택가에 있는 살롱이라면 동네 주민이나 학생, 주부 고객을 타겟팅하는 전략이 필요하다. 이러한 지역별 상권 분석 없이 SNS에만 의존하면, 정작 가까이에 사는 고객들은 살롱의 존재조차 모를 수 있다. 반면, 오프라인에서 직접 안내문을 배포하거나, 가게 앞에 눈길을 끄는 배너를 설치하는 등의 활동을 한다면, "우리 동네에 이런 좋은 살롱이 있구나"라는 인식을 빠르게 확산시킬 수 있다. 이러한 오프라인 마케팅은 온라인 광고비를 투입하는 것보다 즉각적인 효과를 낼 수도 있다.

지역 커뮤니티와의 협업이 주는 신뢰

지역 커뮤니티와 협업하는 것도 강력한 마케팅 수단이다. 단순히 거리 홍보물을 배포하는 것이 아니라, 주변 상점들과의 교류를 통해 서로 고객을 공유하는 것이다. 예를 들어, 자주 가는 카페와 협업해 "살롱에서 시술받으면 커피 할인 제공" 혹은 "카페에서 영수증을 가져오면 추가 서비스를 제공" 같은 교차 프로모션을 진행하면, 서로의 고객층을 자연스럽게 교류시키는 효과를 얻을 수 있다. 이를 통해 고객들은 "이 동네 가게들은 서로 연결되어 있구나"라는 친밀감을 느끼고, 이런 관계는 신뢰로 이어진다. 실제로 SNS 광고보다 지인이나 지역 주민이 직접 추천하는 살롱이 더 신뢰받는 이유도 여기에 있다.

진짜 힘을 발휘하는 '리뷰'의 가치

리뷰의 중요성도 간과할 수 없다. 미용업계에서 SNS 마케팅을 할 때, 흔히 "사진을 잘 찍어 올리면 고객이 찾아올 것"이라고 생각한다. 물론 멋진 시술 사진은 관심을 끌지만, 고객이 최종 방문 결정을 내리는 데 더 큰 영향을 미치는 것은 '진솔한 후기'다. 누군가 "이곳 디자이너는 내 모발 상태를 꼼꼼히 체크해 주고, 정말 편안한 분위기를 만들어 줬다"라는 한 줄의 리뷰만 남겨도, 그 글을 본 사람은 "나도 한 번 가볼까?" 하고 마음을 먹게 된다. 반대로 아무리 세련된 사진을 올려도 리뷰가 없거나 형식적인 글만 가득하면 "광고만 열심히 하는 곳인가?"라는 의심이 생길 수 있다. 효과적인 리뷰 마케팅을 위해서는 고객이 자연스럽게 좋은 후기를 남길 수 있도록 '진짜 경험'을 만들어야 한다. 디자이너가 시술 전 상담을 충분히 진행하고, 고객의 고민을 세심하게 듣고 해결해 주려는 태도를 보이면, 고객은 자발적으로 리뷰를 남길 확률이 높아진다. 단순히 머리를 하는 공간이 아니라 '정서적 케어까지 제공하는 공간'이라는 인식을 심어 줄 때, 고객이 직접 홍보자가 되어 준다.

마케팅의 핵심은 결국 '신뢰'다

결국 이러한 오프라인 마케팅과 리뷰 마케팅의 핵심은 '신뢰'를 구축하는 것이다. 신뢰는 한 번 형성되면 쉽게 흔들리지 않는다. SNS에서 새로운 트렌드가 등장하더라도, 기존 고객은 "그래도 내가 다니는 살롱이 더 믿을 만하다"고 판단하며 이탈하지 않는다. 그래서 인본주의 미용이 강조하는 '사람을 대하는 태도'가 곧 마케팅의 본질과 연결된다. 고객이 살롱에 방문했을 때 "여기라면 믿고 맡길 수 있겠다"는 확신을 느끼도록 해야 한다. 그리고 그 확신은 단순한 인테리어나 시설에서 오는 것이 아니라, 직원이 먼저 건네는 따뜻한 인사, 고객 이야기에 집중하는 태도, 시술 후 불편한 점을 체크하는 섬세한 배려에서 비롯된다.

느리지만 가장 빠른 길, 신뢰 기반의 성장

이러한 오프라인 마케팅과 신뢰 구축이 느려 보이지만, 사실은 가장 빠른 길일 수도 있다. 고객 한 명 한 명과의 끈끈한 관계가 살롱의 탄탄한 매출 기반이 되기 때문이다. 광고를 보고 방문한 고객은 다시 광고를 봐야 재방문할 가능성이 크지만, 디자이너에게 신뢰를 느낀 고객은 충성 고객이 된다. 이들은 지인과 가족에게 살롱을 적극 추천하며 자연스럽게 입소문을 형성한다. 이렇게 한 명의 고객이 또 다른 고객을 데려오고, 이러한 관계가 반복되면서 살롱은 장기적으로 안정적인 성장 궤도에 오를 수 있다.

지역과 연결될수록 브랜드는 살아난다

지역 커뮤니티와의 연결도 중요하다. 상가번영회나 지역 소모임에 참여해 트렌드와 고객 니즈를 공유하거나, 지역 축제나 행사에서 '프리 헤어 상담 코너'를 운영하는 것도 효과적인 방법이다. 이렇게 하면 지역 주민들에게 "이 살롱은 단순히 머리하는 곳이 아니라, 지역과 소통하고 사람들과 연결되는 공간이구나"라는 인식을 심어 줄 수 있다. 이때 고객과 살롱의 관계는 단순한 상거래를 넘어, 일상 속에서 자연스럽게 스며드는 브랜드로 자리 잡게 된다.

리뷰는 오프라인과 온라인을 잇는 다리다

리뷰는 이러한 오프라인 마케팅을 온라인으로 연결해 주는 가교 역할을 한다. 오프라인에서 좋은 서비스를 제공한 후, 고객이 자연스럽게 그 경험을 온라인 리뷰로 남기면, 그 하나의 글이 새로운 고객을 유입시키는 강력한 동력이 된다. "이곳은 동네 예쁜 카페랑 콜라보도 하고, 친절한 데다가 머리도 잘한다"는 한 줄의 리뷰는 SNS 광고보다 훨씬 더 설득력이 있다. 사람들이 직접 체험한 솔직한 후기는 다른 이들의 신뢰를 얻으며, 별다른 광고 없이도 강한 브랜드 이미지를 구축하는 데 도움을 준다.

진짜 마케팅은 사람의 마음을 얻는 것

결국 마케팅의 본질은 '기술적으로 홍보하는 것'이 아니라 '사람의 마음을 움직이는 것'이다. 오프라인에서 쌓이는 작은 신뢰, 지역사회와의 협업, 진솔한 리뷰가 만들어 내는 파급력은 SNS의 순간적인 유행보다 훨씬 오래간다. 광고 알고리즘이 바뀌거나 경쟁 살롱이 등장해도, 신뢰를 바탕으로 구축된 브랜드는 쉽게 흔들리지 않는다. 인본주의 미용이 강조하는 "고객을 돈이 아니라 한 사람으로 대하며, 그 사람의 삶에 기여하고 싶다"는 태도가 마케팅에서도 중요한 이유다. 진정한 마케팅은 숫자가 아니라 사람을 중심에 두는 것이며, 그런 접근이야말로 어떤 시장 변화에도 흔들리지 않는 가장 강력한 경쟁력이 될 것이다.

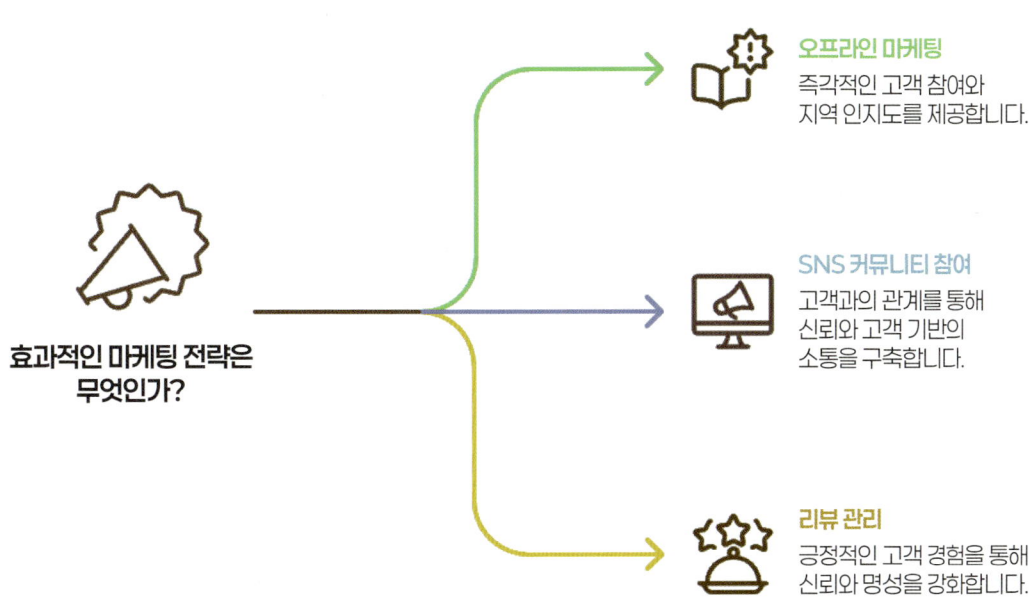

고객 관계를 설계하는 마케팅 3요소

- **오프라인 마케팅**: 즉각적인 고객 참여와 지역 인지도를 제공합니다.
- **SNS 커뮤니티 참여**: 고객과의 관계를 통해 신뢰와 고객 기반의 소통을 구축합니다.
- **리뷰 관리**: 긍정적인 고객 경험을 통해 신뢰와 명성을 강화합니다.

효과적인 마케팅 전략은 무엇인가?

Point! 마케팅은 SNS가 전부가 아니다

SNS는 수단일 뿐, 마케팅의 전부가 아니다
* 많은 디자이너와 살롱이 SNS에만 의존하지만, 알고리즘 변화나 경쟁 증가로 쉽게 흔들릴 수 있음.

오프라인 마케팅은 여전히 강력하다
* 지역 상권에 맞는 전략, 안내문, 배너 설치 등 물리적인 접점이 실제 고객에게 더 큰 영향을 줌.

지역 커뮤니티와의 협업이 신뢰를 만든다
* 주변 가게와의 교류, 교차 프로모션 등을 통해 고객에게 '신뢰와 친밀감'을 전달할 수 있음.

진짜 힘은 '리뷰'에서 나온다
* 멋진 사진보다 중요한 건 진솔한 고객 후기.
* 좋은 경험을 제공하면 고객이 자발적으로 리뷰를 남기고, 이는 가장 설득력 있는 마케팅이 됨.

마케팅의 핵심은 '신뢰'다
* 사람 중심의 따뜻한 태도, 섬세한 서비스가 진짜 신뢰를 만들고, 이는 쉽게 흔들리지 않는 성장 기반이 됨.

느리지만 탄탄한 성장 방식
* 광고 유입은 일시적이지만, 신뢰를 바탕으로 한 고객은 충성도 높고 지속적으로 주변에 입소문을 냄.

오프라인 경험과 온라인 리뷰는 연결된다
* 좋은 현장 경험 → 진솔한 리뷰 → 새로운 고객 유입의 선순환 구조.

진정한 마케팅 = 사람의 마음을 얻는 것
* 트렌드보다 중요한 건 '고객을 한 사람으로 대하고, 그 삶에 기여하고자 하는 태도'.

3. 고객이 "팬덤"이 되게 하는 본질적 방법

고객이 단순히 한 번 시술을 받고 떠나는 '소비자'가 아니라, 브랜드와 디자이너를 열렬히 지지하며 오래도록 함께해 주는 '팬덤'이 된다는 것은 살롱 운영에 있어 매우 중요하고 가치 있는 목표다. 팬덤이 형성되면, 고객들은 단순 홍보나 이벤트 없이도 자발적으로 살롱을 주변에 소개하고, 다음 번 방문을 스스로 기대한다. 그러나 이런 팬덤이 하루아침에 만들어지는 것은 아니다. 꾸준한 진정성, 사람에 대한 존중, 그리고 인간적 교감이 누적되어야 한다. 결국 핵심은, 고객을 "돈을 내고 서비스를 받는 대상"으로만 보지 않고, "함께 성장하고 서로에게 가치를 주고받는 동행자"로 여기는 태도에 달려 있다.

고객은 '나를 특별하게 대우받고 싶다'는 마음으로 온다

먼저, 디자이너가 고객을 대하는 기본 자세부터 돌아봐야 한다. 살롱에 오는 고객의 가장 큰 바람은 "이곳에서 나를 특별하게 대해 주길 바란다"는 마음이다. 많은 이가 헤어스타일을 바꾸는 이유는 단순히 '겉모습을 바꾸고 싶어서'이기도 하지만, 동시에 '나의 일상과 기분을 긍정적으로 전환하고 싶다'는 바람도 포함되어 있다. 그만큼 고객은 새로운 스타일에 대한 기대감을 품고 살롱에 들어오는데, 만약 디자이너가 "빨리빨리 끝내고 매출만 올리면 그만"이라는 태도로 형식적인 질문 몇 마디만 던진다면, 기대감은 이내 꺾여 버리고 만다.

고객의 삶과 감정까지 존중할 때 팬덤은 시작된다

고객을 팬으로 만들기 위해서는, 헤어스타일이라는 결과물 이상으로 '사람 그 자체'를 존중해 주어야 한다. 예를 들어 고객이 최근 삶에서 겪은 변화나 고민, 라이프스타일과 취향 등에 대해 디자이너가 진심으로 궁금해하고 궁리를 거듭하면서 "어떤 디자인이 가장 어울릴지" 함께 고민한다면, 고객은 "내가 이 사람에게 정말 소중하게 대우받고 있구나"라고 느낀다. 이는 곧 머리를 자르거나 펌을 하는 '기술 시술'을 넘어서는 감동으로 이어진다. 이 감동이 누적될수록 고객은 자연스럽게 "난 여기서만 머리를 하고 싶다. 이 디자이너와 계속 함께하고 싶다"라는 생각을 갖게 된다.

고객은 디자이너의 '성장 파트너'가 된다

고객 한 명 한 명을 동행자로 여기게 되면, 디자이너의 시선도 달라진다. "이 고객은 그냥 지나가는 사람"이 아니라 "내가 더 성장할 수 있도록 함께 아이디어를 나누는 파트너"라는 인식을 하게 되면, 시술 과정에서 훨씬 꼼꼼하게 물어보고 맞춤형 제안을 할 수 있다. 고객을 관찰하다 보면, "이분은 모발이 얇지만 볼륨감을 원하시니 펌을 조금 색다르게 접근해 봐야겠다"라거나, "염색은 하고 싶은데 손상이 걱정되신다면 어떤 제품과 레시피를 써야 할까" 같은 구체적 아이디어가 떠오른다. 이 과정을 통해 고객도 "난 이런 고민을 함께 풀어갈 수 있는 좋은 디자이너를 만났구나" 하고 감사해한다. 그렇게 책임감 있는 태도와 전문성이 결합된 경험이 누적될 때, 고객은 팬의 마음으로 자리 잡는다.

따뜻한 내부 분위기도 팬덤 형성에 핵심

이처럼 팬덤은 "사람 대 사람"이라는 인본주의 관점에서 시작되지만, 살롱의 내부 분위기 역시 큰 몫을 차지한다. 아무리 디자이너 한두 명이 고객에게 잘해 주어도, 매장 전체 직원이 서로 투박한 말투로 대하거나 경직된 분위기를 풍기면, 고객은 문득 "여긴 뭔가 삭막한 느낌이 나네"라는 심리를 갖게 된다. 반대로 직원끼리 서로 작은 배려를 아끼지 않고, "오늘은 내가 더 힘내서 고객을 맞이해 볼게" 같은 응원의 문화를 형성해 두면, 고객은 이곳에서 편안하고 따뜻한 에너지를 느낀다. 우리가 누군가를 좋아하게 되는 이유 중 상당 부분은, "그곳에 가면 마치 집처럼 편안하고, 나를 반겨 주는 사람들과 함께하는 느낌"에서 비롯된다. 팬덤으로 발전한다는 것은, 바로 이런 편안함과 인간미를 매번 확실하게 체감하게 해 주는 일이다.

리뷰를 강요하지 않고, 감동을 유도하라

이때 중요한 것은, "어떻게 하면 고객이 자연스럽게 나를 응원하고 홍보해 주도록 만들 수 있을까?"라는 고민을 너무 직접적으로 드러내지 않는 것이다. 최근 많은 살롱이 SNS 이벤트를 열거나, 시술 직후 고객에게 후기를 남겨 달라고 요청하곤 한다. 물론 어느 정도는 필요하고 효과적인 접근일 수 있다. 다만 그 과정이 너무 "리뷰 하나 써 주시면 할인해 드리겠다"는 식으로 공공연하게 이뤄지면, 고객은 '내가 이곳의 진실한 팬이라기보다, 일종의 홍보 수단으로 전락되었나?' 하고 느낄 가능성이 높다. 진정한 팬은 스스로 느낀 기쁨을 주변 사람들과 나누고 싶어 하며, 특별한 보상을 요구하지 않아도 "여기가 정말 좋다"고 말해 준다. 따라서 살롱 입장에서는 "고객이 사진을 찍거나 리뷰를 남기고 싶도록 편안한 환경과 재미 요소, 감동 요소를 갖추는 것"에 집중해야 한다.

이 감동 요소를 만들려면, 아주 작은 부분까지 챙기는 세심함이 필요하다. 예를 들어, 고객이 처음 접수대에 도착했을 때의 응대부터, 시술 의자를 안내하는 순간의 친절한 시선, 그리고 샴푸실에서의 충분한 의사소통("온도는 괜찮으신가요?", "혹시 두피가 예민하시면 말씀해 주세요") 등을 거쳐, 시술 후 고객이 자리에서 일어설 때 "혹시 오늘 스타일에서 불편하거나 마음에 덜 드는 부분 있으면 말씀해 주세요. 바로 조정해 드릴게요"라고 말해 주는 태도까지, 전 과정이 매끄럽고 진심으로 느껴질 때 고객은 "이곳은 나를 돈벌이 대상으로 보는 게 아니라, 정말로 나의 만족을 최우선으로 생각하는구나"라고 확신하게 된다. 작은 행동 하나하나가 쌓여서 고객의 감동을 결정하기 때문에, 어느 한 순간도 놓치지 않도록 구성원들이 함께 노력해야 한다.

고객이 '창조적 주체'가 되게 하라

또한 고객이 다양한 방식으로 자신의 의견을 표현할 수 있도록 지원해 주는 것도 매우 중요하다. 간혹 디자이너가 너무 '전문가적' 관점에서만 접근해, 고객에게 시술 방식을 일방적으로 주도하려고 할 때가 있다. 그러나 요즘 사람들은 적극적으로 의견을 내고 "내가 원하는 이미지를 이렇게 구현해 보고 싶다"는 바람을 갖고 살롱에 찾아온다. 그렇다면 디자이너가 "그 이미지, 정말 좋은 아이디어네요. 다만 이런 부분은 조금 손상을 줄 수 있으니 이렇게 조정해 보면 어떨까요?"라는 식으로 고객이 창조적 주체가 될 수 있게 유도해 주는 편이 좋다. 이 과정에서 "아, 이 디자이너가 내 이야기를 진심으로 존중해 주는구나"라는 안도감이 들면, 고객은 "나도 이 살롱을 정말 아끼고 싶다"는 마음이 생긴다. 팬이 되려면 '공감'과 '존중'이 필수 조건이라는 점을 기억하자.

'살롱 밖'에서도 이어지는 감동

그리고 팬덤이 되기 위해서는, 살롱을 나선 뒤에도 "이 디자이너의 한마디"가 계속해서 생각나도록 만들어야 한다. 예를 들어, "손질할 때 드라이를 아래쪽에서 위로 살짝 들어가며 해주시면 볼륨이 더 살아나요. 혹시 모발 관리가 힘드시면 언제든 말씀해 주세요" 같은 구체적 팁과 사후관리 안내가 있으면, 고객은 집에서도 디자이너를 떠올리며 "아, 이 사람이 내 머릿결과 이미지를 챙겨 주고 있구나"라고 느낀다. 이 기분 좋은 동행감이 단발성 소비를 반복 고객으로, 더 나아가 열렬한 팬으로 바꿔 준다. 혹시 며칠 뒤에 고객이 문제가 생겨 문의를 하면, "그럼 편하실 때 오셔서 같이 한 번 더 점검해 봅시다"라고 말해 주는 지극히 작은 배려가 결국 "이 살롱은 내 스타일을 진짜로 책임져 주는구나"라는 확신을 준다. 이런 경험은 다른 어디에서도 쉽게 대체되지 않는다. 할인 쿠폰이나 SNS의 유행 이벤트만으로는 결코 얻을 수 없는 강력한 고객 충성도가 바로 여기서 발생한다.

팬덤은 '마음'에서 시작된다

팬덤을 만들려는 살롱과 디자이너는 내부적으로도 "우리가 고객의 마음을 어떻게 얻을 수 있을까?"라는 고민을 끊임없이 나눠야 한다. 단순히 매출만 고민하거나 이벤트 아이디어만 회의하는 게 아니라, "과연 고객이 우리를 통해 얻고 싶은 것은 무엇일까?", "우리의 인본주의 미용 철학이 제대로 전달되고 있나?" 같은 본질적인 질문을 던져야 한다. 때로는 이러한 질문에 답하기 위해, 스스로가 고객의 입장이 되어 다른 분야의 서비스나 공간을 체험해 보는 것도 좋은 방법이다. 예컨대 유명 레스토랑에 가서 그들의 '서비스'가 주는 특별함을 느껴 보거나, 명품 브랜드 매장에 가서 고급스럽고 친절한 맞이를 직접 경험해 볼 수 있다. 그렇게 체득한 '고객에게 감동을 주는 순간들'이 디자이너와 경영자에게 깊은 영감을 불러일으킨다면, 이를 살롱 운영 방식에 적용해 "우리만의 특별한 감동 포인트"를 추가할 수 있다.

팬덤은 전부를 만족시키는 게 아니라, 일부와 깊게 연결되는 것

물론 이렇게 공들여 팬덤을 만들더라도, 모두가 우리의 진정성을 100% 이해해 주는 것은 아니다. 어떤 사람은 단지 가격이나 시간상의 이유로 다른 곳을 선택할 수도 있고, 여러 외부 요인이 겹쳐 방문이 줄어들 수도 있다. 그러나 중요한 것은 "그중 일부라도 우리와 평생의 동행 관계를 맺게 될 수 있다는 사실"이다. 그리고 이들은 그저 '재방문'을 넘어, 자발적으로 우리를 홍보해 주며, 어려운 시기에 살롱에 힘을 보태 주기도 한다. 요컨대 팬덤은 충성도 높은 '고객 집단'이기도 하지만, 동시에 살롱을 함께 키우는 '동행자 집단'이기도 하다.

팬을 만드는 시작점은 언제나 '진심'이다

결국 팬덤을 만드는 본질은 사람을 향한 진심에서 나온다. 고객이라는 존재를 "계산서에 찍힐 숫자"가 아니라, "나와 함께하는 동행자"로 대하는 인본주의 시선이 필요한 이유다. 이 관점을 지키며 매 순간 최선을 다해 애정을 표현하고, 서로가 함께 행복해질 수 있는 아이디어를 공유한다면, 고객은 "나를 진정으로 대하는 사람들이구나"라고 느낀다. 그러면 가격 할인이 없더라도, 특별 이벤트가 없어도, 새로운 유행이 생겨도 쉽게 흔들리지 않는다. 왜냐하면 팬이 된 사람들은 브랜드가 아니라 "거기서 일하는 사람들"을 좋아하기 때문이다. "저 디자이너가 만들어 주는 경험"을 기대하기 때문에 오는 것이지, 단순히 예쁜 인테리어와 저렴한 가격을 바라보고 오는 게 아니다.

살롱 입장에서도 이러한 팬덤이 늘어날수록, 단기적 매출 목표를 향해 무리하거나 '깜짝 할인가' 같은 일회성 유혹에 휘둘리지 않게 된다. 이미 진심으로 응원해 주는 고객들이 있고, 그들이 긍정적인 에너지를 불어넣어 주기 때문에 점차 매장 운영이 안정되고, 디자이너들도 흔들림 없이 자신들의 역량 개발에 집중할 수 있다. 이 선순환이야말로 미용업이 장기적으로 건강하게 발전하는 길이기도 하다.

팬덤은 '사람을 사람답게 대하는 것'에서 시작된다

결론적으로, 고객이 팬덤이 되도록 하는 본질적 방법은 "고객을 동행자로 받아들이고, 진심으로 환대하며, 그들의 감정과 삶을 존중하고, 함께 성장하는 문화를 만드는 것"이다. 작은 순간마다 "이 사람을 정말 소중히 여기고 있다"는 메시지를 행동으로 실천하면, 고객은 살롱에서 '편안하고 행복한 기억'을 쌓게 된다. 그리고 그 기억을 잊지 않고 매장을 찾아오며, 주위에도 소개한다. 더 나아가 스스로 SNS나 지인 대화에서 우리 이야기를 꺼내면서 자연스럽게 "이곳 정말 괜찮아. 너도 가봐"라고 권유한다. 그것이야말로 강력한 팬덤의 시작이다.

이렇게 탄생한 팬덤은 흔들림이 적고, 살롱과 디자이너에 대한 애착도 깊다. 왜냐하면 그들은 단지 서비스 하나를 사서 쓰고 버린 소비자가 아니기 때문이다. 함께 머리를 기르고, 함께 새로운 이미지를 만들며, 때로는 마음속 이야기를 나누고 공감해 주는 과정 속에서 디자이너와 고객은 서로에게 없어서는 안 될 존재가 된다. 이런 '동행자' 문화를 구축하는 데 성공한다면, 매출이나 홍보 같은 지표는 자연스럽게 따라온다. 그리고 그 지표마저도 일시적인 것이 아니라, 고객과 함께 쌓아 가는 영속적 가치로 이어진다.

마지막 메시지: 모든 것은 '사람'에서 출발한다

결국 모든 것은 사람이 먼저다. 사람에게서 출발한 진심 어린 마음이야말로 고객을 팬으로 바꾸고, 그 팬덤이 살롱과 디자이너를 더욱 단단하고 풍요롭게 만들어 준다.

요소	방법	고객에 미치는 효과
디자이너의 태도	- 진심 어린 응대 - 맞춤형 상담 - 고객 이야기 경청	고객이 특별히 대우받는 느낌을 받아 신뢰 형성
서비스 프로세스	- 세심한 시술 전후 관리 - 사후 관리 및 피드백 제공	고객 만족도 상승, 재방문 및 구전 효과 강화
내부 문화	- 직원 간 따뜻한 소통 및 응원 - 협력적 분위기 조성	살롱 전체가 따뜻한 에너지를 발산하여 편안함 제공
고객 참여 유도	- 자연스러운 SNS 공유 유도 - 이벤트보다는 진심 어린 경험 강조	고객 스스로 긍정적 후기를 남기고, 브랜드 팬덤으로 발전
맞춤형 케어	- 고객의 개인적 니즈와 라이프스타일 고려 - 구체적 관리 팁 제공	고객의 장기적 만족감, 신뢰와 애정의 강화

Point! 고객을 팬으로 만드는 본질적인 방법

1. **고객은 '소비자'가 아니라 '동행자'**
   * 고객을 단순한 수익 대상이 아닌 함께 성장하는 파트너로 대해야 진정한 관계가 형성됨.

2. **진심 어린 응대와 존중이 시작점**
   * 고객의 삶, 고민, 취향에 관심을 가지고 함께 스타일을 고민하면 감동이 생김.
   * 기술 이상의 인간적 교감이 팬덤의 핵심.

3. **살롱 전체의 분위기가 중요하다**
   * 디자이너 개인의 태도뿐 아니라, 직원 간 따뜻한 응원 문화가 고객에게 긍정적으로 전달됨.

4. **후기나 리뷰는 '감동의 결과'로 따라와야 한다**
   * 억지 요청보다는 자연스럽게 공유하고 싶은 감정과 경험을 만드는 것이 중요.

5. **작은 디테일이 큰 감동을 만든다**
   * 샴푸 온도 확인, 친절한 응대, 사후관리까지 세심한 배려가 고객 마음을 움직임.

6. **고객을 '창조적 주체'로 존중하라**
   * 일방적 제안보다 고객의 의견을 경청하고 함께 조율하는 태도가 중요.

7. **살롱 밖에서도 이어지는 관계**
   * 시술 후에도 관리 팁, 재방문 피드백, 사후 케어등을 통해 지속적인 연결감을 형성.

8. **팬덤은 일부에게서 시작된다**
   * 모든 고객이 팬이 될 수는 없지만, 일부 고객과의 깊은 연결이 브랜드를 지탱한다.

9. **결국 사람 중심의 진심이 답이다**
   * 팬은 인테리어나 할인 때문이 아니라, 사람(디자이너)을 좋아해서 살롱을 찾는다.

10. **팬덤은 살롱의 안정성과 지속 성장을 만든다**
    * 팬덤이 생기면 무리한 마케팅 없이도 장기적 매출과 신뢰가 자연스럽게 형성된다.

고객을 진심으로 대하고, 그들의 삶에 공감하고 존중하는 태도가 팬덤을 만든다. 사람 중심의 경험이 결국 가장 강력한 마케팅이며, 살롱을 지속 성장하게 하는 힘이다.

4 시그니처 메뉴로 객단가 기준 바꾸기

시그니처 메뉴를 도입한다는 것은 단순히 멋진 이름을 붙이고 가격을 올리는 것이 아니다. "내가 어느 스타일과 기술에서 탁월한가"를 명확히 정의하고, 그 가치를 고객에게 효과적으로 전달하는 과정이다. 시그니처 메뉴가 성공적으로 자리 잡으면, 할인 경쟁이나 차별성 부족으로 인해 매출 향상에 어려움을 겪던 살롱도 단숨에 성장할 수 있다. 왜냐하면 시그니처 메뉴는 살롱 혹은 디자이너의 "가장 빛나는 전문성"을 압축적으로 보여 주며, 고객이 기꺼이 더 높은 객단가를 지불할 수 있도록 유도하는 강력한 요소가 되기 때문이다.

흔한 메뉴는 시그니처가 될 수 없다

많은 미용인이 시그니처 메뉴를 만들 때 "유행하는 펌"이나 "대중적인 스타일"을 선택하는 실수를 범하곤 한다. 예를 들어, C컬펌이나 셋팅펌처럼 일반적인 메뉴를 시그니처로 지정하면 당장 잘 팔릴 것 같지만, 그 메뉴가 "왜 꼭 내 살롱에서, 내 디자이너에게 받아야 하는지"에 대한 차별화가 없다면 다른 살롱에서도 쉽게 따라 할 수 있는 흔한 메뉴가 되고 만다. 시그니처 메뉴란 단순한 기술이 아니라, 고객이 "이곳에서만 받을 수 있는 특별한 경험"이라고 확신할 수 있어야 한다. 이를 위해 차별화된 기술력, 정밀한 상담 과정, 고객 맞춤형 서비스 등이 포함되어야 한다.

시그니처 메뉴의 전략적 도입

시그니처 메뉴를 도입하려면 먼저 살롱 내부의 메뉴 구성을 재정비해야 한다. 너무 많은 펌, 염색, 크리닉 메뉴가 섞여 있으면 고객뿐만 아니라 디자이너조차 주력 메뉴가 무엇인지 혼란스러워할 수 있다. 고객이 "어차피 펌이면 다 비슷한 것 아닌가?"라고 인식하게 되면, 결국 가장 저렴한 옵션을 선택할 가능성이 높아진다. 따라서 가장 자신 있고 경쟁력 있는 기술을 한두 가지 선정해 이를 브랜딩하는 것이 중요하다. 예를 들어, "기본 펌"과 "시그니처 펌"을 명확히 구분하고, 시그니처 펌에는 특정 디자인 펌과 프리미엄 크리닉을 포함하는 방식으로 차별화할 수 있다. 중요한 점은, 단순히 이름만 바꾸는 것이 아니라 실제로 고객이 느낄 수 있는 차별화된 가치를 제공해야 한다는 점이다.

상담 스킬과 고객 설득

시그니처 메뉴를 성공시키기 위해 가장 중요한 것은 상담 과정이다. 아무리 시술이 뛰어나고 메뉴 구성이 좋아도, 고객에게 "왜 이 시그니처 메뉴가 더 가치 있는지"를 효과적으로 전달하지 못하면 소용이 없다. 시그니처 메뉴를 판매하고 싶다면 상담 시간을 충분히 확보하고, 고객의 니즈를 파악한 후 그에 맞춰 시그니처 메뉴의 차별성과 장점을 구체적으로 설명해야 한다. 예를 들어, "시그니처 열펌은 손상이 적고, 스타일링이 쉬워서 바쁜 직장인 고객님께 최적의 선택입니다. 3단계 크리닉을 병행해 볼륨 유지력이 뛰어나며, 한 달 이상 자연스러운 스타일이 유지됩니다"라는 식으로, 실질적인 이점을 강조해야 한다. 이렇게 하면 고객은 "조금 더 비용이 들더라도 이걸 선택해야겠다"는 결정을 내리게 된다.

객단가 향상과 고객 만족

시그니처 메뉴가 자리를 잡으면, 객단가 자체가 상승한다. 기존에는 "커트+기본 펌"으로 7만 원 정도를 지출하던 고객이, 상담을 통해 시그니처 펌으로 전환하면서 10~15만 원을 지불하게 된다. 가격이 오르면 "고객이 줄어들지 않을까?" 걱정하는 살롱도 있지만, 시그니처 메뉴가 탄탄하게 자리 잡으면 오히려 고정 고객이 증가하는 경우가 많다. 고객은 가격이 아니라 '나에게 필요한 가치'를 보고 투자하기 때문에, 차별화된 시그니처 메뉴를 경험한 고객들은 쉽게 다른 곳으로 이동하지 않는다. 또한 만족도가 높은 고객은 주변 지인에게 자연스럽게 추천하게 되므로, 고객의 자연 유입도 증가한다.

내부 프로세스 정비와 팀워크

시그니처 메뉴를 원활히 운영하려면 내부 프로세스를 정비하고, 팀워크를 강화해야 한다. 시술 과정이 더욱 정교해지고 단계가 늘어나면, 크루가 준비해야 할 제품과 어시스트 역할도 더욱 중요해진다. 디자이너가 혼자만 잘한다고 해결되는 문제가 아니라, 살롱 전체가 시그니처 메뉴의 개념과 차별점을 명확히 이해해야 한다. 예를 들어, 시그니처 시술이 예약되었을 때 모든 스태프가 정확한 단계를 숙지하고 있어야 한다. 제품 사용 방법, 시술 과정 중 보조의 역할, 고객 응대 방식 등이 매끄럽게 이루어져야 고객이 "이 살롱은 정말 특별하구나"라는 인상을 받게 된다. 이를 위해, 시그니처 메뉴 도입 전 내부 교육을 실시하고, 테스트 모델을 활용한 시뮬레이션을 진행하는 것이 필수적이다.

시그니처 메뉴가 가져오는 변화

시그니처 메뉴가 자리 잡으면 단순한 매출 향상을 넘어 살롱의 브랜드 아이덴티티가 확립된다. 고객들은 "이 살롱은 저렴한 곳이 아니라, 제대로 된 서비스를 제공하는 곳"이라고 인식하게 되고, 디자이너들은 자신의 기술과 서비스에 대한 자부심을 가지게 된다. 또한 할인 경쟁에서 벗어나, 살롱이 '가격'이 아니라 '가치'로 승부할 수 있는 기반이 마련된다. 싸게 빨리 처리하던 방식에서 벗어나, 한 명의 고객에게 맞춤형 디자인을 제공하고, 디테일을 더욱 신경 쓰게 된다. 이러한 변화는 고객들에게 고스란히 전달되며, 결과적으로 재방문율과 객단가가 동시에 상승하는 선순환을 만든다.

객단가 기준을 바꾸는 브랜딩 전략

시그니처 메뉴로 객단가 기준을 바꾼다는 것은, 단순히 가격을 올리는 것이 아니라, 고객이 지불한 비용 이상의 만족감을 느끼도록 만드는 것이다. 고객은 단순히 "비싼 시술을 받았다"가 아니라, "그만큼 특별하고 만족스러운 경험을 했다"는 확신을 가져야 한다. 이를 위해 디자이너는 차별화된 기술력과 서비스 태도를 갖추어야 하며, 살롱은 시그니처 메뉴의 가치를 명확하게 전달할 수 있도록 지속적인 브랜딩과 홍보 전략을 실행해야 한다. 이렇게 고객이 "이 가격이 아깝지 않다"는 확신을 가질 때, 살롱은 할인 경쟁 없이도 꾸준한 매출과 고객 충성도를 확보할 수 있다.

시그니처 메뉴는 브랜드의 핵심 도구다

결국, 시그니처 메뉴는 단순한 가격 전략이 아니라, 살롱이 제공하는 본질적인 가치를 고객에게 전달하는 핵심 도구다. 디자이너와 살롱이 가진 최고의 기술과 서비스를 결합해 "이곳에서만 받을 수 있는 특별한 경험"을 제공할 때, 고객은 가격이 아닌 만족도로 살롱을 평가하게 된다. 시그니처 메뉴가 확립되면, 살롱은 점차 "이곳에서만 가능한 차별화된 서비스"를 제공하는 브랜드로 자리 잡으며, 단순한 매출 상승을 넘어 독보적인 경쟁력을 갖춘 공간으로 성장할 수 있다.

시그니처 메뉴 도입을 통해 살롱의 성공을 어떻게 극대화할 것인가?

전통적인 접근법
차별화 부족으로 인해
매출이 정체됨

시그니처 메뉴
전문성과 고객 충성도를
강조하여 매출 증가

Point! **가성비 vs 가심비**

가성비
* 고객이 지불한 금액만큼의 결과물과 서비스 품질 보장
* 전문가의 정확한 진단과 맞춤형 제안

가심비
* 고객이 체험하는 감정적 만족과 정서적 케어
* 상담, 시술, 사후 관리 전 과정에서의 세심한 배려와 배경 환경의 감각적 구성

> **Point!** **시그니처 메뉴로 객단가를 올리는 전략**

1. **시그니처 메뉴란?**
   * 단순히 메뉴 이름만 멋지게 바꾸는 것이 아니라, 디자이너의 전문성과 차별화된 가치를 압축한 브랜드 메뉴.

2. **흔한 유행 스타일은 시그니처가 될 수 없다**
   * 유행하는 C컬펌, 셋팅펌 등은 다른 살롱도 쉽게 할 수 있음.
   * "왜 이 시술을 여기서 받아야 하는가?"에 대한 명확한 이유가 있어야 함.

3. **메뉴 재정비가 먼저**
   * 메뉴가 많고 복잡하면 고객은 가장 저렴한 걸 고름.
   * 자신 있는 기술 1~2가지를 중심으로 시그니처화하고, 실제 서비스의 질을 높여야 함.

4. **상담에서 가치를 설득해야 한다**
   * 단순히 가격 높은 메뉴를 제안하지 말고, 고객의 니즈에 맞춘 실질적 이점(예: 손상 적음, 스타일링 편함 등)을 설명해야 함.

5. **객단가 상승 + 고객 만족**
   * 기존 고객도 시그니처 메뉴로 자연스럽게 전환되면 객단가가 10~15만 원까지 상승.
   * 고객은 가격보다 '가치'에 투자하며, 만족도도 높아짐 → 자연스러운 추천/재방문으로 이어짐.

6. **팀워크와 내부 준비가 중요**
   * 시그니처 메뉴는 디자이너 혼자만의 일이 아님.
   * 전 직원이 동일한 서비스 품질을 유지할 수 있도록 교육과 프로세스 정비가 필수.

7. **살롱의 브랜드 아이덴티티 강화**
   * 시그니처 메뉴가 자리 잡으면 "이 살롱은 제대로 된 서비스를 제공한다"는 이미지 확립.
   * 가격 경쟁이 아닌, 가치 중심 경쟁으로 전환됨.

8. **브랜딩 전략과 연결**
   * 고객이 "비싸지만 아깝지 않다"고 느껴야 진짜 성공.
   * 이를 위해 지속적인 브랜딩, 기술력, 감동 있는 경험 제공이 핵심.

9. **결론: 시그니처 메뉴는 가치 중심 성장의 핵심 도구**
   * 단순 매출 상승을 넘어, 지속 가능한 고부가가치 구조로 전환.
   * "이곳에서만 받을 수 있는 경험"을 만들면, 가격이 아닌 만족도로 선택받는다.

시그니처 메뉴는 살롱의 핵심 기술과 철학을 담은 '프리미엄 경험'으로, 고객의 만족도와 객단가를 동시에 높이는 전략 도구이다.

5. "할인"이 아닌 "가치"로 성장하는 프로모션

할인은 살롱 운영에서 가장 손쉬운 마케팅 전략으로 여겨지곤 한다. 고객 유입을 늘리고 단기적인 매출을 확보하는 데 효과적일 수 있지만, 장기적으로는 살롱의 가치를 낮추고 고객의 신뢰를 약화시키는 결과를 초래할 수 있다. 할인은 일시적인 관심을 끌 수 있지만, 고객이 살롱을 단순히 '저렴한 곳'으로 인식하게 만들고, 더 저렴한 기회를 찾게 만들 가능성이 크다. 또한, 지속적인 할인이 살롱의 재무 구조를 악화시키고, 디자이너들의 서비스 가치를 떨어뜨릴 수도 있다. 그렇다면 살롱은 어떻게 하면 할인 없이도 매력을 유지하고, 고객을 유치할 수 있을까?

프로모션의 본질: 가격이 아닌 가치 제공

진정한 프로모션은 단순한 가격 할인 행사가 아니라, 살롱이 제공하는 '가치'를 고객에게 알리는 기회여야 한다. 가격을 낮추는 대신, 살롱이 보유한 기술력, 서비스 철학, 차별화된 경험을 강조해야 한다. 프로모션은 살롱이 고객에게 어떤 특별한 경험을 제공하는지, 왜 우리의 서비스를 선택해야 하는지를 효과적으로 전달할 수 있는 중요한 기회다. 고객이 프로모션을 통해 단순히 저렴한 서비스를 경험하는 것이 아니라, "이곳에서 나만을 위한 특별한 스타일과 맞춤 케어를 받았다"는 만족감을 느끼게 만들어야 한다.

가치 중심 프로모션의 핵심 전략

1. 살롱의 차별화된 강점 찾기

- 먼저, 살롱이 가장 자신 있는 서비스를 선정해야 한다. 예를 들어, 펌 시술이 강점이라면 단순히 "열펌 할인"을 내세우는 것이 아니라, "우리만의 디자인 철학"과 "데미지 최소화, 유지력 극대화, 맞춤형 컨설팅" 등의 핵심 가치를 강조해야 한다. 고객이 단순히 가격이 아닌 서비스의 본질적인 이점을 보고 선택할 수 있도록 해야 한다.

2. 프로모션을 통한 경험의 차별화

- 단순 할인 대신, 고객이 프로모션을 통해 더 깊은 만족을 느낄 수 있도록 해야 한다. 예를 들어, "퍼스널 컬러 컨설팅을 결합한 염색 패키지"를 진행하면, 고객은 단순히 염색을 하는 것이 아니라, 자신의 피부 톤과 패션, 라이프스타일에 맞는 색상을 전문적으로 추천받는 특별한 경험을 하게 된다. 이를 통해 고객은 "단순히 싸게 염색했다"가 아니라 "나에게 가장 어울리는 컬러를 찾았다"는 만족감을 느끼게 된다.

3. 가격이 아닌 '합리적 가치' 제공

- 고객이 가격을 보고 선택하지 않고, 서비스의 품질과 가치를 보고 선택하도록 유도해야 한다. 할인보다는 부가 가치를 추가하는 방식이 효과적이다. 예를 들어, "레이어드펌 재시술 고객에게 두피 관리 프로그램 무료 제공"과 같이 기존 고객의 경험을 업그레이드하는 방식이 더욱 장기적인 효과를 낸다. 고객이 살롱을 방문할 때마다 "내 머리 상태를 기억하고 맞춤형 솔루션을 제공한다"는 인상을 받을 수 있도록 해야 한다.

4. 명확한 타겟 설정과 메시지 전달

- 프로모션을 진행할 때, 신규 고객 유입을 위한 것인지, 기존 고객 유지 및 감사 이벤트인지 명확히 구분해야 한다. 목표가 명확하지 않으면 프로모션의 효과가 분산되고, 결과적으로 단기적인 매출 상승 효과만 남게 된다. 예를 들어, 신규 고객을 유치하려면 "첫 방문 고객을 위한 맞춤형 체험 패키지"처럼 특별한 경험을 제공하는 것이 중요하다. 기존 고객에게는 "VIP 고객을 위한 정기 케어 프로그램"을 통해 장기적인 관계를 유지하는 전략을 사용할 수 있다.

5. 가치 중심 언어와 마케팅 콘텐츠 활용

- 프로모션을 홍보할 때도 "특가 이벤트"나 "할인 행사" 대신 "특별한 케어"나 "맞춤형 시술 혜택" 같은 가치 중심의 언어를 활용해야 한다. 예를 들어, "여름맞이 두피 쿨링 스파 할인" 대신 "모발과 두피 온도를 낮춰 건강한 머릿결을 위한 여름 전용 케어"라고 표현하면, 고객이 단순한 할인보다 시술의 효능과 경험에 집중할 수 있다.

프로모션 실행 시 유의할 점

가치 중심 프로모션이 성공하려면, 살롱 내부에서도 구성원이 일관된 메시지를 전달해야 한다. 기획이 아무리 훌륭해도, 디자이너나 크루가 고객과의 소통 과정에서 이를 제대로 설명하지 못하면 효과가 반감된다. 따라서 사전 교육과 미팅을 통해 "이번 프로모션의 목적은 무엇이고, 고객에게 어떤 경험을 제공해야 하는가"를 명확히 공유해야 한다. 이벤트의 목적이 고객에게 가치를 전달하는 것이라는 점을 온 직원이 이해하고 있어야만, 일관된 브랜드 경험을 형성할 수 있다.

프로모션의 장기적 효과

단기적으로 매출을 올리기 위한 프로모션은 지속 가능한 성장을 보장하지 않는다. 오히려 고객이 할인에 익숙해지면, 이후 정가로 돌아갔을 때 가격 저항이 커지고 재방문율이 낮아지는 문제가 발생할 수 있다. 따라서 프로모션은 고객에게 살롱의 차별화된 가치를 체험하도록 설계해야 하며, 장기적으로 고객이 살롱을 믿고 찾을 수 있도록 해야 한다. "지금 저렴하게 이용할 수 있어서 좋았다"가 아니라, "이곳에서는 나를 위해 세심하게 신경 써 준다"는 감정을 남기는 것이 중요하다.

가격 경쟁이 아닌 가치 경쟁

결국, 프로모션은 살롱의 철학과 가치를 압축적으로 전달하는 장치다. 할인 경쟁은 언제든 다른 살롱에서도 할 수 있지만, 고객에게 "이곳에서만 받을 수 있는 특별한 경험"을 제공하는 것은 경쟁력을 극대화하는 전략이 된다. 프로모션을 통해 가격이 아닌 '경험의 질'을 강조하고, 고객이 단순 할인보다 더 높은 만족을 얻도록 해야 한다.

프로모션은 고객을 '충성 팬'으로 만드는 기회

이러한 가치를 중심으로 한 프로모션을 운영하면, 고객은 살롱을 단순히 저렴한 시술을 받는 곳이 아닌, 자신의 아름다움과 자신감을 높여 주는 공간으로 인식하게 된다. 그리고 이는 단기적인 매출 상승을 넘어, 충성 고객을 확보하고 지속 가능한 성장을 이끄는 원동력이 될 것이다.

할인에서 가치로: 시그니처 전략의 방향 설정

장기 효과

| 지속적인 할인 | 맞춤형 경험 제공 |

할인 중심 ← → 가치 중심

| 일회성 할인 행사 | 가치 기반 서비스 홍보 |

단기 효과

KAI JUNG

Part. 3

현장 실무: 사람 × 기술 × 서비스로
만드는 초격차 전략

9장. A→B 단순소비에서 벗어나, 신선함과 차이를 만들라

1 상담-시술-마무리, 3단계에서 '개인화'의 차별화

예전에는 시술 전후의 머리 모양만 비교해 "얼마나 달라졌는지"를 보는 것으로도 고객 만족을 이끌어 낼 수 있었다. 하지만 요즘 미용 소비자는 훨씬 까다롭고 섬세해졌으며, 개인화된 경험을 원한다. 단순히 A에서 B로 스타일을 바꿔 주는 것을 넘어, 그 과정에서 "이 디자이너는 나만을 위해 무엇을 준비했는지"를 체감하고 싶어 한다. 기술은 비슷비슷해 보여도, 상담부터 시술, 그리고 마무리에 이르기까지 "나만을 위한 디테일"이 얼마나 녹아 있는가에 따라 고객의 감동이 달라진다.

1단계: 상담 – 스타일이 아닌 '삶'을 묻는 대화

우선, 상담부터 달라져야 한다. 흔히 살롱 상담은 "커트·펌·염색 중에 무엇을 할지"를 결정하고, 참고 사진 한두 장을 보면서 대략적인 길이와 컬을 잡는 정도로 끝나 버리곤 한다. 그런데 여기서 머무르면, 고객은 어느 순간 "결국 비슷한 상담 패턴이 반복되네"라는 식상함을 느끼기 쉽다. 오늘날 고객은 단지 '어떤 스타일'을 하고 싶어 하는 것이 아니라, "왜 이 변화를 원하는가?"라는 내면적 욕구를 이루고 싶어 한다. 누군가는 취업이나 새로운 프로젝트를 시작하기 위해 이미지를 바꾸려 할 수 있고, 누군가는 몇 달 내내 울적했던 마음을 환기하기 위해 머리를 자르려 할 수도 있다. 혹은 매일 아침 부스스한 머릿결로 스트레스를 받아, 더는 이런 상황을 방치하기 싫어 상담을 요청하기도 한다. 이처럼 각자의 사연이나 심리적 배경이 다 다른데, 상담을 '사진에 나오는 길이'나 '컬의 모양'만 확인하고 끝내 버리면 고객은 "이 디자이너가 내 이야기에 귀 기울였는가?"를 의심하게 된다.

상담은 헤어가 아니라 라이프스타일에서 시작된다

결국 상담은 "머리를 어떻게 잘라 드릴까요?"가 아니라 "어떤 일상을 꿈꾸고 계시고, 무엇을 바꾸고 싶으신가요?"라는 질문에서 시작해야 한다. 이는 고객에게 "아, 내가 단순히 머리 한 번 다듬고 끝내려고 온 게 아니구나. 이곳에서 내 라이프스타일과 고민을 함께 나눌 수 있겠구나"라는 안정감을 준다. 게다가 고객 스스로도 "내가 왜 이런 스타일을 갈망하는지"를 다시금 돌아보게 되고, 그 과정을 통해 디자이너와 서로 더 깊이 연결된다. 그렇게 한 단계 더 나아가면, 디자이너는 고객의 두상과 모발 상태는 물론, 성격과 활동 패턴, 그리고 원하는 이미지까지 종합해 "단순히 단발"이 아니라, "어떤 각도로 레이어를 넣고, 어느 정도 볼륨감을 어디에 살릴 것인지"를 구체화할 수 있다. 이때 반드시 필요한 것은 "집에서 드라이를 자주 하는지, 직장 생활 패턴이 어떤지, 혹은 외모 관리에 들일 수 있는 시간은 어느 정도인지" 같은 현실적인 요소다. 이런 대화가 오고 갈 때 "이 사람에게 정말 맞춤형 스타일을 선물해 주고 있구나"라는 신선함이 만들어진다.

2단계: 시술 – 함께하는 '경험'으로 만드는 신뢰

또한 시술 과정 역시 "앉아서 약 바르고, 열 주고, 중화한다"는 식의 단순 공정이 아니라 "함께 경험을 공유하는 시간"이라는 인식으로 운영되어야 한다. 펌을 예로 들어 보자. 시술 전 단계에서 "이 펌을 하기 위해 어떤 약을 어떻게 섞고, 시간을 얼마나 배분해야 모발 손상을 최소화하는지"를 짧게라도 설명해 주면, 고객은 자칫 지루해질 수 있는 시간을 "내 머리가 변화해 가는 과정을 지켜보는 재미"로 바꿔 경험하게 된다. 염색도 마찬가지다. 단순히 "이 톤이 요즘 유행이니 해 볼까요?"가 아니라, 왜 특정 브랜드의 염모제가 이 사람에게 잘 맞는지, 어두운 톤과 밝은 톤을 섞었을 때 어떤 색감이 나오는지, 가볍게 코멘트를 해 주면 고객은 "나는 지금 특별한 시술을 받는 중이야"라고 느낀다. 설령 전문적인 화학 지식이나 브랜드 정보를 전부 이해하진 못해도, "이 디자이너가 나를 신경 써 주고 있다는 느낌만으로도, 만족감은 훨씬 커진다."

시술 중 소통은 신뢰를 만드는 두 번째 상담

시술 중 대화는 또 다른 신뢰 형성의 기회다. 상담 때 다 꺼내지 못한 고객의 고민이 있을 수도 있고, 펌이나 염색을 하며 떠오른 궁금증이 있을 수도 있다. 예컨대 "지금 볼륨감을 살려 주는 작업을 하고 있는데, 내가 자주 쓰는 샴푸나 에센스와는 잘 맞을까?" 같은 질문을 건네면, 디자이너는 "어떤 제품을 어떻게 바르면 한층 더 좋은 결과가 나오는지"를 적절히 안내해 줄 수 있다. 시술 과정에서만이라도 "나를 위해 온전히 시간을 쓰고 있다"는 감각이 커지면, 고객은 헤어살롱 방문을 "단순한 소비"가 아닌 "하나의 특별한 체험"으로 바라보게 된다. 이런 경험이 쌓이면, 고객은 스스로 "나는 이곳에 오면 스트레스를 해소하고, 더 행복해진다"라고 느낀다. 헤어스타일 결과가 조금 달라져도, 혹은 다른 곳에서 비슷한 시술을 더 저렴하게 한다 해도, 이 "체험적 만족감"이 확실하면 쉽게 살롱을 바꾸려 하지 않는다.

3단계: 마무리 – 기억에 남는 '감동'으로 마치는 시간

이제는 단순히 '시술 전후의 차이'를 강조하는 시대가 아니다. 고객은 스타일 변화의 과정에서 '어떤 이야기가 오갔으며, 디자이너가 얼마나 나를 이해하고 배려했는지'를 중요하게 생각한다. 이러한 차별화된 접근이야말로 고객을 감동시키고, 살롱을 지속적으로 성장시키는 핵심 요소다. 그리고 이런 경험이 축적될수록, 고객은 단순한 헤어스타일링을 넘어 '자신을 변화시키고 성장하게 해 주는 공간'으로 살롱을 인식하게 된다. 이렇게 형성된 신뢰와 감동이야말로 미용 시장에서 차별화된 경쟁력을 만들어 내는 진정한 초격차 전략이다.

상담 프로세스와 고객 유형별 실전 대화법

살롱의 경쟁력은 이제 기술을 넘어 고객과의 관계에서 결정된다. 고객 개개인의 감성과 라이프스타일을 정확히 이해하고 그에 맞는 최상의 서비스를 제공할 때, 진정한 차별화가 이루어 진다. 고객과의 진솔한 대화를 이끄는 효과적인 상담 프로세스는 아래와 같다.

상담 프로세스

- **1. 첫인상과 공감의 순간**
  - 첫 만남에서의 미소와 안정감을 주는 태도로 신뢰를 형성한다.
  - "어서 오세요, ○○님. 만나서 반갑습니다. 오늘 어떤 스타일을 원하시는지 천천히 말씀해 주세요."

- **2. 고객의 진짜 이야기를 듣다**
  - 고객이 평소 겪는 스타일의 어려움이나 고민을 자연스럽게 묻는다.
  - "평소 관리가 가장 힘드셨던 부분은 어떤 거였나요? 지난 스타일에서 마음에 들거나 아쉬웠던 점도 함께 알려주세요."

- **3. 스타일 제안, 이유와 확신을 주다**
  - 고객의 얼굴형, 직업, 생활 습관을 고려해 가장 어울리는 스타일을 추천하며 구체적으로 이유를 제시한다.
  - "○○님처럼 활동적이고 밝은 분위기에는 이런 스타일이 참 잘 어울리는데, 실제로 관리도 편하셔서 만족도가 높으실 거예요."

- **4. 고객의 마음을 다시 한번 확인**
  - 고객이 선택한 스타일을 정확히 이해했는지 재확인한다.
  - "지금 설명드린 스타일이 정확히 원하시는 느낌과 맞는지 다시 한번 확인해 주시겠어요?"

- **5. 스타일 완성 후 디테일까지 체크**
  - 시술 후 관리 방법과 지속적인 관리가 가능한 팁을 구체적으로 안내한다.
  - "이 스타일은 이런 관리 방법을 쓰시면 더 예쁘게 스타일을 유지하실 수 있습니다. 집에서 관리하시면서 불편한 점 있으시면 언제든지 연락 주세요."

고객 유형별 실제 대화법

- **처음 온 고객** (다소 긴장된 상태)
  - "첫 방문이라 긴장하셨을 텐데, 편하게 원하는 스타일을 말씀해 주시면 천천히 하나씩 맞춰갈게요. 평소 좋아하시는 스타일이나 지금의 고민은 어떤 것이 있을까요?"

- 자주 오는 고객 (변화를 원할 때)

  "항상 같은 스타일을 유지하셨는데 오늘은 다른 스타일을 제안해도 괜찮을까요? 전 이런 스타일이 좋을꺼 같은데 같이 사진을 보면서 이야기해 볼까요?"

- 개인화된 서비스 제공 체크리스트
  - 고객의 라이프스타일과 스타일 선호를 충분히 파악했는가?
  - 고객의 과거 시술 경험과 피드백을 정확히 반영했는가?
  - 시술 과정 중 고객의 반응을 지속적으로 확인했는가?
  - 스타일 유지법을 명확히 전달했는가?
  - 고객의 작은 질문과 요구 사항까지 세심하게 대응했는가?

이처럼 고객 한 사람 한 사람과의 섬세한 소통을 통해 살롱의 특별함과 신선함을 만들어내는 것이 진정한 초격차 전략이다.

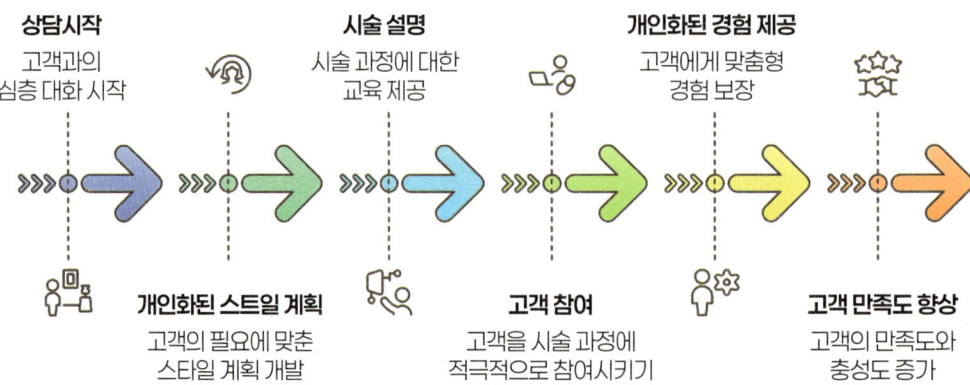

상담부터 충성도까지, 고객을 설계하는 6단계

> **Point!** 상담-시술-마무리에서 개인화로 감동을 만드는 방법

1. 요즘 고객은 '변화된 외모'보다 '개인화된 경험'을 원한다
   * 스타일 자체보다 "디자이너가 나만을 위해 어떤 준비를 했는가"를 체감하고 싶어 함.
   * 기술이 비슷해도 '디테일의 개인화'가 감동을 만든다.

2. 상담: 스타일보다 '삶의 변화'를 듣는 시간
   * 고객은 단순히 스타일을 바꾸고 싶은 게 아니라, 감정적·생활적 이유로 변화를 원함.
   * "왜 이 스타일을 원하는가?"를 묻고, 라이프스타일·성격·시간 활용도를 함께 고려해야 함.
   * 결과적으로 "단순한 단발"이 아닌, 정교한 맞춤형 디자인이 만들어짐.

3. 시술: 단순 공정이 아닌 '공감의 과정'
   * 약제, 시술 방법, 이유 등을 간단하게 설명하면 고객은 "나만을 위한 특별한 과정"이라 느낀다.
   * 염색·펌의 이유, 제품 선택 과정도 고객과 나누는 코멘트가 중요.

4. 시술 중 대화: 또 다른 상담의 기회
   * 고객이 평소 쓰는 제품, 관리 습관을 공유하면 맞춤형 조언제공 가능.
   * "이 디자이너는 나를 기억하고, 진심으로 케어해준다"는 감정을 심어줌.

5. 마무리: 스타일 결과보다 '경험의 감동'이 남는다
   * 고객은 헤어 변화의 이유, 과정, 배려의 순간들을 기억한다.
   * 살롱은 단순 스타일링 공간이 아니라, 자신을 재정비하고 성장하는 경험의 장소로 인식됨.

"디자이너가 나의 삶과 고민을 이해하고, 그에 맞춰 스타일과 경험을 설계해 줬다." 이 감정을 준다면 고객은 결과보다 경험과 사람에 충성하게 된다. 이것이 곧 살롱의 지속적 성장과 초격차를 만드는 핵심 전략이다.

2 가성비와 가심비가 공존하는 디자인 메뉴 구성

고객의 소비 기준은 과거 단순히 "어디가 더 저렴한가?"라는 가격 경쟁에서 벗어나, "내가 지불한 금액이 어떤 특별한 경험과 감동으로 돌아오는가?"로 급격하게 변화하고 있다. 오랜 기간 미용업계에서는 저렴한 가격에 양질의 시술을 제공하는 것이 주요 경쟁력이었다. 소비자는 합리적인 비용으로 원하는 스타일을 완성할 수 있는지에 큰 관심을 가졌고, 많은 살롱들이 할인 행사와 다양한 프로모션을 통해 단기 매출 증대를 노렸다. 그러나 오늘날의 소비자는 단순한 금액 이상의 가치를 원한다. 고객은 살롱 방문 자체를 하나의 특별한 경험으로 인식하며, 그 경험에서 받는 감정적 만족감, 즉 '가심비'를 중시한다.

변화하는 소비자 기준: 가격에서 감동으로

코로나 팬데믹과 함께 외부 환경이 급변하면서, 살롱 선택의 기준도 변하기 시작했다. 소비자들은 이제 단순히 가격만 비교하는 것이 아니라, 자신을 진심으로 케어해 주고 배려하는 서비스, 그리고 고객 한 사람 한 사람의 니즈를 섬세하게 반영하는 맞춤형 경험에 더 큰 가치를 부여한다. 이러한 변화는 특히 디지털 시대에 태어난 MZ세대 소비자들에게서 두드러지게 나타난다. 이들은 SNS와 다양한 온라인 플랫폼을 통해 살롱의 리뷰와 고객 체험담을 꼼꼼히 비교하고, 단순한 저렴함보다는 감성적 연결과 진정성을 중요시한다.

가성비와 가심비의 균형

살롱이 제공해야 할 메뉴 구성은 이제 '가성비'와 '가심비'가 동시에 충족되어야 한다. 가성비는 고객이 지불한 금액만큼의 확실한 결과와 품질, 그리고 효율적인 서비스를 의미한다. 예를 들어, 커트 시술의 경우 단순히 머리 길이를 정리하는 것에 그치지 않고, 고객의 얼굴형, 두상, 모발의 흐름까지 분석해 가장 자연스럽고 유지하기 쉬운 스타일을 제안해야 한다. 이처럼 전문가의 시각과 정밀한 진단을 기반으로 한 상담은 고객이 "내가 낸 돈이 아깝지 않다"는 확신을 심어준다.

또한, 펌이나 염색의 경우에도 단순히 원하는 컬러나 형태를 재현하는 데 그치지 않고, 고객의 피부톤, 평소 스타일, 그리고 유지 관리의 편의성 등을 종합적으로 고려한 맞춤형 제안을 통해 품질 높은 결과물을 제공해야 한다.

감정적 만족을 설계하는 서비스

한편, 가심비는 고객이 시술 과정을 통해 경험하는 감정적 만족과 정서적 위안을 의미한다. 이는 단순한 결과물의 완성도를 넘어, 고객이 살롱에서 받는 전체 경험—상담, 시술, 마무리, 사후 관리까지—가 얼마나 따뜻하고 인간적인지를 평가하는 기준이다. 예를 들어, 디자이너가 고객과 처음 만났을 때 따뜻한 인사와 함께 고객의 최근 생활 변화나 고민에 대해 관심을 보이고, 그에 따른 맞춤형 스타일을 제안한다면, 고객은 "내가 이곳에서 진심 어린 케어를 받고 있다"는 감정을 느낀다.

시술 중에도 디자이너가 사용되는 약제나 기술적 요소에 대해 친절하게 설명하며, 고객이 이해할 수 있도록 세심한 상담을 병행한다면, 고객은 단순히 시술 결과만이 아니라 그 과정 전체에서 만족감을 얻을 수 있다.

살롱 환경이 주는 감성적 연결

또한, 살롱 환경 자체도 가심비를 높이는 데 중요한 역할을 한다. 아늑하고 감각적인 인테리어, 은은한 조명, 고객을 위한 편안한 음악과 향기, 그리고 세심한 서비스까지 모든 요소가 조화롭게 구성될 때, 고객은 그 공간에서 심리적 안정과 휴식을 동시에 경험하게 된다. 예를 들어, 살롱 내부에 자연스러운 색감의 인테리어와 함께 편안한 소파, 따뜻한 음료 제공, 그리고 고객이 머무르는 동안 계속해서 배려받는 느낌을 받을 수 있도록 디자인된 공간은 고객에게 단순히 머리를 자르는 장소 이상의 특별한 경험을 선사한다.

시그니처 메뉴와 패키지 구성

이처럼, 가성비와 가심비를 동시에 잡는 메뉴 구성은 살롱이 단순한 가격 경쟁에서 벗어나 고객에게 진정한 가치를 제공하는 핵심 전략이다. 실제로 "시그니처 메뉴"를 도입하여 살롱의 전문성과 독창적인 서비스를 압축적으로 보여줌으로써, 고객은 단순히 가격이 저렴한 곳이 아니라, 자신에게 맞춤형 서비스를 제공하는 프리미엄 공간으로 인식하게 된다.

예를 들어, '디지털펌 10만 원'이라는 단순한 가격표 대신, "디지털펌 10만 원 (맞춤형 크리닉, 두피 쿨링, 드라이 레슨 포함)"과 같이 구성 요소를 명확히 하고, 시술 전 상담과 고객 맞춤형 케어 과정을 강조하는 방식은 고객으로 하여금 "이곳은 내가 지불한 금액 이상의 만족과 특별한 경험을 제공하는 곳"이라는 확신을 심어준다. 또한, 특정 스타일에 대해 홈케어 제품을 함께 제공하는 패키지(예: "단발펌 & 홈케어 키트 패키지")는 시술 후에도 고객이 살롱에서 받았던 케어를 지속적으로 경험할 수 있게 하여, 재방문율과 고객 충성도를 극대화하는 효과를 가져온다.

내부 팀워크와 프로세스 정비

살롱 내부에서는 시그니처 메뉴의 효과적인 운영을 위해 내부 프로세스와 팀워크를 정비하는 것이 필수적이다. 디자이너 한 명 한 명의 기술과 서비스가 모여 살롱 전체의 브랜드를 이루는 만큼, 모든 구성원이 시그니처 메뉴의 개념과 차별점을 명확히 이해하고 동일한 기준으로 서비스를 제공해야 한다. 이를 위해, 시그니처 메뉴 도입 전에 내부 교육과 테스트 모델을 활용한 시뮬레이션이 진행되어야 하며, 이를 통해 직원들이 새로운 메뉴의 전 과정을 숙지하고, 고객에게 일관된 서비스를 제공할 수 있도록 해야 한다.

가치를 중심으로 한 장기 전략

결국 시그니처 메뉴는 단순히 가격을 올리기 위한 수단이 아니라, 살롱이 고객에게 제공하는 본질적인 가치를 재정립하고, 그 가치를 효과적으로 전달하는 핵심 도구이다. 디자이너와 살롱이 가진 최고의 기술력과 서비스 태도가 결합되어 "이곳에서만 받을 수 있는 특별한 경험"을 제공할 때, 고객은 가격이 아니라 경험과 만족을 기준으로 살롱을 평가하게 된다. 시그니처 메뉴가 자리 잡으면, 살롱은 자연스럽게 할인 경쟁의 함정에서 벗어나, 고객이 단순한 소비자가 아니라, 자신의 만족과 신뢰를 기반으로 지속적으로 찾게 되는 프리미엄 브랜드로 자리매김할 수 있다.

또한, 이러한 변화는 단기적인 매출 상승을 넘어 장기적인 고객 충성도와 재방문율을 높이는 선순환 구조로 이어진다. 고객은 한 번의 할인이나 프로모션에 의존하지 않고, 살롱에서의 일관되고 차별화된 경험을 통해 "여기서는 내가 항상 특별하게 대우받는다"는 확신을 가지게 된다. 이로 인해 고객은 단순한 일회성 소비자가 아니라, 살롱의 진정한 동행자이자 열렬한 팬으로 발전하며, 자연스럽게 주변인들에게도 긍정적인 입소문을 전파한다.

실행을 위한 전략 요약

요약하자면, 시그니처 메뉴로 객단가 기준을 바꾸는 전략은 다음과 같다.

1. 차별화된 전문성 강조

디자이너의 가장 빛나는 기술과 경험을 집약한 메뉴로, 고객에게 "이곳에서만 받을 수 있는 특별한 경험"을 제공한다. 예를 들어, 기본 펌과 시그니처 펌을 명확하게 구분하고, 시그니처 펌에는 프리미엄 크리닉과 맞춤형 상담, 세밀한 케어를 포함시켜 고객의 만족감을 극대화한다.

2. 상담과 고객 설득 강화

충분한 상담 시간을 확보하여 고객의 니즈와 라이프스타일, 감정 상태를 꼼꼼히 파악한다. 디자이너는 고객에게 시그니처 메뉴의 차별성과 장점을 구체적으로 설명하고, 실질적인 이점을 강조하여 고객이 "비싼 가격도 납득할 만하다"고 느끼도록 유도한다.

3. 경험 중심의 서비스 제공

시술 전, 중, 후 전 과정에서 고객이 참여하고, 친절한 안내와 배려를 받도록 한다. 시술 후에는 관리법과 홈케어 팁을 상세히 제공하여, 고객이 집에서도 그 경험을 유지할 수 있도록 돕는다.

4. 내부 프로세스와 팀워크 강화

시그니처 메뉴의 개념과 차별점을 내부 교육과 테스트 모델을 통해 전 직원이 명확히 이해하도록 한다. 고객 예약, 재료 관리, 시술 과정 중 보조 역할 등 모든 부분이 체계적이고 효율적으로 이루어져야 한다.

5. 브랜딩 및 마케팅 전략

시그니처 메뉴의 명칭뿐 아니라, 그 구성 요소(예: 맞춤형 크리닉, 두피 쿨링, 드라이 레슨 등)를 명확하게 제시하여 고객이 가격 대비 높은 가치를 인식하도록 한다. 고객의 긍정적 체험을 바탕으로 자연스러운 입소문과 재방문을 유도하는 마케팅 전략을 수립한다.

이처럼, 가성비와 가심비를 동시에 만족시키는 디자인 메뉴 구성은 살롱이 단순한 가격 경쟁에서 벗어나 고객에게 진정한 감동과 가치를 제공하는 핵심 전략이 된다. 고객은 단순히 시술 결과에 만족하는 것이 아니라, 그 과정에서 자신이 세심하게 케어받고 있다는 느낌을 받으며, 이는 재방문과 긍정적인 입소문으로 이어진다. 결과적으로, 디자이너와 살롱이 제공하는 전문성과 따뜻한 배려가 결합되어, 고객은 "이곳은 내게 단순한 머리 시술 이상의 특별한 경험을 선사하는 곳"이라는 확신을 갖게 된다.

또한, 이러한 메뉴 구성 전략은 살롱의 브랜드 아이덴티티를 확고히 하고, 할인 경쟁 없이도 고객이 자발적으로 살롱을 선택하게 만드는 강력한 경쟁력으로 작용한다. 고객이 "여기서 시술받으면 내게 꼭 필요한 맞춤형 경험을 제공받는다"는 신뢰와 만족을 느낄 때, 살롱은 장기적으로 견고한 고객 충성도를 구축하고, 독보적인 브랜드로 성장할 수 있다.

결론

결론적으로, 시그니처 메뉴를 통한 객단가 기준의 전환은 단순한 가격 인상의 문제가 아니라, 고객이 지불한 비용 이상의 감동과 만족을 체험하도록 만드는 전략이다. 이는 디자이너와 살롱이 자신들의 전문성을 바탕으로 차별화된 기술과 맞춤형 서비스를 제공함으로써, 고객에게 "이 가격이 아깝지 않다"는 확신을 심어주고, 할인 경쟁에서 벗어나 장기적인 성장을 이루게 하는 원동력이 된다. 결국, 고객이 단순히 가격에 현혹되지 않고, 그곳에서의 특별한 경험과 진정한 케어를 통해 자신을 위한 가치를 경험할 때, 살롱은 지속 가능한 성공과 독보적인 경쟁력을 갖추게 될 것이다.

1. 비교 차트 - 가성비 vs. 가심비

- 가성비: 고객이 지불한 비용만큼의 결과물과 품질을 제공
- 가심비: 고객이 경험하는 감정적 만족과 정서적 케어, 특별한 경험을 제공

2. 고객 여정 플로우 다이어그램

- 방문 전: 고객은 온라인 리뷰와 SNS를 통해 살롱의 가치를 인식
- 방문 시: 따뜻한 인사, 세심한 상담, 전문적인 시술 및 설명
- 방문 후: 사후 관리와 개인 맞춤형 케어를 통한 지속적인 만족, 재방문 및 입소문 형성

3. 서비스 구성 요소 인포그래픽

- 상담: 고객의 라이프스타일, 취향, 감정을 고려한 맞춤형 상담
- 시술: 기술적 전문성과 고객 참여 유도, 친절한 설명 제공
- 사후 관리: 손질 방법, 홈케어 제품 추천, 지속적인 고객 케어

4. 브랜드 가치 강화 다이어그램

- 시그니처 메뉴 도입을 통해 "이곳에서만 받을 수 있는 특별한 경험" 제공
- 고객은 높은 객단가에도 불구하고 "가치"를 인식하여 만족하며, 할인 경쟁 없이도 브랜드 충성도 상승

Point! 가성비와 가심비가 공존하는 디자인 메뉴 구성

1. 소비 기준 변화: 가격보다 '경험'과 '감동'
   * 고객은 단순한 저렴함보다 개인화된 케어와 감성적 만족을 추구.
   * 특히 MZ세대는 정서적 연결과 진정성있는 서비스를 선호.

2. 가성비(기술력)와 가심비(감동)의 균형 필요
   * 가성비: 정밀한 진단, 맞춤형 디자인, 유지 관리까지 고려한 전문적인 결과물 제공.
   * 가심비: 따뜻한 상담, 시술 전후 설명, 감각적인 공간과 응대가 주는 정서적 만족.

3. 시그니처 메뉴와 패키지 구성 전략
   * 단순 가격표가 아닌 구성 요소를 명확히 제시(예: 두피 쿨링, 드라이 레슨 포함).
   * 홈케어 키트 등과 결합해 시술 후까지 경험 연장, 재방문 유도.

4. 내부 프로세스 정비와 팀워크 강화
   * 전 직원이 메뉴의 차별점과 서비스 기준을 공유해야 시그니처의 진정한 가치 실현 가능.
   * 테스트 모델, 교육을 통해 일관된 서비스 품질 유지필요.

5. 브랜딩과 마케팅 전략
   * 단순 할인보다 구체적 구성과 고객 맞춤형 경험을 강조.
   * 경험 기반의 입소문과 충성 고객 확보가 핵심 목표.

6. 결론
   * 시그니처 메뉴는 단순한 고가 메뉴가 아니라, 살롱의 가치와 철학을 전하는 전략.
   * 고객은 가격보다 '나를 위한 특별한 경험'을 기억하고 다시 찾는다.
   * 결과적으로 살롱은 할인 경쟁 없이도 장기적인 성장과 차별화된 경쟁력 확보가능

3. 스파 x 케어 x 테라피 등 "촉감 경험"으로 고객을 사로잡기

헤어살롱에서 제공하는 스파·케어·테라피 서비스는 단순한 모발 관리 이상의 의미를 지닌다. 고객은 스타일링뿐 아니라 휴식과 회복을 경험하기 위해 살롱을 찾으며, 촉각적 경험이 주는 감동은 고객 만족도를 극대화하는 중요한 요소가 된다. 두피 마사지, 스파 트리트먼트, 어깨와 목을 풀어 주는 터치 테라피 등은 고객이 물리적 피로뿐 아니라 심리적 긴장까지 풀 수 있도록 돕는다. 손끝에서 전해지는 따뜻함과 정성이 고객의 감정을 어루만지는 순간, 단순한 서비스가 아니라 특별한 힐링의 시간이 된다.

스파: 세심한 터치가 만든 힐링의 순간

스파는 단순히 머리를 감아 주는 과정이 아니다. 두피의 컨디션을 개선하고, 혈액순환을 촉진하며, 고객이 편안함을 느낄 수 있도록 세심한 터치가 필요하다. 예를 들어, 샴푸할 때 물의 온도를 체온에 맞추고, 귀 뒤나 목덜미를 부드럽게 마사지하면 고객은 단순한 클렌징을 넘어선 힐링을 경험하게 된다. 스파 후에 수건으로 감쌀 때도 너무 세게 누르거나 거칠게 문지르지 않고, 부드러운 압력으로 물기를 제거하면 고객이 마치 고급 스파에서 받은 관리처럼 느끼게 된다. 짧은 과정이라도 촉감과 리듬이 조화를 이루면 고객의 감각이 더욱 예민하게 반응하며, 서비스의 질이 달라진다.

케어: 제품을 넘은 감정적 교류

케어는 모발의 손상 개선뿐 아니라 감정적 교류를 형성하는 과정이다. 단순히 크리닉 제품을 발라 주는 것이 아니라, 모발 상태를 체크하고 고객과의 대화를 통해 맞춤 솔루션을 제안하는 것이 중요하다. "오늘 모발이 많이 건조해 보이시네요.", "손질하면서 불편한 점은 없으셨나요?"와 같은 대화는 고객이 '나는 단순한 시술 대상이 아니라, 이곳에서 세심한 배려를 받고 있다'고 느끼게 한다. 제품을 도포할 때도 손바닥으로 모발을 감싸듯 부드럽게 발라 주고, 마사지 동작을 더하면 고객은 시술받는 동안 더욱 깊이 몰입하며 편안함을 느낀다.

테라피: 짧지만 깊은 휴식의 기술

테라피는 살롱에서 새로운 가치를 제공할 수 있는 강력한 무기다. 고객이 머리를 하는 동안 자연스럽게 두피, 목, 어깨의 긴장을 풀어 주는 간단한 터치 테라피를 도입하면, 짧은 시간에도 깊은 만족감을 느끼게 된다. 가령 커트 전에 1~2분 정도 목과 어깨를 가볍게 풀어 주거나, 펌이나 염색이 진행되는 동안 귀 주변과 두피를 부드럽게 마사지하는 것만으로도 고객의 피로도가 크게 줄어든다. 단순히 스타일을 바꾸는 것이 아니라, 머리를 하는 동안 몸과 마음이 모두 회복되는 느낌을 준다면 고객의 신뢰도와 재방문율이 자연스럽게 높아진다.

'셀프 케어' 시대, 힐링 경험의 중요성

　MZ세대를 포함한 현대 소비자는 시간을 단순 소비로 여기지 않고 '셀프 케어'의 개념으로 활용하려는 경향이 크다. 따라서 살롱에서 제공하는 시술이 단순히 '머리를 손질하는 것'에서 끝나지 않고, 몸과 마음을 정리하고 충전하는 과정이 되어야 한다. 고객이 살롱에 머무는 시간이 짧더라도, 이곳에서 받는 터치와 배려가 충분한 힐링이 될 수 있도록 설계해야 한다. 이를 위해 고객이 대기하는 동안 사용할 수 있는 릴렉싱 소품(목베개, 담요, 향기 테라피), 시술 중간중간 편안함을 유도하는 배려(물 온도 조절, 의자 각도 조절), 시술 후에도 긴장이 풀리도록 돕는 가벼운 스트레칭 안내 등을 도입하면 훨씬 더 깊이 있는 고객 경험을 제공할 수 있다.

서비스 품질 유지를 위한 매뉴얼화

　이러한 서비스를 완성도 높게 제공하려면, 내부적으로 일정한 기준과 매뉴얼을 마련하는 것이 필수적이다. 어떤 부위를 어떤 강도로 터치할 것인지, 어느 정도 시간을 할애할 것인지, 손끝의 압력은 어떻게 조절해야 하는지 등을 체계적으로 정리하고 공유하면, 살롱 전체의 서비스 품질이 균일하게 유지될 수 있다. 터치 테크닉이 세련되게 정리되면, 고객들은 "이곳에서는 어떤 디자이너에게 받아도 서비스의 질이 일정하다"는 믿음을 갖게 된다. 결과적으로 브랜드 신뢰도가 높아지고, 자연스럽게 고객의 충성도도 상승한다.

디지털 시대, 아날로그 감성의 차별화 전략

　디지털 시대에 접어들면서 고객들은 점점 더 '비대면 서비스'에 익숙해지고 있지만, 동시에 인간적인 접촉과 배려가 주는 감동을 더욱 갈망하고 있다. 헤어살롱에서 제공하는 스파·케어·테라피 서비스는 이와 같은 감정적 공백을 채워 줄 수 있는 중요한 기회가 된다. 최근 SNS 리뷰에서 "여기 샴푸가 정말 시원했어요.", "두피 마사지가 인상 깊었어요." 같은 피드백이 늘어나는 것도 촉감 중심 서비스의 중요성이 커지고 있음을 보여 준다. 가격이나 기술적인 면은 경쟁업체들이 쉽게 따라잡을 수 있지만, 고객이 직접 느낀 '정성 어린 터치'에서 오는 감동은 결코 복제할 수 없다. 따라서 촉감 서비스를 강화하면, 살롱만의 차별성과 경쟁력을 자연스럽게 높일 수 있다.

시간에 맞춘 세 가지 힐링 프로그램 구성

　살롱에서 스파·케어·테라피 서비스를 운영하려면, 고객의 다양한 상황에 맞춰 선택할 수 있는 메뉴 구성이 필요하다. 시간과 목적에 따라 세 가지 유형의 프로그램을 구성하면, 고객이 자신의 일정과 컨디션에 맞춰 선택할 수 있다. 이에 따라 1시간, 30분, 15분의 프로그램을 구체적으로 제시해 본다.

1시간 프로그램: 딥 릴랙세이션 스파 (Deep Relaxation Spa)

- 목적
  - 충분한 휴식과 두피·모발 케어를 동시에 원하는 고객
  - 긴장 완화, 혈액순환 촉진, 모발 건강 개선을 위한 집중 힐링

- 세부 구성
  1. 사전 상담 (5분)
  2. 두피 스케일링 및 1차 마사지 (15분)
  3. 스팀 & 아로마 테라피 (10분)
  4. 온수 샴푸 & 릴랙싱 마사지 (15분)
  5. 딥 컨디셔닝 & 마무리 케어 (10분)
  6. 최종 피드백 및 마무리 (5분)

- 기대 효과:
  - 깊은 휴식과 두피·모발 케어를 동시에 경험
  - "단순 샴푸가 아니라 온전한 스파"를 받았다는 느낌으로 높은 만족도

30분 프로그램: 스칼프 & 넥 리프레시 (Scalp & Neck Refresh)

- 목적
  - 시간이 부족하지만, 목·어깨 피로 해소와 두피 케어를 원하는 고객
  - 가벼운 힐링과 즉각적인 시원함을 원하는 고객

- 세부 구성
  1. 간단 상담 (2분)
  2. 1차 릴랙스 마사지 (5분)
  3. 두피 딥 클렌징 (5분)
  4. 온수 샴푸 & 집중 두피 마사지 (10분)
  5. 간단 트리트먼트 & 피드백 (8분)

- 기대 효과:
  - 30분 안에 목·어깨 피로 완화와 두피 관리 동시 진행
  - 과하지 않으면서도 확실한 힐링 경험 제공

15분 프로그램: 익스프레스 터치 테라피 (Express Touch Therapy)

- 목적
  - 시간이 부족한 고객에게 '빠른 피로 해소 & 시원함' 제공
  - 커트나 염색 전후에 간단히 진행할 수 있는 서비스

- 세부 구성
  1. 빠른 상태 파악 (1분)
  2. 터치 릴리즈 (3분)
  3. 온수 샴푸 & 스칼프 마사지 (7분)
  4. 간단 트리트먼트 & 마무리 (4분)

- 기대 효과
  - 15분 내에 빠르고 간결하게 피로 해소
  - 바쁜 고객에게 "간단하지만 확실한 충전" 제공

- 운영 팁 & 마무리
  1. 맞춤형 상담: 고객 피로 부위 확인 → 만족도 상승
  2. 일관된 매뉴얼: 터치 순서·강도·시간 등 체계화 필요
  3. 적절한 안내 & 피드백: 고객 반응 파악 → 다음 방문 유도
  4. 분위기 조성: 조명, 향기, 음악으로 촉각·정서적 안정 제공
  5. 팀원 교육: 전 직원이 테크닉과 화법을 숙지해 균일한 서비스 제공

감성적 촉각 경험이 만드는 브랜드의 힘

　세 가지 프로그램을 상황별·시간별로 구성하면 고객은 자신의 일정이나 컨디션에 맞춰 선택할 수 있고, 살롱 입장에서는 "촉감 중심" 서비스를 더욱 체계적으로 제공하며 차별화된 경쟁력을 갖출 수 있다. 특히 MZ세대를 비롯해 '작지만 확실한 힐링'을 추구하는 고객층에게는 이 메뉴 구성이 더욱 매력적으로 다가올 것이다. 결국, 손끝에서 전해지는 세심한 터치와 진심 어린 배려는 살롱의 감성적 브랜드 자산이 되어, 오랫동안 고객에게 기억되고, 지속 가능한 성장을 이끄는 근본적인 힘이 된다.

4 고객 후기와 리뷰: 단순 홍보가 아닌 '소통' 창구

고객 후기와 리뷰는 단순히 살롱을 홍보하는 수단이 아니다. 디자이너와 고객이 서로 소통하며 관계를 지속해 나가는 핵심 도구이며, 고객의 기대와 경험이 어떻게 맞아떨어지는지를 객관적으로 확인할 수 있는 중요한 자료다. 많은 헤어살롱이 SNS나 예약 플랫폼을 통해 고객 리뷰를 모으고 활용하지만, 단순히 긍정적인 평가를 강조하는 데 그치는 경우가 많다. 그러나 고객 리뷰의 본질은 살롱이 고객과 어떤 방식으로 신뢰를 쌓고 관계를 지속할 수 있는지 보여 주는 핵심 요소다. 리뷰는 단순한 별점이 아니라 고객이 직접 경험한 생생한 피드백이므로, 이를 어떻게 해석하고 활용하는지가 살롱의 이미지와 장기적인 성공을 결정짓는다.

고객의 관점에서 리뷰 읽기

고객이 리뷰를 남기는 과정에서 살롱의 서비스와 분위기를 다시 한번 되짚어 보게 된다. 이때 디자이너나 경영자는 리뷰의 긍정적 또는 부정적 측면만 보는 것이 아니라, 고객이 원하는 스타일의 분위기나 기대했던 부분이 실제로 충족되었는지를 종합적으로 살펴볼 필요가 있다. "컷트는 만족스러웠지만 드라이가 과했다"는 피드백이 있다면, 고객은 자연스럽고 차분한 스타일을 원했는데 디자이너가 다소 화려하게 마무리한 것은 아닌지 점검해야 한다. "직원들은 친절했지만 대기 공간이 불편했다"는 리뷰는 단순한 시설 문제를 넘어, 고객이 충분히 편안하게 대기할 수 있는 환경이 조성되지 않았다는 의미일 수도 있다. 이런 사소한 부분들이 오히려 살롱 운영에서 쉽게 간과되는 중요한 개선점으로 작용할 수 있다.

피드백에 대한 태도가 신뢰를 만든다

고객 리뷰가 단순한 평가를 넘어 살롱이 고객의 목소리를 얼마나 진지하게 듣고 반응하는지를 보여 주는 척도라는 점도 중요하다. 별점 3점을 남긴 고객의 리뷰를 방치하면 그 고객은 다시 방문할 이유를 찾지 못할 확률이 높다. 반대로 부족한 부분을 인정하고 개선하겠다는 의사를 밝히면, 고객은 "내 의견을 존중해 주는 곳"이라 생각하게 되고, 심지어 처음에는 불만을 가졌던 고객도 충성 고객으로 바뀔 가능성이 높아진다. 이는 단순히 한 명의 고객을 만족시키는 것이 아니라, 해당 고객이 SNS나 지인을 통해 살롱에 대한 긍정적인 인상을 전달할 기회를 만든다는 점에서 더욱 가치가 크다. 작은 정성과 배려가 고객을 다시 살롱으로 이끄는 결정적인 요인이 될 수 있다.

리뷰는 진정한 소통의 창구

리뷰를 고객과의 '피드백의 통로'로 삼으면 여러 이점이 따른다. 온라인에서 쉽게 놓칠 수 있는 문제점을 파악하고 빠르게 개선할 수 있으며, 고객 역시 "이 살롱은 내 의견을 존중해 준다"는 신뢰감을 갖게 된다. 예를 들어 "시술 전후 색감을 비교하기 어렵다"는 후기가 있다면, 조명 환경을 조정하고 고객에게 색감을 보다 명확히 설명하는 시스템을 도입하는 등의 조치를 취할 수 있다. 그리고 이를 고객에게 직접 알린다면, 고객은 "내 목소리가 반영되었구나"라는 만족감을 느끼며 살롱에 대한 애착을 가지게 된다.

반면, 리뷰 속 부정적 피드백을 무시하거나 방치하는 것은 치명적인 실수가 될 수 있다. 고객의 의견을 수렴하고 개선하는 태도가 없으면, 부정적인 리뷰는 단순한 불만을 넘어 브랜드 이미지에 타격을 줄 수 있다. 살롱이 적극적으로 피드백을 반영하고 개선점을 공유한다면, 고객은 오히려 살롱을 신뢰하며 더 큰 애정을 보일 가능성이 높아진다.

실질적 변화와 공유가 핵심

리뷰 관리에서 가장 중요한 것은 즉각적인 대응과 실행력이다. 고객이 남긴 피드백을 그저 기록하는 데 그치지 않고, 살롱 운영에 실질적으로 반영해야 한다. 이를 위해 살롱 내부적으로 리뷰를 정기적으로 검토하고, 반복되는 패턴을 분석하여 개선해야 할 사항을 정리하는 시스템을 갖출 필요가 있다. 예를 들어 "샴푸 시간이 짧다"는 피드백이 많다면, 샴푸 시간을 1~2분 더 늘릴 수 있는지 검토하고 이를 고객에게 적극적으로 알리는 방식으로 대응할 수 있다. 단순히 "개선하겠다"는 형식적인 답변이 아니라, 실제로 실행하고 변화된 내용을 고객과 공유해야 한다.

고객 리뷰를 적극적으로 활용하는 방법

고객 리뷰를 효과적으로 활용하기 위한 방법도 고민할 필요가 있다.

1. SNS 채널에서 고객 후기를 '스토리' 형태로 소개한다.
   "고객 A님의 피드백을 반영해 스타일에 변화를 주었습니다""라는 내용을 사진이나 영상과 함께 게시.
2. 홈페이지나 블로그에 '리뷰 모음' 섹션을 만들어 긍정적인 후기뿐만 아니라 개선 과정까지 솔직하게 공유.
3. 매장 내에 고객 리뷰를 활용해 "고객님들께서 이런 점을 좋아해 주셨고, 이런 점을 개선해 달라고 하셔서 이렇게 바꿨습니다"라고 안내.

이렇게 하면 처음 방문한 고객도 살롱의 태도를 직관적으로 이해할 수 있다.

사후 관리를 통한 리뷰 활성화

사후 관리 역시 리뷰 활성화의 중요한 부분이다. 시술 후 일정 시간이 지난 후 고객에게 "시술 결과는 만족스러우셨나요?", "불편한 점이 있으면 언제든 말씀해 주세요"라고 연락을 드리면, 고객은 보다 편하게 피드백을 제공할 수 있다. 받은 피드백을 SNS나 매장에서 "이런 의견 덕분에 이렇게 변화를 시도했습니다"라고 공유하면, 고객이 자신의 목소리가 실제로 반영되었음을 확인할 수 있어 신뢰가 더욱 깊어진다.

리뷰는 고객과 함께 성장하는 발판

고객 리뷰는 단순 홍보가 아니라, 살롱과 고객이 함께 성장해 나가는 과정의 일부다. 고객은 리뷰를 통해 자신의 기대와 경험을 공유하고, 살롱은 이를 바탕으로 서비스를 개선하고 새로운 방향성을 찾는다. 이러한 선순환이 반복될수록 살롱은 더욱 탄탄한 팬층을 확보하게 되고, 자연스럽게 신규 고객 유입 효과까지 기대할 수 있다.

결국 고객 리뷰를 관리하고 활용하는 것은 단순한 피드백 수집을 넘어, 고객의 신뢰를 구축하고 유지하는 과정이다. 살롱이 리뷰를 진심으로 받아들이고 꾸준한 개선을 실천하면, 고객은 단순 소비자가 아니라 살롱의 브랜드와 가치를 함께 만들어 가는 동행자가 된다. 이런 관계 속에서 고객은 자발적으로 살롱을 홍보하고, 좋은 경험을 공유하며, 더 깊이 있는 관계를 형성하게 된다.

리뷰로 찾은 장점은 마케팅의 자산

마지막으로, 리뷰를 통해 발견한 장점을 마케팅에 활용하는 방안도 고려할 수 있다. "친절하다"는 피드백이 많다면 이를 브랜드의 핵심 가치로 삼아 적극적으로 홍보하고, 직원 교육에서 친절도를 더욱 강화할 수 있다. "컷트가 예쁘다"는 의견이 많다면, 허락을 받아 실제 고객 후기를 사례별로 정리해 방문 고객에게 안내하면 더욱 신뢰를 줄 수 있다. 중요한 것은 이 모든 과정에서 '과장 없이 진솔하게' 접근하는 것이다. 고객은 살롱이 리뷰를 어느 정도 진지하게 받아들이는지를 예민하게 감지하기 때문에, 조금이라도 과장되거나 부풀려진 느낌을 주면 오히려 역효과가 날 수 있다.

결국 고객 리뷰는 살롱이 고객과 소통하고 신뢰를 쌓는 중요한 도구다. 단순한 홍보 수단이 아니라, 고객이 느낀 감정을 받아들이고 개선하며, 이를 통해 더 나은 경험을 제공하는 과정이 되어야 한다. 리뷰를 수집하는 것에서 끝나는 것이 아니라, 실제 운영 방식과 서비스 개선에 반영하고, 이를 다시 고객과 공유하며 투명하게 소통할 때, 살롱은 더욱 신뢰받는 브랜드로 자리 잡을 수 있다. 이를 실천하는 살롱은 고객이 스스로 홍보하는 강력한 팬층을 형성하며, 지속 가능한 성장을 이뤄 낼 것이다.

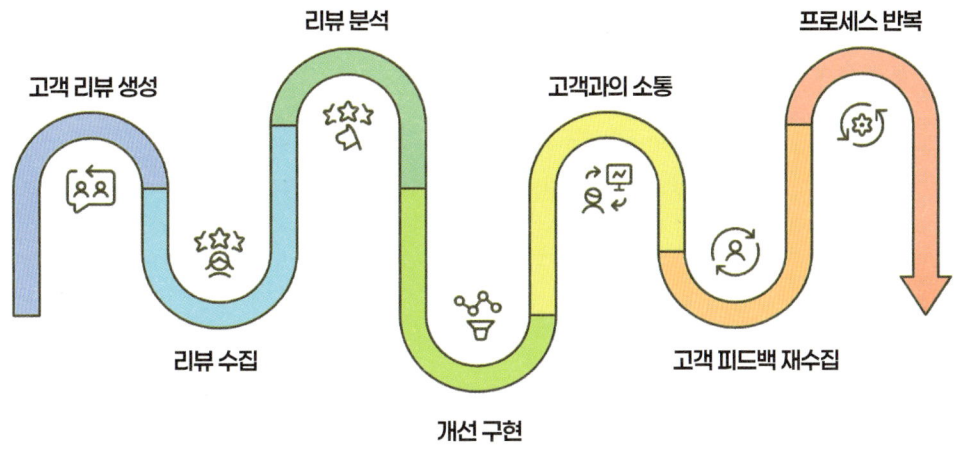

고객 리뷰 프로세스

> **Point!** **고객 후기와 리뷰 : 단순 홍보가 아닌 '소통' 창구**
>
> **1. 리뷰의 본질**
> * 리뷰는 단순한 평점이나 홍보 수단이 아니라, 고객과 살롱 간의 신뢰와 관계를 확인하는 소통 창구임.
> * 긍정·부정 리뷰 모두 고객의 기대와 경험의 간극을 보여주는 중요한 운영 지표.
>
> **2. 소극적 리뷰 응대는 기회 상실**
> * 피드백을 무시하거나 형식적으로 응답하면 브랜드 이미지에 타격.
> * 반대로 진심 어린 응대와 개선은 충성 고객 전환의 계기가 됨.
>
> **3. 리뷰를 통해 살롱이 성장한다**
> * 고객 피드백은 문제 개선의 기회이자, 살롱 운영을 발전시키는 자산.
> * 정기 검토와 내부 공유 시스템을 통해 실질적 실행과 공유가 핵심.
>
> **4. 리뷰 활용 전략**
> * SNS '스토리'로 피드백 반영 사례 공유
> * 홈페이지/매장 내 '리뷰 모음'과 개선 사례 안내
> * 리뷰에서 얻은 장점을 브랜드 마케팅에 적극 반영
>
> **5. 사후 관리가 충성도를 만든다**
> * 시술 후 일정 시점에 피드백 요청 → 리뷰 작성률과 신뢰도 증가
> * 고객 의견 반영 내용을 재공유하면, 고객은 자신의 영향력을 실감하고 애착 강화
>
> **6. 결론**
> * 리뷰는 단지 광고 도구가 아니라 살롱과 고객이 함께 브랜드를 만들어 가는 과정.
> * 진심 있는 수용, 실천, 공유를 통해 브랜드에 대한 신뢰와 팬층을 강화할 수 있음.

5. "다음 번에도 나에게 올 이유"를 만들어주는 팔로업

고객이 살롱을 떠나는 순간, 다시 이곳을 찾아야겠다는 마음을 품게 하는 것은 생각보다 쉽지 않다. 많은 미용인이 시술을 마친 직후 "이 스타일을 이렇게 관리하면 좋습니다" 혹은 "몇 주 뒤에 꼭 다시 방문해 주세요"라는 말을 건네지만, 그 말이 고객의 마음속에 남아 행동으로 이어지는 경우는 많지 않다. 고객이 다시 살롱을 찾도록 만들기 위해서는 단순한 스타일 예고나 혜택 안내를 넘어, "이 디자이너는 나의 취향과 고민을 정확히 파악하고 있으며, 다음 방문 때 더욱 완벽한 해결을 준비하고 있다"라는 신뢰를 심어 주어야 한다. 이것이 바로 팔로업의 본질이다.

예상 밖의 문제, 고객이 먼저 말하기 어렵다

시술이 끝난 고객은 미용인의 손길에서 벗어나 일상으로 돌아간다. 처음에는 만족스러웠던 스타일도 시간이 지나면서 예상치 못한 문제를 마주할 수 있다. 염색 색감이 예상보다 빨리 빠지거나, 펌 컬이 흐트러지기도 하고, 머리카락이 자라면서 처음의 디자인과는 달라질 수도 있다. 이런 문제는 살롱 내부에서는 쉽게 감지할 수 없고, 고객이 직접 불편을 느끼더라도 적극적으로 연락해 도움을 요청하는 경우는 드물다. 대부분은 "다음에 가면 이야기해야지"라고 생각하거나, 심한 경우에는 별다른 불만을 표하지 않고 조용히 다른 곳으로 옮기기도 한다. 그렇기 때문에 디자이너가 먼저 일정 시간이 지난 뒤 "지난번 말씀하셨던 볼륨 고민은 좀 나아지셨나요?"처럼 구체적인 상황을 물어봐 주는 것이 중요하다. 이 작은 배려가 고객에게 신뢰감을 주고, 살롱에 대한 충성도를 높이는 시작점이 된다.

해결책을 제시하는 전문가의 손길

고객이 팔로업 메시지를 받았을 때 "컬이 조금 처지는 느낌이 든다"거나 "염색 색상이 생각보다 빨리 빠졌다"라는 반응이 나오면, 즉시 해결책을 제안하는 것이 중요하다. 예를 들어 "샴푸 후 어떤 순서로 드라이를 하면 컬이 더 오래 유지될 수 있는지" 혹은 "어떤 제품을 사용하면 볼륨 유지에 효과적인지"를 안내하는 것이다. 이때 간단한 영상 자료를 함께 제공하면 고객은 "이 디자이너는 단순히 머리를 하는 사람이 아니라, 내 일상까지 챙겨 주는 전문가"라고 인식하게 된다. 이러한 세심한 관리가 고객이 다른 선택지를 고민하지 않고 다시 같은 살롱을 찾도록 만드는 핵심 요소다.

'개인화된 기억'이 감동을 만든다

팔로업이 단순한 형식적인 사후 관리가 아니라 효과적으로 작동하려면, 고객의 개인적 특성을 세심하게 기억하고 있다는 느낌을 주어야 한다. 예를 들어 "지난번 모발이 얇아 볼륨이 쉽게 죽는다고 하셨는데, 사용하시는 제품과 함께 관리 방법을 다시 체크해 보시면 어떨까요?"라고 메시지를 보낸다면, 고객은 "이 디자이너가 내 상태를 정확히 기억하고 있구나"라고 감동할 수 있다. 이렇게 개인화된 팔로업이 이루어질 때, 고객은 단순한 단골을 넘어 살롱의 팬이 되어 간다.

스타일 예고: 다음 방문의 동기 부여

미래 스타일을 미리 예고하는 것도 강력한 팔로업 방법 중 하나다. 고객들은 주로 "펌 주기가 됐으니 가야지" "뿌리 염색할 시기가 됐네"처럼 기능적인 이유로 살롱을 방문하는 경우가 많지만, 때로는 거울을 보다가 갑자기 분위기를 바꾸고 싶어지기도 한다. 이럴 때 디자이너가 먼저 "다음 방문 때 이런 스타일을 추천드리고 싶은데, 어떠세요?"라고 살짝 예고해 둔다면, 고객은 머리를 바꾸고 싶은 순간 자연스럽게 해당 디자이너를 떠올리게 된다.

장기적인 스타일 로드맵 제안

팔로업을 더욱 효과적으로 만들기 위해서는 고객의 스타일링 습관, 생활 패턴 등을 파악하고 이에 맞춰 맞춤형 로드맵을 제시하는 것이 중요하다. 예컨대 "장기적으로 머리를 기르길 원하신다면, 손상을 방지하기 위해 이번 달에는 크리닉을 진행하고, 3개월 뒤에는 레이어를 살짝 추가하는 방향으로 가볼까요?"라는 식의 계획을 제시하면 고객은 "다음에 가야 할 이유"를 명확하게 인식하게 된다.

불편을 말할 수 있게 만드는 사전 안내

또한, 고객은 예상치 못한 문제나 궁금증이 생겨도 살롱에 직접 연락하는 것을 망설이는 경우가 많다. "이 정도면 그냥 다음에 가서 이야기하지 뭐"라고 생각하거나, 아예 다른 곳에서 다시 시작하는 선택을 할 수도 있다. 이를 방지하기 위해 디자이너가 먼저 "혹시 스타일 유지하는 데 불편한 점이 있으면 언제든 알려 주세요. 1~2주 안에 방문해 주시면 무상으로 보정해 드릴 수 있습니다"라고 안내하면 고객은 안심하고 문제를 이야기할 수 있다. 이때 빠르게 문제를 해결해 주면 고객은 "내가 받는 서비스가 여기서 끝이 아니라 지속적으로 관리되는구나"라는 신뢰를 가지게 된다.

진정성 있는 말 한마디의 힘

팔로업이 단순히 사후 연락이나 재방문 유도를 위한 영업 수단처럼 보이지 않으려면, 진정성이 바탕에 깔려 있어야 한다. "다음에도 또 오세요"라는 기계적인 문구 대신 "이번 스타일이 만족스러우셨는지 궁금해요. 유지하면서 더 좋은 방법이 필요하시면 알려 드릴게요"라는 말이 훨씬 효과적이다. 고객은 "내가 잊고 있던 부분을 상기시켜 주니 편하다"거나, "혼자 해결 못 했던 고민을 누가 대신 챙겨 주는 것 같다"는 인식을 가지게 된다.

디자이너를 떠올리게 하는 순간 만들기

미용은 단순한 기술 제공이 아니라 사람과 사람을 연결하는 감성적인 경험이기도 하다. 고객이 아침에 거울을 볼 때마다, 사회생활을 하면서 스타일이 어떻게 보이는지 고민할 때마다, "내 머리는 누가 관리해 주고 있는가"를 떠올릴 수 있도록 만드는 것이 중요하다. 그 과정에서 고객이 "이 디자이너가 내 스타일을 함께 책임지고 있다"는 신뢰를 느끼면, 다른 살롱을 탐색하는 수고로움을 줄이고 자연스럽게 다시 찾아오게 된다.

팔로업을 위한 정보 관리 시스템

팔로업을 효과적으로 실행하려면 고객 정보를 체계적으로 관리하는 것이 필수적이다. 간단한 메모 앱을 활용하거나 고객 관리 시스템(CRM)을 도입해, 시술 날짜와 함께 고객의 스타일 변화 계획, 선호하는 제품, 특이사항 등을 기록해 두면 좋다. 예를 들어 "염색 고객은 시술 23주 후 컬러 유지 상태 확인" "펌 고객은 12주 뒤 컬 정착 상태 점검" 등의 자동 메시지를 발송하는 것도 효과적이다. 이렇게 세심하게 챙겨 주는 작은 행동들이 쌓여 "이 디자이너는 내 머리뿐만 아니라 내 일상도 함께 관리해 주는구나"라는 확신을 심어 주게 된다.

다음 방문을 부르는 '신뢰와 설렘'

결국 팔로업의 핵심은 고객이 "다음에도 꼭 여기 와야겠다"는 이유를 스스로 만들게 하는 것이다. 이는 결코 거창한 이벤트나 할인 행사를 통해 이루어지지 않는다. 오히려 고객이 시술 후 집에서도 머리를 잘 손질할 수 있도록 도와주고, 불편함이 생겼을 때 부담 없이 해결할 수 있도록 돕는 꾸준한 소통이야말로 가장 강력한 마케팅이자 신뢰 구축의 과정이다. "이번 스타일이 좋았으니 다음에도 오겠지"라는 막연한 기대보다는, "다음에는 더 나은 스타일을 함께 만들어 갈 수 있다"는 설렘을 심어 주는 것이 중요하다.

이렇듯 팔로업은 미용인의 작은 관심과 노력이 모여 고객과의 유대감을 강화하는 과정이다. 고객이 단순히 머리를 하러 오는 곳이 아니라, "내 스타일을 함께 만들어 가는 파트너"로서 디자이너를 인식하도록 돕는 것이야말로 진정한 팔로업의 의미다. 그리고 그렇게 형성된 신뢰는 고객이 살롱을 떠난 후에도 지속적으로 이어지며, 궁극적으로 "다음에도 반드시 찾아와야 하는 이유"를 만들어 준다.

고객 충성도 구축

진정성	진정성 있고 배려하는 방식으로 고객과 소통하기
고객 행동 이해	고객의 습관과 선호 분석하기
미래 스타일 제안	다음 방문을 위한 스타일 아이디어 제안하기
문제 해결	고객의 문제를 적극적으로 해결하기
개인화된 커뮤니케이션	고객의 고유한 요구 사항을 기억하고 다루기

> **Point!** "다음 번에도 나에게 올 이유"를 만들어주는 팔로업

1. 팔로업의 본질은 신뢰와 기억에 남는 배려

    * 단순한 "다음에 또 오세요"가 아니라
        → 고객의 취향과 고민을 기억하고, 다음 스타일을 함께 준비한다는 신뢰 형성이 중요함.

2. 고객이 먼저 말하지 않는 문제, 디자이너가 먼저 챙겨야 한다

    * 스타일 유지 중 발생하는 문제를 고객이 먼저 이야기하긴 어려움
        → 디자이너가 먼저 "지난번 문제 괜찮으셨나요?"처럼 구체적 팔로업을 해야 재방문 가능성 상승

3. 개인화된 관리와 해결책 제안이 핵심

    * 제품 추천, 관리법 안내, 영상 자료 제공 등을 통해
        → "일상까지 케어해주는 전문가"로 자리 잡게 됨

4. 스타일 예고와 로드맵으로 다음 방문 이유 제시

    * 다음 스타일에 대한 제안, 장기 계획 제시 등으로
        → 고객이 "다음 방문할 이유"를 스스로 인식하게 함

5. 고객의 불편함을 말할 수 있는 안전한 분위기 조성

    * "불편한 점 있으면 알려 주세요, 무상 보정 가능해요"
        → 고객이 불편함을 편히 표현하고, 신뢰가 강화됨

6. CRM을 활용한 체계적 고객 관리

    * 고객 상태, 선호, 시술 시기 등을 기록하고 → 자동 알림과 메모로 개인 맞춤형 팔로업가능

7. 설렘과 신뢰를 남겨야 고객은 돌아온다

    * 단순한 기술보다 꾸준한 소통과 배려가 재방문과 팬덤의 열쇠
        → 고객은 살롱을 "머리하러 가는 곳"이 아니라 "나를 케어해주는 파트너"로 인식함

10장. 고객 관리와 재방문 시스템

1 "한 번의 방문"이 아닌 "장기적 만족"

　살롱을 운영하면서 가장 중요한 것은 단순히 고객의 만족도를 높이는 것이 아니라, 고객이 "이곳은 정말 믿을 만하고, 나에게 꼭 필요한 곳"이라는 확신을 갖도록 만드는 것이다. 헤어디자이너는 머리를 자르고, 염색하고, 펌을 하는 기술자가 아니라 고객의 일상과 감정에 영향을 주는 '동행자'가 되어야 한다. 고객이 한 번 방문하고 끝나는 것이 아니라, 오랫동안 함께할 수 있도록 시스템을 구축하려면 고객 관리와 재방문 유도를 위한 구체적인 전략이 필요하다.

신뢰의 바탕은 철학과 가치 공유

　많은 미용인이 기술력 향상이나 프로모션 기획에 집중하지만, 더 중요한 것은 고객과 디자이너가 공유할 가치와 철학을 정립하는 일이다. 고객이 살롱을 떠난 후에도 "이 디자이너라면 언제든 내 고민을 들어주고 해결해 줄 수 있다"는 신뢰를 느껴야 한다. 헤어스타일은 단순한 외적 변화가 아니라 사람의 기분과 자신감을 끌어올리는 중요한 과정이다. 그렇기에 고객을 단순한 소비자가 아니라, 함께 스타일과 라이프스타일을 만들어가는 '동행자'로 인식하는 것이 중요하다.

고객 정보를 기억하고 축적하는 시스템

　살롱 운영에서 가장 핵심적인 요소는 고객의 재방문을 유도하는 신뢰 형성이다. 고객이 "다음에도 여기서 머리를 해야겠다"라고 느끼는 이유는 단순히 기술력 때문이 아니라, "이 디자이너가 나의 머리를 책임지고 있다는 확신"에서 나온다. 이를 위해 단순히 고객의 이름과 연락처, 시술 내역을 기록하는 것이 아니라, 고객이 어떤 고민을 털어놓았고, 다음 방문 시 어떤 점을 보완할지까지 구체적으로 누적하는 관리 시스템이 필요하다.

　예를 들어, 고객이 "지난번 커트가 조금 짧아 아쉬웠다"고 말했다면, 다음 방문 전 그 피드백을 참고하여 스타일을 제안할 수 있도록 준비해야 한다. 모발 손상이 걱정되었던 고객이라면, 다음번 시술 때 어떤 크리닉과 홈케어가 도움이 될지 미리 계획을 세워야 한다. 이처럼 고객에 대한 정보를 체계적으로 관리하면, 고객은 "디자이너가 나를 기억하고, 내 스타일을 고민해 준다"는 느낌을 받는다.

팔로업 메시지의 힘

　퇴점 후에도 고객과 연결되는 방법 중 하나는 팔로업 메시지를 보내는 것이다. 시술이 끝난 후 일정 기간이 지나면, 고객에게 간단한 안부를 전하는 메시지를 보내는 것이 효과적이다. "지난번 펌, 컬 유지 잘 되고 계신가요?" 혹은 "염색하신 색감이 만족스러우신가요? 빠른 탈색 현상은 없으셨나요?" 같은 간단한 체크인 메시지는 고객이 '이 살롱에서는 나를 끝까지 신경 써 주는구나'라고 인식하게 만든다.

스타일 로드맵으로 신뢰 형성

고객 관리에서 중요한 또 하나의 요소는 '미래 스타일을 설계해 주는 것'이다. 예를 들어 "이번 스타일을 한 달 정도 유지한 후, 다음번에는 조금 더 길러서 레이어를 넣어 보시면 좋을 것 같아요"라고 미리 제안해 주는 것만으로도 고객은 '다음번에도 이곳에서 해야겠다'는 마음을 갖게 된다.

문제 발생 시 선제적 대응

고객이 예상치 못한 문제를 겪었을 때도 빠르게 대응하는 것이 중요하다. 시술 후 컬이 원하는 대로 유지되지 않거나, 염색 색감이 예상보다 빨리 바래는 등의 문제가 발생할 수 있다. 이런 경우 디자이너가 먼저 "혹시 스타일 유지에 어려움이 있으신가요? 필요하시면 간단한 손질 방법을 알려 드리겠습니다"라고 먼저 연락하면, 고객은 안심하고 문제를 이야기할 수 있다.

거울 앞에서 떠오르는 디자이너

팔로업을 단순한 영업 수단이 아니라, 고객의 라이프스타일과 스타일을 함께 설계해 나가는 과정으로 인식해야 한다. "다음에도 또 오세요"라는 기계적인 멘트 대신, "이번 스타일이 유지되는 동안 불편한 점이 있으면 언제든 알려 주세요" 같은 말이 훨씬 효과적이다.

살롱 방문이 단발성 소비가 아니라, 고객과 디자이너가 함께 만들어 가는 스타일의 과정이 되도록 해야 한다. 고객이 집에서 거울을 보며 "다음번에는 어떤 스타일을 할까?" 고민할 때, 자연스럽게 디자이너를 떠올릴 수 있도록 만드는 것이 팔로업의 핵심이다.

고객과 함께 성장하는 진정한 본질경영

고객 관리 시스템이 효과적으로 운영되려면, 살롱 내부의 문화와 운영 방식도 뒷받침되어야 한다. 디자이너가 고객과 지속적으로 소통할 수 있도록 충분한 시간과 환경이 보장되어야 하고, 팔로업을 단순한 '추가 영업'이 아니라 고객과의 신뢰를 쌓아 가는 과정으로 인식하는 문화가 자리 잡아야 한다.

고객 관리와 재방문 시스템이 잘 운영되면, 살롱은 지속적으로 성장할 수 있는 기반을 얻게 된다. 신규 고객 유입만을 신경 쓰기보다는, 기존 고객이 자연스럽게 다시 찾도록 만드는 것이 장기적으로 훨씬 더 안정적인 매출 구조를 만든다.

결국, 살롱의 지속 가능한 성장은 고객이 다시 찾고 싶어지는 이유를 만드는 것에서 출발한다. 팔로업과 고객 관리를 단순한 업무 절차가 아니라, 고객과의 관계를 강화하는 기회로 삼아야 한다. 고객이 "여기라면 나를 오래도록 맡길 수 있겠다"는 신뢰를 가질 때, 살롱은 자연스럽게 충성 고객층을 확보하고, 입소문을 타며 지속적으로 성장할 수 있다. 단순한 할인이나 프로모션이 아니라, 장기적 관계 형성을 목표로 고객을 관리하는 것이야말로 진정한 본질경영이며, 고객과 함께 성장하는 미용 비즈니스의 핵심이다.

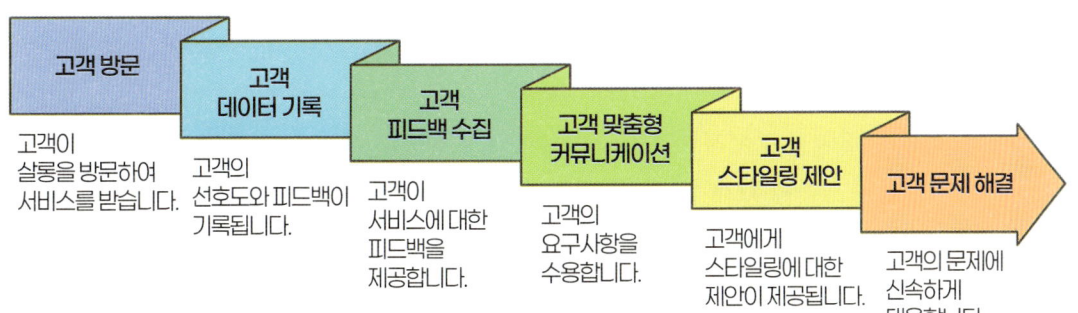

> **Point!** "한 번의 방문"이 아닌 "장기적 만족"

1. **디자이너는 기술자가 아닌 동행자**
   * 고객을 단순한 소비자가 아닌, 라이프스타일을 함께 설계하는 파트너로 인식해야 함.

2. **기술보다 중요한 것은 신뢰와 감정 연결**
   * "이 디자이너는 내 스타일과 고민을 기억해준다"는 신뢰가 재방문과 충성도로 이어짐.

3. **개인 맞춤형 고객 관리 시스템 필요**
   * 시술 내역뿐 아니라 고객의 고민, 피드백, 다음 스타일 방향 등을 체계적으로 기록해야 함.

4. **팔로업은 선택이 아닌 필수**
   * 시술 후 일정 시간 내 안부 메시지, 유지 상태 확인등으로 고객과의 연결 유지
   * 예: "컬 유지 괜찮으세요?", "색 빠짐 없으셨나요?"

5. **미래 스타일 제안으로 다음 방문 유도**
   * "다음엔 이렇게 해볼까요?"라는 제안이 고객의 방문 이유가 됨.

6. **문제 발생 시 선제 대응**
   * 고객이 불편을 말하기 전에 먼저 연락하고 해결책을 제시하는 것 = 신뢰 구축 핵심

7. **팔로업의 진정성이 중요**
   * "언제든 불편한 점 있으면 알려 주세요" 같은 공감 언어가 고객 감동을 이끌어냄.

8. **살롱 내부 시스템과 문화가 뒷받침돼야**
   * 디자이너가 충분한 시간과 여유를 갖고 고객과 소통할 수 있도록 구조 마련

9. **재방문 기반의 안정적인 성장**
   * 신규 고객 유입보다 기존 고객이 자연스럽게 돌아오게 만드는 구조가 장기적 성장을 이끔

할인보다 중요한 건 '관계'. 팔로업과 진정성 있는 고객 관리가 살롱의 브랜드와 미래를 결정한다.

2 재방문을 끌어내는 구체적 질문과 제안법

고객이 살롱을 떠난 후에도 다시 찾고 싶어지는 이유는 단순히 "다음에도 꼭 오세요"라는 말 때문이 아니다. 고객 한 명 한 명의 시술 이력과 스타일 취향을 정확히 분석하고, 다음 방문에서 어떤 변화를 줄 수 있을지를 구체적으로 제안해야 한다. 또한 이전에 느꼈던 불편 사항이나 아쉬움을 어떻게 개선할 것인지 설득력 있게 설명하는 과정이 있어야 고객이 자연스럽게 재방문을 결정한다.

고객 맞춤형 팔로업 제안법

단순한 재방문 유도가 아닌, 고객 맞춤형 팔로업이 중요하다. 예를 들어 커트 후 길이가 짧아 아쉬움을 느낀 고객에게는 "2주 후 앞머리나 옆 라인이 자라난 상태에서 다시 한 번 커트를 하면 훨씬 더 자연스러울 거예요"라고 구체적인 타이밍을 제시하면 고객은 스스로 방문 시기를 설정하는 데 도움을 받는다. 반대로 펌을 한 고객이 "모발 손상이 걱정된다"는 이야기를 했을 경우, 마무리 단계에서 "펌 시술 후 모발 보호가 중요한데, 3~4주 후 크리닉을 한 번 받으면 훨씬 오래 유지될 수 있습니다"라고 안내하면 고객은 모발 건강을 고려해 자연스럽게 재방문을 고려하게 된다.

계획 있는 제안으로 방문 유도

이러한 제안법을 발전시키면 더욱 효과적이다. "다음 방문 시에는 현재보다 모발이 조금 회복된 상태에서 레이어드를 추가하면 볼륨이 더욱 자연스러워질 거예요"라든지, "이번에는 애쉬 계열로 염색했으니, 2~3주 뒤 보색 샴푸로 관리하면서 다음번에는 다른 톤을 시도해 보는 것도 좋아요" 같은 구체적인 계획을 전해 주면 고객은 막연한 방문이 아니라 확실한 시점을 떠올리게 된다. 또한 "지금은 이 스타일이 가장 잘 어울리지만, 3주 후쯤 윗머리가 조금 무거워지면 볼륨을 다시 조정하는 게 좋을 것 같아요. 그때 예약 잡아 드릴까요?"라고 말하면 고객은 "이 디자이너가 내 스타일을 계속 관리해 주는구나"라는 신뢰를 갖게 된다.

피드백 요청으로 신뢰 구축

방문 경험에 대한 피드백을 요청하는 것도 효과적인 방법이다. "이번 컷트 길이와 라인을 조금 다르게 잡았는데, 며칠 써 보시고 손질할 때 불편한 점이 있으면 다음번에 조정해 드릴게요"라고 말하면 고객은 이후에 불편을 느꼈을 때 먼저 연락할 가능성이 높아진다. 또한 시술 후 "혹시 머릿결이 예상보다 건조해지거나 컬이 처지는 느낌이 들면 언제든 편하게 연락 주세요"라고 안내하면, 고객은 '언제든 나의 고민을 해결해 줄 디자이너가 있다'는 안정감을 느낀다.

팔로업 메시지 활용 팁

팔로업 메시지를 활용하면 재방문율을 더욱 높일 수 있다. 너무 자주 연락하면 스팸처럼 느껴질 수 있으므로, 시술 후 2~3주 후쯤 짧은 안부 메시지를 보내는 것이 좋다. 예를 들어 "지난번 층을 많이 내서 스타일을 바꿔 봤는데, 손질은 괜찮으신지 궁금해요"라든지 "컬러가 예상보다 빨리 빠지면 알려 주세요" 같은 간단한 메시지가 고객에게 큰 심리적 안정감을 준다. 이러한 메시지를 받은 고객은 "내가 이 디자이너에게 잊히지 않았구나"라는 생각을 하게 되고, 자연스럽게 재방문을 고려한다.

상업적 느낌 없이 자연스러운 접근

질문과 제안을 할 때 가장 중요한 것은 상업적인 느낌을 주지 않는 것이다. 고객에게 "다음 시술을 예약하세요"라는 강요가 아닌, "고객님이 더 편하고 예쁜 스타일을 유지하도록 돕고 싶다"는 태도가 전달되어야 한다. 예를 들어 "다음번에는 이런 포인트를 손봐 드리면 훨씬 스타일이 오래 유지될 것 같아요"라고 말하면, 고객은 자연스럽게 방문을 고려하게 된다. 너무 직접적인 영업 멘트보다는, "3주 뒤에는 뿌리가 자라나서 앞머리와 연결감을 살짝 손보는 게 좋겠어요. 그때 방문하시면 더 완벽한 스타일을 유지할 수 있을 것 같아요"처럼 고객의 입장에서 필요성을 강조하는 방식이 효과적이다.

고객의 방문 주기 맞춤 안내

고객마다 방문 주기가 다를 수 있다는 점도 고려해야 한다. 어떤 고객은 한 달에 한 번 방문할 여유가 있지만, 또 다른 고객은 시간이 부족해 방문 주기가 길어질 수 있다. 이런 차이를 인식하고 "꼭 이번 달 안에 다시 오셔야 해요"가 아니라 "고객님 라이프스타일을 고려하면 이 시점쯤에 다듬으시면 훨씬 좋을 것 같아요"라고 안내하면 부담 없이 재방문을 결정할 수 있다.

스타일 재인식 유도를 위한 전략

시술 후 고객이 자신의 헤어스타일을 다시 보면서 만족했던 순간을 떠올릴 수 있도록 유도하는 것도 좋은 방법이다. 예를 들어, 시술 직후 찍은 스타일링 사진을 고객이 쉽게 저장하도록 제공하거나, 살롱의 SNS에 사진을 공유하며 고객에게 다시 보여 주는 방식이다. 그러면 고객은 "이때 정말 마음에 들었는데, 다시 손질할 때가 됐네"라고 자연스럽게 느끼게 된다. 이런 방식은 고객이 스타일 유지에 대한 고민을 할 때 디자이너를 가장 먼저 떠올리게 만드는 강력한 전략이다.

효과적인 질문 예시

결국 재방문을 끌어내는 질문은 단순히 "다음에 또 오세요"가 아니라, • "이번 스타일 만족스러우셨나요? 불편한 점은 없으신가요?" • "한 달 뒤쯤에는 이런 부분이 거슬릴 수도 있는데, 그때 다시 손보시면 좋을 것 같아요." • "다음번에는 어떤 스타일을 시도해 보면 좋을까요? 미리 준비해 드릴 수 있어요." • "뿌리가 자라기 전에 한 번 다듬으면 훨씬 자연스러울 텐데, 그 시점에 다시 오시면 좋겠어요." 이처럼 구체적인 질문을 던지고 고객이 자연스럽게 다음 방문을 떠올릴 수 있도록 유도해야 한다. 그리고 이러한 제안은 '고객을 위한 배려'로 느껴져야 하며, 강요가 아닌 선택권을 주는 형태로 전달해야 한다. 고객이 스스로 필요성을 깨닫고 방문하도록 유도하는 것이 핵심이다.

시스템 정비로 이어지는 팔로업 전략

경영자와 살롱 전체가 고객 관리 시스템을 정비하고, 고객의 시술 이력을 체계적으로 정리해 두어야 효과적인 팔로업이 가능하다. 단순히 연락을 많이 한다고 고객이 재방문하는 것이 아니다. 고객이 자신의 스타일과 취향을 기억해 주고, 필요할 때 적절한 솔루션을 제공해 주는 디자이너에게 자연스럽게 다시 찾아가게 된다. 이를 위해 디자이너는 고객 한 명 한 명을 세심하게 관찰하고 맞춤형 제안을 할 수 있는 시스템을 갖춰야 한다.

함께 스타일을 만들어가는 여정

재방문을 유도하는 핵심은 고객이 자신의 스타일을 관리하는 과정에서 디자이너가 동행하고 있다는 느낌을 주는 것이다. 고객이 불편을 느끼기 전에 미리 솔루션을 제안하고, 그들이 고민을 말하기 전에 먼저 해결책을 제공하는 것이 중요하다. 고객이 "이 디자이너라면 언제든 나를 도와줄 준비가 되어 있다"는 확신을 가질 때, 자연스럽게 다시 방문할 동기를 갖게 된다.

이러한 과정은 단순한 영업이 아니라, 고객과 디자이너가 함께 스타일을 만들어 가는 여정이다. 한 번 방문한 고객이 다시 찾을 수 있도록 사전에 고민하고, 미리 준비하며, 스타일링이 끝난 뒤에도 고객이 혼자 관리하는 과정에서 어려움이 없도록 돕는 것이 진정한 의미의 팔로업이다. 고객이 다시 찾게 되는 이유는, 단순한 할인이나 이벤트가 아니라 디자이너가 끝까지 책임지고 함께 가겠다는 태도에서 나온다. 미용업은 결국 사람과 사람을 연결하는 일이며, 고객이 디자이너를 신뢰하고 스타일링을 맡기는 이유는, 단순한 기술력이 아니라 함께하는 과정에서 쌓인 신뢰와 배려가 있기 때문이다.

고객의 재방문을 유도하는 방법은?

맞춤형 제안
고객의 스타일 선호도와 이전 경험을 기반으로 한 개인화된 제안을 제공하여 재방문을 유도합니다.

피드백 요청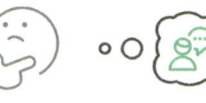
고객의 스타일에 대한 피드백을 요청하여 다음 방문을 제안하고 참여를 유도합니다.

팔로업 메시지
고객에게 메시지를 보내어 관심을 표현하고 재방문을 상기시킵니다.

스타일링 사진 공유
고객이 스타일링 사진을 저장하고 공유하도록 하여 긍정적인 기억을 불러일으키고 재방문을 유도합니다.

> **Point!** **재방문을 끌어내는 구체적 질문과 제안법**

1. **단순 인사보다 구체적 제안**
   * "다음에도 오세요"보다 고객의 스타일과 니즈에 맞춘 구체적이고 개인화된 제안이 재방문을 유도함.

2. **맞춤형 팔로업의 중요성**
   * 시술 후 고객의 불편 사항이나 개선점을 기억하고, 다음 방문 계획을 현실적으로 제안.

3. **계획 기반 제안**
   * 스타일 변화 타이밍을 구체적으로 설명하고, 고객이 다시 방문할 시점을 명확히 떠올릴 수 있도록 유도.

4. **피드백 요청과 감성적 소통**
   * 고객의 사용 경험을 점검하고 불편함을 사전에 조정하겠다는 태도를 통해 신뢰를 형성.

5. **팔로업 메시지 활용**
   * 시술 후 2~3주 안부 메시지로 고객의 기억을 환기시키고, 잊히지 않았다는 감동을 전달.

6. **상업적 느낌 없는 자연스러운 접근**
   * 강요 없이 고객 입장에서의 '스타일 유지' 필요성을 전달하여 부담 없는 재방문 유도.

7. **고객 라이프스타일 고려**
   * 방문 주기와 스케줄을 고려한 맞춤형 시점 안내로 고객 부담 최소화.

8. **스타일 재인식 전략**
   * 시술 직후 사진 제공이나 SNS 공유를 통해 고객이 만족감을 떠올리도록 유도.

9. **질문 예시 제공**
   * 구체적이고 배려 깊은 질문을 통해 고객이 자발적으로 다음 방문을 떠올리게 함.

10. **팔로업을 위한 시스템 구축**
    * 고객 이력과 니즈를 체계적으로 기록·관리하여 실질적이고 개인화된 제안 가능.

11. **함께 만들어가는 스타일 여정**
    * 고객이 스타일을 관리하는 과정에 디자이너가 동행하고 있다는 감각을 주는 것이 핵심.

3 CRM과 예약 시스템을 100% 활용하기

CRM과 예약 시스템을 최대한으로 활용한다는 것은 단순히 고객 정보를 전산으로 관리하고, 전화 예약을 온라인 예약으로 대체하는 데 그치는 것이 아니다. 살롱 운영 전반을 '데이터 중심'으로 움직이게 만들어, 고객 만족도를 극대화하고 지속적인 재방문을 유도하는 전략적 경영 방식이다. 고객이 처음 방문해 상담을 진행한 순간부터 시술 후 퇴점까지 발생하는 모든 접점에서, 어떤 정보를 축적해야 다음 단계 서비스를 한층 더 높일 수 있는지 끊임없이 고민해야 한다.

CRM을 활용한 맞춤형 고객 관리

CRM의 핵심은 고객이 매장을 찾았을 때의 경험을 기록하고 분석해, 다음 방문 시 더 나은 서비스를 제공할 수 있도록 돕는 것이다. 고객의 생활 패턴, 스타일 취향, 모발 상태, 시술 후 만족도 등을 구체적으로 기록해 두면, 다음번 예약 시 즉각 활용할 수 있다. 예를 들어, 한 고객이 레이어드 커트에 관심이 많지만, 모발 손상도가 높아 염색을 망설였던 경우 CRM에 "손상 모발, 크리닉 필요, 레이어드 스타일 선호" 등의 정보를 입력해 둔다. 이후 이 고객이 예약할 때, 디자이너는 크리닉 추천을 자연스럽게 제안할 수 있다.

또한 고객이 특정 스타일을 여러 번 시도하려고 하다가 포기했던 경우, CRM에서 이력을 확인해 "지난번에 고민하셨던 애쉬 브라운 염색, 이번에는 도전해 보시는 게 어떨까요?"처럼 맞춤형 추천을 할 수 있다. 고객 입장에서는 "디자이너가 내 스타일을 기억하고 있구나"라고 느끼며, 다시 방문할 이유가 분명해진다.

예약 시스템과 CRM의 유기적 결합

예약 시스템을 단순히 스케줄을 배분하는 용도로만 사용한다면, CRM을 10%도 활용하지 못하는 것이다. 예약 시스템과 CRM이 결합되어 있으면, 특정 날짜에 어떤 고객이 어떤 시술을 받을 예정인지뿐 아니라, 그 고객의 이전 시술 이력, 사용했던 제품, 홈케어 루틴까지 한눈에 파악할 수 있다. 이렇게 되면 고객의 모발 상태에 따라 시술 시간을 조정하고, 필요에 따라 추가 서비스를 제안하는 것이 가능해진다.

예를 들어, 펌을 예약한 고객이 있다고 가정하자. CRM 데이터에 "지난번 시술 시 컬 유지 기간이 짧음"이라고 기록되어 있다면, 이번 방문에서는 "이번에는 유지력을 높이기 위해 펌제를 모발에 맞게 사용하고 컬도 좀 더 강하게 넣어 보겠습니다."라고 제안할 수 있다. 단순한 예약이 아니라, 고객이 더 만족할 수 있는 '맞춤형 솔루션'이 되는 것이다.

재방문율을 높이는 CRM 활용법

CRM을 적극적으로 활용하면, 고객이 불편을 느끼기 전에 미리 해결책을 제시할 수 있다. 예를 들어,

- 염색 고객: 시술 후 3주 차에 CRM이 자동 알람을 보내 "뿌리 탈색 시기가 다가왔습니다. 자연스럽게 연결하고 싶다면 지금 예약하세요."
- 펌 고객: 시술 후 1개월 차에 "컬이 처지는 느낌이 들기 시작하는 시점입니다. 탄력을 오래 유지하는 크리닉을 함께 진행하면 더욱 좋습니다."
- 새치 커버 고객: 주기적으로 염색이 필요한 고객에게는 "예정된 새치 커버 시술 시기가 다가왔습니다. 원하는 날짜에 맞춰 예약을 도와드릴까요?"

이처럼 고객 맞춤형 알람을 보내면, 고객은 '굳이 신경 쓰지 않아도 내 스타일을 관리해 주는 살롱'이라는 인식을 갖게 된다.

CRM 기반 VIP 고객 프로그램

CRM 데이터를 활용하면 고객별 매출 기여도와 방문 횟수를 분석해 VIP 고객을 선정하고, 차별화된 혜택을 제공할 수도 있다. 예를 들어, 연간 10회 이상 방문한 고객에게는 생일 달 무료 크리닉 서비스를 제공하거나, 특정 기간 동안 VIP 전용 시술을 할인된 가격에 이용할 수 있도록 구성할 수 있다. CRM을 통해 고객의 소비 패턴을 분석해, 그들이 어떤 서비스에 가장 관심이 있는지를 파악한 뒤 맞춤형 혜택을 제공하면 VIP 고객의 충성도를 더욱 높일 수 있다.

실시간 예약 최적화

CRM 데이터를 바탕으로 고객별 평균 시술 소요 시간을 기록해 두면, 예약 시스템을 더욱 정교하게 운영할 수 있다. 예를 들어,

- 숱이 많고 두꺼운 모발의 고객은 펌 시간이 오래 걸릴 수 있으므로, 예약 시 추가 시간을 자동 배정
- 시술 시간이 짧은 단골 고객은 일반 예약보다 조금 더 유연하게 스케줄 조정 가능
- 자주 노쇼하는 고객에게는 자동 예약 확인 메시지를 보내거나, 선결제 시스템을 안내

이처럼 데이터에 기반한 예약 관리가 이루어지면, 살롱의 운영 효율이 극대화되고 불필요한 대기 시간을 줄일 수 있다.

디자이너 퇴사 시에도 지속 가능한 고객 관리

디자이너가 퇴사하더라도, CRM이 제대로 구축되어 있으면 고객 이탈을 최소화할 수 있다. 고객은 특정 디자이너를 신뢰하고 방문하는 경우가 많기 때문에, 디자이너가 갑자기 떠나면 함께 이탈하는 사례도 많다. 하지만 CRM을 활용하면, 새로운 디자이너가 기존 고객의 스타일과 히스토리를 빠르게 파악하고 자연스럽게 이어받을 수 있다.

예를 들어, 디자이너가 바뀌었더라도 "지난번 방문 때 애쉬 브라운을 고민하셨던 고객님, 이번에 새로운 컬러 제안을 준비해 두었습니다"라고 안내하면 고객은 불안감을 덜 느끼고, "살롱 전체가 내 스타일을 관리해 주고 있구나"라고 생각하게 된다.

CRM 기반 리뷰 및 피드백 관리

고객이 남긴 리뷰나 피드백도 CRM에 기록해 두면, 살롱의 서비스 개선에 큰 도움이 된다. 예를 들어,

- 시술 시간이 길다는 리뷰가 많다면 예약 시간 조정 및 디자이너별 시술 프로세스를 점검
- 샴푸 과정이 불편하다는 피드백이 반복되면, 샴푸 의자나 온도 조절 시스템 개선
- 커트 스타일이 기대보다 짧았다는 의견이 많다면, 상담 과정에서 고객과 길이 조정을 더 신중하게 진행

이러한 데이터를 지속적으로 축적하고 분석하면, 단순한 고객 응대가 아니라 실질적인 서비스 개선으로 이어질 수 있다.

CRM과 예약 시스템을 본질경영의 도구로 활용하기

CRM과 예약 시스템을 100% 활용한다는 것은, 고객 한 명 한 명을 단순한 '방문객'이 아니라 장기적인 '파트너'로 대우한다는 의미다. 고객의 스타일과 취향을 기록하고, 다음 방문을 예상하며, 사전·사후 관리를 통해 최상의 만족도를 제공하는 것이 핵심이다. 이를 통해 고객은 살롱을 단순한 소비 공간이 아닌, 자신의 라이프스타일을 관리해 주는 동행자로 인식하게 된다.

결국, CRM과 예약 시스템은 단순히 '자동화'만을 위한 도구가 아니라, 인본주의 미용과 동행자 철학을 구현하는 중요한 기둥이 된다. 데이터를 기반으로 한 맞춤형 서비스가 자리 잡으면, 고객은 가격이 아닌 경험을 보고 살롱을 선택하게 되고, 결과적으로 할인 없이도 꾸준한 재방문을 유도할 수 있다. 이를 통해 살롱은 지속 가능한 성장의 길을 걷게 되며, 진정한 의미의 본질경영이 실현된다.

디자이너와 경영자는 CRM을 단순한 기록 도구로 보지 말고, 고객과 더 깊이 연결될 수 있는 감성적 데이터로 활용해야 한다. 그렇게 할 때, 단순한 자동화를 넘어, 고객이 신뢰하는 '브랜드 살롱'으로 거듭날 수 있을 것이다.

CRM 운영 상세 체크리스트

데이터 관리

- 고객 기본 정보(이름, 연락처, 생일, 선호 스타일 등)가 빠짐없이 정확하게 기록되어 있는가?
- 방문 시마다 고객의 최근 시술 내용과 만족도 및 대화가 즉시 업데이트되고 있는가?
- 고객이 방문할 때마다 고객의 특별 요청사항이나 불만 사항을 기록하고 있는가?

맞춤형 고객 관리

- 고객의 생일 및 기념일에 맞춤형 프로모션 및 메시지를 발송하고 있는가?
- 장기간 방문하지 않은 고객에게 재방문 유도를 위한 알림을 주기적으로 보내고 있는가?
- 개인화된 스타일 추천 및 시술 후 관리법을 구체적으로 안내하고 있는가?

정기적 데이터 분석 및 관리

- 월별 고객 방문 데이터를 분석하여 고객 유형별 방문 주기와 만족도를 파악하고 있는가?
- 고객 만족도 조사 결과를 정기적으로 분석하여 서비스 품질 개선에 반영하고 있는가?
- 고객 데이터를 통해 발견된 문제점 및 개선점을 정기적으로 직원들과 공유하고 있는가?

이러한 상세 체크리스트를 철저히 관리함으로써 CRM 운영을 더욱 정교하게 하고, 고객 만족도와 재방문율을 지속적으로 향상시킬 수 있다.

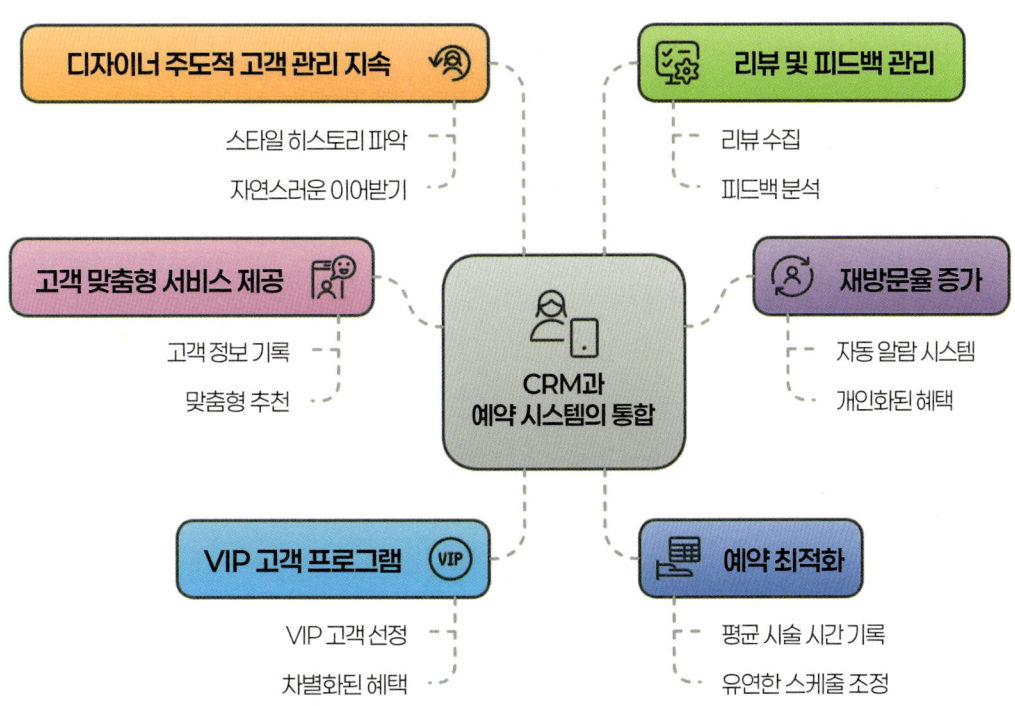

> **Point!** **CRM과 예약 시스템을 100% 활용하기**

1. CRM은 단순한 정보 관리가 아닌 전략적 도구
   * 고객의 스타일 취향, 생활 패턴, 시술 만족도 등을 기록해 다음 방문 시 맞춤형 서비스 제공.

2. 예약 시스템과 CRM의 유기적 연동
   * 시술 이력, 사용 제품, 홈케어 정보까지 연결해 시술 시간 조정 및 추가 서비스 제안가능.

3. 자동 알람을 통한 재방문 유도
   * 시술 후 일정 시점에 맞춘 메시지 발송 (예: 뿌리 탈색, 컬 유지 관리, 새치 염색 시기 안내).

4. CRM 기반 VIP 고객 관리
   * 방문 횟수와 매출 기여도를 분석해 맞춤 혜택제공, 고객 충성도 강화.

5. 실시간 예약 효율화
   * 시술 소요 시간, 고객 특성에 따른 스케줄 자동 배정 및 노쇼 예방 시스템 도입.

6. 디자이너 퇴사 시에도 고객 이탈 방지
   * 고객 이력과 스타일 히스토리를 새 디자이너에게 자연스럽게 인계가능.

7. 리뷰·피드백 기반 서비스 개선
   * 반복되는 불만 데이터를 분석해 시술 프로세스, 시설, 상담 방식 지속적 개선가능.

8. CRM은 고객과의 감성적 연결 도구
   * 고객을 '방문객'이 아닌 스타일 동행자로 대하며, 신뢰 기반의 관계 형성.

9. 할인 없이도 재방문 유도 가능
   * 고객이 '기억되고 관리받는다'는 느낌을 받을 때, 경험 중심의 선택이 이뤄짐.

10. 살롱의 지속 가능 성장 기반 마련
    * CRM + 예약 시스템 = 단순 운영 효율 → 브랜드 신뢰도와 장기 매출 향상으로 연결.

4. CRM을 통한 고객 분석으로 매출·객단가·고객 수 실제 적용하기

CRM을 깊이 활용하려면, 단순히 고객 정보를 입력해 두는 것을 넘어, 이 데이터가 "살롱의 매출과 객단가, 고객 수 증대"에 어떻게 기여할 수 있는지 분석하는 작업이 필요하다. 먼저, 고객별 매출 데이터를 추적하기 위해 각 고객이 누적 결제한 금액·방문 횟수·선호 시술 종류 등을 주기적으로 확인한다. 이를 통해 "가장 매출을 많이 올려 주는 우수 고객군"을 찾아내거나, "최근 방문 빈도가 떨어진 고객군"을 선별해 맞춤형 이벤트를 기획할 수 있다.

객단가 향상을 위한 시술 조합 및 제안 전략

두 번째로, 객단가(객평균 매출)를 높이기 위해서는 각각의 고객이 어떤 시술 조합을 선호하는지, 어떤 시술과 제품이 함께 판매될 때 객단가가 상승하는지 살펴봐야 한다. 예를 들면 펌 고객에게 업세일즈를 진행하면 평균 객단가가 15-30% 정도 높아질 수 있다. 업세일즈 제안은 반드시 고객의 모발 상태나 모질을 고려해 고객에게 반드시 필요하다고 느껴지는 부분에서 제안해야 되며 가격은 시술 가격의 30% 이상이 넘지 않도록 해야 된다. 15만원의 시술을 진행할때 업세일즈의 적정치는 3-5만원 수준이다. 시술가격의 50% 이상의 업세일즈가 진행되면 고객의 만족도는 현저하게 떨어지고 신뢰도도 함께 저하된다.

고객 수 증대를 위한 유휴 고객 관리 및 신규 고객 유입 전략

세 번째로, 고객 수(유효 고객 유지 및 신규 고객 유입) 증대를 위해서는 "유휴 고객 재활성화"와 "타깃 신규 고객 확보" 전략을 구분해야 한다. 유휴 고객, 즉 일정 기간 이상 방문하지 않은 고객에게 CRM에서 자동으로 알림을 보내거나, 맞춤 쿠폰을 발행해 살롱을 다시 찾도록 유도할 수 있다. 신규 고객의 경우, CRM에서 기존 우수 고객의 특성을 분석해(연령, 선호 시술, 거주 지역 등) 잠재적으로 비슷한 성향을 보이는 잠재 고객군을 SNS나 지역 커뮤니티, 제휴 업체 등으로부터 끌어올 수 있는 방법을 찾는다. 이렇게 "우리 살롱의 실제 우수 고객 집단과 유사한 고객"에게 광고나 홍보를 집중적으로 노출해, 신규 유입의 효율을 높일 수 있다.

리뷰와 만족도 분석을 통한 기술과 서비스 개선

아울러 CRM 분석에서 리뷰와 만족도 조사 결과를 체계적으로 수집하면, 고객이 특정 시술에 어떤 부분에서 불만이나 불편을 느꼈는지도 구체적으로 파악할 수 있다. 이를 통해 서비스와 기술을 보완함으로써 자연스럽게 재방문율을 높이고, 매출은 물론 객단가까지 함께 오르게 된다. 특히 만족도 높은 시술이 구체적으로 어떤 디자이너와 어떤 메뉴 조합에서 나왔는지 안다면, 이를 내부적으로 교육하여 전 디자이너에게 확산시키는 방식도 효과적이다.

정기적인 데이터 모니터링과 피드백 루프 구축

결론은 상시적인 데이터 모니터링이 필요하다. 주 단위, 혹은 월 단위로 매출·객단가·방문 고객 수·신규 고객 수·재방문율 등을 점검해, 예기치 못한 하락세가 감지되면 곧바로 원인을 찾아야 한다. 직원별 매출 기여도나 고객 유지율 등도 함께 살펴보면서, 팀장이나 관리자가 디자이너별로 개별 코칭을 진행하면 매출 개선에 큰 도움이 된다고 본다. 요컨대 CRM을 통해 살롱의 모든 활동을 수치로 가시화하면, "왜" 매출이 오르거나 내렸는지, "어디서" 객단가 상승 기회가 있는지, "누가" 우수 고객인지 명확히 파악할 수 있다는 것이다.

CRM에서 주목해야 할 20가지 핵심 지표

데이터 기반 경영의 첫걸음은 데이터를 수집하고 체계적으로 정리하는 것이다. 살롱에서는 포스(Point of Sale) 시스템, CRM(Customer Relationship Management) 도구, 온라인 리뷰, 예약 시스템 등을 통해 다양한 데이터를 수집할 수 있다. 이때 주목해야 할 주요 데이터는 다음과 같다.

1. 객단가(Average Revenue Per User): 고객 1명이 방문할 때 발생하는 평균 매출.
2. 객수(Total Number of Customers): 일정 기간 방문한 총 고객 수.
3. 총 매출(Total Revenue): 월별 또는 연간 매출 데이터를 통해 성장 추이를 파악.
4. 유효 고객(Active Customers): 주기적으로 방문하며 살롱과 지속적인 관계를 맺는 고객.
5. 방문 주기(Customer Visit Frequency): 고객이 평균적으로 재방문하는 간격.
6. 예약 취소율(Cancellation Rate): 예약된 서비스 중 취소된 비율.
7. 서비스 매출구성비(Service Revenue Proportion): 전체 매출에서 특정 서비스가 차지하는 비율.
8. 시간대별 매출(Traffic Per Hour): 특정 시간대의 매출 및 고객 방문률.
9. 디자이너별 실적(Stylist Performance): 디자이너별 매출, 고객 리뷰, 예약률.
10. 재방문율(Retention Rate): 고객이 첫 방문 후 다시 살롱을 찾는 비율.
11. 고객 이탈율(Churn Rate): 일정 기간 동안 방문하지 않은 고객의 비율.
12. 고객별 구매 이력(Customer Purchase History): 각 고객이 구매한 서비스와 제품의 기록.
13. 신규 고객 비율(New Customer Ratio): 신규 고객이 전체 고객 중 차지하는 비율.
14. 평균 예약 대기 시간(Average Waiting Time): 고객이 예약 후 서비스를 받기까지 걸리는 평균 시간.
15. 리뷰 평점(Review Ratings): 고객 리뷰의 평균 점수.
16. 리뷰 키워드 분석(Keyword Analysis in Reviews): 긍정적 및 부정적 피드백에서 주요 키워드 추출.
17. 고객별 매출 기여도(Customer Contribution t·Revenue): 고객 1명이 일정 기간 동안 기여한 매출.
18. 할인 적용 비율(Discount Usage Rate): 제공한 프로모션 및 할인을 이용한 고객 비율.
19. 상품 판매 데이터(Product Sales Data): 헤어케어 제품 등 부가 상품의 판매량과 매출.
20. 고객 생애 가치(Customer Lifetime Value): 고객이 살롱과 관계를 유지하는 동안 창출할 수 있는 총 매출 가치.

실행 가능한 통찰로 이어지는 데이터 분석

데이터를 분석하는 과정에서 중요한 것은 단순히 지표를 확인하는 데 그치지 않고, 이를 바탕으로 실행 가능한 통찰을 도출하는 것이다. 예를 들어, 객단가가 낮아지는 추세를 발견했다면, 고부가가치 서비스를 추가하거나 기존 서비스를 업그레이드하는 전략을 실행할 수 있다. 방문 주기가 길어지는 고객층을 대상으로 맞춤형 메시지를 보내거나, 재방문 유도 프로모션을 통해 고객 관계를 강화할 수 있다. 예약 취소율이 높은 시간대에는 유동적인 스케줄 운영이나 리마인더 알림을 추가하는 방식으로 개선할 수 있다.

데이터 기반 경영은 고객 경험 개선의 핵심

데이터 기반 경영은 고객 경험을 개선하는 데 핵심적인 역할을 한다. 리뷰 데이터를 활용해 고객 만족도를 높이는 방안을 모색하고, 재방문율 데이터를 기반으로 충성 고객 프로그램을 설계할 수 있다. 이러한 전략은 살롱이 고객 만족도를 유지하면서 동시에 운영 효율성을 높이는 데 도움을 준다.

직관을 넘어 근거 기반 경영으로

결론적으로, 데이터 기반 경영은 살롱이 직관과 경험을 넘어 근거를 바탕으로 운영되도록 돕는다. 데이터를 통해 현재의 문제를 명확히 파악하고, 이를 개선하기 위한 전략을 수립하며, 고객 만족과 운영 효율성을 동시에 달성할 수 있다. 데이터를 적극적으로 활용하는 살롱은 변화하는 시장에서 지속 가능성을 유지하며, 고객과 직원 모두에게 가치를 제공하는 가치로으로 성장할 수 있다.

세분화된 고객 파일: 취향·스타일·소통 이력까지 기록

단순 정보 기록을 넘어 고객의 '맥락'을 기억하는 시스템

세분화된 고객 파일을 구축한다는 것은, 단순히 이름과 연락처·시술 내역 정도만 기록하는 수준에서 벗어나 고객의 취향과 성향, 과거에 했던 모든 스타일 히스토리, 그리고 고객과 나눈 소통 이력까지 전부 디테일하게 담아 두는 일을 의미한다. 헤어살롱이 단순히 기술을 제공하는 곳이 아니라, 고객의 개성을 존중하고 그들의 라이프스타일을 함께 고민해 주는 공간이 되려면, 각 고객마다 가진 독특한 정보를 철저하게 관리해야 한다고 본다. 처음에는 이런 고객 정보 세분화가 번거롭고 시간이 많이 걸리는 작업처럼 보이지만, 장기적으로 살롱 운영과 고객 만족도를 높이는 데에는 매우 강력한 무기가 된다.

스타일 요청의 맥락까지 기록하는 섬세한 접근

우리가 고객이 원하는 스타일을 정확히 만들어 주는 데 그치지 않고, 고객이 지금 왜 그런 스타일을 원하게 되었는지, 예전에는 어떤 스타일을 유지했는지, 그리고 다음 방문에서 무엇을 기대하고 있는지를 세심하게 파악해야 한다고 본다. 예를 들어, 어떤 고객이 중단발 레이어드 컷을 해 달라고 요청했을 때, 그 고객이 이전 방문에서 숏컷을 한 적이 있었다면 왜 한 번은 숏컷을 하다가 다시 기장을 키우고 싶어졌는지, 그리고 레이어드를 통해 기대하는 이미지는 무엇인지, 모발 손상 상태는 어떤지, 평소 머리를 말리는 습관이나 선호 손질법은 어떻게 달라졌는지를 전부 꼼꼼히 체크하고 기록해 둬야 한다고 본다. 이렇게 남긴 정보는 고객이 살롱을 떠나고 나서 머릿속에서 사라지지 않고, 고객 파일에 그대로 저장되어 다음 번 방문 시 즉시 열람할 수 있도록 해야 한다.

고객 피드백과 감정의 흐름까지 함께 남기는 방식

세분화된 고객 파일에서는, 시술 메뉴와 날짜만 적어 두는 데서 끝나지 않는다고 본다. 예를 들어, "지난 방문 시 고객이 길이를 5cm 자르려다가 중간에 마음을 바꿔 3cm만 잘랐고, 그 결과에 대해 만족도가 80% 정도였는지, 아니면 집에 가서 다시 생각해 보니 1cm 정도 더 잘랐어야 했다고 문자를 보냈는지, 혹은 시술 뒤 집에서 스스로 스타일링해 봤더니 볼륨이 마음에 들어 당분간 같은 스타일을 유지하고 싶어 했는지" 같은 세세한 맥락을 기록해야 한다고 본다. 이런 작은 차이가 쌓이면, 고객은 "여기는 내가 말하지 않아도 내 스타일 이력을 잘 기억해 주네. 나를 깊이 이해해 주는구나"라는 믿음을 가지게 된다고 본다. 그리고 이 믿음은 고객이 살롱을 선택할 때 무엇과도 바꿀 수 없는 강력한 무기가 된다.

취향과 라이프스타일까지 함께 기억하는 고객 기록

취향 정보를 기록하는 것 역시 중요하다고 본다. 예를 들어 어떤 고객은 차분하고 부드러운 이미지를 선호하지만, 가끔 특별한 날에는 확 튀는 스타일을 하고 싶어 한다고 말했을 수 있다. 그렇다면 그 고객이 예식 참석이나 해외여행 등을 앞두고 방문할 때, 더 화려한 스타일이나 헤어 컬러를 제안해 볼 수도 있다고 본다. 또 누군가는 자극적인 음식이나 매운 것을 좋아해 두피에 열이 많고 땀이 많은 편이라면, 시술 중 두피가 뜨겁게 달아오르지 않도록 시원한 쿨링 제품을 먼저 권하거나, 실내 온도나 물온도 조절을 통해 고객이 시술 받는 동안에 쾌적한 환경을 제공할 수도 있다. 이런 디테일은 기술만으로 해결되지 않고, 결국 사람과 사람 사이의 세심한 이해와 기억의 축적에서 비롯된다.

고객의 말과 감정을 잊지 않도록 돕는 '소통 이력'

소통 이력을 기록하는 것도 살롱과 디자이너에게는 매우 유용하다고 본다. 어떤 고객이 "원하는 게 딱히 없어요"라고 하면서도 시술 과정에서 사실은 해 보고 싶은 스타일이 있었다고 털어놓은 적이 있다면, 혹은 SNS에서 본 스타일 사진을 디자이너에게 보여 주면서 한껏 들떠 있다가 마지막에 "그래도 내 얼굴형에는 안 맞을 것 같다"며 포기했던 적이 있다면, 왜 망설였는지를 파악해야 한다고 생각한다. 그 망설임이나 포기의 맥락까지 기록해 둔다면, 다음 방문 때 "지난번에 보여 주셨던 사진 기억하세요? 오히려 지금 길이와 모발 질감이라면 더 예쁘게 나올 수 있어요"라고 새롭게 제안할 수도 있다고 본다. 만일 고객이 또 망설인다면, 천천히 설득 과정을 거치면서 맞춤형 접근을 할 수 있다.

CRM을 통해 '살롱의 기억력'을 조직 전체가 공유

이처럼 세분화된 고객 파일은 고객을 단순히 '머리를 하는 사람'으로 보지 않고, 개성 있는 한 사람으로 여기며, 그 사람의 스타일적 욕구와 성향, 그리고 소통 과정에서 드러난 미묘한 감정 변화를 전혀 놓치지 않겠다는 살롱의 선언이라고 본다. 이를 위해서는 디자이너 혼자 모든 것을 기억하는 게 아니라, CRM 시스템을 활용해 모든 디자이너나 크루가 동일하게 데이터를 공유할 수 있어야 한다고 본다. 디자이너가 교대되거나 크루가 바뀌어도 고객에 대한 이해가 끊기지 않고 이어진다면, 고객은 언제든지 "내가 존중받는구나"라고 느낀다고 생각한다.

자연스럽고 진심 어린 정보 수집의 자세

단, 이 정보를 너무 기계적으로 수집하면 고객이 부담을 느낄 수 있으므로, 모든 기록은 대화 속에서 자연스럽게 얻은 맥락을 토대로 수집해야 한다고 본다. 고객이 사생활을 캐묻는다고 생각하지 않도록, "아, 이건 나중에 좋은 디자인 제안을 하기 위함이구나"라고 느끼게끔, 세심하게 접근해야 한다고 믿는다. 경영자가 직원들에게 강조해야 할 부분 역시 "이 정보는 사랑과 존중을 위해 쓰인다"라는 철학이라고 말한다.

고객 한 명 한 명을 특별히 대하는 문화의 힘

고객 파일이 세분화될수록, 살롱이 제공하는 서비스는 한층 더 섬세하고 깊어진다고 본다. 예를 들어 고객이 "최근에 업무 스트레스로 두피가 예민해졌다"라고 말한 적이 있다면, 두피 스파나 깊은 케어 제품을 제안해 볼 수 있다. "회사에 늦게까지 있다 보니 홈케어를 제대로 못 한다"라고 했던 고객이라면, 밤에 간단히 사용할 수 있는 헤어 관리법을 짧게 안내할 수도 있다고 본다. 이렇듯 부드럽게 맞춤형 정보를 제공할 때, 고객은 "내가 무심코 말했던 것까지 기억해 주네"라고 느끼고, 더 마음을 열게 된다고 본다. 이것이 세분화된 고객 파일의 힘이라고 생각한다.

고객 신뢰는 곧 매출로 이어지는 자산

고객 한 명 한 명을 특별히 대하는 문화가 자리 잡으면, 살롱 운영 초점도 자연스럽게 숫자나 매출이 아니라 사람과 서비스로 이동하게 된다. 매출과 객단가는 결국 고객이 살롱을 얼마나 믿고 만족하는지를 반영하는 결과물이라고 본다. 따라서 고객 정보를 세심히 관리하는 것이야말로 가장 효율적인 매출 전략이라고 생각한다. 장사와 경영의 차이는 이런 부분에서 두드러진다고 본다. 단순히 시술을 많이 팔아 단기 현금 흐름만 바라보는 게 아니라, 사람의 마음을 얻고, 고객을 장기 충성 고객으로 만드는 데 주력해야 한다고 말한다. 세분화된 고객 파일을 차근차근 작성하고 업데이트하는 일은 오늘이나 내일 성과만을 위한 작업이 아니며, 살롱이 1년, 5년, 10년 뒤에도 고객에게 신뢰받기 위한 자산을 축적하는 과정이라고 생각한다. 이런 자산이 단단해질수록, 살롱은 상권이나 유행 변화에도 쉽게 흔들리지 않는다고 본다. "내 이야기를 누구보다도 잘 기억해 주는 곳"이라는 인식은, 어떤 화려한 인테리어나 마케팅 비용 투자보다 더 확실한 무기가 된다.

세분화된 고객 파일, 미용 비즈니스의 본질적 경쟁력

결론적으로, 세분화된 고객 파일을 만드는 일은 미용 비즈니스의 본질적 경쟁력을 강화하는 가장 실질적인 작업이며, 고객과 깊은 유대감을 맺고 신뢰를 쌓아 가는 출발점이라고 본다. 그러므로 이런 작업을 시간을 핑계로 뒤로 미루지 말고, 살롱의 모든 크루와 디자이너가 우선순위로 삼아 꾸준히 실천해야 한다고 생각한다. 그렇게 하면 언젠가 모든 고객이 "이곳은 내가 언제 어떤 스타일을 했는지, 무엇을 좋아했는지, 무엇을 망설였는지 전부 기억해 주는 곳"이라고 느낀다고 본다. 그때부터 그들은 진정한 동행자가 되고, 다른 사람에게도 이 살롱을 적극 추천해 줄 것이라고 믿는다. 인간성장과 본질경영을 지향하는 헤어살롱이라면, 바로 이 지점이 우리가 가야 할 최종 목표이자 가장 중요한 과제라고 할 수 있다.

> **Point!** **CRM을 통한 데이터 기반 살롱 경영**
>
> **CRM 데이터로 매출·객단가·고객 수 향상 전략**
> * 매출 증대: 고객별 누적 결제 금액, 방문 빈도, 시술 선호도를 분석해 우수 고객과 이탈 고객을 식별하고, 맞춤 이벤트나 프로모션 진행.
> * 객단가 향상: 시술 조합 및 제품 연계(예: 염색 + 홈케어)로 고부가가치 제안. CRM으로 특정 그룹 타깃팅 가능.
> * 고객 수 증가: 유휴 고객에겐 쿠폰·알림, 신규 고객은 우수 고객과 유사한 타깃군을 광고로 유입.
>
> **중요 데이터 지표 관리 (총 20가지)**
> * 객단가, 총매출, 고객 수, 재방문율, 고객 이탈율, 디자이너별 실적, 리뷰 평점 등.
> * 단순 지표 확인이 아닌, 원인 분석 → 실행 전략 도출이 중요.
>
> **정기적인 데이터 모니터링 필요**
> * 월·주 단위로 각종 지표를 점검하고, 디자이너별 코칭으로 성과 관리.
> * 데이터 시각화를 통해 문제 원인과 개선 기회를 명확히 파악.

Point! 세분화된 고객 파일로 '기억하는 살롱' 만들기

고객 개개인의 스타일·취향·소통 이력까지 기록
* 단순 시술 기록이 아닌, 과거 스타일, 취향 변화, 감정 흐름, 대화 내용까지 기록.
  예: 숏컷에서 중단발로 바꾼 이유, 특정 시술의 만족도, 선호 스타일의 맥락 등.

감정과 망설임까지 이해하고 저장
* 고객의 망설임, 욕구, 특별한 날의 스타일 요청 등은 다음 방문에서 강력한 제안 근거가 됨.
* "내가 말하지 않아도 기억해주는 곳"이라는 신뢰 형성.

CRM 공유로 팀 전체가 고객 이해 공유
* 디자이너 교체 시에도 일관된 고객 경험 제공.
* 정보 수집은 자연스럽게, 고객이 "배려받고 있다"는 느낌을 받게 해야 함.

고객 한 명 한 명을 존중하는 문화
* 고객의 라이프스타일, 두피 상태, 홈케어 습관 등까지 기억하고 제안.
* 이는 매출·객단가 상승으로 자연스럽게 이어짐.

세분화된 고객 정보 = 장기적 자산
* 단기 매출보다 장기적 신뢰와 고객 충성도확보가 핵심.
* 이런 고객 정보는 상권·유행 변화에도 흔들리지 않는 경영의 뿌리가 됨.

Point! 결론

- CRM과 고객 파일 관리는 감정 기억 + 수치 데이터를 함께 다루는 일.
- 이것이야말로 살롱의 본질 경쟁력이자, 고객 만족과 매출을 동시에 잡는 가장 실질적인 전략.
- "내 이야기를 기억해주는 살롱"이라는 인식은 마케팅보다 훨씬 강력한 무기다.

5 고객 반응을 수치화·시각화해 브랜딩에 활용하기

고객 반응 수치화의 진짜 의미

고객 반응을 수치화하고 시각화해 브랜딩에 활용한다는 것은 단순히 리뷰 점수나 별점을 나열하는 것 이상의 의미를 가진다. 이는 살롱에서 일어나는 모든 고객의 감정과 만족도를 체계적으로 측정하고, 이를 살롱만의 독자적인 가치와 이미지로 형성하는 과정이다. 많은 살롱이 고객 리뷰를 중요하게 여기지만, 이를 효과적으로 분석하고 활용하지 못하는 경우가 많다. 그러나 데이터는 객관적이고 설득력 있는 힘을 가지고 있으며, 이를 통해 살롱의 강점과 개선점을 명확하게 파악할 수 있다.

고객 피드백을 데이터로 전환하는 방법

예를 들어, 고객이 "오늘 커트 너무 마음에 드네요"라고 말했을 때, 이를 단순한 피드백으로 끝내는 것이 아니라, 별점 평가와 함께 기록해 평균 만족도를 분석하면 더 의미 있는 데이터가 된다. 별점 평균뿐만 아니라, 리뷰 작성 빈도나 시술 후 재방문까지 걸리는 기간 등의 데이터를 수치화하면, 살롱 운영에 실질적인 통찰을 제공할 수 있다. 예컨대, 재방문 주기가 한 달 내외인 고객과 세 달에 한 번씩 방문하는 고객의 만족도 차이를 비교하면, 어떤 요인이 고객 유지에 영향을 미치는지 파악할 수 있다. 또한, 디자이너별 리뷰 점수와 재방문율을 분석하면, 각 디자이너의 강점과 개선점을 객관적으로 확인할 수 있다.

데이터의 진짜 목적: 평가가 아닌 고객 경험 향상

이러한 데이터의 목적은 단순히 성과를 평가하는 것이 아니라, 고객 경험을 향상시키는 데 있다. 고객 만족도가 하락하는 경우, 이를 매출 감소나 방문율 저하로만 해석하는 것이 아니라, "왜 고객이 이전만큼 만족하지 못했을까?"라는 질문을 던져야 한다. 반대로 만족도가 높아진다면, "무엇이 고객을 더 행복하게 만들었을까?"를 분석해 이를 더욱 강화해야 한다. 이런 접근 방식을 통해, 살롱은 단순한 시술 공간을 넘어 고객과 지속적인 신뢰 관계를 형성하는 곳으로 자리 잡을 수 있다.

데이터 기반 브랜딩의 힘

자화자찬이 아닌, 고객의 목소리로 완성되는 이미지

브랜딩은 자화자찬이 아니라, 고객이 실제로 경험하고 감동했기 때문에 형성되는 이미지다. 따라서 고객 반응을 수치화하고 시각화하는 것은 살롱이 고객 만족을 객관적으로 입증하는 방법이 된다. 예를 들어, 단순히 "우리 살롱은 친절합니다"라고 홍보하는 대신, "1만 명의 고객 중 98%가 '매우 친절하다'고 응답했다"는 식의 구체적인 수치를 제시하면 신뢰도가 훨씬 높아진다. 이런 데이터를 홈페이지나 SNS에 게시하면, 살롱이 실제로 고객 만족을 최우선으로 한다는 점을 강조할 수 있다. 이런 방식으로 객관적 지표가 쌓이면, 고객들은 "이 살롱은 정말 믿을 수 있는 곳이구나"라고 인식하게 된다.

고객 반응 키워드를 통해 살롱의 방향 정립

또한, 고객 만족도를 분석하면 브랜딩 전략을 더욱 정교하게 다듬을 수 있다. 예를 들어, 리뷰에서 "디자이너의 상담이 가장 인상적이었다"는 키워드가 자주 등장한다면, 살롱의 차별화 요소로 "상담 중심 살롱"이라는 콘셉트를 내세울 수 있다. 반대로, 특정 스타일이나 서비스에 대한 만족도가 낮다면, 이를 개선하여 살롱의 경쟁력을 강화할 수 있다. 결국, 고객 데이터를 활용한 브랜딩은 "이 살롱은 고객이 원하는 것을 알고, 꾸준히 개선하는 곳"이라는 신뢰를 구축하는 데 핵심적인 역할을 한다.

고객 피드백을 활용한 서비스 개선

단순 기록을 넘어 서비스 반영으로

고객 반응을 단순히 기록하는 것이 아니라, 이를 실질적으로 반영해야 한다. 예를 들어, 고객이 "커트는 마음에 들었지만 드라이가 너무 과했다"라고 피드백했다면, 이를 단순한 의견이 아니라 서비스 개선의 기회로 활용해야 한다. 이처럼 특정 패턴의 피드백이 반복된다면, 이를 바탕으로 내부 교육을 진행하거나, 고객 응대 방식을 조정하는 것이 필요하다.

피드백을 활용한 고객 맞춤 프로그램

고객 반응을 활용하는 또 다른 방법은, 피드백을 수집해 고객과의 교감을 높이는 것이다. 예를 들어, 시술 후 3회차마다 만족도 설문을 요청하고, 일정 기준 이상의 점수를 받은 고객을 '프리미엄 고객'으로 분류해 특별한 혜택을 제공하는 방식이다. 반대로 만족도가 낮은 고객에게는 디자이너가 직접 연락해 "최근 만족도가 예전보다 낮아진 이유가 무엇인지 궁금하다"라고 질문할 수도 있다. 이를 통해 고객은 살롱이 자신의 의견을 진지하게 받아들이고 있음을 체감하게 되고, 재방문 의사가 더욱 강해진다.

리뷰 데이터를 통한 내부 교육 및 마케팅 전략

리뷰 분석으로 직원 교육 및 강점 공유

리뷰 데이터는 살롱 내부 교육에도 활용할 수 있다. 예를 들어, 고객 리뷰에서 "상담이 꼼꼼하다"는 평가가 많은 디자이너와 "시술 속도가 빠르고 정확하다"는 평가를 받는 디자이너가 있다면, 이를 바탕으로 직원 간 강점을 공유하고 서로 배우는 기회를 마련할 수 있다. 또한, 리뷰에서 자주 언급되는 키워드를 분석해 특정 시술이나 서비스의 마케팅 방향을 결정할 수도 있다. 예를 들어, "컷트가 세심하다"는 평가가 많다면, 이를 강조한 프로모션을 진행할 수도 있다.

연령대별 선호 분석을 통한 타깃 마케팅

또한, 데이터 분석을 통해 특정 연령대나 고객층이 선호하는 서비스를 파악할 수 있다. 예를 들어, 2030대 고객이 퍼스널 컬러 진단과 함께 염색을 선호한다면, 해당 고객층을 타깃으로 한 맞춤형 마케팅을 전개할 수 있다. 반면, 4050대 고객이 두피 케어 서비스를 많이 이용한다면, 이를 기반으로 VIP 케어 프로그램을 운영할 수도 있다. 결국, 데이터 기반의 마케팅은 감각적인 홍보보다 훨씬 높은 전환율을 보이며, 고객에게 "이 살롱은 나를 이해하고 있다"는 신뢰를 줄 수 있다.

고객 반응을 데이터로 변환해 신뢰도 확보

수치는 신뢰다

고객 반응을 데이터화하는 또 다른 장점은, 살롱이 고객에게 신뢰를 얻을 수 있다는 점이다. 예를 들어, "우리 살롱의 만족도는 4.8점"이라는 데이터를 기반으로 홍보하면, 고객은 이를 객관적 사실로 받아들인다. 또한, "재방문율이 85%에 달한다"거나 "고객의 90%가 디자이너의 세심한 상담을 높이 평가했다"는 식의 데이터를 공개하면, 신규 고객이 살롱을 신뢰하는 데 큰 영향을 미친다. 이런 데이터는 홈페이지, SNS, 광고 콘텐츠 등에 활용해 "이곳은 단순히 머리를 하는 곳이 아니라, 고객 만족을 최우선으로 여기는 곳"이라는 인식을 심어 줄 수 있다.

고객 데이터를 활용한 지속 성장 전략

CRM + 리뷰 + 예약 시스템의 통합 운영

CRM과 예약 시스템을 100% 활용한다는 것은 단순히 데이터를 쌓아 두는 것이 아니라, 이를 바탕으로 고객과의 관계를 지속적으로 강화하는 전략을 의미한다. 예를 들어, 시술 후 일정 시간이 지난 고객에게 자동으로 메시지를 보내거나, 특정 기간 방문하지 않은 고객에게 맞춤형 쿠폰을 제공하는 방식이 있다. 또한, 리뷰 데이터와 결합해 만족도가 높은 고객에게는 추천 프로그램을 운영하고, 만족도가 낮은 고객에게는 재방문 유도를 위한 맞춤형 케어 프로그램을 제공할 수도 있다.

결론: 브랜딩의 본질은 '신뢰 + 데이터'

결론적으로, 고객 반응을 수치화하고 시각화하는 것은 단순한 데이터 관리가 아니라, 살롱이 고객과 더욱 깊이 연결되고, 신뢰를 쌓으며, 지속적으로 성장하는 데 필수적인 요소다. 이를 통해 살롱은 단순한 시술 공간을 넘어, 고객의 만족과 감동을 최우선으로 하는 공간으로 자리 잡을 수 있다. 브랜딩이란 하루아침에 만들어지는 것이 아니라, 고객과의 신뢰를 바탕으로 꾸준히 쌓아 나가는 과정이며, 이 과정에서 데이터 기반의 접근이 가장 강력한 무기가 된다. 데이터는 감정을 수치로 변환하는 도구이며, 이를 통해 살롱의 진정한 가치를 세상에 증명할 수 있다.

데이터 기반 고객 피드백 사이클

- **고객 신뢰 구축**: 고객 만족도를 높여 신뢰를 구축합니다.
- **피드백 수집**: 고객 리뷰와 평가를 수집합니다.
- **데이터 분석**: 고객 만족도와 개선 영역을 분석합니다.
- **서비스 개선**: 피드백을 기반으로 서비스를 향상 시킵니다.
- **브랜딩 전략 조정**: 고객 통찰력을 사용하여 브랜딩을 강화합니다.

> **Point!** **고객 반응을 수치화하고 시각화해 브랜딩에 활용하기**

1. **고객 반응 수치화는 감정을 객관적 가치로 전환하는 일**
    * 단순한 별점이나 리뷰를 넘어, 감정과 만족도를 수치화하고 분석해야 한다.
    * 리뷰 점수, 작성 빈도, 재방문 주기 등 다양한 지표로 고객 경험을 정량화하면, 실질적인 경영 통찰 확보 가능.

2. **데이터 분석으로 고객 유지와 서비스 개선**
    * 재방문율, 디자이너별 리뷰, 만족도 등 데이터를 비교하면 무엇이 고객 유입·유지에 영향을 미치는지 파악 가능.
    * 만족도 하락 원인을 분석하고, 불만 패턴이 반복되면 서비스 교육이나 프로세스 개선에 즉시 반영.

3. **고객 피드백을 브랜드 자산으로 전환**
    * "친절하다"는 자평보다 "98%가 매우 친절하다고 평가" 같은 수치는 브랜드 신뢰도를 크게 높임.
    * 고객이 자주 언급하는 키워드를 분석해, 살롱의 강점을 명확히 브랜딩 요소로 활용가능
      (예: "상담 중심 살롱").

4. **데이터 기반 고객 맞춤 전략**
    * 시술 만족도가 높은 고객은 추천 프로그램, 낮은 고객은 재방문 유도 케어 제공.
    * 고객 피드백에 따라 '프리미엄 고객' 분류, 설문 기반 혜택 제공 등 차등 서비스 설계 가능.

5. **내부 교육 및 마케팅 전략에 리뷰 데이터 활용**
    * 디자이너별 강점을 리뷰 키워드로 분석하여 상호 학습 및 역량 강화에 활용.
    * 연령대별 선호 서비스 파악 후, 타깃 마케팅 및 맞춤형 프로그램 운영가능.

6. **브랜딩의 본질은 신뢰 + 데이터**
    * 수치화된 고객 반응은 살롱의 진정한 가치를 증명하는 도구.
    * "이곳은 고객 만족을 최우선으로 여기는 곳"이라는 이미지를 꾸준히 구축할 수 있다.

고객 반응을 수치화·시각화하는 일은 단순한 관리가 아니라, 고객 신뢰 확보, 운영 개선, 브랜드 가치 상승, 지속 성장 기반 구축의 핵심 전략.

11장. 디자이너 성장 시스템

1. "사람은 사랑으로 성장한다" - 현장 교육의 본질

사람은 사랑으로 성장한다는 명제는 단순한 감성적 표현이 아니라, 인본주의 미용을 지향하는 살롱이 가져야 할 가장 근본적인 가치이자 디자이너 성장 시스템의 핵심 원리다. 우리는 종종 기술이 부족해서 성장이 더디다고 생각하지만, 실제로는 교육을 받을 수 있는 환경과 시스템이 갖춰져 있음에도 불구하고, 마음이 움직이지 않아 제대로 배우지 못하는 경우가 많다. 그렇기 때문에 현장 교육이란 단순히 커트, 펌, 염색, 스파 기술을 가르치는 과정이 아니라, 디자이너가 스스로 성장할 수 있도록 마음을 열고 그 안에 담긴 잠재력을 끌어내는 과정이어야 한다.

사랑이 바탕이 되는 교육 환경이 디자이너를 성장시킨다

교육이 효과적이려면 무엇보다도 신뢰가 우선되어야 한다. 디자이너가 실수했을 때마다 질책이 먼저 나온다면, 그는 점점 위축되고 새로운 도전을 두려워하게 된다. 반대로, 실수를 성장의 과정으로 바라보고 "괜찮아, 다시 해 보자"라는 따뜻한 격려가 지속된다면, 디자이너는 더 큰 도전을 할 수 있는 용기를 얻게 된다. 사랑과 배려가 바탕이 된 환경에서는 디자이너가 실패를 두려워하지 않고, 스스로의 가능성을 확장할 기회를 잡을 수 있다.

동행자의 마음가짐도 디자이너의 성장에서 중요한 요소다. 누구도 혼자서 완벽한 미용인이 될 수 없다. 동료, 크루, 고객과 함께 경험을 쌓고 배워 나가면서 성장하는 것이다. 이는 단순히 기술을 익히는 것이 아니라, 타인을 이해하고 배려하며, 미용이라는 업을 통해 서로의 삶을 풍요롭게 만드는 과정이다. 결국 사람을 성장시키는 것은 단순한 지식이 아니라, 함께하는 사람들이 주는 믿음과 사랑이다.

개별 맞춤형 피드백을 제공하는 현장 교육 시스템

현장 교육이 단순히 테크닉을 빠르게 익히는 과정이 되어서는 안 된다. 교육을 받을 때 "왜 이 기술을 익혀야 하는지"를 명확하게 이해해야 하고, 자신의 부족한 부분을 파악하고 극복할 수 있도록 지원해야 한다. 특히 모든 디자이너가 같은 속도로 배우는 것이 아니기 때문에, 개별 맞춤형 피드백을 제공하는 것이 중요하다.

어떤 디자이너는 이미지 트레이닝을 통해 배우는 것이 더 효과적일 수 있고, 어떤 디자이너는 직접 실습하며 실수를 통해 경험을 쌓아 나가는 것이 더 적합할 수 있다. 따라서 단순히 "이렇게 해야 한다"라고 가르치는 것이 아니라, 각자의 성장 속도를 존중하면서 한 단계씩 나아갈 수 있도록 도와야 한다. 특히 기술을 배우는 과정에서 반복적인 실수를 하는 디자이너에게는 "어떤 부분에서 어려움을 느끼는지"를 세심하게 질문하고, 그에 맞춰 추가적인 트레이닝을 제공하는 것이 필요하다.

디자이너의 강점을 먼저 발견하고 인정하는 교육 방식

우리는 흔히 교육을 진행할 때, 디자이너의 부족한 점부터 지적하기 쉽다. 하지만 이런 방식은 자칫 디자이너가 자신감을 잃고 성장보다는 방어적인 태도를 가지게 만들 수 있다. 따라서 교육의 출발점은 '강점을 먼저 보기'가 되어야 한다.

예를 들어, "선생님은 스파 테크닉에서 손놀림이 부드러워서 고객이 편안해한다" 혹은 "컬을 말 때 균형 감각이 뛰어나니, 이 점을 더 살려 보자"와 같이 디자이너가 이미 잘하고 있는 부분을 강조해 주면, 그는 "내가 완전히 못하는 것이 아니라, 이미 강점이 있고, 이를 더 발전시킬 수 있겠구나"라고 생각하게 된다. 이는 디자이너가 새로운 기술을 배울 때 훨씬 더 열린 자세를 가지게 하는 중요한 요소다. 또한 이러한 긍정적인 피드백은 팀 내에서도 좋은 분위기를 형성하며, 서로의 장점을 인정하고 배울 수 있는 환경을 만든다.

디자이너의 성장 속도를 존중하는 교육 문화

모든 디자이너가 같은 속도로 성장하지 않는다. 어떤 사람은 빠르게 기술을 익히지만, 어떤 사람은 시행착오를 겪으면서 조금씩 나아간다. 중요한 것은 이 속도를 존중하고, 각자의 방식대로 성장할 수 있도록 도와주는 것이다. 한 가지 기술을 배우는 데 시간이 오래 걸리는 디자이너에게 "왜 아직도 못하느냐"라고 다그치는 것이 아니라, "네가 익숙해질 때까지 함께 연습해 보자"라고 격려하는 태도가 필요하다. 특히 신입 디자이너는 실전 경험이 부족하기 때문에, 이론 교육과 현장 경험을 병행하면서 점진적으로 성장할 수 있도록 해야 한다. 또한 교육이 단순한 강의나 실습에서 끝나는 것이 아니라, 교육 후 디자이너가 스스로 피드백을 정리하고, 개선할 점을 고민할 수 있는 시간을 주는 것도 중요하다. 이런 방식으로 접근하면, 디자이너는 단순한 기술 습득이 아니라, 자기 주도적 학습을 통해 더 빠르고 효과적으로 성장할 수 있다.

현장 교육을 통해 기술뿐만 아니라 인성까지 성장시키기

디자이너의 성장은 단순히 기술적인 숙련도에 그치지 않는다. 인품과 인성도 함께 성장해야 한다. "사람은 사랑으로 성장한다"라는 말은, 단순한 감정적 표현이 아니라, 디자이너가 고객을 대하는 태도와 동료들과의 협력 방식, 그리고 자신의 일에 대한 책임감을 키우는 과정에서 반드시 필요한 요소다.

현장 교육에서는 기술뿐만 아니라, 고객을 대하는 태도와 서비스 마인드, 말투와 몸짓까지도 함께 교육해야 한다. 미용은 고객과의 커뮤니케이션이 중요한 서비스업이기 때문에, 디자이너가 고객을 어떻게 대하느냐에 따라 고객 만족도와 재방문율이 크게 달라진다. 따라서 "기술적으로 뛰어난 디자이너"가 되는 것만큼이나 "사람을 편안하게 해 주는 디자이너"가 되는 것도 중요한 목표가 되어야 한다.

현장 교육을 사랑의 시스템으로 정착시키기

우리는 현장 교육을 통해 단순히 빠른 성과를 내는 것이 아니라, 디자이너가 자신의 일을 진정으로 즐기고 자부심을 가질 수 있도록 돕고 싶다. 그러기 위해서는 "누구도 혼자 두지 않는다"는 원칙이 지켜져야 한다. 기술을 배우는 과정에서 시행착오를 겪고 지칠 때, 동료와 선배가 "괜찮아, 함께 해 보자"라고 말해 주는 환경이 조성되어야 한다. 이렇게 서로를 지지하는 교육 문화가 자리 잡으면, 살롱 내의 모든 구성원이 함께 성장하는 건강한 구조가 만들어진다.

또한 "사람은 사랑으로 성장한다"는 원칙을 실천하기 위해, 교육 과정에서도 항상 "이 디자이너가 무엇을 필요로 하고 있는가?"를 먼저 묻는 태도가 필요하다. 교육을 강요하는 것이 아니라, 스스로 배우고 싶도록 동기를 부여하는 것이야말로 가장 효과적인 학습 방법이다.

디자이너의 성장은 사랑과 배려에서 시작된다

디자이너 성장 시스템의 핵심은 단순한 기술 습득이 아니라, "사람과 함께 성장하는 과정"을 경험하는 것이다. 기술만 빠르게 익히는 교육이 아니라, 디자이너가 자신의 가능성을 믿고 동료들과 협력하며, 고객과 깊은 신뢰를 쌓아 나가는 과정을 만들어 가는 것이 중요하다. 그리고 그 중심에는 언제나 "사람은 사랑으로 성장한다"는 철학이 있어야 한다.

결국 우리가 지향하는 디자이너 성장 시스템은 단순한 교육이 아니라, 디자이너가 자기 자신을 더욱 사랑하고, 고객과의 관계를 소중히 여기며, 기술뿐만 아니라 사람으로서도 성장할 수 있도록 돕는 여정이다. 사랑으로 가르치고, 사랑으로 배우는 환경이 조성될 때, 디자이너는 최고의 기술자이자 따뜻한 사람이 될 수 있다. 이것이야말로 우리가 실현하고자 하는 진정한 인본주의 미용의 방향이며, 본질경영을 이루는 가장 중요한 과정이라고 확신한다.

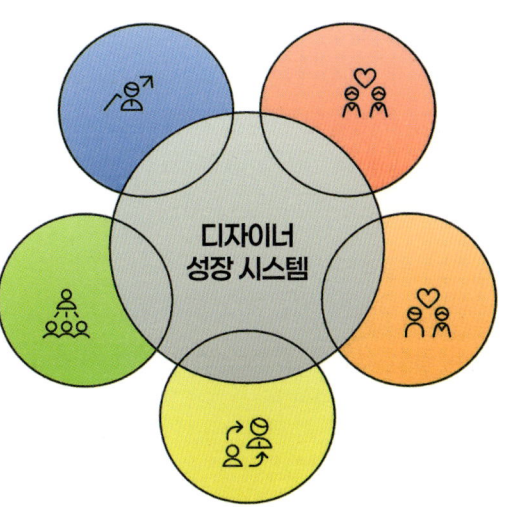

2 기술 교육 + 마인드 교육 병행으로 실무 능력 향상

기술 교육과 마인드 교육은 단순히 별개의 영역으로 나뉘어 진행되는 것이 아니라, 서로 긴밀하게 보완하며 디자이너의 실무 능력을 극대화하는 필수 요소이다. 살롱 현장에서 고객이 받는 서비스는 오직 기술적 완성도에만 의존하는 것이 아니라, 그 기술이 고객에게 어떻게 전달되고, 그 과정에서 디자이너가 어떤 마음가짐과 태도로 임하는지가 결정적인 역할을 한다. 결국 "머리를 예쁘게 하는 기술"과 "고객의 마음을 어루만지는 태도"가 하나로 조화를 이룰 때, 고객 만족도는 극대화되며 살롱의 지속 가능한 성장이 가능해진다.

기술과 서비스 마인드의 분리 교육을 넘어서

우리는 오랜 기간 동안 미용업계에서 기술과 서비스 마인드를 따로 분리하여 교육하는 경향을 보아왔다. 과거에는 디자이너가 우선적으로 숙련된 기술을 습득하는 것이 가장 중요한 목표였으며, 고객의 얼굴형이나 두상, 모발 상태 등을 분석하여 가장 적합한 스타일을 구현하는 능력에 집중하였다. 그러나 현대의 소비자는 단순히 시술 결과물만을 평가하지 않는다. 고객은 살롱을 방문하는 순간부터 시술이 완료된 후까지, 디자이너와의 상호작용 속에서 자신이 얼마나 소중하게 다루어지는지, 그리고 그 과정에서 얼마나 따뜻한 배려와 공감을 받는지를 체감한다. 따라서 단순히 기술적 완성도만 높여서는 고객의 진정한 만족을 이끌어내기 어렵다.

기술 교육의 목적과 방향

기술 교육은 미용이라는 분야에서 디자이너가 갖추어야 할 기본적인 기능과 숙련도를 높이는 것을 목표로 한다. 커트, 펌, 염색, 스파 테라피와 같은 시술 기술은 고객이 원하는 스타일을 정확하게 재현하고, 안정적인 결과물을 제공하는 데 필수적이다. 그러나 기술 교육은 단순한 반복 연습이나 이론 강의에 그치지 않아야 한다. 고객의 세분화된 취향과 다양한 요구를 충족하기 위해서는, 디자이너가 끊임없이 최신 트렌드를 연구하고, 새로운 기술을 응용하며 창의력을 발휘할 수 있도록 교육 과정이 구성되어야 한다. 예를 들어, 신입 디자이너는 기본적인 기술 습득과 동시에 고객의 얼굴형, 두상, 모발의 특성을 분석하는 방법을 배우고, 중급 이상의 디자이너는 고난도 시술이나 맞춤형 스타일링, 트렌디한 디자인 기법 등을 학습하는 체계적인 교육 프로그램을 마련할 필요가 있다. 이러한 교육 프로그램은 실습과 피드백, 그리고 현장 경험을 통해 디자이너가 자신만의 강점과 약점을 명확하게 파악하고, 이를 보완하며 성장할 수 있도록 돕는다.

마인드 교육의 필요성과 효과

반면, 마인드 교육은 기술 교육이 아무리 훌륭해도 고객과의 인간적 소통과 감성적 연결이 부족하면 그 가치를 온전히 전달할 수 없다는 점에 주목한다. 마인드 교육은 고객 상담 시 사용하는 언어, 표정, 눈빛과 같은 비언어적 소통 기술을 포함하여, 고객의 이야기를 진심으로 경청하고 공감하는 방법을 교육하는 데 중점을 둔다. 예를 들어, 고객이 시술 전 긴장하거나 고민을 털어놓을 때, 단순히 시술에만 집중하는 대신 "어떻게 도와드리면 더 편안하실까요?"라는 질문을 건네고, 고객의 감정에 공감하는 대화를 나누는 훈련이 필요하다. 이러한 태도는 고객에게 자신이 단순한 시술 대상이 아니라 진정으로 소중한 존재로 대우받고 있다는 확신을 심어준다. 또한, 고객이 자신의 문제를 솔직하게 털어놓을 수 있는 안전한 분위기를 조성하는 것도 마인드 교육의 중요한 부분이다. 디자이너가 자신의 경험과 감정을 나누며 고객과 진정성 있는 대화를 이어갈 때, 고객은 단순한 소비를 넘어 감동을 경험하게 된다.

통합 교육의 현장 적용 사례

실제 살롱 현장에서는 기술 교육과 마인드 교육이 분리되어 있을 수 없으며, 이 둘은 동시에 작동하여 디자이너의 전반적인 역량을 향상시킨다. 예를 들어, 스파 시술 워크숍을 진행할 때 단순히 제품 사용법과 손놀림을 연습하는 것뿐만 아니라, 고객이 스파 시술을 받으며 어떤 감정을 경험하는지, 어떤 말투와 터치가 고객을 더욱 편안하게 만드는지를 함께 토론하고 실습하는 과정을 마련한다. 이러한 통합 교육은 디자이너로 하여금 "내 기술이 고객의 감성에 어떤 영향을 미치는가"를 스스로 체감하게 하고, 그 결과로 서비스의 질을 한층 더 높이는 효과를 가져온다.

협업과 피드백 문화의 중요성

또한, 동료 간의 협업과 피드백 문화 역시 기술과 마인드 교육의 성공적인 결합에 결정적인 역할을 한다. 정기적인 교육 워크숍과 시술 시뮬레이션, 그리고 리뷰 미팅을 통해 디자이너들은 각자의 성공과 실패 사례를 공유하고, 서로의 노하우를 배움으로써 함께 성장하는 환경을 구축할 수 있다. 이 과정에서 선배 디자이너는 후배들에게 실전에서 겪은 경험과 조언을 아낌없이 제공하며, 구성원 모두가 "내가 맡은 역할에서 고객에게 진심을 다할 수 있다"는 자신감을 얻도록 격려해야 한다. 이러한 협력적 분위기는 단순히 개인의 기술 향상에 머무르지 않고, 전체 살롱의 서비스 품질과 브랜드 이미지를 강화하는 데 큰 역할을 한다.

고객 경험 중심의 교육 성과

고객이 체감하는 서비스 품질은 결국 기술과 마인드 교육이 얼마나 균형 있게 실행되는가에 달려 있다. 고객은 시술 전, 중, 후에 걸쳐 디자이너가 자신의 이야기를 경청하고 맞춤형 상담을 제공하며, 세심한 배려와 설명으로 고객의 궁금증을 해소하는 모습을 보게 된다. 이로 인해 고객은 "이곳에서는 내가 진정으로 소중하게 대우받는다"라는 확신을 갖게 되고, 그 경험은 자연스럽게 재방문과 입소문으로 이어져 살롱의 장기적인 성공 기반을 마련하게 된다. 고객의 만족은 단순히 시술 결과물의 완성도에만 의존하는 것이 아니라, 그 과정을 통해 느낀 감동과 정서적 만족, 그리고 디자이너와의 진솔한 소통에 의해 결정된다.

통합 교육의 구체적 실천 방법

결국 기술 교육과 마인드 교육은 단순한 이론과 실습의 결합을 넘어, 디자이너가 고객과 깊이 소통하며 감동을 전달할 수 있는 '전체적인 실무 능력'의 향상으로 이어진다. 디자이너는 자신의 기술력을 통해 외면을 변화시키는 동시에, 마인드 교육을 통해 고객의 마음을 움직여야 한다. 이 두 요소가 조화를 이룰 때, 진정한 인본주의 미용을 실현할 수 있으며, 고객에게 잊지 못할 특별한 경험을 제공할 수 있다.

이러한 통합 교육 전략의 실천은 구체적으로 다음과 같은 방법으로 진행될 수 있다. 우선, 정기적인 기술 워크숍을 통해 디자이너들이 새로운 시술 기법과 트렌드에 대해 학습하고, 이를 실제 시술 상황에 적용해보는 실습 시간을 마련해야 한다. 이 과정에서는 단순한 기술 습득에 그치지 않고, 각 디자이너가 자신의 강점과 약점을 파악하고 개선할 수 있도록 피드백을 제공한다. 예를 들어, 커트나 펌 시술을 진행한 후, 동료들과 함께 시술 과정을 리뷰하고, 고객의 반응을 분석하는 시간을 가지며, 개선할 점에 대해 토론하는 것이다.

동시에, 마인드 교육 프로그램을 도입하여 고객 상담 시 사용하는 언어, 표정, 눈빛 등 비언어적 커뮤니케이션 스킬을 강화해야 한다. 고객이 긴장하거나 고민을 토로할 때 이를 해소할 수 있는 배려 깊은 질문과 대화법을 훈련하는 프로그램을 마련한다. 이러한 교육은 시뮬레이션이나 롤플레잉(역할극) 방식으로 진행될 수 있으며, 실제 고객 상담 상황을 재현해 보면서 디자이너들이 자신의 태도와 소통 방식을 객관적으로 평가받을 수 있는 기회를 제공한다. 또한, 마인드 교육은 고객에 대한 공감 능력을 기르는 데 초점을 맞추어, 고객의 미묘한 신호를 읽어내고 그에 맞춰 적절히 반응하는 방법을 익히도록 돕는다.

또한, 기술과 마인드 교육을 병행하는 통합 교육 워크숍을 정기적으로 개최하여, 디자이너들이 서로의 경험과 노하우를 공유하고, 협업을 통해 전체 팀의 역량을 강화하는 문화를 조성해야 한다. 이러한 워크숍은 단순히 교육을 듣는 것을 넘어, 실제 현장에서의 시술 과정과 고객 응대 과정을 함께 체험하며, 그에 대한 피드백을 주고받는 실전 교육의 장으로 활용된다. 이를 통해 디자이너들은 "내 기술과 태도가 고객의 경험에 어떻게 작용하는가"를 체감하고, 개선점을 직접 찾아내어 자기 발전의 동력으로 삼을 수 있다.

조직 문화에 미치는 긍정적 영향

이와 함께 내부 리뷰 미팅과 피드백 시스템을 활성화하여, 디자이너 간의 상호 소통을 증진시키는 것도 매우 중요하다. 매주 혹은 매월 정기적인 미팅을 통해, 최근 시술 사례, 고객 피드백, 그리고 개선 사항 등을 공유하고 토론하는 시간을 가지면, 개별 디자이너는 물론 전체 팀의 역량이 향상된다. 특히 선배 디자이너가 후배들에게 자신의 경험과 배움을 공유하는 멘토링 제도는, 마인드 교육과 기술 교육 모두에 긍정적인 영향을 미치며, 전체 조직의 성장으로 이어진다.

기술과 마인드, 고객 감동의 두 축

고객이 체감하는 서비스 품질은 결국 디자이너가 기술과 마인드를 균형 있게 발휘할 때 결정된다. 고객은 시술 전, 중, 후에 걸쳐 디자이너가 자신에게 집중하고, 맞춤형 상담을 통해 개인적인 요구를 세심하게 파악하며, 그 과정에서 진심 어린 배려와 설명을 경험할 때 "내가 이곳에서 진정으로 소중하게 대우받는다"라는 확신을 갖게 된다. 이러한 긍정적 경험은 자연스럽게 고객의 재방문으로 이어지고, 입소문을 통해 새로운 고객 유입을 촉진하는 선순환 구조를 만든다.

기술과 마인드 교육의 통합은 단기적인 성과뿐만 아니라, 장기적인 고객 충성도와 브랜드 신뢰 구축에 결정적인 역할을 한다. 디자이너는 자신의 기술력을 통해 외모를 변화시키는 동시에, 마인드 교육을 통해 고객의 감성을 자극하고 마음을 움직여야 한다. 이 두 요소가 서로 보완되며 함께 성장할 때, 디자이너는 단순한 시술 전문가를 넘어서 고객과 깊은 정서적 유대를 형성하는 '서비스 아티스트'로 자리매김할 수 있다.

인본주의 미용 실현을 위한 전략

또한, 이러한 통합 교육 전략은 살롱 전체의 조직 문화에도 긍정적인 영향을 미친다. 고객과의 모든 접점에서 따뜻하고 진실된 소통이 이루어지면, 살롱은 단순한 가격 경쟁이나 일회성 이벤트에 의존하지 않고, 지속 가능한 성장과 장기적인 브랜드 가치를 실현할 수 있다. 디자이너들이 매일 고객에게 전하는 작은 배려와 세심한 설명, 그리고 지속적인 자기 개발의 노력은 고객의 만족과 신뢰로 직결되며, 이는 곧 입소문과 재방문율 상승으로 이어진다.

결국, 기술 교육과 마인드 교육은 디자이너가 고객의 외면뿐만 아니라 내면까지 변화시킬 수 있는 진정한 실무 능력을 갖추게 하는 두 축이다. 기술은 고객의 외모를 변화시키는 강력한 도구이고, 마인드는 그 기술이 고객의 감정과 마음에 닿아 진정한 감동을 선사할 수 있도록 하는 필수 요소이다. 이 둘이 완벽하게 조화를 이룰 때, 고객은 단순한 소비자가 아니라, 살롱의 가치와 철학을 공유하는 열렬한 팬으로 발전하게 된다.

결론: 기술과 마인드, 감동을 창조하는 교육의 힘

따라서 모든 디자이너와 살롱 운영진은 기술과 마인드 교육에 균형 있게 투자하여, 고객에게 최상의 만족과 감동을 제공하는 환경을 구축해야 한다. 이와 같은 통합 교육 전략이 성공적으로 정착되면, 살롱은 경쟁이 치열한 미용 시장에서 독보적인 브랜드로 자리 잡으며, 지속 가능한 성장을 이끌어갈 수 있다. 기술과 마인드의 완벽한 결합은 단순한 이론과 실습의 수준을 넘어, 디자이너가 고객과 진솔하게 소통하고, 그들의 삶에 긍정적인 변화를 불러일으키는 데 결정적인 힘을 제공한다. 고객이 단순히 한 번의 시술을 받고 떠나는 것이 아니라, 살롱을 방문할 때마다 "이곳에서 나는 진심으로 대우받고 있으며, 나의 스타일과 삶이 한층 업그레이드된다"는 확신을 갖게 될 때, 그 경험은 고객의 충성도와 입소문을 통해 살롱의 장기적인 성공과 안정성으로 연결된다.

또한, 이러한 교육 시스템은 디자이너 개인뿐만 아니라, 살롱 전체의 조직 문화와 운영 방식에도 긍정적인 변화를 가져온다. 정기적인 워크숍과 피드백 세션, 멘토링 제도 등은 디자이너들이 서로의 경험을 공유하고, 공동의 목표를 향해 함께 나아갈 수 있도록 돕는다. 그 결과, 살롱은 기술 경쟁을 넘어서 고객과의 감성적 연결, 그리고 구성원 간의 협업과 상호 존중을 기반으로 한 진정한 인본주의 미용을 실현하게 된다.

디자이너들이 기술과 마인드 교육을 통해 지속적으로 성장하면, 고객은 그들의 노력이 담긴 시술 과정을 직접 체감하게 되고, 이는 곧 "내가 받는 서비스가 단순한 시술 이상의 가치가 있다"는 신뢰로 이어진다. 고객은 이러한 경험을 통해 살롱에 대한 충성도가 높아지며, 재방문과 자발적인 추천으로 자연스럽게 브랜드 가치가 상승한다. 결국, 기술과 마인드가 한데 어우러져 만들어내는 이러한 선순환 구조가 살롱을 단순한 가격 경쟁의 장이 아니라, 고객에게 진정한 감동과 행복을 선사하는 특별한 공간으로 만들어 준다.

우리는 앞으로도 끊임없이 변화하는 미용 시장 속에서, 단순히 외형적인 기술력이나 매출 증대에만 머무르지 않고, 고객의 마음을 움직이는 진정성 있는 서비스와 인간적 소통에 집중해야 한다. 기술 교육과 마인드 교육의 통합은 디자이너가 자신만의 독창적인 스타일을 창조하고, 이를 통해 고객과의 깊은 유대와 신뢰를 형성할 수 있도록 돕는다. 이 두 가지 교육의 결합은 결국 고객 만족과 재방문, 입소문, 그리고 장기적인 브랜드 충성도로 이어지며, 살롱이 지속 가능한 성장을 이룰 수 있는 가장 강력한 기반이 될 것이다.

따라서 모든 살롱 운영진과 디자이너는 기술적 숙련도뿐만 아니라, 고객과의 진정한 소통과 감성적 연결을 위한 마인드 교육에도 심혈을 기울여야 한다. 이는 단순한 교육 프로그램을 넘어, 디자이너 스스로가 "내가 왜 이 일을 하는가", "고객에게 어떤 가치를 제공하고 싶은가"라는 근본적인 질문에 대한 답을 찾고, 그 답을 실천하는 과정이 되어야 한다. 기술이 고객의 외면을 변화시키는 힘이라면, 마인드는 고객의 마음을 움직이는 힘이다. 이 두 가지가 완벽하게 결합되어 운영될 때, 고객은 살롱에서 단순한 시술 이상의 특별한 경험을 하게 되고, 그 결과로 살롱은 시장에서 독보적인 경쟁력을 확보하며 지속 가능한 성장을 이룰 수 있을 것이다.

결론적으로, 기술 교육과 마인드 교육은 현대 살롱 경영의 핵심이며, 이들이 함께 작동할 때 디자이너는 고객에게 최고의 서비스와 감동을 선사할 수 있다. 디자이너가 자신의 기술과 태도를 통해 고객의 외면과 내면 모두를 변화시킬 수 있다면, 고객은 단순한 소비자를 넘어 진정한 동행자, 열렬한 팬으로 발전하게 된다. 이는 결국 살롱의 브랜드 가치와 고객 충성도로 이어지며, 장기적으로 살롱이 경쟁 치열한 시장 속에서도 독자적인 위치를 굳건히 하는 데 결정적인 역할을 할 것이다. 모든 구성원이 기술과 마음가짐 모두에 투자하며, 고객에게 진심 어린 배려와 세심한 소통을 지속적으로 제공하는 환경을 조성할 때, 살롱은 단순한 시술 공간을 넘어 고객과 디자이너 모두에게 영원한 감동과 신뢰를 선사하는 특별한 문화적 공간으로 자리 잡을 것이다.

구분	기대 효과 및 결과	비고
기술 교육	- 고객의 외모 변화에 확실한 기술력 제공 - 고객 맞춤형 스타일링, 정교한 디자인 제안	- 기본 및 응용 교육을 통해 맞춤형 시술 가능 - 디자이너의 창의력 및 분석력 강화
마인드 교육	- 고객과의 진정성 있는 소통 및 정서적 연결 강화 - 고객에게 '특별한 대접'과 따뜻한 배려 전달	- 고객 상담, 공감 능력, 비언어적 소통 훈련 - 고객 만족도 및 재방문율 증가
통합 교육	- 기술과 마인드가 결합된 전체적인 실무 능력 향상 - 팀워크 및 협업 문화 강화, 내부 피드백 시스템 정착	- 고객의 경험이 극대화되어 브랜드 충성도 상승 - 살롱 전체의 서비스 품질과 조직 문화 개선
고객 만족	- 재방문율 상승 및 긍정적 입소문 형성 - 장기적인 브랜드 가치 및 시장 경쟁력 강화	- 고객이 단순한 소비자가 아니라, 브랜드 동행자로 발전 - 지속 가능한 성장과 고객 신뢰 기반 구축

> **Point!** 기술 교육 + 마인드 교육 병행으로 실무 능력 향상
>
> ### 1. 기술과 마인드는 함께 성장해야 한다
> * 고객 만족은 단순한 시술 완성도가 아니라, 디자이너의 태도와 소통 방식에서 결정된다.
> * "머리를 예쁘게 하는 기술"과 "고객의 마음을 어루만지는 태도"가 조화를 이룰 때 진정한 서비스가 완성된다.
>
> ### 2. 기술 교육의 목표
> * 커트, 펌, 염색 등 실무 능력 향상뿐 아니라, 트렌드 이해와 창의적 응용이 가능하도록 체계적이고 지속적인 훈련필요.
> * 실습·피드백·현장 경험 중심의 프로그램으로 자기 강점과 약점 파악을 도와야 함.
>
> ### 3. 마인드 교육의 중요성
> * 고객과의 비언어적 소통(눈빛, 표정, 말투)부터 공감 능력, 배려 깊은 대화법까지 감성적 연결 능력 강화
> * 고객이 "소중하게 대우받는다"고 느끼도록 하는 정서적 만족감이 재방문으로 이어짐.
>
> ### 4. 통합 교육의 실행 전략
> * 기술과 마인드를 함께 배우는 워크숍, 시뮬레이션, 롤플레잉 등 실전 중심 교육 방식 도입
> * 팀 간의 협업, 피드백, 멘토링 문화조성 → 조직 전체의 성장과 서비스 품질 향상
>
> ### 5. 기술+마인드의 시너지 효과
> * 고객의 외면(스타일)뿐 아니라 **내면(감정, 신뢰)**까지 변화시키는 '서비스 아티스트'로 성장
> * 고객은 단순 소비자가 아닌 살롱의 팬이자 동행자로 발전 → 재방문 + 입소문 = 브랜드 가치 상승
>
> ### 6. 지속 가능한 살롱 경영을 위한 필수 전략
> * 기술만 강조하는 교육은 한계가 있음
> * 진정성 있는 인간적 소통과 고객 중심의 서비스 경험이 살롱의 장기적 성장 기반이 됨
>
> 기술 교육은 외면을, 마인드 교육은 마음을 변화시킨다. 두 교육이 통합될 때 디자이너는 진정한 전문성과 따뜻한 서비스를 동시에 제공할 수 있으며, 이는 살롱의 경쟁력과 지속 가능한 성공으로 이어진다.

3. 초급 × 중급 × 고급별 스킬 체계
: 빠른 속도 vs 높은 퀄리티

초급·중급·고급으로 스킬을 체계화하는 것은 단순히 시술 단계를 나누는 것이 아니라, 살롱에서 일하는 모든 디자이너가 자신의 역량을 어디까지 끌어올릴 수 있는지를 보여주는 성장 지도다. 보통 초급이면 기본 커트와 시술 테크닉을 익히고, 중급이면 응용이 가능하며, 고급이 되면 자신의 시그니처 스타일을 구축한다고 생각하기 쉽다. 그러나 실제 현장에서는 속도와 퀄리티를 동시에 높이는 과정이 단순하지 않으며, 이를 균형 있게 발전시키는 전략이 필요하다.

초급: 기초 반복과 시술 속도 향상이 핵심

초급 디자이너는 기본적인 커트, 펌, 염색 기술을 익히는 시기다. 이때 가장 중요한 것은 정확한 기초를 반복 학습하며 속도를 높이는 연습을 병행하는 것이다. 빠른 시술을 목표로 삼아 순서를 뛰어 넘거나 실수를 줄이기 위해 지나치게 신중해지면, 결과적으로 고객 만족도가 낮아질 수 있다. 따라서 초급자는 매일 작은 성공 경험을 쌓아 가며 실수를 최소화하고 시술 시간을 점진적으로 단축하는 훈련을 해야 한다. 예를 들어 커트에서는 1cm 라인을 정확히 맞추는 연습을 반복하고, 펌에서는 약제 배합과 와인딩 속도를 체크하며 기술의 정확성과 속도를 동시에 잡아야 한다. 이렇게 기본기를 탄탄하게 다지면서 실전에서의 자신감을 쌓는 것이 초급 디자이너의 핵심 과제다.

중급: 응용력, 상담력, 팀워크 강화의 시기

중급 단계는 응용력과 고객 맞춤형 디자인을 강화하는 시기다. 이 단계에서는 숙련된 기본기를 바탕으로 다양한 고객 니즈에 맞춰 유연하게 대응하는 능력이 중요해진다. 커트에서는 모량과 모질에 따른 텍스처 조절이 가능해야 하며, 펌과 염색에서도 얼굴형, 라이프스타일, 취향 등을 고려해 최적의 디자인을 제안할 수 있어야 한다. 상담 능력이 향상되어야 하는 이유도 여기에 있다. 고객이 원하는 스타일을 빠르게 분석하고, 최적의 솔루션을 신속하게 제시하는 결정력이 필요하다. 중급 단계에서는 상담 시간을 너무 길게 끌지 않으면서도 고객이 만족할 수 있도록 핵심을 짚어 내는 연습이 필수적이다. 또한 팀워크가 본격적으로 작동하는 시기로, 중급 디자이너는 초급자를 돕고, 고급 디자이너에게 배우면서 성장해야 한다.

고급: 완성도와 고객 감동을 동시에 구현

고급 단계는 시술 완성도와 고객 감동을 극대화하는 수준으로 발전해야 한다. 단순한 기술적 완성도를 넘어, 고객이 기대하는 이상의 스타일을 구현하며 차별화된 디자인을 제안하는 능력이 요구된다. 여기에서는 속도보다는 퀄리티가 더 중요할 것 같지만, 살롱 현장에서는 고객 대기 시간을 최소화하면서도 높은 완성도를 유지해야 하므로, 고급 디자이너일수록 품질과 속도를 절묘하게 조화시킬 수 있어야 한다. 이 단계에서는 고객이 표현하지 못한 니즈까지 파악해 감각적인 스타일을 완성해야 하며, 심층 상담 능력과 트렌드를 재해석하는 역량도 필수적이다. 또한 후배 디자이너를 교육하고 멘토링하는 역할도 수행해야 한다. 초급과 중급 디자이너들이 어려워하는 기법을 설명하고, 실습 과정에서 피드백을 제공함으로써 팀 전체의 기술 수준을 끌어올려야 한다.

각 단계는 명확한 성장 로드맵이다

초급·중급·고급 단계는 단순히 시술 난이도를 기준으로 나눈 것이 아니라, 각 레벨에서 속도와 품질을 어떻게 조화시킬 것인지에 대한 성장 로드맵이다. 이를 체계적으로 운영하기 위해 살롱에서는 레벨별 체크리스트를 활용할 수 있다. 초급 디자이너는 하루 한 가지 스킬을 반복 연습하면서 시술 시간과 정확도를 높이는 데 집중하고, 중급 디자이너는 포트폴리오를 제작해 스타일링 역량을 강화하며, 고급 디자이너는 후배 양성과 팀워크 강화를 목표로 삼아야 한다. 이처럼 각 단계에서 명확한 목표를 설정하면 디자이너 개인이 자신의 현재 위치를 파악하고 필요한 역량을 빠르게 개발할 수 있다.

초급·중급·고급 스킬 체계는 고정된 것이 아니라 주기적으로 업데이트되어야 한다. 트렌드는 지속적으로 변화하고 있으며, 새로운 기술과 제품이 끊임없이 등장하기 때문에, 6개월에서 1년 단위로 체크리스트를 재검토하고 최신 흐름에 맞춰 조정해야 한다. 이를 소홀히 하면 초급자는 전통적인 기술만 익히고 변화에 적응하지 못할 수 있으며, 중급과 고급 디자이너도 익숙한 스타일에만 머물러 창의력이 정체될 위험이 있다.

스킬 체계는 살롱의 팀워크와 성장 동력이다

디자이너가 초급에서는 빠른 속도와 정확한 기초를 익히고, 중급에서는 응용력과 상담 능력을 키우며, 고급에서는 높은 완성도를 구현하는 동시에 고객 감동을 실현하는 단계로 발전하는 것이 이상적인 성장 구조다. 이 과정이 자연스럽게 이루어지면, 살롱 전체가 고객 만족도를 높이는 방향으로 협업하게 되고, 결과적으로 매출과 브랜드 신뢰도가 함께 상승하는 선순환이 형성된다. 초급 디자이너가 빠르게 성장할 수 있도록 중급과 고급 디자이너가 도와주고, 중급 디자이너는 후배를 지도하면서도 스스로의 실력을 연마하며, 고급 디자이너는 팀 전체의 역량을 끌어올리는 리더십을 발휘해야 한다. 이러한 구조가 정착되면, 살롱은 자연스럽게 속도와 품질을 동시에 잡을 수 있는 강력한 팀워크를 형성하게 된다.

살롱이 단순히 시술을 빠르게 끝내고 많은 고객을 받는 곳이 아니라, 고객의 스타일을 세심하게 디자인하며, 디자이너가 단계별로 성장할 수 있는 환경을 조성하는 곳이라는 인식이 자리 잡으면, 장기적으로 더욱 탄탄한 고객층과 충성도 높은 팬덤이 형성된다. 또한 디자이너 개개인의 성장 로드맵이 명확할수록 그들이 자신의 커리어를 설계하는 데 있어 더 큰 동기를 가질 수 있다.

인본주의 미용을 실현하는 성장 지도

결국 초급·중급·고급 스킬 체계를 도입하는 것은 단순히 기술 숙련도를 측정하기 위한 것이 아니라, 디자이너가 자신의 강점과 보완할 점을 인지하고, 살롱 전체가 함께 성장하는 문화를 만드는 데 핵심적인 역할을 한다. 이 과정이 인본주의 미용 철학과 맞닿아 있으며, 기술뿐만 아니라 사람을 성장시키는 본질경영을 실현하는 가장 효과적인 방법이다. 디자이너들이 각 단계에서 명확한 목표를 가지고 발전할 때, 그 결과물은 단순한 기술이 아니라 고객의 감동과 신뢰로 이어지고, 살롱은 고객과 디자이너가 함께 성장하는 공간으로 자리 잡게 된다.

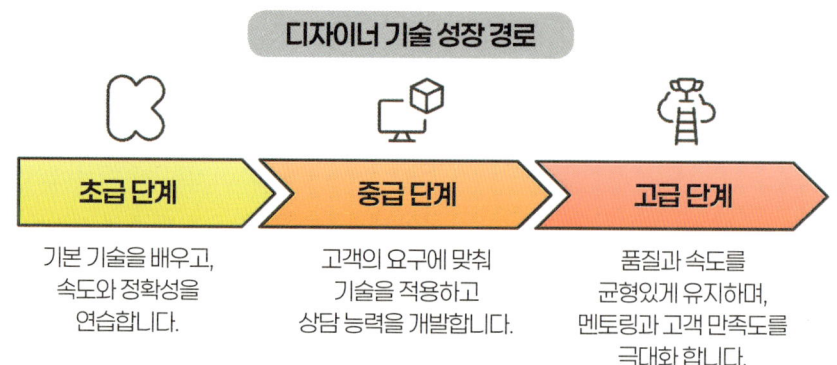

> **Point!** 초급 × 중급 × 고급별 스킬 체계: 빠른 속도 vs 높은 퀄리티
>
> 1. **스킬 체계는 성장 로드맵이다**
>   * 초급·중급·고급으로 나뉜 교육은 단순한 시술 단계 구분이 아니라 디자이너의 성장 경로를 제시하는 전략적 지도이다.
> 2. **초급: 기초 탄탄 + 속도 훈련**
>   * 반복 연습을 통해 정확한 기초를 익히고, 실수를 줄이며 시술 속도 향상에 집중해야 하는 시기.
> 3. **중급: 응용력 + 상담력 + 팀워크**
>   * 고객 맞춤형 디자인 제안 능력과 빠른 상담 스킬을 익히고, 초급자를 돕고 고급자에게 배우며 팀워크를 통한 성장이 중요.
> 4. **고급: 완성도 + 고객 감동 + 리더십**
>   * 고객의 기대를 뛰어넘는 스타일 구현, 속도와 품질의 조화, 후배 교육과 팀 전체 리딩까지 수행해야 하는 단계.
> 5. **체계적 목표 설정과 체크리스트 운영**
>   * 각 단계별 명확한 목표 설정과 정기적인 체크리스트 갱신을 통해 트렌드 변화에 유연하게 대응.
> 6. **살롱 전체의 선순환 구조 형성**
>   * 각 단계에서 역할이 명확할수록 팀워크가 강화되고, 고객 만족도와 브랜드 신뢰도가 함께 상승.
> 7. **인본주의 미용 실현**
>   * 이 스킬 체계는 기술 중심 교육을 넘어 사람 중심의 본질경영을 실천하며, 디자이너와 고객 모두의 성장을 이끈다.

4. 결과만큼 중요한 과정: 피드백 미팅의 원칙

피드백 미팅은 단순히 영업 실적이나 매출 결과를 확인하는 시간이 아니다. 결과를 잘 냈다면 왜 그렇게 됐는지, 기대에 미치지 못했다면 어떤 과정에서 문제가 발생했는지 돌아보고 개선점을 찾아가는 것이 피드백 미팅의 본질이다. 특히 인본주의 미용을 실천하는 살롱에서는 피드백 미팅이 '사람 중심의 생산성'과 '함께 가야 멀리 간다'는 철학을 확인하고 실행하는 중요한 절차다. 매출과 실적만을 논하는 것이 아니라, 디자이너와 크루가 함께 배우고 성장하는 과정이 되어야 한다.

피드백 미팅에서 가장 중요한 원칙은 솔직하고 구체적이어야 한다는 점이다. 누가 잘했고 못했는지를 따지기보다, 각각의 디자이너와 크루가 데이터를 기반으로 자신의 행동과 결정 과정을 투명하게 공유하는 것이 핵심이다. 예를 들어, 재방문율이 떨어진 디자이너가 있다면 막연히 "고객이 안 돌아온다"라고 진단하는 것이 아니라 상담 당시의 대화 내용, 사용한 약제, 시술 후 관리 안내 등을 점검하며 원인을 분석해야 한다. 고객이 어떤 부분에서 불편을 느꼈고, 기대했던 결과가 충족되지 않았던 이유가 무엇인지 찾아야 한다. 이를 위해 디자이너 개인의 경험만 의존하는 것이 아니라, 리뷰, 재방문율, 고객 피드백 데이터를 활용해 객관적인 개선점을 도출해야 한다.

피드백 미팅에서는 결과보다 과정에 집중해야 한다. 매출이 올랐다면 어떤 요인이 작용했는지, 단순히 운이 좋았던 것인지, 새로운 시그니처 메뉴를 개발하거나 SNS 마케팅을 활용한 덕분인지 구체적으로 밝혀야 한다. 이렇게 정리된 사례가 있어야 다른 디자이너들이 동일한 방법을 시도할 수 있으며, 살롱 전체의 수준이 올라간다. 반대로 매출이 하락했다면 어떤 이슈가 있었는지, 내부 프로세스의 문제인지, 상담 방식이나 디자이너 개인의 실수가 영향을 미쳤는지 확인해야 한다. 이를 바탕으로 문제를 해결하기 위한 새로운 접근 방식을 찾고, 실패 경험을 배움의 기회로 삼아야 한다.

미팅의 분위기는 비판이 아닌 존중을 바탕으로 이루어져야 한다. 피드백 미팅이 특정 개인을 몰아세우는 자리로 변질되면, 디자이너들은 자신을 방어하기에 급급해지고 문제의 본질을 해결하려는 시도를 하지 않게 된다. 미용은 팀워크가 중요한 업종이며, 실수는 종종 시스템의 허점이나 팀원 간의 소통 문제에서 비롯된다. 따라서 피드백 미팅은 책임을 묻는 것이 아니라 해결책을 찾는 시간이 되어야 한다. 존중이 전제된 대화에서는 초급 디자이너도 편안하게 어려움을 털어놓을 수 있고, 중급·고급 디자이너들은 보다 실질적인 조언과 대안을 제시할 수 있다. 이러한 문화가 형성되면 누구나 솔직한 피드백을 주고받으며 더욱 성숙한 기술과 태도를 가질 수 있다.

피드백 미팅은 실행 가능한 액션 플랜으로 마무리되어야 한다. 단순히 반성하는 것에서 끝나는 것이 아니라, 실질적인 변화를 만들기 위해 무엇을 어떻게 실행할지 구체적으로 정해야 한다. 예를 들어, 고객 응대 과정에서 커뮤니케이션이 부족했던 것이 문제라면, "다음 주까지 재방문 고객 상담 스크립트를 정리하고, 팀원끼리 롤플레이하며 피드백 주고받기" 같은 식으로 실천 가능한 목표를 설정해야 한다. 그리고 다음 피드백 미팅 때 해당 과제가 실행되었는지, 그 결과가 어땠는지를 점검하는 과정이 필수적이다. 이런 반복적인 실행과 점검을 통해 살롱의 서비스 품질이 꾸준히 개선될 수 있다.

데이터와 감각을 균형 있게 활용하는 것도 중요한 원칙이다. 디자이너가 고객과 상담하며 쌓는 정성적인 감각과 경험은 중요하지만, 이러한 요소가 실제로 고객 만족도나 재방문율에 어떤 영향을 미쳤는지 수치적으로 분석하는 것이 필요하다. 반대로, 데이터만 보고 감각적인 요소를 무시하면, 고객과의 감정적 유대나 신뢰 관계가 소홀해질 수 있다. 예를 들어, "커트 후 재방문율이 증가했다"는 데이터를 확인할 때, 단순히 기술력 때문인지, 상담 방식이 달라졌기 때문인지, 아니면 다른 요소가 작용했는지를 함께 살펴야 한다. 감각과 데이터를 함께 분석할 때 더 정교한 피드백이 가능하고, 개선 방향도 명확해진다.

피드백 미팅은 단순히 과거를 돌아보는 것이 아니라, 미래 관점에서 논의되어야 한다. "왜 실패했나?"에서 끝나는 것이 아니라 "다음번에는 이런 방식으로 더 나은 결과를 만들자"는 관점으로 접근해야 한다. 예를 들어, "SNS에서 예약 문의가 자주 오지만 확정 비율이 낮다"는 문제가 있다면, 고객이 어떤 정보를 필요로 하는지 분석하고, 예약 전 확신을 줄 수 있는 상담 프로세스를 개선해야 한다. 이렇게 피드백을 기반으로 구체적인 해결책을 제시하고, 다음 미팅에서 그 실행 결과를 점검하는 방식으로 연결해야 한다.

피드백 미팅을 형식적으로 진행하는 살롱은 장기적인 성공을 보장받기 어렵다. 그러나 솔직한 피드백과 존중을 바탕으로 대화를 이어가며, 구체적인 액션 플랜을 설정하는 살롱은 내부적으로 탄탄한 성장을 이룰 수 있다. 이 과정에서 팀원들은 서로의 강점을 이해하고 약점을 보완하며 협력하는 문화를 형성하게 된다. 결국, 이러한 피드백 문화가 지속적으로 정착되면, 개별 디자이너의 역량 향상뿐 아니라 살롱 전체의 서비스 품질이 높아지고, 고객 만족도가 자연스럽게 상승하게 된다.

피드백 미팅의 핵심은 함께 성장하는 문화를 만드는 것이다. 단순히 매출 목표를 확인하고 실적을 비교하는 것이 아니라, 왜 그런 결과가 나왔고, 더 나은 방향으로 가기 위해 어떤 노력이 필요한지를 고민하는 시간이 되어야 한다. 이를 통해 디자이너와 크루들은 서로를 진심으로 이해하고 인정하며, 보다 성숙한 인본주의 미용을 실천할 수 있다. 그리고 그 결실은 단순한 매출 상승이 아닌, "사람이 행복해지는 공간"이라는 최고의 가치로 돌아온다.

결국 피드백 미팅은 살롱 문화의 핵심이자, 장기적인 성공을 이끄는 중요한 원동력이다. 미용은 혼자 하는 일이 아니라 팀워크와 협업이 중요한 업종이기에, 개개인이 성장하는 과정이 곧 살롱 전체의 성장을 의미한다. 피드백 미팅이 단순한 회의가 아니라, 팀원들 간의 신뢰와 협력을 다지는 시간이 될 때, 살롱은 단순한 공간을 넘어 진정한 성장과 발전을 이루는 장이 될 수 있다. 고객이 꾸준히 찾고 싶은 살롱, 디자이너가 오랫동안 일하고 싶은 살롱, 그리고 모두가 함께 성장하는 살롱을 만들기 위해, 피드백 미팅을 단순한 평가의 시간이 아니라, 새로운 가능성을 발견하는 기회로 삼아야 한다.

피드백 미팅 개요 및 분위기 조성

- 미팅 시작 전 안내문

  "오늘 피드백 미팅은 우리 모두가 함께 성장하기 위한 시간입니다. 각자의 경험을 공유하고, 무엇이 잘 되었고 개선이 필요한 부분이 무엇인지 솔직하게 이야기해 주세요. 이 시간은 비난을 위한 자리가 아니라, 서로의 강점을 발견하고, 앞으로 어떻게 더 나은 서비스를 제공할 수 있을지 함께 고민하는 기회입니다."

피드백 미팅 질문지

- 1. 전체적인 서비스 경험 평가
  - "지난 한 달 동안 우리 살롱의 서비스 경험을 종합적으로 평가한다면, 가장 긍정적이었던 점은 무엇이며, 개선해야 할 점은 무엇이라고 생각하십니까?"
  - "고객들이 우리 살롱에서 어떤 감정적 경험을 했다고 피드백을 주었나요? 구체적인 예가 있다면 공유해 주세요."

- 2. 상담 및 고객 소통 측면
  - "고객 상담 시, 고객의 요구와 감정을 충분히 파악했다고 느꼈나요? 상담 과정 중 고객에게 어떤 질문이나 표현이 특히 효과적이었다고 생각하시나요?"
  - "고객이 긴장하거나 불편함을 느꼈던 순간이 있었다면, 그 상황에서 본인이 취한 대처 방법과 그 결과에 대해 어떻게 생각하십니까?"
  - "고객에게 시술 전에 충분한 정보를 제공하기 위해 어떤 설명 방식이 도움이 되었나요? 반대로, 고객이 이해하기 어려워했던 부분이 있다면 무엇이었는지요?"

- 3. 시술 과정 및 기술 적용 평가
  - "최근 진행한 시술 중에서 고객 반응이 가장 좋았던 사례와 그 이유는 무엇이었습니까? (예: 특정 펌, 염색, 스파 시술 등)"
  - "시술 도중에 예상치 못한 문제가 발생한 경우, 그 문제를 어떻게 해결했으며, 그 경험을 통해 얻은 교훈은 무엇인가요?"
  - "기술 적용 과정에서 고객에게 제공한 추가적인 케어(예: 크리닉, 홈케어 팁, 두피 마사지 등)가 고객 만족에 어떤 영향을 미쳤다고 보십니까?"

- 4. 개인 맞춤형 서비스 및 고객 경험 개선
  - "고객의 개별적인 니즈를 파악하기 위해 본인이 사용한 방법이나 전략이 있다면, 구체적으로 설명해 주세요."
  - "고객의 재방문율을 높이기 위해 상담 후에 어떤 후속 조치를 취했는지, 그리고 그 효과에 대해 어떻게 평가하십니까?"
  - "고객으로부터 받은 피드백 중 특히 인상 깊은 의견이나 개선 요청 사항이 있다면 공유해 주세요. 그에 대해 어떤 개선 조치를 실행했거나 계획 중인지 말씀해 주세요."

- 5. 팀워크 및 협업 평가
  - "최근 팀 내에서 협업을 통해 시술 과정이 매끄럽게 진행된 사례가 있다면, 구체적으로 설명해 주실 수 있나요?"
  - "팀원들과의 커뮤니케이션에서 개선이 필요한 부분은 무엇이며, 어떻게 보완할 수 있을지 제안해 주세요."
  - "내부 프로세스(예약, 재료 준비, 고객 응대 등) 중 불편함을 느낀 부분이 있다면, 어떤 점을 개선하면 좋을지 의견을 나눠 주세요."

- 6. 개인 성장 및 자기계발
  - "이번 기간 동안 본인이 가장 성장했다고 느낀 기술 또는 태도는 무엇이며, 그 이유는 무엇인가요?"
  - "자신의 강점과 약점을 스스로 어떻게 평가하며, 앞으로 어떤 부분을 개선하고자 하는지 구체적인 계획을 말씀해 주세요."
  - "동료 디자이너에게 배운 점이나, 다른 구성원들에게 공유하고 싶은 노하우가 있다면 소개해 주세요."

- 7. 미래 개선 방향 및 액션 플랜
  - "지난 피드백 미팅 이후 어떤 개선 조치를 취했으며, 그 결과가 어땠는지 구체적인 사례를 공유해 주세요."
  - "앞으로 1개월, 3개월, 6개월 동안 어떤 구체적인 목표와 개선 계획을 세웠는지 말씀해 주실 수 있나요?"
  - "고객 경험과 서비스 품질을 한층 더 높이기 위해 살롱 전체에서 함께 추진해야 할 아이디어가 있다면, 자유롭게 제안해 주세요."

피드백 미팅 진행 가이드라인

- **분위기 조성**

  모든 발언은 비난이 아닌 건설적 개선을 위한 것으로 이해되도록, 서로의 노력을 존중하며 긍정적인 언어 사용을 강조한다. "문제가 있다면 누구의 잘못을 따지기보다는, 우리가 어떻게 함께 해결할 수 있을지에 집중합시다." "이번에 제시된 의견들은 모두 우리 살롱의 발전을 위한 소중한 자료입니다."

- **데이터 기반 접근**

  각 항목에 대해, 고객 피드백, 재방문율, 매출 데이터 등 객관적인 지표를 함께 검토하며, 개선 방향을 도출한다. "예를 들어, 지난 달 커트 시술 후 재방문율이 70%였는데, 이번 피드백을 통해 80%로 끌어올릴 수 있는 구체적 방법을 논의해 봅시다."

- **액션 플랜 도출**: 미팅 종료 전, 각 참여자가 구체적인 개선 목표와 실행 계획을 설정하고, 다음 미팅에서 점검할 수 있도록 문서화한다. "다음 주까지는 고객 상담 스크립트를 수정해 보고, 이번 미팅에서 나온 피드백을 바탕으로 한 달간의 시술 프로세스 개선안을 작성해 주세요."

종합 요약 및 결론

- **핵심 포인트**

  피드백 미팅은 단순히 과거 실적을 평가하는 시간이 아니라, 구체적인 데이터를 바탕으로 각 디자이너와 팀원들이 자신의 강점과 개선점을 명확히 파악하고, 이를 통해 고객에게 더 나은 서비스를 제공할 수 있도록 개선하는 과정이다. 고객이 느낀 감동, 재방문율, 그리고 내부 프로세스의 효율성을 객관적인 데이터와 함께 검토함으로써, 문제의 근본 원인을 찾고, 실질적인 액션 플랜을 도출하는 것이 중요하다.

- **기대 효과**

  1. 디자이너와 크루들이 자신의 업무 과정을 객관적으로 분석하고 개선할 수 있는 기반 마련
  2. 고객 만족도 및 재방문율 증가로 인한 장기적 브랜드 신뢰 구축
  3. 내부 프로세스와 팀워크 강화로 전체 살롱의 서비스 품질 향상
  4. 피드백 문화를 통해 지속적으로 발전하는 조직 구성원들의 성장 촉진

5. 통찰력을 얻기 위한 세 가지: 배우기, 경험하기, 가르치기

사람은 살아가면서 끊임없이 배움과 성장을 반복하지만, 단순한 지식 습득만으로는 진정한 통찰력을 얻기 어렵다. 통찰력은 단순히 '알고 있다'는 수준을 넘어, 본질을 꿰뚫어 보고 미래의 변화를 예견하며, 스스로와 타인을 올바른 방향으로 이끄는 힘이다. 이를 위해 반드시 '배우기', '경험하기', '가르치기'라는 세 단계를 모두 거쳐야 한다.

1. 배우기 – 깊이 있는 이해에서 시작되는 통찰

배우기는 나보다 앞선 사람, 혹은 더 깊이 있는 지식을 가진 이들에게서 배우는 과정이다. 이는 책을 읽거나 강연을 듣고, 전문가와 대화하는 것뿐만 아니라, 실제 현장에서 뛰어난 기술자들의 손길을 관찰하는 것까지 포함된다. 미용 업계에서는 클래식한 커트 기법부터 최신 트렌드, 고객과의 소통 방식까지 끊임없이 배워야 한다. 중요한 것은 단순히 정보를 습득하는 것이 아니라, "왜 이 기법이 생겼고, 어떤 원리로 작용하며, 어떤 고객에게 적용해야 효과적인가"를 깊이 이해하는 것이다. 단편적인 지식으로는 고객에게 제대로 된 솔루션을 제공할 수 없고, 급변하는 업계에서 도태되기 쉽다. 따라서 배움의 과정에서는 "나에게 필요한 정보를 어떻게 선별하고, 내 업과 연결 지어 깊이 이해할 것인가"라는 질문을 항상 가져야 한다.

2. 경험하기 – 이론을 실천으로 전환하는 자기화의 과정

경험하기는 배운 지식을 실제로 적용해 보면서 자기화하는 과정이다. 많은 사람들이 배우기를 중요하게 여기지만, 경험을 통해 몸으로 체득하지 않으면 그 배움은 단순한 이론에 머물기 쉽다. 예를 들어, 새로운 커트 기법을 배웠다면, 그것을 수십 번 연습하고, 직접 고객에게 적용하며, 예상치 못한 변수에 부딪혀야 비로소 자신의 것이 된다. 머리카락의 굵기, 고객의 두상, 화학 시술 이력 등 수많은 요소가 작용하면서, 같은 기법도 고객마다 다르게 표현되어야 한다. 이런 시행착오를 거치면서 배움이 더욱 깊어지고, 실제 문제 해결 능력이 길러진다. 결국 경험을 통해야만, 이론적으로는 보이지 않았던 숨은 원리를 발견하고, 새로운 통찰력을 얻을 수 있다.

3. 가르치기 – 지식의 정리와 확장을 통한 내면화

가르치기는 통찰력을 더욱 확고하게 다지는 단계다. 누군가에게 지식을 전수하거나 문제 해결을 돕기 위해서는, 스스로 그 지식을 체계적으로 정리하고 논리적으로 설명할 수 있어야 한다. 즉, 가르치는 과정에서 "내가 알고 있다고 생각했던 부분도 사실은 부족했다"는 사실을 깨닫고, 더 깊이 있는 연구를 하게 된다. 또한, 배우는 사람이 던지는 예상치 못한 질문들이 새로운 관점을 발견하게 만들고, 자신이 알고 있던 내용을 더욱 확장시켜 준다. 미용 현장에서 후배 디자이너나 크루에게 기술을 가르칠 때, 가르치는 사람 또한 자신의 실력을 점검하고 보완할 수 있는 기회를 얻게 된다. 즉, 가르치는 과정에서 지식이 정리되고, 본질과 원리를 더욱 깊이 이해하게 되는 것이다.

통찰력은 순환 속에서 완성된다

배우기, 경험하기, 가르치기의 과정이 순환될 때 비로소 진정한 통찰력이 단단하게 자리 잡는다. 단순히 지식을 많이 아는 사람이 아니라, 실제 현장에서 문제를 해결하고 새로운 가치를 창출할 수 있는 사람이 되는 것이다. 이를 통해 사고의 깊이가 남다르고, 문제 해결 능력이 뛰어나며, 사소한 난관 앞에서도 쉽게 무너지지 않는 내면의 힘을 갖게 된다. 단순히 배운 것을 외우는 것이 아니라, 실제로 부딪히고 깨달으며, 다시 그것을 타인에게 전달하는 과정이 반복될 때, 통찰력은 더욱 깊어진다.

선순환 구조가 만드는 조직의 성장

이 과정은 단순한 개인의 성장이 아니라, 업계 전체의 발전과도 연결된다. 배우고, 경험하고, 가르치는 선순환 구조가 형성되면, 살롱 내부의 디자이너들은 서로를 성장시키는 동행자가 된다. 선배는 후배를 키우고, 후배는 배우면서 또 다른 후배를 이끌게 되며, 이러한 흐름 속에서 살롱은 지속적으로 발전할 수 있다. 이 과정에서 중요한 것은 '함께 성장한다'는 철학이다. 단순히 개인의 기술 향상에만 집중하는 것이 아니라, 동료들과 지식을 나누며 모두가 성장하는 환경을 조성하는 것이 핵심이다.

인본주의 미용 실현의 기반이 되는 통찰력

이러한 통찰력이 살롱의 에너지가 될 때, 비로소 우리가 바라는 인본주의 미용과 본질경영이 실현된다. 고객과의 상담에서도 마찬가지다. 단순히 머리를 어떻게 자를지, 어떤 스타일을 만들지 결정하는 것이 아니라, 고객의 취향과 생활 패턴을 깊이 이해하고, 가장 적합한 스타일을 제안할 수 있어야 한다. 고객이 원하는 것을 재빨리 파악하고, 만족 그 이상의 감동을 주는 것이 통찰력 있는 디자이너의 역할이다. 또한, 단순한 기술을 넘어 고객과의 신뢰 관계를 형성하고, 긍정적인 에너지를 전하는 것이 중요하다.

통찰력 있는 디자이너가 만드는 감동과 가치

결국, 사람은 배우고, 경험하고, 가르치는 과정을 통해 더욱 성장하고, 타인에게 긍정적인 영향을 미치는 존재가 된다. 이 과정은 고객에게 더 나은 서비스를 제공하는 길이기도 하다. 통찰력이 뛰어난 디자이너는 고객의 숨은 니즈를 발견하고, 맞춤형 스타일을 제안하며, 단순한 미용 서비스를 넘어 한 사람의 삶에 가치를 더하는 역할을 한다. 이는 단순한 기술적인 성장이 아니라, 미용이라는 업을 통해 사람을 이해하고, 함께 성장하는 과정에서 나오는 깊은 만족감과 성취감으로 이어진다.

함께 성장하는 선순환 구조의 힘

배우기, 경험하기, 가르치기가 하나의 선순환 구조를 이루며, 디자이너 개인과 살롱 전체가 함께 발전하는 것이야말로 우리가 추구해야 할 방향이다. 단순한 기술 전수가 아니라, 사고의 깊이를 확장하고, 더 넓은 시야를 형성하며, 고객과의 관계 속에서도 한층 더 깊이 있는 소통을 할 수 있도록 하는 것이 진정한 교육이다. 이러한 과정이 반복될 때, 업계는 더욱 높은 수준으로 나아가고, 미용인의 삶은 더욱 풍성하고 의미 있게 빛날 것이다.

삶을 디자인하는 공간으로의 진화

이러한 성장 모델을 실천하는 살롱은 기술적 완성도를 넘어, 인본주의 미용의 핵심 가치와 맞닿아 있는 본질경영을 실현하게 된다. 배우고, 경험하고, 가르치는 과정이 자연스럽게 이뤄지는 환경이 조성되면, 미용인은 단순한 기술자가 아니라, 고객의 삶과 스타일을 디자인하는 진정한 전문가로 성장하게 된다. 이 과정 속에서 미용인뿐만 아니라, 고객 또한 더 나은 경험을 하며, 미용이라는 서비스가 단순한 외적인 변화를 넘어 내면의 만족과 자신감을 높여 주는 과정임을 깨닫게 된다. 이러한 변화가 쌓일수록, 살롱은 '머리를 하는 곳'이 아니라 '삶을 디자인하는 공간'으로 자리 잡게 된다.

통찰력은 사람과 삶을 변화시키는 힘이다

결론적으로, 배우기, 경험하기, 가르치기의 선순환이 만들어질 때, 업계는 더 많은 가능성을 열고, 미용인의 삶은 더욱 의미 있는 방향으로 나아간다. 그리고 그 과정이 반복될수록, 통찰력은 점점 깊어지고, 미용이라는 일이 단순한 기술적 행위를 넘어, 사람과 사람 사이의 깊은 교감을 나누는 의미 있는 일이 된다. 이를 실천하는 디자이너와 살롱이야말로, 지속 가능한 성장과 차별화된 경쟁력을 확보하며, 고객들에게도 진정한 가치를 제공할 수 있다.

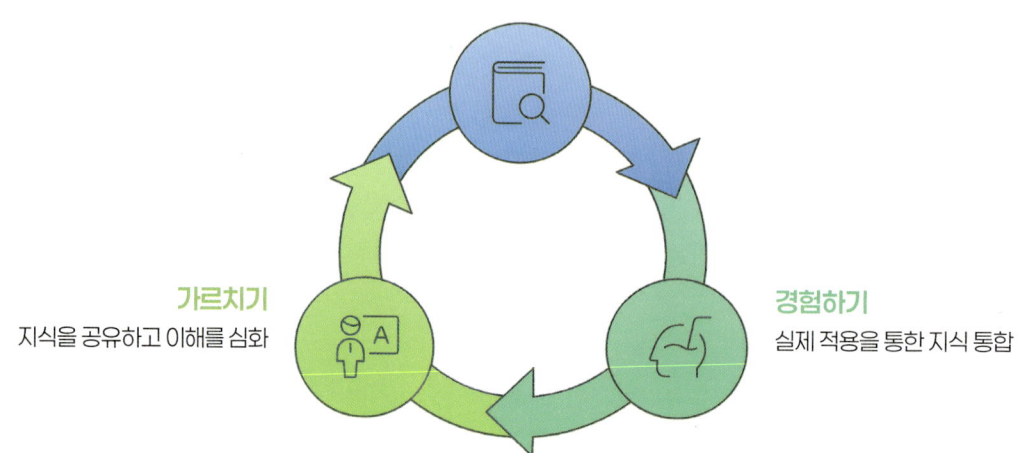

> **Point!** 통찰력을 얻기 위한 세 가지: 배우기, 경험하기, 가르치기

1. 통찰력의 정의
   * 단순한 지식 습득을 넘어, 본질을 꿰뚫고 변화에 대응하며, 사람을 이끄는 힘
   * 이를 위해 반드시 배우기 → 경험하기 → 가르치기의 선순환이 필요함

2. 배우기 - 깊이 있는 이해의 출발점
   * 책, 강연, 현장 관찰 등으로 지식을 얻되, 원리와 맥락까지 이해해야 함
   * "왜?", "어떻게?", "누구에게?"를 질문하며 지식을 나만의 것으로 연결해야 함

3. 경험하기 - 지식을 자기화하는 실전 훈련
   * 배운 내용을 실제로 수차례 적용하고, 시행착오를 겪으며 문제 해결 능력을 기름
   * 현장 속 변수를 다루면서 깊은 이해와 감각을 쌓는 단계

4. 가르치기 - 통찰을 정리하고 확장하는 과정
   * 타인에게 설명하려면 자신의 지식을 체계화해야 하며, 질문을 통해 새로운 관점을 발견
   * 후배를 교육하면서 자기 실력도 점검·보완하게 됨

5. 통찰력은 순환 속에서 자란다
   * 배움 → 실천 → 공유가 반복되면 깊은 사고력과 문제 해결력, 리더십이 생김
   * 이는 개인의 성장뿐 아니라 살롱 전체의 발전을 이끄는 원동력

6. 인본주의 미용과의 연결
   * 고객과의 상담에서도 통찰력은 필수
   * 고객의 취향, 삶, 니즈를 이해하고 감동을 줄 수 있는 제안을 하기 위해 필요함

7. 살롱 문화에 미치는 긍정적 영향
   * 선배가 후배를 키우고, 후배가 또 다른 후배를 이끌며 함께 성장하는 문화가 형성됨
   * 살롱은 기술을 넘어서, 삶을 디자인하고 감동을 전하는 공간으로 진화함

배우고 → 경험하고 → 가르치는과정이 반복될수록 통찰력은 깊어진다. 이는 디자이너가 단순한 기술자가 아닌, 고객의 삶에 가치를 더하는 진정한 전문가로 성장하도록 돕고, 살롱은 지속 가능한 성장과 차별화된 브랜드 가치를 실현할 수 있다.

12장. 살롱 내부 프로세스와 매뉴얼

1. 오픈-마감, 샴푸-스파, 커트-컬러 등 전 과정 세분화

살롱 운영에서 모든 과정이 체계적으로 정리되고 일관되게 실행된다는 것은, 단순히 실수를 줄이는 차원을 넘어, 고객 만족도를 높이고 살롱의 정체성을 확립하는 중요한 경영 전략이다. 오픈과 마감부터 샴푸, 스파, 커트, 컬러까지 모든 절차를 세분화하고 매뉴얼화하면, 디자이너나 크루가 바뀌어도 일관된 퀄리티를 유지할 수 있고, 고객은 어느 디자이너에게 시술을 받든 안정적이고 균일한 서비스를 경험할 수 있다. 이 과정은 단순한 절차 정리가 아니라, 살롱이 추구하는 본질경영을 실천하는 핵심 방법이기도 하다.

오픈 프로세스: 고객을 맞이할 준비는 디테일에서 시작된다

오픈 프로세스는 단순히 매장을 여는 행위가 아니라, 고객을 맞이할 준비를 완벽하게 마치는 과정이다. 가장 먼저 출근한 직원이 매장의 조명과 청결 상태를 점검하고, 의자와 거울을 정리하며, 음악을 틀어 분위기를 조성한다. 이어 음료 제공을 위한 커피 머신과 식수 상태를 확인하고, 스파나 샴푸대의 수온과 소독 도구, 수건 재고까지 꼼꼼하게 체크한다. 이 모든 과정이 끝나면 예약 시스템을 통해 당일 방문할 고객 목록을 확인하고, 각 디자이너가 고객의 시술 이력과 선호 사항을 숙지하도록 한다. 이렇게 철저한 오픈 준비가 이루어지면, 고객이 방문했을 때 첫인상부터 "이곳은 세심하게 준비된 공간"이라는 신뢰감을 느낄 수 있다.

샴푸와 스파 매뉴얼: 표준화된 서비스가 주는 신뢰감

샴푸와 스파 과정도 매뉴얼이 반드시 필요하다. 고객에게 인사를 건네는 시점부터 어떤 어조로 시술 내용을 설명할지, 모발 상태를 어떻게 체크할지까지 구체적인 가이드가 정리되어 있어야 한다. 샴푸의 경우, 물 온도는 어느 정도로 맞추어야 하며, 샴푸 제품 선택 기준과 두피 마사지 방식까지 표준화되어야 한다. 예를 들어, "두피가 민감한 고객에게는 저자극 샴푸를 사용하고, 지성 두피 고객에게는 딥 클렌징 제품을 권장한다" 같은 지침이 명확해야 한다. 또한, 고객이 샴푸 중 조용한 휴식을 원하면 말수를 줄이고 음악 볼륨을 낮추는 등의 세심한 배려도 필요하다. 이를 매뉴얼화하면 크루마다 제공하는 서비스가 균일해지고, 고객은 매번 일정한 만족도를 경험할 수 있다.

스파 과정: 맞춤형 접근과 디테일의 표준화

스파는 샴푸보다 더 정교한 터치와 고객 맞춤형 서비스가 요구되는 과정이다. 따라서 고객별 향 선호도, 마사지 강도, 시술 시간 등을 사전에 기록해 둔 후, 매 시술 전에 이를 확인하는 절차가 필요하다. 두피 마사지는 몇 분 동안 진행할 것인지, 모발 트리트먼트는 어떤 순서로 도포할 것인지 명확히 정리하면 고객별 시술 편차를 줄일 수 있다. 긴 머리와 짧은 머리 고객, 건성 두피와 지성 두피 고객 간의 차이를 고려하여 세부적으로 조정할 수 있도록 기본 지침을 마련하되, 시술자는 고객의 반응에 따라 유연하게 대응할 수 있도록 한다. 이처럼 스파 서비스를 표준화하면서도 맞춤형 접근이 가능하도록 만들면, 고객은 "이 살롱은 항상 나에게 맞는 방식으로 서비스를 제공한다"는 인식을 갖게 된다.

커트와 컬러 프로세스: 상담에서 마무리까지 전 단계 표준화

커트와 컬러 역시 표준화가 필요하다. 커트의 경우, 고객이 원하는 스타일을 정확히 이해하기 위한 상담 방법부터 얼굴형, 모량, 두상 비율, 라이프스타일 분석까지 세분화된 체크리스트가 필요하다. 예를 들어, 곱슬기가 심한 고객에게는 단순한 트렌드 스타일을 적용하는 것이 아니라, 관리가 쉬운 스타일링을 제안하는 것이 중요하다. 커트가 시작되면 섹션을 나누는 순서, 각 섹션별 길이 조절 기준을 설정해 실수를 줄이고, 동일한 스타일을 재현할 수 있도록 매뉴얼화해야 한다. 컬러 시술 역시, 어떤 제품을 어떤 비율로 혼합할 것인지, 그라데이션 기법이 필요한 경우 얼룩 없이 자연스럽게 연출하는 방법, 염색 후 색이 유지될 수 있도록 헹굼 단계에서 어떤 보조제를 사용하는지까지 세세한 프로세스를 정리해야 한다. 이런 기준이 명확하면 디자이너마다 기술력 차이가 있더라도 고객이 경험하는 서비스 품질에는 큰 편차가 생기지 않는다.

마감 프로세스: 운영 안정성과 다음 날의 완성

마감 프로세스도 마찬가지다. 하루의 마무리를 체계적으로 관리해야 다음날 원활한 운영이 가능하다. 샴푸실의 물을 완전히 빼고, 약제 보관 상태를 점검하며, 기구 소독과 청소를 마치는 절차가 매뉴얼로 정리되어 있어야 한다. 또한, 수건과 가운 세탁, 현금 및 카드 매출 정산, 전열기구 및 조명 상태 확인, 매장 문단속 등을 꼼꼼히 체크해야 한다. 이런 마감 절차가 정리되어 있으면, 어떤 직원이 퇴근을 담당하더라도 매일 같은 기준으로 마무리할 수 있어 운영의 안정성이 높아진다.

매뉴얼화의 효과: 품질 일관성과 조직 적응력 향상

이렇게 살롱 내부의 모든 과정을 매뉴얼화하면, 누구나 동일한 기준으로 일할 수 있어 실수를 줄이고 효율성을 극대화할 수 있다. 특히 숙련된 디자이너뿐만 아니라 신입 디자이너나 새로운 크루들도 빠르게 적응할 수 있어, 살롱 전체의 서비스 수준이 일정하게 유지된다. 또한, 고객 입장에서도 "이곳은 모든 직원이 체계적으로 훈련받았고, 어디에서나 같은 높은 수준의 서비스를 제공한다"는 신뢰를 얻게 된다.

살롱 운영에서 매뉴얼이 있다는 것은 단순한 절차 정리를 넘어, 살롱이 본질경영을 실천하고 있다는 증거이기도 하다. 자유로운 현장 분위기가 좋아 보일 수도 있지만, 결국 체계적인 운영이 뒷받침되지 않으면 고객에게 일관된 만족을 제공하기 어렵다. 반대로, 프로세스를 세분화하고 이를 전 직원이 공유하며 실천한다면, 살롱의 정체성과 서비스 품질을 유지하면서도 더욱 창의적이고 유연한 시도를 할 수 있는 기반이 마련된다. 매뉴얼은 창의성을 가두는 틀이 아니라, 안정적인 운영 속에서 새로운 시도를 가능하게 하는 토대다.

살롱 전체의 신뢰를 높이는 핵심 전략

결국 오픈부터 마감까지, 샴푸에서 스파, 커트에서 컬러까지 살롱 운영의 전 과정이 체계적으로 정리되고 공유될 때, 살롱은 한층 더 전문적이고 신뢰받는 공간으로 자리 잡는다. 이러한 매뉴얼화 작업은 단순한 체크리스트 작성이 아니라, 살롱의 브랜드 가치를 높이고 모든 구성원이 함께 성장할 수 있도록 돕는 본질경영의 핵심 전략이다. 고객과 디자이너 모두가 일관된 경험을 누릴 수 있는 환경을 조성하는 것은, 장기적인 신뢰를 구축하고 지속 가능한 성장을 이끄는 가장 중요한 요소 중 하나다. 체계적으로 정리된 운영 시스템 위에서 디자이너들은 자신의 창의성을 마음껏 발휘할 수 있으며, 고객들은 언제나 믿고 찾을 수 있는 살롱이 있다는 안도감을 가질 수 있다. 이러한 과정이 쌓이면, 살롱은 단순한 미용 공간을 넘어, 사람과 사람 사이의 신뢰와 가치를 이어 주는 곳으로 자리 잡을 수 있다.

세부 시각화: 각 프로세스의 핵심 포인트

- 1. 오픈 프로세스 (고객 첫인상 형성)
  - 목표: 고객이 방문하는 순간, 살롱의 철저한 준비와 세심한 배려를 느낄 수 있도록 한다.핵심 활동:
    - 환경 점검: 조명, 청결, 인테리어 정돈
    - 분위기 조성: 배경 음악, 향기, 고객 대기 공간의 편의 제공
    - 시스템 확인: 예약 시스템과 고객 데이터 점검효과:고객은 "이곳은 세심하게 준비된 공간"이라는 신뢰감을 즉각적으로 받게 된다.

- 2. 서비스 프로세스 (샴푸, 스파, 커트, 컬러)
  - 샴푸 & 스파
    - 서비스 세부 지침: 고객 맞이 인사 및 어조, 두피 및 모발 상태 체크
    - 물 온도, 제품 선택, 마사지 방식 등의 표준화
    - 개인 맞춤형 서비스: 고객의 취향과 민감도에 따른 제품 및 서비스 적용
    - 감각적 요소(향, 음악, 조명) 활용
  - 커트 & 컬러
    - 맞춤 상담: 고객의 얼굴형, 두상, 모발 특성 분석
    - 시술 단계 세분화: 섹션 나누기, 길이 조절, 제품 혼합 비율 등
    - 일관된 결과: 매뉴얼화된 기준으로 디자이너마다 동일한 퀄리티 제공효과:고객은 단순한 시술을 넘어서, 자신에게 맞춤화된 전문 서비스를 경험하게 되어, 재방문 의사와 충성도가 높아진다.

- 3. 마감 프로세스 (다음 날 원활한 운영의 기초)
  - 목표:하루 동안 제공한 서비스의 결과와 사용된 모든 자원을 체계적으로 정리하여, 매장 운영의 안정성을 보장한다.핵심 활동:
    - 청소 및 소독: 샴푸실, 기구, 수건 등 모든 용품의 상태 점검 및 소독

- 매출 정산: POS 데이터 확인, 현금 및 카드 정산
- 설비 점검: 전열기구, 조명, 전자기기 상태 확인 및 매장 문단속효과:직원이 누구든 같은 기준으로 마감할 수 있어, 운영의 일관성과 신뢰성이 향상된다.

- 4. 내부 교육 및 매뉴얼 관리 (서비스 일관성 및 성장 촉진)
- 목표:모든 구성원이 동일한 기준과 프로세스를 공유하여, 고객에게 일관된 서비스를 제공하고, 신규 구성원도 빠르게 적응할 수 있도록 한다.핵심 활동:
  - 매뉴얼화: 각 프로세스(오픈, 서비스, 마감)를 세분화한 체크리스트 및 지침서 작성
  - 정기 교육: 신입 및 기존 디자이너, 크루를 대상으로 정기 교육 워크숍과 시뮬레이션 실시
  - 피드백 미팅: 개선점 도출을 위한 정기 리뷰와 피드백 시스템 운영효과:고객은 "어디서나 같은 높은 수준의 서비스"를 경험하고, 살롱의 브랜드 신뢰도와 고객 만족도가 향상된다.

Point! 통찰력을 얻기 위한 세 가지: 배우기, 경험하기, 가르치기

전 과정 매뉴얼화는 살롱 운영의 핵심 전략
* 오픈~마감, 샴푸~컬러까지 모든 서비스 절차를 세분화하고 문서화하면,누구나 같은 기준으로 일할 수 있어 서비스 품질의 일관성이 유지됨.

오픈 프로세스: 고객을 맞이할 준비의 시작
* 청결, 분위기, 예약 확인 등 디테일한 준비 절차를 통해고객에게 "세심하게 준비된 살롱"이라는 신뢰감을 제공함.

샴푸·스파: 감각적이고 맞춤화된 힐링 서비스
* 샴푸는 **표준화된 절차(온도, 제품, 응대 방식)**로 일관성 유지
* 스파는 고객의 개인 취향(향, 강도, 음악)을 반영한 맞춤 서비스로 감동 유도

커트·컬러: 상담부터 시술까지 세분화된 체크리스트
* 얼굴형·두상·모발 분석을 바탕으로 맞춤형 디자인 제안
* 커트 섹션 나누기, 컬러 배합 등 기술 프로세스를 정밀하게 매뉴얼화
* 마감 프로세스: 다음 날 운영 안정성 확보
* 설비 점검, 청소, 매출 정산, 문단속 등 일상 관리 절차 표준화로누구든 같은 품질의 마감가능
* 교육과 관리: 매뉴얼은 모두가 공유하는 성장의 틀
* 신규·기존 직원 모두가 빠르게 적응할 수 있는 기준제공
* 정기 교육, 피드백 시스템을 통해 서비스 품질 지속 향상

매뉴얼은 창의성의 기반이다
* 절차가 정리되면 오히려 창의적 시도와 유연한 대응이 가능
* 살롱의 브랜드 신뢰도와 고객 충성도를 높이는 핵심

살롱 전 과정을 체계적으로 매뉴얼화하면,디자이너와 고객 모두에게 신뢰·안정·만족을 제공하며, 살롱은 단순한 공간이 아닌 사람과 가치를 연결하는 본질경영의 장이 된다.

2 동료 간 커뮤니케이션: 매장 내 '소리'와 분위기 관리

　살롱에서 동료 간 커뮤니케이션은 단순한 업무 전달을 넘어 매장의 분위기를 결정짓는 가장 중요한 요소다. 디자이너, 크루, 매니저가 한 공간에서 함께 일하며 만들어 내는 '소리'는 고객이 체감하는 살롱의 이미지와도 직결된다. 같은 공간에서 협력해야 하는 만큼, 말투와 표현 방식, 업무 스타일의 차이로 인해 자연스럽게 의견 충돌이 생길 수밖에 없다. 하지만 이러한 갈등을 어떻게 해결하느냐에 따라 팀워크가 강화될 수도 있고, 반대로 살롱 분위기가 무거워질 수도 있다. 결국, 매장의 소리는 단순한 소음이 아니라, 살롱의 정체성과 문화를 반영하는 중요한 요소다.

목소리 톤과 말투가 살롱의 분위기를 결정한다

　살롱은 고객이 편안함과 휴식을 기대하는 공간이다. 그런데 직원 간 대화에서 감정이 격해지거나, 지시와 요청이 날카로운 톤으로 오가면 살롱의 공기가 급격히 무거워진다. 바쁜 시간대에는 긴장감이 높아질 수밖에 없지만, 이럴 때일수록 의식적으로 목소리 톤을 낮추고, 핵심만 부드럽게 전달하는 것이 중요하다. 급한 상황에서도 "죄송하지만, 지금 이 부분을 도와줄 수 있을까요?"라는 말과 "이거 빨리 해!"라는 말은 완전히 다른 느낌을 준다. 전자는 상대에게 협력의 요청을 하는 것이고, 후자는 명령으로 들릴 수 있다. 상대가 '큰소리로 불리는 순간' 불쾌함과 거리감이 형성될 수 있음을 기억해야 한다.

　특히 살롱은 개방된 공간이기 때문에 직원들끼리 나누는 대화가 그대로 고객에게 전달된다. 예약 일정 조율 중 "왜 이렇게 잡았어?" "이건 불가능해" 같은 말이 오가면, 고객은 '이 살롱은 내부 소통이 잘 안 되는구나'라고 느낄 수 있다. 이는 신뢰 하락으로 이어질 수 있으며, 고객이 "괜히 불안하다"는 감정을 가질 가능성도 높아진다. 또한 친밀한 분위기라 하더라도 공용 공간에서는 반말보다는 존댓말을 기본으로 사용해야 고객에게도 더욱 신뢰감을 줄 수 있다. 고객이 느끼는 신뢰는 디자이너의 실력뿐만 아니라, 살롱 내부의 커뮤니케이션 방식에서도 비롯된다.

갈등을 해결하는 대화 방식이 팀워크를 결정한다

　살롱에서 의견 충돌이 발생하는 것은 자연스러운 일이다. 예약 변경, 시술 순서 조정, 업무 배분 등의 문제로 동료 간 의견이 맞지 않을 때도 있다. 하지만 이러한 충돌이 감정적인 방식으로 표출되면 협업이 어려워지고, 나아가 팀워크가 무너질 수 있다. 가장 바람직한 해결 방법은, 공개된 자리에서 상대를 질책하거나 큰소리로 논쟁하지 않고, 비교적 조용한 공간에서 차분히 문제를 논의하는 것이다.

　대화의 핵심은 '감정'이 아니라 '사실'에 집중하는 것이다. "왜 이렇게 했어?"라고 묻기보다는 "이 부분에서 일정이 꼬이게 된 원인이 무엇일까요?"라고 접근하면 상대도 방어적으로 반응하지 않고 해결책을 찾으려 한다. 만약 특정 직원이 반복적으로 실수를 한다면, 공개적인 자리에서 지적하기보다는 개인적으로 피드백하는 것이 훨씬 효과적이다. "앞으로는 이런 부분을 조금 더 신경 써 주시면 좋을 것 같아요"라고 하면 상대도 부담 없이 개선하려고 할 것이다. 반대로 "이걸 왜 또 틀렸어?"라고 말하면, 방어적인 태도가 형성되고 개선보다 변명이 나오기 쉽다.

살롱 분위기는 '소리'에서 시작된다

 매장의 분위기는 단순히 인테리어나 음악, 조명으로만 결정되는 것이 아니다. 직원들 간의 대화, 서로를 대하는 태도, 고객 앞에서 오가는 말들이 전체적인 분위기를 만든다. 직원들이 서로를 배려하고 다정하게 대화하는 살롱에서는 고객도 자연스럽게 편안함을 느낀다. 반면, 직원들 간 대화에서 날카로움이나 긴장감이 감돌면 매장내 모든 사람은 본능적으로 그 분위기를 감지하고 불안해진다.

 작은 칭찬 하나가 살롱 분위기를 완전히 바꿀 수도 있다. 바쁜 순간에 동료가 도와줬다면 "덕분에 빨리 끝냈어, 고마워"라는 말을 건네는 것이 중요하다. 이런 말 한마디가 동료의 사기를 북돋우고, 팀워크를 강화하는 역할을 한다. 반대로 아무도 알아주지 않으면 점점 의욕이 떨어지고, 업무 분위기 역시 건조해질 수 있다. 살롱에서 쉽게 실천할 수 있는 가장 강력한 동기 부여 방법이 바로 '사소한 칭찬과 인정'이라는 점을 기억해야 한다.

위계와 협업의 균형이 중요하다

 살롱은 수직적 구조와 수평적 협업이 공존하는 조직이다. 오너와 매니저가 있고, 디자이너와 크루가 역할을 나누어 협력해야 한다. 이때 지나치게 위계를 강조하면, 후배나 신입 직원이 질문을 하거나 의견을 내는 것이 어려워진다. 반대로 너무 수평적 분위기로만 운영하면, 책임과 규율이 느슨해져 문제가 생겼을 때 해결이 지연될 수 있다. 따라서 존중을 전제로 한 유연한 커뮤니케이션이 필수다. 특히 후배나 신입이 실수를 했을 때, 단순히 혼내기보다는 "이런 경우엔 이렇게 하면 더 좋을 거야"라고 가르쳐 주는 태도가 필요하다. 이렇게 하면 실수한 사람도 위축되지 않고 성장할 기회를 얻게 된다.

 요즘 세대는 불필요한 권위적인 태도에 민감하게 반응한다. 따라서 "이렇게 하세요"라고 명령하는 것보다, "이렇게 하면 더 효과적일 거예요"라고 설명해 주는 방식이 훨씬 더 잘 통한다. 명확한 지시와 친절한 설명이 함께할 때, 팀워크는 더욱 강화된다.

고객은 살롱의 '소리'를 기억한다

 살롱에서 고객이 머무는 시간은 짧게는 30분, 길게는 몇 시간에 이를 수 있다. 그 시간 동안 직원들이 나누는 대화와 행동에서 나오는 '소리'가 고객에게 강한 인상을 남긴다. 직원들끼리 서로를 존중하고 협력하는 분위기라면, 고객도 자연스럽게 그 에너지를 흡수하게 된다. 반대로 직원들 간 대화에서 긴장감이 감돌거나, 서로 신경질적으로 반응하면 고객도 무의식적으로 불편함을 느끼게 된다.

 특히 고객이 살롱을 선택할 때, 단순히 실력만이 아니라 매장의 분위기도 중요한 요소로 작용한다. 예를 들어, 같은 실력을 가진 디자이너가 두 곳에 있다면, 고객은 더 친절하고 따뜻한 분위기의 살롱을 선택할 가능성이 높다. 결국 고객이 "이곳은 분위기가 좋아서 기분이 편안하다"라고 느끼면, 자연스럽게 재방문으로 이어진다.

좋은 커뮤니케이션 문화가 살롱을 성장시킨다

 살롱의 커뮤니케이션 문화를 정립하는 것은 단순한 예절 교육이 아니라, 살롱의 장기적인 성공을 위한 필수 요소다. 리더는 조직 내 소통 기준을 명확하게 설정하고, 팀원들에게 '우리가 어떤 말투와 태도를 지향해야 하는지'를 구체적으로 전해야 한다. 작은 변화만으로도 살롱 분위기는 크게 달라질 수 있다. 예를 들어, "반말을 지양하고 존댓말을 사용한다"거나, "동료를 부를 때는 먼저 눈을 마주치고 부드럽게 부른다" 같은 작은 지침이 효과적일 수 있다.

직원 각자도 자신의 언어 습관을 점검해 볼 필요가 있다. 평소 짧고 퉁명스럽게 대답하는 습관이 있다면, 조금만 더 친절한 표현을 사용해 보는 것이다. 작은 말투 변화가 동료 간의 관계를 더 긍정적으로 만들고, 살롱 전체 분위기를 부드럽게 만든다.

소리가 만드는 살롱의 본질

살롱에서 오가는 대화와 태도는 결국 브랜드 이미지와도 직결된다. 인본주의 미용을 추구하는 살롱이라면, 고객의 행복뿐만 아니라 동료의 행복도 함께 고려해야 한다. 서로 존중하고 배려하는 대화 문화가 정착되면, 살롱은 더욱 따뜻한 공간이 되고, 고객도 그 에너지를 자연스럽게 감지하게 된다. 긍정적인 소리가 가득한 살롱은 결국 고객의 신뢰를 얻고, 장기적인 성공을 만들어 간다.

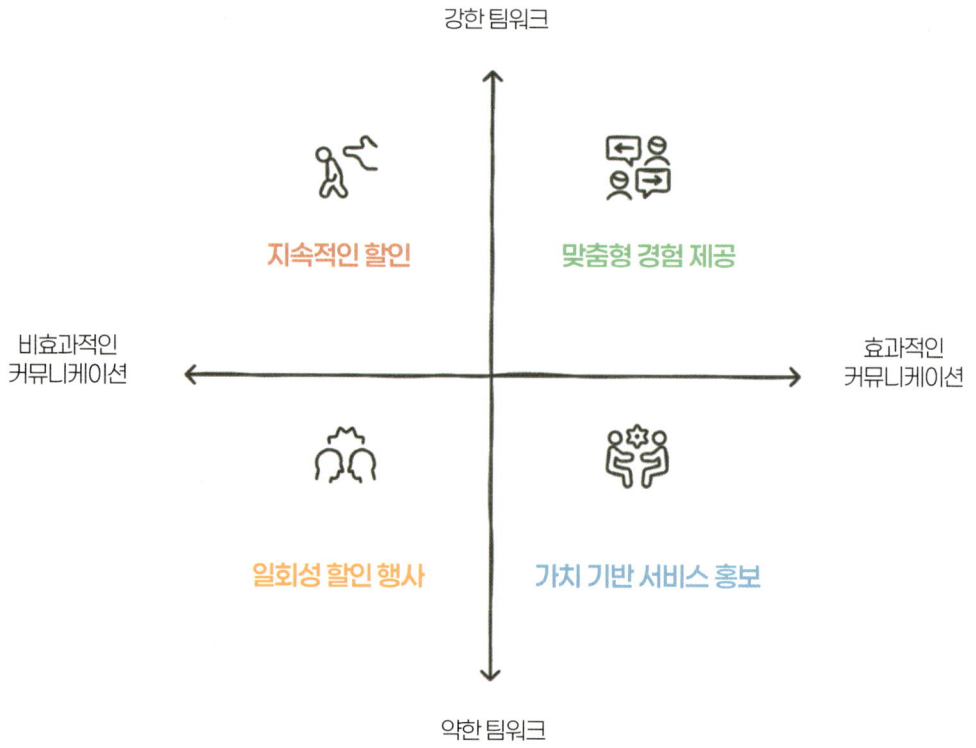

Point! 동료 간 커뮤니케이션: 매장 내 '소리'와 분위기 관리

1. 소통은 살롱 분위기의 핵심
- * 동료 간 말투와 태도는 살롱 분위기와 고객 인식에 직접적인 영향을 미침.
- * 갈등은 자연스럽지만, 어떻게 해결하느냐에 따라 팀워크가 달라짐.

2. 목소리 톤과 말투의 중요성
- * 감정적인 어조보다 부드럽고 존중 있는 말투가 필요.
- * 살롱은 개방된 공간이므로 모든 대화가 고객에게 전달될 수 있음.

3. 갈등은 조용히, 사실에 집중해 해결
- * 공개적인 질책은 피하고, 개인적으로 차분히 피드백.
- * 감정보다 사실에 초점을 맞추는 대화 방식이 효과적.

4. 살롱의 분위기는 '소리'로 만들어진다
- * 칭찬과 인정의 말 한마디가 팀 분위기를 긍정적으로 변화시킴.
- * 긴장된 말투는 고객에게 불편함을 줄 수 있음.

5. 위계와 협업의 균형
- * 권위보다는 존중 기반의 유연한 소통이 중요.
- * 후배에게는 친절한 설명과 가르침이 효과적.

6. 고객은 살롱의 '소리'를 기억한다
- * 직원 간의 따뜻한 커뮤니케이션이 고객 경험에도 긍정적 영향.
- * 좋은 분위기의 살롱은 재방문율을 높임.

7. 커뮤니케이션 문화는 살롱의 성장 기반
- * 존댓말 사용, 부드러운 호칭 등 구체적인 기준을 정하고 실천.
- * 직원 각자의 말투 변화가 전체 분위기에 큰 영향.

8. 살롱의 소리는 브랜드와 직결된다
- * 인본주의 미용을 실현하려면 고객뿐 아니라 동료도 소중히 여겨야 함.
- * 배려와 존중의 대화 문화는 고객 신뢰와 살롱 성장의 핵심.

말투, 태도, 대화 방식은 살롱의 브랜드를 만드는 '소리'다. 서로를 배려하는 커뮤니케이션 문화가 곧 고객 감동과 살롱의 지속 가능성으로 이어진다.

3. 컴플레인 대응 3단계
: 경위서 작성 - 보상 제안 - 재발 방지

살롱을 운영하다 보면 다양한 컴플레인을 마주하게 된다. 하지만 문제는 컴플레인이 발생하는 것이 아니라, 이를 어떻게 해결하고 성장의 기회로 삼느냐에 있다. 인본주의 미용과 본질경영을 지향하는 살롱이라면, 컴플레인을 단순히 고객을 달래는 수준이 아니라, 더 나은 서비스와 시스템 개선의 계기로 삼아야 한다. 이를 위해 '경위서 작성-보상 제안-재발 방지'라는 세 가지 단계를 체계적으로 밟아가면서 문제를 해결하는 태도가 필수적이다.

경위서 작성: 사실관계를 명확히 정리하는 과정

첫 번째 단계는 사건 발생 직후 경위서를 작성해 사실관계를 명확히 정리하는 것이다. 감정적으로 대응하거나 불확실한 기억에 의존하기보다는, 객관적인 기록을 남기는 것이 중요하다. 이를 위해 '누가, 언제, 어디서, 어떤 시술을 받았으며, 문제 발생 시 고객과 어떤 대화가 오갔는지' 육하원칙에 따라 정리해야 한다. 특히 다음과 같은 항목을 포함해야 한다.

1. 시술 내용: 어떤 서비스(커트, 펌, 염색 등)가 진행되었는지 기록한다.
2. 사용한 제품: 염색약, 펌제, 트리트먼트 등 어떤 제품이 사용되었는지 기재한다.
3. 시술 과정: 상담 시 고객이 어떤 요청을 했으며, 디자이너가 어떤 방식으로 진행했는지 세부적으로 작성한다.
4. 고객 반응: 시술 도중이나 직후 고객이 불편함을 호소했는지, 불만 사항이 무엇이었는지 기록한다.
5. 대처 과정: 해당 시점에서 고객에게 어떤 조치를 취했으며, 고객이 이를 어떻게 받아들였는지 정리한다.

이러한 기록은 추후 문제 해결 과정에서 객관적인 자료로 활용될 뿐만 아니라, 동일한 문제가 재발하지 않도록 예방하는 역할도 한다. 중요한 것은 책임 소재를 따지는 것이 아니라, 어떤 부분에서 개선이 필요한지를 찾는 것이다.

보상 제안: 피해 정도에 맞춰 합리적으로 해결하기

두 번째 단계는 고객이 겪은 불편이나 피해 정도에 맞게 적절한 보상안을 제안하는 것이다. 컴플레인이 발생했을 때 살롱에서 가장 피해야 할 것은, 문제를 대수롭지 않게 여기거나 고객을 탓하는 태도다. "펌이 잘 안 나왔어요"라는 고객의 말에 "고객님 머리 상태가 원래 그렇다"거나, "손질을 제대로 안 하셔서 그래요"라고 말하는 순간, 고객은 더 큰 불만을 품고 이탈할 가능성이 높아진다. 따라서 보상 제안을 할 때는 고객의 감정을 존중하는 태도가 필수적이다.

보상 기준 설정 예시

문제 유형	보상안	추가 설명
펌 컬이 약하게 나옴	재시술 또는 부분 수정	고객 일정상 재방문이 어렵다면 부분 환불 또는 환불
염색 색상이 다르게 나옴	재시술 또는 컬러 케어 서비스 제공	톤 다운/업 조절 가능 여부 확인 후 결정
두피 트러블 발생	두피 진정 케어 및 의료비 지원 고려	문제 원인을 분석한 후 필요 시 보상 진행
스타일이 기대와 다름	추가 스타일링 서비스 제공	손질 방법 안내 및 조정 가능 여부 확인
예약 착오 및 대기 시간 과다	추가 서비스 할인 또는 다음 방문 시 혜택 제공	고객의 불편을 최소화할 수 있도록 보상

보상의 핵심은 고객이 납득할 수 있도록 '사전 안내가 충분했는지', '재발 방지를 위한 노력이 있는지' 명확히 전달하는 것이다. 고객이 불만을 제기하는 경우, 즉각적인 사과와 함께 해결 방안을 구체적으로 제시해야 한다. "다음 방문 시 할인해 드릴게요" 같은 막연한 말보다, "일정이 괜찮으시다면 한 번 더 보완해 드릴 수 있습니다. 펌을 다시 할 경우 1시간 정도 소요될 예정인데 괜찮으실까요?" 같은 구체적인 해결책이 훨씬 효과적이다.

재발 방지: 문제를 해결하고 시스템을 개선하는 과정

세 번째 단계는 재발 방지를 위한 내부 시스템 개선이다. 많은 살롱에서 컴플레인이 발생하면 해결 후 잊어버리는 경우가 많지만, 같은 실수가 반복되지 않도록 프로세스를 점검하고 매뉴얼을 업데이트해야 한다.

재발 방지를 위한 체크리스트

1. 사전 상담 강화: 고객이 원하는 스타일을 더 명확하게 이해할 수 있도록 상담지를 보완하고, 예측 가능한 문제에 대한 충분한 설명을 제공한다.
2. 매뉴얼 개선: 자주 발생하는 컴플레인을 유형별로 정리하고, 이를 해결하기 위한 매뉴얼을 제작해 디자이너와 크루가 숙지하도록 한다.
3. 정기적인 내부 리뷰 미팅: 컴플레인 사례를 공유하고, 해당 문제를 어떻게 개선했는지 논의하는 시간을 갖는다.
4. 사후 피드백 시스템 도입: 고객이 문제 해결 이후 만족했는지 확인하는 팔로업 절차를 마련해 고객의 신뢰를 높인다.
5. 디자이너 기술 보완 교육: 특정 유형의 시술에서 반복적으로 문제가 발생하는 경우, 해당 기술에 대한 보완 교육을 진행한다.

이러한 절차를 통해 컴플레인을 단순한 사고로 넘기지 않고, 살롱의 서비스 품질을 한 단계 높이는 계기로 활용할 수 있다.

컴플레인을 성장의 기회로 만들기

결국 컴플레인을 처리하는 방식이 곧 살롱의 신뢰도를 결정한다고 할 수 있다. 컴플레인 대응을 피하거나 고객과 대립각을 세우는 것이 아니라, 문제를 명확하게 분석하고, 신속하고 공정하게 해결하며, 같은 실수를 반복하지 않도록 지속적인 개선을 해 나간다면 고객과의 관계는 오히려 더 돈독해질 수 있다.

컴플레인을 성장의 기회로 만드는 핵심 포인트
- 고객이 문제를 제기할 때 방어적인 태도가 아니라, 열린 자세로 듣고 이해하려는 태도가 중요하다.
- 해결 방안을 제시할 때, 고객이 납득할 수 있도록 논리적이고 합리적인 근거를 바탕으로 제안해야 한다.
- 컴플레인 사례를 내부에서 공유하고 분석해, 동일한 문제가 재발하지 않도록 매뉴얼과 교육을 지속적으로 보완해야 한다.

살롱에서 컴플레인은 피할 수 없는 현실이지만, 이를 어떻게 해결하느냐에 따라 브랜드의 신뢰도가 결정된다. "컴플레인은 곧 성장의 기회"라는 인식을 바탕으로, 철저한 기록과 신속한 보상, 체계적인 재발 방지 대책을 실행하면 고객 만족도를 높일 수 있을 뿐만 아니라, 살롱의 브랜드 이미지도 더욱 단단해진다.

컴플레인은 단순한 문제 해결이 아니라, 살롱의 본질적인 가치를 실현하는 중요한 과정이다. "고객과 동행하는 미용"이라는 철학을 기반으로, 고객이 불편을 겪었을 때 가장 먼저 공감하고, 신속하고 책임감 있게 해결하며, 다시는 같은 문제가 발생하지 않도록 시스템을 정비하는 것이야말로 인본주의 미용의 실천이다. 이렇게 대응하는 살롱은 고객으로부터 더욱 깊은 신뢰를 얻고, 장기적인 성장을 지속할 수 있다. 컴플레인을 해결하는 방식이 곧 살롱의 수준을 결정한다.

> **Point!** 컴플레인 대응 3단계: 경위서 작성 - 보상 제안 - 재발 방지

1단계 - 경위서 작성: 사실관계 명확화
* 문제 발생 즉시 육하원칙에 따라 시술 내용, 제품, 상담 내용, 고객 반응, 대처 과정 등을 기록.
* 책임을 따지기보다는 개선 포인트를 찾는 데 집중.

2단계 - 보상 제안: 공감과 합리적 보상
* 고객의 감정을 존중하는 태도로 접근.
* 재시술, 할인, 트리트먼트 등 피해 유형에 맞는 보상안제시.
* 모호한 사과보다 구체적이고 실현 가능한 해결책을 제안하는 것이 효과적.

3단계 - 재발 방지: 시스템 개선
* 상담지 보완, 매뉴얼 업데이트, 리뷰 미팅, 사후 피드백, 기술 교육을 통해 재발 방지.
* 사례 공유를 통해 전체 팀의 대응 역량 강화.
* 컴플레인은 브랜드 신뢰도를 결정한다
* 회피하거나 책임을 전가하지 않고 열린 자세로 대응할 때, 오히려 고객과의 신뢰가 깊어짐.
* "컴플레인은 성장의 기회"라는 철학으로 접근해야 함.

인본주의 미용의 실천이자 본질경영의 한 축
* 고객의 불편에 공감하고 책임 있게 해결하는 태도가 미용업의 본질을 실현하는 길.
* 컴플레인을 진심으로 다루는 살롱이 장기적인 성공을 이끈다.

컴플레인 대응 3단계는 단순한 문제 해결을 넘어, 살롱의 브랜드 가치, 신뢰, 시스템 개선을 이끄는 핵심 전략이다. 디자이너와 운영진 모두가 이 프로세스를 체화할 때, 고객과의 관계는 더 깊어지고, 살롱은 한 단계 더 성장할 수 있다.

4 인기 메뉴 vs 계절 특화 메뉴, 어떻게 운용할까

살롱을 운영하다 보면 꾸준한 인기를 얻으며 매출과 브랜드 이미지를 안정적으로 만들어주는 만년 히트메뉴를 유지하는 것이 좋을지, 아니면 트렌드와 계절 변화에 맞춰 리뉴얼 메뉴를 적극적으로 도입하는 것이 좋을지 고민하게 된다. 본질경영과 인본주의 미용을 실천하는 관점에서 보면, 이 두 가지는 서로 대립하는 개념이 아니라 균형을 맞춰 운영해야 할 요소다. 한쪽으로만 치우치면 고객과 내부 구성원 모두에게 지루함과 불안감을 줄 수 있기 때문에, 전략적인 조화가 필수적이다.

만년 히트메뉴의 역할과 장점

오랜 기간 고객들에게 사랑받아 온 시그니처 메뉴는 살롱의 아이덴티티를 형성하고, 신뢰도를 높이는 중요한 역할을 한다. 고객이 "이 살롱에 가면 무조건 만족할 수 있다"는 확신을 가질 수 있도록 돕고, 재방문율을 높이는 핵심적인 요소다. 또한 이러한 메뉴는 이미 오랜 시간 동안 검증된 만큼, 디자이너들의 숙련도가 높고, 시술 과정에서의 실수가 적어 안정적으로 제공될 수 있다.

고객 입장에서 한 살롱이 '잘하는 것'이 명확할수록 믿고 방문할 이유가 생긴다. 예를 들어, 특정한 펌이나 염색 기법이 "이곳에서 하면 실패가 없다"는 인식을 형성하면, 고객들은 새로운 스타일을 시도할 때도 망설임 없이 다시 찾는다. 이러한 시그니처 메뉴는 마치 맛집의 대표 메뉴처럼 브랜드 정체성을 구축하는 데 중요한 역할을 한다.

살롱 운영 측면에서도, 고객이 자연스럽게 찾는 인기 메뉴가 있다는 것은 홍보 부담을 줄이고 안정적인 매출을 보장하는 요소가 된다. 디자이너들은 반복적인 시술을 통해 해당 기술을 더욱 정교하게 다듬을 수 있으며, 신입 디자이너들도 이 기술을 체계적으로 익히면서 빠르게 성장할 수 있다. 즉, 만년 히트메뉴는 살롱의 기반을 다지는 역할을 한다.

만년 히트메뉴의 단점과 한계

그러나 만년 히트메뉴만을 고집하면, 살롱의 혁신과 디자이너들의 창의력이 위축될 가능성이 있다. 트렌드는 빠르게 변하고 있으며, 고객들은 단순한 만족을 넘어 새로운 경험과 스타일 변화를 원한다. 특히 MZ세대 고객층은 가심비와 가심력을 중요하게 여기며, SNS에서 유행하는 스타일을 적극적으로 반영한 차별화된 서비스를 기대한다. 즉, 새로운 트렌드를 반영하지 못하면 "늘 똑같은 스타일만 제공하는 살롱"이라는 인식을 심어줄 수도 있다.

디자이너들의 성장 측면에서도, 오랫동안 같은 메뉴를 반복적으로 시술하면 기술적 정체가 올 수 있다. 살롱 내부에서도 "늘 똑같은 것만 한다"는 피로감이 생길 수 있고, 직원들의 창작 욕구와 도전 정신이 약화될 가능성이 있다. 본질경영과 동행자 문화를 실천하기 위해서는, 고객뿐만 아니라 디자이너도 지속적으로 성장하고 배우며 도전할 수 있는 환경을 조성하는 것이 중요하다.

계절별 리뉴얼 메뉴가 필요한 이유

이런 이유로, 계절별 리뉴얼 메뉴를 통해 변화와 신선함을 더하는 것이 필요하다. 계절에 맞는 스타일 변화는 고객들에게 "항상 새로운 경험을 제공하는 살롱"이라는 인식을 심어주고, 디자이너들에게도 창의적인 시도를 할 기회를 준다. 예를 들어, 여름철에는 시원한 느낌의 단발 스타일이나 쿨톤 염색을 강조하고, 겨울에는 볼륨감 있는 웨이브와 따뜻한 색감을 활용한 트렌드를 반영할 수 있다.

이러한 시즌별 메뉴는 MZ세대 고객층에게 특히 매력적으로 다가갈 수 있으며, SNS와 연계해 홍보할 때도 효과가 크다. "한정판"이라는 개념을 활용하면, 고객들에게 "지금이 아니면 놓칠 수 있는 스타일"이라는 인식을 심어주어 방문을 유도할 수 있다. 또한, 살롱 내부에서도 새로운 기술을 배우고 시도하는 과정에서 디자이너들의 역량이 향상되고, 매장 분위기에도 활력을 불어넣을 수 있다.

계절별 리뉴얼 메뉴의 단점과 극복 방법

그러나 계절별 리뉴얼 메뉴를 너무 자주 바꾸거나 급하게 도입하면, 내부 프로세스가 불안정해질 수 있다. 충분한 테스트 없이 새로운 메뉴를 출시하면 시술 품질 편차가 커지고, 고객 불만이 발생할 가능성이 높아진다. 특히 신입 디자이너들에게는 너무 잦은 변화가 오히려 부담이 될 수도 있다.

이 문제를 해결하기 위해서는, 리뉴얼 메뉴를 준비할 때 충분한 사전 교육과 내부 피드백 과정을 거치는 것이 필수적이다. 예를 들어, 새로운 컬러 메뉴를 추가한다면, 최소 한 달 전부터 디자이너들이 충분히 연습하고 서로 피드백을 주고받은 뒤에 고객에게 권장할 수 있도록 해야 한다. 또한, 신입 디자이너들이 부담을 느끼지 않도록, 새롭게 도입하는 메뉴와 기존 메뉴 간의 균형을 맞추는 것이 중요하다.

만년 히트메뉴와 계절별 리뉴얼 메뉴의 균형 유지

살롱의 운영 안정성과 디자이너들의 성장을 동시에 고려하려면, 만년 히트메뉴와 계절별 리뉴얼 메뉴의 균형을 적절히 맞춰야 한다. 만년 히트메뉴는 살롱의 대표 브랜드로 자리 잡고, 새로운 고객을 유입하는 역할을 한다. 반면, 계절별 리뉴얼 메뉴는 고객들에게 신선한 기대감을 주고, 디자이너들에게는 창작의 기회를 제공한다.

이 균형을 유지하는 방법 중 하나는, 기존 히트메뉴를 계절별 콘셉트에 맞게 변주하는 것이다. 예를 들어, "러블리 펌"이 오랜 시간 인기 있는 메뉴라면, 봄에는 로제 브라운 톤과 결합한 러블리 펌 패키지를, 여름에는 시원한 쿨톤과 함께 "쉽게 묶을 수 있는 펌"을 구성하는 방식으로 변화를 줄 수 있다. 이렇게 하면 완전히 새로운 기술을 매번 창작해야 하는 부담을 줄이면서도, 고객들에게는 신선한 느낌을 줄 수 있다.

고객 타깃층을 세분화하여 차별화된 전략 운영

또한, 고객 타깃층을 세분화하는 것도 중요하다. 만년 히트메뉴는 클래식한 스타일을 선호하는 고객에게 안정감을 제공하고, 계절별 리뉴얼 메뉴는 트렌드를 중시하는 젊은 고객층에게 강력한 매력을 발휘할 수 있다. 이를 통해 두 가지 운영 방식을 보완적으로 활용할 수 있다.

예를 들어, 30~40대 고객층이 주로 찾는 히트메뉴를 안정적으로 운영하면서도, 20대 고객층을 위해 계절별로 새로운 스타일링 패키지를 구성하는 전략을 활용할 수 있다. 이렇게 하면, 다양한 연령대와 취향을 가진 고객을 효과적으로 공략할 수 있다.

두 가지 전략을 조화롭게 운영해야 한다

만년 히트메뉴와 계절별 리뉴얼 메뉴는 살롱의 브랜드 정체성과 성장 가능성을 동시에 확장하는 핵심 전략이다. 히트메뉴는 살롱의 안정성과 신뢰도를 구축하는 역할을 하고, 계절별 리뉴얼 메뉴는 트렌드를 반영하고 신선한 변화를 주는 역할을 한다. 따라서 살롱 운영에서는 이 두 가지를 조화롭게 활용하여, 고객들에게는 기대감을 주고, 디자이너들에게는 성장 기회를 제공하는 것이 가장 중요한 목표다.

이를 위해서는 철저한 사전 준비, 고객 타깃층 분석, 내부 피드백 프로세스 강화 등의 노력이 필요하다. 그렇게 하면, 살롱은 변함없는 신뢰와 함께, 언제나 새로움을 기대할 수 있는 공간으로 자리 잡을 수 있다. 균형 잡힌 운영이야말로 지속 가능한 성장의 핵심이며, 살롱과 고객, 디자이너 모두가 만족할 수 있는 최상의 전략이다.

요약

1. 기술 교육은 디자이너가 기본 시술 기술부터 고급 응용 기술까지 체계적으로 습득하도록 하며, 반복 실습과 피드백을 통해 고객 맞춤형 스타일을 구현하는 창의력과 응용력을 강화한다.
2. 마인드 교육은 고객과의 진정성 있는 소통, 공감 능력, 표정·눈맞춤·제스처 같은 비언어적 소통 방식을 개발하여 고객이 디자이너에게 진심 어린 배려를 받았다고 느낄 수 있도록 한다.
3. 통합 교육 전략은 기술과 마인드 교육을 동시에 진행하여, 디자이너가 고객의 외면과 내면 모두에 긍정적 영향을 미치는 '서비스 아티스트'로 성장하도록 지원하며, 정기 워크숍, 피드백 세션, 멘토링 제도를 통해 조직 전체의 역량을 강화한다.
4. 이러한 교육 시스템은 고객 만족과 신뢰를 높여 재방문율 및 입소문 효과로 이어지고, 살롱의 지속 가능한 성장과 브랜드 가치 확립에 결정적인 역할을 한다.

Point! 인기 메뉴 vs 계절 특화 메뉴, 어떻게 운용할까

1. **만년 히트메뉴의 장점**
   * 살롱의 브랜드 정체성을 형성하고 신뢰도 및 재방문율을 높임.
   * 시술 안정성 확보 → 디자이너 숙련도 향상, 신입 교육에도 효과적.
   * 고객은 "이곳은 이 메뉴가 최고"라는 인식으로 안정감을 느낀다.

2. **히트메뉴의 한계**
   * 트렌드 변화에 민감한 고객층의 기대를 충족하기 어려움.
   * 디자이너의 기술 성장과 창의력이 정체될 수 있음.
   * "늘 똑같은 스타일"이라는 이미지로 지루함 유발 가능.

3. **계절별 리뉴얼 메뉴의 필요성**
   * 고객에게 신선한 경험 제공, 특히 MZ세대 공략에 효과적.
   * SNS 활용과 시즌 콘셉트로 방문 유도에 유리.
   * 디자이너의 창의력 발휘와 내부 분위기 활성화에 긍정적.

4. **리뉴얼 메뉴의 단점과 보완책**
   * 준비 부족 시 품질 편차 발생 가능 → 고객 불만으로 이어짐.
   * 신입 디자이너에게는 과도한 변화가 부담될 수 있음.
   * 해결 방법:사전 교육, 내부 테스트, 단계별 도입 및 피드백 시스템 필수.

5. **두 전략의 균형 운영 방안**
   * 히트메뉴를 계절 콘셉트와 결합해 변주 메뉴로 발전 가능.
     예: 인기 펌 스타일을 계절별 컬러나 트렌드와 결합한 패키지 구성.
   * 고객 타깃층을 나누어 전략 운영.
     히트메뉴 → 30~40대 안정 지향 고객
     리뉴얼 메뉴 → 20대 트렌드 지향 고객

6. **핵심 결론**
   * 히트메뉴 = 브랜드 신뢰 기반, 리뉴얼 메뉴 = 변화와 기대감의 원천
     → 두 전략은 대립이 아닌 상호보완 관계이며, 균형 있게 운영할 때 살롱은 지속 가능한 성장과 고객 만족을 동시에 이룰 수 있다.

5. 간단명꾸(간단 × 단순 × 명확 × 꾸준)로 효율성을 올린다

살롱을 운영하다 보면 업무가 점점 복잡해지고, 새로운 시스템과 절차가 도입되면서 오히려 효율이 떨어지는 경우가 많다. 고객 응대 시간이 길어지고, 직원들의 동선이 꼬이며, 일하는 사람도 피로해지는 악순환이 반복된다. 결국, 살롱 운영의 핵심은 복잡한 업무를 단순하고 효율적으로 정리하고, 그 과정을 꾸준히 유지하는 것이라고 믿는다. 그래서 우리는 간단·단순·명확·꾸준, 즉 "간단명꾸"라는 네 가지 원칙을 실행해 살롱의 생산성을 높이고, 고객 만족도를 극대화할 수 있다고 생각한다. 인본주의 미용과 본질경영을 실천하는 살롱이라면, 이 네 가지가 모든 구성원을 스트레스 없이 성장하게 만드는 중요한 기둥이 될 것이다.

간단함: 불필요한 단계를 제거하고 본질에 집중하기

살롱에서 간단함을 실천한다는 것은, 불필요한 절차를 줄이고 핵심적인 부분에 집중하는 것을 의미한다. 예를 들어, 고객에게 제공하는 음료 메뉴를 10가지로 늘려도 만족도가 10배 높아지지는 않는다. 오히려 선택하는 과정이 복잡해지고, 관리 부담만 커진다. 차라리 몇 가지 대표 메뉴를 선정해 깔끔하게 제공하는 것이 훨씬 효율적이다.

또한, 시술 프로세스에서도 불필요한 단계를 제거하는 것이 중요하다. 예를 들어, 샴푸 과정에서 불필요한 설명이 많아지면 고객은 오히려 피곤해질 수 있다. 대신 핵심적인 정보만 제공하고, 고객이 더 알고 싶어 하면 추가 설명하는 방식으로 접근하면 효율적이다. 이런 사소한 조정이 쌓이면, 전체적인 업무 흐름이 매끄러워지고 고객 경험도 자연스럽게 향상된다.

단순함: 명확한 정보 전달로 고객과 동료를 혼란스럽지 않게 만들기

단순함은 고객과 직원이 필요 이상으로 많은 정보를 받아 혼란을 느끼지 않도록 정리하는 것에서 출발한다. 상담할 때 너무 많은 시술 옵션을 동시에 설명하면, 고객은 어떤 선택을 해야 할지 고민하게 되고 피로감을 느낄 수 있다. "우리 시그니처 메뉴를 추천드립니다. 이 스타일을 선택하면 이런 장점이 있습니다." 같은 짧고 명확한 설명이 훨씬 효과적이다.

내부 커뮤니케이션에서도 단순함이 중요하다. 하나의 공지 사항을 여러 단톡방에 중복해서 올리면 직원들이 각기 다른 버전을 참고하게 되어 혼란이 생긴다. 대신, 모든 구성원이 동일한 정보를 볼 수 있도록 한곳에서만 공지하거나, 직관적인 가이드라인을 만들면 혼선 없이 일할 수 있다.

또한, 업무 분담에서도 "누가 언제 어떤 역할을 맡을지"를 미리 정리해 둬야 한다. 예를 들어, 오픈 준비는 누구, 고객 응대는 누구, 클로징 정리는 누구의 역할인지 명확히 하면, 서로 간의 업무 중복을 줄이고 더 효율적으로 운영할 수 있다.

명확함: 모호함을 제거하고 모두가 이해할 수 있도록 만들기

명확함이란, 모든 사람이 동일한 기준으로 이해하고 행동할 수 있도록 프로세스를 정리하는 것이다. 예를 들어, 예약을 받을 때 "고객이 원하면 일단 다 받아 보자" 같은 막연한 방식을 유지하면 결국 일정이 꼬이고, 직원들의 업무 강도가 높아진다. 대신, "주말은 시술 예약을 30분 단위로 제한한다", "여성 복합 시술은 특정 시간대에만 배정한다" 같은 명확한 기준이 있어야 한다. 이렇게 하면 불필요한 혼선이 줄어들고, 예약 운영이 체계적으로 관리된다.

가격이나 시술 시간 안내도 명확해야 한다. "이 시술은 약 2시간이 소요되며, 가격은 12만 원입니다."라고 확실하게 설명하면, 고객도 안심할 수 있다. 반면, "보통 이 정도 시간이 걸리지만, 상황에 따라 달라질 수 있습니다." 같은 애매한 안내는 고객을 불안하게 만들 수 있다. 살롱에서 신뢰를 구축하려면, 명확한 설명과 일관된 프로세스가 필수적이다.

꾸준함: 정해진 시스템을 지속적으로 실천하고 피드백 반영하기

아무리 좋은 시스템을 만들어도 꾸준히 실천하지 않으면 금세 흐지부지된다. "바쁘니까 오늘은 그냥 넘어가자" "이 정도는 대충 해도 괜찮겠지" 같은 태도가 반복되면, 어느 순간 살롱의 품질이 들쭉날쭉해진다. 어떤 환경에서도 정해진 기준을 지키는 것이야말로 신뢰를 구축하는 가장 중요한 방법이다.

이를 위해 정기적인 점검과 피드백이 필요하다. 예를 들어, 주간 미팅에서 "간단·단순·명확·꾸준의 원칙이 잘 지켜졌는지"를 점검하는 시간을 마련할 수 있다. 직원들과 함께 "이번 주에 불필요한 절차가 있었나?", "고객이 헷갈린 부분은 없었나?", "명확하게 전달하지 못해 문제가 발생한 경우가 있었나?"를 되짚어 보면, 점점 더 효율적인 운영이 가능해진다.

간단명꾸가 만드는 살롱의 변화

간단명꾸는 단순히 업무를 줄이자는 개념이 아니라, 디자이너와 크루가 더 효율적으로 일하면서도 최상의 결과를 만들어 내기 위한 시스템이다. 불필요한 과정은 줄이고, 전달 방식을 명확히 정리하고, 일관성을 유지하면, 고객 경험이 개선되고 살롱의 운영이 훨씬 안정된다.

인본주의 미용과 본질경영을 실천하는 살롱이라면, 간단명꾸 원칙이 모든 운영에 녹아 있어야 한다. 불필요한 절차와 중복된 커뮤니케이션이 줄어들면, 디자이너와 크루는 업무 스트레스에서 벗어나 더욱 창의적인 시술과 고객 응대에 집중할 수 있다. 그리고 그 과정에서 고객들은 살롱이 편리하고 신뢰할 수 있는 공간이라는 인식을 갖게 된다.

결과적으로, 간단명꾸를 실천하는 살롱은 더 적은 노력으로 더 큰 효과를 내는 선순환 구조를 만들 수 있다. 고객은 믿을 수 있는 서비스를 제공받고, 직원들은 효율적인 시스템 속에서 일의 즐거움을 느끼며, 살롱은 꾸준한 성장과 안정적인 운영을 유지할 수 있다.

"조금 더 간단하게, 더 단순하게, 더 명확하게, 그리고 꾸준하게"
살롱 운영에서 가장 중요한 것은, 모든 것이 고객과 직원 모두에게 편리하게 정리되어 있는가이다. 복잡한 절차를 단순하게 다듬고, 명확하게 공유하며, 끝까지 꾸준히 실천하는 것이야말로 효율적인 경영의 핵심이다.

이 원칙이 자리 잡으면, 디자이너와 크루들은 일에 집중할 수 있고, 고객은 혼란 없이 만족스러운 경험을 하게 된다. 궁극적으로, 간단명꾸는 살롱이 한층 더 견고한 브랜드로 자리 잡도록 돕는 강력한 경영 전략이 된다.

우리는 매일 "조금 더 간단하게, 더 단순하게, 더 명확하게, 그리고 꾸준하게"라는 질문을 스스로에게 던지며, 한 걸음씩 성장하는 살롱을 만들어 가야 한다. 그런 과정 속에서 고객 만족도는 자연스럽게 높아지고, 살롱은 보다 효율적이고 건강한 구조를 갖추게 될 것이다. 이것이야말로 인본주의 미용과 본질경영을 실현하는 가장 현실적인 방법이다.

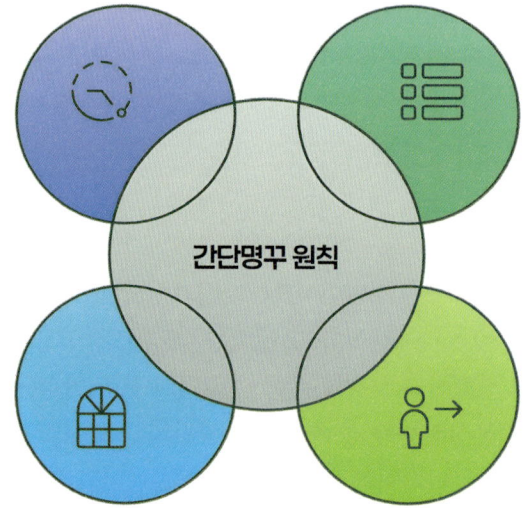

살롱 효율성을 높이는 간단명꾸 원칙의 힘

꾸준함
정기적인 피드백과 시스템 유지 관리를 통해 일관성을 유지합니다.

간단함
불필요한 단계를 제거하고 핵심 요소에 집중하여 효율성을 높입니다.

명확함
모든 사람이 프로세스를 이해하고 일관되게 수행하도록 보장합니다.

단순함
명확안 커뮤니케이션을 통해 혼란을 줄이고 이해를 쉽게 합니다.

Point! **간단명꾸**(간단 × 단순 × 명확 × 꾸준)**로 효율성을 올린다**

1. 간단함- 불필요한 절차 제거, 핵심에 집중
   * 복잡한 서비스나 설명보다 본질적인 핵심만 제공
   * 고객 응대와 시술 과정에서 선택지를 최소화해 관리 효율성과 만족도 동시 확보

2. 단순함- 과도한 정보 대신 명료한 소통
   * 상담, 안내, 공지사항 등에서 간결하고 직관적인 전달 방식활용
   * 업무 분담과 책임 역할도 사전에 명확히 정의하여 혼선 방지

3. 명확함- 모두가 이해할 수 있는 기준 설정
   * 예약, 가격, 시간 등 운영 전반에 걸친 일관된 기준 정립
   * 애매한 안내가 아닌, 신뢰를 주는 구체적 정보 제공

4. 꾸준함- 시스템을 지속하고 개선하기
   * "오늘만 대충"이 아닌, 지속적 실행과 정기적 피드백으로 품질 유지
   * 주간 점검으로 문제점 확인 및 개선 방향 도출

간단명꾸는 단순한 축약이 아니다
   * 디자이너와 크루가 스트레스 없이 일에 집중
   * 고객은 혼란 없는 깔끔한 경험 제공
   * 살롱은 운영 안정성과 성장 기반 확보

"간단하게, 단순하게, 명확하게, 그리고 꾸준하게" 이 네 가지 원칙은 인본주의 미용과 본질경영의 실천을 위한 가장 현실적이고 강력한 전략이다. 효율을 높이고, 고객과 직원 모두가 만족하는 살롱 운영의 핵심은 바로 간단명꾸에 있다.

KAI JUNG

Part. 4

미래 미용의 길: "동행자"로 함께 완성하는 본질경영

13장. 오래된 살롱을 혁신하는 법

1 나부터 바뀌자: 경영자 의식 전환

살롱을 혁신하는 일은 단순히 인테리어를 바꾸고, 메뉴판을 새롭게 정비하는 것으로 완성되지 않는다. 인본주의 미용과 본질경영을 추구하는 우리 입장에서 근본적인 변화는 경영자의 의식 변화에서 시작된다. 현재 살롱이 정체되어 있다면, 상권이나 디자이너·크루의 역량 문제도 물론 고려해야 하지만, 더 중요한 것은 경영자가 어떤 관점과 태도로 이 공간을 운영해 왔느냐가 지금의 결과로 나타났다는 사실이다.

특히 오래된 살롱일수록 경영자는 과거의 방식을 고수하는 경향이 강하다. 예전에는 유동 인구가 많고, 과거에는 기술력이 조금만 뛰어나도 고객이 자연스럽게 찾아왔다. 그러나 지금은 상황이 완전히 달라졌다. 디지털 플랫폼과 예약 시스템을 통해 고객들은 수십 개의 살롱을 비교하고, 가격과 서비스, 스타일을 꼼꼼히 따져본다. 가심비와 감성 소비를 중시하는 고객들이 빠르게 움직이는 시대에, 과거 영광을 유지하려는 태도로는 변화하는 시장을 따라갈 수 없다.

경영자가 먼저 바뀌어야 한다는 말은 그동안의 고정관념과 관성을 점검하고, 과감히 깨뜨리는 작업이 필요하다는 의미다. 과거의 성공 방정식이 지금 왜 통하지 않는지 분석해야 하고, 기존 방식이 현재 환경에서는 오히려 걸림돌이 되는지 돌아봐야 한다. 특히 직원들과의 관계에서 "요즘 세대는 왜 이렇게 인내심이 없나"라고 접근하는 태도를 바꿔야 한다. 젊은 디자이너들은 사랑과 존중, 그리고 공정한 평가를 중시하며, 그 안에서 성장하고 싶어 한다. 경영자가 이를 인지하지 못하고 기존 방식만 고수하면, 결국 인재들이 떠나는 악순환이 반복될 것이다.

경영자의 의식 전환이 살롱의 성장을 결정한다

경영자의 변화는 말보다 실행이 중요하다. 실제 행동을 통해 증명되어야 한다. "나는 정말 이 시대의 흐름을 읽고 있는가?" "인본주의 미용과 본질경영이라는 가치를 지향한다고 말하지만, 실제 현장에서는 여전히 옛 방식을 고집하고 있지는 않은가?" 이 질문을 스스로에게 던지고, 답을 찾는 과정이 필요하다.

살롱이 변화하기 위해서는 먼저 현장의 목소리를 경청해야 한다. 직원들이 동기부여가 부족해서 문제가 발생하는 게 아니라, 경영자가 놓치고 있는 요소가 있을 가능성이 크다. 왜 디자이너들이 자꾸 이탈하는지, 왜 단골 고객이 발길을 끊었는지, 그 원인을 깊이 분석해야 한다. 오래된 방식을 유지하면서 "내 방식이 정답"이라고 고집하다 보면, 정작 변화의 신호를 감지하지 못하는 경우가 많다.

경영자가 먼저 바뀌겠다고 마음먹었다면, 다음 단계는 구체적인 실행이다. 예를 들어, 디지털 예약 플랫폼과 CRM(고객관리시스템)을 적극 도입해 고객 데이터를 분석하고, 맞춤형 프로모션을 기획해야 한다. "수수료가 아깝다" "관리하기 귀찮다"라는 이유로 이를 외면하면, 결국 경쟁력을 잃게 된다. 요즘 고객들은 개인 맞춤형 알림, 스타일 추천, 혜택 제공 등을 긍정적으로 받아들인다. 이러한 변화를 이해하지 못하는 경영자는, 결국 디자이너와 크루의 성장까지도 막게 될 것이다.

권한 위임을 통한 조직 활성화

직원들과의 관계에서도 변화가 필요하다. 오래된 살롱일수록 오너가 모든 결정을 독점하는 구조일 가능성이 높다. 과거에는 그것이 성과를 내는 방식이었을 수도 있지만, 현재 디자이너들은 자율성을 원한다. "네가 직접 프로모션을 기획하고 실행해 봐"라고 권한을 위임하면, 의외로 직원들이 훨씬 더 적극적으로 일하는 모습을 보이게 된다. 물론 시행착오가 있을 수 있지만, 경영자가 이를 감수하고 지지하는 태도를 보여야 한다. 만약 "실패하면 책임을 묻겠다"라는 분위기가 형성되면, 아무도 자율적으로 움직이려 하지 않을 것이다.

살롱을 혁신하려면 경영자가 더 과감하게 변화할 수 있는 용기를 가져야 한다. 5년 전, 10년 전과 같은 메뉴, 인테리어, 가격 정책을 유지하고 있다면, 고객들은 "여긴 바뀌는 게 없구나"라고 인식하게 된다. 기존 시그니처 메뉴를 점검하고, 새로운 스타일을 연구하며, 스파나 케어 시스템을 보완하는 등 끊임없는 변화와 개선이 필요하다. 매장 내부에서도 디자이너와 크루들이 업무 프로세스에 불편함을 느끼고 있지는 않은지 지속적으로 체크해야 한다. 결국, **"우리 살롱이 지향하는 브랜드와 가치는 무엇인가"**를 분명히 정리하고, 이에 맞춰 변화하는 것이 경영자의 역할이다.

경영자가 바뀌면 직원과 고객도 바뀐다

경영자가 진심으로 변화하면, 살롱에 있는 모든 사람들이 그 변화를 체감하고 함께 성장할 기회를 얻는다. 인본주의 미용의 관점에서 경영자는 직원들을 **'부하'가 아니라 '동행자'**로 바라봐야 한다. "무엇이 힘든지, 내가 개선할 부분은 없는지, 이 살롱에서 어떤 기여를 하고 싶은지"를 적극적으로 물어야 한다. 직원들이 내는 의견이 때때로 불편하게 들릴 수도 있지만, 그 지점에서 "내가 놓쳤던 것이 있구나"를 깨닫는 순간, 살롱의 변화는 시작된다.

다만, 말뿐인 변화 선언은 오히려 부정적인 결과를 초래할 수 있다. 직원들은 경영자가 얼마만큼 진정성을 가지고 있는지 매우 예민하게 감지한다. 일주일 전에는 "내가 바뀌겠다"고 다짐했다가 다시 예전 방식으로 돌아간다면, 디자이너와 크루들은 "말해 봐야 소용없다"라고 느낄 것이다. 그래서 "나부터 바뀌자"라고 결심했다면, 그것을 실천으로 연결하는 지속적인 노력이 반드시 뒤따라야 한다.

오래된 살롱도 경영자가 변하면 새롭게 태어날 수 있다

오래된 살롱이라도, 경영자가 변화를 선언하고 실행하면 빠르게 활력을 되찾을 수 있다. 단골 고객이 "이 살롱이 달라졌다"라고 느끼면, SNS와 입소문을 통해 새로운 고객이 유입될 수 있다. 직원들 또한 자신들의 의견이 반영되는 환경에서 더욱 열정적으로 일하려 할 것이다. 이러한 선순환 구조가 바로 본질경영이 지향하는 목표다. 경영자는 직원들의 의견을 경청하고, 그것을 실행하며, 디자이너와 크루는 그 안에서 책임과 자부심을 느끼게 된다.

혁신의 출발점은 경영자 자신

살롱 혁신은 경영자가 모든 것을 바꾸는 것이 아니라, 경영자가 먼저 변화의 출발점이 되어 분위기를 조성하는 데 의미가 있다. "내가 문제였구나, 내가 부족했구나"를 솔직하게 인정하는 태도가 필요하다. 과거 성공에 집착하고 변화하지 못하는 것이야말로 더 큰 위기다. 반면, 경영자가 적극적으로 배우고 실천하면, 디자이너와 크루도 자연스럽게 응답할 것이다. 결국, 오래된 살롱을 다시 살리는 길은 경영자가 먼저 변화를 받아들이고, 디자이너·크루의 목소리를 듣고, 실행으로 보여 주는 것이다. 이 작은 출발이 살롱 전체에 활력을 불어넣고, 고객과 직원 모두가 행복해지는 진정한 변화로 이어진다. 본질경영을 실천하고 인본주의 미용을 추구하는 경영자라면, 변화의 중심에 서서 동행자들과 함께 성장하는 길을 선택해야 한다. 그것이야말로, 살롱이 살아남고 번창하는 최선의 길이다.

오래된 살롱의 현실적인 문제점

- 변화에 대한 직원의 저항과 불안
- 기존 고객층의 변화를 거부하는 태도
- 신규 고객 유입의 어려움

혁신을 위한 단계별 실행 방법

- 1. 직원들과 비전 공유하기
- − 직원들에게 변화의 필요성과 비전을 명확히 전달한다.
- 2. 작은 변화부터 단계적으로 시도하기
- − 처음부터 큰 변화를 시도하기보다는 점진적이고 단계적인 접근을 통해 직원과 고객 모두의 적응력을 높인다.
- 3. 고객 커뮤니케이션 강화하기
- − 변화 과정에서 고객에게 지속적으로 안내하고 피드백을 적극적으로 수용하여 고객의 이해와 협력을 얻는다.

혁신 실행 체크리스트

- 직원들이 변화의 필요성과 목표를 정확히 이해하고 있는가?
- 작은 변화부터 시작하여 점진적으로 확대하고 있는가?
- 고객과의 소통을 강화하여 피드백을 반영하고 있는가?
- 변화가 이루어진 후 고객과 직원의 만족도를 주기적으로 점검하고 있는가?

이처럼 현실적인 어려움을 이해하고 명확한 실행 전략을 통해 단계적으로 접근할 때, 오래된 살롱도 다시 생명력을 되찾고 지속 가능한 혁신을 이룰 수 있다.

살롱 혁신을 위한 경영자 변화

| 경영자가 새로운 관점을 채택하도록 유도됨 | | 경영자가 직원들에게 자율성을 부여하여 참여를 촉진함 | | 살롱이 혁신하고 성장하며 변화에 적응함 |

경영자의 인식 변화 → 디지털 도구 채택 → 권한 위임 → 직원-고객 관계 개선 → 혁신과 성장

경영자가 고객 데이터를 분석하기 위해 디지털 시스템을 사용하기 시작함

직원들이 고객의 요구를 더 잘 이해하고 대응함

Point! 나부터 바꿔자: 경영자 의식 전환

1. 변화의 출발점은 경영자
- 살롱의 정체 원인은 외부보다 경영자의 고정관념과 관성일 수 있음
- 과거의 성공 방식은 지금 통하지 않는다는 현실 인식이 필요

2. 행동으로 증명하는 진짜 변화
- "인본주의 미용"과 "본질경영"을 지향한다면 현장의 목소리를 경청하고, 디지털화·CRM 도입 등 실질적 실행으로 변화 의지를 보여야 함
- 고객 맞춤 시스템과 데이터를 통한 능동적 마케팅이 중요

3. 권한 위임과 자율성 부여
- 직원에게 기획 및 실행 권한 부여시, 책임감과 창의성이 발휘됨
- 시행착오를 감싸주는 심리적 안정감 제공이 핵심

4. 경영자의 진심이 조직 문화를 바꾼다
- 직원은 부하가 아닌 동행자
- 자주 질문하고, 의견을 반영하며, 실행으로 보여줘야 진정성이 전해짐
- 말뿐인 변화는 오히려 신뢰를 잃게 함

5. 오래된 살롱도 다시 살아날 수 있다
- 고객은 작은 변화도 금방 체감하고 입소문으로 이어짐
- 직원도 자율성과 존중을 경험하면 업무에 몰입하고 조직에 애정을 가짐

6. 경영자의 솔직함과 실천이 핵심
- "내가 부족했다"는 인식이 진짜 혁신의 시작
- 디자이너·크루의 의견을 듣고, 함께 성장하는 리더가 되어야 함

살롱을 변화시키고 싶다면, '나부터 바꿔자'는 태도와 실천이 모든 시작이다.
경영자의 의식 전환이 곧 살롱의 재도약과 지속가능한 성장을 여는 열쇠다.

2. 마케팅 × 세일즈 이전에 "그룹(직원·동료)의 성장"이 먼저

마케팅과 세일즈는 살롱 운영에서 필수적인 요소지만, 그것이 살롱 성장의 시작점이 될 수는 없다고 본다. 아무리 효과적인 프로모션을 기획하고, 공격적인 SNS 홍보를 한다고 해도, 실제 고객을 응대하고 서비스를 제공하는 직원(그룹)이 성장하지 않았다면 그 결과는 지속되지 않는다. 살롱의 진정한 가치는 단순한 할인이나 홍보 전략에서 나오는 것이 아니라, 고객과 직접 소통하는 디자이너와 크루가 얼마나 성장했는지에서 결정된다. 결국 살롱이 오랫동안 사랑받고 꾸준히 성장하려면, 마케팅과 세일즈보다 먼저 직원들의 성장과 조직의 결속력을 우선해야 한다.

내부 성장이 없는 살롱의 마케팅은 공허한 껍데기에 불과하다

그룹의 성장이 이루어지지 않은 상태에서 마케팅이나 세일즈만 앞세우면, 재방문율이 떨어지고 고객 충성도를 확보하기 어려워진다. 고객은 단순히 할인된 가격에 끌려 방문할 수는 있지만, 서비스의 질이 기대에 미치지 못하면 결국 다른 곳을 찾아 떠나게 된다. 사람의 에너지가 담기지 않은 마케팅은 단기적인 성과를 낼 수 있을지 몰라도, 장기적인 고객 신뢰와 브랜드 가치를 만들어내기 어렵다. 결국 살롱의 정체는 반복되고, 고객을 확보하기 위해 또다시 할인 경쟁에 뛰어드는 악순환이 이어진다. 이는 본질경영과 거리가 먼 방식이며, 진정한 성장과 지속 가능성을 만들기 위해서는 그룹의 내적 성장이 반드시 선행되어야 한다.

직원(그룹)의 성장을 촉진하는 세 가지 핵심 요소

1. 강점을 기반으로 한 성장 기회 제공

- 디자이너마다 잘하는 시술과 관심 분야가 다르기 때문에, 이를 억지로 통합하기보다는 각자의 강점을 살려 성장할 수 있도록 기회를 제공해야 한다. 예를 들어, 남성 커트에 강점이 있는 디자이너라면 해당 분야를 살려 시그니처 메뉴를 기획하고, 컬러나 레이어드 커트에 특화된 디자이너는 해당 서비스에서 전문성을 더욱 키울 수 있도록 지원해야 한다. 이렇게 강점을 기반으로 성장한 디자이너는 자연스럽게 고객에게 자신만의 차별화된 서비스를 제공할 수 있고, 이 과정에서 고객 만족도와 재방문율도 함께 상승한다.

2. 오너십을 키우는 환경 조성

- 살롱 경영자는 구성원들이 단순히 지시를 따르는 수동적인 존재가 아니라, 자기 살롱을 운영하는 듯한 오너십을 가질 수 있도록 유도해야 한다. 예를 들어, 프로모션이나 이벤트를 기획할 때 경영자가 모든 결정을 내리는 것이 아니라, 디자이너와 크루가 직접 아이디어를 제안하고 실행할 수 있도록 기회를 준다면 훨씬 효과적이다. 최전선에서 고객을 직접 만나는 직원들이 고객 니즈를 가장 잘 알고 있기 때문에, 이들이 참여한 기획은 보다 실질적인 성과를 만들어 낸다.

또한, 본인이 직접 기획하고 실행한 아이디어가 매출과 브랜드 가치에 기여한다는 경험을 하게 되면 책임감과 성취감이 자연스럽게 높아진다.

3. 소통과 존중을 기반으로 한 협업 문화

- 살롱의 서비스 품질을 일정 수준 이상 유지하려면, 구성원 간의 소통과 존중이 필수적이다. 디자이너와 크루가 서로의 노하우를 아낌없이 공유하고, 실무에서 어려운 점을 기꺼이 도와줄 수 있어야 한다. 그래야 개개인의 성장 속도가 더욱 빨라지고, 고객 응대나 기술력에서도 편차가 줄어든다. 고객은 특정 디자이너뿐 아니라 살롱 자체의 브랜드를 신뢰하고 방문해야 한다. 그런 환경을 만들려면 동료 간의 관계가 단순한 상하관계가 아니라 함께 성장하는 파트너십이라는 인식을 공유해야 한다.

기술력만으로는 부족하다, 인품과 태도도 함께 성장해야 한다

그룹의 성장이 단순히 기술력 향상에만 초점이 맞춰진다면, 이는 반쪽짜리 성장이라고 본다. 시술 능력은 일정 수준 이상 교육과 경험을 통해 익힐 수 있지만, 고객과의 소통 방식, 배려하는 태도, 책임감 있는 자세는 단기간에 형성되지 않는다. 고객에게 진심 어린 서비스를 제공하려면, 디자이너 스스로도 살롱으로부터 존중받고 성장할 기회를 충분히 얻고 있다고 느껴야 한다. 구성원 간에도 신뢰와 협력이 존재해야 고객이 방문했을 때 '이곳은 직원들끼리도 서로를 존중하는구나'라는 긍정적인 인상을 받을 수 있다.

내부 성장 없이 이루어진 마케팅과 세일즈는 지속 가능하지 않다

이렇게 성장한 직원들이야말로 살롱의 가장 큰 자산이다. 할인 프로모션이나 화려한 광고는 일시적일 수 있지만, 현장에서 고객을 감동시키는 것은 결국 디자이너와 크루의 태도, 실력, 그리고 열정이다. 이런 요소들이 갖춰지면, 어떤 마케팅 전략을 펼치더라도 효과는 배가 된다. 살롱 내부가 탄탄한 유기체처럼 작동하면, 어떤 변화나 새로운 시스템이 도입되더라도 흔들리지 않고 적용할 수 있는 조직력이 생긴다.

이런 환경에서 마케팅과 세일즈가 더해지면, 고객과의 교감 속에서 살롱과 디자이너 모두가 만족할 수 있는 성과를 만들어 낼 수 있다. 이 단계에서는 매출이 단순히 "고객에게 돈을 받는다"는 개념이 아니라, 고객에게 새로운 가치를 전달하고, 그 가치를 통해 서로가 성장하는 관계로 전환된다. 이런 구조가 만들어질 때 비로소, 본질경영이 지향하는 사람 중심의 미용 비즈니스가 실현될 수 있다.

먼저 내부 성장을 이루어야 장기적 성장이 가능하다

반대로 내부 성장 없이 이루어진 마케팅과 세일즈는 효과가 단기적으로 끝날 수밖에 없다. 내부 직원들의 동기부여가 부족하거나, 이탈률이 높은 살롱에서는 광고나 할인 이벤트를 통해 유입된 고객도 오래 머물지 않는다. 이런 경우, 살롱 경영자는 "왜 재방문율이 오르지 않는지, 왜 단골 고객이 생기지 않는지"를 고민하기 시작할 것이고, 결국 다시 새로운 프로모션을 기획하는 악순환을 반복하게 된다.

그룹의 성장이 먼저, 마케팅과 세일즈는 그다음

결론적으로, 지속 가능한 성장의 비결은 '사람'에 있다. 서로 존중하고 소통하며, 각자의 강점을 살려 함께 전진하는 팀 문화가 자리 잡았을 때, 살롱은 자연스럽게 고객에게 신뢰를 얻고 오랫동안 사랑받게 된다. 먼저 그룹(직원·동료)의 성장을 고민하고, 이들이 주인의식과 열정을 갖고 일할 수 있는 환경을 조성하는 것이 우선이다.

이렇게 내부 성장이 이루어지면, 마케팅과 세일즈는 그 이후에 더욱 강력한 효과를 발휘할 수 있다. 고객들은 단순히 '할인받기 위해' 방문하는 것이 아니라, 이 살롱에서만 받을 수 있는 특별한 경험과 서비스 때문에 찾아오게 된다. 직원과 살롱, 고객이 함께 성장하는 선순환 구조가 형성되었을 때, 살롱의 브랜드 가치는 더욱 단단해지고, 재방문율과 충성 고객층 역시 자연스럽게 증가한다.

결국, 우리가 고민해야 할 첫 번째 질문은 "어떤 마케팅을 할 것인가?"가 아니라 "우리 팀원들이 충분한 책임감과 성장 기회를 얻고 있는가?"가 되어야 한다. 이것이야말로 디자이너와 크루, 그리고 살롱 경영자 모두가 함께 성장하는 가장 근본적인 원리이며, 본질경영을 실천하는 가장 확실한 길이라고 믿는다.

살롱의 장기적인 성공을 위해 어떤 전략을 우선시 해야 합니까?

내부 성장
직원 참여와 고객 만족도를 향상 시킵니다

마케팅 및 판매
단기적인 가시성과 매출을 증가 시킵니다

> **Point!** 마케팅 × 세일즈 이전에 "그룹(직원·동료)의 성장"이 먼저

1. 내부 성장이 우선이다
   * 효과적인 마케팅과 세일즈도 직원의 성장 없이는 지속되지 않는다.
   * 고객 감동과 재방문율은 디자이너와 크루의 실력·태도·에너지에서 비롯된다.

2. 직원(그룹)의 성장을 위한 3요소
   1. 강점 기반 성장 기회 제공: 디자이너 개개인의 전문 분야를 살려 역량 강화.
   2. 오너십을 키우는 환경 조성: 아이디어 기획·실행 기회를 줘 자율성과 책임감 증진.
   3. 소통과 존중의 협업 문화: 서로 도와주고 성장하는 분위기 형성 → 브랜드 신뢰 강화.

3. 기술력 + 인품과 태도의 균형
   * 실력뿐 아니라 고객을 대하는 태도·책임감·배려심까지 함께 성장해야 진짜 서비스 완성.

4. 내부 성장이 마케팅의 성과를 배가시킨다
   * 튼튼한 조직 문화와 팀워크가 있을 때, 어떤 마케팅도 실질적 효과로 연결됨.
   * 고객은 할인보다 사람에게 감동받아 재방문하고, 충성 고객이 형성됨.

5. 내부 성장 없이 이뤄지는 마케팅은 한계가 있다
   * 동기부여 부족한 조직에선 고객도 오래 머물지 않음.
   * 반복적인 프로모션 → 소모적 운영 → 장기적 성장 불가.

6. 진정한 본질경영은 '사람 중심의 성장'에서 시작
   * 팀원에게 충분한 책임감과 성장 기회를 주는 환경이 우선.
   * 마케팅은 나중, 성장은 먼저! 이 구조가 곧 지속 가능한 살롱 성장의 선순환을 만든다.

"어떤 마케팅을 할 것인가?"보다 먼저, "우리 팀은 성장하고 있는가?"를 질문해야 한다.
그것이 인본주의 미용과 본질경영의 출발점이다.

3. 기본기 점검: 태도 × 청결 × 트렌드 민감성

살롱 운영에서 가장 중요한 것은 고객을 아름답고 행복하게 만드는 일이지만, 이를 실현하기 위해서는 견고한 기본기가 필수적이다. 기본기가 부실하면 아무리 뛰어난 기술과 화려한 마케팅이 있어도 지속적인 성장을 기대하기 어렵다. 그래서 살롱이 진정한 경쟁력을 갖추려면 태도, 청결, CS(Customer Service), 트렌드 민감성이라는 네 가지 요소를 끊임없이 점검하고 강화해야 한다.

태도: 고객이 가장 먼저 느끼는 살롱의 에너지

태도는 살롱의 분위기를 결정하는 가장 기본적인 요소다. 고객이 살롱에 발을 들이는 순간, 디자이너와 크루의 태도는 곧바로 전달된다. 친절한 인사, 따뜻한 미소, 세심한 배려가 있는 곳과, 형식적으로만 고객을 맞이하는 곳의 차이는 고객이 단번에 알아차린다. 좋은 태도를 가진 곳은 고객이 들어서는 순간부터 밝은 눈맞춤으로 환영하고, 고객이 말하지 않아도 사소한 불편을 먼저 찾아 해결하려 한다. 반면, 직원들끼리만 대화하며 고객을 방치하거나, 무심한 태도로 응대하는 곳에서는 고객이 쉽게 불편함을 느끼고 재방문을 망설이게 된다.

살롱에서의 태도는 단순한 친절을 넘어서, 고객과 진정성 있는 관계를 형성하려는 마음가짐에서 나온다. 고객은 머리를 하러 오는 것이 아니라, 자신을 가꾸고 기분을 전환하며 긍정적인 에너지를 얻으러 오는 것이라는 점을 기억해야 한다. 결국 고객이 편안하게 머물 수 있도록 배려하는 태도는 살롱이 지속적인 신뢰를 쌓고 충성 고객을 확보하는 핵심 요소가 된다.

청결: 살롱의 신뢰도를 결정하는 첫 번째 요소

청결은 고객이 살롱에 들어오자마자 가장 먼저 체감하는 요소다. 아무리 고급스러운 인테리어나 비싼 제품을 사용해도, 바닥에 머리카락이 쌓여 있거나 수건이 낡고 때가 타 있다면 고객의 신뢰도는 즉시 하락한다. 살롱의 청결 상태는 단순히 미관을 넘어 위생과 직결되는 문제다. 청결한 환경에서 시술을 받을 때 고객은 안심하고 편안함을 느낀다.

바닥 청소는 당연히 수시로 이루어져야 하며, 시술 도구와 장비는 사용 후 바로 정리해야 한다. 수건과 가운은 반드시 정기적으로 세탁해 위생 상태를 철저히 관리해야 한다. 또한 고객이 앉는 의자, 거울, 테이블 등의 공간도 매일 소독하고 정리해야 한다. 살롱의 청결 상태는 고객이 "이곳은 믿을 만하다"는 인식을 갖게 하며, 이는 곧 고객의 재방문율로 이어진다.

CS(Customer Service): 매뉴얼이 아닌 '진짜 감동'을 주는 서비스

CS(Customer Service)는 단순한 서비스 매뉴얼을 넘어서, 고객에게 진정한 감동을 주는 서비스 제공 능력을 의미한다. 단순히 친절하게 응대하는 것을 넘어, 고객이 원하는 것이 무엇인지 정확히 파악하고, 예측하여 대응하는 능력이 필요하다. 예를 들어, 고객이 메뉴에 없는 시술을 문의했을 때, 단순히 "그런 메뉴는 없습니다"라고 거절하는 것이 아니라, 대체 가능한 옵션을 제안하거나 고객의 니즈를 충족할 방법을 함께 고민하는 태도가 중요하다.

고객 응대의 핵심은 유연성이다. 모든 상황이 매뉴얼대로 흘러가지는 않는다. 고객의 기대를 뛰어넘는 서비스는 돌발 상황에서의 기민한 대처 능력에서 나온다. 고객이 불편함을 느끼는 순간, 이를 해결하려는 태도가 보이면 고객의 만족도는 높아지고, 살롱에 대한 신뢰는 더욱 강화된다. 이처럼 뛰어난 CS를 제공하는 살롱은 고객이 예기치 않은 상황에서도 이곳이라면 믿고 맡길 수 있다는 확신을 갖게 한다.

트렌드 민감성: 변화하는 유행을 빠르게 반영하는 능력

미용업은 트렌드 변화가 빠른 업종이다. SNS와 미디어를 통해 새로운 스타일과 컬러가 빠르게 확산되며, 고객들은 자신이 원하는 스타일이 현재 유행하는 것인지, 어떤 변화를 주면 좋을지를 끊임없이 고민한다. 살롱이 이러한 트렌드를 민감하게 포착하고 반영하는 능력을 갖추고 있다면, 고객에게 최신 스타일을 자신 있게 추천할 수 있다.

트렌드를 따라간다는 것은 단순히 SNS에서 유행하는 스타일을 흉내 내는 것이 아니다. 각 연령대별, 직업별, 라이프스타일별 트렌드를 분석하고, 고객의 니즈에 맞게 해석하는 능력이 필요하다. 디자이너들은 정기적으로 트렌드 리서치를 하고, 새로운 스타일을 직접 테스트하며, 팀원들과 함께 연구하는 습관을 길러야 한다.

고객이 "요즘 이런 스타일이 유행이라던데"라고 말을 꺼냈을 때, 디자이너가 즉각적으로 반응하며 최신 정보를 제공할 수 있다면 고객은 살롱에 대한 신뢰를 더욱 높이게 된다. 트렌드에 민감한 살롱은 고객이 늘 새로운 스타일을 기대할 수 있는 공간으로 자리 잡으며, 이는 자연스럽게 차별화된 경쟁력으로 연결된다.

기본기가 갖춰진 살롱은 고객이 먼저 알아본다

태도, 청결, CS, 트렌드 민감성이 탄탄한 살롱은 별다른 마케팅을 하지 않아도 고객이 알아서 찾아오고, 재방문율이 높아진다. 고객이 "이곳은 언제나 편안하고 신뢰할 수 있다"고 느끼면, 새로운 메뉴나 프로모션도 자연스럽게 성공할 수 있다. 반대로 아무리 새로운 기술과 다양한 메뉴를 갖춰도, 기본기가 부실한 살롱에서는 고객이 오래 머무르지 않는다.

기술과 마케팅도 물론 중요하지만, 그 이전에 살롱의 내실을 다지는 것이 우선이다. 결국 고객이 찾는 것은 단순한 머리 손질이 아니라, 편안함과 안정감, 그리고 신뢰할 수 있는 공간에서 나만의 스타일을 찾아가는 과정이다. 기본기가 탄탄한 살롱은 고객이 첫 방문부터 "이곳이라면 안심하고 맡길 수 있겠다"는 신뢰를 갖게 만들고, 이 신뢰가 쌓이면 장기적인 성공과 지속 가능한 성장으로 이어진다.

기본기를 다지는 것이 가장 빠른 성장의 길

살롱이 아무리 바쁘고 변화가 많더라도, 디자이너와 크루들은 매일 스스로에게 질문해야 한다.

- 오늘 나는 고객을 진심으로 대했는가?
- 살롱의 청결 상태는 완벽했는가?
- 고객의 요청과 불편을 제대로 해결했는가?
- 최근 트렌드에 대해 충분히 공부하고 준비했는가?

이 질문에 스스로 'YES'라고 답할 수 있을 때, 살롱은 자연스럽게 성장하고 고객과의 관계도 더욱 깊어질 것이다. 작은 디테일까지 놓치지 않고 챙기는 습관을 들이면, 그 과정에서 살롱의 품격과 신뢰도가 높아진다. 이는 곧 본질경영과 인본주의 미용의 방향성을 실현하는 중요한 원동력이 된다.

기본기를 탄탄하게 다지는 것이야말로 살롱을 오랫동안 사랑받는 브랜드로 자리 잡게 하는 가장 확실한 방법이다. 진정한 경쟁력은 최신 유행을 좇는 것이 아니라, 항상 고객이 믿고 찾을 수 있는 내실 있는 살롱을 만드는 것이라는 사실을 기억해야 한다. 그렇게 기본기가 단단해진 살롱은 시간이 지나도 흔들리지 않고, 고객과 함께 성장하며 더욱 견고한 브랜드로 자리 잡게 될 것이다.

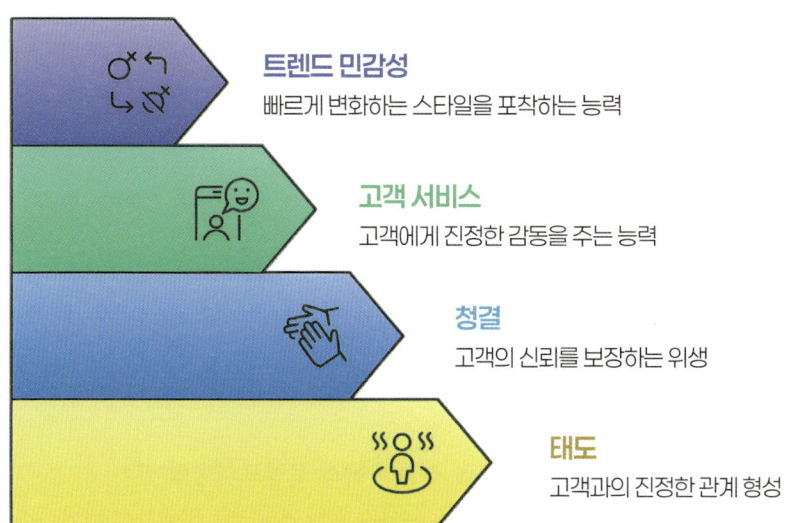

Point! 살롱의 지속 성장을 위한 네 가지 기본기

1. 태도: 살롱의 첫인상, 고객의 마음을 여는 열쇠
   * 친절한 인사와 세심한 배려는 고객이 가장 먼저 느끼는 살롱의 에너지.
   * 진정성 있는 태도가 고객과의 신뢰를 형성하고 재방문으로 연결됨.

2. 청결: 살롱 신뢰도의 기준
   * 바닥, 도구, 수건, 가운, 의자 등 모든 공간의 위생과 정리 상태는 고객의 신뢰와 직결.
   * 청결은 단순한 외형이 아닌 위생과 안심감 제공의 기본.

3. CS (Customer Service): 매뉴얼을 넘어 감동을 주는 서비스
   * 고객의 니즈를 파악하고 유연하게 대응하는 태도가 핵심.
   * 예측 불가능한 상황에서도 신뢰를 주는 대처 능력이 중요.

4. 트렌드 민감성: 변화에 강한 살롱의 경쟁력
   * 단순한 유행 따라잡기가 아닌, 고객 맞춤형 트렌드 해석과 제안이 필요.
   * 디자이너는 트렌드 연구·테스트·공유 습관을 통해 전문성을 강화해야 함.

☑ 기본기가 탄탄한 살롱의 특징
   * 별다른 마케팅 없이도 고객이 자발적으로 방문하고 재방문율 높음.
   * 안정감, 신뢰, 전문성을 바탕으로 지속 가능한 성장 실현.

☑ 기본기 점검 4문항 (자기 체크리스트)
   1. 오늘 나는 고객을 진심으로 대했는가?
   2. 살롱의 청결 상태는 완벽했는가?
   3. 고객의 요청과 불편을 잘 해결했는가?
   4. 최근 트렌드에 대해 공부하고 준비했는가?

기본기가 곧 경쟁력이다.
최신 기술보다 더 강력한 무기는 태도, 청결, 감동 서비스, 트렌드 대응력이다.
이 기본을 지키는 살롱이 결국 오래 살아남고, 고객과 함께 성장하는 브랜드가 된다.

4. 객단가 × 고객수 균형 재설정

살롱 경영에서 객단가와 고객수는 뗄 수 없는 관계다. 단순한 매출 공식으로 보면 "객단가 × 고객수 = 총 매출"이 되지만, 이 공식을 그대로 적용해 무리하게 객단가를 올리거나 고객수를 늘리는 방식은 장기적인 경영에서 큰 문제를 초래할 수 있다. 살롱의 성장과 지속 가능성을 고려할 때, 가장 중요한 것은 객단가와 고객수가 균형을 이루도록 조정하는 것이다. 이 과정에서 "사람이 어떻게 행복하게 일하고 시술받을 수 있는가"라는 관점을 유지하는 것이 본질경영을 실현하는 핵심이라고 할 수 있다.

현재 상태 분석: 왜 지금의 객단가와 고객수를 유지하고 있는가?

객단가와 고객수를 조정하기 전에 먼저 현재 상태를 면밀히 분석해야 한다. 포스(POS) 데이터를 단순히 확인하는 것이 아니라, 현재의 가격대와 방문자 수가 형성된 배경을 파악하는 것이 중요하다. 예를 들어:

- 객단가가 낮은 경우: 커트 위주의 시술 비중이 높거나, 고객이 복합 시술을 부담스러워할 수 있다.
- 객단가가 높은 경우: 복합 시술 위주로 운영되어 고객 한 명당 매출이 크지만, 방문 빈도가 낮거나 고객수가 적을 수 있다.
- 고객수가 적은 경우: 가격이 높거나 예약이 너무 빡빡하여 신규 유입이 어려운 구조일 수 있다.
- 고객수가 많은 경우: 예약이 많지만 시술 시간이 부족하여 서비스 품질이 저하될 가능성이 있다.

이러한 데이터를 분석하면, "내가 원하는 목표 매출"과 현재 객단가·고객수 간의 차이를 구체적으로 파악할 수 있다. 그리고 이 차이를 어떻게 메울 것인지가 균형 재설정의 핵심 과제가 된다.

무리한 가격 인상이나 고객 수 확대의 위험

객단가를 올리면서 동시에 고객수를 유지하거나 증가시키려 하면, 직원과 고객 모두가 부담을 느끼게 된다. 예약이 과도하게 몰리면 디자이너는 시술에 집중하기 어려워지고, 서비스 퀄리티가 떨어지면서 고객 만족도와 재방문율이 하락할 위험이 있다. 반대로 가격을 지나치게 낮춰서 고객수를 늘리려 하면, 서비스 유지 비용이 증가하고 살롱 운영이 어려워질 수 있다.

따라서 무작정 가격을 높이거나 고객수를 확대하기보다는, 살롱의 규모와 인력 역량, 주력 시술 등을 종합적으로 고려해 객단가와 고객수를 설정해야 한다. 예를 들어:

- 월 200명 고객을 받되, 평균 객단가를 7만 원으로 유지한다.
- 월 고객수를 180명까지 확대하되, 평균 단가는 8만 원 이상을 목표로 한다.

이처럼 목표치를 설정할 때는 살롱이 감당할 수 있는 인프라와 직원들의 업무 강도, 예약 시간당 처리 가능량 등을 고려해야 한다. 현실적이고 실행 가능한 수준에서 수치를 조정하는 것이 중요하다.

객단가와 고객수의 균형 맞추기: "사람 중심" 경영의 실천

객단가와 고객수의 균형을 맞추는 과정은 단순한 매출 극대화 전략이 아니라, 사람 중심 경영을 실현하는 과정이다. 고객은 단순히 가격이 저렴하거나 예약이 쉬운 곳을 찾는 것이 아니라, 자신이 투자하는 시간과 비용에 걸맞은 서비스를 받기를 원한다. 따라서:

- 과도한 예약으로 디자이너의 집중력이 떨어지면 고객 만족도가 하락하고, 재방문율이 낮아진다.
- 반대로 너무 여유로운 일정은 살롱의 생산성을 저하시켜 운영의 비효율을 초래할 수 있다.

적절한 객단가와 고객수를 설정하면, 디자이너는 지나치게 바쁘지 않으면서도 안정적인 수익을 창출할 수 있고, 고객은 충분한 케어를 받으며 만족도를 높일 수 있다. 결국 "적정 수준의 고객수"와 "적절한 객단가"를 찾는 것이 모두를 행복하게 만드는 길이다.

메뉴 구성과 프로모션을 활용한 균형 조정

객단가와 고객수를 조정하는 방법 중 하나는 메뉴 구성과 프로모션을 최적화하는 것이다.

- 객단가가 낮은 경우: 커트 비중이 높다면, 펌이나 컬러 등 복합 시술을 패키지화해 자연스럽게 객단가를 올린다. 예를 들어 "커트+컬러 패키지"를 도입해 고객이 커트만 받고 가는 것을 줄이고, 추가 시술을 선택하도록 유도한다.
- 객단가가 높은 경우: 복합 시술 위주라면, 재방문 주기를 관리해 고객이 일정한 시점에 다시 방문하도록 유도한다. 예를 들어 "펌 후 4주차 크리닉 관리" 같은 사후 케어 서비스를 제공해 고객이 자연스럽게 살롱을 다시 찾도록 만든다.

이런 방식으로 메뉴와 서비스를 구성하면 고객은 가격 인상이 아니라 "합리적인 서비스"를 받고 있다고 느끼게 된다. 결과적으로 객단가는 높아지면서도 고객의 만족도는 유지되고, 자연스럽게 재방문율도 상승하게 된다.

주기적인 점검과 조정

객단가와 고객수의 균형은 한 번 정한다고 끝나는 것이 아니라, 지속적으로 점검하고 조정해야 하는 요소다. 살롱 내부 인프라, 직원 숙련도, 트렌드 변화 등을 고려해 주기적으로 "현재의 매출 목표와 객단가·고객수 간의 균형이 적절한가?"를 분석해야 한다.

- 가격을 갑자기 올리는 것보다는 단계적으로 조정하는 것이 고객 부담을 줄일 수 있다.
- 고객수를 무리하게 늘리기보다는, 디자이너별 예약 조정을 통해 일정한 시술 퀄리티를 유지하는 것이 중요하다.

이처럼 단계적으로 접근해야 디자이너와 직원들은 과도한 부담 없이 업무 효율을 유지하고, 고객도 자연스럽게 적응하며 살롱 운영이 원활해진다.

결론: 객단가와 고객수는 숫자가 아니라 "사람 중심"의 가치

본질경영은 단순히 매출을 극대화하는 것이 아니라, 디자이너와 크루가 건강하게 일하고, 고객이 최적의 서비스를 받도록 환경을 조성하는 과정이다.

- 무리하게 단가를 올려 고객이 부담을 느끼지 않도록 한다.
- 과도한 예약을 받아 서비스 품질이 저하되지 않도록 한다.
- 고객이 "이 가격에 이 서비스를 받는 게 합리적이다"라고 느끼게 만든다.

이러한 균형을 지속적으로 고민하고 조정해야 인재가 떠나지 않고 고객도 꾸준히 만족할 수 있다. 장기적으로는 살롱의 성장과 지속 가능성을 높이는 핵심 전략이 된다.

결국 객단가와 고객수 조정은 단순한 숫자 맞추기가 아니라 "사람과 사람이 서로 만족하며 오래 함께할 수 있는 최적의 균형"을 찾아가는 과정이다. 이 과정에서 디자이너와 크루가 과도한 노동 강도에 지치지 않으면서도 고객이 최고의 서비스를 받을 수 있도록 환경을 조성해야 한다. 그렇게 '사람을 최우선으로' 바라보는 관점이야말로, 우리가 추구하는 본질경영의 철학이다.

실천할 수 있는 단계별 접근법

1. 현재 객단가와 고객수 분석:
- 커트 비중이 높은지, 복합 시술이 주력인지 확인
- 디자이너별 시술 시간과 효율성 점검

2. 현실적인 목표 설정:
- 한 달, 세 달 단위로 목표 객단가와 고객수 조정
- 가격 조정 시 고객 부담을 최소화하는 방식 도입

3. 메뉴 구성 및 프로모션 최적화:
- 복합 시술 패키지 도입
- 재방문 주기를 고려한 서비스 설계

4. 주기적 점검 및 피드백 반영:
- 고객 반응 체크 및 필요 시 추가 조정
- 직원 피드백 반영해 서비스 질 개선

이러한 접근을 통해 객단가와 고객수의 최적 균형을 맞춘다면, 살롱은 단순한 매출 상승을 넘어 사람 중심의 지속 가능한 경영을 실현할 수 있을 것이다.

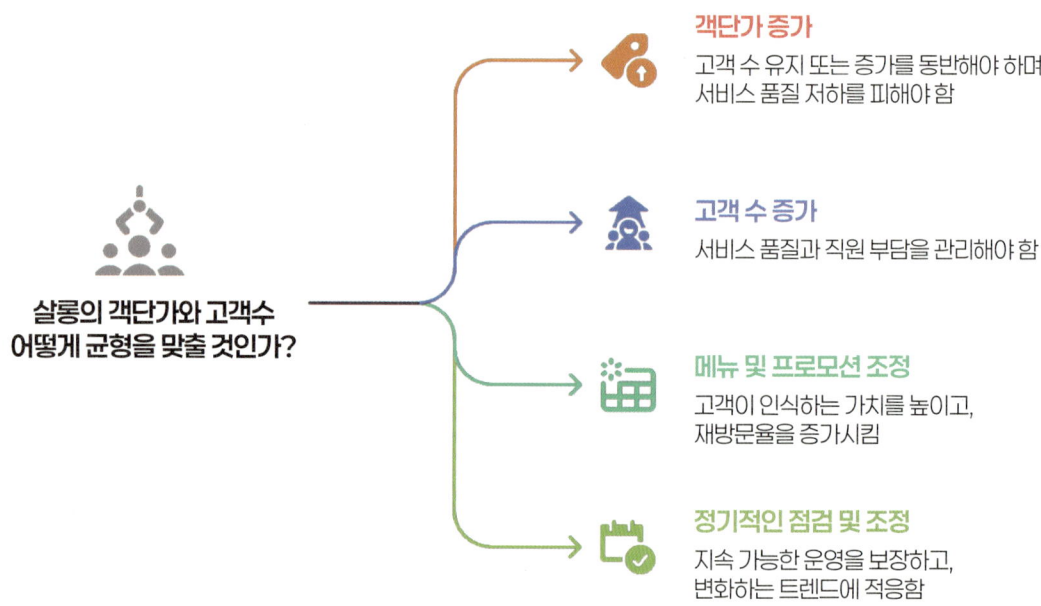

Point! 객단가 × 고객수 균형 재설정

'사람 중심 경영'을 위한 객단가와 고객수의 균형 조정

1. 무작정 올리거나 늘리는 건 위험하다
- 단순히 객단가를 올리거나 고객수를 늘리는 방식은 지속 불가능함.
- 디자이너의 피로, 서비스 품질 저하, 고객 불만 등으로 이어질 수 있음.

2. 현재 상태 분석부터 시작하라
- 객단가/고객수 형성 배경을 파악하고, 포스(POS) 데이터를 통해 실제 문제 원인 진단.
  예: 커트 중심일 경우 단가 낮고 고객 많음 / 복합 시술 중심이면 단가 높고 고객 적을 수 있음.

3. 현실적인 목표 설정이 중요
- 살롱 규모, 인프라, 인력 역량을 고려해 수용 가능한 범위 내에서 목표 설정.
  예: 월 고객수 180명, 객단가 8만 원 등.

4. 메뉴와 프로모션으로 자연스럽게 유도
- 커트 중심이면 복합 시술 패키지로 객단가 상승 유도.
- 복합 시술 중심이면 사후 케어 서비스로 재방문 유도.
- 고객은 가격 인상이 아닌 **'합리적인 가치 제공'**으로 받아들이게 됨.

5. 지속적인 점검과 피드백이 핵심
- 객단가/고객수는 고정된 수치가 아닌 유동적인 관리 대상.
- 단계적 가격 조정, 디자이너별 예약 조정 등을 통해 서비스 품질 유지.

☑ **결론: 숫자가 아닌 '사람'을 중심에 둔 균형**
- 디자이너와 크루가 건강하게 일할 수 있는 구조,
- 고객이 가격 대비 충분한 만족을 느끼는 경험,
- 이것이 바로 본질경영이 추구하는 '지속 가능한 성장'의 핵심입니다.

☑ **실천 단계 요약**
1. 현재 분석 → 서비스 구성과 시술 패턴 파악
2. 현실적 목표 설정 → 감당 가능한 범위 내 단가·고객수 계획
3. 프로모션/메뉴 전략 조정 → 가치 중심의 제안
4. 주기적 점검 → 고객·직원 피드백 반영하여 개선

"객단가와 고객수의 균형은 단순한 숫자 싸움이 아니라, 사람 중심 경영을 실현하는 실천 전략이다."

5. "공정하고 정의롭게" 새로 도약하기

공정하고 정의롭게 새로 도약한다는 것은 단순히 "옳은 일을 하자"는 추상적 구호가 아니라, 실질적으로 살롱 내부의 시스템과 문화를 재정비하여 지속 가능한 성장을 이루는 과정이라고 본다. 특히 오래된 살롱일수록 과거의 성공 방식이 현재에도 유효할 것이라는 착각에 빠지기 쉬운데, 이는 변화에 둔감해지는 가장 위험한 요소가 될 수 있다. 결국 내부적으로 누가 기회를 얻고, 누가 성장하지 못하는지를 냉정하게 분석하지 않으면, "공정과 정의"라는 말이 단순한 선언에 그치고 실행되지 않는 상황이 벌어질 수 있다고 본다.

오래된 살롱이 도약하기 위해 가장 먼저 해야 할 일은 내부 시스템을 점검하는 것이다. 경영자는 현재의 구조가 누구에게 유리하고, 누구에게 불리한지를 객관적으로 들여다봐야 한다. 예를 들어, 특정 디자이너가 오랜 기간 동안 많은 고객을 확보하며 높은 매출을 기록했지만, 신입 디자이너들에게는 고객 유입 기회조차 주어지지 않는다면, 그 살롱의 미래는 불투명할 수밖에 없다. 왜냐하면 특정 소수만 성장하는 구조에서는 젊은 인재가 유입되지 않고, 기존 인력이 빠져나갈 경우 살롱 전체가 흔들릴 가능성이 높기 때문이다.

공정한 성장 환경 조성하기

살롱 내부에서 공정한 성장 환경을 만들려면, 기회가 균등하게 주어지고, 성과에 대한 보상이 투명하게 이루어지는 시스템이 필요하다. 이를 위해 다음과 같은 접근이 필요하다고 본다.

1. 고객 배분 시스템 정비

- 신입 디자이너에게도 고객을 받을 기회를 주어야 한다.
- 기존 고객을 무작정 특정 디자이너에게 몰아주지 않고, 고객의 스타일 취향에 따라 다양한 디자이너와 연결될 수 있도록 운영해야 한다.
- 매출만을 기준으로 고객을 배정하기보다는, 디자이너 개개인의 성장과 역량 개발까지 고려한 배분 방식을 마련해야 한다.

2. 성과에 따른 보상 체계 마련

- 오래된 디자이너가 무조건 높은 급여를 받는 구조가 아니라, 현재의 성과와 기여도에 따라 보상이 결정되는 시스템이 필요하다.
- 신규 디자이너도 일정 기준을 달성하면 빠르게 성장할 수 있는 기회를 제공해야 한다.
- 단순한 시술 매출 외에도, 고객 관리, 리뷰 반응, 동료와의 협업도 평가 기준에 포함해야 한다.

3. 배움과 성장 기회 확대

- 신입 디자이너가 빠르게 성장할 수 있도록 교육 및 실습 기회를 충분히 제공해야 한다.
- 특정 기술이나 트렌드를 독점하는 것이 아니라, 팀원들 간 지식과 경험을 공유하는 분위기를 조성해야 한다.
- "나만 잘하면 된다"가 아니라 "함께 성장해야 한다"는 철학을 강조해야 한다.

공정하고 정의로운 살롱을 위한 실행 전략

 살롱이 내부적으로 공정한 환경을 구축하면, 직원뿐만 아니라 고객도 이를 체감할 수 있다. 고객은 단순히 "시술을 잘한다"는 이유만으로 살롱을 찾는 것이 아니라, "이곳에서 내가 존중받고 있다"는 느낌을 받을 때 충성도를 높이게 된다. 이를 위해서는 다음과 같은 전략이 필요하다고 본다.

1. 투명한 의사결정 구조 도입

- 매출, 고객 배분, 보상 체계를 모두에게 공개하고, 이해할 수 있도록 설명해야 한다.
- 특정 디자이너만 우대받는다는 인식을 주지 않도록, 중요한 의사결정은 팀원들과 논의하는 프로세스를 마련해야 한다.

2. 공정한 가격 정책 운영

- 단골 고객에게 "다음 달부터 가격이 오른다"는 식의 일방적 통보는 공정하지 않다.
- 가격 인상의 이유를 투명하게 설명하고, 추가적인 서비스 업그레이드 계획을 공유해야 한다.
- 고객이 "살롱이 더 좋은 서비스를 제공하기 위해 투자하는 것이구나"라고 납득할 수 있도록 접근해야 한다.

3. 신입 디자이너 성장 지원

- 특정 베테랑 디자이너에게만 고객이 몰리지 않도록, 신입 디자이너도 자연스럽게 기회를 가질 수 있는 환경을 만들어야 한다.
- 예를 들어, 신입 디자이너 전용 프로모션을 기획하거나, 고객에게 다양한 디자이너를 경험할 수 있도록 선택지를 제공하는 방법이 있다.

4. 고객 중심 서비스 강화

- 고객이 살롱 내부 분위기에서 불편함을 느끼지 않도록, 직원 간의 상호 존중 문화가 자리 잡아야 한다.
- 리뷰 관리, 컴플레인 대응 등에서 "우리는 고객의 목소리를 적극적으로 반영하는 살롱이다"라는 인식을 심어줘야 한다.

공정한 조직이 지속 가능한 성장을 만든다

살롱 내부에서 공정하고 정의로운 운영이 이루어지면, 직원들은 안정적으로 근무할 수 있고, 고객은 신뢰를 바탕으로 장기적인 관계를 형성하게 된다. 이 과정에서 살롱은 다음과 같은 긍정적인 변화를 맞이할 수 있다.

1. 직원 만족도가 높아지고, 이직률이 감소한다

- "이곳에서는 내가 성장할 기회를 받을 수 있다"는 믿음이 생기면, 구성원들이 장기적으로 함께할 가능성이 높아진다.
- 특정 개인만 혜택을 보는 구조가 아니라, 누구나 성과를 내면 그에 맞는 대우를 받을 수 있도록 시스템을 갖추면 직원 만족도가 향상된다.

2. 팀워크가 강화된다

- 공정한 보상과 성장 기회가 주어지면, 동료 간의 경쟁이 아닌 협업이 활성화된다.
- 베테랑 디자이너는 신입을 돕고, 신입 디자이너는 배우면서 성장하는 환경이 조성된다.

3. 고객 충성도가 높아진다

- 내부 직원이 만족하면, 자연스럽게 고객 응대 태도에도 긍정적인 변화가 생긴다.
- 고객은 단순히 스타일을 완성하는 곳이 아니라, 신뢰할 수 있는 살롱을 찾기 때문에, 공정한 운영 방식이 고객 유입과 유지에도 큰 영향을 미친다.

공정한 시스템이 살롱을 강하게 만든다

살롱이 "공정하고 정의롭게" 도약한다는 것은 단순한 윤리적 선언이 아니라, 실제로 경영과 운영 방식을 철저하게 재정비하는 일이다. 기존의 불공정한 구조를 수정하고, 직원들에게 공평한 기회를 제공하며, 고객에게도 신뢰를 줄 수 있는 투명한 가격 정책과 서비스 운영이 뒷받침되어야 한다.

이런 변화는 경영자가 먼저 시작해야 한다. 기존 방식을 그대로 유지하면서 변화를 기대할 수는 없기 때문이다. 시스템과 문화를 바꾸는 과정에서 일정한 저항이 있을 수도 있지만, 시간이 지나면 모든 구성원이 "이제야 진짜 성장할 수 있는 환경이 만들어졌다"는 확신을 가지게 된다. 그리고 그러한 환경에서 일하는 직원들은 더욱 자발적으로 일에 몰입하고, 살롱 전체가 한 단계 도약하게 된다.

결국, 공정하고 정의로운 살롱이 만들어질 때, 직원과 고객 모두가 신뢰를 바탕으로 장기적인 관계를 형성하고, 이는 곧 매출 상승과 지속 가능한 성장으로 이어진다. 공정과 정의는 단순한 개념이 아니라, 실질적으로 팀워크를 강화하고, 직원과 고객 모두가 만족하는 살롱을 만드는 핵심 원칙이라고 할 수 있다. 그리고 이 원칙을 실천할 때, 살롱은 트렌드 변화에도 흔들리지 않는 강한 조직으로 거듭나게 된다.

Point! 객단가 × 고객수 균형 재설정

"공정하고 정의롭게" 새로 도약하기
- 단순한 윤리적 구호가 아닌 실질적인 시스템 재정비와 문화 혁신을 의미함.
- 변화에 유연하게 대응해야 지속 가능한 성장이 가능함.
- 내부적으로 기회와 성장이 편중되지 않도록 냉정한 분석과 개선 필요.

☑ **공정한 성장 환경 조성 전략**

1. 고객 배분 시스템 정비
   - 신입 디자이너에게도 고객 유입 기회를 제공.
   - 고객 스타일 취향에 맞춘 배분 운영.
   - 매출 외에도 성장 가능성을 고려한 배분 방식 도입.

2. 성과 기반 보상 체계
   - 현재의 기여도 중심 보상.
   - 신입 디자이너도 빠르게 성장할 수 있는 구조 마련.
   - 협업, 고객 관리, 리뷰 반응 등 다양한 평가 요소 반영.

3. 배움과 성장 기회 확대
   - 교육과 실습 기회 강화.
   - 팀 내 지식과 기술 공유.
   - "혼자 성장"이 아닌 "함께 성장"하는 문화 조성.

☑ 실행 전략

1. 투명한 의사결정
    * 고객 배분, 보상 체계를 모두에게 공유.
    * 중요한 결정은 팀원들과 소통하며 결정.

2. 공정한 가격 정책
    * 일방적 가격 인상이 아닌, 투명한 설명과 서비스 개선동반.

3. 신입 디자이너 성장 지원
    * 신입 전용 프로모션 및 고객 선택 기회 확대.

4. 고객 중심 서비스
    * 직원 간 존중 문화, 고객 리뷰 및 불만 적극 반영.

☑ 공정한 시스템의 효과

1. 직원 만족도 및 이직률 감소
    * 성장 가능성을 체감하며 장기 근속 유도.

2. 팀워크 강화
    * 협업 중심 조직문화 형성.

3. 고객 충성도 상승
    * 서비스 외에 살롱의 신뢰성으로 인해 지속적 방문 유도.

☑ 결론
* 공정하고 정의로운 살롱은 경쟁력 있는 조직으로 거듭날 수 있음.
* 이는 경영자의 의지와 실행력에서 시작됨.
* 실천 가능한 공정 시스템이야말로, 장기적 신뢰와 매출 상승을 이끄는 핵심 원칙.

14장. 새롭게 시작하는 살롱이 주의할 점

1 브랜딩 설계: "존재 이유"를 명확히 밝혀라

새롭게 살롱을 오픈하거나 창업을 준비하는 단계에서 가장 먼저 고민해야 할 것은 "나는 왜 이 살롱을 시작하는가?"라는 본질적인 질문이다. 흔히 인테리어, 메뉴 구성, 가격 책정에 집중하느라 이 근본적인 고민을 놓치는 경우가 많지만, 지금의 헤어 비즈니스 환경에서는 단순히 "머리를 잘하면 고객이 자연스럽게 찾아올 것"이라는 기대만으로는 부족하다. 고객은 이제 단순한 기술력이나 입지 조건을 넘어, 그 살롱이 어떤 가치와 철학을 가지고 있는지를 중요하게 생각한다.

브랜드 아이덴티티가 확고하지 않으면, 아무리 SNS 홍보를 열심히 해도 고객들에게 흐릿한 이미지로 남을 가능성이 크다. "왜 이 일을 하는가?"라는 질문에 명확한 답을 할 수 있어야 한다. "우리는 어떤 고객을 위해, 어떤 철학을 바탕으로 미용을 하는가?", "이 지역에서 왜 살롱을 열었으며, 궁극적으로 무엇을 이루고 싶은가?" 같은 질문을 스스로에게 던지고 그 답을 구체적으로 정리해야 한다.

인본주의 미용과 본질경영의 관점에서 이 존재 이유는 단순한 사업적 목표가 아니라 "사람을 대하는 태도"와 맞닿아 있어야 한다. 고객은 단순히 '예쁘게 머리를 해주는 곳'이 아니라, "이 살롱과 함께 성장하고 싶다"는 감정적 유대감을 형성해야 재방문 의사가 높아진다. 살롱이 고객에게 어떤 가치를 제공할지, 디자이너와 크루가 어떤 철학을 공유하며 성장할지를 구체적으로 정의하는 것이 브랜드 정체성을 세우는 핵심이라고 볼 수 있다.

브랜드의 미션과 비전이 명확해지면, 고객은 살롱을 선택할 때 "내 취향과 맞는 곳"이라는 확신을 가지게 된다. 단순히 가격이 저렴해서, 이벤트가 많아서가 아니라, "이곳의 가치와 철학이 나와 맞다"는 이유로 찾게 된다. 요즘 소비자는 단순한 할인이나 프로모션보다, 브랜드가 어떤 가치관을 가지고 성장해 나가는지에 더 큰 관심을 가진다. 그렇기 때문에 처음부터 흔들리지 않는 브랜드 방향성을 설정하고, 이를 기반으로 성장해야 한다.

브랜드 정체성을 유지하면서 유연하게 조정하는 태도

물론 처음부터 완벽한 브랜드 전략을 세우기는 어렵다. 예를 들어 20대를 타깃으로 설정했지만, 막상 영업을 시작하고 보니 30대 직장인 고객층이 더 많을 수도 있다. 이때 중요한 것은 "이 살롱이 궁극적으로 지향하는 가치"를 유지하면서도, 현실적인 시장 상황에 맞춰 유연하게 조정하는 태도다. 매출이 줄어든다고 해서 무리하게 할인 경쟁에 뛰어들거나, 브랜드 방향성을 잃어버리는 일은 피해야 한다.

처음에 설정한 브랜드 방향이 너무 비현실적이거나 엉뚱하지 않은 이상, 고객 반응을 반영하면서 정체성을 조금씩 다듬어 가는 과정이 필요하다. 핵심은 흔들리지 않는 본질을 유지하면서, 유연하게 고객 니즈를 반영하는 것이다. 만약 처음 설정한 방향과 시장 반응 사이에서 괴리가 느껴진다면, "브랜드 정체성을 유지하면서 어떤 부분을 현실적으로 조정할 수 있을까?"를 고민해야 한다.

브랜드 아이덴티티는 행동으로 완성된다

브랜드 아이덴티티는 단순히 로고나 인테리어 같은 외형적인 요소가 아니라, "이 살롱을 왜 찾게 되는가?"에 대한 소비자의 감정적, 이성적 이유가 된다. 경영자와 디자이너, 크루는 모든 의사결정에서 브랜드의 존재 이유를 떠올리고, 그 방향에 어긋나지 않는지를 계속 점검해야 한다.

예를 들어, "휴식 같은 미용을 제공한다"는 미션을 정했다면, 예약 시스템을 너무 빡빡하게 운영해서 고객이 서둘러야 하거나, 살롱 분위기가 지나치게 바쁘고 소란스럽다면 고객은 브랜드와의 불일치를 느낄 것이다. 반면, 차분한 상담과 충분한 케어, 조용하고 편안한 음악과 따뜻한 음료 서비스 등을 통해 그 미션을 실천한다면 고객은 "이 살롱은 정말 편안한 곳"이라고 느낀다.

즉, 브랜드 철학은 거창한 슬로건이 아니라, 매일 실천되는 행동으로 완성된다. 작은 디테일까지 브랜드 철학이 반영될 때, 고객은 무의식적으로 "이곳은 다른 곳과 다르다"는 감각을 가지게 된다.

새로운 살롱이 주의해야 할 핵심 포인트

새로운 살롱을 시작하는 과정에서 특히 신경 써야 할 몇 가지 요소가 있다.

1. 소비자 분석과 시장 조사
- 내가 열고자 하는 지역의 고객층은 누구인가?
- 이 고객들은 어떤 미용 경험을 원하며, 기존 살롱에서 느꼈던 불편함은 무엇인가?
- 이 지역에서 내 살롱이 차별화될 수 있는 포인트는 무엇인가?

2. 일관된 브랜드 메시지 전달
- SNS, 홈페이지, 매장 내부, 상담 방식까지 브랜드 메시지가 일관되게 전달되고 있는가?
- 고객이 살롱을 찾았을 때, 브랜드가 내세운 가치와 실제 경험이 일치하는가?
- 처음 방문한 고객이 "이 살롱은 이런 곳이구나"라고 직관적으로 이해할 수 있는가?

3. 빠른 매출보다 장기적인 신뢰 형성에 집중
- 단기적인 매출을 위해 무리한 할인 프로모션을 반복하면 브랜드 가치가 희석될 위험이 있다.
- 초기 고객들이 재방문하고, 장기적인 관계를 형성하도록 만드는 것이 더 중요한 목표다.
- "고객이 다시 오고 싶은 이유"를 지속적으로 고민해야 한다.

4. 브랜드의 본질을 잊지 말 것

- 브랜드 아이덴티티를 초반에 제대로 설정하지 않으면, 시간이 지나면서 방향성을 잃기 쉽다.
- 트렌드나 시장 변화에 따라 유연하게 대응하되, 핵심 가치는 변하지 않도록 유지해야 한다.

브랜드 정체성이 살롱의 미래를 결정한다

새롭게 시작하는 살롱이 지속적으로 성장하려면, 명확한 브랜드 정체성을 기반으로 모든 운영 요소가 유기적으로 연결되어야 한다. 단순히 "머리를 잘하는 곳"이 아니라, "이곳은 이런 가치와 철학을 가진 공간이다"라는 인식을 고객에게 심어줄 때, 단골 고객이 생기고 브랜드가 자연스럽게 성장할 수 있다.

처음에는 브랜드 전략이 완벽하게 정리되지 않을 수도 있다. 그러나 중요한 것은 처음 설정한 방향을 쉽게 흔들리지 않도록 지키면서, 현실적인 조정을 가미하는 태도다. 시장 변화와 고객 반응을 반영하면서도, 브랜드의 본질을 유지하는 것이 성공적인 살롱 경영의 핵심이다.

결국 살롱의 성공 여부는 단순한 마케팅 기술이나 프로모션이 아니라, "이 살롱이 왜 존재하는가?"라는 질문에 대한 명확한 답을 가지고 운영하는가에 달려 있다. 이 질문이 충분히 다듬어지고, 살롱의 모든 운영과 서비스가 이 방향과 일치할 때, 고객은 그 살롱에 대한 신뢰를 형성하고 자연스럽게 재방문하게 된다. 이것이 바로 본질경영과 인본주의 미용이 추구하는 장기적인 성장의 기반이 된다고 본다.

살롱 경영 전략: 메뉴 구성 & 고객 관리의 핵심 축

1. 전략적 메뉴 구성의 두 축

- 만년 히트메뉴
  - 오랜 기간 고객에게 검증된 대표 메뉴
  - 브랜드 정체성 및 안정된 재방문율 구축
  - 숙련도와 일관된 서비스 제공

- 계절별 리뉴얼 메뉴
  - 트렌드와 계절 변화 반영
  - 신선한 경험과 창의적 스타일 제안
  - 한정판 컨셉으로 고객의 기대감 증대→ 균형 유지:만년 히트메뉴와 계절별 리뉴얼 메뉴를 적절히 조합하여, 고객에게 안정감과 동시에 지속적인 새로움을 제공한다.

2. 객단가와 고객수 균형 재설정

- 총 매출 공식:[총 매출 = 객단가 × 고객수]
- 현재 상태 분석:
  - 객단가가 낮은 경우: 단순 커트 위주, 복합 시술 부담
  - 객단가가 높은 경우: 복합 시술 중심, 방문 빈도 저하

- 고객수가 적은 경우: 높은 가격 또는 예약 어려움
- 고객수가 많은 경우: 과도한 예약 → 서비스 질 저하

- **목표 설정**
  - 현실적인 인프라와 직원 역량에 기반한 목표 수치 설정
    예: 월 200명 고객 × 평균 객단가 7만원, 또는 180명 고객 × 8만원 이상

- **운영 전략**
  - 내부 예약 및 프로세스 관리 강화
  - 데이터 분석(POS, 고객 리뷰, 재방문율)을 통한 정기 점검 및 조정

3. 시그니처 메뉴 전략으로 객단가 기준 전환

- **시그니처 메뉴의 정의**
  - 단순한 이름 변경이 아니라, 살롱 또는 디자이너의 전문성을 집약하여 "여기서만 받을 수 있는 특별한 경험" 제공- 차별화된 기술력, 정밀 상담, 고객 맞춤형 서비스 포함

- **도입 절차**
  - 내부 메뉴 구성 재정비: 너무 많은 메뉴는 혼란을 야기 → 주력 메뉴 선정
  - 시그니처 메뉴와 기본 메뉴 구분 (예: "기본 펌" vs "시그니처 펌" (특정 디자인, 프리미엄 크리닉 포함))

- **고객 설득 전략:**
  - 충분한 상담을 통해 왜 시그니처 메뉴가 더 가치 있는지 구체적으로 설명
    (예: "시그니처 열펌은 손상 최소화, 스타일링 용이, 3단계 크리닉으로 볼륨 유지력 탁월")

- **결과**
  - 고객은 가격 인상에도 불구하고 "내가 이만큼의 가치를 얻는다"는 확신을 갖게 되고, 객단가가 상승하며 고객 충성도가 증가

4. 팬덤 구축: 고객을 단순 소비자가 아닌 동행자로 만들기

- **기본 원칙**
- 고객을 "계산서의 숫자"가 아니라, "함께 성장하는 동행자"로 대하는 인본주의적 접근

- **실천 전략**
  - 디자이너의 진심 어린 상담과 세심한 배려를 통한 감동 경험 제공
  - 고객 맞춤형 시술 후 케어, 구체적인 관리 팁 제공
  - 고객 의견과 후기를 자연스럽게 유도하는 환경 조성
    (할인 이벤트보다는 진정성 있는 SNS 콘텐츠 및 구전 마케팅)

- **결과**
  - 고객은 재방문은 물론, 자발적으로 지인에게 추천하며 브랜드 팬덤이 형성됨

Point! 브랜딩 설계: "존재 이유"를 명확히 밝혀라

1. 브랜드의 존재 이유 정의
- "왜 이 살롱을 시작하는가?"에 대한 명확한 답변 필요
- 인테리어·가격보다 철학·가치 설정이 우선
- 인본주의 미용 철학과 감정적 유대 형성이 핵심

2. 브랜드 아이덴티티 전략
- 로고·SNS보다 고객 경험 전반에 정체성 구현
- 핵심 가치는 유지, 시장 반응에 따라 유연 조정
- 철학은 슬로건이 아니라 일관된 실천으로 완성

3. 오픈 초기 주의사항
1. 소비자 분석: 지역 고객 니즈·경쟁 우위 파악
2. 브랜드 메시지 통일: 모든 접점에서 일관성 형성
3. 장기 관계 중시: 재방문 유도, 무리한 할인 지양
4. 본질 유지: 유연성 속에서도 방향성 고수

4. 살롱 운영 전략 요약
- 메뉴 구성: 만년 히트메뉴(안정성) + 계절 리뉴얼 메뉴(신선함)
- 매출 전략: 객단가 × 고객 수 균형 설정 및 정기 점검
- 시그니처 메뉴 도입: 전문성과 차별화 → 객단가 상승, 충성도 확보
- 팬덤 구축: 고객을 '동행자'로 대하는 진정성 기반 운영

☑ 결론
- 성공적인 살롱 = 명확한 철학 + 일관된 실천
- "왜 존재하는가"에 답하고, 흔들림 없이 운영할 것.

2. 가격 설정, 장기적으로 득과 실을 고려해야, 가격 설정에 후회가 없다

살롱 운영에서 가격 설정은 단순히 주변 시세나 경쟁 살롱의 가격을 참고하는 수준에서 끝나서는 안 된다. 가장 먼저 해야 할 일은 우리 살롱의 손익 구조를 철저히 분석하는 것이다. 임대료, 관리비, 세금, 인건비, 재료비 등의 고정·유동 지출을 세세하게 따져 보고, 원하는 이익을 내려면 월 매출이 얼마가 되어야 하는지를 명확히 알아야 한다. 이런 과정 없이 "주변 살롱이 이 가격이니 우리도 비슷하게 맞추자"라고 결정하면, 시간이 지나 운영이 어려워질 위험이 크다.

가격 설정의 핵심: 손익 구조와 브랜드 정체성 고려하기

특히 신규 살롱이라면, 인테리어 비용과 권리금 등 초기 투자금을 얼마 만에 회수할지부터 구체적으로 계획해야 한다. 예를 들어, 3년 혹은 5년 안에 투자금을 회수하고 싶다면, 그 기간 동안 매달 필요한 수익을 역산하여 목표 매출을 설정할 수 있다. 그리고 그 목표를 달성하기 위해 커트, 펌, 염색 등의 시술 가격을 어떻게 배분할지 결정해야 한다.

이때 중요한 것은 살롱의 강점에 따라 가격 전략을 다르게 가져가야 한다는 점이다.

- 커트 기술력이 뛰어나다면: 커트비를 가치 있게 책정하고 회전율을 높이는 방식
- 펌과 염색이 강점이라면: 해당 시술의 단가를 우선적으로 높여 고객이 해당 서비스를 찾도록 유도하는 방식

또한 가격은 단순히 매출을 결정하는 요소가 아니라, 살롱의 브랜드 정체성을 나타내는 지표이기도 하다. 예를 들어, 커트 단가를 낮게 설정하고 회전율과 재방문율을 높이려면,

- 많은 인원이 빠르게 시술을 소화할 수 있도록 시스템을 갖춰야 하고
- 동시에 고객이 '가격 대비 서비스 품질이 좋다'고 느낄 만한 만족도를 제공해야 한다.

반대로 고급스럽고 프라이빗한 분위기를 강조하고 싶다면,

- 고객 수를 제한하고 단가를 높여야 하며
- 충분한 시술 시간을 확보하여 세심한 케어와 개별 맞춤형 서비스를 제공해야 한다.

이처럼 가격을 설정할 때는 단순히 "얼마를 받을 것인가"가 아니라 "이 가격을 받을 만큼의 경험과 가치를 고객에게 제공할 수 있는가?"를 고민해야 한다.

가격 설정 시 고려해야 할 4가지 핵심 요소

1. 우리 살롱의 지출 구조
- 고정비(임대료, 관리비, 세금, 인건비)와 변동비(재료비, 프로모션 비용 등)를 고려하여 최소 목표 매출 설정
- 월간 목표 매출을 기준으로 가격 책정

2. 핵심 서비스와 경쟁력
- 살롱의 강점이 커트인가? 펌과 염색인가? 고객이 가장 많이 찾는 메뉴는 무엇인가?
- 핵심 서비스에 대한 가치를 극대화하여 가격을 결정

3. 예상 고객 수와 소비자 심리
- 우리 살롱을 찾는 고객층이 받아들일 수 있는 가격대는?
- 가격이 고객에게 심리적으로 어떤 의미를 주는지 분석
  (예: 너무 저렴하면 품질에 대한 의심, 너무 비싸면 접근 장벽)

4. 살롱이 지향하는 브랜딩 이미지
- 합리적인 가격대의 대중적인 살롱인지, 고급스러운 프리미엄 살롱인지
- 가격이 살롱의 브랜드 정체성과 일관성을 유지하고 있는가?

할인과 프로모션의 득과 실

할인 프로모션을 고려할 때도 실질적인 이익과 리스크를 신중하게 따져봐야 한다.

- 할인의 장점
  - 단기적으로 신규 고객을 유입하고, 살롱의 인지도를 높이는 효과
- 할인의 단점
  - 이벤트성 방문이 많아지면서 장기 고객 유치가 어려워질 수 있음
  - 고객이 정상 가격을 기준으로 인식하지 않고, 할인 가격을 기본으로 받아들이게 될 위험

예를 들어, 선불권 판매나 대규모 할인 행사를 기획할 때, "매출은 올랐지만 순이익이 줄어드는 상황"이 발생할 수 있다. 재료비와 인건비를 고려했을 때 실제로 남는 금액이 적다면, 단기적 매출 상승이 장기적인 경영에 도움이 되지 않을 수도 있다. 따라서 할인 전략을 세울 때는 "할인 후에도 지속적으로 정상 가격을 유지할 수 있는 구조인가?"를 반드시 따져봐야 한다.

고객은 많은데 수익이 남지 않는 이유

많은 원장들이 "고객은 많은데 왜 수익이 남지 않을까?"라는 고민을 한다. 이는 대개 다음 두 가지 원인 중 하나에서 비롯된다.

1. 잘못된 가격 설정: 객단가가 너무 낮아 고정비를 충당하기 어려운 구조
2. 과도한 할인: 정상 가격을 받아야 할 고객에게까지 계속 할인을 제공하여 순이익이 줄어드는 문제

- **예방책**
  - 고객 수를 늘리면서도 수익성을 유지할 수 있는 가격 구조 설정
  - 장기적인 고객 유지 전략을 고려한 가격 조정
  - 할인 프로모션을 단기 유입용이 아닌, 브랜드 가치를 높이고 고객 충성도를 강화하는 수단으로 활용

장기적인 가격 전략 수립하기

가격은 단순히 "얼마를 받을 것인가?"가 아니라, **"이 가격을 받을 만큼의 서비스와 가치를 고객에게 제공할 수 있는가?"** 라는 질문을 통해 결정해야 한다.

이를 위해 가격을 설정할 때는 다음과 같은 접근법이 필요하다.

1. 단기 vs. 장기 전략을 구분하여 설정

- 단기적으로는 매출 안정성을 확보하고,
- 장기적으로는 브랜드 가치를 높여 가격 저항 없이 지속적인 성장을 가능하게 하는 구조

2. 객단가와 고객 수의 균형 맞추기

- 고객 수를 지나치게 늘리는 방식으로 가면 서비스 질 저하 → 고객 만족도 하락 → 재방문율 감소
- 객단가를 너무 높이면 신규 고객 유입이 어려워지고, 장기적으로 접근 장벽이 생길 가능성

3. 고객 심리를 고려한 가격 포지셔닝

- 가격이 살롱의 브랜드 이미지와 일관되게 유지되도록 조정
- 지나치게 낮은 가격은 '품질 저하'로, 지나치게 높은 가격은 '부담감'으로 작용할 수 있음

가격 설정은 살롱 경영의 핵심 전략

살롱에서 가격을 설정할 때는 단순한 가격 책정이 아니라, 살롱의 정체성과 운영 목표를 기준으로 전략적으로 결정해야 한다.

무엇보다 가격은 매출을 결정하는 동시에, 살롱의 브랜드 가치를 드러내는 중요한 요소다.

- 합리적인 가격대의 대중적 살롱인가?
- 고급스러운 프리미엄 살롱인가?

이러한 정체성에 따라 가격을 설정해야 고객이 납득할 수 있고, 브랜드 신뢰도를 형성할 수 있다. 따라서 가격 설정 과정에서 득과 실을 면밀히 분석하고, 장기적으로 지속 가능한 가격 구조를 설계하는 것이 핵심이다. 이렇게 하면 나중에 후회할 일이 적어지고, 고객도 살롱의 가격 정책을 신뢰하게 된다. 결국, 단순히 가격을 올리거나 내리는 것이 아니라, 객단가와 고객 수, 그리고 살롱의 가치가 균형을 이루는 구조를 설계하는 것이 가장 중요한 과제라고 본다.

Point! 브랜딩 설계: "존재 이유"를 명확히 밝혀라

1. 가격 설정의 기본 원칙
   * 주변 시세 참고보다 손익 구조 분석이 우선
   * 임대료, 인건비 등 지출 파악 후 목표 매출 기반으로 가격 설계
   * 브랜드 정체성과 맞는 가격 포지셔닝 필요

2. 살롱 특성에 맞춘 전략
   * 커트 강점: 합리적 단가 + 회전율 전략
   * 펌/염색 강점: 고단가 설정 + 전문성 강조
   * 고급 vs. 대중 이미지에 따라 서비스 방식과 가격 전략 달라야 함

3. 가격 설정 시 고려할 4가지 요소
   1. 지출 구조 분석(고정비 + 변동비)
   2. 핵심 서비스 선정(가장 경쟁력 있는 메뉴 중심 가격 전략)
   3. 고객 수 & 심리 분석(지불 의사와 가격 인식)
   4. 브랜드 이미지 일관성 유지

4. 할인 전략의 득과 실
- 장점: 신규 고객 유입, 인지도 상승
- 단점: 이벤트성 고객 증가 → 재방문률 저하 (할인 가격에 익숙 → 정상 가격 거부감)
- 할인은 단기 수단일 뿐, 장기 전략과 연계 필요

5. 고객은 많은데 수익이 낮은 이유
- 객단가 부족 또는 과도한 할인 정책
- 해결책: 수익성 중심 가격 구조 설계 + 충성 고객 확보 전략

6. 장기적 가격 전략 수립
- 단기 매출 안정 + 장기 브랜드 가치 동시 추구
- 객단가 vs 고객 수 균형 조정
- 심리적 납득 가능한 가격대 유지(과도한 고가·저가 지양)

☑ 결론
- 가격은 매출 도구이자 브랜드의 얼굴이다.
- 수익성·고객 심리·브랜딩을 고려해 전략적으로 설정해야, 후회 없는 경영이 가능하고 고객 신뢰도 얻을 수 있다.

3. 오픈빨 세우는 이벤트 전략: 기간, 할인율, 목적

새로운 살롱을 오픈할 때 가장 중요한 것은 <오픈빨(신규 유입 효과)>을 어떻게 활용하느냐에 달려 있다. 예전처럼 단순히 "새로 열었다"는 이유만으로 고객이 몰리는 시대가 아니므로, 오픈 초반에 체계적인 전략이 없으면 몇 달 동안 적자를 면치 못할 가능성이 크다. 그렇기 때문에 오픈빨을 극대화하려면 이벤트의 기간, 할인율, 그리고 목적을 명확히 설정하는 것이 필수적이다.

기간: 최소 3개월, 길게는 6개월까지 유연하게 운영

많은 살롱이 오픈 이벤트를 1~2주, 길어야 한 달 정도로 설정하지만, 신규 고객 확보와 재방문율을 높이려면 최소 3개월에서 6개월까지 탄력적으로 운영하는 것이 효과적이다. 첫 방문 고객이 재방문을 결심하거나 주변에 소개하기까지는 시간이 필요하므로, 한 달 안에 모든 이벤트를 몰아넣고 끝내 버리면 기회를 놓칠 수 있다.

단계별 운영 전략

1. 1개월 차: 신규 고객 유입 극대화

- SNS 광고, 지역 광고 등을 활용해 브랜드 인지도를 높이고, 첫 방문 유도를 위한 강력한 프로모션 진행
- 직원들이 고객과 친밀한 관계를 형성할 수 있도록 고객 응대 강화

2. 2개월 차: 첫 방문 고객의 재방문율 증가

- 첫 방문 고객에게 재방문 혜택 제공
- "다음 시술 시 크리닉 서비스 무료" 같은 인센티브 제공
- CRM을 활용해 고객별 맞춤 메시지를 발송하여 지속적인 연결 유지

3. 3개월 차: 장기 고객 확보 및 멤버십 운영

- 장기적인 고객 유지 전략으로 회원제 프로그램 및 단골 고객 혜택 도입
- 특정 시술 패키지나 장기 이용권 판매로 충성 고객층 형성

4. 4~6개월 차: 정상가 전환 및 프리미엄 서비스 제공

- 이벤트 종료 후 정상가로 전환하되, 기존 고객 충성도를 높이기 위한 차별화된 서비스 제공
- 정기적으로 방문할 이유를 만들 수 있도록 맞춤형 추천 서비스 운영

이러한 방식으로 기간을 설정하면 오픈빨 효과가 단기간에 끝나지 않고, 장기적인 매출 안정성으로 이어질 가능성이 높아진다.

할인율: 파격적이되, 운영 역량을 감당할 수 있는 수준으로 설정

오픈 이벤트는 살롱 운영 중 가장 파격적인 할인율을 시도할 수 있는 시기다. "이 시기에만 누릴 수 있는 특별한 혜택"을 강조하면, 고객이 호기심을 갖고 방문할 확률이 높아진다. 그러나 할인율을 설정할 때는 살롱의 인프라와 기술력이 이를 감당할 수 있는지 반드시 점검해야 한다.

할인율 책정 기준

1. 첫 방문 고객 30-50% 할인

- 신규 고객이 부담 없이 방문할 수 있도록 유도
- 고객수 모집이 필요할 때는 커트 및 부분 시술도 포함해서 할인해야 된다.

2. 패키지 할인 활용

- 단순 1회 할인보다, "2회 방문 시 추가 할인" 같은 전략을 활용하여 재방문을 유도
- 예: "첫 방문 20% 할인, 두 번째 방문 15% 할인"
- 펌 & 크리닉 패키지, 염색 & 홈케어 패키지 등으로 할인 적용

3. 단기 할인 vs. 장기적인 혜택 구분

- 오픈 첫 달에는 파격적인 할인으로 빠른 유입 유도
- 2~3개월 차부터는 회원제 할인, 정기 고객 혜택 등으로 연결하여 정상가로 복귀

이처럼 할인율은 단순한 가격 인하가 아니라, 정상가로 전환했을 때도 고객이 지속적으로 방문할 수 있도록 설계하는 것이 핵심이다.

이벤트 목적: 단순 매출 상승이 아니라 재방문 유도와 브랜드 포지셔닝

오픈 이벤트를 기획할 때, 단순히 단기 매출을 올리는 데 집중하면 이벤트 종료 후 매출이 급락할 가능성이 크다. 따라서 "이 이벤트를 왜 하는가?"라는 질문에 답해야 한다.

이벤트의 주요 목적

1. 재방문 유도

- 고객이 우리 살롱의 시그니처 메뉴와 서비스를 경험하도록 유도
- 예: 펌·염색 전문 살롱이라면, 첫 방문 고객에게 크리닉 혜택 제공
- "펌을 했더니 크리닉까지 해줘서 손상이 적었네?" → 자연스럽게 고객이 재방문할 이유를 만듦

2. 목표 고객층 명확화

- 우리가 공략하고 싶은 고객층(예: 20~30대 직장 여성, 남성 헤어 특화 등) 집중 타겟팅
- 타깃 고객이 선호하는 스타일을 분석하고, 그에 맞춘 오픈 특화 이벤트 운영
- 예: 남성 헤어 특화 살롱이라면 "남성 전용 스타일링 & 스파" 패키지 제공

3. 단순 할인 대신 '특별한 경험' 제공

- 오픈 이벤트가 단순 가격 할인에 그치지 않고, 살롱만의 문화를 경험할 기회가 되도록 구성해야 한다.
- 예: 헤드스파 서비스, 1:1 맞춤 상담, 프리미엄 음료 제공
- 고객이 "할인받은 가격에 이런 것까지 받았어?"라는 만족감을 느끼면, 이벤트 종료 후에도 재방문 가능성이 높아진다.

이벤트 종료 후, 재방문으로 연결시키는 전략

오픈 이벤트가 끝났다고 해서 고객과의 관계가 끝나는 것이 아니다. 이벤트 종료 후에도 고객이 다시 방문할 이유를 만들어야 한다.

재방문 전략

1. 재방문 혜택 제공
- 첫 방문 고객에게 3개월 내 재방문 시 추가 혜택 제공
- 예: "첫 방문 후 30일 이내 재방문 시 크리닉 서비스 무료"
- 고객이 "다시 한 번 가볼까?"라고 생각할 수 있도록 유도

2. 고객 맞춤형 후속 이벤트 기획
- 첫 방문 고객의 시술 기록을 CRM에 저장해 두고, 다음 시술 추천 및 예약 유도
- 예: 펌을 한 고객에게 "컬 유지 관리 크리닉" 추천, 염색한 고객에게 "뿌리 염색 리마인드" 메시지 발송

3. SNS 활용, 후기 및 입소문 마케팅
- 오픈 이벤트를 경험한 고객들의 후기를 적극적으로 수집하여 SNS 홍보에 활용
- 해시태그 이벤트나 후기 남기기 혜택을 제공해 자발적인 바이럴 마케팅 유도

결론: 강렬한 첫인상과 장기적 신뢰 구축의 균형

오픈빨 이벤트는 단순히 "한 번 다녀가는 고객"을 모으는 것이 아니라, 재방문으로 이어질 수 있는 '경험'을 설계하는 것이 중요하다.

- 이벤트 기간: 최소 3개월, 길게는 6개월까지 유연하게 운영
- 할인율: 초기 유입을 위한 파격 할인, 그러나 살롱이 감당할 수 있는 수준으로 조정
- 목적: 단순 매출 상승이 아닌, 고객이 우리 살롱을 확실히 경험하고 재방문하도록 만드는 것

결국, 오픈빨 전략은 강렬한 첫인상과 장기적인 신뢰 구축 사이의 균형을 맞추는 과정이다. 이벤트가 끝난 뒤에도 고객이 "다시 찾고 싶다"고 느낄 수 있도록, 단순한 할인보다 살롱만의 차별화된 경험을 제공하는 것이 핵심이다. 그렇게 기획된 오픈 이벤트는 단순 '오픈빨'로 끝나는 것이 아니라, 살롱의 미래 매출과 브랜드 이미지를 결정짓는 중요한 전환점이 될 것이다.

오픈 단계에서 주의할 점
- 초기 컨셉과 방향성을 명확히 설정해야 한다.
- 초기 고객 경험이 긍정적이어야 재방문과 입소문으로 이어진다.
- 비용 대비 효율적인 마케팅 전략을 설정해야 한다.

초기 고객 유입과 재방문 전략 체크리스트

- 초기 고객에게 충분한 만족을 줄 수 있는 서비스를 준비했는가?
- 오픈 이벤트가 효과적으로 고객 유입을 촉진하고 있는가?
- 지역 커뮤니티와의 적극적인 소통과 마케팅을 진행하고 있는가?
- 초기 방문 고객을 위한 특별한 관리와 지속적인 재방문 유도 전략이 있는가?

Point! 오픈빨 세우는 이벤트 전략: 기간, 할인율, 목적

1. **이벤트 기간: 최소 3개월, 최대 6개월 운영**
   * 1개월 차: 브랜드 인지도 확보 + 신규 고객 유입
   * 2개월 차: 재방문 유도 (재방문 혜택, 맞춤 메시지)
   * 3개월 차: 장기 고객 확보 (멤버십, 패키지 도입)
   * 4~6개월 차: 정상가 전환 + 프리미엄 서비스 제공

2. **할인율 전략: 파격적이되 운영 가능한 수준**
   * 첫 방문 고객: 20~30% 할인 (펌·염색 중심)
   * 패키지 할인: "2회 방문 시 추가 할인" 등 유도형 구성
   * 단기 할인 → 장기 혜택 연결: 회원제, 정기 방문 혜택 등

3. **이벤트 목적: 단순 매출 아닌 '경험 설계'**
   * 재방문 유도: 대표 서비스 + 부가 혜택으로 재이용 계기 제공
   * 목표 고객 타겟팅: 연령·성별·라이프스타일별 특화 전략
   * 살롱 문화 경험 제공: 헤드스파, 1:1 상담, 프리미엄 음료 등

4. **이벤트 이후 전략: 고객 관계 유지**
   * 재방문 유도 혜택: 방문 후 일정 기간 내 혜택 제공
   * CRM 기반 맞춤 마케팅: 시술 기록 기반 리마인드 메시지
   * 후기·SNS 마케팅: 해시태그, 후기 이벤트 등 바이럴 활용

☑ **결론**
   * 강렬한 첫인상 + 장기 신뢰 구축의 균형이 핵심.
   * 할인보다 차별화된 경험 제공이 재방문을 만든다.
   * 오픈 이벤트는 단기 매출이 아닌 브랜드 미래의 출발점이다.

4. 고객수를 먼저 쌓고, 이후 매출을 높여라

살롱을 새롭게 오픈하거나 리브랜딩을 시도할 때, 많은 미용인이 가장 먼저 매출을 끌어올리는 것에 집중한다. 하지만 매출보다도 먼저 확보해야 할 것은 고객수다. 고객 풀이 충분하지 않은 상태에서 매출을 높이려 하면, 결국 무리한 세일즈나 할인에 의존하게 되고, 장기적인 성장까지 해칠 위험이 크다. 미용 비즈니스의 핵심은 고객과 신뢰를 쌓는 것이다. 단순히 한두 번 방문하고 끝나는 고객이 아니라, 반복 방문을 통해 꾸준히 찾아오는 단골 고객이 많아져야 살롱이 안정적으로 운영될 수 있다. 따라서 매출보다는 최대한 많은 신규 고객을 유입하는 데 집중하고, 그들이 다시 방문할 수 있도록 분위기와 인프라를 마련하는 것이 우선이다.

고객수를 확보하기 위한 전략

고객수를 늘리려면 가격 대비 만족도를 의미하는 가성비와 감성적 만족도를 의미하는 가심비라는 두 가지 요소를 충족해야 한다.

가성비는 신규 고객이 부담 없는 가격과 합리적인 서비스를 경험하도록 하는 것이다. 첫 방문에서 "이 정도면 충분히 괜찮은 선택이었다"라고 느껴야 재방문을 고민한다. 가격이 합리적이면서도 기대 이상의 결과를 제공해야 하며, 가격이 낮다고 해서 품질까지 낮아서는 안 된다. 오히려 적절한 가격에서 고객이 예상하지 못한 추가적인 가치를 제공할 때, 고객은 감동하고 충성 고객이 될 가능성이 높아진다.

가심비는 가격만큼 중요한 요소다. 살롱의 인테리어가 깔끔하고 편안한 분위기를 조성하는지, 직원들의 응대가 친절하고 자연스러운지, 디자이너들이 단순한 기술자가 아니라 고객과 소통하는 전문가로서의 태도를 갖추고 있는지가 중요한 판단 기준이 된다. 고객이 "이곳은 단순히 머리를 하는 공간이 아니라, 편안한 휴식과 세심한 배려를 경험할 수 있는 곳"이라는 인상을 받도록 해야 한다.

고객이 한 번이라도 기분 좋은 체험을 하지 못하면, 자연스러운 재방문으로 이어지기 어렵다.

초기 객단가를 낮춰야 하는 이유

많은 살롱이 오픈 초반부터 매출을 올리기 위해 고가 메뉴를 적극 권장한다. 하지만 이는 오히려 고객수를 확보하는 데 걸림돌이 될 수 있다.

하루 10명이 방문했을 때, 모두에게 고가 시술을 권해 일시적으로 매출을 올릴 수는 있다. 하지만 부담을 느낀 고객은 다음번에 방문을 망설이거나, 아예 다른 곳으로 갈 가능성이 높다. 반면, 합리적인 가격과 만족스러운 서비스를 경험한 고객은 "여긴 믿고 다시 가도 좋겠다"라고 생각하게 된다.

미용 경영에서 가장 값진 것은 단순히 한두 번 들렀다 사라지는 고객이 아니라, 꾸준히 찾아와주고 주변 지인에게까지 소개해 주는 단골 고객이다. 따라서 초기에는 객단가보다 고객수를 늘리는 데 집중해야 한다.

고객수가 확보된 후, 매출을 높이는 방법

일정 수준 이상의 고객 풀이 형성되면, 자연스럽게 매출을 끌어올릴 수 있는 기회가 많아진다. 예를 들어 시그니처 메뉴나 프리미엄 라인을 개발해, 이미 쌓인 신뢰를 바탕으로 고객이 기꺼이 더 높은 금액을 지불하도록 유도할 수 있다.

고객수가 확보된 후 매출을 높이는 전략으로는 시그니처 메뉴 개발, 객단가를 높이는 프리미엄 서비스 도입, 재방문율을 높이기 위한 맞춤형 마케팅이 있다.

시그니처 메뉴는 단순한 스타일링이 아니라, 특정 고객층이 필요로 하는 맞춤형 서비스를 제공하는 것이다. 예를 들어 디자인 컬러, 헤드스파, 세분화된 펌 메뉴 등으로 단계별 시술을 구성하여 고객에게 차별화된 경험을 선사한다.

객단가를 높이는 프리미엄 서비스 도입도 중요하다. 고객이 이미 "여기는 정말 괜찮은 살롱이야"라는 인식을 갖고 있다면, 고가 시술을 제안하기가 훨씬 쉬워진다. 특정 디자이너가 전담하는 인생 헤어 디자인 같은 맞춤형 서비스를 제공하거나, 헤드스파와 스타일링을 결합한 프리미엄 라인을 운영하면 고객은 자연스럽게 높은 금액을 지불하게 된다.

재방문율을 높이기 위한 맞춤형 마케팅도 필수적이다. 예약 시스템이나 CRM을 활용해 첫 방문 고객의 시술 이력과 취향을 꼼꼼히 기록하고, 일정 기간 후 자연스럽게 메시지를 보내거나 안부를 묻는 방식으로 고객과 지속적인 연결을 유지하는 것이 중요하다. 펌을 한 고객에게 컬 유지 관리 크리닉을 추천하거나, 염색한 고객에게 뿌리 염색 리마인드 메시지를 발송하는 등의 방법이 있다.

고객 확보를 위한 세부 전략

살롱만의 차별화된 강점을 강조해야 한다. 단순한 할인만으로는 한계가 있으므로, 왜 이 살롱이어야 하는지를 확실히 알려야 한다. 우리 살롱이 가진 차별화된 서비스나 독특한 시그니처 메뉴, 디자이너의 매력, 편안하고 밝은 분위기 같은 장점을 제대로 외부에 알리는 것이 중요하다.

첫 방문 유도를 위한 프로모션도 효과적이다. 오픈 초반 혹은 리브랜딩 초반에는 고객이 부담 없이 방문해 볼 수 있도록 가격 정책을 설계해야 한다. 다만, 가장 중요한 것은 "그 가격조차 전혀 아깝지 않다"고 느낄 만한 만족도를 제공하는 것이다.

고객과의 관계를 유지하는 시스템 구축도 필요하다. 고객이 한 번 방문하고 끝나는 것이 아니라, 지속적으로 살롱을 찾을 수 있도록 환경을 조성해야 한다. CRM을 통해 맞춤형 서비스를 제공하고, 시술 후 피드백을 요청하는 등의 사후 관리가 필요하다.

고객수가 충분하면, 프리미엄 전략 도입

고객이 충분히 확보되면, 그제야 매출 향상을 위한 다양한 시도를 할 수 있다.

무료 서비스나 과도한 할인을 하지 않아도, 이미 만족한 고객들이 자발적으로 재방문하고 주변에 추천하는 상태가 된다. 특정 시간대나 메뉴를 프리미엄화하는 전략도 유효하다. 주말 오후는 VIP 스타일링 전용 타임으로 운영하거나, 특정 디자이너의 맞춤형 스타일링 서비스를 별도 예약제로 운영할 수 있다.

하지만 고객이 충분히 확보되지 않은 상태에서 고가 서비스만 운영하면, 선택할 사람이 부족해 실패할 확률이 높다. 따라서 초반에는 고객 확보, 이후 프리미엄 전략 순으로 접근하는 것이 필수적이다.

결론: 매출은 고객을 모은 뒤 따라온다

미용 경영에서 가장 중요한 것은 매출보다 고객수를 먼저 늘리는 것이다. 초기에는 이익을 크게 남기기보다 신규 고객을 확보하고, 신뢰를 쌓고, 재방문을 유도하는 데 집중해야 한다.

고객 풀이 어느 정도 쌓이면, 매출 향상 전략을 시도하는 것이 훨씬 쉬워진다.

가격을 높이지 않아도 고객이 많아지면 자연스럽게 매출이 증가하고, 고객 충성도가 높아진 상태에서 프리미엄 메뉴를 도입하면 큰 저항 없이 객단가 상승이 가능하다.

결국 매출은 고객을 먼저 모은 뒤 따라오는 것이지, 매출만 급하게 올린다고 단숨에 성공할 수 있는 것이 아니다. 초반에는 고객 확보에 집중하고, 이후 고객 풀이 충분히 형성되면 점진적으로 객단가를 높이며 매출을 증가시키는 전략이 가장 효과적이다.

이것이 장기적이고 견고한 미용 경영의 핵심이며, 본질경영이 지향하는 사람 중심의 지속 가능한 성장이라고 믿는다.

살롱 성공을 위한 전략

- **맞춤형 마케팅**: 고객의 선호도에 맞춘 타켓 프로모션
- **고객 기반 증가**: 충성도 높은 고객을 확보하기 위한 노력
- **가성비**: 고객에게 합리적인 가격과 기대 이상의 가치 제공
- **가심비**: 매력적이고 편안한 환경 조성
- **차별화된 서비스**: 독특하게, 맞춤형 제공으로 경쟁 우위 확보

(중심: 살롱 성장)

5. 홍보 × 마케팅 단계별 운영: "무료 → 소액 → 집중 투자"

살롱을 오픈한 후 안정적인 고객 유입을 만들기 위해서는 홍보와 마케팅을 체계적으로 운영하는 전략이 필수적이다. 많은 살롱이 오픈과 동시에 대규모 광고를 진행하거나 할인 프로모션을 진행하지만, 무작정 많은 비용을 쏟아부었다고 해서 반드시 성공하는 것은 아니다. 고객이 유입된 후 살롱 내부 운영이 제대로 정비되지 않으면, 아무리 좋은 마케팅을 해도 효과가 반감될 수 있다. 따라서 나는 살롱 규모와 성장 단계에 맞춰 무료 홍보 → 소액 홍보 → 집중 투자라는 세 가지 단계로 홍보 전략을 구분하고 실행할 것을 권장한다.

1단계: 무료 홍보 – 돈을 들이지 않고 고객과의 첫 접점 만들기

초기 홍보에서 가장 먼저 활용해야 할 방법은 비용이 들지 않는 무료 홍보다. 살롱을 알리는 첫 시작이기 때문에, 단순히 광고를 하기보다는 살롱만의 차별점을 효과적으로 노출하는 것이 중요하다. 대표적인 무료 홍보 방법으로는 다음과 같은 것들이 있다.

- 네이버 플레이스, 인스타그램, 블로그 활용
- 살롱 위치와 정보를 네이버 플레이스에 등록하고, 구체적인 설명과 사진을 추가한다.
- 인스타그램 계정을 개설해 스타일링 사진과 살롱의 분위기를 담은 콘텐츠를 정기적으로 업로드한다.
- 블로그를 운영해 살롱의 철학과 스타일링 팁, 고객 사례 등을 공유하며 신뢰도를 높인다.
- 지역 커뮤니티 및 맘카페 활용
- 지역 맘카페나 커뮤니티에 살롱을 소개하고, 신규 오픈 이벤트를 알린다.
- 실제 고객들의 방문 후기를 자연스럽게 공유하도록 유도한다.
- 살롱 스토리 브랜딩
- 단순히 "새로운 살롱입니다"라는 홍보가 아니라, "왜 이 살롱을 열었는가"에 대한 진솔한 이야기를 전달한다.
- 예를 들어, "고객이 편안한 휴식을 즐길 수 있는 공간"이라는 메시지를 전달하면, 고객이 감성적으로 공감할 가능성이 높아진다.

무료 홍보 단계에서는 단순한 정보 전달이 아니라, 살롱만의 개성과 철학을 어떻게 효과적으로 전달할 것인가가 핵심이다.

2단계: 소액 홍보 – 적은 비용으로 실험하며 최적의 홍보 방법 찾기

오픈 후 한두 달이 지나면 본격적으로 비용을 조금씩 들여 홍보 효과를 검증할 시점이 된다. 이때 무조건 광고 예산을 크게 늘리는 것이 아니라, 소액을 투자해 여러 채널을 테스트하고 가장 효과적인 홍보 수단을 찾는 것이 중요하다.

- 네이버 플레이스 광고 및 인스타그램 타깃 광고
- 검색 노출이 중요한 네이버 플레이스에서 소액 광고를 집행해 지역 기반 고객의 유입을 유도한다.
- 인스타그램에서는 타깃 광고를 활용해 20~30대 여성 고객층을 공략하거나, 특정 관심사를 가진 고객에게 노출될 수 있도록 조정한다.
- 소규모 이벤트 및 체험 마케팅
- 첫 방문 고객을 대상으로 특정 서비스를 무료로 제공하거나 할인 혜택을 적용해 방문을 유도한다.
- 단순 가격 할인보다는 "예약 후 방문 시 헤드스파 무료"와 같이, 살롱의 차별화된 서비스를 체험할 수 있도록 기획한다.
- 고객 반응 분석 및 리뷰 확보
- 이 시점에서는 단순히 광고를 집행하는 것이 아니라, 고객이 어떤 시술을 선호하는지, 어떤 홍보 방식에 가장 많은 반응을 보이는지를 데이터로 정리해야 한다.
- 방문한 고객에게 리뷰를 남길 수 있도록 유도하고, 이를 SNS나 블로그를 통해 적극 활용한다.

소액 홍보 단계에서는 광고비를 무작정 늘리는 것이 아니라, 가장 효율적인 홍보 채널을 찾고 데이터를 축적하는 과정이 핵심이다.

3단계: 집중 투자 – 살롱 브랜드를 확실히 각인시키는 단계

무료 홍보와 소액 홍보를 거쳐 고객 풀이 형성되고 내부 운영 체계가 안정되었다면, 이때부터는 보다 강력한 홍보 전략을 구사할 수 있다. 집중 투자 단계에서는 살롱의 인지도를 높이고, 경쟁력을 극대화하는 방향으로 마케팅을 운영해야 한다.

- 대규모 프로모션 및 리타겟팅 광고
- 기존 고객을 대상으로 VIP 혜택을 제공하는 등, 충성 고객을 확보하는 전략을 병행한다.
- 고객 데이터를 분석해 재방문 가능성이 높은 고객에게 맞춤형 프로모션을 제공한다.
- 지역 기반 브랜드 캠페인
- 지역 잡지나 신문에 인터뷰를 실어 살롱의 철학과 차별점을 알린다.
- 지역 축제, 문화 행사 등과 연계해 체험 부스를 운영하거나, 커뮤니티와 협력해 살롱의 인지도를 높인다.
- 프리미엄 서비스 론칭 및 가격 정책 조정
- 살롱이 안정적으로 운영되는 시점이라면, 고급 서비스나 프리미엄 메뉴를 도입해 객단가를 높일 수 있다.
- 기존 고객과 신규 고객을 분리하여, VIP 고객을 대상으로 차별화된 혜택을 제공하는 전략을 활용할 수 있다.

이 단계에서는 단순한 고객 유입을 넘어서, 살롱의 브랜드 이미지를 강화하고 장기적으로 신뢰를 쌓아가는 과정이 핵심이다.

단계별 운영의 중요성

많은 살롱이 오픈 후 단기간에 매출을 올리기 위해 무리하게 홍보 예산을 투입하는 실수를 범한다. 하지만 살롱이 장기적으로 성장하려면, 무리한 광고보다도 단계적인 접근이 필요하다.

1단계에서는 무료 홍보를 통해 브랜드를 알리고, 초기 고객과의 신뢰를 쌓는다.
2단계에서는 소액 홍보를 활용해 효과적인 마케팅 전략을 찾아가며, 고객 데이터를 수집한다.
3단계에서는 집중 투자를 통해 살롱의 브랜드 파워를 극대화하고, 장기적인 고객 충성도를 확보한다.

이러한 흐름을 따라가면, 살롱은 오픈 초반의 불안정한 상태를 벗어나 점차 안정적으로 성장할 수 있다.

장기적인 관점에서 홍보와 마케팅을 운영하라

살롱의 홍보와 마케팅은 단순히 많은 돈을 들이는 것이 아니라, 얼마나 전략적으로 운영하느냐에 따라 결과가 달라진다. 무료 홍보부터 시작해 소액 홍보로 효과를 검증하고, 충분한 데이터와 운영 경험을 쌓은 후 집중 투자를 진행하는 것이 가장 안정적인 방법이다.

광고는 단순히 고객을 끌어오는 수단일 뿐, 결국 고객이 살롱을 떠나면서 "여기는 정말 좋은 곳이었다"라는 경험을 가져가야 지속적인 방문이 이어진다. 따라서 홍보 단계가 올라갈수록 내부 운영 수준도 함께 높아져야 한다.

살롱은 단기적인 이벤트로 한순간에 성공하는 곳이 아니다. 차근차근 홍보 단계를 밟아가면서 살롱의 개성과 브랜드 가치를 알리고, 고객과의 신뢰를 구축해 가는 것이야말로 장기적인 성공을 위한 가장 확실한 방법이다.

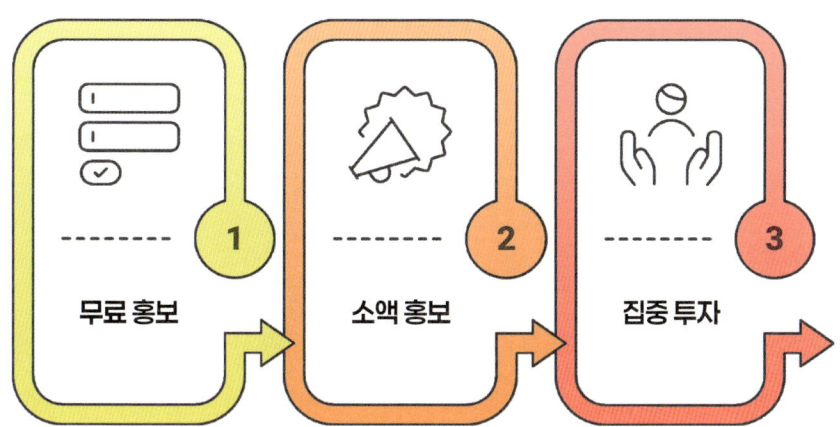

살롱 마케팅 3단계 전략

15장. 지속 가능한 성장과 체질 개선

1 해마다 가격 인상 vs 품질 업그레이드의 병행

살롱을 운영하다 보면 매년 같은 고민에 직면한다. "가격을 올려야 할까, 아니면 서비스를 개선해야 할까?" 많은 경영자들이 인건비 상승, 원자재 가격 상승 등의 이유로 가격 인상을 고려하지만, 단순한 가격 인상만으로는 지속 가능한 성장을 담보할 수 없다. 오히려 고객의 신뢰를 잃고, 장기적인 매출 하락을 초래할 수도 있다.

반면, 가격을 유지하면서 품질을 업그레이드하는 방법도 있다. 그러나 이는 비용 부담이 늘어나며, 마진이 줄어드는 문제를 동반한다. 그렇다면 최선의 선택은 무엇일까? 해마다 가격을 인상하되, 그에 걸맞은 품질 업그레이드를 병행하는 전략이 가장 효과적이다.

가격 인상이 고객에게 정당성을 가지려면, 그것이 단순히 "비용 증가분을 반영한 조치"가 아니라, "서비스 가치를 높이기 위한 투자"라는 인식이 필요하다. 이를 위해 경영자는 가격 인상의 타당성을 입증하고, 고객이 납득할 수 있는 수준으로 품질을 지속적으로 개선해야 한다.

가격 인상의 필요성과 한계

1) 원가 상승과 가격 인상의 압박

- 미용 산업에서 가격 인상은 피할 수 없는 흐름이다.
    - 원자재(염색약, 펌제 등) 가격 상승
    - 인건비 증가
    - 임대료 및 기타 고정비용 상승
    - 프리미엄 서비스 및 차별화 전략을 위한 투자

이러한 요소들이 누적되면서 가격을 인상하지 않으면 경영의 지속 가능성이 낮아진다. 그러나 문제는 단순한 가격 인상이 고객 이탈을 초래할 수 있다는 점이다.

2) 고객이 가격 인상에 반응하는 방식

- 납득할 수 있는 가치 제공이 있을 경우 → "조금 비싸졌지만, 서비스가 더 좋아졌으니 괜찮아."
- 가격 인상만 있고 변화가 없을 경우 → "여기 너무 비싸졌다. 다른 곳을 찾아야겠다."

고객이 가격 인상을 수용하는지 여부는 단순히 가격의 절대값이 아니라, 그에 상응하는 가치가 제공되었는가에 달려 있다.

품질 업그레이드의 방향

1) 서비스 퀄리티 향상

- 가격을 인상할 경우, 서비스 품질 또한 함께 향상되어야 한다.
    - 고객 상담의 체계화: 1:1 맞춤형 컨설팅을 통해 고객이 "내 머리를 이해해주는 곳"이라고 느끼게 해야 한다.
    - 디자이너의 전문성 강화: 정기적인 내부 교육, 신기술 습득을 통해 수준 높은 시술 제공
    - 세심한 고객 관리: 재방문 고객에게 차별화된 혜택 제공, 방문 후 관리 팁 제공

2) 살롱 환경 개선

- 고객이 살롱을 찾는 것은 단순히 머리를 자르거나 염색하기 위해서만이 아니다. 전체적인 공간 경험이 중요하다.
    - 인테리어 및 동선 최적화: 편안한 분위기, 감각적인 디자인을 통해 브랜드 가치를 높인다.
    - 청결과 위생 관리 강화: 살롱의 청결도는 고객의 신뢰를 결정짓는 중요한 요소다.
    - 향기, 조명, 음악 등 오감 만족 요소 추가: 고객이 머무르는 동안 최고의 경험을 할 수 있도록 세심한 요소를 신경 쓴다.

3) 제품의 고급화

- 저가 제품이 아닌 프리미엄 제품을 사용하여 고객이 "비싼 값을 한다"고 느끼도록 한다.
- 차별화된 트리트먼트, 두피 케어 프로그램 등을 추가하여 가격 인상의 정당성을 부여한다.

가격 인상과 품질 업그레이드의 병행 전략

1) 가격 인상의 투명성 확보

- 고객은 가격 인상이 불가피한 경우라도 그 이유를 명확히 알고 싶어 한다. 따라서 다음과 같은 방식으로 소통해야 한다.
    - 가격 인상의 이유와 개선된 점을 공지한다.
    - 기존 고객에게는 특별 혜택(예: 일정 기간 기존가격 유지, 추가 서비스 제공)을 제공하여 충성도를 유지한다.
    - "기본 서비스는 유지하되, 프리미엄 서비스의 가격을 조정하는 방식"으로 점진적인 변화를 유도한다.

2) "고객이 체감하는 업그레이드"가 중요하다

- 가격 인상의 가장 큰 리스크는 고객이 "이전과 차이를 느끼지 못하는 것"이다. 따라서 고객이 즉각적으로 체감할 수 있는 변화를 만들어야 한다.
    - 예약 시스템 개선으로 대기 시간을 단축
    - VIP 고객을 위한 맞춤형 서비스 제공
    - 시술 후 1주일간 무료 스타일링 서비스 제공

3) 고객 피드백 반영

- 가격을 인상한 후에도 고객의 반응을 지속적으로 모니터링해야 한다.
    - SNS, 리뷰 등을 통해 고객 의견을 수집
    - 정기적인 설문 조사 및 피드백 반영
    - 단골 고객과의 대화를 통해 진짜 원하는 것이 무엇인지 파악

성공적인 가격 인상 사례

1) A 살롱의 사례

- A 살롱은 3년간 가격을 동결한 상태였다. 하지만 원자재와 인건비 상승으로 인해 가격 인상이 불가피해졌다.
    - 기존 가격 대비 20-30% 인상
    - 고객별 맞춤형 퍼스널 컨설팅 제안 도입
    - 프리미엄 두피 관리 프로그램 신설
    - 살롱 내부 공간 리뉴얼

결과적으로 기존 고객의 90%가 그대로 유지되었고, 새로운 프리미엄 고객층이 유입되면서 매출이 증가했다.

2) B 살롱의 실패 사례

- B 살롱은 인건비와 원자재 가격 상승을 이유로 갑자기 가격을 20% 인상했다. 하지만 서비스의 변화는 없었고, 고객들은 이전보다 더 비싼 가격을 지불해야 하는 이유를 이해하지 못했다.
- 결국 가격 인상 후 3개월 만에 매출이 30% 감소했으며, 주요 단골 고객들이 경쟁 살롱으로 이탈했다.

지속 가능한 가격 정책의 수립

가격 인상과 품질 업그레이드는 단발적인 것이 아니라, 지속적으로 관리해야 한다.

- 연간 단위로 점진적인 가격 조정을 계획한다.
- 고객의 기대를 뛰어넘는 품질 개선을 지속한다.
- 고객과의 신뢰를 기반으로 한 투명한 가격 정책을 운영한다.

단순한 가격 인상이 아니라 "가치 상승"이 핵심

살롱의 지속 가능한 성장을 위해서는 단순히 가격을 올리는 것이 아니라, 고객이 납득할 수 있는 가치를 제공하는 것이 중요하다.

고객은 더 높은 가격을 지불할 의사가 있다. 단, 그것이 충분한 가치가 있다고 느껴질 때만 가능하다. 따라서 가격 인상과 품질 업그레이드를 병행하여, 고객이 "여기라면 기꺼이 지불할 가치가 있다"고 느낄 수 있도록 만들어야 한다.

결국 가격 정책의 핵심은 "고객의 신뢰"에 있다. 가격이 아니라, 가치를 올려야 한다.

KAI JUNG

Point! 해마다 가격 인상 vs 품질 업그레이드의 병행

1. **단순한 가격 인상은 위험하다**
   * 인건비, 원자재, 고정비 상승으로 가격 인상은 불가피
   * 그러나 가치 상승 없이 가격만 올리면 고객 이탈가능성 ↑
   * 가격 인상의 정당성 확보가 필수

2. **품질 업그레이드를 병행해야 고객이 납득**
   * 서비스 향상: 1:1 맞춤 상담, 디자이너 전문성 강화, 방문 후 관리 및 고객 케어
   * 공간·환경 개선: 인테리어, 위생, 오감 만족 요소로 프리미엄 이미지 강화
   * 제품 고급화: 프리미엄 약제, 트리트먼트, 두피 케어 등 차별화 제공

3. **가격 인상은 '체감되는 변화'와 함께**
   * 투명한 소통: 인상 이유와 개선점 안내
   * 기존 고객 혜택: 가격 인상 전 혜택 제공으로 이탈 방지
   * 고객이 즉시 느낄 수 있는 변화 필요: 예약 시스템 개선, 무료 애프터 서비스, VIP 맞춤 서비스 등

4. **고객 피드백과 반응을 지속적으로 점검**
   * 리뷰·SNS·설문을 통한 고객 의견 수집
   * 고객 니즈 반영 → 신뢰 유지와 충성도 강화

5. **사례로 본 교훈**
   * 성공 사례: 가격 인상과 함께 서비스 개선 → 고객 유지 + 프리미엄 고객 유입
   * 실패 사례: 가격만 올리고 변화 없음 → 고객 이탈, 매출 감소

☑ **결론**
   * 가격을 올릴 때는 반드시 '고객이 체감할 가치'도 함께 올려야한다.
   * 핵심은 '단순한 금액 인상이 아닌 '브랜드 신뢰와 가치 상승'이다.
   * 고객이 "여기는 비싸도 만족스럽다"고 느껴야 지속 가능한 경영이 가능하다.

2. 오래된 메뉴 vs 리뉴얼 메뉴: 유지 × 삭제 × 추가 기준

헤어살롱을 운영하다 보면 메뉴판에는 오래된 메뉴와 새롭게 도입한 리뉴얼 메뉴가 공존하게 된다. 처음 살롱을 오픈할 때 야심 차게 구성했던 메뉴가 시간이 지나면서 점점 선택되지 않는 경우도 생기고, 고객의 트렌드 변화에 따라 새로운 스타일과 시술이 필요해지기도 한다. 하지만 살롱을 운영하는 입장에서는 어떤 메뉴를 유지해야 할지, 어떤 메뉴를 과감히 삭제해야 할지, 그리고 어떤 메뉴를 추가해야 할지에 대한 고민이 계속될 수밖에 없다.

메뉴를 삭제할 때는 혹시라도 그 메뉴를 좋아하던 고객이 불편해하지 않을까 걱정이 되고, 새로운 메뉴를 추가하려면 충분한 수요가 있을지 불확실할 수도 있다. 그렇다고 메뉴를 계속 늘리기만 하면 관리가 어려워지고, 살롱의 정체성이 흐려질 위험이 크다. 그렇기 때문에 메뉴 유지·삭제·추가의 기준을 명확히 정하고, 정기적으로 점검하는 과정이 필요하다. 나는 이를 결정할 때 세 가지 핵심 요소를 고려한다.

오래된 메뉴를 유지할 것인가?

먼저, 유지할 메뉴를 결정하는 기준은 고객 수요와 살롱 브랜드 방향성이 일치하는가이다. 아무리 오랫동안 운영된 시그니처 메뉴라도 최근 6개월에서 1년간의 판매 이력이 저조하고, 특정 고객에게만 가끔 팔리는 수준이라면 그 메뉴는 사실상 큰 의미가 없다고 본다. 한때 인기 있었던 스타일도 시대가 바뀌면서 고객의 니즈가 변화하고, 라이프스타일이 달라지면 자연스럽게 수요가 줄어든다.

유지할 메뉴를 선택하는 방법

- 최근 6개월~1년간 판매 데이터를 분석해 주문 횟수가 높은 메뉴를 확인한다.
- 고객 상담에서 지속적으로 문의되는 스타일인지 체크한다.
- 디자이너들이 해당 메뉴에 대해 자신 있고, 적극적으로 추천할 수 있는지 살펴본다.
- 살롱의 브랜드 방향과 일관성이 있는 메뉴인지 검토한다.

예를 들어, 볼륨펌이나 클래식한 브라운 컬러 염색처럼 시간이 지나도 여전히 많은 고객이 찾는 스타일이라면 유지하는 것이 바람직하다. 하지만 한때 유행했던 특정한 스타일이 현재는 거의 선택되지 않는다면 과감히 정리할 필요가 있다.

삭제할 메뉴는 어떤 기준으로 정해야 할까?

삭제할 메뉴를 정할 때 가장 중요한 기준은 고객 수요가 거의 없거나, 디자이너들이 적극적으로 활용하지 않는 메뉴인지 여부다. 때로는 특정 스타일이 과거에는 트렌디했지만 현재는 거의 요청이 없는 경우가 있고, 혹은 살롱 내 디자이너들의 기술 방향이 바뀌면서 해당 시술을 다룰 일이 적어진 경우도 있다.

삭제할 메뉴를 결정하는 방법

- 최근 6개월간 판매 실적이 거의 없는 메뉴를 리스트업한다.
- 특정 연령층이나 소수 고객만 요청하는 메뉴인지 검토한다.
- 디자이너들이 해당 메뉴에 대한 관심과 숙련도가 낮다면 삭제를 고려한다.
- 살롱의 콘셉트와 맞지 않는 메뉴인지 확인한다.

예를 들어, 특정 연령대 고객만 요청하는 희소성 높은 특수 컬러나, 디자이너들이 거의 다루지 않는 오래된 스타일의 펌이 있다면, 유지할 가치가 떨어질 가능성이 크다. 이런 메뉴가 많아지면 살롱의 메뉴판이 복잡해지고, 고객이 선택하는 데 혼란을 줄 수도 있다.

메뉴를 정리하면 얻을 수 있는 효과

- 살롱 내부의 운영 효율성이 높아지고, 디자이너가 자신 있는 메뉴에 집중할 수 있다.
- 고객이 명확한 선택지를 갖게 되어 예약 과정이 간결해진다.
- 시간이 지남에 따라 자연스럽게 브랜드 정체성이 강화된다.

추가할 메뉴는 어떤 기준으로 결정해야 할까?

새로운 메뉴를 추가할 때 가장 중요한 것은 고객의 니즈와 살롱의 방향성이 일치하는가이다. 요즘 고객의 취향은 더욱 세분화되고, SNS와 온라인을 통한 트렌드 확산 속도는 매우 빠르다. 디자이너 입장에서 매력적인 메뉴라고 생각해도 실제 시장 반응이 없을 수 있으며, 반대로 단순해 보이지만 특정 고객층을 정확히 타깃하면 크게 성공할 수도 있다.

추가할 메뉴를 결정하는 방법

- 고객 리뷰와 상담 기록을 분석해 반복적으로 등장하는 니즈를 파악한다.
- SNS나 트렌드 리포트를 참고해 현재 인기 있는 스타일을 반영한다.
- 디자이너들이 충분히 숙련될 수 있도록 교육 및 연습 과정을 고려한다.
- 살롱의 콘셉트와 브랜드 이미지에 맞는 메뉴인지 검토한다.

예를 들어, 최근 고객들이 얇아진 모발로 인해 볼륨 케어에 대한 고민을 자주 이야기한다면, 볼륨 케어를 강화한 신개념 메뉴를 도입할 수 있다. 특정한 염색 톤을 원하는 고객 문의가 증가했다면, 해당 색감에 맞춘 시술 단계를 정리해 명확한 패키지 메뉴를 만들 수도 있다.

새로운 메뉴 도입 시 유의할 점

- 무작정 정식 메뉴로 등록하지 말고, 1~2개월 정도 시범 운영을 거친다.
- 실제 고객 반응을 체크한 후 정식 메뉴로 추가할지 결정한다.
- 디자이너들이 충분히 연습하고 숙련도를 높일 수 있는 시간을 갖는다.
- 신규 메뉴가 살롱 내부 분위기를 긍정적으로 변화시킬 수 있도록 조율한다.

새로운 메뉴가 안정적으로 자리 잡으면, 살롱 내부의 에너지가 달라지고 고객들도 신선한 변화를 반길 가능성이 크다.

메뉴 리뉴얼과 정기적인 점검이 살롱 경쟁력을 만든다

살롱 운영에서 메뉴 선택과 집중은 매우 중요하다. 오래된 메뉴를 무조건 유지하는 것이 능사가 아니며, 새로운 메뉴를 추가할 때도 철저한 검증 과정이 필요하다. 유지할 메뉴는 고객 수요와 살롱 브랜드 방향성이 일치하는 것, 삭제할 메뉴는 수요가 없고 팀 전체가 필요성을 느끼지 않는 것, 추가할 메뉴는 객관적 데이터와 트렌드를 반영해 실험적으로 도입하는 것이 가장 현명한 전략이다.

이 과정을 주기적으로 반복하는 살롱은 시간이 지나도 신선함을 유지할 수 있으며, 오래된 메뉴 중에서도 살아남은 것들은 진정한 시그니처 메뉴로 자리 잡게 된다. 반면 메뉴 관리를 소홀히 하면 고객에게 지루함을 안겨줄 가능성이 높아지고, 내부 팀원들의 동기부여도 약해질 수 있다.

결국, 살롱의 경쟁력은 지속적인 메뉴 점검과 리뉴얼 문화에서 나온다. 고객의 니즈를 빠르게 파악하고, 트렌드를 반영하며, 내부 디자이너들의 역량과 브랜드 방향성을 조화롭게 맞춰야 한다. 이런 과정을 거친 살롱은 시간이 지나도 꾸준히 사랑받고, 브랜드 가치와 고객 충성도를 함께 높일 수 있다. 메뉴 리뉴얼이 단순한 변화가 아니라 살롱의 지속 가능성을 결정하는 중요한 전략이라는 점을 잊지 말아야 한다.

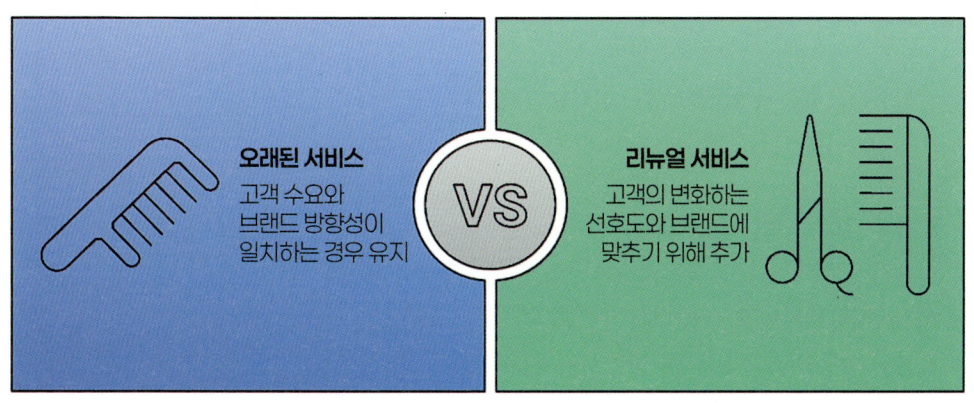

인본주의 미용의 미래와 본질경영

Point! **오래된 메뉴 vs 리뉴얼 메뉴: 유지 × 삭제 × 추가 기준**

1. 유지할 메뉴 기준
    * 최근 6개월~1년간 판매 실적이 꾸준한 메뉴
    * 고객 상담에서 자주 언급되거나 문의 많은 스타일
    * 디자이너들이 자신 있게 추천하고 숙련된 시술
    * 살롱 브랜드 방향성과 일치
    * 예: 볼륨펌, 클래식 브라운 컬러처럼 꾸준히 인기 있는 스타일

2. 삭제할 메뉴 기준
    * 판매 실적 거의 없음, 특정 소수 고객만 요청
    * 디자이너 관심·숙련도 낮음
    * 살롱 콘셉트와 맞지 않음
    * 메뉴가 많을수록 혼란과 비효율 증가
    * 예: 예전 유행했던 펌 스타일, 희소성 높은 특수 컬러 등

3. 추가할 메뉴 기준
    * 고객 니즈와 트렌드가 반영된 스타일
    * SNS·상담 기록 등에서 반복적으로 등장하는 요구
    * 디자이너 교육과 실습 가능성확보
    * 살롱 이미지와 조화되는 구성
    * 예: 최근 유행하는 펌 스타일, 특정 염색톤 패키지 등

4. 리뉴얼 운영 팁
    * 신규 메뉴는 시범 운영 후 정식화
    * 고객 반응 확인 + 디자이너 숙련도 확보
    * 정기적인 메뉴 점검으로 살롱의 신선함 유지

☑ 결론
    * 메뉴 관리는 선택과 집중이 핵심
    * 유지 = 시그니처화, 삭제 = 효율성 강화, 추가 = 경쟁력 확보
    * 지속적인 리뉴얼 문화가 브랜드 가치와 고객 충성도를 높인다
    * 결국, 살롱의 경쟁력은 메뉴 점검 주기에 달려 있다.

3. 유입 키워드를 잡으면 경쟁 우위가 보인다

헤어살롱을 운영하면서 가장 중요한 고민 중 하나는 어떻게 하면 효과적으로 홍보하고, 고객 유입을 극대화할 수 있을지에 대한 문제다. 과거에는 입지가 좋거나 기술력이 뛰어나면 고객이 자연스럽게 모였지만, 이제는 경쟁이 치열해지면서 온라인 검색과 SNS 노출이 매장 선택의 중요한 요소가 되었다. 따라서 고객이 어떤 키워드를 검색하고 우리 살롱을 찾는지를 파악하는 것이 필수적인 전략이 된다.

유입 키워드는 고객이 인터넷에서 우리 살롱을 찾을 때 입력하는 검색어를 의미한다. 흔히 살롱, 펌, 염색, 네일아트 같은 일반적인 단어를 떠올리지만, 실제 데이터를 분석해 보면 고객들이 예상치 못한 다양한 키워드를 사용해 검색하는 경우가 많다. 단순히 지역명과 살롱을 조합하는 것만으로는 충분하지 않으며, 고객이 특정한 고민을 해결하고자 할 때 입력하는 보다 세분화된 키워드를 파악해야 한다.

유입 키워드를 분석해야 하는 이유

네이버 플레이스, 구글 애널리틱스, 인스타그램, 블로그 등의 플랫폼에서 유입 키워드를 분석하면, 단순히 지역명과 살롱을 조합한 검색보다 특정한 스타일이나 시술을 중심으로 한 키워드 검색이 많다는 것을 확인할 수 있다. 예를 들어, XX역 살롱보다는 펌 전문 헤어샵, 볼륨 매직 추천, 남자 볼륨펌 다운펌 같은 검색어가 더 자주 사용될 수 있다. 특정 지역에서는 지명보다 인근 주거 단지를 중심으로 검색하는 고객이 많을 수도 있다.

이러한 차이를 간과하고 단순히 XX역 살롱이라는 키워드만 홍보하면, 정작 고객이 원하는 정보를 제공하지 못하게 된다. 반면, 고객이 자주 검색하는 키워드를 기반으로 홍보 전략을 세우면 보다 높은 전환율을 기대할 수 있다.

유입 키워드를 활용해 경쟁력을 높이는 방법

유입 키워드를 효과적으로 활용하는 방법은 크게 세 단계로 나뉜다.

첫 번째 단계: 3~6개월간 유입 키워드 분석

- 네이버 플레이스, 구글 애널리틱스, 인스타그램 통계를 활용해 고객 유입 경로를 분석한다.
- 단순 방문으로 끝나는 키워드와 실제 예약으로 이어진 키워드를 구별한다.
- 존 홍보에서 활용하던 키워드와 실제 고객이 검색하는 키워드를 비교해 간극을 찾아낸다.

예를 들어, XX동 살롱이라는 키워드로 홍보했는데, 실제 고객 유입 데이터에서는 커트 잘하는 XX동 살롱, 다운펌 잘하는 XX동 헤어샵 같은 세분화된 키워드가 더 많이 검색되었다면, 홍보 방향을 수정할 필요가 있다.

두 번째 단계: 키워드 세분화 및 최적화

- 기존의 광범위한 키워드에서 벗어나 좀 더 구체적인 키워드를 활용한다.
- 블로그 제목, SNS 게시물, 네이버 플레이스 소개글에 고객 유입률이 높은 키워드를 적극 반영한다.
- 타겟 고객층을 고려해 적합한 검색어를 중심으로 홍보 콘텐츠를 제작한다.

예를 들어, 남성 고객이 많은 살롱이라면 남자 투블럭펌, 남성 다운펌 추천 같은 키워드를 메인으로 활용해야 한다. 여성 레이어드 펌이나 셋팅펌 키워드만 홍보하는 살롱이라면, 남성 고객 유입이 저조할 가능성이 높다.

세 번째 단계: 키워드 기반 홍보 콘텐츠 제작

- 고객이 검색하는 키워드를 활용해 블로그 글과 SNS 게시물을 지속적으로 업데이트한다.
- 고객 리뷰에 자연스럽게 유입 키워드가 포함될 수 있도록 유도한다.
- 인스타그램과 블로그에서 자주 검색되는 키워드를 활용해 해시태그와 제목을 설정한다.

고객이 남긴 후기에 남자 애즈펌 고민했는데 여기서 했더니 대만족 같은 문장이 포함되면, 해당 문장이 검색 노출에 긍정적인 영향을 미칠 수 있다. 따라서 직원들이 고객 리뷰를 관리할 때 검색 최적화에 맞춰 키워드를 자연스럽게 포함하도록 유도하는 것도 좋은 전략이다.

유입 키워드를 반영한 마케팅 전략

유입 키워드를 분석하고 이를 반영하는 과정은 단순한 검색 최적화를 넘어서 고객의 실질적인 니즈를 반영하는 과정이다. 이를 활용한 마케팅 전략은 다음과 같다.

1. SNS 및 블로그 최적화
   - 유입 키워드를 활용해 블로그 제목과 본문을 작성하고, 관련 해시태그를 추가한다.
   - 예: XX동 레이어드컷 추천, 남자 다운펌 잘하는 살롱

2. 네이버 플레이스 및 예약 시스템 개선
   - 네이버 플레이스 소개 문구와 고객 후기에서 검색 노출이 잘 되는 키워드를 반영한다.
   - 예약 메시지에도 관련 키워드를 포함해, 검색 결과에서 쉽게 노출될 수 있도록 한다.

3. 고객 리뷰 및 후기 활용
   - 고객이 남기는 리뷰 속에서 유입 키워드를 반영한 문구를 자연스럽게 유도한다.
   - 예: XX동에서 볼륨펌 제일 잘하는 곳, 남자컷 항상 여기서 해요

4. 유입 키워드 기반 프로모션 기획
- 특정 키워드가 많이 검색되는 시기에 맞춰 이벤트를 기획한다.
- 예: XX동 여름맞이 단발펌 할인 이벤트

유입 키워드 분석의 지속적인 관리

유입 키워드는 한 번 설정했다고 끝나는 것이 아니라 주기적으로 다시 분석해야 한다. 최소 3~6개월 단위로 데이터를 확인하고, 트렌드 변화에 맞춰 전략을 조정해야 한다.

예를 들어, 기존에는 XX동 셋팅펌이라는 키워드가 효과적이었지만, 최근에는 볼륨 클리닉, 두피 스케일링 같은 키워드가 더욱 활발하게 검색될 수도 있다. 이러한 변화를 놓치면 다른 경쟁 살롱에 뒤처질 가능성이 높아진다.

또한 신규 메뉴나 프로모션을 런칭했는데 특정 키워드 검색량이 낮다면, 홍보 방향이 잘못되었을 가능성이 크다. 이 경우 SNS 게시물과 블로그 콘텐츠를 조정하고, 예약 시스템에서 강조하는 키워드를 변경하는 등의 보완 작업이 필요하다.

검색 키워드를 선점하면 고객 흐름을 주도할 수 있다

유입 키워드는 살롱이 고객과 만나는 첫 번째 접점이다. 고객이 어떤 키워드로 우리를 찾는지, 어떤 검색어를 통해 방문하는지를 분석하면, 경쟁 살롱과의 차별화를 명확하게 만들 수 있다.

경쟁력이 강한 살롱은 유입 키워드를 단순한 홍보 도구로 사용하는 것이 아니라, 고객의 실질적인 니즈를 반영하는 창구로 활용한다. 키워드를 제대로 설정하고 지속적으로 관리하면, 고객은 자연스럽게 우리 살롱을 찾게 되고, 예약 전환율도 높아진다.

결국, 유입 키워드를 잡는다는 것은 살롱의 마케팅 방향을 정하는 것이며, 곧 살롱의 지속 성장과 브랜드 경쟁력을 결정짓는 요소가 된다. 지금 당장 네이버 플레이스, 구글 애널리틱스, SNS 데이터를 확인하고, 우리 살롱에 적합한 유입 키워드를 찾아보자. 그 작은 변화가 장기적으로 큰 경쟁력을 만들어 줄 것이다

Point! 유입 키워드를 잡으면 경쟁 우위가 보인다

1. 유입 키워드란?
   * 고객이 온라인 검색 시 입력하는 단어
   * 단순한 지역명+살롱보다, 구체적 니즈 중심 키워드가 유입에 효과적
   * 예: "XX동 살롱" "볼륨펌 잘하는 XX동 살롱", "남자 투블럭 다운펌"

2. 왜 유입 키워드 분석이 중요한가?
   * 고객이 실제로 검색하는 키워드와 홍보 키워드의 차이를 확인 가능
   * 전환율 높은 키워드파악 → 예약 및 방문율 상승
   * 살롱 방향성과 고객 니즈를 연결하는 전략 수립 가능

3. 키워드 활용 전략 3단계
   ① 3~6개월간 유입 키워드 데이터 분석
   * 네이버, 구글, SNS 통계로 고객 유입 경로 확인
   * 방문 유도 vs 예약 전환 키워드구분

   ② 세분화 및 최적화된 키워드 설정
   * 타깃별 구체 키워드 활용 (예: 남자 다운펌 추천)
   * 블로그/SNS/플레이스 소개글에 반영

   ③ 키워드 기반 콘텐츠 제작
   * 자주 검색되는 키워드 중심으로 포스팅, 해시태그, 후기 작성 유도
   * 고객 리뷰에 검색 최적화 문장 삽입유도

4. 키워드 마케팅 적용 사례
   * SNS·블로그 제목 최적화
   * 플레이스 소개 문구·예약 문구키워드 삽입
   * 고객 리뷰 가이드: "XX동 남자컷 잘하는 곳" 등 자연스럽게 유도
   * 키워드 기반 프로모션 기획: 검색량 많은 시즌 키워드에 맞춘 이벤트 운영

5. 주기적 분석과 전략 조정이 필수
   * 최소 3~6개월 단위로 키워드 업데이트
   * 트렌드 변화, 신규 서비스에 맞춰 홍보 키워드 조정
   * 검색량이 낮은 키워드는 콘텐츠 방향 전환 필요

   ☑ 결론
   * 유입 키워드는 마케팅의 출발점
   * 단순한 노출이 아닌, 고객의 니즈를 반영하는 도구
   * 키워드 전략이 곧 살롱의 브랜드 경쟁력과 지속 성장의 열쇠가 된다.

4. 컴플레인, 어떻게 대응하느냐가 살롱 미래를 결정한다

컴플레인은 살롱 운영에서 피할 수 없는 요소이며, 그 대응 방식에 따라 살롱의 미래가 완전히 달라질 수 있다. 미용업은 디자이너와 고객이 협력해 원하는 스타일을 만들어 가는 과정이기 때문에, 결과가 완벽하게 일치하기가 쉽지 않다. 고객마다 기대하는 스타일이 다르고, 헤어스타일은 주관적 만족도가 크기 때문에 작은 컬 길이 차이나 염색 톤의 미세한 차이도 큰 불만으로 이어질 수 있다. 중요한 것은 컴플레인이 발생했을 때 이를 어떻게 해결하고, 다시는 같은 문제가 반복되지 않도록 개선하는 태도다.

많은 초보 오너나 디자이너는 컴플레인이 발생하면 우선 사과부터 하고, 환불을 해주면 문제가 해결된다고 생각한다. 그러나 단순한 사과와 보상만으로 모든 고객이 만족하는 것은 아니다. 고객이 불편을 느끼는 이유는 단순히 시술 결과의 문제 때문만이 아니라, 살롱이나 디자이너가 그 문제를 어떻게 받아들이고 해결하려 하는지, 얼마나 성의 있게 응대하는지에 대한 태도에서도 비롯된다. 어떤 고객은 바로 전화를 걸어 항의하고, 어떤 고객은 온라인 리뷰를 통해 불만을 표출하며, 또 다른 고객은 주변 지인들에게 부정적인 이미지를 전달한다. 이렇게 컴플레인을 잘못 다루면 살롱의 평판이 손상될 뿐만 아니라 매출에도 직접적인 영향을 미칠 수 있다. 반대로, 컴플레인을 잘 해결하면 오히려 고객을 단골로 만들고, 브랜드 신뢰도를 높이는 기회로 활용할 수 있다.

컴플레인 해결을 위한 3단계 접근법

컴플레인이 발생했을 때 효과적으로 해결하려면, 문제를 즉시 분석하고, 신속하고 진정성 있는 대응을 준비하며, 재발 방지를 위한 시스템을 정비해야 한다. 나는 이를 위해 3단계 접근법을 추천한다.

1단계: 신속한 문제 파악과 기록, 감정적 대응 금지

컴플레인이 발생하면 즉시 문제 상황을 객관적으로 기록하고, 감정적인 반응을 피해야 한다. 경위서를 작성하는 방식으로 언제, 어디서, 어떤 시술이 이루어졌으며, 사용한 약제는 무엇이었고, 고객과의 상담 내용은 무엇이었는지를 세세히 정리한다. 이를 통해 감정적 대응이 아닌, 냉정한 사실 분석을 바탕으로 해결책을 마련할 수 있다.

또한, 고객과 빠르게 연락해 상황을 인지하고 있다는 점을 전달하는 것이 중요하다. 시간이 지체될수록 고객의 불만은 더욱 커질 수 있다. 초기 대응이 늦어질 경우, 고객은 살롱이 문제 해결 의지가 없다고 판단하고, 더욱 강한 불만을 표출할 가능성이 높아진다.

2단계: 고객이 원하는 해결 방향 파악 후 보상 및 시술 보완 제안

고객이 불만을 제기하는 이유는 제각각이지만, 대부분은 문제를 해결해 주길 원한다. 따라서 고객이 기대하는 해결 방향을 먼저 파악한 후, 살롱이 제시할 수 있는 보상이나 시술 보완 방안을 구체적으로 마련해야 한다.

- 단순한 디자인 수정이 필요한 경우: 컬의 길이가 짧거나 층이 예상보다 많이 들어간 경우, 무료로 보완 시술을 제공할 수 있다.
- 두피 알레르기나 모발 손상과 관련된 문제: 고객이 두피 트러블을 겪거나 모발이 심각하게 손상된 경우, 병원 진료비 보상, 전문 트리트먼트 제공, 보험 적용 여부 검토 등을 고려할 수 있다.
- 염색 색상이 기대와 다르게 나왔을 경우: 염색 보정을 무료로 진행하되, 고객이 원하는 톤과 가능한 톤의 차이를 충분히 설명해 신뢰를 확보해야 한다.

이때 가장 중요한 것은 단순한 보상이나 환불로 문제를 끝내는 것이 아니라, 해결 방안을 문서로 정리해 고객이 확실히 이해하고 수용할 수 있도록 돕는 것이다. 무조건 "죄송합니다"라고 반복하는 대신, 살롱이 앞으로 어떻게 개선할 것인지, 디자이너가 어떤 책임을 지고 있는지를 구체적으로 설명해야 한다.

3단계: 피드백 미팅을 통한 재발 방지 시스템 구축

컴플레인을 해결하는 것만큼 중요한 것이 같은 문제가 반복되지 않도록 예방하는 것이다. 이를 위해 살롱 내부에서는 반드시 피드백 미팅을 열어 해당 사건을 리뷰하고, 개선할 점을 논의해야 한다.

- 시술 상담 과정 점검: 상담 시 고객의 기대치를 명확하게 조율했는지, 디자이너가 충분한 설명을 제공했는지 검토한다.
- 프로세스 보완: 고객의 두피 상태나 모발 손상도를 보다 세밀히 점검할 수 있도록 설문지를 보완하거나, 약제 보관 및 관리 프로세스를 개선할 수 있다.
- 디자이너 교육: 특정 시술에서 반복적으로 문제가 발생했다면, 디자이너들의 기술 향상을 위한 추가 교육을 제공해야 한다.
- 의사소통 개선: 내부적으로 고객 응대 매뉴얼을 다시 정비하고, 직원 간 정보 공유 시스템을 강화해 실수를 최소화한다.

이 과정에서 디자이너가 자존심이 상했다고 방어적인 태도를 보이면, 문제 해결이 어렵다. 중요한 것은 비난이 아니라 원인을 찾아 더 나은 서비스를 제공하는 것이므로, 팀 전체가 협력적으로 문제를 해결하는 분위기를 조성해야 한다.

컴플레인을 기회로 만드는 사례

컴플레인을 잘 해결하면 오히려 고객과 더 끈끈한 관계를 맺을 수도 있다. 한 예로, 컬이 마음에 들지 않는다며 항의한 고객이 있었다. 당시 원장과 디자이너가 문제 해결 의지를 확실히 보여주었고, 고객의 원하는 스타일을 다시 정밀하게 상담한 후 빠른 시일 내에 무료 재시술을 진행했다. 처음에는 화가 났던 고객이었지만, 이후에는 이 살롱이 진심으로 책임감 있게 해결했다는 점을 높이 평가하고 단골이 되었다. 이후 주변 지인들에게 "문제가 생겼을 때 오히려 더 성의 있게 해결해 줬다"는 이야기를 전하며 긍정적인 입소문을 퍼뜨렸다.

반면, 컴플레인을 잘못 해결한 사례도 있다. 고객이 시술 결과에 불만을 제기하자 디자이너가 "고객 머릿결이 안 좋아서 그런 것"이라며 책임을 회피했다. 또 다른 경우에는 문제를 묵살하며 조용히 환불해주고 끝내려 했던 사례도 있다. 하지만 이 고객은 너무 기분이 상해 온라인에 부정적인 후기를 퍼뜨렸고, 이후 매장에는 악성 리뷰가 쌓이면서 브랜드 이미지가 심각하게 훼손되었다.

컴플레인 대응이 곧 살롱의 브랜드를 결정한다

컴플레인은 단순한 실수가 아니라 살롱의 서비스 품질과 브랜드 신뢰도를 시험하는 순간이다. 문제 해결 과정에서 얼마나 신속하고 진정성 있게 대응하느냐가 살롱의 이미지에 직접적인 영향을 미친다. 요즘 소비자는 온라인을 통해 빠르게 후기를 공유하기 때문에, 한 번의 잘못된 대응이 살롱의 평판을 크게 손상시킬 수 있다. 반면, 책임감 있고 성숙한 태도로 문제를 해결하면 고객은 오히려 신뢰감을 느끼고 더욱 충성도가 높아진다.

결론적으로, 컴플레인을 단순한 불만 처리로 끝내지 않고, 이를 서비스 품질을 향상시키는 기회로 활용하는 태도가 중요하다. 컴플레인을 제대로 해결하는 시스템이 정착되면, 살롱은 위기에서도 흔들리지 않고 더 단단한 브랜드로 성장할 수 있다. 이렇게 고객의 불만을 올바르게 다루는 문화가 자리를 잡아야, 장기적인 신뢰와 충성도를 확보하며 지속 가능한 경영을 실현할 수 있다

컴플레인 해결 경위서 예시

1. 문제 발생 개요

- 발생 일시: 2023년 11월 15일 오후 3시경
- 발생 지점: A지점 살롱, 샴푸 및 스파 시술 중
- 불만 접수 경로: 고객 직접 전화 및 온라인 리뷰
- 불만 내용: 고객은 샴푸 과정에서 두피 마사지를 받으며 청결 상태와 물 온도에 불만을 제기함. 구체적으로, "물 온도가 너무 차갑고, 마사지가 너무 세게 느껴졌다"라는 의견을 남김. 또한, 고객은 시술 중 소통 부족으로 인해 상담 과정에서 자신의 요구가 충분히 반영되지 않았다고 평가함.

2. 문제 발생 원인 분석

- 내부 프로세스 미흡
  - 오픈 전 샴푸대 및 스파 기구 점검 시, 수온 조절 기준이 명확하게 매뉴얼화되어 있지 않음.
  - 고객 맞춤형 상담 및 설명 과정에서 디자이너 간 일관된 커뮤니케이션 방식 미흡.

- 개인 역량 문제
  - 해당 시술을 담당한 디자이너의 고객 응대 태도가 형식적이었으며, 고객의 긴장을 해소하는 배려가 부족함.

- 피드백 및 교육 부족
  - 최근 내부 교육에서 시술 중 고객의 상태를 세밀하게 확인하고 맞춤형 케어를 제공하는 부분이 충분히 다루어지지 않음.

3. 즉각 대응 및 고객 보상 조치

- 초기 대응
  - 고객에게 신속하게 연락하여 불만 상황을 확인하고, 상황 기록 및 경위서를 작성함.
  - 고객에게 진심 어린 사과와 함께, 불편을 겪은 점에 대해 보상(예: 무료 재시술, 추가 관리 서비스 제공)을 제안.

- 해결 방안 제시
  - 고객과 직접 상담 후, 샴푸 및 스파 시술 재진행 (수온 재조절, 마사지 강도 조정)
  - 고객의 두피 상태 및 개인 취향을 반영한 맞춤형 케어 프로그램 안내.

4. 내부 개선 조치 및 재발 방지 계획

- 매뉴얼 및 프로세스 정비
  - 샴푸 및 스파 시술에 대한 구체적인 매뉴얼 업데이트
    (예: 수온 기준, 마사지 강도, 고객 응대 언어 및 태도 등).
  - 모든 크루와 디자이너가 동일한 기준을 숙지하도록 내부 교육 실시.

- 정기 피드백 및 리뷰 미팅 강화
  - 매주/매월 정기 피드백 미팅을 통해 최근 시술 사례와 고객 반응 공유 및 개선점 논의.
  - 고객 리뷰 및 재방문율 데이터를 분석하여, 불만 원인과 성공 사례를 객관적으로 점검.

- 추가 교육 프로그램 도입
  - 고객 맞춤형 상담 및 소통 스킬 강화 교육(롤플레잉, 시뮬레이션 포함)
  - 내부 피드백을 반영한 기술 및 서비스 교육 워크숍 정기적 개최.
- 성과 모니터링
  - 개선 조치 후 고객 만족도 및 재방문율 모니터링을 통해 조치 효과 평가
  - 필요 시 추가 개선 액션 실행고객 불만

상황별 대응 사례

- 상황 1: 스타일이 예상과 다르다고 불만을 표출한 경우
  - 고객의 이야기를 끝까지 경청하고 즉각적으로 공감한다.
  - 불만 사항에 대해 명확히 이해하고 재시술 또는 수정 가능한 옵션을 신속히 제안한다.
- 상황 2: 서비스 중 고객이 불편을 느낀 경우
  - 고객에게 불편함의 이유를 세심하게 묻고 즉시 사과와 함께 서비스 환경을 조정한다.
  - 추후 서비스 개선에 반영하겠다는 의지를 명확히 전달한다.
- 상황 3: 대기 시간 문제로 불만을 가진 경우
  - 불만을 표출한 고객에게 진심 어린 사과와 함께 대기 시간이 발생한 정확한 이유를 설명한다.
  - 이후 재발 방지를 위한 구체적 조치를 안내하며, 고객의 양해를 구한다.

고객 불만 관리 대응 체크리스트

- 고객의 불만 사항을 경청하고 충분히 공감했는가?
- 불만 원인을 신속하고 정확하게 파악하고 있는가?
- 고객에게 해결 방안과 옵션을 명확하고 친절하게 제시했는가?
- 불만 사항을 향후 서비스 개선을 위한 자료로 정확히 기록하고 관리했는가?
- 고객의 불만이 완전히 해소될 때까지 적극적으로 소통했는가?

고객 불만 관리는 위기를 기회로 바꾸는 중요한 전략이다. 효과적인 불만 대응으로 고객의 신뢰와 만족도를 높이고 장기적인 고객 관계를 유지할 수 있다.

Point! 컴플레인, 어떻게 대응하느냐가 살롱 미래를 결정한다

1. 컴플레인은 피할 수 없는 운영 요소
   * 미용은 주관적 만족도가 큰 서비스 → 작은 차이도 불만으로 이어질 수 있음
   * 단순 환불·사과보다 대응 태도와 문제 해결 방식이 고객 신뢰를 좌우

2. 컴플레인 대응 3단계 접근법
   ① 문제 파악 및 감정 배제
   * 경위서 작성: 시술 내용, 상담 내용, 사용 제품 등 기록
   * 신속한 고객 연락으로 대응 의지 전달
   * 감정적 반응 금지, 객관적 분석 중심

   ② 해결 방향 확인 및 보상 제안
   * 고객이 원하는 해결책 먼저
   * 상황에 맞는 보완 시술, 트리트먼트, 진료비 보상등 구체적 제안
   * 보상+개선 방향을 함께 설명해야 신뢰 확보 가능

   ③ 내부 피드백 및 재발 방지
   * 정기 피드백 미팅: 문제 발생 원인 공유
   * 시술 프로세스, 상담 방식, 커뮤니케이션개선
   * 디자이너 대상 교육 강화 및 응대 매뉴얼 정비
   * 고객 리뷰 분석 및 성과 모니터링으로 효과 점검

3. 좋은 대응이 기회가 되기도 한다
   * 진정성 있는 해결 → 단골 고객 전환 + 입소문 효과
   * 반면 무성의한 대응 → 리뷰 악화 + 이미지 실추

4. 사례 기반 대응 경위서 구성
   * 문제 발생 개요 → 원인 분석 → 고객 보상 조치 → 내부 개선 및 교육 강화 → 성과 추적

☑ 결론
   * 컴플레인은 위기가 아닌 브랜드를 성장시키는 기회
   * 신속·진정성·구체적 해결책이 고객 신뢰를 만든다
   * 체계적인 컴플레인 대응 시스템이 살롱의 지속 가능성과 평판을 좌우한다.

5. "숫자"가 아닌 "사람"을 쌓아가는 체질 개선

살롱 운영에서 가장 흔히 저지르는 실수 중 하나는 매출이라는 숫자에만 집중하는 것이다. 매출 그래프가 상승하면 성공했다고 생각하고, 하락하면 위기라고 판단하는 경향이 있다. 하지만 이러한 단기적인 시각만으로는 살롱의 지속 가능성을 보장할 수 없다. 진정한 성장은 숫자가 아니라 '사람'을 중심으로 이루어진다. 고객, 직원, 경영자인 나 자신, 그리고 함께 일하는 동료들이 얼마나 단단한 관계를 맺고 있는지가 살롱의 미래를 결정한다고 믿는다. 단순히 카드 매출이나 객단가 상승만 좇다 보면, 가장 중요한 요소인 사람을 놓치기 쉽다.

매출을 올리기 위해 할인과 프로모션을 남발하면 일시적으로 고객이 몰릴 수 있지만, 정작 살롱을 꾸준히 찾아주는 단골 고객층이 형성되지 않으면 장기적인 성장을 기대하기 어렵다. 마찬가지로 직원들에게 실적 압박만 가하면, 그들은 점점 소진되고 결국 더 나은 조건을 찾아 떠나게 된다. 이렇게 되면 살롱 내부의 팀워크가 무너지고, 조직이 불안정해지며 결국 운영 자체가 흔들리게 된다. 그래서 나는 숫자가 아닌 사람을 쌓아가는 체질 개선이야말로 본질경영의 핵심이라고 강조한다.

고객을 쌓는다는 것: 단순 유입이 아니라 '팬'을 만드는 과정

고객을 쌓는다는 것은 단순히 신규 방문자를 늘리는 것이 아니라, 살롱을 진심으로 좋아하고 지속적으로 찾아오는 단골 고객층을 형성하는 과정이다. 단골 고객은 단순히 가격이 저렴해서 오는 고객이 아니라, 살롱의 철학과 서비스에 공감하고 디자이너를 신뢰하는 사람들이다. 이들은 한 번 방문하고 끝나는 것이 아니라, 지속적인 관계를 맺고 주변에도 살롱을 적극적으로 알리는 중요한 역할을 한다. 즉, 숫자로 환산할 수 없는 살롱의 가장 큰 자산이 된다.

그렇다면 어떻게 하면 이런 고객을 만들 수 있을까? 첫째, 살롱을 단순한 시술 공간이 아니라 고객의 '경험'을 제공하는 공간으로 만들어야 한다. 가격이 저렴해서 오는 고객은 언제든 더 나은 가격을 찾아 이동할 수 있다. 반면 살롱에서 특별한 경험을 했다고 느끼는 고객은 가격보다 '가치'를 중요하게 여기고 꾸준히 방문하게 된다. 둘째, 고객이 단순 소비자가 아니라 브랜드의 팬이 될 수 있도록 '관계'를 형성해야 한다. 고객이 만족하는 스타일을 만들어 주는 것뿐만 아니라, 상담부터 시술 후 관리까지 세심하게 신경 써야 한다. 시술 후 일정 기간이 지나면 고객에게 맞춤형 메시지를 보내거나, 홈케어 방법을 안내해 주는 등의 사후 관리도 중요하다.

직원과 동료 크루를 쌓는다는 것: 조직이 아닌 '공동체'를 만드는 과정

디자이너와 크루가 단순한 매출 창출의 도구로 여겨지면, 그들은 금방 지치고 더 나은 조건을 찾아 떠나게 된다. 이렇게 되면 살롱은 끊임없이 채용 광고를 내야 하고, 인건비와 운영 비용이 흔들리면서 지속 가능한 경영이 어려워진다. 이를 방지하려면, 디자이너와 크루가 함께 성장할 수 있는 환경을 조성해야 한다.

첫째, 단순한 기술 교육이 아니라 마인드 교육까지 함께 진행해야 한다. 디자이너가 살롱에서 일하는 이유를 명확히 알고, 자신의 커리어 로드맵을 그릴 수 있도록 도와주는 것이 중요하다. 단순히 시술 기술만 익히게 하는 것이 아니라, 고객 응대법, 동료와의 협업, 커뮤니케이션 능력 등을 함께 키워야 한다.

둘째, 성과에 대한 공정한 보상이 이루어져야 한다. 열심히 일한 직원이 그에 합당한 보상을 받는다는 믿음이 있어야 조직이 건강하게 운영될 수 있다.

셋째, 인간적인 유대감이 있는 조직 문화를 만들어야 한다. 단순히 일하는 공간이 아니라, 서로의 성장을 응원하고 지원하는 공동체가 되어야 한다.

많은 오너들이 "직원을 키워봤자 결국 독립해서 나간다"는 걱정을 한다. 하지만 이는 단기적인 시각이다. 직원이 성장해 독립한다고 하더라도, 그 사람이 좋은 인상을 남겼다면 살롱의 브랜드 가치는 더욱 높아진다. 그리고 건강한 관계를 유지한다면, 향후 협업이나 네트워크 형성의 기회도 열릴 수 있다. 훌륭한 인재들은 성장 가능성이 있는 조직을 원한다. 오너가 직원들에게 진정한 기회를 제공한다면, 오히려 우수한 인재들이 자발적으로 모이게 된다.

경영자인 나 자신을 쌓는다는 것: 단순 운영자가 아닌 '리더'로 성장하는 과정

살롱 경영자는 단순히 시술을 잘하는 기술자가 아니라, 조직을 이끄는 리더로 성장해야 한다. 경영자가 시술만 잘하고 나머지 업무는 방치하면, 결국 조직은 제대로 돌아가지 않고 마케팅이나 직원 관리가 소홀해진다. 따라서 경영자는 지속적으로 배우고 성장해야 한다.

첫째, 세무, 노무, 인사 관리 등 기본적인 경영 지식을 익혀야 한다. 단순히 살롱을 운영하는 것이 아니라, 지속 가능한 비즈니스를 만들어 가는 것이 목표여야 한다.

둘째, 직원들과 효과적으로 소통하는 방법을 배워야 한다. 경영자가 직원들에게 일방적으로 지시하는 것이 아니라, 그들의 의견을 경청하고 함께 의사결정을 할 수 있도록 해야 한다.

셋째, 시장과 고객의 변화를 지속적으로 학습해야 한다. 트렌드는 빠르게 변하고, 소비자의 니즈도 달라진다. 경영자가 변화에 민감하게 반응하지 못하면, 살롱은 금세 경쟁력을 잃게 된다.

숫자가 아니라 사람을 쌓아야 살롱이 성장한다

숫자보다 사람을 쌓는 체질을 만들어야 한다는 말은 처음에는 부담스럽게 들릴 수 있다. 당장 임대료와 인건비, 재료비를 고려하면 매출 상승이 우선순위가 되는 것이 현실이기 때문이다. 하지만 시간이 지나면서 충성 고객이 많아지고, 직원들이 오랫동안 함께하며 팀워크가 단단해지면, 살롱은 어느 순간부터 자연스럽게 안정된 매출을 기록하게 된다. 만족한 고객이 많아지면 별다른 마케팅 없이도 주말 예약이 가득 차고, 직원들이 이직하지 않고 장기적으로 일하면 운영의 효율성이 극대화된다. 이 단계에 접어들면 비로소 살롱은 장기적인 비전을 세울 여유를 가질 수 있다.

반면 사람보다 숫자만 쫓다 보면, 지속적인 할인 경쟁과 이벤트에 의존할 수밖에 없다. 이런 방식으로 매출을 유지하면, 결국 마케팅 비용이 과다하게 발생하고 순이익이 낮아진다. 결국 살롱을 오픈하면서 꿈꿨던 '성장'과 '행복'은 점점 멀어지게 된다.

장기 성장의 핵심은 숫자가 아니라 사람이다

살롱을 운영할 때 가장 중요한 것은 단기 매출 그래프가 아니라, 장기적으로 함께할 고객과 직원, 그리고 성장하는 나 자신을 만들어 가는 과정이다. 숫자로 측정할 수 없는 고객의 신뢰, 직원들의 심리적 안정, 경영자의 리더십 성장—이 세 가지가 보완되면 살롱은 어떤 시장 변화에도 쉽게 흔들리지 않는다. 이렇게 사람 중심의 경영을 실천하면, 결국 숫자로 나타나는 매출 성장도 자연스럽게 따라오게 된다.

숫자보다는 사람을 모아야 한다. 고객과 직원이 하나의 커뮤니티로 연결되고, 경영자가 이를 이끌어나갈 때, 살롱의 성장은 지속 가능해진다. 이 체질 개선이 이루어지면, 단기적인 매출 등락에 흔들리지 않고 안정적인 미래를 설계할 수 있다.

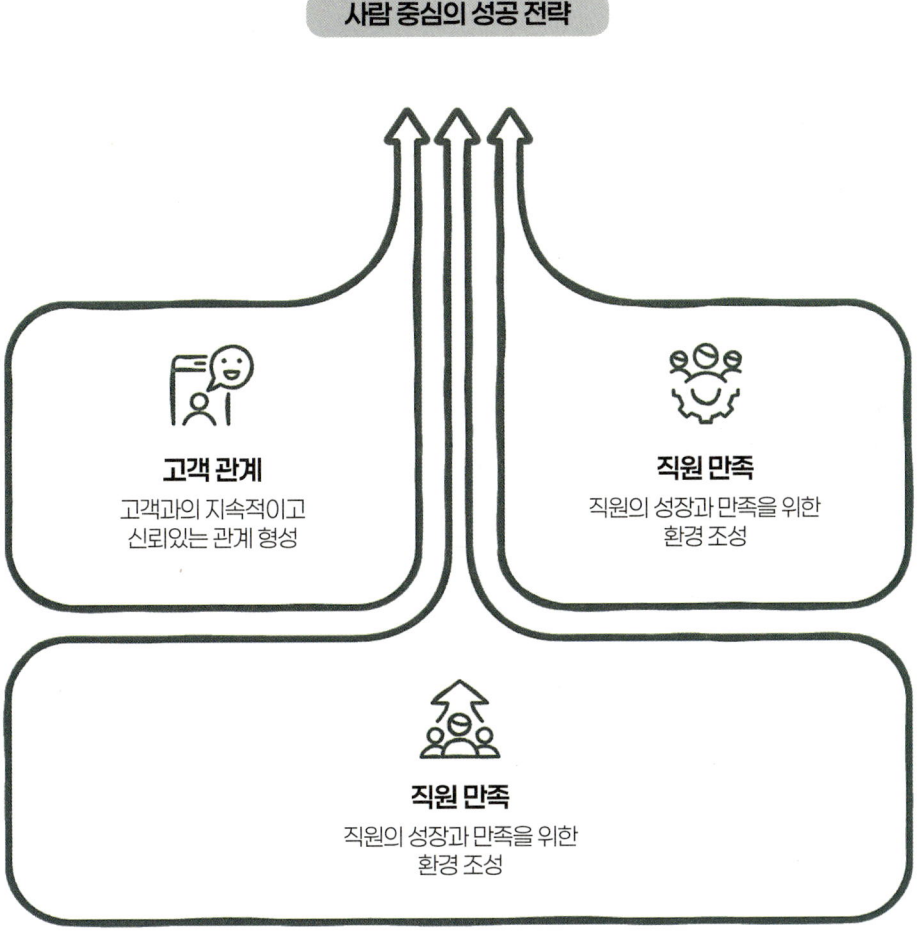

KAI JUNG

Part. 5

| 카이정 강사의 경영철학:
사람, 사랑, 그리고 비즈니스의 확장

16장. 본질경영 마케팅 전략: 눈에 보이지 않는 가치를 전달하는 법

1. 4P에서 7P까지: "서비스 마케팅"으로 확장하기

4P와 7P 마케팅은 기업이 제품과 서비스를 고객에게 제공하는 방식을 체계적으로 정리한 개념으로, 각각의 요소가 기업의 마케팅 전략 수립과 실행에 중요한 역할을 한다. 특히 7P 마케팅은 서비스 산업이 확장되면서 고객과의 관계 형성을 더욱 강조하는 방향으로 발전한 개념이다. 본질경영의 관점에서 이 두 가지 마케팅 전략을 살펴보면, 단순한 판매 기법을 넘어 고객과 브랜드 간의 감성적 연결과 신뢰를 구축하는 데 초점을 맞추는 것이 중요하다.

4P 마케팅의 정의

4P 마케팅은 제품(Product), 가격(Price), 유통(Place), 프로모션(Promotion)의 네 가지 요소를 중심으로 기업이 제품을 시장에 제공하고 판매하는 기본적인 전략이다. 제조업 중심의 전통적인 마케팅 접근법으로, 제품의 품질과 가격, 유통 채널, 그리고 홍보 전략을 통해 소비자에게 가치를 전달하는 방식이다.

- 1. 제품 (Product)
  - 제품은 고객이 구매하는 대상이며, 제품 자체의 품질, 디자인, 기능, 차별성 등이 핵심 요소다. 고객이 원하는 니즈를 충족시키고, 시장에서 경쟁력을 갖추기 위해 제품을 지속적으로 개선하는 것이 중요하다.

- 2. 가격(Price)
  - 가격은 제품의 가치에 대한 고객의 인식을 결정짓는 요소다. 기업은 원가, 경쟁사의 가격, 고객의 지불 의향 등을 고려해 최적의 가격을 설정해야 한다. 가격이 높으면 프리미엄 전략, 낮으면 대중적 접근을 의미할 수 있으며, 할인·멤버십 등의 가격 전략도 포함된다.

- 3. 유통(Place)
  - 유통은 제품이 고객에게 전달되는 경로를 의미한다. 온라인과 오프라인 판매 채널, 물류 시스템, 재고 관리 등을 포함하며, 고객이 원하는 시점과 장소에서 제품을 쉽게 구매할 수 있도록 접근성을 높이는 것이 핵심이다.

- 4. 프로모션(Promotion)
  - 프로모션은 고객에게 제품을 알리고 판매를 촉진하는 모든 활동을 포함한다. 광고, 이벤트, SNS 마케팅, 할인 행사 등이 여기에 해당되며, 브랜드 인지도와 매출을 높이는 중요한 수단이 된다.

4P 마케팅은 주로 제품 중심의 사고방식에서 출발하며, 기업이 제품을 만들고 판매하는 과정에 집중하는 방식이다. 하지만 고객은 단순한 제품 구매보다 브랜드와의 경험을 더 중시하기 때문에 4P만으로는 충분하지 않다. 이에 따라 7P 마케팅이 등장하게 되었다.

7P 마케팅의 정의

7P 마케팅은 기존의 4P에 '사람(People), 과정(Process), 물리적 증거(Physical Evidence)'를 추가한 개념으로, 특히 서비스 산업에서 중요한 역할을 한다. 고객과의 직접적인 접점을 관리하고, 브랜드 경험을 강화하는 것이 핵심이다.

- 1. 사람(People)
  - 제품이나 서비스는 결국 사람이 제공하고, 고객과의 관계 형성이 중요한 요소다. 직원들의 태도, 서비스 마인드, 교육 수준 등이 고객 만족과 충성도를 결정짓는다. 사랑과 공감의 리더십이 중요한 이유도 여기에 있다.

- 2. 과정(Process)
  - 고객이 서비스를 경험하는 전체 흐름을 의미한다. 예약부터 방문, 상담, 시술, 결제, 사후 관리까지 일관된 서비스 경험을 제공하는 것이 중요하며, 모든 단계에서 고객이 편안함과 만족을 느낄 수 있도록 설계해야 한다.

- 3. 물리적 증거(Physical Evidence)
  - 제품은 눈으로 볼 수 있지만, 서비스는 무형이기 때문에 고객이 브랜드를 체험할 수 있는 물리적 요소가 필요하다. 매장의 인테리어, 직원의 복장, 브랜드의 시각적 요소 등이 여기에 해당하며, 고객의 신뢰를 형성하는 데 중요한 역할을 한다.

4P와 7P의 차이점과 확장된 마케팅 전략

4P 마케팅은 제품과 가격, 유통, 프로모션을 중심으로 제품을 어떻게 판매할지를 고민하는 전략이라면, 7P 마케팅은 서비스와 브랜드 경험을 강화하는 방향으로 발전한 개념이다. 특히 7P는 단순한 제품 판매가 아니라, 고객이 브랜드와 맺는 관계를 더욱 공고히 하고, 차별화된 가치를 제공하는 데 초점을 맞춘다.

과거에는 좋은 제품을 만들고, 적절한 가격을 책정하며, 효과적인 유통망을 확보하고, 프로모션을 통해 홍보하면 성공적인 마케팅이 가능했다. 하지만 이제는 고객이 단순히 제품을 구매하는 것이 아니라, 브랜드가 제공하는 경험과 가치를 중요하게 생각하기 때문에, 7P 전략을 활용한 접근이 필요하다.

본질경영 관점에서 7P 마케팅을 적용하는 방법

본질경영의 관점에서 보면, 7P 마케팅은 단순한 판매 전략이 아니라 브랜드가 고객과 어떻게 연결될지를 고민하는 과정이다. 이를 효과적으로 적용하기 위해 다음과 같은 요소를 고려해야 한다.

- **1. 사람 중심의 서비스 강화**
  - 직원들이 단순히 서비스를 제공하는 것이 아니라, 고객과의 관계를 형성하고 신뢰를 쌓을 수 있도록 교육과 조직 문화를 개선해야 한다. 고객이 살롱을 찾았을 때, 단순히 머리를 자르는 것이 아니라 "나를 존중받고 있다"는 느낌을 받도록 만들어야 한다.

- **2. 서비스 과정의 세심한 설계**
  - 고객이 서비스를 경험하는 전체 여정을 설계할 때, 모든 단계에서 고객이 편안하고 만족할 수 있도록 해야 한다. 예약 시스템의 편리성, 상담의 전문성, 시술 후 관리 안내까지 일관된 흐름을 유지해야 한다.

- **3. 브랜드 아이덴티티를 강화하는 환경 조성**
  - 매장의 분위기, 음악, 향기, 직원들의 복장 등 고객이 브랜드를 체험할 수 있는 모든 요소를 신경 써야 한다. 브랜드가 추구하는 가치가 공간과 서비스 전반에 자연스럽게 녹아들어야 한다.

- **4. 가격 이상의 가치를 전달**
  - 단순히 저렴한 가격을 내세우는 것이 아니라, 고객이 지불한 금액 이상의 가치를 체험할 수 있도록 해야 한다. 고객이 "이 가격에 이 정도의 경험을 했으니 아깝지 않다"는 생각이 들게 해야 장기적인 충성도를 확보할 수 있다.

- **5. 고객과 함께 성장하는 브랜드 만들기**
  - 고객을 단순한 소비자가 아니라 브랜드와 함께 성장하는 동행자로 바라보아야 한다. 고객의 니즈를 파악하고, 그에 맞춘 맞춤형 솔루션을 제공하며, 지속적으로 소통하는 것이 중요하다.

7P 마케팅이 만드는 지속 가능한 브랜드

4P에서 7P로 확장된 마케팅 전략은 단순한 제품 판매에서 벗어나, 브랜드가 고객에게 전달하는 가치와 경험을 중심으로 운영하는 방식이다. 단순한 기능적 만족을 넘어서 감성적 만족과 신뢰를 형성하는 것이 핵심이며, 이를 위해 사람, 과정, 환경을 모두 고려한 서비스 설계가 필요하다.

본질경영 마케팅 전략은 결국 기업이 단순히 상품을 판매하는 것이 아니라, 고객과 함께 성장하고 신뢰를 쌓아 가는 과정이다. 단기적인 매출 향상만을 목표로 삼기보다는, 고객이 브랜드를 신뢰하고 반복적으로 찾을 수 있도록 지속적인 관계를 형성하는 것이 중요하다. 이러한 접근 방식이 장기적인 경쟁력을 갖춘 브랜드를 만들어 가는 핵심이 될 것이다.

서비스 마케팅

목표: 단순히 제품 판매가 아니라, 고객에게 진정한 경험과 감동을 제공하는 것이 핵심이다. 고객과 브랜드 간의 감성적 연결 및 신뢰 구축에 집중한다.

전통적 4P (Product, Price, Place, Promotion)

- Product(제품): 제공되는 서비스(예: 헤어 스타일링, 커트, 펌 등)의 품질, 디자인, 기능성.
- Price(가격): 고객이 서비스에 대해 지불하는 금액. 가격 전략은 고객의 지불 의향과 브랜드의 포지셔닝에 맞춰 결정된다.
- Place(유통): 서비스가 제공되는 공간 및 접근성. 오프라인 매장, 예약 시스템, 고객의 방문 편의성을 포함.
- Promotion(프로모션): 광고, 이벤트, SNS 마케팅 등 고객에게 브랜드와 서비스를 알리는 모든 활동.

추가 3P (People, Process, Physical Evidence)

- People(사람): 서비스 제공을 담당하는 디자이너, 크루, 직원들의 태도와 서비스 마인드. 고객과의 상호작용 및 소통이 고객 만족도에 결정적이다.
- Process(과정): 고객이 서비스를 경험하는 전 과정. 예약부터 상담, 시술, 사후 관리까지 모든 단계에서 일관된 서비스가 제공되어야 함.
- Physical Evidence(물리적 증거): 고객이 경험할 수 있는 눈에 보이는 요소들. 매장 인테리어, 직원 복장, 브랜딩 요소, 그리고 서비스 중 사용되는 물리적 소품 등이 이에 해당한다.

주요 디지털 플랫폼별 전략

- 1. 인스타그램 운영 전략
  - 주 2~3회 규칙적인 게시물을 통해 꾸준한 노출과 고객 소통을 유지한다.
  - 고객의 실제 시술 전후 사진과 함께, 간단한 관리 팁이나 고객의 실제 후기를 공유한다.
  - 스토리와 하이라이트 기능을 활용하여 생생한 살롱 일상과 이벤트 소식을 전달한다.

- 2. 유튜브 운영 전략
  - 짧은 스타일링 팁, 관리 방법 등 유익한 콘텐츠를 5~10분 내외의 영상으로 제작하여 정기적으로 업로드한다.
  - 살롱 내부 분위기와 디자이너 소개 영상을 통해 고객과의 친밀도를 높인다.

- 3. 네이버 블로그 및 플레이스 운영 전략
  - 주기적으로 시술 후기와 고객 인터뷰, 이벤트 정보를 블로그에 포스팅하여 살롱의 전문성을 보여준다.
  - 네이버 플레이스를 적극적으로 활용하여 리뷰 관리와 예약 시스템을 운영한다.

디지털 마케팅 실행 체크리스트

- 인스타그램, 유튜브, 네이버 등 주요 플랫폼에서의 정기적인 콘텐츠 업로드 일정이 명확히 설정되어 있는가?
- 고객의 참여와 소통을 촉진할 수 있는 콘텐츠를 적극적으로 제공하고 있는가?
- 각 플랫폼의 특성에 맞는 맞춤형 콘텐츠를 제작하고 운영하고 있는가?
- 고객 반응과 참여율을 정기적으로 점검하여 콘텐츠를 지속적으로 개선하고 있는가?

살롱의 디지털 마케팅 전략이 구체적이고 명확할수록 고객과의 접점이 늘어나고, 이는 자연스럽게 살롱의 지속 가능한 성장과 경쟁력 강화로 이어질 것이다.

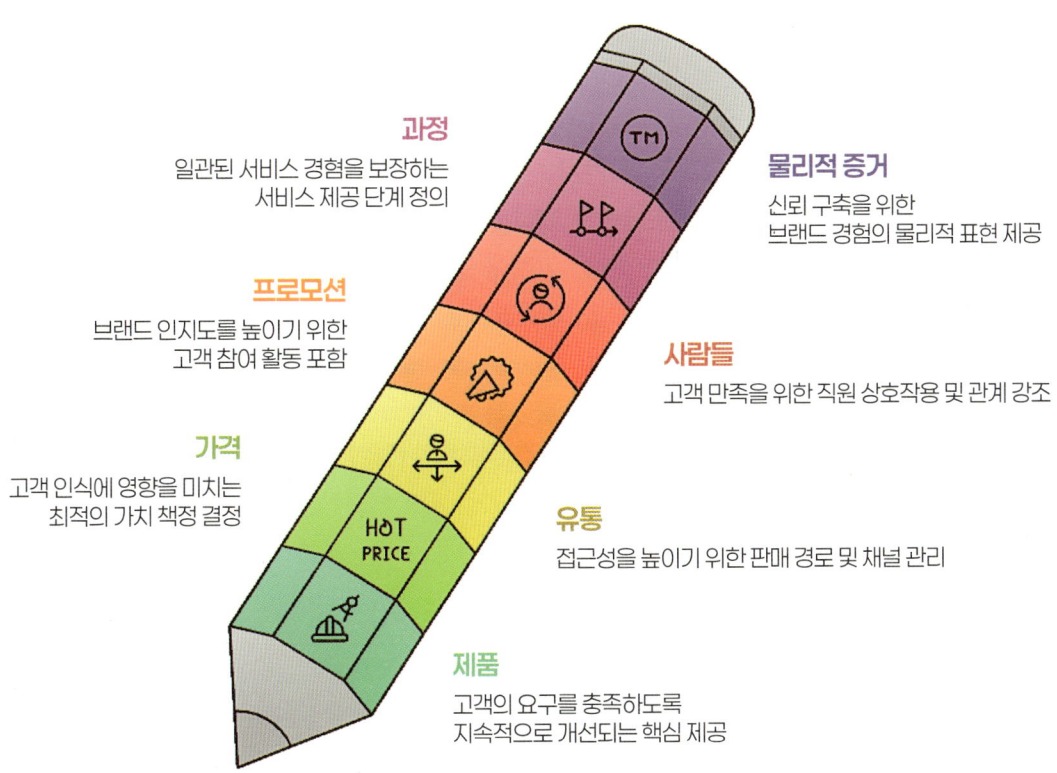

브랜드 경험을 완성하는 고객 전략 펜슬

과정 — 일관된 서비스 경험을 보장하는 서비스 제공 단계 정의

물리적 증거 — 신뢰 구축을 위한 브랜드 경험의 물리적 표현 제공

프로모션 — 브랜드 인지도를 높이기 위한 고객 참여 활동 포함

사람들 — 고객 만족을 위한 직원 상호작용 및 관계 강조

가격 — 고객 인식에 영향을 미치는 최적의 가치 책정 결정

유통 — 접근성을 높이기 위한 판매 경로 및 채널 관리

제품 — 고객의 요구를 충족하도록 지속적으로 개선되는 핵심 제공

2 본질경영이 만들어내는 브랜드 차별화: '진정성'이 핵심

브랜드 차별화를 이야기할 때, 흔히 로고, 컬러, 광고 캠페인, 슬로건 같은 시각적 요소와 마케팅 전략을 떠올린다. 하지만 본질경영 관점에서 브랜드 차별화란 단순히 외형적 요소를 다듬는 것이 아니라, "이 브랜드가 무엇을 지향하고, 고객과 어떤 가치를 공유하는가"라는 근본적인 질문에서 출발한다. 브랜드의 힘은 겉으로 드러나는 이미지보다 내부에서 실천되는 철학과 태도가 고객과 만나는 접점에서 일관되게 드러날 때 발휘된다. 그리고 이 차별화를 가능하게 하는 핵심 동력은 바로 '진정성'이다.

진정성이란 기업이 표방하는 가치와 실제 행동이 일치하는 정도를 의미한다. 단순히 "우리는 고객을 최우선으로 생각합니다"라고 말하는 것이 아니라, 고객이 그 가치를 경험하고 신뢰할 수 있도록 브랜드가 지속적으로 실천하는 과정에서 형성된다. 만약 기업이 사람 중심 경영을 내세우면서도 내부적으로는 직원들을 소모품처럼 대하거나, 고객을 단순한 매출원으로만 바라본다면, 그 브랜드는 결국 소비자에게 신뢰를 잃게 된다. 하지만 본질경영을 실천하는 기업은 고객을 동행자로 보고, 직원과의 관계에서도 존중과 성장의 기회를 보장하며, 조직문화부터 프로세스까지 그 철학을 녹여낸다. 이런 기업은 단순한 마케팅 기법이 아니라, 기업이 살아가는 방식 자체가 브랜드가 된다.

진정성이 브랜드 차별화에서 중요한 이유는 단순하다. 그것은 경쟁사가 쉽게 모방할 수 없는 요소이기 때문이다. 제품의 품질, 가격, 서비스는 일정 부분 따라 할 수 있지만, 브랜드가 오랜 시간 쌓아온 신뢰와 감정적 유대감, 그리고 진정성이 전달하는 감동은 결코 단기간에 베껴낼 수 없다. 예를 들어 어떤 살롱이 "우리는 단순히 머리를 자르는 곳이 아니라, 고객의 자존감을 높여주는 공간입니다"라고 이야기한다고 하자. 이 말이 진정성을 가지려면, 직원들이 고객을 대하는 태도, 상담의 깊이, 시술 후 관리, 공간의 분위기, 서비스 과정에서의 배려 등이 모두 그 철학과 일치해야 한다. 만약 단순히 멋진 슬로건만 걸어놓고 실제 서비스에서는 고객을 형식적으로 대하거나, 직원들의 근무 환경이 열악해 그 피로감이 고객에게까지 전달된다면, 브랜드의 진정성은 금세 무너질 것이다.

본질경영이 브랜드에 적용되는 방식

진정성을 브랜드의 핵심 차별화 요소로 삼는 본질경영은, 기업이 말하는 가치와 행동하는 방식이 일치하는지 끊임없이 점검하는 과정이다. 이를 위해 본질경영 브랜드 차별화는 다음과 같은 방식으로 실천된다.

> **1. 사랑과 공감을 중심으로 한 조직문화**
> 본질경영을 실천하는 기업은 내부적으로부터 진정성을 쌓아간다. 직원들이 서로 존중하고 협력하는 조직에서만 고객을 진정으로 배려하는 문화가 형성될 수 있다. 조직 내에서 구성원들이 존중받고 자신의 역량을 발휘하며 성장할 수 있도록 지원받는다면, 직원들은 고객을 대할 때도 진심으로 그들을 돕고 싶은 마음이 생긴다. 고객과의 신뢰 관계는 직원과 조직 간의 신뢰에서 시작되며, 결국 이것이 브랜드의 일관성으로 나타난다.

2. 서비스 프로세스 전반에서 진정성 구현

고객이 브랜드를 경험하는 모든 접점에서 진정성이 드러나야 한다. 살롱이라면 상담 과정에서 고객의 스타일과 고민을 깊이 이해하려는 태도, 시술 후 관리 방법에 대한 세심한 안내, 방문 후 피드백을 듣고 반영하는 과정 등이 모두 포함된다. 브랜드의 철학이 고객 경험 전반에서 일관되게 드러날 때, 고객은 "이곳은 진짜 나를 생각하는 곳이구나"라고 느끼게 된다.

3. 물리적 환경과 브랜드 메시지의 일관성

매장의 인테리어, 음악, 조명, 향기, 그리고 직원들의 복장과 태도까지 브랜드가 고객과 공유하고자 하는 가치와 일관성을 가져야 한다. 프리미엄 서비스를 지향하는 곳이라면, 공간의 디자인과 응대 방식에서부터 세련미와 차별성을 느낄 수 있어야 한다. 반면 편안한 동네 살롱을 지향한다면, 친근하고 따뜻한 분위기가 자연스럽게 전달되어야 한다. 이러한 물리적 환경이 브랜드의 메시지와 맞아떨어질 때, 고객은 브랜드의 진정성을 더욱 강하게 체감하게 된다.

4. 위기 속에서 더 빛나는 진정성

기업이 어려움에 처했을 때, 브랜드의 진정성은 더욱 선명하게 드러난다. 평소에 고객 중심, 사람 중심 경영을 이야기하는 기업이 정작 위기가 닥쳤을 때 이를 실천하지 못하면, 그 브랜드의 진정성은 단숨에 무너진다. 반면 어려운 상황에서도 기업이 직원과 고객을 먼저 생각하고, 윤리적 기준을 지키며, 사회적 책임을 다하려는 노력을 기울인다면, 오히려 그 브랜드는 더 강한 신뢰를 얻게 된다. 위기 상황에서 브랜드가 보여준 태도는 장기적으로 고객의 충성도를 결정짓는 중요한 요소가 된다.

본질경영이 브랜드 차별화를 이루는 방법

본질경영 브랜드 차별화는 단기적인 마케팅 전략이 아니다. 이는 기업이 존재하는 방식이며, 시장에서 브랜드를 독보적으로 만들기 위해 반드시 거쳐야 하는 과정이다. 본질경영이 브랜드를 차별화하는 과정은 다음과 같은 원칙을 따른다.

1. 일관성 유지

브랜드가 추구하는 가치가 서비스, 제품, 마케팅, 직원 태도, 고객 응대 방식 전반에서 일관되게 유지되어야 한다. 브랜드의 메시지가 고객 경험에서 구체적으로 드러나야 신뢰가 형성된다.

2. 정직하고 투명한 커뮤니케이션

과장된 광고나 단기적인 마케팅 전략으로 소비자를 유인하는 것이 아니라, 브랜드가 진짜로 믿고 실천하는 가치를 고객에게 솔직하게 전달해야 한다. 기업의 철학과 실제 행동이 다르면 고객은 이를 즉시 감지한다.

3. 고객과의 관계를 장기적으로 바라보기

단순히 한 번의 판매나 방문을 유도하는 것이 아니라, 고객이 브랜드와의 관계를 지속적으로 이어갈 수 있도록 신뢰를 쌓아가야 한다. 고객이 브랜드를 친구처럼 느낄 수 있도록, 지속적인 커뮤니케이션과 가치 제공이 필요하다.

진정성의 힘이 장기적 브랜드 경쟁력을 만든다

　브랜드 차별화는 단순히 경쟁사보다 더 멋진 로고를 만들거나, 더 많은 광고비를 집행하는 것만으로 이루어지지 않는다. 고객과의 관계에서 진정성이 실질적인 경험으로 축적될 때, 브랜드는 그 자체로 강력한 차별점을 형성하게 된다. 본질경영을 실천하는 기업은 진정성을 기반으로 고객과 관계를 형성하고, 이를 통해 가격 경쟁이나 단기적인 프로모션이 아닌 '가치 기반 브랜드'로 자리 잡는다.

　결국 브랜드 차별화의 핵심은 본질에 충실하는 것이다. 기업이 표방하는 가치가 조직 내부에서 실천되고, 고객과의 접점에서 일관되게 표현될 때, 소비자는 단순한 소비자가 아니라 브랜드의 팬이 된다. 그리고 그 팬덤은 단순한 매출 상승을 넘어, 지속 가능한 경쟁력을 가진 브랜드로 성장하는 데 결정적 역할을 하게 된다. 이것이 바로 본질경영이 브랜드 차별화를 만들어내는 방식이며, 그 중심에는 언제나 '진정성'이 자리하고 있다.

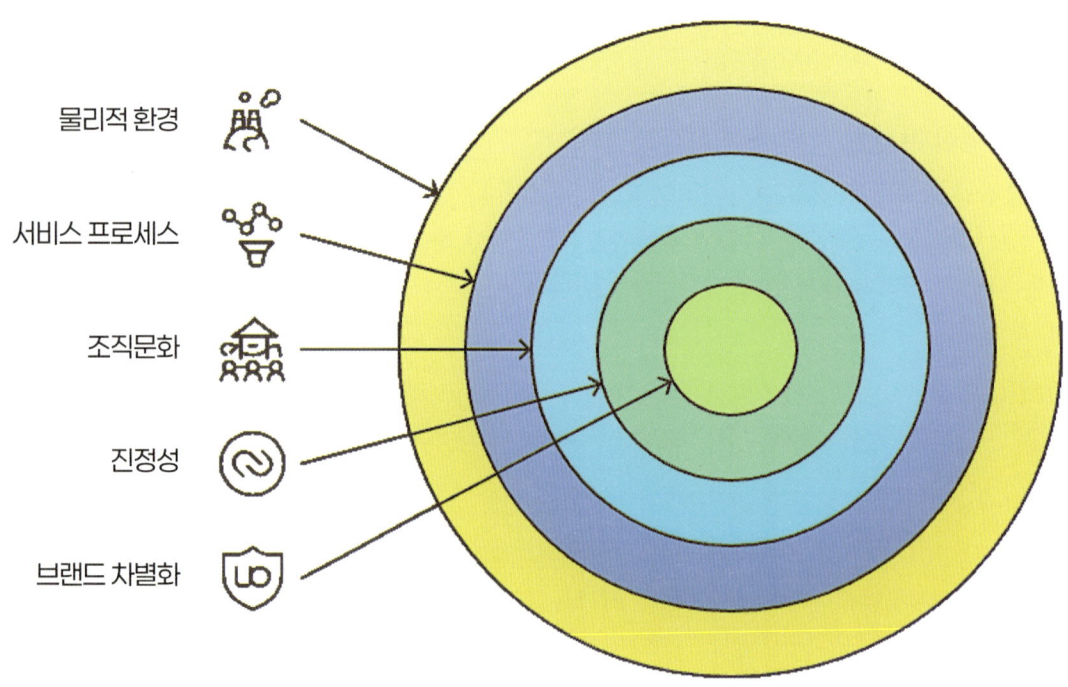

3 가치 제안(Value Proposition)과 마케팅 메시지의 연계

가치 제안은 단순히 제품의 기능적 우수성을 설명하는 것이 아니라, 고객이 왜 특정 브랜드를 선택해야 하는지에 대한 이유를 명확하게 전달하는 것이다. 이는 고객이 제품이나 서비스를 이용하면서 얻는 기대치와 그 기대를 얼마나 충족시킬 수 있는지를 나타내는 핵심 개념이다. 본질경영의 관점에서 가치 제안은 단순한 이익 창출의 도구가 아니라, 고객과 기업이 공유하는 철학과 경험의 집약체라고 볼 수 있다.

전통적인 가치 제안은 일반적으로 제품의 품질, 가격 경쟁력, 편의성 같은 요소를 강조한다. 그러나 현대의 소비자는 단순히 '좋은 제품'만을 원하지 않는다. 그들은 그 브랜드가 자신의 가치관과 일치하는지, 그리고 이 브랜드를 선택함으로써 어떤 경험과 의미를 얻을 수 있는지를 고려한다. 따라서 본질경영을 기반으로 하는 브랜드라면, 가치 제안을 설정할 때 "우리는 고객에게 어떤 삶의 변화를 선사할 것인가?"라는 질문을 던져야 한다.

가치 제안과 마케팅 메시지의 차이

가치 제안과 마케팅 메시지는 밀접하게 연결되어 있지만, 두 개념은 분명한 차이가 있다.

> 1. 가치 제안은 내부적 전략이다. 이는 기업이 고객에게 제공할 핵심 가치를 정의하는 과정으로, 조직 내부에서 먼저 확립되어야 한다. 예를 들어, "우리는 고객의 자존감을 높이고, 그들의 개성을 존중하는 맞춤형 스타일링을 제공한다"는 가치 제안을 가질 수 있다.
> 2. 마케팅 메시지는 외부적 커뮤니케이션이다. 이는 기업이 설정한 가치 제안을 고객이 쉽게 이해하고 공감할 수 있도록 전달하는 과정이다. 예를 들어, 위의 가치 제안을 바탕으로 "당신만을 위한 스타일, 당신의 이야기를 담다" 같은 슬로건을 만들어 고객과의 접점을 형성할 수 있다.

이처럼 가치 제안이 기업의 철학과 방향성을 규정하는 것이라면, 마케팅 메시지는 그 가치를 고객의 언어로 해석하고 소통하는 역할을 한다.

본질경영의 관점에서 가치 제안과 마케팅 메시지를 연계하는 방법

본질경영에서는 기업이 추구하는 핵심 가치를 어떻게 고객 경험으로 변환할 것인지에 대한 고민이 필요하다. 이를 위해 마케팅 메시지를 단순한 광고 문구가 아닌, 고객과의 '공감의 연결고리'로 설정해야 한다.

1. 고객 중심 가치 제안 수립

일반적인 마케팅 전략에서는 기업이 제공할 수 있는 혜택을 나열하는 방식으로 가치 제안을 설정하는 경우가 많다. 그러나 본질경영에서는 고객의 입장에서 생각하며, 그들이 원하는 근본적인 변화가 무엇인지 탐구하는 것이 먼저다.

예를 들어, 단순히 "최고급 제품 사용"을 강조하는 대신, "우리 제품이 고객의 일상을 어떻게 변화시키는지"에 초점을 맞추어야 한다. 헤어살롱이라면 "단순한 스타일링이 아닌, 고객이 자신의 모습을 사랑할 수 있도록 돕는 공간"이라는 가치를 제안할 수 있다. 이처럼 고객의 감정과 경험을 중심으로 가치 제안을 수립해야 한다.

2. 브랜드 스토리를 활용한 감성적 메시지 전달

가치 제안이 이론적인 개념이라면, 마케팅 메시지는 고객이 그것을 직접 체감할 수 있도록 만들어야 한다. 이를 위해 브랜드 스토리를 활용하는 것이 효과적이다.

예를 들어, 살롱이 "고객의 개성을 존중하는 맞춤형 스타일링"이라는 가치를 제안했다면, 이를 단순한 문구가 아니라 실제 고객 사례를 통해 전달하는 방식이 좋다. "한 고객이 중요한 면접을 앞두고 우리 살롱을 찾아왔습니다. 그가 원하는 이미지를 완성하기 위해 디자이너가 세심하게 상담을 진행했고, 결국 그는 자신감 넘치는 모습으로 면접을 치를 수 있었습니다" 같은 스토리텔링 기법을 활용하면 고객은 브랜드가 단순히 머리를 다듬는 곳이 아니라, 중요한 순간을 함께하는 곳이라고 인식하게 된다.

3. 서비스 경험 전반에 가치 반영

가치 제안은 단순히 광고 문구에만 머물러서는 안 된다. 이는 고객이 서비스를 접하는 모든 과정에서 일관되게 체험할 수 있어야 한다.

- 첫 방문 고객 상담: 단순히 원하는 스타일을 묻는 것이 아니라, 고객이 이번 스타일링을 통해 이루고 싶은 변화나 감정을 탐색하는 대화를 나눈다.
- 시술 과정: 고객의 개성을 존중하는 태도를 유지하며, 디자이너가 고객의 의견을 세심하게 반영하는 모습을 보여 준다.
- 사후 관리: 단발적인 시술이 아니라 지속적인 관계를 유지할 수 있도록, 고객 맞춤형 스타일링 유지 팁을 제공하거나, 일정 기간 후 추가 상담을 유도하는 메시지를 발송한다.

이처럼 고객이 브랜드를 접하는 순간순간마다 가치 제안이 자연스럽게 녹아 있어야 한다.

가치 제안을 브랜드 정체성으로 구체화하는 과정

가치 제안과 마케팅 메시지를 효과적으로 연계하는 것은 단순한 문구 설정의 문제가 아니다. 이는 브랜드가 "무엇을 제공하는가"보다 "왜 존재하는가"를 명확히 정의하는 과정이며, 고객이 브랜드를 경험하는 모든 접점에서 일관된 가치를 체감할 수 있도록 하는 작업이다.

본질경영에서는 기업의 존재 이유가 단순한 수익 창출을 넘어, 고객과 직원, 그리고 지역사회와 함께 공유하는 가치 창출로 확장되어야 한다고 본다. 그렇기에 가치 제안은 고객이 단순한 소비자가 아니라, 브랜드와 함께 성장하는 '동행자'가 될 수 있도록 유도해야 한다.

이러한 본질적 가치가 일관된 마케팅 메시지로 표현될 때, 고객은 단순한 제품 구매가 아닌, 브랜드와 함께하는 경험 자체에 의미를 부여하게 된다. 결국, 본질경영이 강조하는 브랜드 차별화의 핵심은 "기업이 말하는 것과 실제 행동이 얼마나 일치하는가?"이며, 그것이 고객에게 신뢰와 충성도를 형성하는 가장 중요한 요소가 된다.

이제 마케팅은 더 이상 "이 제품이 얼마나 좋은가?"를 설명하는 것이 아니라, "이 브랜드가 고객의 삶을 어떻게 변화시킬 것인가?"를 이야기하는 것이 되어야 한다. 기업의 가치 제안이 감성적·사회적 가치를 포함할 때, 고객은 단순한 소비를 넘어 브랜드와 감정적 유대를 형성하게 되고, 결국 브랜드는 경쟁사와 차별화된 독자적인 입지를 구축할 수 있다.

이것이 본질경영을 실천하는 기업들이 가치 제안과 마케팅 메시지를 연계할 때 반드시 기억해야 할 점이며, 단순한 프로모션이나 광고 이상의 지속 가능한 브랜드 전략을 완성하는 핵심 원리다.

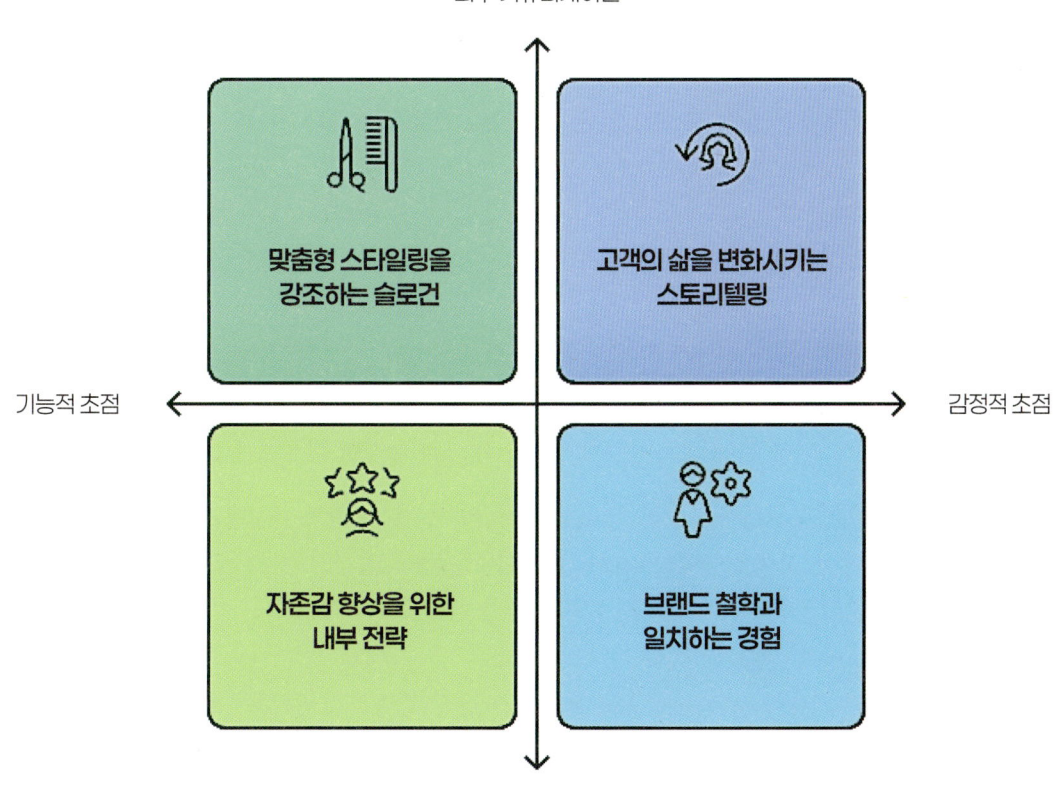

팬덤을 만드는 커뮤니티 경영
: 사람과 사랑이 만든 '자발적 홍보'

팬덤을 형성하는 커뮤니티 경영은 단순한 마케팅 기법이나 일회성 프로모션이 아니다. 이는 브랜드가 지향하는 가치를 고객, 직원, 그리고 지역사회와 함께 공유하고 체험하며, 이 관계 속에서 스스로 브랜드의 홍보대사가 되는 과정을 의미한다. 특히, 본질경영이 강조하는 '사람 중심'과 '사랑과 공감'의 철학은 커뮤니티를 구축하고 강화하는 가장 강력한 요소가 된다. 왜냐하면 사람들은 단순한 서비스 제공자를 넘어서, 자신을 진심으로 이해하고 돌봐 주는 브랜드와 개인적 유대감을 형성하며, 그 관계 속에서 자연스럽게 브랜드를 지지하고 홍보하게 되기 때문이다.

팬덤과 자발적 홍보의 차이

일반적인 마케팅에서 '입소문'은 고객이 브랜드를 사용한 후 만족한 경험을 주변에 공유하는 것을 의미한다. 반면, 팬덤은 단순히 제품이나 서비스를 추천하는 것을 넘어, 고객이 브랜드를 '자신의 일부'처럼 느끼고, 브랜드의 성장을 함께 이루고자 하는 적극적인 참여를 의미한다. 팬덤이 형성되면, 고객들은 자연스럽게 브랜드의 '스토리'를 전파하며, 새로운 고객을 유치하는 데 중요한 역할을 하게 된다. 이를 통해 형성된 자발적 홍보는 기존의 광고나 프로모션과는 비교할 수 없는 강력한 신뢰도를 가진다.

커뮤니티 기반 팬덤 구축의 핵심 전략

1. '함께 만들어 가는 경험' 제공

- 커뮤니티를 형성하고 팬덤을 구축하려면, 고객이 브랜드의 성장 과정에 직접 참여할 수 있는 경험을 제공해야 한다. 이를 위해 오프라인과 온라인에서의 다양한 접점을 활용할 필요가 있다.
  - 정기적인 고객 이벤트: 고객이 단순한 소비자가 아니라 브랜드와 함께 가치를 창출하는 '공동 창작자'로 느낄 수 있도록, 고객 참여형 이벤트를 운영한다. 예를 들어, 신제품 스타일링 체험회, 헤어 스타일링 워크숍, 고객 맞춤형 스타일 컨설팅 세션 등을 마련할 수 있다.
  - 지역사회 연계 활동: 단순한 시술 제공을 넘어, 브랜드가 지역사회와 함께 성장하는 모습을 보여 주어야 한다. 예를 들면, 취약 계층을 위한 헤어케어 봉사, 지역 축제에서의 스타일링 컨설팅, 환경 보호 캠페인 참여 등이 있다. 이러한 활동을 통해 브랜드의 존재 의미가 더 확장되고, 커뮤니티 내에서 '필요한 존재'로 자리 잡게 된다.

2. 온라인 커뮤니티 활성화

- 디지털 시대에서 커뮤니티 경영의 중요한 축은 온라인 플랫폼이다. 브랜드와 고객이 지속적으로 교류하며 서로의 이야기를 나눌 수 있는 공간을 제공하면, 고객은 자연스럽게 브랜드에 대한 애착을 형성하게 된다.
  - 고객의 이야기를 중심으로 한 콘텐츠 제작: 브랜드의 공식 채널이 일방적으로 정보를 전달하는 방식이 아니라, 고객이 직접 경험한 이야기나 스타일링 변화를 공유하도록 유도한다. 고객이 자신의 스타일링 과정을 찍어 올리고, 여기에 직원들이 피드백을 남기는 방식은 자연스럽게 고객이 브랜드의 '일원'이라는 느낌을 받을 수 있도록 한다.
  - SNS와 유튜브 활용: 단순한 홍보용 콘텐츠보다는 브랜드의 가치를 담은 영상과 실시간 소통이 중요하다. 예를 들어, 디자이너가 고객의 고민을 직접 듣고 해결하는 '스타일링 상담 라이브 방송', 브랜드 철학을 설명하는 '미용 철학 토크' 등의 콘텐츠가 팬덤을 형성하는 데 효과적이다.
  - 커뮤니티 주도형 챌린지: 특정 해시태그 캠페인을 운영하여 고객들이 직접 콘텐츠를 제작하도록 유도할 수도 있다. "나만의 스타일 찾기 챌린지"와 같이, 고객들이 자신의 헤어 스타일 변화를 공유하면서 자연스럽게 브랜드와 상호작용하도록 설계하는 방식이 이에 해당한다.

3. 브랜드 앰배서더 및 커뮤니티 리더 육성

- 브랜드를 지지하는 핵심 고객층을 '브랜드 앰배서더' 혹은 '커뮤니티 리더'로 지정하고, 이들이 브랜드의 가치와 문화를 더욱 널리 알릴 수 있도록 독려하는 것도 효과적인 전략이다.
  - 브랜드 앰배서더 프로그램 운영: 충성도 높은 고객을 선정해, 이들이 브랜드와 관련된 콘텐츠를 제작하고, 신제품 평가 및 이벤트 운영에 참여하도록 한다. 이를 통해 고객은 단순한 소비자가 아니라 브랜드와 함께 성장하는 '파트너'로 인식하게 된다.
  - 커뮤니티 리더 역할 부여: 커뮤니티 내에서 활발히 활동하는 고객들에게 특별한 역할을 부여해, 신규 고객에게 브랜드 문화를 안내하고, 커뮤니티 내 분위기를 조성할 수 있도록 한다. 예를 들어, 특정 스타일링 분야에서 전문성이 있는 고객을 '스타일링 컨설턴트'로 지정하여, 온라인 커뮤니티에서 조언을 제공하도록 하는 방식이 있다.

4. 다양한 참여 레벨 제공

- 팬덤을 형성하려면, 모든 고객이 동일한 방식으로 브랜드에 몰입할 것이라는 가정에서 벗어나야 한다. 어떤 고객은 활발한 참여를 원하지만, 어떤 고객은 조용히 브랜드를 즐기기를 원할 수도 있다. 이를 위해, 다양한 참여 레벨을 제공하는 것이 중요하다.
  - 소극적 참여자: 브랜드의 콘텐츠를 구경하거나, '좋아요'를 누르는 등의 가벼운 상호작용
  - 적극적 참여자: 리뷰 작성, 제품 후기 영상 촬영, 스타일링 변화 공유
  - 핵심 참여자: 브랜드 앰배서더, 커뮤니티 운영 참여, 신제품 개발 피드백 제공
- 이러한 단계별 접근을 통해, 고객이 부담 없이 자신의 관심과 성향에 맞는 방식으로 커뮤니티에 참여할 수 있도록 유도할 수 있다.

커뮤니티 경영이 만드는 지속 가능한 팬덤

커뮤니티를 중심으로 한 팬덤 경영은 단순한 마케팅 기법이 아니다. 이는 기업이 고객과 함께 브랜드를 만들어 나가는 과정이며, 그 과정 속에서 자연스럽게 형성되는 자발적 홍보는 무엇보다 강력한 영향력을 발휘한다. 전통적인 마케팅 방식이 고객에게 메시지를 전달하는 데 초점을 맞추었다면, 본질경영을 기반으로 한 커뮤니티 경영은 '함께 만들어 가는 브랜드'를 지향한다. 즉, 고객을 단순한 소비자가 아니라 브랜드의 일부로 받아들이고, 이들과의 상호작용을 통해 브랜드의 방향성을 함께 구축하는 것이다.

이를 위해서는 오프라인 이벤트와 온라인 커뮤니티를 연계하고, 고객이 자발적으로 브랜드를 알리고 싶어지도록 의미 있는 경험을 제공해야 한다. 그리고 이를 내부 직원들과도 공유하며, 직원들이 먼저 브랜드 철학을 이해하고 실천할 수 있도록 만들어야 한다. 이 과정이 지속되면, 고객들은 브랜드를 단순한 서비스 제공자가 아닌, 자신이 소속된 '커뮤니티'로 인식하게 된다. 그리고 그 관계 속에서 자연스럽게 팬덤이 형성되고, 그들이 만들어 내는 자발적 홍보는 브랜드가 별다른 광고 없이도 지속적인 성장을 이루는 강력한 원동력이 된다.

궁극적으로 팬덤이 만들어지는 과정은 기업이 '사람 중심의 가치'를 얼마나 진정성 있게 실천하는가에 달려 있다. 그리고 그 진정성이 고객과의 관계 속에서 축적될 때, 브랜드는 단순한 이름이 아니라 사람들의 삶 속에서 깊은 의미를 가지게 된다. 이처럼 커뮤니티 경영은 본질경영의 철학을 현실에서 실천하는 가장 효과적인 방법이며, 브랜드의 장기적 지속 가능성을 보장하는 전략적 접근이기도 하다.

Point! 팬덤을 만드는 커뮤니티 경영

1. 팬덤 = 단순 고객을 넘어 브랜드의 '자발적 홍보자'
- * 팬덤은 브랜드와 정서적 유대감을 형성한 고객이 자발적으로 스토리를 전파하고 성장에 참여하는 과정
- * 단순 입소문 ≠ 팬덤: 팬덤은 적극적, 지속적, 관계 중심

2. 팬덤 구축을 위한 커뮤니티 경영 핵심 전략

① '함께 만드는 경험' 제공
- * 고객 참여형 이벤트: 스타일링 체험회, 워크숍 등
- * 지역사회 연계 활동: 봉사, 축제 참여, 친환경 캠페인 등

② 온라인 커뮤니티 활성화
- * 고객 중심 콘텐츠: 스타일 공유, 디자이너 피드백
- * 실시간 소통 콘텐츠: 상담 라이브, 브랜드 철학 토크
- * 참여형 챌린지: 해시태그 캠페인, 나만의 스타일 찾기

③ 브랜드 앰배서더 & 커뮤니티 리더 육성
- * 충성 고객에게 역할 부여 → 브랜드와 공동 성장
- * 예: 스타일 컨설턴트, 신규 회원 가이드 등

④ 다양한 참여 방식 제공
- * 소극적 → 적극적 → 핵심 참여자로 자연스러운 단계 유도
- * 고객 성향에 맞춘 유연한 커뮤니티 참여 구조

3. 커뮤니티 경영 = 지속 가능한 팬덤의 원천
- * 단순 마케팅이 아닌 브랜드 공동 창조 과정
- * 고객이 브랜드의 일부가 되었다고 느끼는 구조설계
- * 자발적 홍보는 신뢰도 높고, 장기적 성장의 핵심 자산

☑ **결론**
- * 팬덤은 진정성 있는 사람 중심 경영에서 시작된다
- * 커뮤니티 경영은 브랜드 철학을 실천하고, 장기적 지속 가능성을 확보하는 전략이다.
- * 사람과 사랑이 모인 커뮤니티는 가장 강력한 마케팅이자 브랜딩 자산이다.

17장. 데이터 기반 살롱 경영: 매출이 아닌 '사람의 인사이트'

1 디지털 시대의 고객 데이터: 세그먼트별 니즈 파악하기

디지털 시대의 도래는 미용살롱 경영 방식에도 커다란 변화를 가져왔다. 과거에는 매출, 방문자 수, 객단가 같은 정량적 지표가 경영 성과를 평가하는 절대적 기준이었다. 하지만 이제는 단순한 매출 향상이 아니라, 고객이 살롱을 찾는 이유와 그들이 브랜드에 느끼는 감정, 즉 '사람의 인사이트'가 더욱 중요한 요소로 떠오르고 있다.

오늘날의 고객은 단순히 서비스를 구매하는 소비자가 아니라, 브랜드와 관계를 맺고 의미를 공유하는 파트너로 진화하고 있다. SNS, 온라인 리뷰, 예약 플랫폼 등이 활성화되면서 고객은 자신의 생각을 표현할 수 있는 다양한 창구를 가지게 되었고, 이는 살롱 경영자에게도 "고객이 어떤 니즈를 가지고 있고, 무엇에 만족하거나 불만족하는지"를 파악할 수 있는 귀중한 기회를 제공한다. 디지털 환경에서 수집되는 다양한 데이터는 단순한 매출 관리 도구가 아니라, '사람을 이해하는 통찰'을 얻는 핵심 자원이 된다.

그러나 많은 살롱 운영자들은 이러한 데이터를 어떻게 활용해야 할지, 그리고 그것을 경영에 어떻게 적용해야 할지에 대한 구체적인 방법을 찾지 못하고 있다. 이번 장에서는 디지털 시대의 고객 데이터 분석을 통한 니즈 파악, 빅데이터 및 CRM(Customer Relationship Management) 활용법, 그리고 데이터 기반 고객 경험 개선 전략을 살펴보며, 살롱이 단순한 매출 중심 경영을 넘어, 진정한 브랜드 가치를 구축하는 방법을 제안하고자 한다.

고객 세그먼트별 니즈 파악의 중요성

기존에는 고객을 성별, 연령대, 직업 같은 인구통계학적 기준으로만 분류했다. 하지만 디지털 시대의 고객은 보다 복합적인 성향을 띠고 있으며, 자신의 취향과 가치관을 더욱 적극적으로 표현한다. 즉, 고객을 이해하는 방식도 보다 정교하고 다층적인 접근이 필요하다.

전통적 세분화 방식과 디지털 시대의 변화

과거의 고객 세분화는 주로 다음과 같았다.

- 20~30대 여성, 직장인, 중상위 소득층
- 40대 이상 남성, 주말 방문 선호
- 대학생, 트렌디한 스타일 선호

그러나 이제는 고객의 라이프스타일과 심리적 동기를 고려해야 한다.

예를 들어, 같은 30대 직장인 여성이라도,

- A 고객: SNS를 통해 최신 스타일 정보를 얻고, 트렌디한 변화를 원함
- B 고객: 업무상 단정한 스타일이 필요하며, 유지 관리가 쉬운 시술을 선호
- C 고객: 시술 자체보다 살롱에서의 휴식과 힐링을 중시

이처럼 고객의 니즈는 단순히 나이나 직업만으로 정의할 수 없으며, 그들이 원하는 경험과 서비스 가치를 기준으로 더욱 세밀하게 나누어야 한다.

고객 세분화를 활용한 맞춤형 전략

세그먼트별 니즈를 분석하면, 살롱은 보다 개별화된 마케팅과 서비스 제공이 가능해진다.

1. 트렌드 중심 고객
- SNS에서 많이 언급되는 스타일을 반영한 시즌별 시술 패키지 제공
- 인스타그램, 틱톡 등에서 '인생샷' 촬영을 위한 포토존 설치
- 스타일 체인지 전후 비교 콘텐츠 제작 이벤트 진행

2. 프리미엄 케어 선호 고객
- 예약제 기반의 프라이빗 서비스 제공
- 시술 후 모발 상태 분석 및 맞춤형 홈케어 프로그램 운영
- **VIP 멤버십 운영을 통해 지속적인 관리 혜택 제공**

3. 시간 절약형 고객
- 점심시간 30~40분 내 시술 완료 가능한 '스피드 서비스' 도입
- 모바일 예약 및 결제 시스템 최적화
- 출근 전 빠르게 들를 수 있는 '모닝 스타일링' 서비스 기획

이러한 방식으로 고객을 세분화하고, 그에 맞는 솔루션을 제시하면, 고객은 살롱이 단순한 미용 공간이 아니라 **'나의 라이프스타일을 이해하고 맞춰 주는 곳'**이라는 인식을 하게 된다.

데이터 기반 경영: 빅데이터, CRM, 데이터 마이닝의 역할

1. 빅데이터와 외부 트렌드 분석

빅데이터를 활용하면, 현재 지역별 뷰티 트렌드를 실시간으로 분석하고 반영할 수 있다. 예를 들어,

- SNS에서 가장 많이 언급되는 헤어 스타일 및 컬러 트렌드
- 고객 리뷰 및 해시태그를 분석하여 인기 키워드 도출
- 경쟁 살롱들이 어떤 시술을 주력으로 홍보하는지 비교 분석

이러한 정보를 토대로, 살롱은 매 시즌 맞춤형 프로모션을 기획하고, 새로운 트렌드에 빠르게 대응할 수 있다.

2. CRM(Customer Relationship Management) 활용

CRM 시스템을 통해 고객 정보를 체계적으로 관리하면, 개별 고객에게 맞춤형 서비스를 제공할 수 있다.

- 고객의 방문 이력, 선호 스타일, 제품 구매 내역을 기록
- 재방문 주기에 맞춰 자동 알림 발송 및 맞춤형 추천 서비스 제공
- 고객 맞춤형 프로모션(예: 특정 고객이 선호하는 시술에 대한 특별 할인)

CRM을 활용하면 고객이 "살롱에서 내 스타일을 잘 기억해 주고, 나만을 위한 맞춤형 서비스를 제공한다"는 인식을 갖게 되어, 브랜드 충성도가 자연스럽게 높아진다.

3. 데이터 마이닝을 통한 패턴 분석

데이터 마이닝 기법을 활용하면, 숨겨진 고객 패턴을 발견할 수 있다. 예를 들어,

- 평일 저녁 7시 이후 방문하는 고객들이 특정 음료 서비스를 선호하는 경향
- 주말 오후 방문 고객들의 평균 시술 시간이 더 길고, 추가 시술 확률이 높은 패턴
- 리뷰에서 특정 키워드(예: '친절함', '편안한 분위기', '빠른 시술')가 반복적으로 언급되는 특징

이러한 패턴을 분석하면, 고객이 무의식적으로 중요하게 여기는 요소들을 찾아내어 살롱 운영에 적용할 수 있다.

데이터를 활용한 고객 경험 최적화

데이터 기반의 인사이트를 실질적인 고객 경험 개선으로 연결하려면, 다음과 같은 원칙이 필요하다.

1. 데이터는 매출 증가만이 아니라, 고객 만족도를 높이는 방향으로 사용해야 한다.
   - 고객 세그먼트를 분석할 때 단순히 '이들에게 무엇을 더 팔까?'가 아니라, '이 고객이 무엇을 필요로 하는가?'를 고민해야 한다.

2. 자동화된 시스템을 도입하되, 인간적인 터치를 잃지 않아야 한다.
   - CRM을 활용해 고객 맞춤형 알림을 보내되, 일률적인 메시지가 아니라 개인화된 배려가 느껴지는 방식이어야 한다.

3. 데이터 분석의 결과가 직원들에게도 공유되어야 한다.
   - 고객 데이터를 직원들과 공유하여, 고객 응대 및 서비스 제공 과정에서 실질적인 개선이 이뤄지도록 한다.

데이터는 사람을 위한 것이다

데이터 기반 살롱 경영은 단순한 숫자 관리가 아니다. 진정한 목표는 고객과의 관계를 더욱 깊이 이해하고, 살롱이 고객의 삶에 더 의미 있는 존재가 되도록 하는 것이다. 고객 데이터를 올바르게 해석하고 활용하면, 단순한 매출 증대가 아니라 사람과 사람 사이의 신뢰를 구축할 수 있다. 그리고 이 신뢰가 결국 살롱의 지속 가능성을 결정짓는다.

결국, 데이터를 바라보는 관점이 달라져야 한다. 우리는 단순히 "이 수치를 어떻게 높일까?"가 아니라, "이 수치를 통해 사람의 이야기를 어떻게 더 깊이 이해할까?"를 고민해야 한다. 이것이 진정한 데이터 기반 경영이며, 궁극적으로는 사랑과 공감의 철학과 맞닿아 있다.

주요 구성 요소	세부 내용	목표 및 효과
고객 데이터 세분화	- 디지털 채널(SNS, 온라인 리뷰, 예약 플랫폼 등)을 통해 고객의 의견과 행동 데이터 수집 - 인구통계뿐 아니라 라이프스타일, 심리, 취향 등 다층적 고객 특성 분석	고객의 복합적인 니즈를 파악하여 맞춤형 서비스 제공고객 만족 및 충성도 향상
빅데이터 활용	- SNS 및 온라인 데이터로 지역별, 시기별 뷰티 트렌드 파악 - 경쟁 살롱의 서비스 및 마케팅 전략 비교 분석	최신 트렌드에 신속하게 대응매 시즌 맞춤형 프로모션 기획 및 차별화된 서비스 전략 마련
CRM (Customer Relationship Management)	- 고객 방문 이력, 선호 시술, 구매 내역 등 정량적 데이터를 체계적으로 관리 - 고객별 맞춤형 알림(예: 재방문, 시술 후 관리, 맞춤 추천) 발송	고객 맞춤 서비스 제공으로 재방문율 및 장기 고객 충성도 증가개인별 고객 데이터에 기반한 효율적 마케팅 및 관리
데이터 마이닝	- 고객 행동 및 리뷰 데이터에서 반복적으로 나타나는 키워드 및 패턴 분석 - 특정 시간대, 서비스, 제품 사용 경향 등 세부적인 고객 선호 분석	고객의 숨겨진 니즈와 행동 패턴을 발견하여 서비스 개선운영 효율성과 매출 증대를 위한 구체적 전략 수립
데이터 기반 고객 경험 최적화	- 수집된 데이터를 바탕으로 고객 만족도, 재방문율, 객단가 등 주요 지표를 분석 - 고객 피드백과 실적 데이터를 정기적으로 공유 및 검토하여 서비스 개선에 반영	단순 매출 증대를 넘어서 고객과의 깊은 신뢰 구축고객 경험을 지속적으로 개선하여 브랜드 가치 상승 및 장기적 성장 도모
데이터를 통한 경영 전략 수립	- "이 수치를 통해 고객의 이야기를 어떻게 이해할 수 있을까?"라는 관점 도입 - 정성적(고객 감성, 체험)과 정량적(매출, 재방문) 데이터를 함께 분석하여 균형 잡힌 의사결정에 활용	단순한 숫자 상승이 아닌, 고객과의 관계 개선 및 인본주의 경영 실현데이터 기반 의사결정으로 지속 가능한 성장 및 경쟁력 확보

2 빅데이터 × CRM × 마이닝: 미용살롱에 적합한 활용 방법

빅데이터와 CRM(Customer Relationship Management), 그리고 데이터 마이닝은 언뜻 보면 규모가 큰 기업에서나 활용하는 '복잡하고 어려운 기술'처럼 느껴지기 쉽다 하지만 본질적으로 이 세 가지는 "고객을 더 잘 이해하고, 맞춤형 가치를 제공하기 위한 도구"라는 점에서, 미용살롱을 비롯한 다양한 업종에 폭넓게 적용될 수 있다 특히 헤어 시술이라는 '오프라인 서비스'를 핵심으로 하는 미용 업계에서도, 고객들은 온·오프라인을 오가며 예약을 진행하고, SNS에 후기를 남기고, 멤버십 이벤트에 참여하는 등 다양한 접점을 만들어 낸다 이 과정에서 생성되는 방대한 데이터는 살롱 입장에서는 '수익 증대'뿐 아니라, "고객을 보다 깊이 이해하고, 서로에게 의미 있는 관계를 구축"하는 데 있어 매우 귀중한 자산이다.

CRM으로 고객 이해도와 서비스 정밀도 높이기

예컨대 CRM 시스템을 도입하면, 그동안 '나이와 성별 정도'만 적어 두었던 고객 정보를 훨씬 입체적으로 정리할 수 있다 방문 빈도, 선호하는 시술 종류, 평균 지출 금액, 좋아하는 음료·음악·스타일 정보 등 다양하고 세부적인 내용이 쌓이면서, '이 고객은 언제, 어떤 이유로 매장을 찾고, 무엇에 가장 만족하는지'를 예측해 볼 수 있게 된다 가령 재방문 주기가 일정한 고객들에게는 "방문 주기가 다 가온 시점에 맞춰 VIP 전용 시술"을 제안할 수도 있고, 특정 고객에게는 "할인 쿠폰 대신 스페셜 케어 혜택"을 주는 것이 더 효과적일 수도 있다 이런 식으로 '개인별 취향'에 맞춰 고객 경험을 설계하면, 고객은 "이 살롱은 내가 원하는 바를 정말로 이해하고 챙겨 주는구나"라는 신뢰를 갖게 된다.

데이터 마이닝으로 숨어 있는 고객 그룹 발견하기

더 나아가 CRM에 축적된 데이터를 데이터 마이닝 기법으로 분석하면, 우리가 직접 눈으로 확인하기 힘든 고객 그룹 간의 공통점을 발견할 수도 있다 예를 들어 "평일 저녁 7시 이후에 방문하는 남성 고객 중, 음료 서비스를 특히 선호하며, 스타일 변화 폭이 비교적 큰 그룹"처럼 의외의 세그먼트가 나타날 수 있다 만약 이 그룹이 전체 매출이나 리뷰 평가에서 높은 비중을 차지한다면, "평일 저녁 시간대 전용 음료 메뉴를 새롭게 준비"하거나, "퇴근 후 시술을 간편하게 받을 수 있는 패키지 상품"을 개발해 볼 수 있다 즉, 데이터 마이닝을 통해 고객들이 '어떤 상황에서 왜 만족감을 느끼고, 무엇을 더 원하고 있는지'가 구체적으로 드러나는 것이다.

외부 빅데이터로 지역 트렌드까지 읽어내기

빅데이터 활용 측면에서는, 살롱이 직접 수집한 정보만이 전부가 아니다 지역 인구통계학적 통계, 구글 트렌드나 SNS 해시태그 분석 같은 외부 데이터까지 결합하면, "우리 매장이 위치한 지역의 20대 여성들은 최근 어떤 헤어스타일 키워드에 반응이 가장 뜨거운지", "경쟁 살롱들이 어떤 SNS 마케팅을 펼치는지" 등을 한결 폭넓게 파악할 수 있다 이런 인사이트는 신규 고객 유치를 위한 프로모션 기획, 시술 스타일 업그레이드, 협업 브랜드 탐색 등에 모두 활용 가능하다 예컨대 SNS 빅데이터를 통해 본 지역 트렌드가 '단발 레이어컷'으로 향하고 있다면, 해당 스타일의 전담 시술사를 배치해 전문성을 어필할 수도 있고, 관련 이벤트를 조기에 시작해 고객의 호응을 얻을 수 있다.

기술보다 먼저 해야 할 질문: 무엇을 위해 데이터를 쓰는가

물론 빅데이터·CRM·마이닝 같은 시스템을 적용한다고 해서 자동으로 획기적인 성과가 나오는 것은 아니다 먼저 "우리 살롱이 어떤 문제를 풀고 싶고, 어떤 목표를 이루고 싶은가?"를 명확히 해야 한다 예를 들어 "재방문율을 높이고 싶은가?", "신규 고객을 더 많이 유입하고 싶은가?", "객단가를 늘리거나 특정 시술의 만족도를 개선하고 싶은가?"처럼 목적이 뚜렷해야, 그에 맞춰 어떤 데이터를 주로 수집·분석하고, 어떤 솔루션을 도입할지 결정할 수 있다 또한 기술 인프라와 인력 역량도 검토해야 한다 데이터 마이닝이라고 하면 흔히 복잡한 알고리즘만 떠올리지만, 실제로는 "어떤 질문을 던지고 어떤 결론을 이끌어 낼 것인가?"가 더 중요하다 살롱 내부에서 데이터를 해석하고 의사결정에 반영할 담당자가 있어야 하며, 필요하다면 외부 전문가나 컨설턴트의 도움을 받아 체계적으로 프로세스를 구축하는 것이 좋다.

고객 중심의 데이터 활용이 진짜 감동을 만든다

가장 중요한 점은, 빅데이터·CRM·마이닝으로 '고객을 더 나은 방식으로 이해하고 돕는 것'이 본래의 목적이어야 한다는 것이다 만약 데이터를 활용해 '판매 확대'에만 치중한다면, 오히려 고객에게 부담을 줄 수 있다 예를 들어 "고객 생일과 기념일을 CRM에 기록해 놓고 기계적으로 쿠폰 메시지를 발송하는 것"에 그친다면, 과연 고객이 감동할까? 오히려 "살롱에서 영업 메시지만 보낸다"는 인식을 줄 가능성이 높다 반대로 고객이 정말로 필요로 하는 순간, 예컨대 "면접을 앞둔 상황에서 단정하면서도 개성을 살리는 스타일을 원하는 시점"이라든가, "평소에 자주 사용하는 헤어케어 제품이 떨어질 때쯤 딱 맞춰 제품 추천과 시술 할인 혜택을 안내하는 순간"에는 고객이 "이 살롱은 내 생활 패턴까지 챙겨 주는구나"라고 감동하게 된다.

데이터는 관계를 위한 도구다

결국 빅데이터·CRM·마이닝은 큰 투자를 해야만 가능한 고도화 기술이 아니라, 살롱의 규모와 상관없이 '고객 중심' 경영을 하고 싶다면 누구나 도전해 볼 만한 영역이다 오히려 대형 프랜차이즈보다 1인 살롱이나 중소 규모 살롱이 더 유연하고 친밀한 커뮤니케이션을 할 수 있는 만큼, 데이터 기반 마케팅이 가져다줄 시너지가 클 수도 있다 핵심은 "데이터를 통해 고객을 분류하고 정량화하는 것"이 아니라 "데이터 분석으로 더욱 따뜻하고 인간적인 연결을 만들어 가는 것"이라는 점을 잊지 말아야 한다 그리고 이 연결 속에서 고객은 "나의 특성과 상황을 이해해 주는, 내가 안심하고 의지할 수 있는 공간"으로 그 살롱을 기억하게 되며, 이는 단순 매출 증대를 넘어 '브랜드 신뢰'와 '팬덤 형성'으로 이어진다.

사랑과 공감을 실천하는 데이터 경영

결론적으로, 빅데이터·CRM·마이닝의 기술은 미용살롱 운영에서 '단순 수치로 보는 성과'를 넘어, 사람에 대한 통찰을 높이고 고객에게 진정성 있는 경험을 선사하는 데 큰 가치를 지닌다 데이터를 효율적으로 수집·분석하고, 그 결과물을 고객 맞춤형 서비스·마케팅·소통 전략으로 이어 나갈 때, 살롱은 "한 차원 더 깊은 인간적 연결"을 이루어 갈 수 있다 바로 그 지점에서 살롱이 추구하는 본질 경영, 즉 "사랑과 공감"의 철학도 빛을 발하게 된다 데이터는 사람이 가진 스토리와 감정을 조명해 주는 하나의 창이며, 이를 통해 마침내 고객과 더 긴밀하고 따뜻한 '관계'를 만들어 나가는 일이야말로, 빅데이터·CRM·마이닝을 활용하는 진정한 이유가 될 것이다.

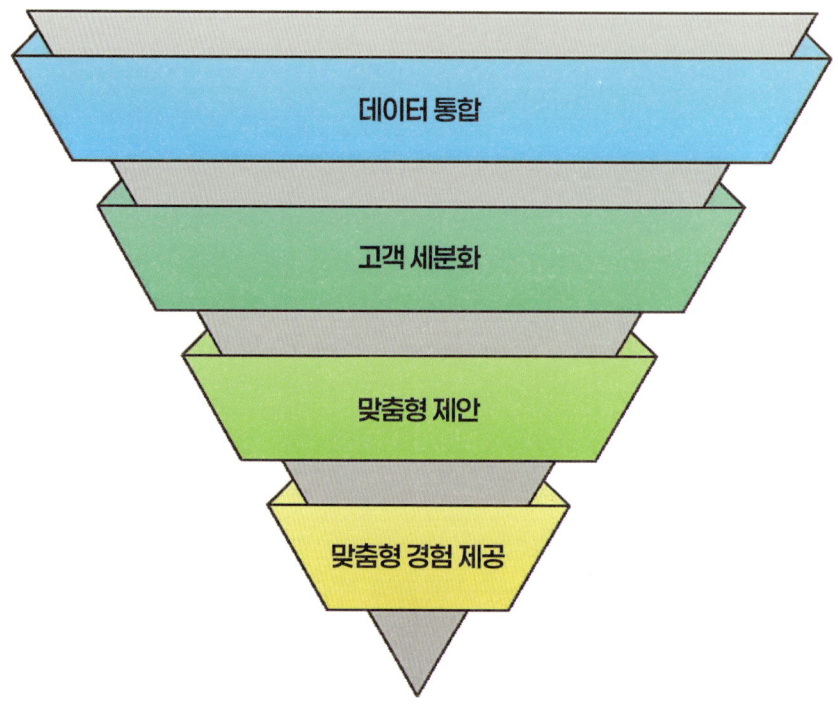

3. "눈에 보이지 않는 것"을 수치로 전환하는 고객 경험 지표

감정의 흐름을 계량화하려는 경영적 시도

"눈에 보이지 않는 것"을 수치로 전환한다는 개념은, 단순히 고객이 매장을 방문하고 돈을 지불하는 행위를 넘어 '사람의 마음이 어떻게 움직이고 있는지'를 객관적으로 파악하려는 시도라고 볼 수 있다. 예컨대 미용살롱에서 고객이 느끼는 '감동', '신뢰', '공감', '휴식', '자기표현의 만족' 등은 수치로 나타나기 어려운 영역이지만, 이들을 제대로 캐치해 내야 궁극적으로 '살롱 브랜드'가 지속적으로 성장하고, 더 많은 사랑을 받을 수 있다.

우리가 살롱 운영에서 중시하는 '본질경영'이나 '사랑과 공감'이라는 키워드도 결국 사람의 감정 영역에 뿌리를 두고 있는데, 문제는 이러한 감정이 눈에 보이지 않기 때문에, 제대로 측정하거나 관리하기가 쉽지 않다는 점이다.

따라서 오늘날 마케팅과 경영 분야에서는 다양한 고객 경험 지표를 개발하고, 이를 통해 '감정의 흔적'을 계량화함으로써 고객이 실제로 어떤 경험을 하고 있으며, 그 경험에 대해 어떤 수준의 만족을 느끼고 있는지를 체계적으로 확인하려는 시도를 해오고 있다.

대표적인 고객 경험 지표: NPS, CSAT, CES

대표적인 예로 NPS(Net Promoter Score), CSAT(Customer Satisfaction Score), CES(Customer Effort Score) 등이 있다. NPS는 한마디로 "우리 살롱이나 브랜드를 주변 사람에게 추천하고 싶은 정도가 어느 정도인가?"를 묻고, 이 점수를 통해 고객 충성도의 단서를 파악한다는 개념이다.

CSAT는 "전반적인 만족도"를 묻는 것이고, CES는 "문제를 해결하거나 서비스를 받는 과정에서 고객이 얼마나 '수고'나 '노력'을 들였는지"를 묻는 지표다. 이처럼 고객 경험을 수치화하는 방법은 다양하지만, 궁극적으로는 "고객이 느끼는 감정, 혹은 심리적 만족을 어떻게 계량화할 것인가?"라는 질문에 대한 각기 다른 해석이 담겨 있다고 볼 수 있다.

예컨대 NPS가 높다는 것은 그만큼 브랜드에 대한 정서적 애착과 지지도가 탄탄하다는 의미일 수 있고, CSAT 점수가 높다면 기본적인 서비스 품질과 만족감을 잘 충족시킨다는 뜻이다. 반면 CES가 낮다면, 즉 고객이 '이 살롱을 이용하기가 정말 편리했고 힘들지 않았다'고 느낀다면, 접근성과 이용 편의성이 뛰어나다고 해석할 수 있다.

숫자보다 중요한 것: 그 이면의 인사이트

그런데 눈에 보이지 않는 것을 수치화할 때 중요한 것은 '숫자' 자체보다는 그 숫자를 통해 어떤 인사이트를 얻고, 어떻게 개선 활동을 펼칠 것인가 하는 부분이다. 예를 들어 NPS가 70점 이상이면 상당히 높은 편이라고 말할 수 있지만, 막상 고객 의견을 구체적으로 살펴보니 "추천 의사가 있음에도 불구하고, 시술 후 대기 시간이 너무 길다"는 불만이 있는 경우도 있을 수 있다.

이때 단순히 NPS 점수만 보고 '잘하고 있다'고 자화자찬하기보다, 그 이면에 깔린 정성적

(qualitative) 피드백까지 종합적으로 검토해야 한다는 것이다. CSAT나 CES 역시 마찬가지다. CSAT가 높다고 해서 모든 고객이 완벽히 만족한다는 뜻은 아닐 수 있으며, CES가 낮아도 어떤 고객에게는 특정 불편함이 여전히 상존할 수 있다. 따라서 "눈에 보이지 않는 것"을 수치로 만든다 해도, 그것이 경영 의사결정의 '종착점'이 아니라 '출발점'에 가깝다는 사실을 명심해야 한다.

또한 미용살롱 경영에서 중요한 또 다른 지표는 '재방문율'이나 '평균 객단가' 같은 전통적 지표가 아니다. 물론 매출에 직접 영향을 미치는 중요한 요소들이지만, 본질경영의 입장에서는 "왜 그들이 다시 오고 싶은가?", "왜 더 높은 금액을 지불하고라도 여기서 시술을 받고 싶어 하는가?"라는 질문에 대한 답이 궁극적이다.

고객 심리와 감정, 어떻게 질문할 것인가?

이를 위해서는 숫자로만 표현되지 않는, 더 미시적인 고객 경험 지표를 만들어볼 수도 있다. 예컨대 살롱에서의 '심리적 만족도'를 5점 척도로 측정해 본다거나, 시술 과정을 통해 "내가 얼마나 존중받고 있다는 느낌을 받았는가?"를 물어볼 수 있다.

또 시술이 끝나고 난 후에는 "오늘 이곳을 방문함으로써 내 하루 혹은 한 주가 얼마나 긍정적으로 변했다고 느끼는가?" 같은 추가 질문도 가능하다. 이 질문들이 다소 추상적이고 감성적이더라도, 고객이 직접 서술형 의견이나 간단한 평점으로 응답할 수 있다면, 그 내용은 살롱 운영의 방향성 설정에 크나큰 힌트를 제공해 준다.

정량 + 정성 분석의 병행이 필요한 이유

이런 식으로 '눈에 보이지 않는 만족도'를 포착하기 위해서는, 자연스럽게 정량적 조사(설문, 5점·7점 등 척도)와 정성적 조사(인터뷰, 후기 분석, SNS 모니터링) 방법을 병행해야 한다.

예컨대 시술 후 고객에게 스마트폰 태블릿을 건네 빠른 만족도 설문에 참여하도록 유도할 수 있고, SNS 후기나 매장 내 비치된 피드백 카드를 통해 추가 의견을 받아볼 수도 있다. 이 모든 데이터를 종합해 보면, 우리가 흔히 놓치기 쉬운 '감정의 흐름'을 예측할 수 있는 것이다.

'경청도'와 '공감도'라는 숨겨진 핵심

예를 들어 "디자이너가 고객의 이야기를 얼마나 경청했는지"는 고객에게 엄청난 차이를 만들어 낸다. 하지만 기존의 매출 지표나 단순 설문 한두 가지로는 이 부분을 알아내기 힘들다.

반면 정성적 조사에서 "오늘 담당 디자이너가 내 상황에 대해 충분히 이해한 뒤, 맞춤형 스타일을 제안해 주었고, 대화 중에도 나를 편안하게 해주었다" 같은 후기를 수집하면, 우리는 '경청도'와 '공감도'가 실질적으로 고객 만족에 얼마나 큰 영향을 미치는지 가늠해 볼 수 있게 된다.

고객 감정 데이터가 주는 실질적 변화

그리고 이러한 인사이트는 살롱 내부 교육이나 마케팅 전략에도 큰 변화를 가져올 수 있다. 예를 들어 "단순히 헤어 기술이 뛰어난 것뿐만 아니라, 직원들이 감정적으로 얼마나 고객에게 다가가고 있는가?"를 일상적으로 체크하기 위한 새 지표를 추가할 수도 있다.

감정을 수치화한다는 역설의 가치

이렇듯 "눈에 보이지 않는 것"을 수치화하는 작업은, 오히려 '인간적인 면'을 더 깊이 들여다보게 만드는 역설적 장점이 있다. 왜냐하면 '내담자(고객)의 감정을 디테일하게 파악하는 과정'이 곧 사람 자체를 존중하고 이해하려는 노력의 일환이기 때문이다.

물론 이런 지표가 완벽하다고 말할 수는 없다. 숫자로 표현된 만족도나 감동 지수는 어쩔 수 없이 실제 감정을 일정 부분 축소·왜곡할 수도 있다. 그러나 전혀 파악하지 못한 채로 감에만 의존하는 것보다는, 정량적·정성적 분석을 적절히 병행함으로써 한층 균형 잡힌 시각을 가질 수 있다.

수치화는 감정 분석의 출발점이다

결국 "눈에 보이지 않는 것"을 수치로 환원하는 것은, 우리가 진정으로 알고 싶은 '고객의 내면 변화'를 포착하기 위한 노력이다. 그리고 이 노력을 통해 '고객이 우리가 제공하는 가치를 얼마나 공감하고 있으며, 앞으로 어떤 점을 개선하면 더 큰 행복과 만족을 느끼게 할 수 있을지'가 한층 명확해진다.

또한 이런 지표들은 매출과 객단가, 재방문율 같은 경영 지표와 함께 종합적으로 해석될 때 비로소 설득력을 얻는다. 예컨대 "공감 지수와 재방문율 사이의 상관관계"를 살펴보면, '얼마나 진솔하고 애정 어린 태도로 고객을 대했는지'가 실질적으로 반복 방문이나 매장 충성도를 높이는지 증명할 수 있다.

이때 경영자는 단지 "어떤 프로모션을 하면 매출이 올라가는가?"라는 단기적 발상에 머무르지 않고, "직원들의 태도나 살롱 분위기, 고객이 매장에 머무르는 동안 느끼는 편안함과 감동은 어떻게 측정하고, 어떻게 개선할 것인가?"라는 장기적이고 본질적인 질문을 던질 수 있게 된다.

본질경영을 위한 실천 도구로서의 지표

미용살롱에서 '본질경영', '사랑과 공감'을 이야기하는 것은, 그저 감성에 호소하자는 뜻이 아니다. 정확히는, '인간적인 측면'을 경영의 중심에 두되, 그 효과를 체계적으로 파악하고 개선해 나갈 수 있는 장치를 마련하자는 것이다.

그리고 이 장치가 바로 '눈에 보이지 않는 것'을 수치화하거나 구조화하는 다양한 고객 경험 지표가 될 수 있다. 고객 만족도, NPS, 재방문 의사, 디자이너 경청도, 고객 감동 지수 등은 여전히 완벽한 도구가 아니지만, 이를 지속적으로 측정·분석·보완해 나간다면, 살롱 내부적으로는 '우리가 정말 중요하게 생각하는 가치가 무엇인가?'를 일상적으로 되돌아보는 기회가 된다.

더 나아가 이 데이터를 직원 교육이나 내부 커뮤니케이션, 그리고 고객 마케팅 메시지 등에 접목하면, 우리 살롱만의 특별한 문화와 차별화된 브랜드 경험을 만들어 갈 수 있다.

나침반으로서의 고객 경험 지표

결론적으로 "눈에 보이지 않는 것"을 수치로 전환하는 것은, 보이지 않는 감정을 억지로 숫자로만 환원하겠다는 목적이 아니라, 그 감정을 놓치지 않기 위한 하나의 '나침반'을 마련하려는 시도다.

그 나침반이 제대로 작동한다면, 살롱은 숫자를 넘어 '사람의 마음이 어떻게 움직이는지'를 한층 입체적으로 파악하게 되고, 그 결과 고객과의 관계는 더욱 깊어지며, 살롱이 추구하는 '사랑과 공감'의 가치 역시 현실 경영에서 생생히 구현될 수 있다. 그리고 이것이야말로 본질경영이 지향하는 고객 중심 사고의 핵심이기도 하다.

고객 경험 지표 예시

지표 명칭	정의	측정 방법	해석 및 활용
NPS (Net Promoter Score)	고객이 해당 살롱이나 브랜드를 주변에 추천할 의향을 수치화한 지표.	고객에게 "이 살롱을 친구나 지인에게 추천할 가능성이 어느 정도인가요?"라는 질문 분류하여 계산.	높은 NPS(예: 70점 이상)는 고객의 정서적 유대와 브랜드 충성도가 강하다는 의미로, 장기적인 재방문과 긍정적 입소문 효과를 기대할 수 있음.
CSAT (Customer Satisfaction Score)	서비스 이용 후 고객이 전반적인 만족도를 얼마나 높게 평가하는지를 나타내는 지표.	시술 후 "전체 서비스에 얼마나 만족하셨나요?"와 같은 문항을 5점 또는 7점 척도로 평가.	CSAT 점수가 높으면 서비스 품질이 우수하다는 신호이며, 낮은 점수는 개선이 필요한 부분(예: 상담, 시술 과정, 사후 관리 등)을 식별하여 보완하는 데 활용할 수 있음.
CES (Customer Effort Score)	고객이 서비스를 이용하는 과정에서 얼마나 '노력'을 들여야 했는지를 평가하는 지표.	"이 서비스를 이용하는 데 얼마나 많은 노력을 들이셨나요?"와 같은 문항을 5점 척도로 평가.	낮은 CES는 고객이 서비스를 손쉽게 이용했다는 것을 의미하며, 고객의 접근성과 편의성이 우수함을 보여준다. 반대로 높은 CES는 불편 요소가 있음을 시사하여 프로세스 개선의 필요성을 알려줌.
디자이너 경청도	고객 상담 및 시술 중 디자이너가 얼마나 세심하게 고객의 이야기를 경청하는지를 평가하는 지표.	고객 피드백 설문에서 "디자이너가 내 말을 충분히 경청했다고 느끼십니까?"와 같은 문항을 5점 또는 7점 척도로 평가.	높은 경청도 점수는 고객과의 소통이 원활하며, 고객이 진심 어린 서비스를 받았다는 신뢰로 이어짐. 이 데이터를 토대로 상담 스킬 강화 교육의 효과를 측정할 수 있음.

지표 명칭	정의	측정 방법	해석 및 활용
고객 감동 지수	고객이 서비스 이용 과정에서 경험한 감동의 정도를 수치로 나타내는 지표.	시술 후 "오늘 이 서비스를 통해 감동을 받으셨습니까?"라는 문항을 5점 척도로 평가하거나, "내가 얼마나 특별한 경험을 했는지"에 대해 자유 서술형 의견과 평점을 수집.	높은 감동 지수는 고객이 단순한 시술 이상의 감성적 만족을 느꼈음을 의미하며, 재방문율과 입소문 효과와 밀접한 관계가 있음.
재방문 의사 점수	고객이 향후 다시 살롱을 방문할 의향을 수치화한 지표.	"다음에도 이 살롱을 찾으실 의향이 있으십니까?" 등의 질문을 5점 또는 7점 척도로 평가.	높은 재방문 의사 점수는 고객 충성도가 높음을 나타내며, 장기적인 고객 관계 형성과 안정적 매출의 기반으로 활용됨.
고객 감성 만족도	고객이 서비스 이용 후 느낀 감성적 만족, 즉 '내 마음이 얼마나 어루만져졌는지'를 측정하는 지표.	"이 서비스가 당신의 기분과 감정에 얼마나 긍정적인 영향을 주었나요?"를 5점 또는 7점 척도로 평가.	고객 감성 만족도가 높으면, 서비스가 단순한 기능적 만족을 넘어 정서적 위로와 힐링을 제공했음을 의미하며, 이는 고객 충성도와 장기적인 브랜드 신뢰 구축에 크게 기여함.
서비스 일관성 점수	고객이 여러 번 방문했을 때, 서비스 품질과 경험의 일관성을 평가하는 지표.	고객 설문에서 "여러 번 방문해도 항상 일정한 수준의 서비스를 경험하셨습니까?" 등의 질문을 5점 척도로 평가.	일관된 서비스 제공은 브랜드 신뢰와 재방문율을 높이는 핵심 요소로, 낮은 점수는 내부 프로세스 개선이나 직원 교육의 필요성을 나타냄.

4. 마케팅 퍼널(Funnel)에서 고객 여정(Customer Journey)까지

마케팅 퍼널(Funnel)은 오랜 시간 동안 마케팅과 영업 현장에서 핵심적인 개념으로 자리해 왔다. "광고나 홍보를 통해 다수의 잠재 고객에게 노출된 뒤(최상단), 점차 관심을 보이는 사람들을 추려내어 (중단), 최종적으로 제품이나 서비스를 구매하도록 이끄는(하단)" 단계적 구조를 의미하기 때문이다. 전통적인 퍼널 모델은 기업이 자신의 제품 또는 서비스를 고객에게 어떻게 노출하고, 어떠한 방식으로 구매 행동까지 연결시킬 수 있는지에 대한 기본 틀을 제공해 주었다. 그러나 디지털 시대가 본격화하고 고객의 행동 패턴이 복잡해짐에 따라, 기존의 직선적 퍼널 개념만으로는 설명하기 어려운 다양한 현상이 나타나고 있다. 가령 한 고객이 SNS 광고를 스쳐 본 후, 친구로부터 추천을 듣고, 다시 유튜브 리뷰 영상을 참조했다가, 어느 날 갑자기 오프라인 매장 방문 중에 제품을 발견하고 구매를 결정하는 식이다. 예전처럼 "광고 → 관심 → 구매"의 단순 루트를 따르지 않고, 여러 접점에서 다양한 정보를 얻고 비교하며, 자신의 라이프스타일이나 가치관에 비추어 구매 여부를 판단한다는 것이다. 이런 변화는 기존의 퍼널 모델을 전면 수정하게 만들었다.

결국 오늘날에는 마케팅 퍼널에 더해 "고객 여정(Customer Journey)"이라는 개념이 중요해지고 있다. 고객 여정이란, 한 사람이 특정 제품이나 브랜드를 인지하고, 고려하고, 구매하고, 재구매하거나 타인에게 추천하기까지의 전 과정을 여러 '접점(Touchpoint)' 관점에서 세밀하게 살펴보는 방식이다. 이 접근법은 "퍼널 = 인식에서 구매까지 점점 좁혀 나가는 형태"라는 단순 프레임에서 벗어나, 고객이 어디서 어떤 정보를 얻고, 무엇을 고민하며, 어느 지점에서 감동하거나 불편을 겪는지 등을 다각도로 파악하려고 한다. 특히 디지털 기술이 발전하면서 고객이 거쳐 가는 접점이 폭발적으로 늘었고, 고객 스스로도 더 적극적으로 정보를 탐색하고, 상황에 따라 태도를 바꾸는 경우가 많아졌다. 가령 미용살롱을 예로 들어 보면, 예전에는 신문·잡지 광고나 매장 간판을 보고 방문하는 경우가 많았지만, 지금은 SNS 해시태그 검색, 유튜브 리뷰, 뷰티 커뮤니티 후기, 지역 커뮤니티(맘카페 등)의 추천 글, 그리고 각종 이벤트 페이지 등을 모두 살펴본 뒤 최종 선택을 하는 방식이 흔해졌다.

이는 곧, 마케팅 퍼널이 "많은 사람에게 노출 → 일부가 관심 → 그중 일부가 구매"라는 선형적 모델로 그려졌던 과거와 달리, 현재는 고객이 '어느 단계에서든' 다른 경로로 이탈했다가도 다시 돌아올 수 있고, 또 한 접점을 통해 유입된 뒤 전혀 다른 곳에서 구매를 완료할 수도 있는 '복합적이고 순환적인 여정'을 보여준다는 의미다. 이런 환경에서는 단순히 '퍼널 상단에 얼마나 많은 잠재 고객을 넣을 것인가?'를 고민하기보다는, "고객이 특정 브랜드나 제품을 처음 인지하는 순간부터(또는 그 이전부터!) 어떤 접점을 통해, 어떤 경험을 거쳐, 결국 어떻게 의사결정에 이르게 되는가?"를 면밀히 추적하는 것이 훨씬 중요해진다.

따라서 마케팅 퍼널과 고객 여정의 차이를 한마디로 정리하자면, 퍼널이 "기업의 관점"에서 "어떻게 잠재 고객을 단계별로 설득할 것인가?"를 보여주는 도구라면, 고객 여정은 "고객의 관점"에서 "어떤 상황에서 어떠한 선택지를 탐색하고, 어느 지점에서 기대와 불만이 발생하며, 최종적으로 무슨 이유로 구매나 이탈을 결정하게 되는가?"를 파악하는 틀이라고 볼 수 있다. 그리고 기업 입장에서는 두 개념을 모두 참고하되, 예전처럼 퍼널만으로는 절대 놓칠 수 없는 '여정의 맥락'을 놓치지 않아야 한다. 예컨대 퍼널상으로는 중단(Consideration) 단계에 있어 보이는 고객이라도, 실제로는 이미 여러 유튜브 리뷰를 보고 있어서 브랜드에 대한 호감도나 구매의향이 높은 상태일 수도 있다. 반대로, 구매 단계에 근접한 것처럼 보이는 고객이라도 어느 특정 접점(매장 직원의 응대나 상담, 또는 모바일 결제 과정에서 발생한 불편)에서 부정적 경험을 겪고 완전히 이탈할 수도 있다.

이런 맥락에서, 기업이 '마케팅 퍼널 → 고객 여정'으로 사고를 확장해 나가려면 다음과 같은 과정을 고려해 볼 수 있다. 첫째, 여전히 퍼널 모델 자체는 유용하다. 왜냐하면 어떤 형태로든 고객에게 브랜드나 제품을 인지시키고, 실제 구매까지 이어지는 일련의 흐름은 존재하기 때문이다. 따라서 퍼널 모델을 완전히 버릴 필요는 없다. 오히려 퍼널을 "우리 기업이 갖고 있는 마케팅 역량과 자원은 어느 단계에 강점을 가지고 있는가?", "어떤 마케팅 채널을 통해 상단 인지도(Awareness)를 가장 효과적으로 확산시킬 수 있는가?" 등을 파악하는 기본 도구로 활용할 수 있다.

둘째, 고객 여정 지도를 그려 보면서, 고객이 어떤 상황에서, 무슨 기대를 안고, 어느 채널을 통해 우리 브랜드를 접하는지 구체적으로 조사·분석해야 한다. 예컨대 미용살롱이라면, "평일 오후 SNS로 스타일을 검색하던 중 'OO살롱' 해시태그 발견 → 인스타그램 계정 방문 → 디자이너 작품 사진 확인 → 예약 사이트 링크 클릭 → 방문 전날 알림톡 수신 → 당일 방문 및 시술 → 시술 후 SNS 인증샷 업로드 후 태그"와 같은 흐름이 있을 수 있다. 또한 "친구가 단톡방에서 'OO살롱' 디자이너가 잘한다고 추천 → 검색해 보니 블로그 후기가 좋아서 예약" 같은 경우도 있을 것이다. 이런 식으로 실제 고객이 브랜드와 맞닥뜨리는 모든 접점을 일련의 스토리로 구성해 보면, "어느 지점에서 감동을 주고, 어느 지점에서 이탈 위험이 커지는가?"를 좀 더 구체적으로 파악할 수 있다.

셋째, 고객 여정을 파악한 뒤에는 각 접점에서 고객에게 전달하고 싶은 메시지나, 고객이 원하는 솔루션을 적절히 매칭해 주는 전략이 필요하다. 예컨대 SNS로 유입된 고객들은 비주얼을 매우 중요하게 생각하므로, 살롱의 인스타그램 계정이나 유튜브 콘텐츠를 '트렌디하고 전문적으로' 꾸미는 데 집중할 수 있다. 반면 '지인 추천'을 통해 들어온 고객들은 "이미 어느 정도 신뢰를 안고 들어오는 경우"가 많으므로, 첫 상담이나 예약 과정에서의 응대가 더 중요할 수 있다. 이처럼 접점별 고객 니즈가 다를 수 있음을 인지하고, 퍼널의 어느 단계에 있든 "그 순간에 필요한 정보와 경험"을 제공해야 한다.

넷째, 고객 여정이 끝나고 구매까지 이르렀다 해도, 그것은 하나의 종료가 아니라 "새로운 시작"일

수 있다. 재방문이나 재구매, 나아가 적극적인 추천과 구전(Word of Mouth)으로 이어져야 진정한 의미에서 고객 생애가치(Lifetime Value)가 확대되기 때문이다. 전통적인 퍼널 모델에서는 '구매'가 끝점이지만, 고객 여정의 관점에서는 구매 이후의 사용 경험, 애프터서비스, 커뮤니티 활동 등이 전부 이어지는 확장된 '관계 맥락'이 존재한다. 특히 미용살롱처럼 재구매(재방문)가 계속 이어지는 업종에서는, 구매 후 단계에서의 고객 만족이나 불만 처리가 다음 방문을 결정하는 가장 큰 변수가 되기도 한다.

다섯째, 고객 여정은 고정된 것이 아니라 "가변적이고 동적"이라는 점을 잊지 말아야 한다. 한 사람의 라이프스타일이나 취향, 또는 외부 환경이 바뀜에 따라, 똑같은 브랜드를 대하는 태도와 여정도 달라진다. 예를 들어 한 고객이 결혼을 앞두고 있을 때는 매우 화려한 스타일이나 특별 관리를 받을 의향이 높을 수 있다. 하지만 결혼 후에는 가정 경제를 고려해 더 저렴한 곳을 찾아볼 수도 있다. 혹은 반대로, 결혼 후에 시간이 더 촉박해져서 "프라이빗한 공간과 빠른 시술"을 제공하는 살롱을 선호하게 될 수도 있다. 이처럼 고객은 정적인 존재가 아니므로, 기업은 꾸준한 데이터 분석과 고객 인터뷰, 피드백 시스템을 통해 고객 여정의 변화를 관찰하고, 그에 맞춰 마케팅·서비스 전략을 유연하게 조정해야 한다.

마케팅 퍼널과 고객 여정 간의 관계를 좀 더 종합적으로 정리해 보면, 퍼널은 "광범위한 잠재 고객에서부터 실제 구매에 이르는 전환율"을 구조적으로 이해하는 데 여전히 유효한 프레임이다. 반면 고객 여정은 "그 구매 과정 속에서 고객이 어떤 맥락으로 접근하고, 어떤 경험을 통해 감동하거나 실망하는지"를 세밀하게 살펴보는 렌즈다. 과거처럼 미디어 채널이 한정적일 때는 퍼널이 매우 직관적이었다. TV 광고를 통해 특정 메시지를 노출하고, 고객이 오프라인 매장에 와서 구매하는 단순 루트가 대표적이었다. 그러나 지금처럼 매체가 다변화되고, 고객의 디지털 활용 능력도 높아진 시대에는, 여러 앱과 웹사이트, 오프라인 공간, SNS 커뮤니티, 지인 추천 등이 얽히고설키는 복잡한 양상이 펼쳐진다. 따라서 이 복잡한 흐름을 "선형으로 단순화"해 설명하기보다는, 다소 번거롭더라도 "고객이 직접 그리는 여정"을 충실히 추적·분석함으로써 진정한 니즈를 이해하고 관계를 강화하는 쪽이 훨씬 효과적이라는 결론에 이르게 된다.

결국 마케팅 퍼널에서 고객 여정으로 사고방식이 확장된다는 것은, 기존의 "기업 중심적" 시각에서 탈피해 "고객 중심적" 관점으로 전환하는 일종의 패러다임 변화다. 물론 퍼널은 여전히 유용하되, 그 퍼널의 각 단계를 고객이 실제로 어떻게 체감하고 있는지, 어디에서 접점을 경험하는지, 어떤 어려움이나 기대를 갖고 있는지를 구체적으로 들여다보는 작업이 필수적이다. 그리고 이를 위해 CRM(Customer Relationship Management) 시스템, 고객 설문·인터뷰, SNS 모니터링, 빅데이터 분석, VOC(Voice of Customer) 관리 등 다양한 수단이 활용될 수 있다. 중요한 것은, 이렇게 수집·분석한 정보가 실제 경영 의사결정과 현장 실행에 반영되는 구조를 갖추는 일이다. 예컨대 "우리는 퍼널 상단의 인지도 확보에 집중하면 된다"는 단편적 접근을 버리고, "고객이 우리와의 첫 만남부터 구매 이후까지 어떤 경험을 하는지 꼼꼼히 챙겨야 한다"는 태도를 일상적으로 실천해야 한다.

특히 미용살롱을 비롯한 '서비스업'에서는, 고객 여정 중 작은 불편 하나가 고객 전체 만족도를 낮추고 재방문을 막아버리는 사례가 빈번하다. 반면 "생일 축하 메시지를 보낼 때, 고객이 평소 선호하던 서비스 쿠폰을 곁들여 전달"한다든지, "장시간 시술 중 지루하지 않도록 맞춤형 음료나 음악 플레이리스트를 제공"하는 등 섬세한 배려가 고객 경험의 전반적 질을 끌어올리기도 한다. 이는 퍼널만 봐서는 쉽게 포착하기 어려운 측면이지만, 고객 여정과 접점 관리를 중시한다면 비교적 빠르게 발견하고 대응할 수 있다.

정리하자면, "마케팅 퍼널에서 고객 여정으로" 이어지는 사고의 전환은 현대 마케팅·경영에 있어 매우 중요한 흐름이다. 퍼널은 여전히 매출이나 전환율 관리를 위한 구조적 지도를 제공하지만, 그 안에서 일어나는 구체적이고 복잡한 고객 경험, 즉 '여정'을 놓치면, 결국 퍼널상의 숫자만 바라보다가 고객의 마음을 잃게 될 수 있다. 반면 고객 여정을 중심에 두고, 각 접점에서 고객에게 의미 있는 가치를 제공하고, 그 경험이 일관되며 감동을 선사하도록 설계한다면, 퍼널 상의 전환율 또한 자연스럽게 상승하고, 장기적 관계가 형성되며, '팬덤'을 만들어낼 수도 있다. 그렇기에 이제는 퍼널과 여정을 함께 바라보며, 데이터 분석과 감성적 소통, 디지털 채널과 오프라인 경험의 연계를 종합적으로 고민하는 것만이 치열한 시장에서 살아남고 성장하는 길임을 명심해야 한다. 그리고 이때야말로 본질경영이 강조하는 "사람 중심의 접근"이 실제로 구현되는 지점일 것이다. 결국, 퍼널에서 고객 여정으로 확장하는 것이야말로, 기업과 고객이 '서로의 가치를 알아보고 함께 성장해 가는' 아름다운 이야기를 만들어 내는 실질적 방법이라 할 수 있다.

Point! 마케팅 퍼널(Funnel)에서 고객 여정(Customer Journey)까지

마케팅 퍼널에서 고객 여정으로의 확장
- 기존 마케팅 퍼널은 기업 중심의 단계적 모델로, 인지도 → 관심 → 구매로 이어지는 선형 구조였다.
- 하지만 디지털 시대에는 고객 행동이 복잡해져, 단선적 퍼널만으로는 고객 경험을 설명하기 어려움.

고객 여정(Customer Journey)의 중요성
- 고객 여정은 고객이 브랜드를 인지하고, 고려하고, 구매하며, 재방문·추천까지 이어지는 전체 흐름을 다양한 접점 중심으로 추적하는 방식.
- 접점별로 고객이 느끼는 기대, 감동, 불편 등을 파악해 서비스 개선과 맞춤 전략 수립이 가능하다.

퍼널과 여정의 차이
- 퍼널은 기업의 관점, 여정은 고객의 관점이다.
- 고객 여정은 복합적이고 순환적인 흐름이며, 고객은 언제든 이탈했다가 돌아올 수 있는 존재임.

실행 전략
1. 퍼널 모델은 여전히 유용하므로 버릴 필요 없음.
2. 고객 여정을 실제 사례로 구체화하고 분석할 것.
3. 접점마다 고객 니즈에 맞는 콘텐츠와 경험 제공.
4. 구매 이후 단계까지도 지속적인 관계 강화 필요.
5. 고객 여정은 고정된 것이 아닌 유동적이며, 지속적 관찰과 조정이 필요.

결론
- 퍼널은 수치 중심, 여정은 관계 중심으로 접근해야 하며, 사람 중심의 본질경영을 실현하려면 퍼널과 고객 여정을 통합적으로 활용해야 한다.
- 진정한 마케팅의 성공은 고객과의 깊은 관계를 설계하고, 감동을 제공하는 여정에서 완성된다.

5. 매출 확대가 아닌 "고객 성장" 관점으로 데이터 해석하기

매출을 높이는 것은 모든 기업이 중요하게 생각하는 목표지만, 본질경영 관점에서 보면 고객에게 제공하는 가치는 단순히 재무적 성과로만 환원될 수 없다. 미용살롱이라면 "얼마의 매출이 났는가?"가 아니라, "고객이 우리 살롱을 통해 얼마나 자신의 아름다움과 삶을 풍요롭게 가꿔 나가고 있는가?"라는 질문이 더 본질적일 수 있다. 그렇다면 데이터 분석 역시 '매출 확대'라는 시각에만 초점을 두지 않고, 고객의 '성장'과 '행복'을 어떻게 도울 수 있을지 고민하는 방향으로 해석되어야 한다. 데이터 기반 경영이 결코 숫자만을 위한 도구가 아니라, 고객에게 더 깊고 풍부한 경험을 선사하는 창이라는 사실을 잊지 말아야 한다.

예를 들어 CRM(Customer Relationship Management)에 기록된 고객 정보가 있다고 해 보자. 전통적 접근법이라면, 이 데이터를 활용해 '고객이 얼마나 자주 방문하는가', '구매 패턴은 어떠한가' 등의 지표를 토대로 매장 매출을 높일 방안을 모색한다. 가령 "방문 간격이 길어진 고객을 대상으로 재방문 쿠폰을 발송하고, 객단가가 높은 시술을 추천하여 부가매출을 창출한다"는 식이다. 분명 이 방법이 단기적인 매출 증대를 가져올 수는 있다. 하지만 본질경영의 시각에서 한 걸음 더 나아가 보면, "이 고객이 왜 방문 주기가 길어졌는가?", "현재 삶의 환경이나 취향이 변화했는가?", "새로운 스타일을 시도하고 싶지만 망설이고 있는 것은 아닌가?" 등의 질문에 주목하게 된다. 그리고 그 답을 찾기 위해 CRM 데이터를 좀 더 입체적으로 해석하고, 고객과 직접 소통할 수 있는 접점을 만든다.

이렇게 접근하면 단순히 '재방문율을 올리는' 데서 그치지 않고, 고객이 현재 어떤 라이프스타일을 갖고 있는지를 파악하여 그에 부합하는 서비스를 설계할 수 있다. 예를 들어 자녀를 출산한 뒤 체력과 시간을 효율적으로 사용해야 하는 고객이라면, "짧은 시간에 완벽한 스타일을 유지할 수 있는 헤어 관리 팁"이나 "아이와 함께 방문해도 편안한 살롱 공간"을 제공하는 식으로, 고객의 일상을 성장·발전 방향으로 지원해 줄 수 있는 것이다. 이는 CRM 시스템에 기록된 '아이를 동반 방문한 횟수' 같은 데이터를 근거로, 고객이 처해 있는 상황을 정성적으로 해석해 낼 때 가능해진다. 고객 입장에서는 "살롱이 내 생활을 진심으로 이해하고, 편의를 고려해 주는구나"라는 깊은 공감과 감사를 느끼게 되고, 결국 장기적 관점에서 더욱 신뢰하게 된다.

빅데이터나 마이닝 기법을 활용하는 경우에도 마찬가지다. 빅데이터 분석을 통해 얻을 수 있는 가장 흔한 인사이트 중 하나는 "어떤 시술이, 어느 요일·시간대에, 어떤 세그먼트에게 가장 많이 팔리는가?"일 것이다. 이를 활용해 특정 시간대에 프로모션을 배치하면 매출 상승 효과가 꽤 클 수 있다. 그러나 그보다도 가치 있는 질문은 "어떤 고객들이 특정 요일과 시간대에 방문하는가?", "그들이 해당 시술을 선택하는 주된 동기나 감정은 무엇인가?", "만약 이 고객들의 필요를 좀 더 세심하게 충족시킨다면, 살롱은 그들에게 어떠한 '성장 경험'을 선물할 수 있을까?"라는 점이다. 예컨대 주말 저녁

늦은 시간대에 주로 방문하는 고객 그룹은, 평일에는 업무와 육아로 바빠 자신을 돌볼 여유가 없는 사람들일 수 있다. 그렇다면 그들을 위한 '늦은 밤 힐링 시술 패키지'를 제안한다면 어떨까? 혹은 시술을 받는 동안 편안히 쉴 수 있도록 조명이나 음악, 음료 서비스를 개선한다면, 고객에게 '휴식과 재충전'이라는 새로운 가치를 줄 수 있을 것이다.

이처럼 "매출 확대"보다 "고객의 성장과 행복"에 초점을 맞출 때, 살롱이 수집·분석해야 할 데이터의 성격과 이를 해석하는 방식도 달라진다. 재방문율, 객단가, 쿠폰 활용률 등의 지표는 여전히 중요하지만, 고객의 생활 패턴과 감정 변화, SNS에서 자주 언급하는 고민거리, 시술 후 남긴 후기나 설문 조사 결과 등 정성적 측면의 데이터를 놓치지 않아야 한다. 특히 미용살롱은 '아름다움'을 기반으로 고객에게 긍정적인 에너지를 전달하는 업종이기에, 고객 스스로가 "내 삶이 보다 풍요로워지고 있구나", "지금 이 순간에 나를 위한 투자를 할 수 있구나"라는 감각을 느끼도록 도와주는 것이 무엇보다 중요하다. 그리고 이런 감각은 숫자로만 표현되는 요소가 아닌, 고객 개개인의 스토리와 감정 속에서 형성되는 경우가 많다.

물론 "고객 성장 관점"이 "매출을 전혀 신경 쓰지 말라"는 뜻은 아니다. 오히려 고객이 성장하고 만족감이 커지면, 자연스럽게 재구매와 추천, 구전(Word of Mouth)이 늘어나면서 매출은 장기적으로 안정적 상승 곡선을 그릴 가능성이 높다. 더 나아가 고객 한 명이 단순히 시술을 받는 소비자가 아니라, 살롱의 팬이 되어 주변 사람들에게 적극적으로 살롱을 알리는 '브랜드 앰배서더'가 될 수도 있다. 즉, 고객 성장과 매출 확대는 서로 충돌하는 개념이 아니며, 장기적이고 지속 가능한 관점에서 보면 둘은 선순환 관계를 맺는다. 단기 이익 극대화만을 노려 '과잉 영업'이나 '스팸성 메시지'를 남발하는 식의 접근은, 결국 고객의 피로감과 반감을 키워 매출은 물론 브랜드 신뢰도까지 떨어뜨릴 뿐이다.

데이터 해석 과정에서 "지표 중심"의 사고와 "성장 중심"의 사고는 근본적으로 다른 질문을 던진다. 지표 중심 접근은 "어떻게 하면 방문 횟수를 x% 끌어올릴까?"라고 묻지만, 성장 중심 접근은 "어떻게 하면 이 고객이 우리 서비스를 통해 또 한 번의 의미 있는 변화를 경험할 수 있을까?"라고 묻는다. 전자는 수치 개선에 집중하고, 후자는 사람의 삶과 감정에 집중한다. 물론 기업 경영이라는 현실 속에서 수치를 무시할 수는 없지만, 그 수치를 만들어 내는 '사람'에게 집중하면, 결과적으로 더 큰 감동과 충성도를 얻을 수 있다는 점이 핵심이다.

실무적으로 이를 구현하려면, 데이터 지표를 설정하는 단계부터 재정의가 필요할 수 있다. 예를 들어 미용살롱 CRM 시스템에 다음과 같은 항목을 추가할 수 있다. "고객의 라이프 이벤트(결혼·출산·이직 등)를 기록하고, 해당 이벤트가 시술 선택에 어떤 영향을 미쳤는지", "고객이 받고 싶은 스타일의 영감이 어디서 왔는지(SNS, 유튜브, 연예인 스타일 등)", "방문 시 겪은 특별한 경험(예: 감동받은 순간, 불편했던 부분, 직원과 나눈 대화)" 등을 정성적으로 적어 두는 것이다. 그리고 주기적으로 데이터를 살펴보며, 고객들의 '변화 양상'과 '잠재 니즈'를 포착해 낸다. 만약 "최근 2개월간 '직장인 스트레스 해소' 콘셉트로 방문했다는 기록이 많은데, 시술 후기가 굉장히 만족도가 높았다"라는 사실을 발견하면, 이를 기반으로 "야근이 잦은 고객에게 빠른 시술과 동시에 두피 마사지, 편안한 음악·조명, 영양제 샘플 제공" 같은 맞춤형 서비스를 기획할 수도 있다.

결과적으로, 매출 확대가 아닌 '고객 성장' 관점으로 데이터를 해석한다는 것은, 고객 한 사람 한 사람이 "살롱을 통해 어떤 변화를 경험하고, 어떤 가치를 얻고 있는가?"를 꾸준히 관찰하고 고민하는 태도를 말한다. 그리고 이를 위해서는 "숫자 그 이면에 있는 스토리를 읽어 내는 능력"이 필수적이다. 재방문율 상승 곡선을 그리며 기뻐하기 전에, "왜 이들이 다시 돌아왔는가?", "다시 돌아올 만큼의 깊은 관계가 형성된 이유는 무엇인가?"를 파고들어야 한다. 고객 세그먼트별로 발생하는 정량적 수치들이 사실은 '다양한 고객 서사'의 집합체임을 인정할 때, 데이터 분석은 비로소 진정한 가치를 발휘한다.

'고객의 성장'에 초점을 둔 살롱은, 단순히 헤어스타일만 제공하는 곳이 아니다. 고객이 미용 과정에서 스스로의 매력을 재발견하고, 일상의 색다른 활력을 얻고, 자신감을 되찾으며, 때로는 새로운 커뮤니티를 형성하는 장을 제공하는 공간이 될 수 있다. 그렇기에 데이터 분석 또한, 단순히 "어떻게 매출을 올릴까?"가 아니라 "어떻게 하면 더 많은 고객이 삶의 전환점을 맞이하고, 아름답고 건강한 모습으로 변화해 갈 수 있을까?"라는 질문에 답을 제시해야 한다. 그 질문에 답하기 위한 수많은 디지털 지표와 빅데이터, CRM 정보가 살아 움직이며, 고객에게 '따뜻한 혁신'을 선물할 수 있는 구체적 아이디어를 제시해 줄 것이다.

궁극적으로, "매출 확대가 아닌 '고객 성장' 관점으로 데이터 해석하기"는 '본질경영'이 추구하는 "사랑과 공감의 살롱"을 현실에서 구현하는 열쇠이기도 하다. 사랑과 공감이 실현된 현장은, 고객이 수동적으로 서비스를 소비하는 곳이 아니라, 주체적으로 자신의 아름다움을 창조하고 삶의 질을 향상시키는 무대가 된다. 그리고 그 무대에 필요한 다양한 장치와 프로그램은, 데이터가 제공하는 수많은 인사이트에서 출발할 수 있다. 데이터를 통해 "이 고객에게는 무엇이 정말 중요한가?"를 깊이 이해하고, 그에 맞춰 개별화된 경험을 선사해 주는 것이다. 그렇게 한 번의 경험이 쌓이고 또 쌓이면, 자연스럽게 고객은 '우리' 살롱의 팬이 되어, 매출이 아닌 '관계'와 '성장'을 중심으로 한 아름다운 선순환 구조가 마련된다. 그리고 그것이 결국, 살롱 경영이 오랫동안 안정적으로 번영할 수 있는 단단한 기반이 되어 줄 것이다.

고객 성장 여정 맵 (Customer Growth Journey Map)

- 고객이 살롱을 처음 접한 순간부터 재방문, 장기적 관계 형성까지의 여정을 시각적으로 표현하여, 단순 매출 증대가 아닌 고객의 '성장'과 '감동'이 어떻게 축적되는지 보여준다.
  - 단계별 흐름: "첫 방문 → 상담 → 시술 → 사후 관리 → 재방문 → 팬덤 형성" 등 고객 여정의 각 단계를 시간의 흐름에 따라 나열한다.
  - 핵심 지표: 각 단계마다 재방문율, NPS, CSAT, 고객 감성 만족도 등 관련 지표를 함께 표시하여, 고객이 각 단계에서 어떤 경험을 하고 있는지를 정량적으로 보여준다.
  - 아이콘 및 색상: 각 단계에 맞는 아이콘(예: 상담 → 말풍선, 시술 → 가위 아이콘, 사후 관리 → 체크리스트 등)과 감정(따뜻함, 신뢰, 감동)을 나타내는 색상 코드로 직관성을 높인다.

고객 경험 대시보드 (Customer Experience Dashboard)

- 매출과 함께 고객의 감성적 만족과 성장 지표들을 통합하여 실시간 모니터링할 수 있는 대시보드를 구축한다. 이를 통해 고객 경험 개선과 장기적 고객 충성도를 높이는 방향으로 데이터 기반 의사결정을 지원한다.
  - 게이지 차트: NPS, CSAT, CES 등의 점수를 게이지 차트로 표시하여 현재 고객 만족 및 충성도를 한눈에 파악한다.
  - 트렌드 그래프: 월별 또는 분기별 재방문율, 객단가, 고객 감성 만족도(예: "감동 지수")의 변동 추이를 선 그래프로 보여준다.
  - 분석 차트: 고객 세그먼트별(예: 연령대, 라이프스타일 등) 재방문율과 감성 만족도 분포를 히트맵이나 버블 차트로 표현하여, 어떤 세그먼트가 고객 성장에 기여하는지 분석한다.
  - 실시간 피드백: 고객 리뷰나 SNS 후기를 실시간으로 요약한 텍스트 피드(예: 워드 클라우드 형식)도 포함하여, 정성적 인사이트를 제공한다.

비교 분석 레이더 차트 (Comparative Radar Chart)

- "매출 확대 중심 전략"과 "고객 성장 중심 전략"의 주요 성과 지표들을 비교하여, 두 전략의 차이를 명확하게 보여준다.
  - 레이더 차트 축: 각 축에 재방문율, 고객 충성도, 고객 감성 만족도, 서비스 일관성, 브랜드 신뢰도 등을 배치한다.
  - 두 전략의 비교: 한 레이더 차트에 두 가지 전략(매출 중심 vs 고객 성장 중심)의 성과를 각각 플롯하여, 어느 부분에서 고객 성장 전략이 더 우수한지를 시각적으로 보여준다.
  - 색상 구분: 서로 다른 색상과 선 스타일로 두 전략을 구분하여 직관적인 비교 분석이 가능하도록 한다.

고객 피드백 워드 클라우드 (Customer Feedback Word Cloud)

- 고객이 남긴 리뷰나 설문 응답에서 자주 언급되는 키워드를 시각화하여, 고객이 실제로 경험한 감동, 신뢰, 배려 등의 감성적 요소를 파악할 수 있도록 한다.
  - 키워드 크기: "감동", "편안함", "친절", "신뢰", "재방문" 등 고객 경험과 관련된 주요 단어들이 사용 빈도에 따라 크기가 다르게 표시된다.
  - 색상과 배치: 긍정적인 감성을 상징하는 따뜻한 색조를 사용하고, 키워드들이 자연스럽게 어우러지도록 배치하여 고객의 감정적 유대와 브랜드 가치가 어떻게 형성되는지를 보여준다.
  - 정성적 인사이트: 워드 클라우드 아래에 주요 키워드에 대한 해설을 추가하여, 이 단어들이 고객 경험에 어떤 의미를 가지는지 설명한다.

고객 세그먼트 분석 히트맵 (Customer Segment Analysis Heat Map)

- 고객 데이터를 기반으로 한 세그먼트별 재방문율, 객단가, 고객 감성 만족도 등의 지표를 히트맵으로 시각화하여, 어떤 고객 그룹이 살롱의 고객 성장에 가장 큰 영향을 미치는지 파악한다.
  - 세그먼트 구분: 연령대, 직업, 라이프스타일, 방문 빈도 등 다양한 기준으로 고객을 분류한다.
  - 지표 표시: 각 세그먼트별 주요 지표(예: 재방문율, 객단가, 감성 만족도)를 색상의 강도나 명암으로 표현한다.
  - 해석 가이드: 히트맵 옆에 각 색상이 나타내는 수준(낮음, 보통, 높음)에 대한 설명을 추가하여, 데이터 해석을 쉽게 한다.

고객 경험 여정과 인사이트 흐름도 (Customer Experience Insight Flow Diagram)

- 고객이 살롱을 방문하여 경험하는 모든 접점을 시간 순서대로 나열하고, 각 단계에서 고객의 감정과 경험을 정성적으로 수치화한 데이터를 연결하여, 고객이 느끼는 '감동'과 '성장'의 흐름을 시각화한다.
  - 단계별 접점: 예약, 방문, 상담, 시술, 사후 관리 등 각 접점을 단계별로 나열한다.
  - 인사이트 지표: 각 단계에 대해 고객 만족도, 감동 지수, 재방문 의사 등을 함께 표시한다.
  - 연결 화살표: 각 단계 사이에 고객의 감정 변화(예: 긴장 → 편안함 → 감동)와 그에 따른 인사이트를 화살표로 연결하여, 전체적인 고객 경험의 흐름과 개선 포인트를 도출한다.
  - 정성적 피드백 인용: 각 단계에서 고객이 남긴 대표적인 정성적 피드백(예: "상담이 너무 친절하다", "시술 중 설명이 자세해서 안심된다")을 간략하게 추가하여, 수치 외에 구체적인 인사이트를 제공한다.

KPI 통합 대시보드 (Integrated KPI Dashboard)

- 살롱의 핵심 성과 지표들을 통합하여, 객단가, 재방문율, 고객 감성 만족도, NPS 등 다양한 지표를 한 번에 모니터링하고, 고객 성장과 경험 개선을 위한 전반적인 경영 상황을 파악한다.
  - KPI 목록: 객단가, 재방문율, NPS, CSAT, CES, 고객 감성 만족도 등 주요 지표들을 한 눈에 볼 수 있도록 배치한다.
  - 시간별 추세: 월별 혹은 분기별 추세 그래프로 각 KPI의 변화량을 선 그래프나 막대 그래프로 표시한다.
  - 세그먼트별 비교: 고객 세그먼트별(예: 연령대, 방문 빈도, 서비스 이용 유형) KPI 비교 차트를 추가하여, 각 그룹별 성과를 분석한다.
  - 경영 인사이트: KPI와 관련된 개선 활동이나 교육, 프로세스 변화에 따른 효과를 주석으로 달아, 데이터를 기반으로 한 경영 의사결정 지원 자료로 활용한다.

Point! 매출 확대가 아닌 '고객 성장' 관점으로 데이터 해석하기

데이터 해석의 관점을 '매출'에서 '고객 성장'으로 전환
* 매출 증대 중심의 기존 데이터 활용 방식에서 벗어나, 고객의 변화·성장·감정적 만족에 초점을 맞춘 해석이 필요하다.
* CRM, 빅데이터, 마이닝 등을 통해 고객의 삶의 맥락과 니즈를 이해하고 더 깊은 관계와 감동 경험을 설계해야 한다.

'고객 성장' 중심 데이터 활용 예시
* 라이프스타일 변화(출산, 이직 등)를 반영한 맞춤형 서비스 제공
* 특정 시간대 방문 고객의 상황을 분석해 힐링 경험 제안
* 고객 후기나 정성적 피드백을 통해 감성 지표까지 함께 고려

'고객 중심' 데이터 해석이 장기 매출로 연결
* 감동과 신뢰는 재방문과 추천으로 이어져 팬덤과 브랜드 충성도 강화
* 고객의 이야기를 읽는 데이터 분석이 진정한 본질경영의 구현

실행 도구 제안
* 고객 성장 여정 맵, 고객 경험 대시보드, 비교 분석 레이더 차트, 고객 피드백 워드 클라우드, 고객 세그먼트 히트맵, 고객 경험 여정과 인사이트 흐름도, KPI 통합 대시보드 등 시각화 도구로 고객 감정과 여정을 구체화

'매출 확대'는 결과일 뿐, 핵심은 고객의 성장과 변화에 진심으로 다가가는 것.
이를 위한 데이터 해석이야말로 사랑과 공감의 본질경영을 실현하는 열쇠다.

18장. 숫자로 경영하는 살롱: 유효고객·방문주기·객단가 분석의 모든 것

1. 헤어살롱 비지니스가 데이터 경영을 해야되는 이유

살롱을 열어 보면 금세 깨닫게 된다. 카드 단말기에 찍히는 결제 금액과 실제 통장에 남는 돈 사이에는 깊은 협곡이 존재한다. 표면적인 매출은 화려하지만, 그 밑바닥에서 끊임없이 새어 나가는 비용 항목들이 한 달 내내 살롱의 현금을 적셔 버린다. 첫 번째 파도는 인건비다. 인본주의 경영을 표방하고 크루의 성장을 중시한다면 디자이너 인센티브 비율은 자연스럽게 30~40 % 선에 고정된다. 이 퍼센티지는 '성과급'이라는 이름을 달고 있지만 사실상 선지급이기 때문에 매출이 빠지는 달에도 동일한 비율로 지급된다. 두 번째 파도는 임대료다. 전문 상권에 자리한 대부분의 살롱은 매출의 열 퍼센트를 넘는 임대료를 감당한다. 임대료는 자정이 되면 자동으로 카운트를 시작하는 시계와 같다. 문을 열든 닫든, 고객이 있든 없든 금액은 정확히 빠져나간다.

여기에 시술 재료비가 덧씌워진다. 염모제, 파우더, 트리트먼트, 일회용 장갑·캡·귀가리개 같은 소모품까지 합치면 매출의 10에서 25 %가 재료비로 증발한다. 재료 단가가 몇백 원만 올라도 손익계산서 하단 숫자는 예민하게 흔들리는데, 대다수 살롱이 정확한 g 단위 사용량을 기록하지 않아 그 흔들림을 제때 감지하지 못한다. 공과금, 카드 수수료, 택배비, 커피 원두 값, 식대로 대표되는 '작은 줄기' 비용은 물방울처럼 똑같이 고여 있다가 어느 순간 회계 장부를 적신다. 프랜차이즈 가맹점이라면 매출 대비 3 % 정도를 상주비 명목으로 본사에 납부한다. 인테리어 할부 상환금, 유지 보수 비용, 장비 리스료 같은 항목도 매달 일정 금액을 갉아먹는다. 업계 경험이 쌓인 오너들은 "순이익 15 %를 지키지 못하면 결국 문을 닫는다"는 관용구를 입에 올리지만, 실제로 15 % 선을 꾸준히 방어하는 매장은 전체의 절반도 되지 않는다.

문제는 이 구조가 한꺼번에 무너지지 않는다는 점이다. 디자이너 한 명이 하루에 고객을 세 명만 덜 받아도, 보이지 않는 미세 할인 프로모션이 한 달에 몇 건만 더 나가도, 재료 통제가 느슨해져 블리치가 반 컵씩 더 들어가도, 눈에 띄는 이상 신호 없이 순이익이 서서히 녹아내린다. 마치 물탱크 아래 보이지 않는 미세 균열 같은 것이다. 어느 날 자금 흐름표를 펼쳤을 때 "이번 달 예상보다 지출이 5% 많네"라고 느끼는 순간이 바로 그 균열이 표면으로 떠올랐다는 뜻이다. 5%의 누수가 3개월만 이어지면 손실액은 매장 임대료 두세 달 치에 달한다. 이때부터는 경영이 아니라 소방전이 된다. 현금이 바닥을 보이면 사람에 대한 투자, 고객 경험 개선, 장비 업그레이드 같은 '성장 비용'은 가장 먼저 삭감된다. 성장비가 끊긴 조직은 곧 피로감을 노출하고, 피로감은 서비스 품질을 떨어뜨려 재방문율을 깎는다. 비용 구조가 약화되면 결국 사람과 고객 경험이 동반 추락하는 악순환에 빠진다.

이와 동시에 미용업은 가격 인플레가 제한적인 시장에 놓여 있다. 고객은 서비스 시간이 길어질수록, 혹은 깊은 전문성을 요구할수록 합리적으로 가격이 오르는 다른 업종과 달리 "커트는 컷이다"라는 고정 관념을 갖고 살롱을 고른다. 온라인 플랫폼이 만든 '평균가 노출' 문화는 살롱 간 가격 차이를 5천 원 단위까지 비교하게 만들었고, 그 결과 많은 매장은 할인 경쟁에서 벗어나지 못한다. 할인은 즉각적인 유입 효과를 제공하지만, 세 번 반복되면 고객의 기준 가격이 낮아지고 네 번째부터는 깎은 가격이 정상가로 인식된다. 이때 매장 내부에서는 '가격을 올리면 고객이 끊길까' 하는 두려움이 퍼지고, 제대로 된 가격 인상 테이블조차 꺼내지 못한다. 인건비와 재료비, 임대료는 오르는데 가격은 올리지 못하는 구조—이것이 미용업을 끊임없이 압박하는 또 하나의 보이지 않는 손이다.

인력 관리도 수익률을 위협한다. 디자이너는 기술직이면서 동시에 감정 노동자이기에 번아웃에 훨씬 취약하다. 조금만 피로가 쌓여도 상담 태도와 시술 속도가 떨어지고 이는 곧바로 고객 경험 지표에 반영된다. 고객 입장에서는 다섯 분 기다림이 길게 느껴지고, 디자이너 입장에서는 다섯 분 조급함이 퍼머약 대기 시간에 그대로 노출된다. 이런 작은 불만이 온라인 리뷰로 전파되는 데 걸리는 시간은 24시간도 채 되지 않는다. 리뷰 한 줄의 파장은 다음 날 예약건수에 직격탄을 날릴 수 있고, 이는 또다시 매출과 이익률을 동시에 흔드는 악재가 된다.

그렇다면 해법은 어디에 있을까. 첫째, 비용을 감정이 아니라 데이터로 다룬다. 모든 재료를 g 단위로 기록하고 하루 쓰임새를 계산해 '표준 소비량'을 만든다. 그날 사용량이 기준선을 초과하면 바로 피드백하고, 초과 원인을 확인해 재료 사용 습관을 고친다. 둘째, 매출이 아닌 이익이 보이는 KPI를 크루 교육에 포함한다. '고객 1인당 순이익 1만 원'처럼 누구나 이해할 수 있는 지표를 제시해 스태프 스스로 시간을 관리하고 홈케어 제품을 제안하도록 독려한다. 셋째, 성장 비용을 미리 적립한다. 교육·워크숍·회식 등을 '성장 준비금'이라는 계정으로 매달 일정 비율 자동 이체해 두면, 갑작스러운 지출 때에도 현금 유동성을 해치지 않는다. 넷째, 할인 대신 가치를 디자인한다. 컷·컬러·케어를 묶은 시그니처 메뉴를 통해 가격 상승 대신 객단가 재구성을 시도하고, 고객에게 "이 메뉴가 왜 당신 삶을 편하게 만드는지"를 구체적으로 설명한다. 마지막으로, 예약·CRM·리뷰 데이터를 매일 확인하는 문화를 만든다. 데이터가 단지 보고용 숫자에 머무르지 않고, 다음 날 행동 계획을 수립하는 '행동 촉진 장치'가 되어야 손익계산서가 살아 있는 지도로 변한다.

요약하면 미용업이 어려운 이유는 '고정비가 높고 매출 변동이 심하며 가격 인상을 단념하게 만드는 시장 구조' 때문이다. 그러나 더 근본적인 이유는 **사람을 최우선 가치로 삼으면서도, 이에 따르는 숫자 관리를 시스템화하지 못한 탓**이다. 사람이 자라려면 시간이 필요하고, 시간이 확보되려면 재무적 여유가 필수다. 재무 여유를 확보하려면 결국 데이터를 통해 흐름을 통제해야 한다. 인본주의 미용은 따뜻한 말로 완성되지 않는다. 따뜻한 철학 뒤에 차가운 숫자가, 그리고 그 숫자를 매일 점검하는 습관이 있어야 지속 가능성이 생긴다. 사람을 키우면 매출이 자라고, 숫자를 키우면 사람이 지치지 않는다. 이 두 축을 동시에 세워야만 미용업이라는 거친 파도 위에서 살롱이 오래 항해할 수 있다.

미용업이 어려운 이유

항목	비율
디자이너 인센티브	30 ~ 60%
임대료	10 ~ 25%
재료값	5 ~ 15%
공과금	-
비품	-
식대	-
상주비	매출 대비 3%
인테리어	평당 150 ~ 450만원
회식	-

→ **수익 15% 이하의 매장은 살아남기 힘듦**

2 감(感)에서 검증(檢證)으로: 미용 비즈니스의 체계적 접근

미용 업계의 감(感) 의존성과 한계

숫자로 경영하는 살롱의 출발점은, 미용 업계가 전통적으로 '감(感)'에 크게 의존해 왔다는 사실을 인식하는 데서부터 시작된다. 감각이나 직관은 분명히 중요하다. 수많은 고객을 상대하는 시술자와 경영자는 오랜 경험을 통해 "어떤 고객이 어떤 스타일을 선호할 것이고, 재방문할 가능성이 높은지"를 어느 정도 짐작할 수 있다. 문제는 이 감각이 체계적 분석이나 객관적 데이터와 결합되지 않을 경우, 올바른 의사결정이 어려워진다는 점이다. 고객의 행동 패턴이나 매장의 주요 성과 지표가 "감"의 영역에 머물러 있으면, 사람마다 다른 해석을 내놓기도 쉽고, 경영 전략을 구체적으로 수립하기도 어렵다. 즉, "재방문율이 높아졌는데, 그 이유가 무엇인지" 혹은 "어떤 고객층이 매출에 가장 큰 영향을 미치는지"를 체감적으로만 알고 있으면, 마케팅 예산을 어디에 집중해야 할지, 어떤 고객 세분화를 적용할지 결정하는 데 한계가 생긴다. 그래서 본질경영 관점에서도 '사랑과 공감'을 지향하면서도, 동시에 '데이터와 숫자'를 함께 중시하는 태도가 매우 중요해진다.

필수 경영 지표: 유효고객, 방문주기, 객단가

이를 위해 가장 기초가 되는 지표들이 바로 '유효고객', '방문주기', '객단가'다. 유효고객이란, 보통 "최근 일정 기간(예: 3개월, 6개월, 1년 등) 내에 한 번 이상 서비스를 받은 고객"을 의미한다. 이를 통해 "현재 우리 살롱이 실제로 활동적인 관계를 맺고 있는 고객은 누구인가?"를 파악할 수 있다. 살롱에서 흔히 고객 데이터를 살펴보면, 수백~수천 명의 이름과 연락처가 등록되어 있음에도 불구하고, 실제로 최근에 방문하지 않은 사람들('잠재고객' 혹은 '휴면고객')이 상당히 많음을 확인하게 된다. 따라서 "명목상 보유고객 수"가 아니라, "실제로 지금 우리 서비스를 이용하고 있는 고객 수"를 측정하는 유효고객 분석은 현실적인 경영 판단의 기초 자료가 된다. 예를 들어 어떤 살롱이 6개월 기준으로 유효고객을 산출했을 때 1,000명 중 400명이 실제로 이 기간 안에 방문한 고객으로 드러난다면, 나머지 600명은 왜 방문하지 않았는지, 이들을 휴면 상태에서 재활성화할 수 있는지 등에 대해 전략을 세우는 계기가 될 수 있다.

두 번째로 중요한 지표는 '방문주기'다. 방문주기는 유효고객이 얼마만에 한 번씩 살롱을 찾는지를 나타내는 평균값 혹은 중위값(median) 등을 가리킨다. 예를 들어 어떤 고객은 한 달에 한 번씩 꾸준히 방문하고, 다른 고객은 세 달에 한 번, 어떤 이는 6개월에 한 번 정도만 방문하기도 한다. 이 방문주기가 짧을수록 재방문율이 높은 고객이라 할 수 있고, 이는 결국 매장의 안정적인 매출원으로 이어진다. 반면 방문주기가 길거나 불규칙한 고객은, 조금만 상황이 바뀌어도 다른 곳으로 이탈하거나, 아예 살롱 방문 자체를 줄여 버릴 위험이 높다. 이때 단순히 "방문 간격이 짧은 고객을 우대하자"라는 식의 접근보다는, "방문주기가 이렇게 나타나는 이유는 무엇인가?", "방문주기를 단축하거나 규칙적으로 관리하기 위해 어떤 가치를 제공할 수 있는가?"와 같은 질문을 던져 보는 것이 중요하다. 예컨대 잦은 스타일 변화를 즐기는 고객이 있고, 최소 비용으로 머리를 자주 다듬는 것을 선호하는 고객이 있으며, 귀찮아서 혹은 바빠서 여러 달에 한 번만 방문하는 고객이 있을 수 있다. 살롱은 이 각기 다른 패턴을 파악해, 맞춤형 멤버십 제도나 예약 시스템, 프로모션 전략을 세움으로써 방문주기를 좀 더 체계적으로 관리할 수 있다.

세 번째 필수 지표는 '객단가(客單價)'다. 객단가란 한 고객이 한 번 방문했을 때 지불하는 평균 금액을 의미한다. 예를 들어 같은 유효고객이라도, 방문주기가 매우 짧지만 매번 간단한 커트만 받고 가는 고객과, 방문주기는 길지만 올 때마다 염색이나 클리닉을 포함해 고가 시술을 이용하는 고객은 매장 입장에서 가치가 다르게 나타날 수 있다. 이때 객단가만 보고 '고가 시술을 유도하면 된다'라는 식으로 단순화해 버리면, 장기적으로 고객 만족도를 떨어뜨릴 위험이 있다. 본질경영의 관점에서 살롱은 "어떻게 하면 고객이 스스로에게 필요한 시술을 합리적으로 선택하면서, 살롱 방문을 즐거워하고, 나아가 자신의 삶을 풍요롭게 가꿀 수 있도록 도울 것인가?"를 고민해야 한다. 객단가 분석은 그 지점에서 중요한 힌트를 준다. 예컨대 특정 고객군은 '럭셔리 관리'를 선호하기 때문에 객단가가 높게 나타날 수 있고, 또 다른 그룹은 '합리적인 비용'을 중요시하여 일부 서비스를 제외하고 최소 비용으로 이용하길 원할 수 있다. 살롱은 이러한 데이터를 토대로, 그 각각의 고객군에 적합한 마케팅 메시지와 혜택, 시술 조합을 제안해 줄 수 있다.

유효고객 분석의 중요성과 활용

유효고객, 방문주기, 객단가가 왜 이토록 중요한가? 이 세 지표를 통해 매장의 '안정성', '성장성', '고객 가치를 창출하는 양상'을 두루 살펴볼 수 있기 때문이다. 유효고객이 많다는 것은, 실제로 관계를 유지하고 있는 고객 풀이 넓다는 의미이며, 이는 재방문과 구전(口傳, Word of Mouth) 마케팅의 잠재력이 크다는 것을 시사한다. 방문주기가 짧다면, 그만큼 고객이 자주 매장을 찾고 있다는 얘기이고, 이는 매장 운영이 꾸준한 매출 흐름을 유지하는 데 유리하다. 객단가가 높다면, 고객이 단순히 커트 이상의 시술 가치, 혹은 더 나은 라이프스타일 경험을 위해 추가 비용을 지불할 의향이 있다는 뜻이기도 하다. 세 지표 중 어느 하나라도 극단적으로 치우쳐 있거나, 의도치 않게 낮아진다면 살롱 경영에 어떤 리스크가 있는지 파악해 볼 필요가 있다. 가령 유효고객 수는 많으나 방문주기가 길다면, 고객이 우리 살롱을 종종 '잊어버리고' 한참 만에야 다시 돌아오는 것일 수 있고, 객단가가 낮은 고객이 대다수라면, 특정 세그먼트 고객만 공략하고 있는지 재점검해야 한다.

또한 이 세 가지 지표를 서로 교차 분석하면, 고객을 보다 입체적으로 이해할 수 있다. 예를 들어 '방문주기가 짧고 객단가도 높은 VIP 그룹'은 살롱이 최우선적으로 관리해야 할 핵심 고객이다. 이들은 매장의 가치를 인정하고 꾸준히 투자하는 유형이므로, 특별한 혜택이나 프라이빗 이벤트를 통해 더 깊은 유대감을 형성할 수 있다. 반면 '방문주기가 짧지만 객단가는 낮은 그룹'은, 스타일 변화를 자주 추구하되 비용은 최소화하려는 고객일 가능성이 높다. 이런 이들은 매장 입장에서도 매출에 큰 보탬이 되지 않는다고 섣불리 결론 지을 수 있지만, 잦은 방문을 통해 지속적으로 브랜드 노출과 구전을 만들어 낼 수 있는 잠재력이 있다. 이들에게는 간단한 커트나 간헐적 염색 서비스를 좀 더 빠르고 편리하게 제공해 줄 수 있는 방식으로 관리한다면, 살롱의 '트래픽(traffic)'을 높이고, 다른 사람들을 소개하도록 유도할 수 있다. 반대로 '방문주기가 길고 객단가가 높은 그룹'은 주말이나 명절 연휴처럼 특정 시즌에만 큰 비용을 들여 시술을 받는 고객일 수 있다. 이들은 "스타일 변화는 자주 하지 않지만, 할 때는 제대로 하고 싶다"는 니즈를 갖고 있을 가능성이 크므로, 해당 시즌에 맞춘 프로모션이나 프라이빗 케어를 제안하면 만족도가 높아질 수 있다.

문제는 이렇게 분석한 숫자들이 단순히 "보고용 자료"나 "구색 맞추기"로 끝나지 않도록, 실질적인 검증과 실행이 뒤따라야 한다는 점이다. 숫자를 통해 어떤 가설을 세웠다면, 예를 들어 "방문주기가 긴 VIP 고객에게는 사전 연락을 통해 특별한 시술 제안을 하면 재방문 주기를 단축시킬 수 있을 것"이라는 아이디어가 나왔다면, 실제로 시도해 보고 결과를 다시 측정·분석해야 한다. 단순히 "올해 VIP 매출이 전년 대비 x% 증가했다"가 아니라, "사전 예약 안내 후 방문주기가 평균 한 달 단축되었고, 고객 만족도도 높게 나왔다"라는 식으로, 구체적인 수치와 정성적 피드백을 함께 확인해야 한다. 이를 통해 살롱 경영자는 "감(感)"으로만 믿었던 부분을 "검증(檢證)"이라는 체계를 통해 확신하게 되고, 그때 비로소 더욱 발전된 전략을 구상할 수 있다.

데이터 활용이 익숙하지 않은 개인 살롱이나 소규모 매장의 경우, 처음부터 복잡한 ERP(Enterprise Resource Planning)나 고급 데이터 마이닝 기법을 도입하기는 쉽지 않을 수 있다. 그렇다면 가장 기초적인 수준에서, 고객 명부와 POS(Point of Sale) 시스템이 제공하는 매출 기록을 엑셀(Excel) 같은 툴로 정리해 보는 것만으로도 큰 차이가 생긴다. 예컨대 월별·분기별·연도별로 유효고객 수와 방문주기, 객단가 평균을 산출하고, 일정 기간을 기준으로 "이탈(탈락) 고객"의 비율을 조사해 보는 식이다. 그렇게 작게라도 시작해 보면, 숫자로 나타난 '현실'을 다시금 점검할 수 있고, 막연했던 문제들이 보다 선명하게 드러난다.

나아가 이런 정량적 데이터만으로는 다 설명되지 않는 부분, 즉 "왜 어떤 고객은 그렇게 행동하는가?"라는 정성적 이유에 대해서도 관심을 기울여야 한다. 예를 들어 "방문주기가 길다"는 사실 자체가 그 고객이 우리 서비스를 좋아하지 않는 것인지, 아니면 비용·거리·시간 등 현실적 제약이 있는 것인지, 혹은 그저 '기억이 안 나서' 다른 곳을 떠도는 것인지 확인해 볼 필요가 있다. 이를 위해선 직원과 고객 간의 실제 대화나, 예약 시점에서 간단히 나누는 문진(問診), 혹은 온라인 설문조사 등 다양한 방법이 동원될 수 있다. 정성적 데이터와 정량적 데이터를 결합하면, 살롱은 그 어느 때보다 '체계적이고 정확한' 고객 이해를 기반으로 경영 전략을 수립할 수 있게 된다.

숫자 경영과 본질경영의 상호보완적 관계

결국, 유효고객·방문주기·객단가라는 세 지표를 중심으로 한 '숫자로 경영하는 살롱'의 핵심 가치는, "본질경영"의 목표와 결코 대치되지 않는다. 오히려 이 세 지표는 살롱이 더 많은 고객에게 더욱 '사랑과 공감'을 실천하기 위한 기초 도구로 기능한다. "살롱 직원 모두가 수시로 고객 한 분 한 분의 이야기를 되새기며, 단순히 시술을 권하는 것이 아니라 고객의 아름다움과 삶을 돌보는 파트너가 되고자 노력할 때"라야, 데이터 분석도 가장 빛을 발하게 된다. 숫자는 이 과정에서 경영자의 '감'을 날카롭게 보완해 주고, 직원들의 감성과 노력을 보다 전략적인 방향으로 이끈다.

종국에는, "감(感)에서 검증(檢證)으로" 전환하는 과정이야말로 미용 비즈니스를 한 단계 더 발전시키는 열쇠가 된다. 우리가 '본질경영'이라는 이름으로 사랑과 공감을 강조한다고 해서, 데이터를 배제하거나 '감'만으로 움직이겠다는 뜻이 결코 아니다. 오히려 사랑과 공감이 있기에 "더 정확하게 고객을 파악해야 한다"는 필요성이 생기며, 그를 뒷받침하는 수단이 바로 '숫자로 경영하는' 체계적 분석이다. 그것이 곧 "고객에게 진심으로 다가가면서도, 동시에 경영의 기틀을 단단히 세우는" 미용 살롱의 미래라 할 수 있다. 유효고객, 방문주기, 객단가 같은 지표는 그 시작점일 뿐이고, 이 지표들을 토대로 살롱은 고객 세그먼트별 니즈를 구체화하고, 리텐션(재방문 및 충성도) 전략을 기획하며, 지속 가능한 성장을 향한 로드맵을 설계한다. 그리고 그 로드맵 위에서, 살롱이라는 공간은 점점 더 많은 고객들의 삶 속에 깊이 스며들어 '이루고 싶은 아름다움'을 함께 만들어 나갈 수 있을 것이다.

숫자로 고객의 마음을 읽어라

숫자는 냉정하지만, 그 속에는 고객의 숨겨진 마음이 담겨 있다. 살롱을 제대로 운영하기 위해서는 단순히 숫자를 보는 것이 아니라 숫자에 담긴 의미를 읽어내는 것이 중요하다. 살롱 현장에서 쉽게 실천할 수 있는 분석 방법을 소개하고자 한다.

> **유효고객 분석, 고객을 붙잡는 힘이다**
>
> - 유효고객이란, 일정 기간 꾸준히 우리 살롱을 찾아주는 고객을 말한다. 유효고객이 많을수록 살롱의 안정적 성장과 수익이 보장된다.
>   - 최근 6개월간 2회 이상 방문한 고객을 리스트로 정리한다.
>   - 전체 고객 대비 유효고객의 비율을 체크한다.
>   - 유효고객 비율이 낮다면 재방문을 유도할 수 있는 특별한 프로모션과 맞춤형 관리가 필요하다.

방문주기 분석, 고객과의 타이밍을 잡아라

- 고객이 살롱을 방문하는 주기를 파악하면 가장 적절한 시점에 고객과의 소통을 강화할 수 있다.
  - 고객의 방문 기록을 기반으로 평균 방문주기를 산출한다.
  - 평균 방문주기를 기준으로 고객과의 접점을 강화할 타이밍을 잡는다.
  - 방문주기가 긴 고객들에게는 적극적인 연락이나 특별 이벤트를 통해 재방문을 촉진할 수 있다.

객단가 분석, 매출의 질을 높여라

- 객단가는 고객 한 사람이 살롱에서 사용하는 평균 금액이다. 객단가를 분석하면 살롱의 매출 효율성과 서비스 품질을 함께 높일 수 있다.
  - 일정 기간의 매출을 방문 고객 수로 나누어 객단가를 계산한다.
  - 시술별, 서비스별 객단가를 명확히 구분하여 파악한다.
  - 객단가가 낮은 고객은 추가적인 서비스 제안으로 객단가를 높일 수 있고, 높은 고객은 더욱 만족할 수 있는 프리미엄 서비스를 제공하여 충성도를 높일 수 있다.

분석 활용 체크리스트

- 고객 리스트는 매월 정확히 업데이트되고 있는가?
- 고객 방문 주기 데이터는 명확히 분석되고 있는가?
- 객단가 데이터는 서비스 메뉴 구성과 마케팅에 반영되고 있는가?
- 분석 결과를 모든 직원이 이해하고 실무에 활용하고 있는가?

숫자는 단지 결과일 뿐이다. 중요한 것은 그 숫자 안에 숨겨진 고객의 마음과 니즈를 정확히 읽고, 실천으로 옮기는 것이다. 이렇게 숫자를 통해 고객의 마음을 읽고 실천하는 것이 바로 본질경영의 핵심이다.

데이터 기반 고객 성장 지표와 통합 교육 효과

아래는 위의 내용을 한눈에 요약할 수 있는 시각화 자료 예시이다.

항목	설명	구체적 실행 방안	기대 효과
기술 교육	기본 시술 기술(커트, 펌, 염색 등) 습득 및 최신 트렌드와 창의적 응용 능력 강화	- 정기적인 실습 워크숍 실시 - 신입부터 고급 단계별 교육 프로그램 마련 - 실습 후 피드백 세션 진행	시술 완성도 향상, 고객 맞춤형 스타일링 제공
마인드 교육	고객과의 소통, 공감, 배려, 비언어적 커뮤니케이션 강화	- 롤플레잉 및 시뮬레이션 교육 - 고객 상담 스킬 및 피드백 교육 - 내부 멘토링 프로그램 운영	고객 만족도 상승, 진정성 있는 서비스 제공
통합 교육 워크숍	기술 교육과 마인드 교육의 통합을 통해 디자이너 전반의 역량 강화	- 기술과 마인드 교육을 결합한 워크숍 - 실제 사례 공유 및 리뷰 미팅 - 정량적/정성적 평가 도구 활용	디자이너 전문성 및 서비스 품질 강화, 내부 협업 촉진
고객 경험 개선	고객 맞춤형 상담, 시술 과정, 사후 관리 등에서 고객의 감정과 만족도를 높이는 서비스 제공	- CRM 시스템 도입 및 데이터 분석 - 맞춤형 상담 및 시술 플랜 수립 - 사후 관리 프로세스 정립	재방문율 및 입소문 상승, 장기 고객 충성도 확보
조직 문화 강화	디자이너 간 협업 및 피드백 문화 확립, 내부 커뮤니케이션 강화	- 정기 리뷰 미팅, 멘토링 제도 운영 - 내부 교육 자료 및 매뉴얼 제작 - KPI 및 인센티브 제도 마련	조직 내 동료애 및 협업 강화, 직원 동기 부여
데이터 기반 분석	고객의 행동 패턴(유효고객, 방문주기, 객단가) 및 정성적 피드백(리뷰, SNS 의견) 분석을 통해 고객 성장 전략 수립	- POS, CRM, 설문조사 활용 - 고객 세그먼트 분석, 히트맵, 대시보드 구축 - 정성적 피드백과 정량적 데이터 결합	고객의 니즈 및 감정 파악, 맞춤형 마케팅 및 서비스 개선
경영의 본질	"기술은 외면을, 마인드는 내면을 변화시킨다"라는 철학 아래, 고객과 디자이너가 함께 성장하는 '인본주의 미용' 실현	- 지속적인 기술 및 마인드 교육 투자 - 고객과의 소통 및 피드백 강화 - 브랜드 철학과 가치의 일관된 실천	브랜드 신뢰도 및 충성도 상승, 지속 가능한 성장 기반 마련

3. 캘린더 분석과 근무시간 설정

살롱 경영은 달력을 읽는 순간부터 시작된다. 달력에 적힌 숫자는 단순한 날짜를 넘어 우리가 한 달 동안 활용할 수 있는 '시간 자원'이며, 이 시간표를 어떻게 설계하느냐에 따라 매출과 사람의 성장이 함께 흔들린다. 우리는 흔히 매출 변동을 외부 경기나 고객 기호 탓으로 돌리지만 실제로는 실근무일수를 간과해 하루마다 필요한 목표를 잘못 잡은 경우가 훨씬 많다. 가령 4천만 원을 목표로 삼았을 때 영업 가능한 날이 스무 날이면 하루에 이백만 원을, 스물세 날이면 백칠십사만 원만 만들면 된다. 이 차이가 하루 객수와 객단가, 인력 배치, 재고 주문량까지 줄줄이 바꾼다. 결국 달력을 먼저 들여다봐야 하는 이유는 숫자가 아니라 사람들이 마주할 현실을 정확히 계산하기 위해서다.

실근무일수를 구하는 법은 단순하다. 한 달 전체 일수에서 주말과 공휴일, 그리고 살롱이 정한 휴무를 빼면 된다. 같은 삼십일이라도 휴무를 월·화로 두느냐 수·목으로 두느냐에 따라 영업 가능한 날이 이틀 정도 차이가 난다. 이틀은 월 매출의 열 퍼센트 이상을 흔드는 힘을 가지고 있다. 따라서 목표를 세울 때는 '객단가 곱하기 객수'라는 단순 역산만 할 것이 아니라 달력이 허락한 실제 근무일수를 기준으로 일평균 목표를 분해해야 한다. 먼저 실근무일수를 확정한 뒤 월간 목표를 그 숫자로 나누어 하루 매출 목표를 세우고, 다시 그 하루 목표를 객단가와 예상 객수로 나눠 본다. 객단가를 조금만 끌어올려도 필요한 고객 수가 줄어들고, 객단가를 유지하려면 객수를 늘려야 한다. 이 계산이 끝나야 예약 슬롯, 추천 메뉴, 근무 교대표가 구체적으로 결정된다.

짧은 달과 긴 달은 전략이 다르다. 이십팔 일뿐인 이월은 설 연휴까지 자리해 영업일이 스무 날 남짓이다. 이런 달에는 "시장 자체가 조용하다"는 핑계 대신 월 초에 시그니처 케어 패키지를 조기 공개해 예약을 당겨 놓거나, SNS 영상에서 '단기 변신'을 강조해 객단가를 높여야 한다. 반대로 삼십일 달은 영업일이 많아 수치로는 여유가 있지만 크루 피로도가 누적돼 서비스 품질이 떨어지기 쉽다. 평일 오후 교대를 돌려주거나 주에 하루는 컨디션 데이를 넣어 충전 시간을 확보해야 고객 앞에서 미소가 유지된다.

연휴 전·후에는 다른 변수가 있다. 설이나 추석 같은 긴 연휴를 앞두고 예약 취소와 노쇼가 급증하고, 연휴 직후에는 방문 의지가 꺾인다. 이를 막으려면 예약금 제도를 도입해 노쇼를 줄이고, 귀성 복귀 직후의 고객 스트레스를 겨냥해 두피케어 이벤트나 '볼륨 업 두피 케어' 같은 특화 메뉴를 미리 공지해야 한다. 연휴를 매출 공백으로 두지 않고 고객 문제 해결의 시간으로 재정의하는 순간, 달력이 약점이 아니라 기회가 된다.

데이터 경영은 기록, 정규화, 분석, 행동의 네 단계로 돈다. 첫 단계는 POS와 CRM으로 일매출과 일객수를 빠짐없이 기록하는 일이다. 둘째 단계는 실근무일수로 나누어 일평균 지표로 정규화해 달력 변수에 휘둘리지 않는 기준선(베이스라인)을 세운다. 셋째 단계는 회귀 분석을 통해 달력 패턴과 매출 편차를 읽어 낸다. 예컨대 연휴 전에 삼일, 연휴 뒤에 닷새 매출이 유독 낮다는 사실을 찾아낸다면, 마지막 행동 단계에서 그 구간에 인력과 마케팅을 집중 배치해 문제를 해결한다. 네 단계를 꾸준히 돌리면 숫자가 현장을 위한 실질적 힌트로 살아난다.

달력 경영이 결국 향하는 곳은 사람이다. 월간 리뷰 때 "이번 달 달력 변수 때문에 어떤 느낌이 들었는가"를 팀원에게 묻는 순간, 숫자 뒤에 숨은 감정과 현장의 어려움이 함께 드러난다. 디자이너 스스로 실근무일수와 자신의 ARPU를 직접 계산해 보면, 데이터가 단순한 지시가 아닌 성장 지표로 다가온다. 또 휴무 설계 워크숍을 열어 각 팀이 시뮬레이션을 돌려 보면, 개인의 휴식과 살롱 효율 사이에서 모두가 납득할 수 있는 균형점을 찾아낸다. 그래서 달력 분석은 차가운 숫자 계산으로 보이지만, 실은 살롱 사람들의 삶과 에너지 흐름을 조율하는 따뜻한 작업이다.

실제 사례를 보자. 설 연휴 직후 객단가가 평소 절반으로 떨어진 날이 있었다. 대부분 "휴가 이후엔 고객이 지갑을 닫는다"고 해석했지만, 우리는 CRM 로그에서 연휴 다음 주 월요일 오전에 볼륨 문제를 호소하는 상담 빈도가 급증한다는 사실을 확인했다. 그래서 연휴가 끝나자마자 '볼륨 업 데이'를 기획하고 전날 밤 SNS 릴스를 올려 예약을 끌어 모았다. 결과는 객단가 아홉만 원, 일평균 매출 백육십이만 원 회복. 우리는 시장을 바꾼 것이 아니라 달력이라는 시간표를 새롭게 읽었을 뿐이다.

이런 경험은 다섯 가지 질문으로 정리할 수 있다. 첫째, 다음 달 실근무일수를 제대로 계산했는가. 둘째, 그 수치로 일평균 매출, 객수, 객단가 목표를 분해했는가. 셋째, 연휴와 휴무 구간에 맞춘 맞춤 프로모션이 준비됐는가. 넷째, 크루가 자기 지표를 이해하고 실행 계획을 세웠는가. 다섯째, 교대와 휴무 스케줄에서 사람의 피로도를 고려했는가. 이 다섯 문장에 모두 "예"라고 답할 수 있다면 살롱은 이미 사람과 숫자가 함께 성장하는 궤도에 올라섰다.

달력은 결국 시간의 지도다. 시간을 설계하면 크루는 번아웃을 피하고 고객은 기다림 없이 만족을 느끼며 매출 곡선은 꾸준히 오른다. 사람 → 달력 → 데이터 → 사람으로 이어지는 선순환, 이것이 인본주의 데이터 경영의 핵심이다.

미용업이 어려운 이유

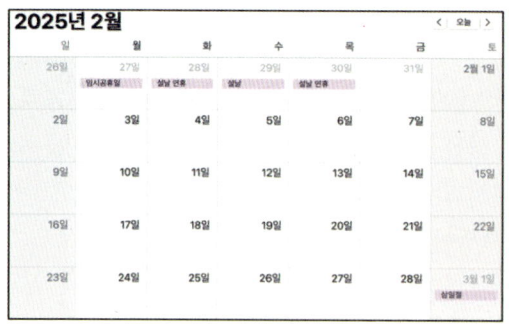

2월

총 일수: 28일
주말(금, 토, 일) 개수: 12일
주 2회 휴무일 경우, 실 근무일수: 20일

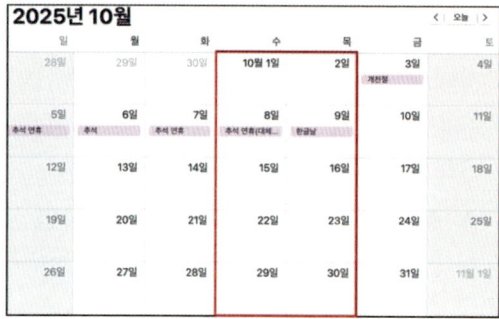

10월

총 일수: 31일
주말(금, 토, 일) 개수: 13일

수, 목 휴무일 경우, 실 근무일수: 21일
월, 화 휴무일 경우, 실 근무일수: 23일

4 분기 목표설정과 데이터 경영

분기 목표를 세운다는 것은 곧 사람의 한 시즌을 디자인하는 일이다. 달력 위에 놓인 세 달의 시간과 크루의 에너지, 그리고 고객의 생활 리듬을 한 호흡으로 묶어 내야 하기 때문이다. 먼저 해야 할 일은 목표 유효 고객 수를 구체적인 숫자로 적는 것이다. 여기서 '유효'라는 말은 단순히 팔로우 계정이나 잠재 고객을 뜻하지 않는다. 우리가 설정한 방문 주기에 따라 확실히 살롱 의자를 채워 줄 사람, 다시 말해 분기 동안 예약 캘린더에 살아 있는 이름으로 반복 등장할 가능성이 높은 사람만을 의미한다. 스타일 길이에 따라 이 숫자는 극적으로 달라진다.

단발이나 숏 스타일 고객은 한 달에 한 번, 빠르면 세 주에 한 번씩 다듬어야 만족도가 유지된다. 따라서 4월에서 6월까지 세 달 동안 같은 고객이 세 번 다시 방문할 수 있는 여지를 만들어 두면 예약표는 금세 채워진다. 반대로 롱 스타일 고객은 모발 끝을 손질하거나 틴트 컬러를 리터치해도 여섯 달을 훌쩍 넘기기 쉽다. 따라서 롱 고객을 주력으로 삼고 싶은 살롱은 월간 객수만 보고 목표를 세우면 안 된다. 롱 고객 한 명은 분기 내 재방문 확률이 0.5도 채 되지 않기 때문이다. 이렇게 고객군별 방문 주기를 파악하고, 원하는 고객 포트폴리오를 정한 뒤에야 비로소 "이번 분기에는 단발 고객 400명, 미디엄 고객 300명, 롱 고객 150명을 확보하자" 같은 문장이 설득력을 얻는다.

시그니처 메뉴는 이 방문 주기를 살롱이 직접 리드하기 위한 장치다. 컷만으로는 고객이 "이미지 변화"를 실감하지 못해 주기를 끌어당기기 어렵다. 그래서 단발 고객에게는 '한 달 컷과 볼륨 케어 번들'을, 미디엄 고객에게는 '컬러 리터치와 글로스 톤업'을, 롱 고객에게는 '6개월 주기 모발 컨디셔닝 펌'을 제안해 준다. 메뉴는 고객에게 명확한 다음 행선지를 알려 주고, 우리는 그 약속을 CRM에 미리 기록해 둠으로써 자연스러운 리마인드 메시지를 보낼 수 있다. 중요한 것은 메뉴가 주기를 안내하고, 주기가 고객 충성도를 만든다는 사실이다.

수치 작업은 그다음이다. 각 달의 실근무일수를 확인해 분기 전체 근무일을 합산한다. 평균적으로 한 달에 22~23일을 영업해야 크루 피로와 고객 수요가 균형을 이룬다. 2월처럼 달이 짧거나 10월처럼 긴 연휴가 들어 있는 달에는 실근무일수가 크게 흔들린다. 이런 달력을 월단위로 쪼개 목표를 세우면 특정 달에 과도한 압박이 몰리기 쉽다. 그래서 우리는 분기 전체를 한 장으로 놓고 "이번 분기 실근무일수는 66일, 목표 매출은 1억 8천만 원, 일평균은 273만 원"처럼 큰 수치를 먼저 만든다. 그다음 주말과 공휴일을 제외한 평일에 일평균의 80퍼센트를, 주말에는 140퍼센트를 배분한다. 이렇게 하면 연휴 직전이나 직후처럼 수요 공백이 생기는 구간도 자연스럽게 커버된다.

달력과 메뉴가 연결됐으면 인력 배치가 남는다. 긴 달에는 숫자만 보면 여유롭지만 실제로는 크루 지친 표정이 서비스 품질을 무너뜨릴 수 있다. 주중 오후 교대제를 돌리고, 매주 수요일을 '컨디션 데이'로 지정해 팀을 반씩 나눠 순환 휴식을 돌리는 것이 좋다. 반대로 짧은 달에는 월 초부터 예약을 몰아 두어야 마지막 주 매출 공백을 막을 수 있다. SNS 릴스나 쇼츠에 '한 달 변신 챌린지' 같은 캠페인을 걸어 미리 예약금을 받고, 제품 키트를 선결제하는 방식으로 현금흐름까지 당겨 놓으면 더 안정적이다.

데이터는 이 모든 흐름을 확인하고 조정하기 위한 도구다. 매일 POS에서 자동으로 떨어지는 매출·객수를 실근무일수로 나눠 일평균 지표를 만든 뒤, 분기 중간에 한번, 분기 말에 한번 '목표 대비 증감률'을 체크한다. 특히 주기가 긴 롱 고객은 한 번의 결제금액이 크기 때문에 일시적 매출 상승 착시를 일으킨다. 그래서 롱 고객 매출은 건수로, 단발 고객 매출은 재방문 주기로 별도 관리해야 한다. CRM 재방문율이 70퍼센트 이상 유지되는지, 예약표의 빈 슬롯이 일주일 이내 몇 개나 남아 있는지, DM을 발송한 뒤 이틀 안에 예약 전환이 일어났는지 같은 행동 지표까지 함께 봐야 숫자에 숨은 진짜 흐름이 보인다.

이렇게 사람, 메뉴, 달력, 데이터가 한 호흡으로 묶이면 분기 목표는 표가 아니라 스토리가 된다. 우리는 회의 시간마다 "이번 분기 목표는 단순 매출이 아니라 단발 고객 400명을 팬으로 만드는 것"이라고 선언한다. 그다음 "그래서 3월 둘째 주에 볼륨 케어 릴스를 공개하고, 4월 첫 주에 1:1 DM을 보내 예약률을 15퍼센트 끌어올리자"처럼 행동을 구체화한다. 그리고 모든 크루가 자신의 수치를 직접 입력해 보는 교육 세션을 열어 데이터 리터러시를 높인다. 숫자는 지시가 아니라 자기 성장의 거울이 될 때 힘을 갖는다.

마지막으로 체크해야 할 질문은 다섯 가지다. 첫째, 분기에 필요한 유효 고객 수를 고객군별로 구체적으로 적었는가. 둘째, 그 숫자를 방문 주기와 시그니처 메뉴로 연결했는가. 셋째, 세 달의 실근무일수를 합산해 일평균 목표와 주차별 목표를 배분했는가. 넷째, 크루 피로를 고려한 교대와 휴무를 달력 위에 정확히 표시했는가. 다섯째, 데이터 추적 구조가 실시간으로 돌아가고 있는가. 이 질문에 모두 "예"라고 답할 수 있다면, 살롱은 이미 사람 중심 분기 경영의 궤도에 올라섰다. 목표는 매출이 아니라 성장이다. 성장의 다른 이름은 관계이며, 관계를 설계하는 가장 정확한 지도는 지금 우리 앞에 펼쳐진 달력이다.

분기별 목표 설정

1. 목표 유효 고객 수 정하기

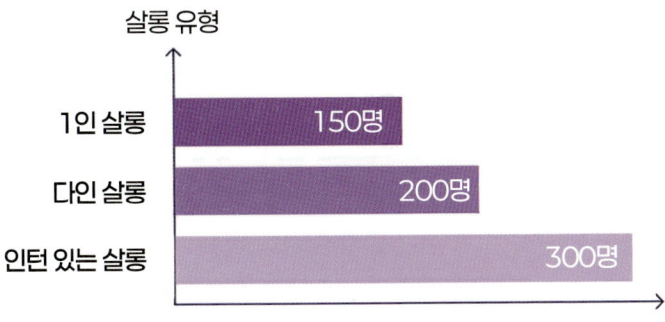

2. 시그니처(방문주기) 정하기

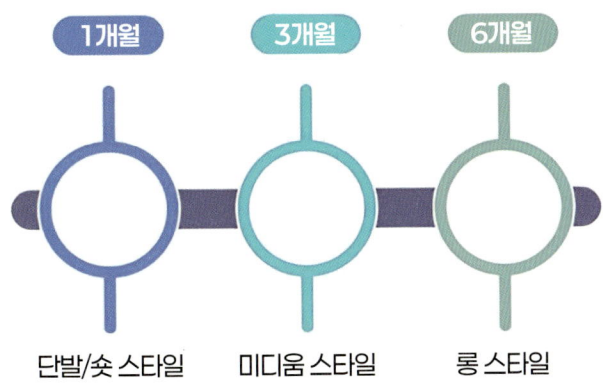

→ 유효 고객 수로 한달 예약이 채워져야 함
  시그니처별 필요한 유효 고객수 상이

3. 캘린더 계산

→ 한 달 총 근무 22~23일로 맞추기

5 유효고객(Active Customer) 지표: "누구를" 분석해야 하나

유효고객 개념의 본질적 의미유효고객(Active Customer)을 정의하는 일은 살롱 경영 전반에 있어 매우 중요한 의미를 지닌다. 왜냐하면 '유효고객'이라는 개념 자체가, 단순히 "우리 매장에 등록된 고객 수가 몇 명인가?"를 묻는 차원이 아니라, "현재도 이들과 실제로 관계를 맺고 있으며, 앞으로도 재방문 가능성이 높은 사람들은 누구인가?"를 더욱 명확하게 구분해 주기 때문이다. 많은 미용살롱이 고객 명부를 관리하고 있다고 말은 하지만, 막상 그 가운데 상당수가 이미 다른 곳으로 떠났거나, 더 이상 방문하지 않는 휴면고객 상태일 때가 적지 않다. 그런 상황을 방치한 채 "우린 등록 고객이 5,000명이나 된다"라고 자랑하는 것은, 엄밀히 따지면 실제 경영 성과나 미래 전망과 동떨어진 수치일 수 있다. 따라서 본질경영 관점에서 사랑과 공감을 핵심 가치로 삼되, 데이터 기반 의사결정이 필요하다는 점을 인식한다면, 우선적으로 "유효고객을 어떻게 정의하고, 누구를 중점적으로 분석할 것인가?"를 분명히 해야 한다.

유효고객 정의 기준: 시간적 조건의 유연성

그렇다면 먼저 유효고객을 정의하는 기준을 살펴보자. 가장 흔한 접근은 "최근 일정 기간(예: 3개월, 6개월, 1년 내)에 1회 이상 방문 이력이 있는 고객"을 유효고객으로 잡는 방식이다. 그러면 우선적으로 "과거 언젠가 한 번 와 보고는 전혀 다시 찾지 않은 사람"은 통계에서 제외된다. 문제는, 미용 시술 주기가 사람마다 크게 다르다는 점이다. 바쁜 직장인의 경우 4주 내지 6주에 한 번씩 커트나 스타일링을 받으러 오는 이가 많지만, 어떤 고객은 3개월에 한 번씩 염색이나 펌 등 비교적 큰 시술만 받으려고 방문하기도 한다. 또 누군가는 1년에 한 번쯤 긴 머리를 단발로 확 자르고 나서, 그 뒤로는 오랫동안 살롱에 들르지 않을 수도 있다. 이처럼 "방문주기"가 매우 가변적이기에, 살롱마다 "우리에게 적합한 유효고객의 시간적 기준은 어느 정도인가?"를 먼저 고민해야 한다.

살롱 특성과 주기적 기준의 상관관계

이를 위해서는 살롱의 위치, 주요 고객층, 그리고 시술 메뉴의 특성을 종합적으로 고려할 필요가 있다. 예를 들어 도심 오피스가 밀집한 곳에 위치해 있고, 커트나 간단한 정리 스타일링을 주로 제공하는 살롱이라면, 짧은 방문주기가 일반적이므로 "최근 3개월 이내 방문"을 기준으로 유효고객을 정의해도 무리가 없을 수 있다. 반면, 주로 프리미엄 펌이나 염색, 클리닉 등을 대여섯 시간에 걸쳐 시술해 주는 고급 살롱이라면, 고객이 6개월 간격으로 방문하거나 특정 이벤트 시즌에만 올 수도 있다. 그럴 경우 "6개월 이내 방문 이력"을 유효고객의 조건으로 삼아야, 해당 살롱의 실질적인 '활동 고객 풀'을 반영할 수 있다. 즉, 같은 개념이라 해도 살롱별로 그 기준이 유연하게 달라질 수 있으며, 그 판단은 궁극적으로 "우리 매장의 주력 시술 주기가 얼마나 되는가"와 "고객이 우리 서비스를 언제, 왜 이용하는가"를 파악해야만 가능해진다.

단순 조건의 한계와 다차원적 필터링

이제 한 걸음 더 나아가, 단순히 "최근 3개월 이내(혹은 6개월 이내) 방문"이라는 조건 하나만으로는 부족할 때가 많다. 예컨대 어떤 사람이 3개월 전에 단 한 번 방문했을 뿐인데, 그 뒤로는 전혀 다시 오지 않았다면 "유효고객"이 맞을까? 혹은 어떤 고객은 6개월 전 마지막 방문을 했고, 그 이전에도 1년에 한 번씩만 오는 패턴을 보였을 수 있다. 이 사람을 굳이 '유효' 범주에 넣어도 될지 고민이 생긴다. 그래서 좀 더 정교하게 접근하는 살롱들은 "최근 3개월 안에 한 번 이상 방문했고, 지난 1년 동안 총 방문 횟수가 2회 이상인 고객"을 유효고객으로 잡는다든지, "최근 6개월 이내 방문했고, 누적 시술 금액이 일정 기준을 넘는 고객"을 걸러내는 식으로 다차원적인 조건을 적용한다. 이렇게 하면, 단순 호기심이나 급한 필요로 한 번 들렀다 사라진 '일시적 고객'을 배제하고, 실제로 매장과 더 깊은 관계를 맺고 있는 이들만 추려낼 수 있다.

유효고객 수의 감소에 대한 두려움과 본질적 가치

문제는 유효고객을 엄격하게 정의하면 당장 "숫자"가 작아 보일 수 있다는 점이다. 어떤 경영자나 점장은 "우리 매장에는 고객이 정말 많은데, 이런 식으로 기준을 까다롭게 적용하니까 유효고객 수가 너무 적게 나와서 불안하다"고 느낄 수 있다. 그러나 본질경영에서는 "겉으로 보이는 숫자 부풀리기"보다, "실제 관계를 맺고 있는 사람이 얼마나 되는가?"를 정확히 파악하는 편이 훨씬 가치 있다고 본다. 왜냐하면, 진짜로 재방문 가능성이 높은 고객이 몇 명이나 되는지, 그들이 매장에 어떤 기대를 갖고 있고, 왜 우리 서비스를 선택하는지를 아는 편이 앞으로의 전략 수립에 훨씬 효과적이기 때문이다. 진짜 유효고객이 100명에 불과하더라도, 그 100명이 지닌 특성과 니즈를 명확히 파악해 맞춤형 접근을 한다면, "1,000명의 명부상 고객"에게 무작정 비슷한 메시지를 뿌리는 것보다 훨씬 높은 충성도와 매출 기여를 이끌어 낼 수 있다.

유효고객 분석 실무: 데이터 정리와 활성도 점수화

그렇다면 실제로 유효고객을 어떻게 분석해야 할까? 우선, 고객관리 시스템이나 POS, 혹은 예약 플랫폼에 남아 있는 데이터에서 "방문 이력"을 기본적으로 뽑아 볼 필요가 있다. 이를 테면 "최근 6개월 동안 몇 번 방문했는가?", "주요 시술은 무엇이며, 한 번 방문 시 평균 객단가는 얼마였는가?" 같은 정보를 추출한 뒤, 거기에 "총 누적 방문 횟수", "쿠폰이나 멤버십 이용 현황", "SNS 후기 남긴 횟수" 등등을 추가로 결합해 보면, 고객별로 일종의 '활성도 점수'를 매길 수 있다. 그 점수가 일정 기준 이상이면 "유효고객"으로 보고, 그렇지 못하면 '휴면고객' 또는 '잠재고객'으로 분류하는 식이다. 어떤 살롱에서는 이 과정을 자동화하기 어려우니 엑셀이나 구글 스프레드시트 같은 간단한 툴을 사용해 일일이 정리하기도 한다. 처음에는 수작업이 많아 부담스러울 수 있지만, 이 과정을 한 번 제대로 거쳐 두면 이후부터는 주기적으로 새 데이터를 추가해 추세를 파악하는 일이 훨씬 수월해진다.

유효고객 세분화: 유형별 통찰을 위한 분류

 이렇게 유효고객 집단을 도출한 뒤에는, 그들을 더 세부적으로 쪼개는 '세분화(segmentation)' 작업이 이어진다. 예컨대 방문주기가 짧고, 시술 금액이 높은 VIP급 고객이 있는가 하면, 방문주기는 상대적으로 길지만, 올 때마다 고가 시술을 신청하는 '스페셜 이벤트형 고객'도 있을 수 있다. 혹은 방문주기는 짧으나 매번 커트만 간단히 하고 가는 '실속형 고객'이라든지, 혼잡 시간을 피해 평일 오전에 자주 오는 '여유형 고객'도 존재한다. 유효고객을 통으로 묶어 놓고 "이들은 모두 충성도 높은 고객이다"라고만 말하기보다, 이렇게 세분화해 보면 각 집단이 무엇을 원하고, 어디서 만족과 불편을 느끼는지가 뚜렷이 드러난다. 이때가 바로 "데이터 기반 살롱 경영"의 성과가 나타나는 지점이다. 전에는 대충 "단골들이 많이 오시니까 매출이 올라가는 거 아닐까?"라고 짐작만 했던 부분을, 이제는 "어떤 유형의 단골이, 어떤 식으로, 왜 우리 살롱을 찾고 있는가?"라는 더 구체적인 통찰로 발전시킬 수 있다.

유효고객의 정의를 넘어: 정성적 교감의 중요성

 물론 유효고객을 정의하고 세분화하는 데에는 명확한 정답이 없다. 어떤 살롱에서는 "매장과 감성적으로 교감할 수 있고, 직원들과의 개인적 유대감이 높은 사람"을 유효고객이라 느낄 수도 있지만, 그것은 데이터 분석이나 방문 이력만으로는 알 수 없는 부분이다. 그래서 '본질경영'을 표방하는 곳이라면, 유효고객을 통계적으로 가려 내는 것을 넘어서, 그들과의 '인간적 연결고리'를 확인하는 작업도 반드시 병행해야 한다. 예를 들어 시술이 끝난 뒤 짧은 설문이나, SNS 후기에 대한 모니터링, 혹은 고객이 직접 사진을 찍어 공유해 주는 과정을 통해 "이들이 우리 살롱에서 어떤 감정을 느꼈는가, 무엇에 가장 만족했으며, 개선하고 싶은 점은 무엇인가?" 같은 정성적 정보까지 놓치지 않는 것이 중요하다. 그리고 그 정보를 다시 데이터베이스에 쌓아 가며, "유효고객"을 단순히 숫자가 아닌, 우리와 진짜 관계를 맺는 '사람'으로 바라보고 관리해야 한다.

유효고객으로의 전환: 신규 고객의 여정 추적

 또 한 가지 유효고객 분석에서 놓쳐서는 안 될 부분이 있다. 바로 "새로운 고객이 유효고객으로 전환되는 과정은 어떤 단계로 이루어지는가?"다. 완전히 신규로 첫 방문한 사람이 곧바로 유효고객이 될지, 아니면 두세 번 정도 방문한 뒤 어느 순간부터 '우리 매장을 믿고 찾는 단골'이 될지, 그 시점과 조건을 발견하는 것이 살롱의 중장기 성장에 매우 중요하다. "프로모션 가격 때문에 왔던 고객이, 서비스에 감동해 정식 멤버십을 가입하게 되는 경우"라든가, "지인의 소개로 첫 방문했다가 담당 디자이너와 궁합이 좋아 재방문 주기가 짧아지는 경우" 같은 실제 사례를 살펴보면서, 신규 유입 고객이 유효고객으로 자리 잡는 흐름을 분석해 보면, 앞으로의 영업 전략, 마케팅 메시지, 매장 환경 개선에 큰 도움을 얻을 수 있다.

유효고객 분석의 다섯 가지 핵심 포인트

결국, "유효고객(Active Customer) 지표: 누구를 분석해야 하나?"라는 물음은 곧 "우리 매장과 진정으로 연결되어 있으며, 앞으로도 함께 성장해 갈 가능성이 높은 '사람들'이 누구인가?"를 찾는 과정과 같다. 그리고 그 답을 얻기 위해서는 1) 우리의 시술 주기에 알맞은 시간적 기준을 설정하고, 2) 방문 횟수나 시술 금액, 멤버십 참여도, 후기 작성 여부 등 복합적인 요인을 고려해, 3) 일회성 방문자가 아닌 '지속적 관계'의 후보군을 정확히 추려내야 한다. 그 뒤 4) 이 집단을 더 세분화해, 각 유형이 어디에 가치를 두고 왜 재방문하는지를 종합적으로 파악하고, 5) 이들이 '그냥 단골'에 머무는 것이 아니라 "나의 살롱"이라 불러 줄 만큼 감성적·심리적 만족을 얻을 수 있는 장치를 마련해야 한다.

유효고객 분석과 본질경영의 연결점

본질경영의 핵심은 결국 "사랑과 공감"인데, 이를 단지 분위기나 기분 좋은 말로만 실천하기엔 한계가 있다. 살롱 경영이야말로 수많은 고객을 상대하며, 각기 다른 스타일과 요구를 충족시키는 일이다. 그러니 더더욱 체계적인 지표와 데이터 분석이 필요하다. 그 지표가 바로 "유효고객"이며, 이들을 분석함으로써 우리는 "지속적인 가치를 제공할 사람들을 어떻게 관리하고, 어떻게 성장 파트너로 만들어 갈 것인가?"를 구체적으로 고민할 수 있게 된다. 이는 곧 매출과 브랜드 이미지를 넘어, "고객 한 명 한 명의 아름다움과 삶의 질을 향상시키겠다"는 미용살롱 본질의 실천으로 이어진다.

지표와 감성을 잇는 전략적 접근

따라서 결론적으로, "누구를 분석해야 하나?"라는 질문은 "진짜 내 살롱을 필요로 하고, 동시에 우리 살롱에서도 그들의 삶에 긍정적인 변화를 불러일으킬 수 있는 사람들"을 의미한다고 볼 수 있다. 그리고 그 범위를 정교하게 추리고, 그 안에서 세부 유형별 특성을 파악하고, 정성·정량 데이터를 함께 결합해 관리함으로써 우리는 살롱 경영의 본질을 한층 더 깊이 구현할 수 있다. 이것이 곧 "숫자로 보여지는 것"이 "사람의 마음과 연결되는 것"이고, 본질경영이 추구하는 사랑과 공감의 토대 위에 '유효고객 분석'이 놓이는 이유이기도 하다. 지표와 감성을 결합하는 살롱, 그것이 앞으로의 미용 산업에서 살아 숨 쉬는 경쟁력, 나아가 고객과 함께 진화해 나갈 수 있는 창의적 동력이 될 것이다.

유효고객 식별 프로세스

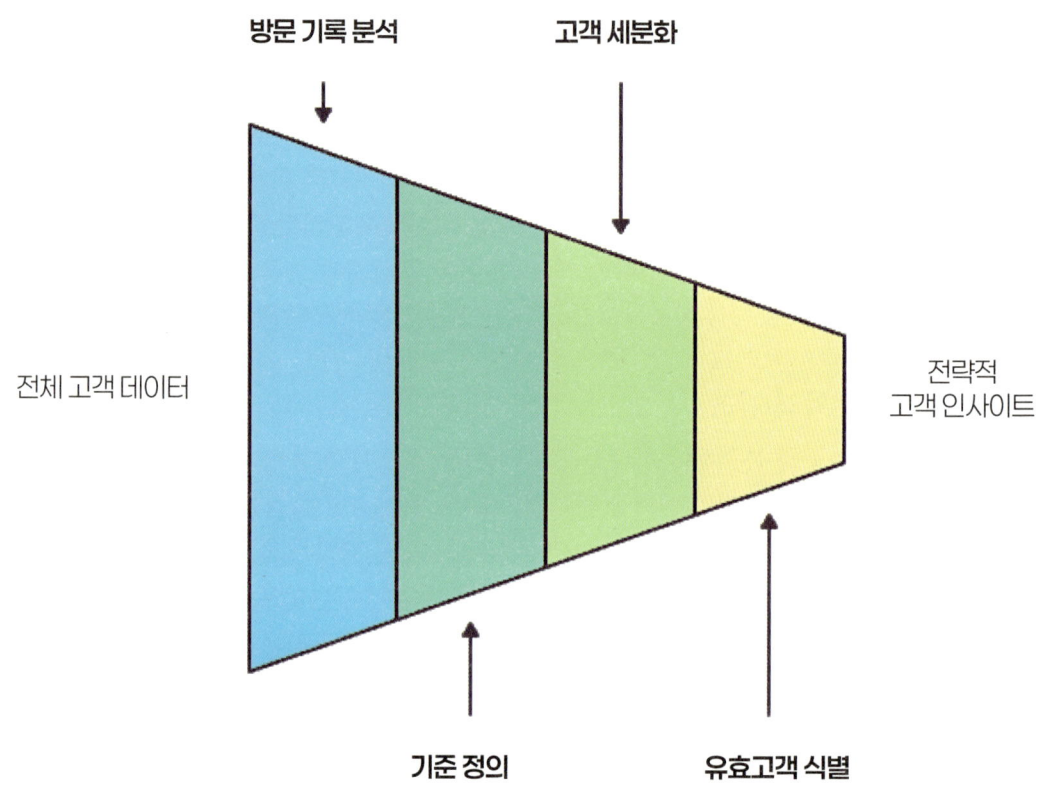

6 방문주기(Visit Cycle)와 객단가(ARPU) 연동

　방문주기(Visit Cycle)와 객단가(ARPU: Average Revenue Per User)는 미용살롱 경영에서 떼어 놓을 수 없는 핵심 지표다. 방문주기는 말 그대로 고객이 매장을 찾는 간격을 의미하고, 객단가는 한 명의 고객이 한 번 방문할 때 지불하는 평균 금액을 나타낸다. "고객이 얼마나 자주 방문하는가?"와 "방문할 때마다 얼마만큼의 매출이 발생하는가?"는 살롱의 매출 구조와 운영 전략을 결정짓는 가장 기본적인 두 축이다. 본질경영 관점에서의 수치 해석그러나 본질경영 관점에서 단순히 "더 자주 오게 만들고, 더 많이 소비하게 하자"는 식의 접근은 오히려 역효과를 낳을 위험이 있다. 왜냐하면 고객이 자주 찾고 많은 비용을 지불하는 이유가, 정말로 그 살롱이 제공하는 가치와 서비스에 공감해서인지, 아니면 지나치게 공격적인 마케팅이나 강매성 업셀링 때문인지에 따라 '지속성'이 크게 달라지기 때문이다. 본질경영에서는 결국 사람 중심, 사랑과 공감의 미용서비스가 핵심 가치이므로, 방문주기와 객단가의 연동 관계 또한 '사람의 관점'에서 고찰해야 한다는 점을 잊어서는 안 된다.

수치의 오해: 짧은 방문주기 = 높은 객단가?

　우선 가장 흔한 오해 중 하나는 "방문주기가 짧으면 객단가도 높아질 것"이라는 단순논리다. 실제로 고객이 한 달에 한 번씩 방문한다면 그만큼 시술 기회가 늘어나고, 결과적으로 매장 매출이 상승할 가능성은 크다. 하지만 고객마다 요구하는 시술 내용이 다르며, 방문 목적도 제각각이다. 예컨대 4주 간격으로 오는 고객이라 해도, 늘 간단한 커트만 하고 가는 경우라면 객단가는 그렇게 높지 않을 수 있다. 반대로 3~4개월에 한 번씩 방문하더라도, 올 때마다 고가의 클리닉이나 염색, 펌을 한꺼번에 진행하는 고객이라면 방문주기가 길어도 객단가는 상당히 높아진다. 따라서 "이 사람은 왜 이 간격으로 방문하며, 어떤 가치를 얻으려고 하는가?"라는 맥락 없는 단순 수치 비교는 실질적인 인사이트를 제공하기 어렵다.

고객별 최적화된 방문주기 설계의 중요성

　결국 살롱 입장에서는 "방문주기를 짧게 만들어서 매출을 극대화하자"보다는, "각 고객별 라이프스타일과 시술 패턴에 최적화된 방문주기를 제안하고, 그 순간마다 적절한 시술 포트폴리오를 구성해 만족도를 높이자"는 관점이 중요해진다. 예를 들어 직장인 중에서도 잦은 미팅과 외부 활동이 많은 사람은 4주 혹은 6주 단위로 기본 커트나 스타일링을 권장하는 것이 좋다. 반면 2~3개월에 한 번씩만 머리를 손질해도 큰 불편을 느끼지 않는 고객이라면, 억지로 방문주기를 단축하기보다는 "그 시점이 되었을 때, 한 번에 가장 가치 있는 시술을 제안"하는 방식이 더 효과적일 수 있다. 이는 고객이 "나를 배려하고, 내 스타일과 일정에 맞춰 제안해 준다"는 신뢰를 갖게 함으로써, 오히려 장기적 충성도를 높여 주는 결과로 이어진다.

객단가 향상을 위한 신뢰 기반 제안

객단가 측면에서도 마찬가지다. 대부분의 살롱은 단순한 커트 가격 외에 염색, 펌, 클리닉 등 부가 시술로 추가 매출을 얻곤 한다. 문제는, 이 부가 시술이 고객에게 반드시 필요한 것인지, 혹은 고객이 진정 원하는 가치인지를 세심하게 파악하지 않고 '팔다 보면 매출이 오르겠지'라는 식으로 접근하면, 단기 매출은 오를지 몰라도 고객의 입장에서는 강매로 받아들일 수 있다. "VIP 패키지"나 "스페셜 클리닉" 같은 부가 서비스를 제안할 때에도, 그 고객이 언제, 왜 이 시술이 필요한지, 현재 모발 상태나 개인 취향을 얼마나 고려했는지 등을 충분히 설명하고 공감대를 형성해야 '가치 있는 소비'로 이어진다. 만약 매번 방문할 때마다 비슷한 영업 제안만 반복된다면, 결국 고객은 부담을 느끼고 발길을 끊거나, 다른 살롱으로 이탈할 가능성이 높아진다.

데이터 기반 방문주기 설계의 실천

따라서 방문주기와 객단가의 연동을 체계적으로 관리하려면, 먼저 "각 고객에게 맞춘 방문주기 설계"를 해야 한다. 이를 위해서는 고객 데이터가 필수적이다. 예를 들어 CRM 시스템이나 예약 기록, POS 데이터를 통해 "이 고객은 평균적으로 몇 주(혹은 몇 달) 간격으로 방문하는가?", "어떤 시술을 가장 많이 선택하는가?", "단골 담당 디자이너는 누구이며, 재방문 동기는 무엇인가?" 등의 정보를 확보해야 한다. 또한 고객이 SNS 후기나 매장 설문지에서 "다음번 방문 시 받고 싶은 시술"이나 "머리 상태가 어떨 때 주로 다시 방문하는가?"를 밝히는 경우도 있으니, 이 역시 놓치지 않고 데이터화할 필요가 있다. 이를 종합적으로 분석해 보면, "A고객은 한 달 반이 지나면 머리 스타일에 대한 불만이 커지므로, 5주 차쯤 담당 디자이너가 톡이나 문자로 안내하면 유익하다"는 식의 맞춤형 고객 관리가 가능해진다.

방문 시점별 객단가 전략 수립

방문주기 설계가 어느 정도 정립되면, 그와 연동해 "방문 시점별 객단가 전략"을 짤 수 있다. 예컨대 "A고객은 보통 5주에 한 번씩 커트를 하러 오는데, 3번 중에 한 번은 헤어 컬러를 바꾸거나, 클리닉을 추가해주면 만족도가 높았다"는 패턴을 발견했다면, 이 고객이 세 번째 방문을 예약할 시점에 "이번에는 가을 분위기에 어울리는 컬러와 모발 건강을 위한 클리닉을 세트로 준비해 드리겠다"는 식의 제안이 가능하다. 이런 방식은 고객 입장에서 보면 '내 취향과 방문 이력을 잘 파악해 주는, 나만의 맞춤형 서비스'처럼 느껴질 수 있다. 하지만 이것이 단지 매출 상승을 노린 기계적 제안이 아니라, 그 고객이 실제로 원하는 시술과 타이밍을 정확히 짚어 주는 '사랑과 공감'의 노력이라는 점이 중요하다. 이는 본질경영의 핵심 가치와도 맞닿아 있다.

긴 방문주기, 높은 객단가: 또 다른 시나리오

또한 방문주기와 객단가 사이에는 상반된 방향의 시나리오도 존재한다. 즉, "방문주기가 길어질수록 객단가는 더 높아진다"는 유형의 고객이다. 이런 고객은 잦은 시술보다는 주기적으로 대규모 변신이나 집중 관리를 선호한다. 예컨대 3개월에 한 번씩 머리를 완전히 새로 하기 위해 방문하는 고객의 경우, 그 한 번 방문 때 '올인원(All-in-one) 시술'을 받는 경향이 있어 객단가가 높아진다. 이들을 대상으로는 오히려 방문주기를 단축하려고 무리하는 것보다는, "3개월 뒤 만날 시점까지 모발을 건강하게 유지할 수 있는 홈케어 제품을 함께 권장"하는 등 시술 전후의 라이프사이클 전체를 관리해 주는 것이 효과적이다. 이렇게 하면 고객은 "다음 번 방문까지도 살롱이 나를 챙겨 주는구나"라는 안정감을 느끼고, 결국 장기적으로 충성도가 상승하게 된다.

데이터를 활용한 정교한 고객 인사이트 구축

물론 이렇게 방문주기와 객단가를 체계적으로 분석하고 연동하기 위해서는 데이터 기반 살롱 경영이 필수적이다. 예약 날짜, 시술 내역, 결제 금액, 담당 디자이너, 고객 불만 접수 내역 등 다양한 정보를 모아두고, 이를 주기적으로 살펴보면서 "우리 매장의 평균 방문주기는 얼마이며, 시술별 객단가는 어떠한가? 어떤 유형의 고객들이 방문주기와 객단가가 높게 나타나는가?"를 파악해야 한다. 그다음에는 "이 고객들의 공통점은 무엇이고, 살롱에서 어떤 요소를 가장 중시하는가?"를 더 깊이 살펴보면, 방문주기 단축을 위한 단순 할인 이벤트나 무리한 업셀링이 아니라 "개개인의 삶의 패턴에 맞추는 제안"을 구체화할 수 있다.

지표의 연동은 고객 신뢰를 위한 전략

결국 방문주기와 객단가의 연동은 "매장 입장에서 쉬지 않고 고객을 불러내어 매출을 올리겠다"는 개념이 아니라, "고객이 우리 살롱을 방문하는 리듬에 자연스럽게 스며들어, 각각의 시술 시점마다 최상의 가치를 제공하겠다"는 철학을 실현하는 과정이다. 이를 통해 얻을 수 있는 가장 큰 이점은 단순한 매출 증대가 아니라, 고객이 "이 살롱은 내 라이프스타일과 모발 상태를 꿰뚫고 있고, 언제 무엇이 필요한지를 제때 제안해 준다"라는 깊은 신뢰감을 느낀다는 점이다. 이 신뢰가 쌓일수록 고객은 주기적으로 찾아오며, 방문할 때마다 자신의 니즈를 정확히 표현하고, 살롱도 그에 맞춰 서비스를 향상시키면서 객단가를 무리 없이 끌어올릴 수 있다.

본질경영과 지표 연동의 선순환 구조

요컨대 본질경영이 지향하는 "사랑과 공감"이라는 미용살롱의 가치가, 방문주기(Visit Cycle)와 객단가(ARPU)라는 지표와 충돌하는 것이 아니라, 오히려 이 지표들을 한층 더 고도화된 방식으로 운용하게 만들어 준다. 고객 각자의 생애주기, 생활 패턴, 스타일 취향, 머리를 통해 표현하고자 하는 개성 등을 종합적으로 이해하고, 그 이해를 데이터 분석과 접목해 맞춤형 서비스를 제안함으로써, "방문 간격이 짧아질 수도, 혹은 길어질 수도 있지만, 매 순간 고객은 최대 만족을 얻고, 살롱은 장기적인 성장을 도모한다"는 선순환이 가능해진다. 이것이 바로 "사랑과 공감"이라는 본질 가치에 기반을 둔 상태에서 방문주기와 객단가를 연동하는 미용살롱 경영의 정석이며, 결국에는 숫자로 표현되는 모든 지표가 '사람의 마음'으로부터 기인한다는 본질경영의 철학을 다시금 확인하게 해 주는 길이기도 하다.

1. 방문주기와 객단가 확인을 위한 핵심 지표

(1) 방문주기 지표

- **1. 평균 방문주기**
  - 예: "우리 매장의 전체 고객이 평균 몇 주 혹은 몇 달 간격으로 방문하는가?"
  - 예약 시스템 혹은 POS 데이터를 통해 날짜 간격을 계산합니다.

- **2. 개인별 방문 리듬**
  - 고객 A: "4주마다 커트" / 고객 B: "3개월마다 풀패키지 시술" 등
  - 각각의 고객이 유지하고 있는 리듬과 이 리듬이 왜 형성되었는지를 파악합니다.

- **3. 다음 방문 예상일**
  - 데이터 분석 혹은 고객 설문을 통해, 다음 방문 가능성을 높이는 적절한 '리마인드 시점'을 설정합니다.
  - 4~5주 차에 '커트가 필요해 보이지 않는지' 안부 메시지나 톡 안내를 보낼 수 있습니다.

(2) 객단가 지표

- **1. 평균 객단가(ARPU)**
  - 한 번 방문 시 결제되는 평균 금액으로, 커트·펌·염색·클리닉 등의 합산 금액을 나눈 값입니다.
  - 시술별 매출 비중을 함께 체크하면, 어떤 서비스가 주 매출원인지도 파악 가능합니다.

- **2. 시술별 매출 분포**
  - 예: 커트 30%, 염색 25%, 펌 20%, 클리닉 15%, 기타 10%
  - 어떤 시술이 객단가 상승에 기여하는지를 파악해야, 고객 제안 시 우선순위를 정할 수 있습니다.

- **3. 개인별 객단가 추이**
  - 고객 A가 1년 동안 방문할 때마다 지불한 금액을 시계열로 관찰해, 변화를 체크합니다.
  - 특정 시기에는 염색 빈도가 높았는지, 이벤트나 프로모션이 있었는지 등의 '맥락'도 함께 기록합니다.

2. 지표 활용 가이드라인

(1) 고객 맞춤형 방문주기 설계

- **1. 고객 라이프스타일·모발 상태 파악**
  - 직장인, 학생, 주부, 프리랜서 등 라이프스타일에 따라 머리 손질 주기가 확연히 다릅니다.
  - 고객이 머리에 대한 '불편함'을 느끼는 시점(예: 4주 후 뿌리 염색 필요)을 구체적으로 파악합니다.

- 2. '장기 변신형' vs '단기 유지형' 구분
  - 장기 변신형: 2~3개월 주기로 크게 스타일을 바꾸거나 모발을 집중 관리하는 고객
  - 단기 유지형: 4~6주 간격으로 주기적인 커트·뿌염 등을 통해 꾸준히 상태를 유지하는 고객
- 3. 제때 리마인드와 부드러운 제안
  - "고객님, 4주가 지났는데 지금쯤 스타일이 많이 자라나 불편하시지 않을까요?" 같은 공감 메시지 발송
  - 잦은 영업보다는 "필요할 시점에 알려주는" 고객 배려를 강조

(2) 적정 객단가 유지를 위한 시술 포트폴리오

- 1. 시술 필요성 중심 제안
  - "고객님의 모발 상태를 보니, 염색과 클리닉을 함께 진행하면 모발 손상을 줄이고 색감 유지가 수월합니다."
  - '판매'보다 '필요'를 우선순위로 두어, 고객이 시술 가치를 느끼도록 안내합니다.
- 2. 방문 시점별 패턴 파악
  - 예: "A고객은 2번 방문 중 1번은 염색과 커트를 함께한다."
  - 데이터에서 발견된 패턴을 활용해, 고객에게 "다음 시술 때는 컬러 변화를 주고 어떨까요?"라고 미리 제안합니다.
- 3. 무리한 업셀링 지양
  - 매번 과도한 패키지 제안은 고객에게 부담이 됩니다.
  - 고객이 필요로 하는 시술을 정확히 짚어주고, 한 번에 너무 많은 옵션을 나열하지 않습니다.

3. 구체적인 지표 확인 방법 & 체크리스트

살롱에서 방문주기와 객단가를 실질적으로 관리할 때 도움이 되는 구체적인 방법들을 모았습니다.

- 1. 예약 시스템 지표 확인
  - 확인주기: 최소 월 1회
  - 확인항목: 신규 예약 대비 재예약 비율, 예약 취소 비율, 고객별 '실제 방문 간격'
  - 활용팁: 재방문 간격이 6주 이상인 고객에게는 "방문 예정일 안내 문자"를 보냄
- 2. POS 결제 데이터 분석
  - 확인주기: 최소 분기 1회
  - 확인항목: 객단가 상위 고객 10%, 중위 50%, 하위 40% 비교

- 활용팁: 객단가 상위 고객들의 라이프스타일, 시술 패턴, 담당 디자이너를 파악해 그 공통점을 다른 고객에게도 적용

- **3. 시술별 매출 분포표 작성**
  - 확인주기: 월 1회 (가장 바쁜 달과 한가한 달 비교)
  - 확인항목: 커트/염색/펌/클리닉 등 항목별 매출액과 횟수
  - 활용팁: 특정 시술이 집중되는 시기를 찾아서, 필요한 재료·인력·프로모션 준비를 미리 함

- **4. 고객 설문·인터뷰**
  - 확인주기: 비정기적(시술 후 피드백, SNS 설문, 리뷰 이벤트 등)
  - 확인항목: "무엇 때문에 다시 방문했는가?", "다음에 시도해보고 싶은 시술은 무엇인가?"
  - 활용팁: 고객들이 직접 말해주는 '니즈'와 '아쉬움'을 데이터화해 다음 방문 때 반영

- **5. 디자이너 미팅 & 브리핑**
  - 확인주기: 주 1회 혹은 월 2회
  - 확인항목: 디자이너별 재방문율, 객단가, 시술 유형, 고객 불만 사례
  - 활용팁: 서로 다른 고객 사례를 공유하고, "어떤 타입의 고객이 어느 시점에 방문주기가 짧아졌고, 왜 객단가가 높아졌는지" 등을 함께 분석

4. 현장 적용 사례

사례 A: 짧은 방문주기 + 중간 객단가 고객

- 6주마다 커트를 하러 오는 직장인.
- 클리닉이나 컬러는 2~3번 방문 중 한 번만 진행.
- 가이드: 5주 차에 "다음 주쯤 머리 손질 어떠세요?" 라는 안내 메시지를 발송.
- "이번에는 앞머리 디자인을 새롭게 해볼까요?" 등 작은 변화를 유도해 시술 만족도를 높임.

사례 B: 긴 방문주기 + 높은 객단가 고객

- 3~4개월마다 방문해 전체 염색·펌·클리닉을 한꺼번에 진행.
- 홈케어나 관리 방법에 대한 관심이 높음.
- 가이드: 방문 3개월 차쯤 "모발 건강 상태는 어떠세요? 홈케어 제품 잘 쓰고 계신가요?" 라는 체크인 메시지 발송.
- 다음 방문 때 진행할 시술 콘셉트를 미리 제안해 기대감 상승.

7 객수(客數)와 신규 vs 재방문
: '전체시장'과 '내부시장'의 균형

단순한 숫자를 넘어선 객수의 재해석

객수(客數)는 미용살롱 경영에서 가장 직관적으로 확인할 수 있는 지표 중 하나다. "오늘은 총 몇 명이 매장을 찾았는가?"라는 숫자 자체는 비즈니스를 가늠하는 데 있어 매우 간단하고도 강력한 시각적 척도가 된다. 그러나 이 객수가 단순히 '많으면 좋은 것'으로만 이해되어서는 곤란하다. 특히 본질경영의 관점에서 보면, "얼마나 많은 고객이 다녀갔는가?"라는 양적 수치만으로는 살롱이 진정으로 추구해야 할 가치, 즉 사랑과 공감, 그리고 고객의 지속적인 성장과 만족을 충분히 담아낼 수 없기 때문이다. 그래서 우리는 객수를 '단순 방문자 수'라는 외형적 개념에서 한발 더 나아가, 신규 고객과 재방문 고객의 비율, 그리고 전체 시장과 내부 시장의 균형이라는 틀로 재해석할 필요가 있다. 이를 통해 "우리 살롱이 얼마나 꾸준히 새로운 고객을 유치하면서도, 기존 고객이 지속적으로 재방문해 주는 '내부 시장'을 건강하게 유지하고 있는가?"라는 근본적인 질문에 접근하게 된다.

신규 고객 유입의 가치와 위험성

우선 살롱 경영자 입장에서 '신규 고객' 유입은 한층 역동적인 변화를 가져온다. 새로운 유입이 늘어난다는 것은 "이 지역 시장 혹은 특정 타깃에서의 인지도 상승"과 함께 "살롱의 첫인상을 결정지을 기회가 많아진다"는 것을 의미한다. 다만 이 신규 고객이 '단순 호기심'에 의한 일회성 방문인지, 아니면 앞으로 '유효고객(Active Customer)'이 될 잠재력을 지닌 사람인지에 따라 살롱이 취해야 할 전략은 달라진다. 예컨대 SNS나 지역광고를 통해 대규모 프로모션을 벌이면 일시적으로 객수를 끌어올리는 것은 가능하다. 하지만 그중 상당수가 할인이나 특가에만 반응하는 '단발성 고객'이라면, "우리 살롱만의 본질적 가치에 공감하여 계속 찾아오는 고객"으로 전환하기 어렵다. 그래서 본질경영에서는 단순히 객수를 늘리는 데 목적을 두지 않고, "어떤 신규 고객이, 왜 우리 매장에 오게 되었으며, 앞으로 계속 관계를 맺을 가능성이 있는가?"를 면밀히 살펴보도록 권장한다.

재방문 고객의 전략적 중요성

한편, '재방문 고객'은 살롱 입장에서 이미 한 번 이상 서비스를 경험해 봤고, 재차 방문할 만큼 긍정적인 인상을 가진 사람들이다. 이들은 매장 내부 시장의 근간을 이루며, 살롱 매출의 상당 부분을 안정적으로 뒷받침해 준다. 또한 이들이 쌓아 가는 구전(口傳)과 리뷰, SNS 활동은 신규 고객 유치에도 막대한 영향을 미친다. 실제로 "내 주변 지인이 추천해 준 곳이면 신뢰가 더 간다"는 심리는 미용살롱을 선택할 때 매우 강하게 작용한다. 따라서 재방문 고객을 단순 '매출원'이 아닌 '우호적 지지자(Advocate)'로 육성하는 전략이 중요하다. 이때 본질경영 관점에서 재방문 고객은 '단순히 한 번 더 방문한 사람' 이상의 의미를 지닌다. 왜냐하면 그들은 "이 살롱이 제공하는 시술, 분위기, 디자이너의 역량, 그리고 살롱이 표방하는 철학"에 어느 정도 공감했기 때문에 다시 찾아오는 것이기 때문이다. 그러므로 단발성 고객에게 적용하는 단순 프로모션이나 영업적 접근은 지양하고, 좀 더 깊은 신뢰 형성과 공감의 장을 마련해야 한다.

신규 유입 vs 재방문 유지: 어느 쪽이 중요한가?

그렇다면 "객수를 늘리는 데 주력하는 것"과 "기존 고객을 더욱 충성도로 이끄는 것" 중 어느 쪽이 더 중요한가? 전통적 경영학에서는 흔히 '마케팅 퍼널'을 통해 신규 고객 유치의 중요성을 강조한다. 초반에 많은 '잠재 고객(Prospect)'을 유입한 후, 반복적인 마케팅 커뮤니케이션과 체계적인 구매 유도 과정을 거쳐 결국 충성도 높은 고객으로 전환시킨다는 그림이다. 한편 살롱 내부의 실행 관점에서는, "기존 고객의 재방문율을 10%만 높여도 신규 유치보다 더 큰 수익 개선 효과가 있다"는 통계가 거론 되곤 한다. 실제로 재방문 고객 관리에 드는 비용은 신규 유치 비용보다 훨씬 적고, 추천을 통한 구전 마케팅 효과도 크다.

그러나 본질경영이 지향하는 미용살롱 모델이라면, 이 둘은 상호 배타적인 선택지가 아니라, 함께 균형점을 찾아야 할 요소들이다. 가령 재방문 고객 위주로만 운영하다 보면 장기적으로 신규 고객 유입이 줄어들어 '살롱 브랜드의 활력'이 떨어질 수 있다. 미용 업계 특성상 사람들의 라이프스타일 과 유행은 끊임없이 변하고, 새로운 지역에 이주해 오는 인구도 존재한다. 이들을 전혀 포섭하지 못 하면 어느 순간 기존 고객층도 자연 감소하거나 다른 스타일을 위해 떠나갈 위험이 생긴다. 반면에 공격적으로 신규 고객만 끌어들이려다 보면, 기존 고객이 받는 서비스 퀄리티나 디자이너와의 유대 감이 희석될 가능성이 있다. 한정된 인력과 자원으로 많은 신규 방문을 소화하려다 보면, 정작 계속 찾아주는 단골에 대한 세심한 케어가 부족해질 수 있기 때문이다.

전체시장과 내부시장의 개념 정립

이를 '전체시장'과 '내부시장'의 균형이라고 부를 수 있다. 전체시장은 말 그대로 우리 매장이 위치 한 지역, 혹은 온라인을 포함한 넓은 범위의 모든 잠재 고객을 의미한다. 내부시장은 이미 살롱을 경 험하고 재방문 의사를 밝히거나 실제로 방문하는 사람들이다. 살롱이 장기적으로 건강하게 성장하 기 위해서는 이 두 시장 모두에 관심을 기울여야 한다. 즉, 전체시장에서 신규 고객을 유입할 수 있는 홍보와 인지도 확보 전략을 꾸준히 전개하되, 내부시장인 기존 고객에게는 더 높은 수준의 경험과 만족을 제공해 "살롱에 대한 충성도와 애착"을 더욱 견고히 다져야 한다.

비율 분석: 신규와 재방문의 균형 측정법

그렇다면 이 균형을 어떻게 측정하고 관리할 수 있을까? 우선 가장 기초적인 방법으로, 정기적으로 '신규 vs 재방문 비율'을 살펴보는 것이다. 예를 들어 한 달간 방문 고객 중 신규 고객이 30%, 재방문 고객이 70%를 차지한다고 가정해 보자. 이때 30%의 신규 고객 확보가 매장에 충분한 활력을 불어 넣고 있는지, 혹은 시장 성장성 대비 너무 적은 비율은 아닌지 검토해 볼 필요가 있다. 반대로 재방문 고객이 70%를 차지하고 있다면 이는 안정적인 매출원이라는 장점이 있지만, 그중에서도 '방문 주기가 단축되고 있는가, 연장되고 있는가', '객단가는 어떻게 변화하고 있는가', '만족도 지표는 어떤 양상을 보이는가' 등을 좀 더 세분화해서 들여다봐야 한다.

'객수'라는 숫자 하나가 증가세라 하더라도, 신규 고객이 몰려들지만 실제로는 재방문으로 이어지지 않고 있는지 모른다. 혹은 재방문 고객이 꾸준히 늘고 있지만, 신규 유입이 급감해 장기적으로 매장 인지도와 브랜드 파워가 떨어지고 있는지도 모른다. 그렇기에 "객수를 늘리자!"라는 막연한 목표가 아니라, "신규와 재방문의 균형을 어떻게 맞출 것이며, 각각 어떤 질적 개선을 추구할 것인가?"라는 구체적인 전략 질문을 던져야 한다.

데이터 기반 전략 수립의 필요성

이를 실현하기 위해서는 데이터 기반의 접근이 필수적이다. CRM 시스템을 통해 '누가', '언제', '어떻게' 방문했는지 추적함으로써 신규 고객이 유입된 경로(SNS 광고, 지인 추천, 로컬 이벤트 등)와 재방문 고객의 재방문 간격(Visit Cycle), 객단가, 시술 만족도 등을 파악할 수 있다. 이를 종합적으로 분석하면, "신규 고객 중에서 지인 추천으로 온 사람은 재방문율이 높으니 추천 보상 프로그램을 강화할 필요가 있겠다"거나, "SNS 이벤트로 유입된 사람들은 할인 소진 후 이탈율이 높으니, 단순 할인이 아니라 본질경영 가치를 경험하도록 돕는 후속 프로세스가 필요하다"는 등의 통찰을 얻게 된다.

본질경영 관점에서 바라본 고객 응대 태도

이러한 '전체시장'과 '내부시장'의 균형을 유지하면서도, 궁극적으로는 "고객 한 사람 한 사람에게 진정성 있는 아름다움과 긍정적 경험을 선사하겠다"는 본질경영의 태도가 가장 중요하다. 왜냐하면 신규 고객이든 재방문 고객이든, 결국 살롱이 전달해야 할 것은 '나를 알아주고, 나의 스타일과 가치관을 존중해 주는 곳'이라는 인식이기 때문이다. 이는 단순 할인 행사나 멤버십 제도만으로 획득하기 어려운 부분이며, "사랑과 공감"이라는 키워드를 실천하는 전 직원의 노력에서 비롯된다.

고객 성장과 살롱 가치 실현의 수단으로서의 객수

결국 객수 증대와 시장 확대는 목표가 아니라, "고객 성장"과 "살롱 가치 실현"을 위한 수단이 되어야 한다. 본질경영을 지향하는 살롱이라면, 신규 고객 유입 또한 '더 많은 사람들에게 우리가 지향하는 철학을 알리고 체험하게 하는 기회'로 삼는다. 동시에 재방문 고객 관리 역시 '단골을 대상으로 더욱 깊이 있는 라이프스타일 제안과 꾸준한 미적 고민 해결'을 통해, 그들이 "이 살롱은 이제 나의 삶의 일부다"라고 느낄 수 있도록 돕는다. 이런 선순환 구조가 자리 잡으면, 자연스럽게 객수는 안정적으로 성장하며, 신규와 재방문 모두에서 긍정적인 수치가 형성된다.

지속 가능성을 위한 균형적 시야

정리하자면, 객수라는 단순 지표를 넘어 '신규 vs 재방문'이라는 관점에서 '전체시장'과 '내부시장'

의 균형을 유지하는 것은, 미용살롱 경영의 지속 가능성을 가늠하는 핵심 열쇠라 할 수 있다. 여기서 중요한 것은 단순히 숫자를 늘리거나 비율을 맞추는 데 집중하는 것이 아니라, 그 숫자 이면에 있는 "고객들의 실제 니즈와 감정, 그리고 우리가 제공하는 가치에 대한 공감도"를 세심하게 살피는 태도다. 본질경영에서 강조하는 '사랑과 공감'의 정신은, 바로 이러한 균형을 찾고 유지하는 과정에서 더욱 빛을 발한다. 신규 고객을 맞이할 때도, 재방문 고객을 응대할 때도, "이 사람이 우리 살롱을 통해 무엇을 느끼고, 어떤 변화를 경험하며, 더 나아가 우리의 철학을 어떻게 받아들이고 있을까?"라는 질문을 끊임없이 던져야 한다. 이 질문에 대한 해답이 바로 '전체시장'과 '내부시장'이 조화를 이루는, 진정한 의미의 살롱 성장 모델이 될 것이기 때문이다.

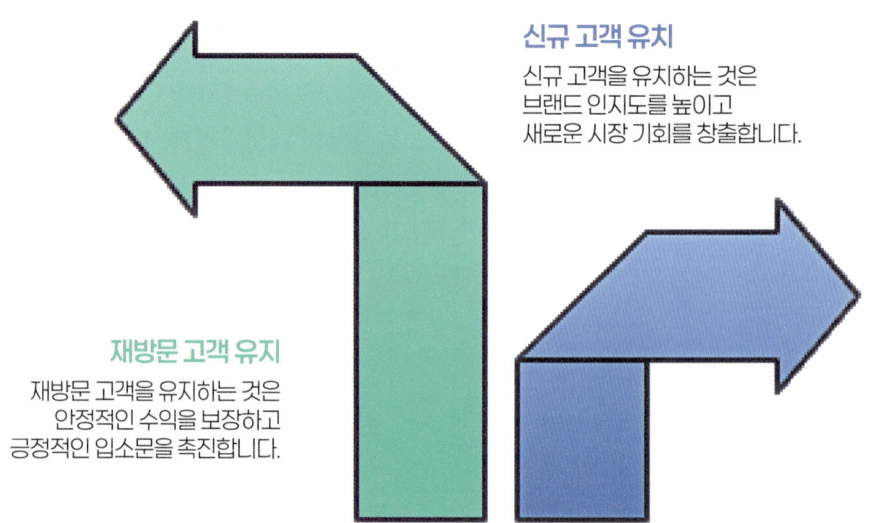

8 회귀분석(Regression Analysis)과 공분산(Covariance) 활용

회귀분석(Regression Analysis)과 공분산(Covariance)은 데이터 기반 살롱 경영에서 한 걸음 더 나아가, "숫자로 측정하기 어려운 가치"와 실제 경영 지표 간 상관관계를 파악하고 예측 모델을 구축하는 데 중요한 도구가 된다. 예컨대 살롱이 "사랑과 공감"이라는 본질경영 철학을 실천할 때, 그 결과로 나타나는 고객 만족도, 재방문율, 객단가 같은 지표가 어떻게 변화하는지를 정량적으로 살펴보고 싶을 수 있다. 또는 직원들의 직무 만족도와 매장 생산성(시술 속도, 매출 기여도 등) 간 연관성을 확인해 보고 싶을 수도 있다. 이때 단순히 "둘 사이가 관련이 있어 보인다"는 감(感)으로 판단하는 대신, 회귀분석과 공분산 같은 통계 기법을 활용하면 좀 더 객관적이고 체계적인 해답을 얻을 수 있다.

우선 회귀분석(Regression Analysis)은 "하나 이상의 독립변수(X)가 종속변수(Y)에 어떤 영향을 주는가?"를 수리적으로 모델링하는 기법이다. 예를 들어 종속변수를 '월평균 매출액'으로 잡고, 독립변수로는 '직원 만족도 지수', '신규 고객 방문 수', '온라인 홍보비', 'SNS 이벤트 횟수', '고객 만족도 점수' 등을 고려해 볼 수 있다. 단순회귀분석(Simple Regression)은 독립변수가 하나일 때 적용하고, 다중회귀분석(Multiple Regression)은 독립변수가 둘 이상일 때 적용한다. 미용살롱처럼 매장 운영에 영향을 미치는 요인이 여러 가지인 경우, 통상적으로는 다중회귀분석을 활용하는 편이다. 이를 통해 "우리 살롱의 월평균 매출에 가장 큰 영향을 미치는 요인은 무엇인가?" 또는 "마케팅 비용이 일정 수준 이상 투입될 때, 고객 만족도나 재방문율이 유의미하게 상승하는가?" 같은 질문에 대한 유의미한 단서를 얻을 수 있다.

예컨대 어떤 살롱이 최근 1년간 데이터를 모아 다중회귀분석을 수행한다고 해 보자. 종속변수 Y를 '월매출액'으로, 독립변수 X_1은 '신규 방문 고객 수', X_2는 '재방문 고객 수', X_3는 '고객 만족도', X_4는 '마케팅 비용'으로 설정했다고 가정하면, 결과적으로 다음과 같은 형태의 회귀식이 도출될 수 있다: $Y = \beta_0 + \beta_1 X_1 + \beta_2 X_2 + \beta_3 X_3 + \beta_4 X_4 + \varepsilon$ 여기서 β_0는 절편, $\beta_1 \sim \beta_4$는 각 독립변수에 대한 계수(coefficient), ε는 오차항(error term)을 의미한다. 만약 분석 결과 β_2(재방문 고객 수의 계수)가 매우 높게 나온다면 "우리 살롱에서는 재방문 고객의 숫자가 늘어나는 것이 매출액을 높이는 데 결정적인 역할을 하는구나"라는 통찰을 얻을 수 있고, 그에 따라 "신규 고객 유치보다 이미 한 번 이상 방문한 고객들이 더 자주 오도록 만드는 전략이 효과적이겠다"라는 결론을 내릴 수도 있다. 반대로 X_4(마케팅 비용)의 계수가 예상보다 낮다면, "우리가 현재 투입하는 홍보비가 매출로 이어지는 효율성이 떨어진다"라고 가정할 수 있고, 결국 "광고 채널을 다시 점검하고, 예산을 재배분해야 한다"는 식의 의사결정으로 이어질 수 있다.

물론 회귀분석 결과는 언제나 "해석"이 따르지 않으면 무의미하다. 예컨대 다중공선성(Multicollinearity) 문제는 독립변수 간 상관관계가 지나치게 높아서 회귀계수의 신뢰도가 떨어지는 현상을 뜻한다. 미용살롱의 여러 지표—예컨대 '신규 고객 수'와 '마케팅 비용', 혹은 '고객 만족도'와 '재방문 고객 수'—가 서로 밀접하게 맞물릴 수 있으므로, 분석 전에 변수를 적절히 조정(차이를 구하거나, 한 변수를 제거하거나, 주성분분석 등을 수행)해야 할 수도 있다. 또한 "이 변수와 저 변수 사이에 인과관계가 정말 있는 것인가, 아니면 제3의 요인으로 인해 동시에 변화한 것은 아닌가?" 같은 고민도 함께 이뤄져야 한다. 회귀분석이 "숫자로 나타난 결과니까 무조건 정확하다"라는 착각에 빠지지 않도록, 지속적인 피드백과 전문가의 조언이 중요하다.

다음으로, 공분산(Covariance)은 "두 변수가 어떻게 함께 변하는지"를 나타내는 지표다. 예를 들어 X라는 변수(예: '신규 고객 수')가 증가할 때 Y라는 변수(예: '매장 혼잡도' 혹은 '평균 시술 대기 시간')가 증가한다면, 이 둘의 공분산은 양(+)의 값을 가진다. 반대로 X가 증가할수록 Y가 감소한다면, 공분산은 음(-)의 값을 가진다. 공분산이 0에 가깝다면, 두 변수 사이에 특별한 연관성이 없다고 볼 수 있다. 즉, X와 Y가 동시에 움직이는 패턴이 뚜렷하게 보이지 않는다는 뜻이다.

미용살롱 경영에 공분산 개념을 활용하면, 여러 관리 지표 간 "동반 증가 또는 감소 경향"을 빠르게 확인할 수 있다. 예컨대 '고객만족도'와 '재방문율'의 공분산이 높다면, "만족도가 높은 달에는 재방문율도 상승한다"라는 사실을 데이터로 뒷받침해 줄 수 있다. 또 한편으로는 '신규 고객 프로모션 비용'과 '재방문 고객 수'의 공분산이 음(-)값으로 나온다면, "신규 유치에 집중하는 달에는 오히려 기존 고객들이 덜 온다"는 식의 역상관을 의심해 볼 수도 있다. 이는 "과도한 할인이나 이벤트로 인해 매장 혼잡도가 올라가고, 정작 단골 고객들이 편안함을 느끼지 못해 방문이 줄었다"라는 해석으로도 이어질 수 있다.

물론 공분산은 변수의 단위(unit)에 따라 값이 달라지고, 실제 해석 시에는 상관계수(Correlation Coefficient)로 표준화된 값을 함께 보기도 한다. 예컨대 두 변수의 단위가 각각 '명', '원'처럼 전혀 다를 경우, 공분산 값만 보고 "상관이 세다, 약하다"라고 판단하기가 애매하기 때문이다. 그래서 실무에서는 보통 공분산과 상관계수를 함께 살펴보면서, "두 변수 간 변화 방향과 강도"를 파악하는 데 쓴다.

회귀분석과 공분산을 가장 효율적으로 활용하기 위해서는, 먼저 "분석 목표"가 뚜렷해야 한다. 예컨대 회귀분석을 돌린다 해도, '고객만족도', '재방문율', '직원 행복도', '평균 시술시간', '월 매출', '마케팅 비용' 등 가능한 변수가 너무 많으면, 오히려 분석이 복잡해져서 해석이 어려워진다. "현재 우리 살롱의 주된 고민이 무엇인가?"를 분명히 하여, 그 문제를 풀기 위한 핵심 지표만으로 모델을 구성해야 한다. 예컨대 "장기적으로 재방문율을 끌어올리는 데 가장 영향을 많이 주는 요인을 알고 싶다"라고 명확히 설정한다면, '재방문율'을 종속변수로 두고, 독립변수에는 '고객 만족도', '카운슬링 퀄리티', '대기시간', '가격 수준', '직원 친절도' 등 적절한 지표를 선택해 볼 수 있다.

또한 데이터 수집 과정이 일회성에 그치지 않아야 하며, 분석 결과를 실제 현장 운영에 반영해 보면서 꾸준히 개선하는 절차가 중요하다. 예를 들어 회귀분석에서 "신규 고객 유치 비용보다는 직원 교육과 팀워크 향상에 투자하는 것이 재방문율 상승에 더 효과적이다"라는 결론이 나왔다면, 실제로 직원 교육 프로그램과 내부 커뮤니케이션에 투자해 본 뒤, 재방문율 변화를 다시 측정해 본다. 그리고 이를 다시 회귀분석에 반영해 보면, 이전과 비교해 계수(β) 값이 어떻게 달라졌는지 파악할 수 있고, "정말로 인과관계가 있는가?"를 보다 확실히 검증할 수 있다. 공분산 역시 마찬가지로, "우리가 특정 변수들을 변화시켰더니, 두 지표의 공분산이 어떻게 바뀌었는가?"를 주기적으로 관찰함으로써, 살롱 경영 전략이 미치는 영향력을 추적할 수 있다.

이처럼 회귀분석과 공분산은 미용살롱이 과학적으로 의사결정을 내리기 위한 토대를 제공하지만, 본질경영 관점에서 보면 이 모든 과정이 궁극적으로는 "사람"을 이해하고, "사랑과 공감"의 가치를 실현하기 위한 보조 수단임을 기억해야 한다. 가령 회귀분석 결과에서 "재방문 고객 수를 높이는 데 '직원 친절도'가 가장 큰 변수로 작용한다"는 사실을 발견했다고 해도, 친절도라는 것이 데이터 상에서 단순 수치로만 관리될 수 있는 건 아니다. "직원들이 진정으로 고객을 대할 때 어떤 태도와 행동을 취하는가?", "그런 태도가 왜 고객에게 호감과 믿음을 주는가?" 같은 '정성적(定性的)' 측면도 함께 이해해야 하며, 이를 바탕으로 직원 교육과 조직 문화를 발전시켜 나가야 한다.

결국 "회귀분석과 공분산을 통한 살롱 경영"은 숫자 자체가 목적이 아니라, "숫자를 매개로 한 더 깊은 인간적 통찰"을 얻기 위한 과정이라고 할 수 있다. 예측모델로 나온 공식이나 상관관계 그래프 하나에도, 그 뒤에는 고객과 직원의 실제 경험이 녹아 있다. 마치 고객 한 명, 직원 한 사람 한 사람에게 내재한 스토리를 바탕으로, 더 나은 살롱 환경과 서비스, 그리고 조직 문화를 만들어 가기 위한 귀중한 팁을 얻는 셈이다. 따라서 데이터를 분석할 때는 "이 결과가 본질경영의 철학, 즉 사랑과 공감, 그리고 고객의 성장을 어떻게 지원할 수 있는가?"를 늘 스스로에게 묻는 태도를 지녀야 한다.

요약하자면, 회귀분석과 공분산은 미용살롱 경영에 있어 "숫자를 통해 보이지 않던 연결고리를 드러내 주고, 원인과 결과의 관계를 가설로 세워 검증해 볼 수 있는 도구"이다. 이를 통해 "매장 운영 비용을 어느 부분에 더 투자해야 할까?", "고객들이 재방문을 결정하게 만드는 진짜 요인은 무엇일까?", "본질경영의 가치를 실천할 때, 과연 만족도와 매출은 어떻게 달라지는가?" 같은 질문에 보다 체계적으로 접근할 수 있다. 다만 통계 기법이 제시하는 결과는 어디까지나 '현장의 실제'를 해석하는 하나의 시작점일 뿐, "숫자로 환원되지 않는 인간적 가치와 스토리"가 여전히 가장 큰 동력이 된다는 점을 놓치면 안 된다. 궁극적으로 본질경영이 말하는 '사랑과 공감'을 지향하려면, 이 통계적 결과들을 "고객, 직원 모두가 더 행복해지는 방안"을 설계하기 위한 자료로 활용해야 한다. 그렇게 할 때 비로소 회귀분석과 공분산은 살롱 경영에 있어 진정한 의미를 획득하게 된다.

데이터 분석을 통한 헤어살롱 통찰력

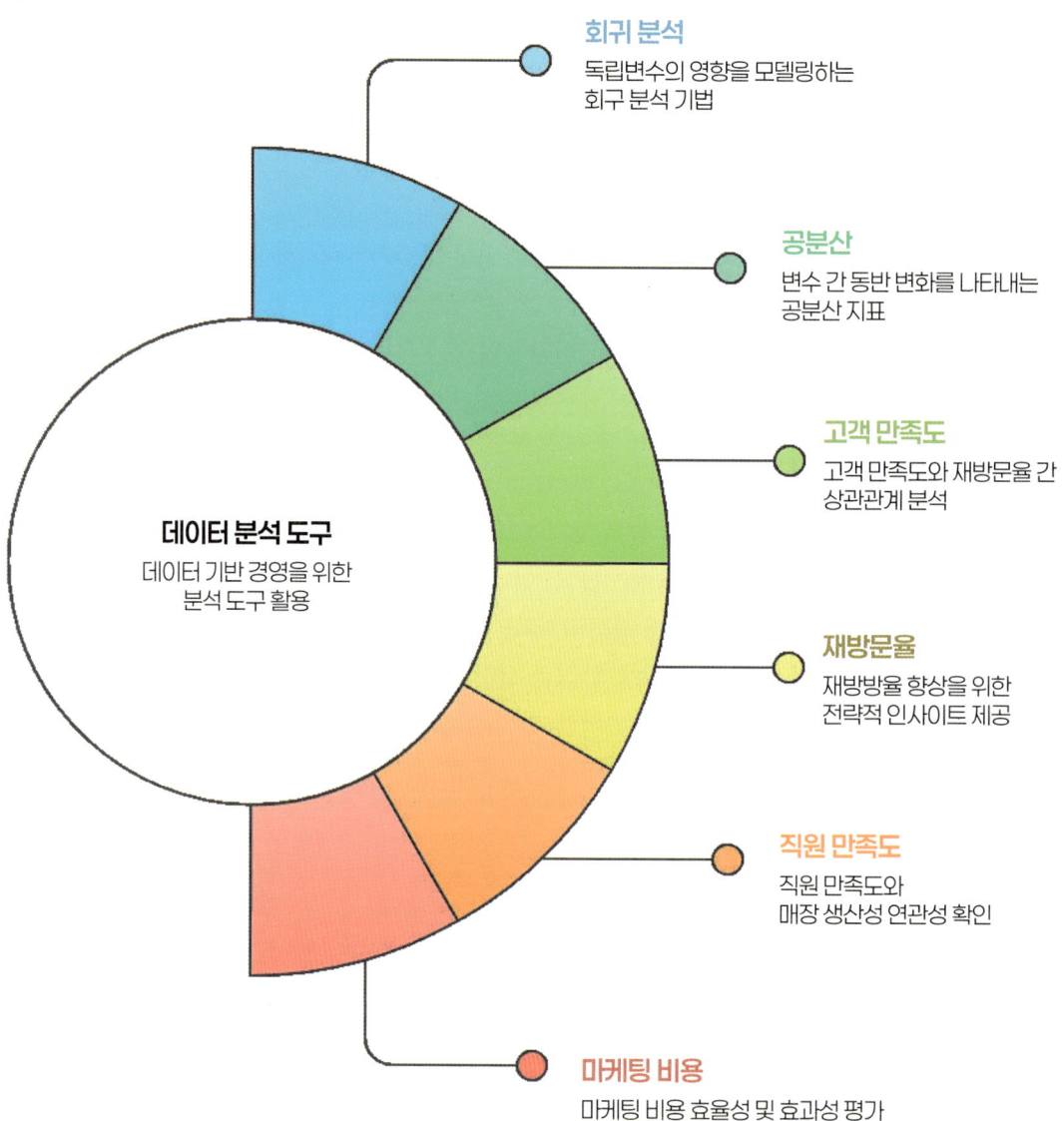

실무 사례: 살롱 A의 성장 로드맵

살롱 A는 수도권 외곽의 중간 상권에 위치해 있던, 흔히 볼 수 있는 동네 살롱 중 하나였다. 시작 당시에는 소규모로 운영돼 특별한 마케팅을 하지 않았고, 단골 고객도 적었다. 그러나 어느 날, 오랜 시간 해외 살롱 트렌드를 연구하고 "사랑과 공감"의 본질경영 철학에 관심이 깊었던 새로운 원장이 이 매장을 인수하면서 변화가 시작되었다. 이 원장은 "단순히 머리를 자르고 파마하는 곳이 아니라, 사람들의 아름다움과 삶을 함께 디자인하는 곳"이라는 비전을 세웠고, 이를 구체화하기 위해 여러 단계의 프로젝트를 추진했다. 그 과정에서 핵심적으로 활용된 것이 바로 데이터 기반의 체계적 접근이었다.

처음 원장이 시도한 것은 "내부 데이터의 재정비"였다. 기존에는 고객 리스트가 단순 엑셀 파일 하나에 전화번호와 이름, 그리고 몇 번 정도 왔는지 정도만 정리되어 있었다. 하지만 원장은 이보다 더 구체적인 정보를 수집하기 위해, 고객이 처음 방문할 때마다 기초 설문을 받았다. 설문 내용은 단순한 인구통계학적 정보(나이, 성별, 직업 등)에 그치지 않고, 평소 헤어 관리 습관, SNS 사용 여부, 살롱에서 중요하게 여기는 가치(분위기, 가격, 속도, 세심함 등), 최근 경험한 살롱 서비스 중 기억에 남는 점 등을 추가로 물었다. 또한 방문 후에는 고객에게 간단한 피드백을 디지털 설문으로 받아, '재방문의사', '직원 친절도', '시술 퀄리티 만족도', '전체적인 분위기 점수' 같은 항목을 수치화했다. 물론 이는 고객에게 부담을 주지 않도록 2~3분 내로 간단히 응답이 가능하게 설계했고, 참여 고객에게는 소정의 할인 쿠폰이나 시술 시 음료 서비스를 무료로 제공하는 등 인센티브를 주었다.

그렇게 몇 달간 데이터를 쌓자, 살롱 A는 고객 세그먼트별 특성을 구체적으로 파악할 수 있게 되었다. 예컨대 "SNS에 자주 글을 올리고, 인플루언서나 뷰티 크리에이터의 제품 리뷰에 민감한 그룹"은 20대 후반부터 30대 초반 여성 고객이 많다는 사실이 드러났다. 이 그룹은 시술 전후 사진 촬영에 관심이 많았고, 시술이 끝난 뒤 'SNS에 올리기 좋은 사진을 찍을 수 있는 공간'을 제공하면 만족도가 크게 올라갔다. 또 한편으로는 "직장인 남성 그룹"이 오전 11시에서 오후 1시 사이에 빈번히 방문한다는 점도 확인됐다. 그들은 "빠른 시술 시간과 점심시간 활용"을 최우선으로 꼽았고, 헤어스타일 변화를 추구하기보다는 '단정하고 깔끔한 느낌'을 선호했다. 이를 통해 살롱 A는 예약 구조를 재조정하여 점심시간대에 스피드 시술 전용 스태프를 배치했고, 동시에 SNS를 통한 프로모션은 20~30대 여성 타겟에게 초점을 맞춤으로써 마케팅 효율성을 높였다.

원장은 여기서 더 나아가, CRM(Customer Relationship Management) 시스템을 본격적으로 도입했다. 기존에는 고객들이 몇 번 왔는지, 얼마를 썼는지 정도만 기록하던 것을 넘어, 고객별 시술 히스토리(어떤 스타일을 했는지, 사용 제품은 무엇인지), 상담 시 언급했던 선호도(컬러·펌·케어 서비스 등), 생일이나 기념일, 자주 방문하는 요일과 시간대 등을 통합 관리하기 시작했다. 그리고 이런 데이터를 토대로, "가장 최근 방문일로부터 일정 시간이 지났을 때 리마인드 메시지를 전송"한다거나, "주로 염색을 많이

하는 고객이 뿌리 염색 시기가 되기 전에 쿠폰을 제공"하는 등의 맞춤형 마케팅을 시도했다. 이때 원장은 "절대 과잉 홍보를 하지 않는다"는 원칙을 지켰다. 메시지를 보내는 빈도를 엄격히 조절하고, 고객이 정말 필요하다고 느낄 만한 내용만 전달함으로써 '스팸'이 아닌 '배려'로 여길 수 있게 했다.

이런 CRM 기반 접근이 어느 정도 자리를 잡아 가던 시점, 원장은 매출 데이터를 포함해 보다 거시적인 관점에서 "회귀분석(Regression Analysis)"과 "공분산(Covariance)" 기법을 활용해 보기로 했다. 그러기 위해서는 최소 6개월 이상의 데이터가 누적돼야 의미가 있다고 판단해, 초기에는 가설만 세워 두고 기다렸다. 가령 "직원 만족도가 높아지면 고객 만족도나 재방문율도 올라갈 것"이라는 가정, "마케팅 비용이 어느 정도 투입되는 달에 신규 고객 유입이 뚜렷이 증가한다"라는 가정, "SNS 이벤트 횟수가 많을수록 객단가(ARPU)는 어떻게 변할까?" 같은 가설을 설정해 둔 것이다.

드디어 6개월 뒤 데이터를 바탕으로 회귀분석을 돌렸을 때, 흥미로운 결과가 몇 가지 나왔다. 첫째, '신규 고객 방문 수'에 가장 크게 영향을 미치는 요인은 'SNS 이벤트 횟수'가 아니라 '고객 추천(Referral) 프로그램'이라는 사실이었다. 살롱 A는 처음에는 이벤트나 할인 행사를 SNS에 꾸준히 올리면 자연스레 신규 고객이 유입될 것이라 기대했지만, 실제로는 "지인 추천으로 방문하는 비율"이 더 높은 상관관계 계수를 보였다. 이 말은 "살롱 내부적으로 믿을 수 있는 서비스를 구축하고, 기존 고객들이 그 만족도를 솔직히 주변에 이야기하도록 하는 것이 더 큰 영향력"을 가진다는 뜻이었다. 그래서 이후로는 'SNS 광고'보다는 '추천인에게 소정의 리워드를 주는 정책'을 강화했고, 장기적으로 이를 통한 신규 유입이 꾸준히 증가했다.

둘째, '직원 만족도 지수'가 '재방문율'에 매우 높은 회귀계수를 보였다는 점이다. 살롱 A에서는 직원들의 근무 환경이나 복지, 그리고 내부 소통을 개선하기 위해 작은 휴게 라운지나 케어 공간을 만들고, 교대로 교육 프로그램을 수강하게 했다. 그 결과, 직원 만족도가 올라가면서 고객에게 투영되는 서비스의 질도 함께 높아진 것으로 추정된다. 특히 재방문 고객이 설문에서 "이 살롱은 늘 밝은 분위기여서 편안하다", "직원들이 서로 협력하는 모습이 보기 좋다"와 같은 코멘트를 많이 남긴 데서 이를 확인할 수 있었다. 그리고 공분산 분석을 통해 '직원 만족도'와 '고객 만족도'가 동반 상승하는 패턴을 발견할 수 있었는데, 이는 살롱 A가 '사랑과 공감'이라는 본질경영 철학을 직원부터 먼저 실천하는 전략이 성공적이었다는 증거이기도 했다.

셋째, '마케팅 비용'은 분명 신규 고객 유치에는 유의미한 상관관계가 있었지만, '장기적인 매출 상승'과 '고객 로열티'에는 상대적으로 낮은 계수가 도출되었다. 쉽게 말해 돈을 들여 광고하면 한 번쯤 방문하는 고객은 늘어나지만, 그 고객들이 단골로 정착해서 큰 매출을 만들어 내지는 않는다는 뜻이다. 그래서 살롱 A는 "고객 성장을 통한 장기 매출 확대" 관점으로 시선을 전환했고, "처음 방문한 고객이 얼마나 빠르게 '나만의 살롱'이라 느끼고 재방문으로 이어지는가?"를 더 중요하게 보게 되었다. 예컨대 첫 방문 시 고객의 이름을 기억하고, 간단한 히스토리(어떤 시술을 선호했는지, 평소 어떤 고민을 말했는지)를 직원들이 공유함으로써, "나를 정말로 기억해 준다"라는 경험을 선사했다. 이 작은 차이가 고객 만족도와 재방문율에 큰 영향을 미치는 것으로 나타났고, 이는 곧 매장 전체의 '활성 고객(Active Customer) 지표'를 높이는 결정적인 요인이 되었다.

그렇게 시간이 흐르며 살롱 A는 안정적인 재방문 고객층과 탄탄한 내부 운영 시스템을 갖추게 되었다. 이를 토대로 원장은 "다음 단계"로 확장 전략을 고민하기 시작했다. 단순히 매장 하나를 넓히거나 추가 매장을 열기보다는, "지역사회에서의 브랜드 포지셔닝"을 강화하는 방향을 택했다. 예컨대 SNS나 지역 커뮤니티에 직접 참여하여, "살롱 A가 추구하는 가치—사랑과 공감, 그리고 개인의 아름다움과 행복—를 알리는 세미나 워크숍"을 열고, 오프라인 모임도 주기적으로 주최했다. 이런 활동들은 자연스럽게 '팬덤'을 형성해, 기존 고객뿐 아니라 잠재 고객들까지 "살롱 A를 신뢰할 만한 곳"으로 인식하게 만들었고, 이를 통해 재방문율, 추천율, 그리고 고객당 객단가 모두 꾸준히 상승했다.

마지막으로 원장은 "우리가 추구하는 본질경영의 가치를, 앞으로도 수치와 스토리 모두로 검증하고 발전시켜 가야 한다"는 철학을 매장 직원들에게 강조했다. 이 말은 곧, 본질경영의 핵심인 '사람과 사랑'을 잊지 않되, 동시에 '데이터'를 활용해 실제로 그 가치가 고객에게 전달되는지, 어떤 부분이 부족한지 계속 점검한다는 의미였다. 직원들은 여전히 정기적으로 내부 워크숍을 통해 고객 피드백을 공유하고, 회귀분석과 공분산 같은 통계 지표를 확인해 개선점을 찾는다. 하지만 그 모든 과정에서 가장 먼저 묻는 질문은 "어떻게 하면 고객과 직원, 모두가 더 행복해질 수 있는가?"다.

이렇듯 살롱 A의 성장 로드맵은 한마디로 "감(感)에서 검증(檢證)으로, 그리고 다시 인간적 교감으로" 요약할 수 있다. 처음엔 본질경영의 이상을 품은 원장의 통찰과 감각으로 시작되었지만, 곧 객관적인 데이터 분석과 시스템을 도입해 실제 지표를 확인했고, 그 결과에 따라 더 정교한 전략을 세워 실천했다. 그러는 가운데 '사랑과 공감'이라는 핵심 가치를 절대 놓치지 않고, 모든 숫자 뒤에 있는 "고객과 직원의 실제 경험"을 들여다보는 태도를 유지했다. 덕분에 살롱 A는 어느새 지역사회에서 독보적인 브랜드로 자리 잡았고, 무엇보다 방문객 스스로가 "이곳에 오면 나라는 사람을 온전히 이해받고, 내 라이프스타일에 맞는 아름다움을 발견하게 된다"라고 말할 수 있는 진정한 '본질경영 살롱'으로 거듭날 수 있었다. 그리고 이는 아직도 현재진행형이자, 매일매일 새로운 고객과 새로운 데이터를 통해 끊임없이 업데이트되고 있는 '살롱 A만의 성장 로드맵'이다.

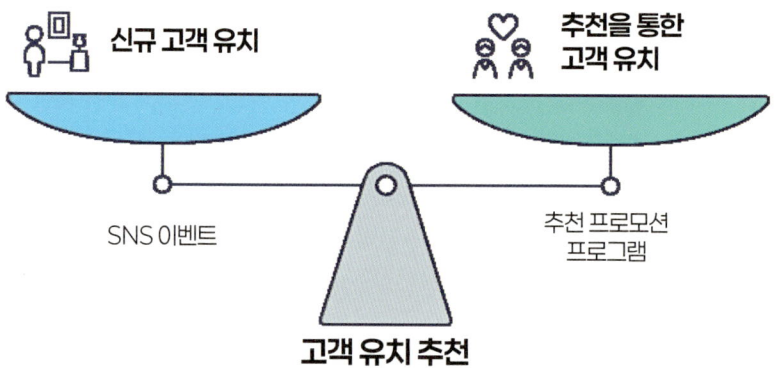

종합 시뮬레이션: "숫자"를 통한 시나리오 플래닝

살롱 경영에서 '시나리오 플래닝(Scenario Planning)'은 단순히 미래를 예측하는 도구가 아니라, 데이터를 기반으로 한 다양한 가능성을 검토하고, 그 가운데 최적의 전략을 유연하게 선택하기 위한 과정이라 할 수 있다. 특히 "숫자"를 토대로 시뮬레이션을 돌려 보는 것은, 과거에는 막연한 감(感)에 의존하던 의사결정 과정을 한층 객관적이고 체계적으로 업그레이드할 수 있게 해 준다. 물론 여기서 말하는 '숫자'는 매출액, 유효고객(Active Customer) 수, 재방문율, 객단가, 방문주기, SNS 반응 지표 등 살롱 경영과 관련된 모든 지표를 망라한다. 이렇게 여러 가지 계량적 데이터를 하나로 묶어 '시뮬레이션 모델'을 만들어 놓으면, "특정 변수를 조정했을 때 전체 성과가 어떻게 달라질 것인가?"라는 질문에 비교적 빠르고 구체적인 답을 얻을 수 있다.

이를 좀 더 구체적으로 살펴보자. 예를 들어 어느 살롱이 다음과 같은 데이터를 확보했다고 가정해 보자. ① 현재 월 방문객 수 1,000명, ② 객단가(ARPU) 5만 원, ③ 재방문율 40%, ④ 신규 방문객 유입률 월 10%, ⑤ 고객 한 명당 평균 방문주기 6주. 또한 ⑥ 직원 만족도 지수 70점(100점 만점), ⑦ 마케팅 예산 월 200만 원, ⑧ 직원 교육비 예산 월 50만 원, ⑨ 고객 만족도 지수 80점(100점 만점), ⑩ SNS 이벤트 횟수 월 3회 등 다양한 수치가 있다고 하자. 이 숫자들은 물론 개별적으로도 의미가 있지만, 시뮬레이션 모델을 구성하면 "SNS 이벤트 횟수를 늘릴 경우, 신규 방문객 증가 폭이 어느 정도 기대되는지, 그로 인해 장기적으로 객단가나 재방문율이 올라갈 수 있는지, 혹은 그보다 '고객 추천 인센티브 프로그램'이 더 효과적인지"를 가정별로 비교해 볼 수 있다.

시나리오 플래닝은 크게 세 단계로 진행된다.

첫째, "현상 이해" 단계다. 현재 우리가 보유하고 있는 숫자(지표)들이 정확히 무엇을 뜻하는지, 서로 어떤 연관관계를 갖는지 파악한다. 예를 들어 '신규 고객 유입률'을 높이려면 SNS 이벤트 횟수를 늘리거나, 지역 커뮤니티와 연계한 오프라인 행사를 진행하거나, 지인 추천에 대한 보상을 강화하는 등 다양한 방법이 있을 것이다. 이때 각 방법이 실제로 신규 고객 증가에 얼마나 기여하는지를 과거 데이터를 통해 추정하거나, 혹은 회귀분석(Regression Analysis)과 공분산(Covariance) 등을 활용해 변수 간 상관관계를 살핀다. 이를 통해, "우리 살롱에선 어떤 채널이 신규 방문객 증가에 가장 효과적인가?"라는 문제를 보다 객관적으로 답할 수 있다.

둘째, "시나리오 설계" 단계에서 중요한 것은, 가능한 대안을 '서너 가지 수준'으로 구체화해 보는 것이다. 예컨대 시나리오 A는 "SNS 이벤트 횟수를 3회에서 6회로 늘리고, 마케팅 예산을 200만 원에서 400만 원으로 증액한다"라는 방안을 담을 수 있다. 시나리오 B는 "SNS 이벤트는 그대로 두되, 고객 추천 인센티브를 강화해 신규 고객의 30%를 추천으로 확보하는 목표"를 설정할 수도 있다. 시나리오 C는 "직원 교육비를 높여 직원 만족도를 70점에서 85점으로 끌어올리고, 이를 통해 재방문율과 객단가가 동반 상승하길 노린다"라는 방식일 수도 있다. 각 시나리오는 '무엇을, 얼마나' 변경할 것인지, 그 변경 사항이 지표에 미치는 영향을 가정치로 넣어 시뮬레이션 테이블을 만든다.

이때 중요한 점은, 단순히 "매출이 얼마가 될 것인가?"라는 질문에만 집중하지 않는 것이다. 본질경영 살롱이라면, "고객 만족도"와 "직원 만족도", "재방문율" 같은 질적·관계적 지표에도 민감해야 한다. 예컨대 시나리오 A에서 매출은 빠르게 증가할 수 있지만, 무리한 광고나 프로모션으로 인해 고객 만족도가 떨어진다면 장기적으로 리스크가 생길 수 있다. 시나리오 B에서는 비용 대비 효율이 좋을 수 있지만, 추천 프로그램이 한정된 특정 고객 세그먼트에만 작동한다면 신규 방문객의 다양성이나 확장성 면에서 제약이 있을 수 있다. 시나리오 C는 매출 측면에서는 단기 효과가 적을 수 있으나, 장기적으로는 "직원 만족도 상승 → 서비스 질 향상 → 고객 충성도 상승 → 재방문율 및 객단가 상승"이라는 선순환 구조를 기대할 수 있다. 따라서 각 시나리오는 '숫자'로 표현할 수 있는 매출이나 방문객 수뿐 아니라, 고객·직원 만족도 지수나 재방문율 변화, 그리고 내부 조직 문화 혹은 브랜드 이미지 측면에서의 효과도 함께 고려해야 한다.

셋째, "결정 및 실행" 단계에서는, 여러 시나리오 가운데 가장 이상적인 조합을 선택하거나 필요하다면 통합하는 과정이 진행된다. 이때의 선택 기준은 반드시 "본질경영"의 가치와 철학을 반영해야 한다. 단순히 매출이 가장 크게 상승하는 시나리오가 아니라, "사랑과 공감"의 철학을 유지하며 직원·고객 모두에게 행복을 줄 수 있는가, 그리고 장기적으로도 지속 가능한가를 검토해야 한다. 경우에 따라서는 두 가지 이상의 시나리오를 병행하거나, 일부 요소를 조정해 하이브리드 시나리오를 구성할 수도 있다. 예컨대 시나리오 C의 '직원 만족도 강화' 전략과 시나리오 B의 '추천 인센티브 강화'

전략을 결합하면, 직원도 행복하고 고객도 신뢰해 주변에 적극적으로 추천하는 문화를 동시에 만들 수 있을 것이다. 반면 시나리오 A와 B를 조합하면 단기 매출은 늘겠지만, 직원들의 업무 부담이 증가해 서비스 품질이 떨어질 위험이 있다면, 이는 "본질경영"이 지향하는 방향과는 어긋날 수 있으므로 주의해야 한다.

이렇게 시나리오 플래닝을 현실적으로 추진하려면, 먼저 '데이터 인프라'가 잘 갖춰져 있어야 한다. 방문주기, 객단가, 유효고객 수와 같은 핵심 지표를 꾸준히 측정하고, CRM을 통해 개인별 히스토리를 모아 두며, 온라인 예약 시스템이나 POS에서 나오는 숫자를 실시간으로 확인할 수 있는 환경이 중요하다. 또한 직원들의 피드백이나 내부 커뮤니케이션도 정성적(qualitative) 데이터를 수집하는 좋은 채널이 될 수 있다. 정량적 지표와 정성적 스토리가 모두 모일 때, 시나리오 모델의 가정치가 훨씬 더 현실에 가까워진다.

그리고 시나리오 플래닝에서 절대 놓쳐서는 안 되는 부분이 바로 "불확실성"이다. 숫자를 통해 시뮬레이션을 한다고 해서 미래가 100% 예측 가능해지는 것은 결코 아니다. 오히려 경영 환경은 계속 바뀌고, 고객 취향도 급변한다. "대외 경제 상황이 나빠지면, SNS 이벤트의 효과가 떨어질 수 있다"거나, "경쟁 업장이 근처에 새로 생기면 유효고객 수가 줄어들지 않을까?" 같은 예측 불가능한 요소들이 항상 존재한다. 따라서 시나리오 플래닝은 "우리가 예상치 못했던 외부 변수에 대한 감각"까지도 포함해, 유연한 대응 방안을 마련해 두어야 한다. 가령 "위기 시 시나리오"나 "경쟁 심화 시 시나리오"를 별도로 설정해 놓고, 실제로 그러한 상황이 발생했을 때 단계적으로 어떤 조치를 취할지를 미리 계획해 두면, 갑작스러운 외부 충격에도 흔들리지 않고 안정적으로 대응할 수 있다.

마지막으로, "숫자"를 통한 시뮬레이션은 어디까지나 '도구'일 뿐, 궁극적 의사결정은 경영 철학과 사람 중심의 비전이 이끌어야 한다는 점을 다시 한번 강조하고 싶다. 예컨대 시나리오상으로는 "시술 시간을 극단적으로 단축해 고객을 더 많이 받으면 매출이 크게 늘 것"이라는 결론이 나올 수 있다. 하지만 그것이 본질적으로 고객의 만족감이나 직원의 업무 환경을 훼손한다면, 장기적으로는 결코 살롱에 도움이 되지 않는다. 또 반대로, "숫자를 무시하고 감(感)만 믿고" 움직인다면, 좋은 의도를 가졌어도 시장 경쟁에서 뒤처지기 쉽다. 결국 이상적인 해법은, 사랑과 공감의 가치를 기반으로 하되, 숫자를 통해 객관성을 확보하고 여러 시나리오를 탐색하며, 어떤 변화에도 유연하게 대응할 수 있는 준비를 갖추는 것이다.

이렇듯 시나리오 플래닝은 단순한 '앞날 예측'이 아니라, 다양한 가능성을 미리 그려 보고 그중에서 본질경영 살롱이 추구해야 할 최적의 길을 탐색하는 과정이다. 그리고 이 '숫자'라는 도구는 우리가 그 길을 한층 선명히 볼 수 있도록 해 준다. "만약 우리가 이 변수를 이렇게 조정한다면? 그래서 만족도가 이렇게 변한다면?" 하고 가정할 때, 그 결과가 잠재 고객·충성 고객·직원·브랜드 이미지에 어떤 파급 효과를 가져올지를 미리 살펴보는 것이다. 그리고 궁극적으로는, "우리가 정말로 지향하는 것은 무엇인가?"라는 근본 질문으로 돌아와야 한다. 바로 사람, 사랑, 그리고 개인의 아름다움과 행복을 함께 만들어 가는 본질경영이다. 숫자를 활용한 시뮬레이션은 그 길을 더 넓게 열어 줄 것이지만, 길을 걷는 주체는 결국 '사람'이고, 그 사람들의 공감과 신뢰가 우리 살롱을 지속적으로 성장하게 만든다는 점을 잊어서는 안 된다.

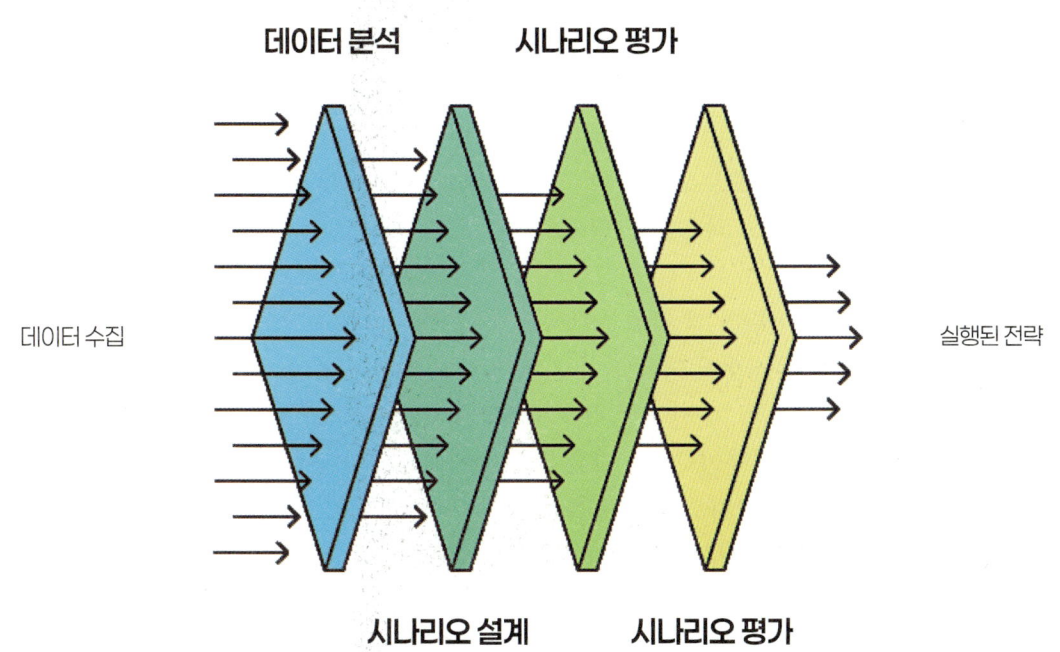

숫자 기반 경영 전략: 프로세스화와 조직 문화

숫자 기반 경영 전략은 단순히 "매출 목표를 세우고 그에 맞춰 예산을 편성한다"는 전통적 방식이 아니라, 경영 전반에 걸쳐 의사결정 과정을 '프로세스화'하고, 이를 뒷받침하는 '조직 문화'를 구축함으로써 지속적으로 개선과 성장을 이끌어 내는 개념이라 할 수 있다. 미용살롱을 비롯한 소규모 비즈니스는 대기업처럼 대규모 인프라나 거대한 데이터 웨어하우스를 갖추기 어려울 수 있지만, 오히려 의사결정 구조가 간결하고 실행 속도가 빠르다는 강점을 잘 살리면, 숫자를 활용한 경영 혁신을 훨씬 민첩하게 추진할 수 있다. 그리고 이를 위해서는 먼저 "무엇을, 왜, 어떻게 측정할 것인지"라는 문제부터 명료하게 정의하는 단계가 필수적이다. 단순히 매출 지표 하나만을 들여다본다고 해서 현황을 제대로 파악하기 어렵고, 재방문율, 객단가, 신규 유입 지표, 유효고객(Active Customer) 수, 직원 만족도, 고객 만족도 등 다양한 데이터를 균형 있게 수집해야 진짜 '사람의 인사이트'를 얻을 수 있다. 즉, 본질경영의 관점에서 말하는 "사랑과 공감"의 가치를 중심에 두고, "이 숫자는 무엇을 위해 분석하는가?", "이 지표를 개선하면 직원과 고객의 경험이 어떻게 달라지는가?"를 먼저 묻는 것이 핵심이다.

이렇게 측정 대상과 목적이 확립되면, 다음 단계로는 "프로세스화"가 중요해진다. 예컨대 살롱 운영에서 숫자를 제대로 활용하기 위해서는, '데이터 수집→분석→인사이트 도출→실행→피드백'을 순환구조로 설계해야 한다. 이를 위해서는 예약 및 결제 데이터, 고객정보·CRM, 매장 방문객 행동 로그, 직원 역량 평가 결과, 온라인 리뷰, SNS 반응 등을 한 군데로 모으고, 필요한 포맷으로 전처리(Pre-processing)하는 단계부터 마련해야 한다. 이때 기술적으로는 POS(Point of Sale) 시스템, CRM 소프트웨어, ERP(Enterprise Resource Planning) 등 소규모 비즈니스에서도 활용 가능한 툴들을 적절히 연계해, 데이터가 사일로(Silo)처럼 분절되지 않도록 하는 것이 중요하다. 그리고 이 데이터가 주기적으로 업데이트되어야만, 마케팅·프로모션 기획, 신규 서비스 런칭, 직원 교육 등 구체적인 의사결정에 필요한 숫자를 빠르게 확인하고 적용할 수 있다.

하지만 이런 프로세스를 아무리 잘 갖춰 놓더라도, 현장에서 이를 실제로 '움직이는' 것은 결국 사람이다. 여기서 조직 문화가 결정적 역할을 하게 된다. 숫자 기반 경영이 제대로 작동하려면, 구성원들이 "이 지표는 왜 필요한가?", "어떤 부분에서 개선의 여지가 있는가?", "이 숫자 뒤에 있는 사람(직원·고객)의 감정과 스토리는 무엇인가?"와 같은 질문을 자연스럽게 공유하고 토론하는 문화가 있어야 한다. 예를 들어 직원들이 단지 "재방문율을 올려야 한다"는 지시만 받는다면, 다양한 고객 유형별로 재방문을 결정하는 요인이 무엇이고, 개별 고객이 언제 어떤 시술을 받고 싶어 하는지, 또 재방문을 가로막는 불편 요소는 무엇인지를 깊이 고민하기 어렵다. 반면에 회사(또는 살롱) 차원에서 "재방문율과 객단가 분석 결과, 특정 연령대 여성들이 불편해하는 포인트가 무엇인지 찾는다"라는 공동 목표가 공유되고, 이를 "어떻게 해결할지 아이디어를 모아 보자"라고 열린 방식으로 논의한다면, 직원들의 학습과 협업이 자연스럽게 촉진된다. 즉, 데이터를 바라보는 시각이 "압박"이 아니라 "발견과 창조의 계기"가 될 수 있도록 조직 문화를 설계해야 한다는 것이다.

이와 더불어 관리자의 역할은 매우 중요하다. 숫자 기반 경영을 권장한다고 해서 관리자가 "모든 것을 숫자로만 보겠다"며 현장을 압박하는 것은 본질경영의 가치와 어긋난다. 관리자는 오히려 "숫자를 통해 우리 살롱과 고객, 그리고 직원의 이야기가 더 깊이 보인다"라는 긍정적 태도를 보여야 한다. 예컨대 고객만족도 조사 결과가 낮게 나오거나, 특정 세그먼트의 매출 비중이 급감하는 데이터가 발견될 때, 관리자는 이를 "누가 잘못했는가?"를 묻는 잣대로 사용하기보다, "어떤 부분에서 불만족이 쌓였을지 함께 고민하자", "이 시점에서 우리가 제공해야 할 가치가 달라졌다면, 무엇을 새롭게 시도할 수 있을까?"라는 식의 열린 질문으로 연결해야 한다. 이렇게 접근하면 직원들은 데이터를 "나를 평가하고 벌주기 위한 도구"가 아니라, "함께 성장을 모색하는 발판"으로 인식하게 되고, 스스로 숫자를 자발적으로 모니터링하며 아이디어를 제시하는 문화가 형성된다.

또한 조직 문화가 건강하게 뒷받침되지 않는다면, 숫자 분석과 보고서 작성이 그저 '형식적'인 절차로 끝날 위험이 있다. 즉, 매달 회의 때마다 재방문율, 신규 고객 수, 객단가 등을 나열하고 "열심히 합시다"로 마무리되는 형태다. 이는 숫자를 제대로 활용하기보다 오히려 '보고용 숫자'만을 만들어 내는 식으로 왜곡될 수 있다. 반면에 본질경영의 관점에서 숫자를 활용하려면, 직원들이 "우리가 이 데이터에서 어떤 패턴을 봤고, 앞으로는 어떤 시도를 해 보고 싶다"는 식으로 적극적으로 의견을 개진하도록 분위기를 조성해야 한다. 이를 위해서는 각 부서나 개별 직원에게 데이터 접근 권한을 어느 정도 개방하는 것이 도움이 된다. 예컨대 미용사나 리셉션 담당자에게도, 자신이 담당하는 고객 세그먼트의 재방문율이나 만족도 지표를 볼 수 있게 한다면, 현장에서 스스로 서비스를 개선할 방향을 찾거나, 고객과 조금 더 깊이 있는 대화를 나눌 기회를 포착할 수 있다.

결국 숫자 기반 경영 전략이란, 단기적인 매출 증가만을 목표로 하기보다, '숫자를 매개로 한 건강한 프로세스'와 '사람 중심의 조직 문화'를 동시에 가꾸어 나가는 과제다. 특히 미용살롱처럼 고객과의 접점이 매우 '개인적'인 업종에서는, 본질경영에서 강조하는 "사랑과 공감"을 어떻게 수치화해 분석할 것인가가 중요한 도전이 된다. 여기서의 해법은, '숫자로 표현되는 지표'와 '눈에 보이지 않는 가치' 사이의 균형을 유지하는 것이다. 예컨대 고객들이 시술 후 어떤 마음 상태로 돌아가는지를 측정하기 위해, 단순 만족도 설문뿐 아니라 "한 줄 감상평", "재방문 의사뿐 아니라 추천 의향" 등의 요소를 같이 물을 수 있다. 그리고 이를 바탕으로 '고객 행복 지수'나 'NPS(Net Promoter Score, 순수추천지수)' 같은 좀 더 정성적인 지표를 추적할 수 있다. 반면 너무 추상적인 지표만을 강조하면 실무적으로 방향을 잡기 어려우므로, 방문주기나 객단가 등 확실히 측정 가능한 지표들도 함께 모니터링해 균형을 맞춘다.

이렇게 해서 수집된 지표들을 기반으로, "고객은 왜 특정 시점에 방문이 끊겼는가?", "어떤 제안을 했을 때 객단가가 높아졌는가?", "SNS에서 우리 살롱을 언급한 고객들은 어떤 공통된 가치를 찾아내고 있는가?" 같은 질문을 자주 던지고, 그 결과로 나온 통찰을 다시 시술 매뉴얼 개선, 직원 교육, 신규 상품·서비스 기획, 오프라인·온라인 커뮤니티 운영 등 경영의 모든 영역에 환류시키는 것이 프로세스화의 핵심이다. 그리고 그 과정을 통해 직원들이 점차 "숫자를 다룰 줄 아는 역량"을 갖추게 되면, 살롱 전체의 학습 능력이 점차 높아진다. 말하자면, 단순히 결과지표를 한두 번 보고 "잘했다, 못했다"를 평가하는 방식이 아니라, 모든 구성원이 데이터를 친숙하게 생각하고, 이를 토대로 행동을 디자인하는 습관을 들이게 되는 것이다.

물론 이런 조직 문화를 가꾸는 것은 하루아침에 되지 않는다. 초기에는 "나는 미용 전문가이지, 숫자는 잘 모른다"거나, "데이터 분석은 경영자나 마케터 역할이지, 현장 직원까지 알 필요는 없다"라는 생각이 있을 수 있다. 하지만 "사랑과 공감의 경영"을 추구하면서 동시에 "숫자에 기반한 과학적 의사결정"을 하는 것이야말로, 업계 변화와 경쟁이 심화되는 시대에 가장 탁월한 생존 전략이 될 수 있음을 꾸준히 설득하고, 작은 성공 사례를 만들어 공유해야 한다. 예컨대 어떤 직원이 고객 만족도 지표를 보고 "이 세그먼트에겐 이런 추가 서비스를 제안하면 좋을 것 같다"라고 아이디어를 냈고, 실제로 도입했을 때 긍정적인 반응이 나타났다면, 그 사례를 모두가 공감할 수 있는 스토리로 만들어 팀 미팅에서 공유한다. 그러면 직원들은 "아, 우리가 여기서 말하는 '숫자 기반 경영 전략'이 단순히 '보고용'이 아니고, 실제로 우리의 일과 고객 경험을 더 좋게 만드는 것이구나"라는 것을 체감하게 된다.

결국, 숫자 기반 경영 전략의 성패는 "프로세스화"와 "조직 문화"가 얼마나 유기적으로 연결되느냐에 달려 있다. 아무리 훌륭한 분석 툴이나 대단한 컨설팅 보고서를 갖고 있어도, 내부 구성원들이 숫자를 불신하고 피하려 들거나, 숫자가 곧 '벌주는 도구'로 여겨지는 조직에서는 실질적인 변화가 일어나기 어렵다. 반대로, 구성원 모두가 본질경영의 가치를 공감하며, 숫자와 데이터를 "함께 성장하기 위한 나침반"으로 받아들인다면, 기업(살롱) 전체가 고객을 더 깊이 이해하고, 보다 과학적인 의사결정을 하며, 동시에 "사랑과 공감"의 수준도 놓치지 않는 균형 잡힌 경영을 실현할 수 있다. 그리고 이 과정을 통해 새로운 기회를 발견하고, 기존 시장의 한계를 돌파하는 혁신이 가능해진다. 요컨대, 숫자라는 언어로 쓰인 메시지를 '사람과 사랑'의 관점에서 해석하고 실천하는 조직만이, 진정으로 의미 있는 성과를 얻고 오래 지속될 수 있다는 사실을 잊지 말아야 한다.

살롱에서 체크해야 할 핵심 지표 (예시 표)

아래 표는 미용살롱에서 자주 활용하는 주요 지표를 정리한 예시입니다. 물론 각 살롱 상황에 따라 항목은 달라질 수 있지만, 전반적으로 "재무·고객·직원" 세 가지 영역을 균형 있게 살피는 것을 권장합니다.

지표명	정의/설명	측정 방법 & 주기	활용 포인트
월 매출액 (월별)	한 달 동안 발생한 총 매출 금액	- POS 데이터 월말 집계 - 회계장부, ERP 시스템 확인	- 프로모션, 비용 대비 매출 효율 확인 - 장기적 추이 파악해 시즌별 변동 분석
재방문율 (주/월별)	재방문 고객 수 / 전체 방문 고객 수 (특정 기간)	- 예약 시스템, CRM 기록 추출 - '첫 방문 후 N주 이내' 등 기준 정의	- 고객 충성도, 만족도 지표로 활용 - 재방문 방해 요소(대기시간, 시술품질, 가격 등) 파악 후 개선
객단가 (ARPU)	1인당 평균 결제 금액 (단일 방문 기준)	- POS·결제 데이터에서 (총 매출 ÷ 방문객 수)	- 제품·시술 패키지 구성 전략 - 업셀링·크로스셀링 아이디어 도출

지표명	정의/설명	측정 방법 & 주기	활용 포인트
신규 고객 유입 수	처음 방문하는 고객의 수	- POS·예약 시스템에서 '신규'로 표시 - 이벤트·프로모션별 집계	- 마케팅 채널별 성과 비교 - 어떤 채널로 유입되었는지 분석해 광고 예산 재배분
유효 고객 수 (Active)	일정 기간(예: 6개월) 내에 1회 이상 방문한 '실제 활동 고객'의 총 수	- POS·CRM에서 '최근 방문일' 기준 필터 - 특정 기간 내 구매 이력 추출	- 살롱 전체 규모 파악 + 재방문 관리 전략 수립 - 이벤트 타깃 세분화
고객 만족도	설문·리뷰·NPS 등으로 측정한 고객 만족 지표	- 설문(오프라인·SNS), 별점 리뷰 - NPS(순추천지수) 조사	- '숫자'+'한줄 감상평' 등 정성 데이터 함께 분석 - 불만 사항 원인 추적, 시술·서비스 개선
직원 만족도	직원들이 근무 환경·급여·성장 기회 등에 얼마나 만족하는지	- 내부 설문(정기), 1:1 인터뷰 - 온라인 익명 의견함	- 직원 이탈률 감소 + 서비스 품질 향상 효과 - "친절도" 개선 등 고객 경험 개선과 연결
평균 시술시간	고객 1명 기준 시술 완료까지 걸리는 평균 시간	- 예약 시스템(시작-끝 시간 비교) - 실시간 측정(모바일 타이머 등)	- 대기시간 단축 + 효율적 예약 스케줄링 - 시술별 매뉴얼 정비와 디자이너 교육
마케팅 비용	한 달간 투입된 광고·홍보·이벤트 예산 총합	- 경영관리 툴, 회계장부 - SNS 광고비, 오프라인 홍보비 포함	- 매출 대비 마케팅 ROI, 고객 유입 경로 분석 - 비용 대비 효과 낮은 채널 재검토
직원 교육 시간	직원 1인당 월간 교육·훈련에 투자된 시간(세미나, 워크숍, 내부 스터디)	- 출결·교육일지 기록 - 온라인 강의 수강 시간 집계	- 직원 역량 상승 → 서비스 품질 향상 - 교육 성과 vs 고객 만족도 / 매출 변화 연계 분석

위 표는 **대표적인 10가지 지표를 예시**로 든 것이며, 살롱 규모나 특성, 운영 목표 등에 따라 더 많은 항목(예: 직원 이탈률, SNS 참여도, 클레임 발생 건수 등)을 추가할 수도 있습니다.

실무 적용 시 주의사항

실무에서 숫자 기반 경영을 도입할 때에는, 이론적으로는 분명해 보이는 프로세스와 지표가 막상 현장에서는 예기치 못한 문제를 야기하거나, 잘못된 활용으로 인해 역효과가 날 위험이 있다. 특히 미용살롱과 같은 업종은 고객 접점이 '개인적 경험'에 크게 의존하기 때문에, 숫자 분석이 과도하게 강조되면 "살롱이 나를 스코어로만 보는가?"라는 고객 불신을 초래할 수도 있다. 따라서 여기서는 실제로 살롱에서 숫자 기반 경영을 적용하면서 주의해야 할 주요 사항들을 정리해 보겠다. 이를 통해, 본질경영에서 강조하는 "사랑과 공감"의 가치를 놓치지 않고도 데이터를 효율적으로 활용할 수 있는 길을 모색해 볼 수 있을 것이다.

첫째, 숫자를 맹신하지 말 것

아무리 세밀한 지표라고 해도, 숫자는 결국 '현상을 부분적으로 표현한 결과'일 뿐이다. 가령 재방문율이 낮아졌다는 결과가 나왔다면, 이는 고객에게서 어떤 불만이 있었음을 시사하긴 하지만, 구체적으로 누가, 언제, 왜 불만을 갖게 되었는지까지는 숫자로 모두 설명해 주지 못한다. 이때 "재방문율이 떨어졌으니 무조건 새로운 프로모션을 해야겠다"라든가, "직원 서비스가 문제다"라고 속단하기보다, 먼저 고객후기나 설문을 통해 "정성적 데이터(qualitative data)"를 보충 분석해야 한다. 숫자는 원인을 추적하고 개선 방향을 설정하기 위한 출발점이지, 그 자체가 곧 절대적 '정답'은 아니라는 점을 유념해야 한다.

둘째, '데이터를 위한 데이터'가 되지 않도록 경계

숫자 기반 경영이라고 해서, 모든 가능한 데이터를 마구잡이로 수집하고 분석하다 보면 오히려 중요 지표가 묻히고, 구성원들은 '보고용 숫자'만을 만드는 데 지쳐버릴 수 있다. 예를 들어 고객만족도, NPS(순수추천지수), 객단가, 방문주기, 신규 vs 재방문 비율, 매장 내 고객 동선, SNS 언급 횟수 등 정말 다양한 지표를 동시에 추적하려다 보면, 정작 "우리에게 지금 가장 중요한 문제나 기회가 무엇인가?"라는 핵심 질문을 놓칠 수 있다. 따라서 실무에서는 우선순위를 세워, 단계별로 필요한 지표부터 차근차근 도입하는 전략이 바람직하다. "이 지표는 궁극적으로 어떤 경영 의사결정과 연결되는가?"라는 물음이 항상 먼저여야지, '수치화할 수 있으니까 일단 전부 수집해 보자' 식으로 접근하는 것은 위험하다.

셋째, 개인정보 보호와 고객 신뢰 관리

숫자 기반 경영이 가능해지려면, CRM이나 온라인 예약, 결제 시스템 등 다양한 채널에서 고객 데이터를 수집해야 한다. 이때 가장 중요한 것은, 고객에게 사전에 충분히 고지하고 동의를 얻어야 하며, 안전하게 개인정보를 관리·보관해야 한다는 점이다. 실제로 "내가 모르는 사이에 내 정보가 어디서 어떻게 쓰이는지 모르겠다"라는 불안감은, 고객이 살롱을 떠나게 만드는 강력한 요인이 될 수 있다. 살롱 규모가 작다 하더라도, 보안 프로토콜(예: 비밀번호 설정, 접근 권한 제한, 정기 백업 등)을 철저히 마련하고, 어떤 데이터를 왜 수집하는지, 어떻게 활용되는지를 고객에게 투명하게 공개하는 노력이 필요하다. 이는 숫자 기반 마케팅 전략의 성공을 좌우하는 매우 중요한 전제 조건이다.

넷째, 직원 역량과 동기 부여

숫자 기반 경영이 성공하려면, 매장 관리자뿐 아니라 실무자인 미용사·리셉션 담당자들도 데이터를 이해하고 활용할 줄 알아야 한다. 문제는 이들이 이미 시술 스킬과 접객 업무에 대한 책임이 큰 상태에서, 추가로 '데이터 분석'이나 '지표 관리'까지 학습해야 한다는 부담을 느낄 수 있다는 것이다. 따라서 처음부터 복잡한 통계 툴이나 거대한 대시보드를 던져 주기보다, "이 지표가 당신의 업무에 어떤 도움을 줄 수 있는지", "이 데이터를 보면 어떤 부분을 개선할 아이디어를 떠올릴 수 있는지"를 구체적으로 설명해 줘야 한다. 예컨대 "재방문율이 5% 떨어진 지점에서 왜곡된 서비스 패턴이 나타난 것 같은데, 현장에서 느끼는 부분이 있는지?" 같은 실질적 질문을 던지면, 직원들이 "어, 그 시기에 예약이 몰리면서 상담 시간이 부족했어요" 같은 피드백을 줄 수도 있다. 이런 '숫자↔현장 대화'의 연결 고리를 세심하게 설계해야, 직원들이 분석 결과에 동의하고 실무에 반영하려는 동기를 갖게 된다.

다섯째, 할인 프로모션 등에 대한 오남용

숫자 분석 결과, "특정 시점에 매출이 떨어지고 있다"라는 사실을 확인하면, 관리자는 즉각 할인 쿠폰 발행이나 이벤트 실시 등을 떠올릴 수 있다. 하지만 할인 전략은 단기적으로 매출을 조금 끌어올릴 순 있어도, 장기적으로 살롱의 브랜드 가치나 고객 충성도를 떨어뜨릴 위험이 크다. 왜냐하면 "이 살롱은 할인할 때만 가는 곳"이라는 인식이 자리 잡으면, 정가 지불을 꺼리는 고객층이 많아지고, 제대로 된 서비스를 받고 있다는 느낌보다 '싸게 해 주니까 쓰는 곳' 정도로 격하될 수 있기 때문이다. 따라서 숫자를 바탕으로 프로모션 전략을 세울 때에도, "우리가 정말 고객에게 제공하고자 하는 핵심 가치가 무엇인가?"를 되짚어 봐야 한다. 단순 할인만이 아니라, VIP 고객에게 맞춤형 패키지를 구성해 주거나, 특정 세그먼트가 선호하는 프라이빗 시술 옵션을 제안하는 등, 데이터에서 찾은 통찰을 '살롱만의 차별화'로 연결하는 방향이 바람직하다.

여섯째, 지표 편식과 단순화의 함정

실무에서는 재방문율이나 객단가 같은 소수의 지표에만 지나치게 집중하면서, "이 지표만 올라가면 된다"라는 식으로 단순화하는 경우가 많다. 그런데 실제 매장 운영은 훨씬 복합적이다. 예컨대 재방문율이 높아졌어도 객단가는 낮을 수 있고, 신규 고객이 많은 시기에 정작 기존 고객들이 이탈할 수도 있다. 또 고객 만족도가 높다고 해서 곧바로 매출이 오르지 않을 수도 있다. 따라서 '종합적인 관점'을 유지하면서 지표 간의 상관관계와 공분산(Covariance) 등을 확인하고, 어떤 트레이드오프(trade-off)가 발생하는지 면밀히 살펴야 한다. 예를 들어 신규 고객 수가 늘어나는 시점에 직원들의 피로도가 올라가고, 그로 인해 시술 퀄리티가 낮아져 재방문율이 떨어지는 악순환이 생길 수도 있다.

이런 부분을 조기에 캐치하기 위해서는 복수의 지표를 교차 분석하고, 현장 피드백을 상시적으로 모니터링해야 한다.

일곱째, 결과보다 '과정'에 집중하는 평가 방식

숫자 기반 경영이 조직 내에서 위험해지는 지점은, 관리자가 직원들에게 "이 수치를 달성 못 하면 문제다"라는 식의 압박을 가할 때이다. 그러면 직원들은 자연스럽게 "어떻게든 수치만 맞추자"라는 태도로 변하고, 때로는 무리한 권유나 꼼수를 써서 통계 자체를 왜곡할 가능성도 생긴다. 반대로 본질경영이 추구하는 방향은, "이 지표를 개선하기 위해 어떤 과정을 밟았고, 그 과정에서 어떤 시도를 해 봤는가?"를 긍정적으로 평가해 주는 것이다. 예컨대 재방문율이 정체 상태였다고 하더라도, 직원들이 해당 문제의 원인을 찾아보려고 고객 인터뷰를 진행하고, 새로운 시술 콘셉트를 시도했으며, SNS 피드백을 정리해 본 흔적이 있다면, 그 자체가 다음 성장의 발판이 된다. 즉, 숫자만 보지 말고, 그 뒤에 있는 "인사이트와 실행 노력"을 평가하는 체계를 갖춰야 '건강한 도전'이 지속된다.

여덟째, 데이터 분석 후 즉각적 실행과 피드백 루프 구축

숫자를 기반으로 한 통찰이 나왔으면, 가급적 빠르게 실행에 옮기고 '피드백 루프'를 형성해야 한다. 예를 들어 "젊은 층 고객들이 예약 과정에서 번거로움을 느껴서 방문을 꺼리는 것 같다"는 분석 결과가 나오면, 모바일 예약 시스템을 간소화하거나 SNS 채널에서의 상담 프로세스를 재설계해 본다. 그리고 한두 달 뒤에 "과연 예약 전환율이 올라갔는지?", "재방문 고객 중 이 시스템을 활용한 비중은 얼마인지?" 등을 다시 데이터로 확인한다. 이런 식으로, 데이터→실행→데이터의 순환 고리가 빨리 도는 문화가 정착되면, 살롱은 점진적이면서도 지속적인 개선을 이룰 수 있다. 반면 분석 보고서만 만들어 놓고 실행이 지연되거나 유야무야되는 상황이라면, 숫자 기반 경영의 효과를 체감하기 어렵고, 직원들도 데이터 분석을 '의미 없는 작업'이라고 받아들이게 된다.

아홉째, 장기적 관점과 조직 내 지식 축적

숫자 기반 경영을 단기간에 도입한 뒤, 한두 번의 성과가 나지 않는다고 해서 곧바로 중단해 버리는 경우가 있다. 하지만 데이터 분석 역량이나 숫자에 기반한 의사결정 문화는, 짧게는 수개월부터 길게는 수년간의 '학습 과정'을 거쳐야 비로소 제대로 자리 잡는다. 특히 미용살롱처럼 시장 변동성이 높고, 트렌드가 빠르게 바뀌며, 고객 취향이 다양해지는 업종일수록, 장기적 추이와 패턴을 축적해 가는 것이 중요하다. 예컨대 특정 계절이나 연말연시, 프로모션 시행 시기 등 다양한 변수에 따라 재방문율·객단가가 어떻게 달라지는지, 과거 데이터를 2~3년 이상 쌓아 놓고 비교·검토하면 훨씬 더 정확한 의사결정을 할 수 있다. 이런 식으로 조직 내에 데이터 히스토리를 축적해 나가며, 직원들이 앞선 경험과 실패 사례, 개선 과정을 공유할 수 있도록 관리해 주는 것이 중요하다.

열째, '사랑과 공감'의 맥락과 균형 이루기

무엇보다도 잊지 말아야 할 것은, 미용살롱 비즈니스에서 가장 중요한 자산은 "사람과 사람 사이의 감성적 연결"이라는 사실이다. 숫자 기반 경영은 어디까지나 이를 더 잘 이해하고 지원하기 위한 '도구'이지, 목적 그 자체가 아니다. 따라서 데이터를 통해 고객의 니즈나 취향을 파악하더라도, 이를 "어떻게 더 깊이 공감하고, 아름다움과 행복을 제공하는 경험으로 연결할 것인가?"라는 질문에 답하는 방향으로 활용해야 한다. 예를 들어, 생일 정보를 바탕으로 기계적인 할인 쿠폰만을 보내기보다, 그 고객이 좋아하는 스타일이나 이전에 시도했던 시술 사진 등을 되짚어 "개인화된 메시지"를 전송해 주면, 훨씬 더 큰 감동을 줄 수 있다. 이는 숫자 분석만으로는 대체할 수 없는, '본질경영'에서 강조하는 사랑과 공감의 영역이다.

정리하자면, 숫자 기반 경영이 현장에 뿌리내릴 때에는 "숫자는 객관적이다"라는 환상에 빠져 무턱대고 맹신하거나, 데이터에만 집중한 나머지 인간적인 연결고리를 소홀히 하는 태도를 경계해야 한다. 오히려 숫자를 하나의 관찰 도구로 삼아, 직원과 고객의 목소리를 더욱 섬세하게 듣고, 함께 문제를 풀어 가는 접근이 필요하다. 특히 미용살롱은 시술 과정 자체가 고객과 직접 소통하며 이뤄지는 장면이 많기에, '정성적' 측면(만족도 조사, 방문 후 리뷰, SNS 소통 등)을 어떻게 '정량적' 지표와 결합하여 입체적으로 살펴볼 것인지가 핵심 과제가 된다. 여기에 개인정보 보호와 조직 문화, 그리고 장기적 관점에서의 지식 축적이 더해진다면, 숫자 기반 경영은 단순한 매출 증대 수단을 넘어 "사랑과 공감"을 구현하는 본질경영의 든든한 조력자로 자리잡게 될 것이다.

9 사람·숫자·가치가 만나는 '미래 미용경영'

사람·숫자·가치가 만나는 '미래 미용경영'이란, 단순히 최신 트렌드의 스타일링이나 SNS 마케팅 기법을 도입하는 것 이상의 변화이다. 미용업계는 본질적으로 '사람'의 아름다움과 자기 표현 욕구를 실현해 주는 업종인 동시에, 기술과 데이터, 조직 운영 전략을 종합적으로 고려해야 하는 복합 비즈니스로 발전해 가고 있다.

특히 디지털 시대에 들어서면서 고객들은 오프라인 매장에서만 정보를 얻지 않는다. 온라인 예약과 SNS 후기, 인플루언서 마케팅, 동영상 플랫폼 등을 통해 자신의 이미지를 설계하고, 다양한 브랜드와 비교한 뒤 결정한다. 따라서 미래의 살롱은 단순히 '머리를 잘 자르는 곳'이나 '유명 디자이너가 있는 곳'으로는 부족해진다. 고객이 데이터를 통해 자신의 라이프스타일과 개성을 정교하게 파악하고, 이를 통해 "나에게 꼭 맞는 살롱"을 선택하는 방식으로 변화하고 있기 때문이다.

살롱 역시 이러한 흐름에 대응하기 위해, 숫자를 기반으로 한 경영 지표와 분석 프로세스를 적극 활용하면서도, 결국에는 "사람과 사람 사이의 교감과 가치를 어떻게 충족시킬 것인가?"라는 질문에 대한 답을 찾아야 한다. 즉, '정량적 분석'과 '정성적 공감'이 균형을 이루어야 한다.

먼저 사람에 초점을 맞춰 살펴보자. 미용살롱이 제공하는 모든 서비스는 본질적으로 고객의 일상과 감성을 풍요롭게 만들기 위한 것이다. 고객에게 필요한 것은 단순히 헤어스타일 변화만이 아니라, 자신감과 만족감, 혹은 스트레스 해소와 자기 표현의 기회일 수 있다. 이를 파악하기 위해서는 데이터와 AI 기술로 고객의 과거 방문 이력, 선호 스타일, SNS 활동, 연령대별 선호도 등을 분석할 수도 있지만, 동시에 고객 한 명 한 명의 사연과 감정을 놓치지 않아야 한다.

실제 매장에서 고객과 대화하면서, "왜 이번에 이런 스타일을 하고 싶은지", "최근에 어떤 변화가 있었는지"를 물어보는 과정이 중요하다. 이처럼 미용산업 특유의 인간적 접점을 유지함으로써, 데이터 분석이 제시해 주지 못하는 미묘한 니즈를 발견할 수 있다. 이는 결국 '사랑과 공감'이라는 본질경영의 핵심 가치가 유지되어야 함을 의미한다.

다음으로 숫자의 역할을 살펴보자. 미래 미용경영에서 숫자는 더 이상 '매출총액'이나 '재방문율' 같은 전통적 지표만 가리키는 것이 아니라, 고객이 매장에 머무르는 시간, 직원과 나눈 대화의 빈도, SNS 해시태그 언급량, 온라인 검색 트렌드, 리뷰 점수, 사진 업로드 횟수 등 다양한 부분을 포괄한다. 이런 숫자들을 종합적으로 해석하면, 살롱은 고객이 무엇을 원하는지, 어떤 의사결정 과정을 거쳐 매장을 찾는지, 시술 후 어떤 후기를 남기는지, 왜 재방문으로 이어지지 못했는지 등을 더 정교하게 파악할 수 있다. 이를 통해 시술 메뉴 구성, 직원 교육, 프로모션 기획, 예약 시스템 개선, 심지어 인테리어 동선 변경까지 폭넓게 전략을 수립할 수 있다.

가령, 단순히 방문주기가 짧은 고객층만 'VIP'로 분류하는 것이 아니라, 특정 행사나 이벤트가 있을 때만 방문하지만 한 번에 높은 객단가를 지불하는 고객군을 별도로 관리하거나, SNS 후기를 꾸준히 작성해 주는 '인플루언서형 고객'에게는 추가 혜택을 부여하는 등, 정교한 고객 세분화와 맞춤형 접근이 가능해진다.

결국 이런 숫자의 힘은 '경험'과 '직관'으로만 운영되던 미용살롱에 체계적 의사결정을 도입함으로써, 직원들의 막연한 감(感)을 검증하고, 고객 관계를 더욱 개인화된 방식으로 전개할 수 있도록 돕는 데 있다. 마지막으로 가치의 관점이 미래 미용경영의 방향타가 되어 준다. 사람이 있고, 이를 분석하는 숫자가 존재한다고 해도, 그 뒤에 숨은 가치가 분명하지 않다면 살롱은 본질적인 경쟁력을 얻지 못한다. 미래에는 "이 살롱은 단순히 서비스를 파는 곳이 아니라, 나의 아름다움과 자아를 실현하는 파트너"라는 느낌을 주어야 한다. 이는 결코 단기적인 할인이나 눈에 보이는 인테리어 업그레이드만으로 달성될 수 없다. 고객은 점점 더 똑똑해지고, 다양한 선택지를 비교해 보며, 자신의 취향과 윤리관, 라이프스타일에 맞는 브랜드를 찾는다.

예컨대 친환경 재료를 쓰거나, 동물실험 없는 제품 라인을 고집한다거나, 지역사회 공헌 활동을 펼치는 등, '가치 지향적 소비자'가 늘어나는 추세다. 이때 살롱이 "우리는 고객의 건강과 지구 환경을 동시에 생각한다"는 철학을 실제로 보여 준다면, 이는 숫자로 환산하기 어려운 깊은 신뢰와 충성도를 불러올 수 있다.

또한 "사람·숫자·가치"가 만나는 지점에서 만들어지는 미래 미용경영은 직원에게도 새로운 가능성을 열어 준다. 사내에 데이터 기반 경영 문화를 도입한다는 것은, 직원들이 막연히 "오늘 예약이 많으니 정신없이 일한다"가 아니라, "왜 오늘 특정 시간대에 예약이 몰리는가, 이 고객들은 어떤 목적으로 방문했는가, 직원 간 역할 분배는 적절한가" 등을 살펴보며 의도적이고 체계적인 접근을 시도한다는 뜻이다. 자연스레 매출 압박보다 "고객 성장"이나 "브랜드 가치 제고" 관점에서 논의가 이뤄지고, 직원 개개인의 성취감이 올라갈 수 있다.

예를 들어, 매장을 방문한 고객들의 시술 전후 사진을 분석하여 디자이너별로 어떤 스타일에 강점이 있는지를 파악하고, 해당 스타일에 관심 있는 고객에게 해당 디자이너를 매칭해 주는 식으로 업무 효율과 고객 만족도를 동시에 높일 수도 있다. 이런 과정에서 직원들은 단순히 시술 기술자가 아니라, 살롱의 '가치 전달자'로서 역량을 발휘하게 된다.

물론 이러한 변화가 하루아침에 이루어지지는 않는다. 살롱의 규모나 지역, 고객 특성에 따라 우선 도입해야 할 시스템과 문화가 다르며, 데이터 분석 역량이나 인프라가 충분치 않을 수도 있다. 하지만 작은 부분부터 시작할 수 있다.

예컨대 예약 시스템에 간단한 문진 기능을 붙여서 고객이 관심 있는 스타일이나 고민을 미리 적도록 하고, 시술 뒤에는 만족도를 온라인으로 체크해 피드백을 남기게 하는 식이다. 이 작은 데이터들이 모여서 고객 세분화나 니즈 파악의 단서를 제공해 준다. 더 나아가 SNS나 리뷰 플랫폼 데이터를 모니터링하고, 직원들이 주기적으로 모여 "최근 고객 문의나 후기에 달린 키워드는 무엇이었는지"를 공유하는 세션을 만들 수도 있다.

이렇게 숫자를 통해 사람을 이해하고, 나아가 궁극적으로 "고객과 직원, 지역사회 모두가 공생하는 가치"를 만들어 내는 것이야말로 미래 미용경영의 핵심 방향이다. 결국 미래의 살롱은 더 이상 '헤어 스타일을 가꾸는 곳'에 그치지 않는다. "내가 어떤 라이프스타일을 원하고, 어떻게 내 아름다움을 표현하고 싶은지"를 보다 전문적으로 설계해 주는 '토털 뷰티 컨설턴트'로서의 역할, 그리고 "고객이 직접 찾고 싶은 문화공간"이자 "인생을 함께 디자인해 주는 파트너"가 되어야 한다.

숫자는 이를 위한 증거와 분석의 도구로써, 정확한 고객 세그먼트와 트렌드 예측, 개별 맞춤화 프로모션, 직원 역량 개발 등을 지원해 준다. 사람에 대한 애정과 배려가 없다면 숫자는 한낱 무의미한 통계일 뿐이고, 가치가 빠져버린다면 살롱은 제품과 서비스만 파는 흔해 빠진 매장으로 전락한다. 그래서 이 세 가지 요소는 반드시 함께 논의되어야 한다. "사람·숫자·가치가 만나는 미래 미용경영"이란, 곧 본질적으로 인간의 아름다움과 행복을 실현하는 장(場)으로서 살롱이 가진 고유한 정체성을 인정하고, 동시에 디지털 시대가 요구하는 체계화와 분석을 적극 수용하며, 그 모든 것을 가장 궁극적인 가치인 '사랑과 공감'으로 일관되게 묶어 내는 과정이다. 이 과정은 쉽지 않지만, 이미 여러 선도적인 미용살롱들이 소규모라도 이 변화를 시도하고 있으며, 점차 다양한 현장에서 데이터 분석과 서비스 혁신을 결합한 성공 사례가 축적되고 있다.

또, 소비자들 역시 "내가 가는 살롱이 어떤 철학을 가지고 있고, 어떤 데이터 기반 서비스를 제공하는지"에 대해 관심을 기울이기 시작했다. 이런 고객의 요구는 앞으로 더욱 강해질 것이다. 따라서 미용업계 종사자와 경영자들은 과거의 감(感) 중심적인 경영방식에 더해, 숫자를 통해 확인되고 객관화된 정보를 조화롭게 받아들이는 태도를 가져야 한다. 그럼에도 불구하고, 숫자가 제공하지 못하는 부분, 즉 고객의 실제 감정과 고유한 상황을 이해하고 함께 공감하려는 노력이야말로 미래 미용경영에서 절대 양보할 수 없는 가치임을 잊어서는 안 된다.

결국 사람과 숫자, 그리고 가치가 만날 때, 살롱은 비로소 한층 깊은 차원의 '공감 서비스'를 실현할 수 있으며, 이는 장기적으로 고객의 재방문과 브랜드 충성도, 안정적인 수익구조, 그리고 직원들의 자아실현과 성취감을 동시에 이루게 해 줄 것이다.

KAI JUNG

에필로그

카이정헤어의 이야기,
그리고 다음 10년을 향해

Epilogue 1

끊임없는 변화와 혁신, 그러나 변하지 않는 "본질"

카이정헤어가 걸어온 시간은 끊임없이 변화하고 혁신을 거듭했지만, 그 근본에는 언제나 놓치지 않는 본질이 있었다. 처음 시작은 단지 몇 명의 디자이너와 크루가 모인 작은 살롱이었다.

우리는 불안정한 환경과 경쟁 속에서 살아남기 위해 매일 더 나아지는 법을 고민했고, 새로운 시도들을 주저 없이 실행했다. 그러다 보니 고객은 점점 늘었고, 동시에 우리도 스스로 알지 못했던 잠재력을 발견할 수 있었다. 사실 우리는 처음부터 거창한 사명이나 비전을 외치지는 않았다. 매출 목표나 매장 확장도 중요했지만, 그전에 내가 왜 이 일을 하는가라는 질문에 답하기 위해 본질을 파고들었다. 사람들은 왜 살롱을 찾고, 무엇을 기대하는지, 그리고 디자이너와 크루가 매일 만나는 고객과 동료들에게 정말 필요한 것은 무엇인지를 고민했다.

결국 그 답은 인간이었다. 사람은 아름다움을 통해 자신감을 얻고, 자존감을 높이려 한다. 그런 사람에게 단순히 기술적 완성도만을 제공하는 것이 아니라, 그들의 마음까지 어루만져줄 수 있다면 훨씬 더 큰 변화를 줄 수 있지 않을까. 우리가 늘 생각하는 건 미용이라는 기술이 단순히 머리를 자르고 펌과 염색을 하는 서비스를 넘어, 사람을 사랑하고 성장시키는 매개체가 될 수 있다는 사실이다. 그 생각을 구체화한 것이 바로 카이정헤어의 브랜드 정신이었다.

우리가 지향하는 인간중심의 경영은 하루아침에 이루어지지 않았다. 크고 작은 시행착오가 많았고, 때로는 잘못된 판단으로 시간을 낭비하기도 했다. 그러나 수많은 경험과 팀원들의 노력, 그리고 고객들의 믿음이 쌓이면서 조금씩 단단해졌다. 그 과정에서 한 가지 핵심을 놓치지 않았다. 바로 "어떤 상황에서도 인본주의 미용의 본질을 포기하지 않는다"라는 것이었다.

우리에게 인본주의 미용은 사람이 중심이 되는 경영과 문화를 만들겠다는 의지다. 어떤 외부 변화가 일어나든, 시장 흐름이 어떻게 바뀌든, 결국 우리의 출발점은 사람이라는 것을 잊지 않는다. 이 원칙을 지키려면 매뉴얼화된 시스템만으로는 부족하다. 디자이너 각자가 스스로 성장하고, 고객을 공감하며, 모두가 소통하고 배려하는 수평적 구조를 만들어내야 한다. 그래서 우리는 조직을 확대할 때마다 이 정신을 명확히 전파하고, 새로운 매장을 열 때도 동행자 철학을 기둥으로 삼았다.

이러한 본질이 이어져오며 카이정헤어는 지난 몇 년간 아주 빠른 성장을 이뤄냈고, 내부적으로도 디자이너와 크루가 굉장히 많은 성취를 경험했다. 그러나 여기서 만족하지 않고 다음 10년을 향해 또 다른 도전을 준비한다. 앞으로는 단순히 매장을 늘리는 것이 목표가 아니라, 정말 지속가능한 성장의 모델을 확립하는 데 집중한다. 인간성장이라는 키워드를 어떻게 유지하고 발전시킬지, 지금도 우리는 끊임없이 질문하고 있다.

스파와 케어, 다양한 디자인 메뉴를 넘어 고객의 라이프스타일까지 함께 고민하는 형태로 진화할 수도 있다. 디지털 플랫폼을 활용해 비대면 소통을 강화하거나, 지방과 해외까지 진출해 더 많은 고객을 만날 수도 있다. 또 어떤 디자이너는 교육자로 나서 미래 인재들을 육성하고, 어떤 크루는 전문 컨설턴트로서 고객별 맞춤 솔루션을 제안할 수도 있다. 그 모든 가능성은 우리 본질인 사람을 향한 철학이 흔들리지 않을 때 비로소 실현될 수 있다.

그래서 다음 10년은 불안정한 외부 환경 속에서도 오히려 더 큰 혁신을 만들어내는 시기가 될 것이다. 4차 산업혁명이며 초격차 경쟁이며, 여러 흐름이 번갈아가며 시장을 흔들겠지만, 결국 카이정헤어가 지켜온 인본주의 경영은 더 큰 힘을 발휘하리라 믿는다. 왜냐하면 사람의 마음은 그 어떤 기술이나 트렌드보다 근본적이기 때문이다.

고객은 여전히 내가 여기서 어떤 대우를 받고 마음이 편안해질 수 있는지를 가장 중요하게 여긴다. 디자이너와 크루 또한 돈이나 성적보다 자신의 가치와 성취감을 더 중시하는 시대가 되고 있다. 우리를 이 길로 이끈 건 결국 이 같은 인본주의 가치였고, 이를 놓지 않을 때 매출과 평판은 자연스레 따라온다는 것을 경험으로 배웠다.

앞으로도 우리는 끊임없이 변화와 혁신을 추구할 것이다. 세상은 늘 바뀌고, 기술도 더 발전할 것이다. 경쟁은 갈수록 치열해지고, 소비자 눈높이도 해마다 높아진다. 그런 변화에 주저하지 않고 끊임없이 신선함을 선보이면서도, 결코 변하지 않는 본질인 사람을 향한 믿음과 사랑은 계속 이어갈 것이다.

다음 10년 이후에 돌아보았을 때 우리가 "참 잘 걸어왔구나"라고 말할 수 있도록, 스스로 어떤 결정을 내릴 때마다 인본주의 미용의 정신을 생각하며 더 나은 선택을 하려고 노력할 것이다. 이러한 선택들이 모여 우리를 한 단계 한 단계 더 높은 곳으로 올려놓을 것이고, 그곳에서 우리는 동행자들과 함께 미용과 삶을 더 풍성하게 만들어갈 것이다.

결론적으로 카이정헤어의 이야기는 아무리 세상이 바뀌어도 흔들리지 않는 뿌리가 있다는 것을 보여주는 역사다. 성장을 위해 필요한 혁신과 변화는 끝이 없겠지만, 인간의 마음을 어루만지고 함께 행복해지고자 했던 본질은 영원히 유효하다. 바로 이것이 우리가 지난 시간을 통해 깨달은 진실이고, 이후로도 이어질 우리의 방향성이다. 앞으로도 사람과 사랑, 그리고 성장의 스토리를 써내려가는 게 카이정헤어가 걸어갈 길임을 확신한다.

Epilogue 2

디자이너와 고객이 함께 자라나는 진정한 '동행'

디자이너와 고객이 함께 자라나는 진정한 '동행'은 서로의 삶이 아름답게 얽히고 성장하는 과정을 의미한다. 우리는 종종 디자이너가 고객에게 기술과 서비스를 제공하는 일방적 관계라고 생각하지만, 실제로는 그 속에서 더 깊고 따뜻한 연결이 싹튼다. 기술적 완성도를 추구하는 미용이라는 업도 결국 사람에 의해 완성되며, 그 사람은 고객과 함께 호흡하고 서로에게 귀 기울이며 마음을 나눠야만 진정한 의미를 찾을 수 있다.

고객은 디자이너의 손길로 새로운 스타일을 얻고 만족감을 누릴 수 있지만, 동시에 디자이너 역시 고객으로부터 다양한 삶의 이야기를 듣고 공감하면서 인생의 지혜를 배우고 자극을 받는다. 이는 단순히 펌이나 염색 같은 메뉴를 판매하는 것을 넘어, 사람을 마주하고 소통하며 함께 성장하는 길이라고 할 수 있다. 그래서 우리는 살롱 내에서 디자이너가 고객을 대할 때 단지 머릿결을 만지는 기술자가 아니라, 인생의 어느 지점에서 만나 서로를 이해하고 보듬어주는 동행자가 되자고 다짐한다.

고단한 일상 속에서 어느 날은 고객이 힘든 고민을 털어놓을 수도 있고, 때로는 디자이너 스스로가 지쳐 있을 때 고객이 건네는 작은 격려로 큰 용기를 얻을 수도 있다. 그렇게 서로의 에너지를 주고받는 과정은 우리가 미용을 선택한 이유와도 맞닿아 있다. 사람을 아름답게 해주고 싶다는 마음 한편에는 더 나은 모습을 만들어주는 자부심이 있지만, 그 너머에는 사람이 사람을 돕고 돌보는 행복이 깃들어 있기 때문이다.

물론 이러한 동행은 하루아침에 만들어지지 않는다. 디자이너가 자신의 기술을 연마해 실력을 갖추고, 고객들이 그것을 믿고 찾아오며, 서로 오랫동안 쌓인 신뢰가 두텁게 자리 잡아야 한다. 신뢰가 없다면 작은 실수에도 관계가 흔들리고, 그저 한 번 스쳐가는 소비로 끝나버리기 쉽다. 하지만 우리가 진짜 원하는 것은 스쳐가는 인연이 아니다. 살롱을 찾는 이유가 단순히 머리를 자르고 스타일을 바꾸는 문제만이 아니라, 편안함을 느끼고 위안을 얻을 수 있는 공간이 되기를 바란다.

그러려면 모든 디자이너가 마음가짐부터 달라져야 한다. 고객을 매출이나 숫자가 아닌, 우리가 함께 성장해야 할 소중한 인연으로 바라보는 자세가 시작점이다. 디자이너가 고객의 마음을 충분히 열어주는 상담을 하고, 시술 과정에서 세심하게 소통하며, 마지막까지 책임감을 다하면 그 고객은 다시 돌아오는 단골 이상의 존재가 된다. 그리고 디자이너는 현장에서 더 넓은 시각과 이해를 쌓게 되고,

다양한 라이프스타일과 가치관에 대해 꾸준히 배운다.

그렇게 반복된 과정을 거치다 보면 디자이너 스스로도 더욱 성숙해지면서 머릿속에만 있던 디자인적 아이디어뿐 아니라 사람을 따뜻하게 감싸는 인품을 갖춘 진정한 전문가로 거듭난다. 이것이야말로 미용업계에서 말하는 일류 디자이너가 되는 길이라고 믿는다. 그렇게 보면 '동행'이란 디자이너와 고객이 수평적으로 함께 행복해지는 개념이다.

예전에야 살롱은 전문가와 일반인의 구분이 뚜렷했고, 고객은 전문가의 지시를 따르거나 혹은 반대로 아무 말 없이 결과만 기대하는 구도가 많았다. 하지만 시대가 바뀌었다. 이제 고객들은 자신의 취향과 감성을 명확히 알고, 적극적으로 의견을 제시하기도 하며, 디자이너에게 일방적 서비스가 아닌 진정한 파트너십을 기대한다.

디자이너 입장에서도 이러한 상황은 새로운 가능성을 열어준다. 고객의 니즈를 정확히 파악하면 실수나 불만이 줄어들고, 고객 또한 디자이너에게 고마움을 느끼면서 재방문율이 높아진다. 궁극적으로 디자이너가 기술적 역량을 더욱 키우고 마인드와 태도를 성장시키면, 그 고객은 살롱 외에서도 우리의 열정과 철학을 전해주는 홍보대사가 되어줄 것이다.

여기서 한 걸음 더 나아가면, 디자이너가 고객을 대하는 태도는 매장 내 다른 크루들이 서로를 대하는 태도와도 일맥상통한다. 서로 동료애를 갖고 협력하며 지식과 노하우를 공유하다 보면, 모든 팀원이 함께 발전하는 시너지가 생긴다. 그 시너지는 자연스레 고객에게 전해지며, 매장 전체의 분위기와 평판을 좌우한다.

결국 디자이너와 고객의 동행은 매장의 성장, 더 나아가 미용업의 방향성까지 결정하는 중요한 가치가 된다. 특히 우리 시대는 공정과 정의, 그리고 진정성에 대해 갈수록 높은 기준을 요구한다. 고객은 살롱이 단순히 할인 프로모션을 하는 곳이 아니라, 가치 있고 정직하며 사람을 존중하는 문화를 가진 곳인지 보는 눈이 더욱 예리해졌다. 그리고 디자이너들은 점점 더 자신의 행복과 자아실현을 중요하게 생각한다.

이러한 흐름에서 '동행'은 단순한 구호가 아니라, 디자이너와 고객 양측 모두가 서로에게 긍정적 에너지를 주는 협력 관계로 발전해야 한다는 필연적 요구다. 그래서 우리는 인본주의 미용을 말한다. 사람을 중심에 두고 머리카락이 아닌 마음을 디자인하며, 고객이 디자이너로부터 사랑과 관심을 받고 디자이너 또한 고객에게 신선한 이야기를 들으며 견문을 넓히는 선순환. 그 결과 고객과 디자이너가 서로에게 좋은 영향을 주고받으며 매일 조금씩 함께 성장한다.

이게 바로 우리가 추구하는 진정한 '동행'이고, 앞으로 미용업이 나아갈 미래라고 믿는다. 그리고 이 길이야말로 디자이너와 고객 모두가 더 큰 만족과 행복을 느낄 수 있는 길이 될 것이다. 어떤 디자이너는 언젠가 오너가 될 수 있고, 또 어떤 고객은 살롱의 열혈 팬이 되어 주변인들에게 적극적으로 소개해줄 것이다. 서로의 가치를 알아보고 마음을 나누는 과정에서 작은 사건 하나가 큰 변화의 씨앗이 되기도 한다.

그것은 대형 프랜차이즈든 개인 살롱이든 크게 다르지 않다. 결국 중요한 것은 인격적인 교감과 신뢰, 그리고 마음에서 우러나오는 배려와 친절이다. 기술과 제품은 누구나 배울 수 있고 또 금방 따라잡을 수 있지만, 깊이 있는 인간관계는 하루아침에 만들 수 없으며, 그 점에서 '동행'이야말로 미용업의 핵심 경쟁력이 되어간다.

고객이 늘어나고 매출이 오르는 것만이 목표가 아니라, 우리 모두가 한 사람의 인생에 긍정적 기여를 한다는 보람을 느끼는 그 길에서 비로소 미용인은 진정한 전문가가 된다. 고객 역시 이런 디자이너와 함께 있을 때 편안함과 즐거움을 느끼며, 단지 스타일만 바뀌는 것이 아니라 스스로도 한 단계 더 성장한 기분을 얻는다. 그렇게 한 명 한 명의 고객과 디자이너가 연결되어, 거대한 동행의 사슬이 만들어질 때 살롱은 그 누구도 대신할 수 없는 특별한 공간이 되는 것이다.

결론적으로, 디자이너와 고객이 함께 자라나는 진정한 '동행'이란 서로를 목적이나 수단으로 바라보는 시선을 버리고, 인간 대 인간으로 존중하며 보탬이 되고자 하는 마음에서 출발한다. 그 마음이 쌓이면 어느새 고객들은 우리에게 절대적인 신뢰를 보내고, 디자이너들은 더 큰 비전과 열정을 얻는다. 한 사람의 손길과 한 사람의 미소가 만나 두 사람 모두에게 성장의 발판이 될 수 있다면, 그것이 진정한 미용의 가치가 아니겠는가. 우리는 이 길 위에서 더 많은 사람을 만나고 더 많은 스토리를 이어가며, 사람과 사랑을 통해 계속 확장해 나가고자 한다. 이것이야말로 디자이너와 고객이 함께 꿈꾸며 함께 자라나는 동행의 힘이자, 앞으로 우리가 걸어갈 인본주의 미용의 미래다.

Epilogue 3

사람을 향한 존중과 사랑, 그리고 애정이 가져다준 기적

　사람을 향한 존중과 사랑, 그리고 애정이 가져다준 기적은 결국 우리가 미용이라는 업을 통해 발견하게 된 가장 값진 보물과도 같다. 처음 미용을 시작했을 때 많은 사람들은 어떻게 하면 머리를 더 예쁘게 자르고 더 멋있게 스타일링할지에 대한 기술적 고민을 우선했다. 나 역시 그렇게 배웠고, 당연히 좋은 결과물을 만들어내는 것이 디자이너의 존재 이유라고 생각했다.

　하지만 시간이 흐르면서 나는 점점 깨닫게 되었다. 머리카락을 자르고 펌이나 염색을 하는 기술은 누구나 어느 정도 연습하면 습득할 수 있지만, 사람의 마음을 움직이고 그들의 행복에 진정성 있게 기여하는 능력은 하루아침에 만들어지지 않는다는 사실을 알게 된 것이다. 그리고 그 능력의 핵심은 사람을 향한 존중과 사랑, 그리고 애정으로부터 출발한다.

　기술적 역량이 충분치 않았던 시절에도 내가 소중하게 간직한 마음은 고객 한 명 한 명의 이야기에 귀 기울이고, 그들이 가진 고민과 바람을 내 일처럼 느끼려는 태도였다. 처음에는 이것이 단순히 친절하려고 애쓰는 것처럼 보였을지 모르지만, 시간이 흘러 많은 고객들이 내게 믿음과 애정을 보여주고 오랜 동행으로 이어지면서 나는 이것이 얼마나 큰 기적을 낳는지 몸소 실감하게 되었다.

　고객이 힘들어할 때 내가 건네는 따뜻한 한마디가 때로는 다른 사람들의 수십 마디 조언보다 더 큰 위로가 되고, 회사에서 스트레스를 받다가 들른 고객이 잠깐의 샴푸와 스파로 마음의 안식을 찾아갈 때 나는 미용이라는 업이 얼마나 사람들에게 긍정적 기여를 할 수 있는지 깨달았다. 어떤 고객은 오랜 세월 함께하면서 내게 인생의 선배가 되어주고, 또 다른 고객은 내게 세상 돌아가는 여러 흐름을 알려주는 정보원이 되기도 했다.

　서로 다른 분야에서 일하며 전혀 다른 인생을 살아온 사람들이 살롱이라는 작은 공간에서 만나, 나는 디자이너로서 그들에게 아름다움과 힐링을 제공하고 그들은 나에게 삶의 지혜와 사람 사는 이야기를 전해주었다. 그 안에는 돈으로 환산할 수 없는 인간적 교류가 있었고, 바로 이 교류가 내가 고객의 머리를 만질 때 더 세심하고 따뜻한 손길을 전하도록 만들어주었다.

　이런 과정을 거치며 사람에 대한 존중과 사랑이 디자이너와 고객에게 동시에 커다란 이익이 된다는 사실을 깨달았다. 나의 성장도 결국은 고객으로부터 비롯되고, 고객의 만족도 또한 나에게 달려 있기에 서로에게 최선을 다하려는 마음이 생기는 것이다. 이는 단순한 대가 관계로는 설명하기 어렵다. 기술은 결과물에 집중하지만, 존중과 애정은 과정과 사람 자체에 집중한다. 그래서 머리를 잘하는 것 못지않게 사람의 마음을 어루만지는 게 중요하다고 느끼게 되었다.

실제로 매장 운영에서도 이런 존중과 사랑이 단순한 미담에서 멈추는 것이 아니라 매장의 매출과 성장으로 이어지는 기적을 일으키곤 한다. 한두 번 방문하고 떠나버리는 고객이 아니라, 오랜 시간 동안 나와 함께하며 내 열정과 성장을 지켜봐 주는 분들이 늘어날 때 우리 살롱은 흔들리지 않는 탄탄한 기반을 가지게 된다. 왜냐하면 나를 믿고 찾아오는 사람들이 서로 연결되어 새로운 소개 고객을 만들어주고, 진심 어린 응원으로 디자이너들에게 힘이 되어주며 구성원 전체가 한마음으로 고객을 대하게 되기 때문이다.

그래서 나는 자주 말한다. 살롱의 성장을 원하면 고객을 매출로 보지 말고, 한 사람의 소중한 동행자로 바라봐야 한다고 말이다. 그리고 이때 필수 조건이 바로 진정한 존중과 애정이다. 그 사랑은 매장 안에서 동료끼리도 똑같이 적용되어야 한다.

디자이너와 크루가 서로를 대할 때 상하관계나 서열 의식으로 갈등을 빚기보다는, 기꺼이 돕고 배우려는 마음을 가질 때 함께 성장하는 문화가 만들어진다. 그 문화는 살롱의 분위기로 고스란히 전해져서 고객들도 우리의 협력과 행복함을 느끼고 다시 찾아오게 된다. 만약 누구 한 명이라도 인간적인 존중과 애정보다는 이기심이나 경쟁심을 앞세워 팀원들을 대한다면 그 분위기는 쉽게 깨져버린다.

아무리 프로모션을 잘하고 할인율을 높여도 진정한 신뢰는 쌓이지 않는다. 결국 미용의 가장 밑바탕에 깔려 있어야 할 핵심은 우리가 머리를 만지는 사람들이라는 점이며, 그 사람들은 저마다의 삶과 고민을 안고 우리를 찾아온다는 사실이다. 이 점을 늘 잊지 않고 마음에 새긴다면 우리는 디자이너라는 이름에 걸맞게 진정한 전문가가 될 수 있다.

그 전문가는 정확한 컬러 매칭이나 완벽한 웨이브 구현만을 말하지 않는다. 물론 기술은 기본이자 필수이지만, 그보다 먼저 필요한 것은 사람을 대할 때 나 자신을 투명하게 드러내고 그들의 마음을 헤아리려는 진심 어린 태도다. 그런 태도를 가진 디자이너를 고객은 결코 쉽게 떠나지 않는다. 서로가 서로를 진심으로 귀하게 여길 때, 살롱이 점점 커지고 구성원들도 함께 행복해지는 기적을 우리는 이미 여러 번 경험했다.

이 기적은 대형 프랜차이즈든 작은 동네 살롱이든 상관없이 똑같이 일어난다. 사람이 중심에 서 있는 곳, 사람을 우선으로 돌보고 배려하는 마음이 살아 있는 곳에서는 늘 놀라운 스토리가 이어지고,

언제나 희망적인 사건들이 피어난다. 나는 이것을 두고 사랑의 힘이라고 부른다.

미용업을 하면서도 늘 느낀다. 수많은 기술과 전략, 홍보와 마케팅이 중요하지만, 결국 가장 강력한 무기는 사람에 대한 진심이다. 이것은 사람 한 명이 전달할 수 있는 에너지를 몇 배로 증폭시켜주고, 고객의 마음까지 움직여 함께 감동을 만들어낸다. 그 감동이 쌓여서 결국 우리만의 정체성이 되고 브랜드가 되며, 주변으로 전파되어 더 많은 인연과 더 큰 성장을 가져온다.

즉 사람에게서 비롯된 존중과 사랑, 그리고 애정은 살롱 문화를 단순한 장사에서 본질경영으로 올려주는 촉매이며, 모든 동행자들이 함께 기뻐하는 이유가 된다. 오늘 하루도 지치고 힘든 순간이 있을지 모르지만, 사람을 향한 마음을 우선으로 삼을 때 우리는 서로를 보듬고 다시 힘을 낼 수 있다. 여기에 기술적 성장과 꾸준한 학습까지 더해지면 살롱은 결코 흔들리지 않는 기반을 다지게 되고, 모두가 앞으로 나아가는 길을 함께 열게 된다.

내가 진심으로 사랑한 사람들에게 받은 사랑이 다시 돌아오고, 그로 인해 또 다른 사랑을 나누게 되는 선순환. 이것이야말로 존중과 애정이 가져다준 가장 큰 기적이 아니겠는가. 나는 앞으로도 이 마음을 절대 잊지 않고 계속 전할 것이다. 누군가 나에게 왜 미용을 하느냐고 묻는다면 사람에 대한 애정을 실현하기 위해서라고 단언할 수 있고, 왜 살롱 경영을 지속하느냐고 묻는다면 그 애정의 힘을 더 넓게 펼치기 위해서라고 말해줄 것이다.

사람을 향한 진심과 사랑은 결국 모든 문제의 해답이 된다. 그것이 인재를 키우고, 고객을 불러들이며, 살롱을 성장시키는 가장 근본적인 힘이다. 어쩌면 당연해 보이지만, 이 당연한 가치를 놓치지 않고 끊임없이 실천하기가 쉽지 않을 뿐이다. 우리는 매일의 작은 루틴 속에서 사랑과 존중을 실천하고, 서로 돕고 배려함으로써 매장의 미래를 변화시킬 수 있다.

그렇게 내일도 오늘보다 더 따뜻한 에너지를 품고 사람을 마주하며 기적 같은 성장의 이야기를 써 내려가고 싶다. 우리의 이 작은 마음이 모여 언젠가는 수많은 사람의 일상을 바꾸고 세상을 좀더 아름답게 빛나게 하리라 믿는다. 결국 사람을 향한 존중과 사랑, 그리고 애정이 가져다준 기적이란 바로 이런 것이다. 우리가 서로의 삶에 긍정적인 빛이 되어주고, 그 빛이 다시 더 많은 사람에게 번져가며 보이지 않는 곳곳까지 환하게 물들이는 감동의 순간. 그것이야말로 미용인이 누릴 수 있는 최고의 선물이자, 우리의 존재 이유가 아닐까.

Epilogue 4

"사람 중심 미용" 세상을 어떻게 바꾸는가

인본주의 미용이 대한민국 전역에 전파되길 바라며

사람 중심의 미용이 가져온 변화는 점점 더 넓어지고 있다. 결국 우리가 미용이라는 직업을 통해 얻으려는 궁극적 가치가 무엇인지에 대한 답으로 이어진다. 과거의 미용업은 단순히 기술적 결과물에 집중하고 머리를 예쁘고 멋지게 만드는 것에 목적을 두었다. 하지만 시간이 흐르고 사회가 변화하면서 사람들의 가치관 역시 달라지기 시작했다.

이제는 머리를 어떻게 자르고 어떤 스타일을 완성하는지만으로는 고객과 디자이너가 함께 성장하는 데 한계가 있음을 실감한다. 왜냐하면 우리는 모두 각자의 삶 속에서 마음의 안식과 공감이 필요하고, 인간적인 교류를 통해 행복을 느끼기 때문이다. 머리를 매만지는 행위가 겉보기에 기술적이고 기능적인 것처럼 보이지만, 그 이면에는 고객이 품고 있는 희로애락과 디자이너가 가진 소통의 마음이 존재한다.

사람 중심 미용이란 이러한 측면에서 기술이 아닌 사람을 먼저 보고 존중함으로써 시작된다. 고객이 원하는 스타일을 찾기 위해 진심으로 상담하고, 그들이 가진 고민과 바람을 세심하게 살펴보며, 단순히 결과물이 아닌 전 과정을 통해 만족과 위로를 전하는 일이다. 디자이너 입장에서도 고객 한 명 한 명을 자주 만나며 함께 삶을 나누는 존재로 바라보면, 그 사람의 하루 표정이나 목소리를 통해 그날의 기분과 건강 상태까지 캐치하게 된다.

이런 작은 관심은 디자이너로 하여금 더욱 세심하게 머리를 다듬도록 이끌고, 그 결과물이 단순히 예쁘고 멋진 것을 넘어 고객이 진정 원하는 아름다움을 구현하게 해준다. 실제로 사람 중심 미용이 자리 잡고 있는 매장에서는 소통과 배려가 자연스럽게 흘러넘치기 때문에 고객들도 불필요한 긴장이나 불편함 없이 편안하게 시술 과정을 즐길 수 있다. 그리고 이런 마음의 여유가 쌓여 고객의 재방문율과 추천율로 이어지며, 매장의 브랜드 가치를 높인다.

이는 결국 단순히 매장을 잘 꾸미거나 할인 이벤트를 진행해서 얻어지는 효과가 아니다. 사람에 대한 관심, 사랑, 존중이 자연스럽게 만들어내는 결과물인 것이다. 또한 사람 중심 미용은 디자이너와 크루들 간의 관계에도 커다란 변화를 일으킨다. 전통적으로 미용업계는 선후배 관계나 경력 차이에 따른 권위가 뚜렷했고, 그로 인한 갈등이 적지 않았다.

하지만 인본주의 미용을 지향하는 곳에서는 서로가 동등한 동행자라는 철학 아래 일하기 때문에 더 열린 대화와 협력이 이루어진다. 크루가 실수하더라도 모든 구성원이 함께 문제점을 해결하고, 교육과 피드백을 이어가며 성장의 기회로 삼는다. 누구 한 명이 일방적으로 다그치기보다 서로 보완하고 격려하면서 일하는 문화가 형성되면, 매장 전체의 분위기가 긍정적으로 바뀌고 고객 또한 이 따뜻함을 매 순간 느끼게 된다.

말하자면 사람 중심 미용은 머리카락만 다루는 것이 아니라, 사람과 사람 사이에서 오가는 에너지를 다룬다고 볼 수 있다. 한편 대한민국 전체가 이런 인본주의 미용에 눈을 뜨게 된다면, 미용업계 전반에 걸쳐 엄청난 변화가 일어날 수 있다. 굳이 대형 프랜차이즈나 화려한 인테리어가 없어도 사람의 마음을 먼저 생각하고 고객과 끊임없이 소통하려는 살롱이 더 많은 사랑을 받을 것이다.

왜냐하면 인간관계에 지친 현대인들은 결국 깊이 있는 공감과 힐링을 원하기 때문이다. 자신의 스타일을 멋지게 바꾸기 위해 살롱을 찾지만, 실제로는 마음까지 위로받고 싶어 하며, 조금이라도 내가 소중하게 대접받는 기분을 느끼고 싶어 한다. 이때 사람 중심 미용으로 무장한 살롱은 고객에게 커다란 만족과 안정을 제공할 수 있고, 이는 곧 입소문으로 이어지면서 주변 사람들에게 전해진다.

그렇게 하나 둘씩 늘어나는 인본주의 미용 살롱들은 고객들에게 진심 어린 소통을 제공하고, 구성원들에게는 애정 어린 일터를 선사하며, 지역 사회 전체에 긍정적 영향을 미치게 된다. 사람 중심 미용이 퍼져갈수록 고객들은 더 이상 할인을 많이 해주고 유명하다는 이유만으로 살롱을 선택하지 않는다. 오히려 진정한 가치인 마음의 편안함, 신뢰 관계를 형성할 수 있는 곳을 찾아 떠나게 된다.

그리고 그런 고품질의 소통을 제공하는 살롱들은 시대의 흐름에도 흔들리지 않고 지속 가능한 경영을 하게 될 것이다. 결국 사람 중심 미용은 우리 사회의 미용 문화를 바꾸는 데서 그치지 않고, 사람과 사람 사이의 관계 맺는 방식을 바꾼다. 살롱에 오는 고객들은 단순히 서비스의 수혜자가 아니라, 헤어 디자이너와 길고 깊은 인연을 만들어가는 동행자라는 인식이 자리 잡을 때 매장과 고객 간의 유대감은 더욱 견고해진다.

그 속에서 디자이너 역시 고객의 인생 일부를 함께 고민해 주는 멋진 파트너가 되고, 자신을 끊임없이 계발하고 성장시키는 계기를 얻는다. 이런 선순환 구조는 한두 사람의 노력만으로는 완성되기 어려우나, 함께 뜻을 모으는 순간 엄청난 파급력을 가진다. 그래서 인본주의 미용은 대한민국 전역에 반드시 전파되어야 한다.

사람을 위한 진심 어린 시술과 공감을 실천하는 헤어 디자이너들이 많아질수록 고객들은 진정한 아름다움과 행복을 경험하게 되고, 그 에너지가 주변으로 확산되면 헤어살롱이라는 공간이 단순 장사터가 아니라 사회 구성원들의 마음에 치유와 활력을 주는 장소로 거듭날 수 있기 때문이다. 이것이야말로 우리가 바라는 미용의 미래이며, 우리가 지향하는 인본주의 철학의 완성에 가까워지는 길이라고 믿는다.

사람 중심 미용은 겉치장이 아닌 속마음을 먼저 챙기며 사람에게 헌신하는 따뜻한 손길을 보여준다. 그 따뜻함이 작은 파동이 되어 나라 전역 곳곳으로 번져간다면, 새롭게 문을 여는 살롱들도 단순히 할인 경쟁이나 트렌드만 좇는 것이 아니라 사람을 우선하는 기조를 뿌리 내릴 수 있을 것이다.

그렇게 되면 미용업계 종사자들도 자신들의 일을 단순한 생업이 아니라 사람을 행복하게 해주는 가치 있는 직업으로 더 자부심을 갖게 되며, 고객들은 자신들의 아름다움과 마음의 안정을 동시에 만족시킬 수 있다. 우리가 이 길을 계속 걸어갈 때 사람 사이의 진정성 있는 연결과 공감이야말로 산업의 종류를 막론하고 가장 강력한 경쟁력이 된다는 사실을 많은 이들이 깨닫게 될 것이다.

인본주의 미용이 대한민국 전역에 뿌리내리기를 진심으로 바라며, 오늘도 디자이너들은 사람을 통해 배우고, 고객들은 디자이너의 애정 어린 손길을 통해 위로받는다. 그 결과 세상은 조금씩 더 따뜻해지고, 모두가 힘겹다고 느끼는 시대에도 밝은 웃음이 싹튼다. 기술과 화려함보다 소중한 것은 사람을 향한 마음. 그리고 그것이 결국 미용업을 넘어 우리 삶 전체를 변화시키는 거대한 동력이 된다.

바로 이것이 사람 중심 미용이 세상을 바꾸는 가장 근본적인 이유이며, 우리가 지치지 않고 꾸준히 전진해야 하는 이유이기도 하다. 언제 어디서든 사람이 우선인 미용이 살아 숨 쉬기를 바라며, 인본주의 미용이 만들어낼 미래를 함께 열어가길 소망한다.

궁극의 본질경영: "사람은 사랑으로 성장한다"

본질경영이란 말 그대로 우리 업의 모든 근본을 깊이 들여다보고, 무엇이 가장 소중한 가치인지 깨달아 그것을 사업과 경영의 중심축으로 삼는 과정을 의미한다. 과거에는 기술적인 숙련도가 곧 모든 성장을 이끄는 열쇠처럼 여겨지기도 했지만, 지금 우리가 마주한 시대는 완전히 달라졌다. 기술의 상향평준화는 너무 빠르게 진행되었고, 고객들의 눈높이도 그만큼 올라갔다. 덕분에 기술만으로 승부를 보겠다는 발상은 한계를 드러낼 수밖에 없게 되었다.

그래서 이제는 사람에게로 돌아가야 한다. 이 말은 곧 우리의 직원, 동료, 고객 그리고 자신을 포함한 모든 사람을 어떻게 생각하고 대하고 사랑하느냐가 가장 중요한 경쟁력이 된다는 뜻이다. 궁극의 본질경영에서 말하는 "사람은 사랑으로 성장한다"는 문장은 생존을 위해 어쩔 수 없이 겪는 수많은 인고와 고통이 아니라, 따뜻한 애정과 관심 그리고 인간다움 속에서 비로소 사람이 꽃을 피운다는 뜻을 담고 있다.

헤어디자이너가 하루에도 수많은 고객을 만나면서 머리만 만져주는 게 아니라 그들의 마음을 함께 보듬고 싶어 할 때 진정한 성장의 문이 열린다. 그 고객이 오늘 어떤 마음으로 방문했는지, 또는 어떤 고민과 기대를 갖고 있는지 조금만 더 귀 기울이면 더 나은 디자인을 제공할 수 있고, 그 디자인이 고객에게 진정한 삶의 변화로 이어지기도 한다.

이는 단지 스킬적으로 예쁘게 스타일링해주는 것을 넘어 고객 스스로가 가치 있고 존중받는 존재라는 느낌을 갖게 만드는 데서 비롯된다. 그럴 때 고객과 디자이너는 일시적 관계가 아니라 서로 동행하고 싶어지는 마음을 갖는다. 결국 사람은 그렇게 서로의 내면 깊숙한 곳에서 사랑과 존중을 채워줄 때 진정으로 변화하고 성장한다.

이는 디자이너와 직원 간의 관계도 동일하다. 과거 살롱문화에서 흔히 볼 수 있었던 호통 치며 가르치거나 성과만으로 사람을 재단하는 방식은 이제 시대 흐름에 전혀 맞지 않는다. 누군가 두려움에 떨며 일하는 곳에서는 절대 빛나는 역량이 나오지 않는다. 오히려 실수에 대한 걱정으로 마음이 꽁꽁 묶여버려 더 크게 실패를 반복하기도 한다.

하지만 사랑과 배려라는 단어를 근간에 두고 함께 성장하자는 마인드가 깔리면 직원들은 서로를 신뢰하고 스스로 노력하고 싶어진다. 실수했더라도 자책과 두려움 대신 개선과 성장을 위한 긍정적 에너지를 나누게 되고, 결과적으로 살롱 전체의 경쟁력이 크게 올라간다.

이런 문화를 정착시키려면 리더부터 먼저 사랑으로 일하는 모습을 보여줘야 한다. 나는 우리 매장 직원들에게 기회를 줄 때 언제나 "너는 분명 할 수 있다"라는 믿음을 담아 응원하고, 단점이 눈에 띄면 처벌보다 먼저 피드백과 솔루션으로 개선시키려 노력한다. 그렇게 하면 그 직원도 자신의 한계를 넘어 성장하려고 과감히 도전하게 된다. 왜냐하면 실패해도 나를 지지해주고 함께 해결책을 찾겠다는 믿음이 있기 때문이다.

그렇게 직원들이 용기를 내는 순간 아주 놀라운 성장이 이루어진다. 이것은 단순히 돈이나 스킬 향상을 넘어 사람으로서의 매력이 발휘되는 성장이다. 우선 나 스스로 행복하고 즐겁게 일하게 되고, 그것이 고객들에게도 전해져 매출과 브랜드 가치가 동반 상승하는 경험으로 이어진다.

"사람은 사랑으로 성장한다"는 말은 결코 추상적인 미사여구가 아니다. 경제적인 압박이나 조직적 폭언에 시달려가며 억지로 버텨내는 성장은 오래가지 못한다. 지친 마음이 뿌리 깊이 자리 잡고 있으면 결국 언젠가 한계가 드러나게 된다. 반면 좋은 사람들과 함께 나의 노력을 응원받고 진심 어린 관심과 배려를 느끼며 일할 때 생기는 에너지는 강인한 힘을 만들어낸다.

이것이야말로 사람을 살리고 조직을 살린다. 그리고 궁극적으로 고객들에게 선사하는 가치는 배가 된다. 왜냐하면 기술을 대하는 자세부터가 훨씬 더 진정성 있고 사랑이 가득하기 때문이다. 고객은 늘 디자이너의 숨결과 표정을 보면서 이 사람이 진짜 내 머리에 정성을 다하는지, 아니면 건성건성 시술을 진행하는지를 단박에 알아채곤 한다.

"사람은 사랑으로 성장한다"는 진리는 고객 역시 똑같이 체감한다. 내가 소중히 여겨지고 있다는 감동을 받으면, 그 고객 역시 디자이너에게 호감과 신뢰를 보낸다. 다음에도 꼭 다시 이 디자이너에게 머리를 맡기고 싶다는 마음이 생기고, 주변 사람들에게도 적극적으로 이 살롱과 디자이너의 매력을 알리게 된다.

이렇게 사람끼리 주고받는 긍정의 파동은 다른 어떤 마케팅 수단보다도 강력하다. 결국 헤어살롱 운영이라는 것도 커다란 틀에서 보면 경영이지만, 그 뿌리에 있는 것은 사람과 사람이 만들어가는 관계성이다. 관계가 치열하고 냉혹하면 조직은 쉽사리 무너져버린다. 그러나 사랑과 배려라는 기둥이 단단하게 서 있으면 어떤 위기가 닥쳐와도 흔들리지 않는 회복탄력성이 생긴다.

이런 조직에서는 갈등이 발생하더라도 극단적으로 흐르지 않고, 대화와 이해의 과정을 통해 더 높은 단계로 나아갈 수 있다. 한편 경영을 본질적으로 바라보면 숫자와 매출만이 전부가 아님을 알 수 있다. 돈을 잘 버는 기업이 사회적으로 존경받지 못하는 사례가 수도 없이 많다. 그러나 사람을 사랑하고 키워주는 문화가 바탕이 된 회사는 매출뿐 아니라 사람들 마음속에 깊이 자리 잡아 장기적으로 더 큰 가치를 창출해낸다.

헤어살롱도 마찬가지다. 단 한 번의 이벤트로 큰 이익을 남기는 것이 아니라, 늘 사람에게 집중하고 고객과 디자이너, 크루들이 서로에게 좋은 영향력을 주고받는 문화가 되어야 한다. 그럴 때 이 업계가 단순 뷰티서비스가 아니라 누군가의 인생 순간순간을 함께 디자인하고, 그들의 행복을 도와주는 동행자 역할을 할 수 있다.

사랑이라는 단어가 주는 울림이 헤어살롱마다 가득 차면, 요즘처럼 불안한 시대에도 고객과 디자이너 그리고 매장 모두 힘과 위안을 얻을 수 있다. 무엇보다 사랑으로 성장을 경험한 사람은 쉽게 무너지지 않는다. 자존감이 단단해지고, 내 안에서 느껴지는 즐거움이 있기 때문에 의무감으로 일하는 게 아니라 자발적으로 열정을 쏟는다.

이로써 나타나는 시너지 효과는 얼마 못 버티고 금세 포기하는 억지 성장과는 완전히 차원이 다르다. 바로 이것이 본질경영의 매력이며, 사람들이 곧 미래의 핵심 자산이라는 확신을 심어준다. 시대가 아무리 변해도 "사람은 사랑으로 성장한다"는 법칙만은 흔들리지 않는다. 미용이라는 업을 넘어 어떤 분야든지 결국 사람과 마음이 핵심이기 때문이다.

우리가 이 길을 이어가는 이유도 여기에 있다. 고객의 돈으로 성장하지 않고, 사랑으로 성장하겠다는 다짐은 결코 약하거나 느린 선택이 아니라 가장 강력하고 지속적인 방법임을 믿기 때문이다. 궁극의 본질경영은 사람을 향한 관심과 존중 그리고 따뜻한 소통에서 시작한다. 이는 겉치장을 말하는 게 아니라 존재 자체를 귀하게 바라보며 돕고 함께 웃는 것이다.

그럴 때 살롱은 하룻밤 사이에 붕괴되지 않는 든든한 성을 지을 수 있고, 디자이너들은 이 성 안에서 스스로 발전하고 삶의 의미를 깨닫는다. "사람은 사랑으로 성장한다"라는 말은 헤어산업뿐 아니라 모든 비즈니스, 모든 인간관계에 적용될 수 있는 명제다. 그러나 우리가 몸담고 있는 미용업에서는 특히 그 위력이 크다. 손끝으로 전하는 정성과 마음으로 인한 울림이 한 사람의 외모와 인생을 바꾸는 현장을 매일 목격하기 때문이다. 바로 그래서 사랑으로 가득 찬 본질경영이야말로 가장 아름다운 성장동력이 된다.

용어 정리

1. 철학 · 전략	
용어	의미
인본주의 미용	기술보다 사람·성장·동행을 우선하는 미용 경영 패러다임
본질경영	매출이 아니라 가치·철학·성장 기준으로 의사결정
사람 중심 철학	제도·프로세스를 인재 성장에 맞춤 설계
동행자 철학	고객·직원을 장기 동반자로 대우
공감 리더십	경청과 이해로 팀을 이끄는 방식
심리적 안전	아이디어를 자유롭게 말해도 안전한 조직 문화
가치 사슬	고객 가치를 만드는 단계별 흐름
10배 성장 로드맵	기존 방식의 틀을 깨고 10배 성장을 달성하기 위한 혁신 로드맵
초격차 전략	과감한 투자로 경쟁 격차를 벌리는 전략
느린 성장	내부 역량·신뢰를 천천히 축적하는 안정 전략
커뮤니티 경영	고객·직원이 함께 콘텐츠·가치를 확산
팬덤	자발적으로 브랜드를 홍보·옹호하는 충성 고객 집단
블루오션	경쟁이 거의 없는 새로운 시장 개척
포지셔닝	경쟁 속에서 브랜드의 차별적 위치를 설정하는 전략
차별화	경쟁자와 명확히 다른 핵심 강점을 통해 선택받는 전략
미션	조직이 지금 존재하는 이유
비전	조직이 향할 미래상
SWOT 분석	강점·약점·기회·위협 요인 분석
PEST 분석	정치·경제·사회·기술 거시 환경 진단
균형성과표(BSC)	재무·고객·프로세스·학습 4축 KPI 균형
린 스타트업	낭비 없이 빠르게 실험·검증·개선을 반복하는 창업 전략
파레토(80/20) 법칙	결과 80 %가 핵심 20 % 활동에서 발생
BHAG	조직 전체에 도전의식을 심어주는 대담하고 측정 가능한 장기 목표

2. 브랜딩 · 고객 심리

용어	의미
브랜드 아이덴티티	로고·톤앤매너·스토리 등 일관된 얼굴
가치 제안	고객에게 주는 핵심 이득·약속
진정성	말·행동·가치가 일치해 신뢰를 주는 상태
가심비	가격보다 정서적 만족을 중시
스토리텔링	서사로 공감·몰입을 높이는 메시지 기법
톤앤매너	고유한 문체·어조·시각 스타일
사회적 증거	다수의 리뷰나 행동이 신뢰를 형성하고 선택을 유도하는 심리 원리
추천지수(NPS)	추천 의향을 묻고, 충성도와 고객 성장 가능성을 측정
힐링 공간	정서적 회복까지 제공하는 매장 콘셉트
고객 만족도(CSAT)	특정 서비스 경험에 대한 만족도를 단기적으로 측정하는 지표
고객 노력지수(CES)	고객이 문제 해결이나 목표 달성에 얼마나 노력이 들었는지를 측정
온라인 입소문(eWOM)	온라인에서 소비자 간 자발적으로 확산되는 추천·후기·정보 공유
브랜드 보이스(TOV)	일관된 말투·뉘앙스
놓칠까 봐 불안(FOMO)	한정판·마감 임박 심리 자극
가격 결정력	가격을 올려도 수요가 크게 줄지 않는 힘
문화 코드	조직이 공유하는 행동·의사결정 규범

3. 마케팅 · 서비스

용어	의미
4P / 7P	고객에게 가치를 전달하기 위한 마케팅 믹스 요소 (제품·가격·유통·판촉 + 사람·과정·물적 증거)
마케팅 퍼널	인지도→관심→구매→충성 전환 단계
고객 여정	고객이 브랜드와 처음 접촉해 구매·이용·사후 관리까지 겪는 전 과정의 흐름
터치포인트	고객·브랜드 접점(온·오프라인)
시그니처 메뉴	방문 주기·객단가 설계 핵심 패키지
업셀링 / 크로스셀링	업셀링은 상위 옵션 권유, 크로스셀링은 연관 제품 제안으로 객단가 상승 유도
A/B 테스트	두 버전 성과 비교 실험

3. 마케팅 · 서비스

용어	의미
리텐션	일정 기간 브랜드 유지·재구매 비율
노쇼 관리	무단 예약 부도를 줄이기 위한 알림, 정책, 관리 전략
검색 최적화(SEO)	검색 결과 상위 노출 기법
유료 검색 광고(SEM)	키워드 기반 결제 광고
콘텐츠 마케팅	유용 정보·스토리로 자연 노출
광고 수익률(ROAS)	광고비 대비 매출
클릭률/전환률(CTR/CVR)	CTR(Click Through Rate): 노출 대비 클릭 비율 CVR(Conversion Rate): 클릭 대비 구매·예약 등 행동 완료 비율
퍼포먼스 마케팅	실시간 데이터로 광고 최적화
리드 생성	잠재 고객의 연락처·정보를 수집하는 마케팅 활동
고객 경험 설계(CX)	고객이 브랜드와 접촉하는 전 과정에서 일관된 긍정 경험을 설계하는 전략
서비스 리커버리	불만 상황을 빠르게 회복

4. 데이터 · 재무 지표

용어	의미
고객관리(CRM)	고객 데이터 수집·분석·활용 시스템
매출 단말(POS)	결제·매출 자동 집계 장치
전사관리(ERP)	재무·재고·인력 통합 시스템
핵심성과지표(KPI)	반드시 관리해야 할 성과 수치
목표·핵심결과(OKR)	Objectives & Key Results 프레임
대시보드	KPI 실시간 시각화 화면
유효고객	최근 일정 기간 내 방문·구매 활동이 활발한 핵심 타겟 고객
방문주기	고객 재방문 평균 간격
객단가(ARPU)	고객 1인당 평균 매출
재방문율	일정 기간 내 재방문 비율
고객 생애 가치(LTV)	한 고객이 평생 동안 기업에 가져다주는 총이익
고객 확보 비용(CAC)	신규 고객 1명을 유치하는 데 드는 평균 마케팅·세일즈 비용
투자 수익률(ROI)	투자 대비 이익

4. 데이터 · 재무 지표

용어	의미
회귀분석	하나의 결과값을 여러 원인 변수로 예측하는 통계 분석 기법
공분산	변수 동조 방향·폭 측정
손익분기점(BEP)	수익·비용이 일치하는 매출선
순이익률	최종 이익이 매출에서 차지하는 비율
예약 취소율	예약 중 취소된 비율
이탈율(Churn)	일정 기간 이탈 고객 비율
시간대별 매출	시간대별 방문·매출 흐름
디자이너 실적	디자이너별 매출·리뷰·예약률
신규 고객 비중	전체 중 신규 고객 비율
평균 대기 시간	예약 후 시술 대기 평균
고객 매출 기여도	개별 고객이 전체 매출에서 차지하는 기여 비율
할인 이용률	할인 프로모션 사용 비율
제품 매출	부가 상품 판매금액
RFM 분석	고객의 최근 구매 시점, 빈도, 금액을 점수화해 가치 세분화
클러스터링	유사한 속성을 가진 고객을 자동으로 그룹화하는 분석 기법
데이터 웨어하우스	분석용 정제 데이터 저장소
데이터 레이크	원천 데이터를 통째로 보관
ETL/ELT	ETL은 변환 후 저장, ELT는 저장 후 변환하는 데이터 처리 방식
EBITDA	이자, 세금, 감가상각 차감 전의 영업이익
매출총이익률	매출총이익 ÷ 매출
현금흐름표	영업·투자·재무 현금 유입·유출

5. 조직 · 인사 · 문화

용어	의미
1인 기업	디자이너를 사업자 관점으로 육성
컨디션 데이	주간 리프레시 휴무
휴무 설계	근무·휴가 스케줄을 조직 효율과 개인 리듬에 맞게 조정하는 설계

5. 조직 · 인사 · 문화

용어	의미
멘토링	선배 후배 성장 지원
인력 리텐션 관리	직원 만족·몰입도 유지
보상 설계	인센티브·스톡옵션·복지 체계
직원 추천지수(eNPS)	직원이 회사를 지인에게 추천할 의향이 있는지를 묻는 조직 만족도 지표
360° 피드백	다면 평가 제도
학습·개발(L&D)	역량 개발 체계
직무 기술서(JD)	역할·책임·역량 명시
승계 계획	핵심 인재의 이탈이나 직책 공백에 대비한 리더 육성 계획
OKR 세션/위클리 스탠드업	목표·성과 짧게 공유하는 주간 문화

6. 운영 · 프로세스

용어	의미
SOP	표준 업무 절차서
SLA	서비스 품질·속도·책임을 명시한 고객과의 실행 약속
체크리스트	실수 방지용 점검표
슬랙타임	업무 간 병목을 막기 위해 확보하는 여유 시간
재고 회전율	재고가 완전히 교체되는 속도
캘린더 관리	달력 기반 스케줄·프로모션 운영
실근무일수	실제 영업 가능한 일정
칸반	작업 흐름 시각화 보드
현장 워크(Genba Walk)	현장 직접 문제 파악
카이젠	지속적 작은 개선
간트·퍼트·CPM	프로젝트 일정과 중요 경로를 시각적으로 관리하는 도구 (Gantt: 시간표, PERT/CPM: 의존관계 중심)
표준 작업 시간	1사이클 기준 시간
최소 발주 수량(MOQ)	공급사 요구 최저 주문량

7. 디지털·미래 트렌드

용어	의미
4차 산업혁명	AI·빅데이터·IoT 기반 산업 변혁
디지털 전환	조직 전반의 디지털화
빅데이터	크기·속도·다양성·신뢰성을 갖춘 대규모 데이터 집합
데이터 마이닝	대규모 데이터에서 통계·기계학습 기반으로 유의미한 패턴·규칙을 추출하는 과정
인공지능·머신러닝	데이터 학습 기반 예측·자동화
옴니채널	온·오프라인 경험 통합
AR/VR 체험	증강·가상 현실 스타일 미리보기
예약 챗봇	24시간 자동 상담·예약
데이터 윤리	투명·안전한 데이터 활용 원칙
개인정보 보호	법·규정에 따른 정보 관리
ESG	환경·사회·지배구조 기반 지속 경영
디지털 트윈	현실 사물·공간을 가상에서 동일하게 복제하여 시뮬레이션하는 기술
메타버스	3D 가상 공간 브랜드 경험
블록체인 로열티	분산원장을 기반으로 고객 포인트·보상 기록을 투명하고 안전하게 관리
엣지 AI	디바이스 현장 실시간 추론
제로 파티 데이터	고객이 자발적으로 브랜드에 직접 제공한 선호·의도 데이터 (예: 설문, 선호 설정 등)
프라이버시 바이 디자인	시스템 설계 초기 단계부터 개인정보 보호 기능을 기본값으로 내장하는 접근 방식

성장주의 헤어살롱

인본주의 미용의 미래와 본질경영